BOURGAULT

JEAN-FRANÇOIS NADEAU

BOURGAULT

La collection « Histoire politique » est dirigée par Robert Comeau.

Photographie de la couverture : Antoine Désilets
Infographie de la couverture : Evangelina Guerra

© Lux Éditeur, 2007
www.luxediteur.com

Dépôt légal : 3ᵉ trimestre 2007
Bibliothèque nationale du Canada
Bibliothèque nationale du Québec
ISBN : 978-2-89596-051-5

Ouvrage publié avec le concours du Conseil des arts du Canada, du programme de crédit d'impôts du gouvernement du Québec et de la SODEC. Nous reconnaissons l'aide financière du gouvernement du Canada par l'entremise du Programme d'aide au développement de l'industrie de l'édition (PADIÉ) pour nos activités d'édition.

À Anne Levesque,
une abeille venue de Falher.

Le passé n'est pas mort.
Il n'est même pas passé.
— WILLIAM FAULKNER

L'Histoire, ça peut se regarder de près.
Et ce n'est jamais devancer son temps
que de le vivre avant les paresseux et les traînards
qui se complaisent dans des époques révolues,
qu'ils n'ont le plus souvent jamais vécues,
et qu'ils imaginent tellement plus intéressantes que la leur.
— PIERRE BOURGAULT

CHAPITRE I

AU PAYS DE L'ENFANCE

De bon matin, j'ai rencontré le train
De trois grands rois
Qui partaient en voyage.
— CHANSON DE L'ENFANCE

EN JUIN 2003, au lendemain de l'annonce de son décès, j'ai dû appeler, à titre de journaliste, les occupants actuels de la maison d'enfance de Pierre Bourgault à Cookshire. Ce sont des voisins, dans ce village où j'ai grandi moi aussi. Est-ce qu'on savait pourquoi j'appelais ?

— Mais c'est l'anniversaire de naissance de ta mère, non ?

— Oui, oui... Mais Pierre Bourgault, lui, est mort...

Ces jours-là, la maison d'enfance de Bourgault a été littéralement assaillie par des caméras de télévision et une meute de journalistes.

Du *Devoir*, où j'avais lancé l'idée de consacrer un cahier spécial à sa mémoire, j'appartenais à la meute de ceux qui poursuivaient sa trace. Je me retrouvais forcé, malgré moi, de rendre une visite téléphonique à un endroit que je connaissais pourtant par cœur depuis toujours.

À l'annonce de sa mort, les journalistes, tous, ont cherché à cerner ce que représentait cet homme dans les lieux mêmes de son enfance, comme si forcément, dans le pays de sa première vie, on pouvait y mieux mesurer sa taille.

Mon vieux grand-père Aurélien Quentin, sorte de mémoire politique du village, a ainsi été sollicité pour donner quelques souvenirs en pâture aux médias. Le voilà, en toute première page de *La Tribune*, qui montre du doigt, sur une grande photo en couleur, la « maison d'enfance » de Bourgault, devenue célèbre par un phénomène spontané d'enchantement médiatique[1]. La télévision de Radio-Canada y a filmé, ce jour-là, une chambre censée, selon les commentateurs autorisés, avoir été celle du tribun.

— La chambre de Pierre Bourgault, madame ? Celle-ci ou celle-là ?

Pour tout dire, la propriétaire actuelle n'en savait trop rien. Mais puisque les médias voulaient absolument savoir, elle leur a montré celle-là plutôt que celle-ci, sachant que quelqu'un dormait ce matin-là dans l'autre[2]... D'ailleurs, quelle importance ?

Pour la plupart des citoyens de Cookshire, Pierre Bourgault est né pratiquement le jour de sa mort, le 16 juin 2003.

Mais voilà qui doit tout de suite être dit : la vie de Pierre Bourgault n'appartient pas à l'univers de sa famille, ni de son village, au contraire de ce que presque tous les médias ont cru spontanément au lendemain de sa mort. C'est aussi simple que cela.

Sa vie durant, Pierre Bourgault entretient des rapports plutôt distants avec ses proches. Il s'invente et se vit ailleurs que dans un cocon familial, loin de l'esprit des villageois du pays de sa naissance. Il l'affirme et le répète : « Je n'ai pas vraiment connu mes parents et encore moins la vie de famille[3]. » Bourgault dira aussi : « À vrai dire, je n'ai pas eu d'enfance : je suis né vieux[4]. » Il parlera toujours en ces termes de son enfance, et même de son adolescence, c'est-à-dire avec une certaine amertume.

En 1985, sur le plateau de l'émission *Avis de recherche*, il affirme encore : « Moi, ce que j'appellerais l'enfance et l'adolescence, je n'ai pas aimé cela beaucoup. Je n'étais pas très bien dans ma peau à cette époque-là[5]. »

Parmi tous ceux dont une époque est faite, Pierre Bourgault était Pierre Bourgault parce qu'il s'est voulu tel. Mais d'où ce personnage nous vient-il avant qu'il n'entre vraiment dans l'histoire de sa vie, au début des années 1960, comme militant de l'indépendance du Québec ?

Personne ne choisit son lieu de naissance. Pierre Bourgault est né le 23 janvier 1934 à East Angus, dans les Cantons-de-l'Est. East Angus est une agglomération industrielle située à environ 25 kilomètres de Sherbrooke, en bordure de la rivière Saint-François. C'est le village voisin de Cookshire.

East Angus a été construite pour une papetière et autour d'elle. Il suffit de posséder le sens de l'odorat pour savoir que l'on s'y trouve : il y flotte, à cause de son industrie de pâtes et papiers, une désagréable odeur de sulfate qui s'accroche à tout comme une damnée. Depuis des décennies, cette odeur enveloppe vraiment tout à quelques kilomètres à la ronde. Chaque jour, de gros camions, porteurs d'une poudre blanche malodorante, roulent quelques kilomètres en amont de la rivière pour y ériger une montagne avec les résidus du procédé de fabrication. Quiconque arrive d'East Angus trahit sa provenance par la seule odeur qui imprègne ses vêtements.

Pierre Bourgault est le troisième d'une famille de cinq enfants, il a trois sœurs et un frère. Il est le fils d'Albert Bourgault et d'Alice Beaudoin. Le couple, très catholique, est uni devant Dieu depuis le 20 juin 1926.

À East Angus, près du terrain de golf, il y a aujourd'hui la rue Bourgault, en hommage à cette famille qui était, à l'époque, une des rares à y habiter. La maison familiale, au coin de la rue, comporte une galerie imposante. De l'autre côté, se trouve un immeuble à logements. Tante Françoise, épouse d'Henri Beaudoin, le frère d'Alice, y habite à l'étage. Elle voit souvent les enfants Bourgault.

La rue Bourgault, donc, en mémoire de cette famille. Signe déjà d'une distinction familiale ? Non. Une rue baptisée de son patronyme, dans ces villes-là, cela ne tient le plus souvent à rien de vraiment extraordinaire. Dans ces agglomérations-champignons, encore aujourd'hui, un promoteur peut bien donner le nom de tous ses enfants aux rues d'un secteur entier sans que personne ne trouve rien à redire. Ainsi, même porteuses d'une histoire, ces villes s'affichent souvent au quotidien comme si elles n'en avaient pas. La mémoire s'accroche surtout à l'instant et à la proximité.

Le paternel, Albert Bourgault, connaît des difficultés lors de la grande crise économique des années 1930. Lui qui avait travaillé à Sherbrooke comme greffier à la cour [6], il perd alors son emploi d'administrateur chez la Brompton Pulp.

En 1932, il se retrouve régisseur – « régistrateur », comme on dit alors – au bureau du comté à Cookshire. Il officialise les actes juridiques : contrats de mariage, testaments, actes de vente, etc. En 1967, à l'âge de 76 ans, il occupe toujours les mêmes fonctions dans l'édifice du comté, situé tout au bout du parc des Braves de Cookshire, à côté des deux cénotaphes en langue anglaise consacrés aux grandes guerres du XXe siècle [7].

Albert Bourgault semble avoir été quelque peu tenté par la politique à l'époque de la toute splendeur d'Henri Bourassa, fondateur du *Devoir*. C'est du moins ce que laisse entendre son célèbre fils, qui sera, avec Bourassa, un des plus grands orateurs de l'histoire de son pays. Mais cet intérêt de son père pour la figure d'Henri Bourassa suffit-il à expliquer l'attirance future de Pierre Bourgault pour la vie politique ? Certainement pas. Pierre Bourgault l'affirme d'ailleurs lui-même et le répète souvent : « Ceux qui disent que je me voyais premier ministre dans mon enfance sont dans l'erreur la plus totale. »

Aux yeux du père, la politique ne constitue pas un sujet de discussion. En entrevue en 1967, le fonctionnaire Albert Bourgault l'assure avec énergie : « Je n'ai jamais discuté politique, jamais, jamais, jamais [8]. » Il faut dire que sa situation, tant comme fonctionnaire que comme membre d'une communauté aux fortes racines anglaises, rend pour le moins difficile son rapport avec la politique, en général, et avec les positions indépendantistes de son fils, en particulier.

Albert Bourgault travaille à Cookshire, mais il continue un temps d'habiter avec sa famille à East Angus. La famille de sa femme y est bien enracinée et celle-ci ne souhaite pas du tout quitter cette vie communautaire.

L'été, les quelques kilomètres de route de terre battue qui relient East Angus à Cookshire se parcourent plutôt bien. Deux trajets sont possibles, sur l'une ou l'autre rive de la rivière Eaton, un cours d'eau poissonneux où les Abénakis, qui l'appelaient Quawlawwequake, pêchaient le saumon en abondance. Que l'on emprunte l'un ou l'autre des deux trajets, on arrive forcément au pied des vallons du chemin du Bassin. On passe alors devant ou sur le pont couvert John-Cook – du nom du capitaine Cook, le fondateur du village – un pont de type Town qui compte parmi les plus vieux de la région.

En hiver, ces deux routes s'avèrent beaucoup plus difficiles, voire impossibles à pratiquer. Et au printemps, lors du dégel, les « ventres de bœuf », ces sols imprévisibles, menacent d'enliser dangereusement n'importe quel véhicule. En somme, la distance a beau être relativement courte, il n'est pas toujours facile de se déplacer entre East Angus et Cookshire.

En ce début des années 1930, la crise frappe durement. En 1933, le taux de chômage atteint 26,4 %. Un sommet. Il n'existe alors aucune mesure globale de sécurité sociale. Reste à prier et, pour les plus démunis, à faire la queue aux soupes populaires ou à se contenter de manger des navets tout l'hiver. Mary Travers, alias la Bolduc, exprime alors par ses chansons la misère et la douleur de tout un peuple. La politique d'« achat chez nous » proposée par les nationalistes n'a pas l'effet escompté pour remédier à la situation. Ceux qui travaillent encore acceptent souvent de le faire dans des conditions moins bonnes qu'auparavant. Aucune mesure ne réussit vraiment à améliorer la situation. Et les autorités en viennent à craindre que les attroupements de chômeurs ne soient propices à l'éclosion d'œufs révolutionnaires, comme en Abitibi où des grévistes, menés par Jeanne Corbin, réclament du changement dans leurs conditions de vie, au nom de Karl Marx. Pour éloigner tous ces dangers du bon peuple, l'Église catholique multiplie ses manifestations populaires : marches, célébrations, processions, etc. Pendant que l'on prie, on reste uni...

Albert Bourgault vient d'une famille de fermiers de Saint-Jude, près de Saint-Hyacinthe. On doit parler à son sujet d'un petit fonctionnaire catholique qui s'est extrait de son milieu pour ne plus en souffrir les problèmes d'argent, sans toutefois parvenir à être riche, loin de là. La crise frappe tout le monde.

Le père ne se permet pas de dépenses futiles. L'été venu, il va à l'occasion s'installer dans un camp pour pêcher. Que peut-il souhaiter de plus luxueux pour lui-même que la nature généreuse qui l'entoure[9] ? Rien. Son appétit des frivolités de la consommation est à peu près inexistant.

Une partie de la famille d'Albert Bourgault continue de vivre à la campagne. « À Saint-Jude, le frère et la sœur de mon père n'étaient pas riches du tout, se souvient Monique Bourgault, sœur cadette de Pierre. Nous n'étions pas fortunés non plus, mais nous étions tout de même plus à notre aise qu'eux [10]. »

De son père, Pierre conserve le souvenir d'un homme droit : « C'était un homme de principes. Il était à la fois bon, très effacé, et avait une très grande pureté d'intention. C'est assurément l'homme le plus honnête et le plus juste que j'ai connu. Il a souvent été exploité [11]. »

Certains événements liés à l'enfance sont-ils plus décisifs que leurs protagonistes pourraient le croire ?

Le 17 mai 1939, le roi George VI et la reine Elizabeth entament leur visite du Dominion du Canada. C'est la première fois qu'un monarque entreprend une grande visite du pays depuis sa conquête par les armées anglaises. Leur bateau, l'*Empress of Australia*, débarque le couple royal à l'Anse-au-Foulon, là même où le général Wolfe avait posé le pied pour conquérir la ville de Québec en septembre 1759. Le couple est accueilli par des membres de la police montée fièrement au garde-à-vous, de même que par William Lyon Mackenzie King, le premier ministre du Canada, et Ernest Lapointe, ministre de la Justice et lieutenant principal du Parti libéral au Québec.

Après une tournée triomphale de Québec, le couple royal monte à bord d'un train spécial et amorce un périple qui va le conduire d'un bout à l'autre du pays.

Dans les campagnes, tout comme à Québec et à Montréal, d'énormes foules acclament le couple royal. À Montréal, les citoyens se massent dans les rues, puis au stade Molson et au stade de Lorimier afin d'acclamer le roi et la reine. Les drapeaux britanniques claquent au vent partout. Le colonialisme flotte sur ce monde-là, sans conteste.

Lorsque le train traverse les Cantons-de-l'Est, tout le village d'East Angus sort pour voir passer le convoi royal. Mon grand-père est là, lui aussi : « Il y avait beaucoup de drapeaux britanniques. Le train a passé très doucement, mais sans s'arrêter. Le roi et la reine étaient à la queue du train, sur une sorte de plate-forme, saluant la foule. Et ça criait, ça criait [12]. »

À East Angus, en mai 1939, un petit Union Jack à la main
afin de célébrer le passage du couple royal britannique.

À cinq ans, le petit Pierre Bourgault est lui aussi porté par l'enthousiasme royaliste. Une photo le montre en train d'agiter à cette occasion, avec un léger sourire, un drapeau britannique, l'Union Jack. « Mon père et ma mère, et les enfants, on s'est amené à la gare pour voir la reine et le roi, racontera-t-il. J'avais mon petit Union Jack à la main[13]. »

Des années plus tard, au sujet de cette photo, Bourgault explique, à l'émission *Le Sel de la semaine* animée par Fernand Seguin, qu'à ce moment il agit comme tout le monde dans son village. « Je me souviens qu'on avait un grand mât sur le parterre. Et on avait un immense Union Jack. Alors, j'allais monter l'Union Jack... [...] On m'avait mis un petit Union Jack dans la main pour aller voir la reine. J'étais très fier d'aller voir la reine. À cette époque-là, j'étais tout simplement un enfant qui ne savait pas ce qu'il faisait [14]. »

Pierre Bourgault jugera toujours stupide de croire que sa révolte politique est née directement de ce type d'expériences liées au pays de son enfance. « Il y a des gens qui s'imaginent qu'à cinq ou six ans, on connaît déjà son destin. [...] À cinq ans, moi, je jouais au cow-boy, avec un Union Jack. » Il parle tout de même de cette expérience jusqu'à sa mort, tant elle illustre fort bien, par son caractère particulier, la situation sociopolitique du Québec qui l'a vu grandir.

De quoi a l'air la famille Bourgault ? On adore chanter, à commencer par tout ce qui se trouve dans les albums de *La Bonne Chanson* de l'abbé Gadbois. Henri, le frère d'Alice Bourgault, possède une voix de chanteur d'opéra. Toute la famille joue du piano, mis à part le père et son fils Jean. La musique, dans l'entre-deux-guerres, occupe une place beaucoup plus importante qu'aujourd'hui dans le divertissement familial. La famille Bourgault n'est pas en ce sens exceptionnelle. La mère est à la maison. Le père occupe un poste de petit fonctionnaire, ce qui le situe cependant dans un univers de lettrés et le fait bénéficier, très souvent, d'une information de première main sur la vie socioéconomique de son milieu, même si la vie de village tend à faire disparaître quelque peu ces minces distinctions de classe. Au début des années 1950, au moins 30 % de la population des environs possède encore une glacière plutôt qu'un réfrigérateur électrique. Près de 40 % de la population utilise toujours une cuisinière au bois pour préparer les repas.

La vie est réglée dans un cadre paroissial. Le rosaire, la veillée funèbre, le baiser du premier de l'an, les problèmes personnels sublimés au nom de l'Église et des convenances du milieu, la soirée réservée aux dames, la soirée réservée aux hommes, les blagues entendues mille fois que l'on rit tout de même de bon cœur, plus par habitude que par plaisir réel, le sens de la communauté plutôt que de l'individu : tout est recouvert du voile paroissial.

Pierre Bourgault déménage avec sa famille d'East Angus à Cookshire alors qu'il n'a que neuf ans. Son père peut dès lors se rendre au travail à pied, beau temps, mauvais temps. Partout de grands arbres solides, surtout des ormes, des pins et des chênes, projettent sur les rues l'ombre exacte de leurs branches fourchues.

Le village de Cookshire se dresse sur les versants d'une vallée où coule la rivière Eaton. Par temps clair, on y voit le mont Mégantic et les montagnes de Stoke, tout en sachant que la frontière américaine, avec les grandes montagnes vertes des Appalaches, n'est pas beaucoup plus loin.

À Cookshire, les noms des rues sont anglais : Spring, Main, Craig, Eastview, Railroad... À vrai dire, tout donne l'impression de respirer depuis toujours à l'heure de l'Empire britannique.

En haut de la colline sur laquelle s'est édifié le village, la splendide maison victorienne toute de briques rouges de John Henry Pope. Le « château Pope », tel qu'on l'appelle au village. Cette résidence donne des indices appréciables de l'emprise anglaise sur la vie locale depuis la colonisation. Ministre dans le gouvernement de John A. Macdonald, ce Pope est longtemps, avec sa descendance, un baron de l'industrie régionale et du chemin de fer national. Propriétaire de vastes étendues de terre et de forêt, sans compter ses participations dans des mines et des filatures à Sherbrooke, il exerce un poids sociopolitique énorme. John Henry Pope contribue même au financement et à l'entraînement, derrière chez lui, d'une armée de volontaires au cas où des rebelles canadiens-français se risqueraient, une fois de plus, à remettre en question l'autorité de la Couronne, dont la sienne dépend. Son fils, le sénateur Rufus Pope, devient un des actionnaires, à la fin du XIXe siècle, de la papetière d'East Angus, qui met bientôt la main sur un territoire forestier de plus de 100 000 hectares situé en amont du village[15].

Dans la région de Cookshire, les Canadiens français n'en mènent pas large. Déjà en 1878, Joseph-Amédée Dufresne, troisième curé du village, observe dans ses notes que les Canadiens français, « environnés de protestants de toutes couleurs », dépendent pour la plupart « de bourgeois fanatiques pour gagner leur vie[16] ».

En 1983, Bourgault explique dans un entretien que sa famille a été la première de souche canadienne-française à s'installer à Cookshire. Voilà qui est faux. Plusieurs familles francophones y sont déjà établies. Seulement, en raison même de l'organisation locale du pouvoir, il peut certainement être difficile de percevoir cette présence, même dans les années 1940, c'est-à-dire au moment où la famille Bourgault y arrive. Presque aucun Canadien français n'occupe alors une fonction bien en vue. Et à peu près tous les Canadiens français vivent regroupés dans des secteurs très précis.

À elle seule en effet, la géographie naturelle de Cookshire partage en quelque sorte les deux sociétés qui y vivent côte à côte, sans pour autant trop se connaître. À Cookshire, dans un décor où l'horizon vallonné s'ouvre sur les montagnes, tout se situe en effet sur une échelle verticale, une grande côte traversée de bas en haut par Main Street.

En bas, la rivière Eaton, une rivière aux eaux tantôt rouges, tantôt bleues, tantôt vertes à cause des teintures que l'usine de lainages y déverse quotidiennement. Il y a aussi le magasin général, la meunerie et ses hordes de pigeons, les voies ferrées et la petite gare couleur sang de bœuf du Canadien National. Pas très loin de là, toujours en bordure du chemin de fer, la Wallace, une manufacture de coutellerie, emploie des ouvriers qui semblent pareils les uns aux autres, comme l'argenterie qu'ils fabriquent. À cette hauteur du village, près de la voie ferrée, vivent surtout des Canadiens français. Les maisons, souvent minuscules, y sont en bois. Elles abritent une population issue de la petite classe ouvrière, souvent tout juste immigrée de la proche campagne où, comme mon arrière-grand-père, on a laissé derrière soi une terre de misère et quelques vaches bien trop maigres.

En haut de la grande côte du village, l'environnement apparaît très différent. Deux églises anglicanes, l'une en bois, l'autre toute en pierre, fort belle, inaugurée en 1867. Puis l'hôtel Osgood, les épiceries Hodge et Hurd's, le bureau de poste, la vieille école protestante, le parc aménagé en l'honneur de nos « Glorious Deads » et le Dew Drop Inn de M. Fraser, sorte de capharnaüm tenant lieu tout à la fois de café, de station-service et de point de chute pour le seul taxi des environs. Les anglophones sont installés tout autour de ce centre-là, le plus souvent dans des demeures érigées selon une piété toute victorienne.

Le code culturel de chacune des communautés se renforce du fait que celles-ci ont peu d'interactions réelles, malgré leur proximité. La frontière peu poreuse de ces deux sociétés se situe au centre de la « Main », la grande rue principale, une pente abrupte de 12 % d'inclinaison. Là se trouve une mince zone tampon marquée par la présence de l'église catholique, du salon funéraire, du presbytère, du couvent doublé d'une école ainsi que de la petite épicerie tenue par la famille Poulin.

La famille Bourgault à Noël en 1944 à Cookshire.
À l'avant, Monique et Françoise. Derrière, Pierre, Cécile et Jean.

Pour les Canadiens français, le plus haut sommet des cieux et de l'activité sociale est donc atteint au milieu de la « grande côte », comme on la nomme. Comment pourrait-on d'ailleurs envisager d'aller plus haut ?

Les relations entre les deux communautés sont parfois agressives. Lors de leur arrivée à Cookshire, les Saint-Laurent, voisins des Bourgault, se souviennent que des anglos ont fait pendant quelques jours du chahut devant la maison afin de les effrayer et de les inciter à partir [17].

À leur propre arrivée à Cookshire, en janvier 1943, les Bourgault sont forcés de loger au gros hôtel Osgood. Ils y occupent deux chambres et profitent des commodités de l'établissement [18].

Pourquoi habiter ainsi à l'hôtel ? Albert Bourgault affirme que personne ne veut lui vendre une maison. Peut-être aussi faut-il concevoir que le mois de janvier, avec ses grands froids, n'est pas des plus favorables à la recherche d'une maison libre. Des années plus tard, au fil d'une longue conversation à bâtons rompus au sujet des lieux de son enfance, Pierre Bourgault me donnera tout simplement pour explication qu'aucune maison n'était alors disponible [19]. Donc, nuance.

Cette expérience de vie à l'hôtel est-elle traumatisante pour les enfants de la famille ? Il ne le semble pas, à tout le moins. « Nous espérions que nos parents ne trouvent jamais de maison, confiera même Pierre Bourgault. La vie d'hôtel pour un enfant de neuf ans, c'est extraordinaire. J'adorais la propriétaire, Mme Osgood. Tous les jours elle jouait de l'orgue et c'était merveilleux. C'est un de mes plus beaux souvenirs d'enfance [20]. »

Bourgault dit avoir appris l'anglais dans les rues et au cinéma, lorsqu'il était encore petit. Il faudrait ajouter qu'à l'heure des repas, toute la famille parle souvent en anglais à la table [21]. « Moi, ma mère me disait : "Apprends bien ton anglais si tu veux gagner ta vie" [22]. » Comme plusieurs tantes de la famille sont mariées à des Canadiens anglais ou à des Américains, la présence des visiteurs impose le plus souvent l'usage de l'anglais à la maison. Chose certaine, Pierre est déjà parfaitement bilingue à 15 ans, remarque un de ses anciens professeurs, Raymond David. « Grandir dans une ville des Cantons-de-l'Est, observe celui-ci, était sans doute un peu comme grandir à New Carlisle pour René Lévesque : l'anglais rentrait vraisemblablement tout seul [23]. »

Au début de l'été 1943, les Bourgault trouvent une maison à louer tout en bas du village, juste à côté de la voie ferrée et du magasin général, à deux pas de la nouvelle usine de lainages.

Dans une société qui avait appris, par la force des choses, à ne rien jeter, la guerre accentue les habitudes allant dans le sens du recyclage. Beaucoup de gens accumulent des pièces de tissu pour fabriquer, l'hiver venu, des courtepointes. On conserve aussi les vieilles étoffes de laine pour ensuite les défaire patiemment et les revendre à la filature locale. Contre les sacs de vieille laine, on obtient ainsi des couvertures neuves, alors surtout fabriquées pour les besoins de l'armée. Chaque année, les Bourgault accumulent de vieux lainages afin de pouvoir offrir à la famille paternelle, restée à Saint-Jude, des couvertures neuves ainsi que des vêtements [24]. Sans doute offre-t-on aussi, par la même occasion, des tricots faits patiemment à la maison, puisque toute la famille tricote, y compris le petit Pierre, à qui ses sœurs ont enseigné très tôt l'art de manier les aiguilles [25].

Dans l'immédiat après-guerre, la famille Bourgault déménage à nouveau dans Cookshire. Elle s'installe tout en haut de la grande côte du village, dans une maison toute en longueur, avec une grande galerie qui l'accueille durant les beaux jours de l'été. Mais au retour d'un voyage dans l'Ouest canadien organisé par les Chevaliers de Colomb, Albert Bourgault et sa femme apprennent que le propriétaire souhaite reprendre possession des lieux [26]. Il faut donc partir. Encore une fois. Les Chevaliers de Colomb ne peuvent rien à l'affaire, comme pour l'essentiel du monde social dans lequel ils tentent de jouer un rôle, qui se résume à des représentations rituelles. Avec leurs réunions semi-secrètes, leurs épées au fil et à la coquille de fer blanc, leurs plumes chatoyantes montées sur des bicornes noirs, les Chevaliers de Colomb subliment leur condition véritable d'ouvrier ou de col blanc très modeste dans l'apparat caricatural du puissant et de l'impérieux. Mais, au fond, ces hommes demeurent sans moyens, sinon celui de se donner le sentiment d'exister dans une hiérarchie artificielle reproduisant le monde d'injustice qui les étouffe.

À défaut de trouver quoi que ce soit pour se loger à Cookshire, Albert Bourgault se décide à faire construire une maison. Un jeune ami, le Dr Aurèle Lépine, consent en 1948 à lui céder un terrain à l'angle des rues Craig et Plaisance pour la somme de 800 $, payée comptant. La nouvelle maison, toute en bois, comporte un seul étage avec un toit à pente douce. La demeure est toute simple, mais coquette.

Alice Bourgault, la mère, est une dame qui marche la tête haute. Elle est énergique, déterminée. Très autoritaire aussi[27]. Au début, elle s'adapte assez mal à la vie communautaire de Cookshire et ressent fréquemment le besoin de retourner à East Angus pour voir sa famille et profiter d'un milieu francophone au tissu social un peu plus riche[28].

D'origine franco-américaine, Alice Bourgault appartient aux organisations de femmes du village, en particulier aux Filles d'Isabelle, le pendant des Chevaliers de Colomb. Elle y occupera la fonction de régente, la plus haute impartie à cet ordre féminin.

Rue Craig, dans le sous-sol de sa nouvelle demeure, Alice Bourgault tient pendant un temps une sorte d'école prématernelle privée, une des toutes premières du genre dans la région. Au couvent, avec les enfants du village, elle monte aussi des pièces de théâtre, après les heures de classe. Son Pierre a-t-il en tête l'image de sa mère lorsqu'il se passionne pour le théâtre ? « J'ai commencé à rêver de théâtre vers 12 ou 13 ans », dit-il en tout cas.

La mère aime le piano. Son Pierre en jouera. Beaucoup. « Je sais que ma mère aurait aimé avoir un pianiste dans la famille. » Il joue aussi de l'orgue. Deux ans. Il aura assez appris pour continuer de jouer toute sa vie, tout en devenant surtout un musicien de la parole.

Au village, quand on questionne les gens ayant connu cette famille, on découvre que Mme Bourgault a laissé l'image d'une femme assez dure, plutôt pincée, une femme qui avait l'art de se mêler de tout, de haut, souvent pour rien. Une image : « Monsieur mon mari », disait-elle avec affectation pour parler de son Albert[29]. Une autre encore, venue de sa voisine immédiate, qui se souvient spontanément d'elle en disant qu'elle faisait et voyait un peu tout avec le petit doigt en l'air[30]. Dernière image : un jour, la voilà qui entre dans l'épicerie pour trouver ma propre mère. Elle l'apostrophe : ma mère a mal garé sa voiture dans la grande côte du village. « Ah !, il faut mettre les roues autrement, ma chère… Tournées vers le trottoir, ma chère… Cela n'a aucun sens de se stationner ainsi, ma chère… » Allez savoir pourquoi, ce jour-là, Mme Bourgault avait senti le besoin de se transformer en professeur de conduite automobile, elle qui allait toujours à pied.

« Son caractère était bien connu de tous », affirme une autre voisine, mais « son mari et elle étaient de braves personnes [31] ». Le mari, en particulier, laisse autour de lui l'image d'un homme doux, très bon.

À vélo, à l'été 1943, à côté de ses sœurs,
la petite Monique et Cécile.

Après la mort de sa mère, survenue le 8 mai 1980, soit quelques jours avant le référendum, Bourgault affirme à son sujet qu'elle était « un peu acariâtre ». Il ne l'avait pour ainsi dire pas revue depuis cinq ans, soit depuis la mort de son père dont les funérailles, prises en charge par les Chevaliers de Colomb et leur sens un peu particulier de l'apparat, l'avaient énervé au possible[32].

Pierre Bourgault préfère l'image de son père à celle de sa mère. Il a en grande estime le côté gentleman et discret de son paternel. « Mon père, c'est un homme inattaquable, honnête, si bon, il peut tout donner[33]. »

Comme plusieurs enfants doués, ou que l'on tient pour tels, Bourgault quitte très jeune le domicile familial pour le pensionnat. On nourrit pour lui quelque ambition. L'heure sonne tôt pour qu'il aille étudier au loin.

Il est vrai que l'enfant est intelligent. Et on a décidé pour lui qu'il le sera davantage.

Sa scolarité, le petit Pierre la fera toute entière dans des établissements catholiques, voire très catholiques, en qualité de pensionnaire. La vie s'écoule au rythme de classes strictes, d'étude et de messes quotidiennes.

Les Bourgault ne sont pas riches. Mais ils tiennent à ce que tous leurs enfants reçoivent un bon enseignement. Pour eux, l'éducation constitue un investissement dans un moyen de promotion sociale. L'entrée dans n'importe quelle carrière respectable est soumise à cette nécessité. « Ce qu'il a fallu de courage à mes parents pour nous faire instruire, explique Pierre Bourgault. Ils n'étaient pas riches. Ils ne pouvaient pas, en fait, et pourtant ils ont tenu le coup avec tant de privations[34]. »

À l'été 2003, dans les jours ayant suivi la mort de Pierre Bourgault, j'ai peu à peu posé sur du papier et sur ma table les éléments nécessaires à la constitution d'une biographie ou, du moins, d'un essai biographique : des dates, des lieux, les transcriptions de nombreux témoignages, des références diverses, des photocopies, des études, des photos, des bandes vidéo ou audio, des lettres, des noms d'amis, d'ennemis…

Dans le noir des salles de lecture pour microfilms, j'ai aussi disséqué, peu à peu, ces vieux journaux dont il ne reste plus que les images souvent brouillées. Pour les textes plus récents, j'ai plongé mon nez dans l'éther du Net. Une part importante de la vie de Bourgault est prisonnière de ces supports dématérialisés.

J'ai traqué, en un mot, cet homme sur la piste de sa vie. Mais je n'ai pas la prétention de pouvoir la lui redonner grâce à ma plume, puisque ni moi ni personne d'autre ne sommes en mesure de pénétrer l'esprit d'autrui. Tout au plus puis-je entreprendre d'observer cet homme hors de l'ordinaire sous divers angles.

Dans *La Condition humaine*, André Malraux écrit : « Un homme est la somme de ses actes, de ce qu'il *fait*, de ce qu'il peut faire. Rien d'autre. » Oui, sans doute, même si tout ne tient pas toujours dans l'action.

J'ai donc laissé une place importante aux témoignages et aux citations, sans vouloir tirer de tout cela un seul instant l'idée que je puisse écrire un livre définitif sur Pierre Bourgault.

Suivre cet homme n'est pas une tâche des plus simples à cause de la structure même qu'il a imposée à son existence. Il lui arrivait soudain, en effet, de faire volontiers l'impasse sur de grands pans de sa vie pour tenter, sans plus attendre, de s'en reconstruire une nouvelle. Ses amis comme ses intérêts étaient très divers et ne se croisaient pas forcément les uns les autres. Par ailleurs, Bourgault ne conservait rien ou presque, pas plus que ses héritiers. Il ne conservait pas même, assez souvent, la mémoire exacte des événements... Tout cela aura pour effet de l'envelopper d'une sorte de mystère qui a certainement contribué à l'édification de son personnage public autant qu'à la difficulté incombant à qui souhaite en parler.

Il n'est pas question ici de reconstituer une époque autour d'un personnage central, comme cela est souvent le cas dans les biographies politiques. Loin des inventions romanesques qu'entraîne souvent une telle approche, cette biographie envisage tout simplement de saisir le mouvement intellectuel qu'impose cet homme à sa vie.

Disons aussi tout de suite que la lecture de ce livre ne peut suppléer à un minimum de connaissances préalables sur l'histoire politique et sociale du Québec.

J'entreprends donc de dire ici, aussi froidement que possible, ce que fut la vie publique de Pierre Bourgault.

Dans la mesure où cette vie contribue à expliquer et à révéler tout un courant de pensée au Québec, il importe qu'on entreprenne de l'expliquer précisément de manière à bien marquer sa place dans le cours du temps et de sa société. « Un homme c'est toute l'époque, comme une vague est toute la mer », a écrit Sartre. Pour moi, la vie même de Bourgault, au-delà de sa mort, représente en résumé une signification communicable à propos de l'existence d'un homme d'Amérique qui a essayé, comme d'autres en son temps mais sans doute avec plus d'énergie et d'originalité, de vivre et de penser dans sa langue, en toute liberté, son existence et celle du monde. Bourgault se manifeste en effet très tôt comme une conscience de son époque. Et c'est en cela qu'il m'intéresse, qu'il m'a toujours intéressé.

Allons-y.

CHAPITRE 2

BANDE À PART

À L'ADOLESCENCE, Pierre Bourgault souhaite être un comédien. Plus tard, il se voit en homme d'État. Puis, plus tard encore, il se prend à penser qu'il aurait pu être architecte, alors qu'il est devenu professeur [1]. Ses projets de vie changent, mais son désir de se trouver bien chez lui ne varie pas.

Un toit bien à lui et un autre qui lui ressemblent apparaissent primordiaux dans l'existence de ce casanier. « Probablement que cela venait du fait que j'ai été pensionnaire pendant longtemps », explique-t-il [2]. Il a manqué toute sa vie d'une maison autant que d'une famille, confie-t-il en 1985.

À sept ans, il se retrouve avec son frère à Saint-Lambert, en banlieue de Montréal, chez les religieuses. Ainsi, très tôt, c'est la vie en commun, loin des siens. Il faut se faire à la promiscuité des dortoirs et aux salles de bain où ne coule que l'eau froide. Le pensionnat est dirigé par les religieuses de Jésus-Marie.

Puis, retour dans les Cantons-de-l'Est. À dix ans, le voilà pensionnaire au Séminaire Saint-Charles-Borromée, à Sherbrooke. Juché depuis 1875 tout en haut d'un cap de roc du centre-ville, ce séminaire est un immense bâtiment en brique rouge. En façade, au sommet de ses fausses tours un peu prétentieuses, une statue de saint Charles Borromée veille. Elle est encadrée par une statue de Frontenac pointant du doigt la bouche de son canon et par une autre de Lord Elgin, toutes deux signifiant en principe la bonne entente pourtant factice qui règne entre les francophones et les anglophones de ce coin de pays. À l'intérieur, certains des longs corridors courant dans toutes les directions sur nombre d'étages semblent ne mener nulle part ou, du moins, à des pièces ou des espaces où jamais personne n'apparaît. Dans ces corridors, on croise des prêtres en soutane, du plus jeune au plus vieux. Ils vivent dans ce séminaire autant qu'ils y meurent. Au sous-sol de cet immense édifice plein de secrets, une crypte accueille les dépouilles des religieux et alimente évidemment des histoires de fantômes fabulées par nombre de jeunes séminaristes, année après année. À l'époque où Bourgault se trouve au séminaire, nous sommes alors en pleine guerre. Le « corridor militaire » relie deux parties distinctes du séminaire et abrite des armes destinées aux exercices de formation des fantassins.

Au séminaire, Bourgault appartient à une troupe de scouts dirigée par Gilles Marcotte, le même homme qui sera, bien des années plus tard, son patron au supplément couleur du journal *La Presse*, avant d'être reconnu comme un critique littéraire et un professeur éminent[3].

Les souvenirs que conserve Bourgault de son séjour d'une année au Séminaire Saint-Charles sont mauvais, très mauvais : « J'étais le plus jeune et le plus petit de la classe. Ce fut une année pénible ; j'étais très malheureux et toujours dernier de la classe. Comble de malheur, j'ai dû passer 40 jours à l'hôpital à cause de la scarlatine. [...] J'ai complètement raté mon année[4]. » Il passe avec difficulté ses éléments français.

L'année suivante, ce sont les études à Montréal. À Brébeuf. Chez les jésuites. Le collège est réputé. « Ma mère tenait beaucoup à ce que j'étudie chez les jésuites. » Alice Bourgault ne connaît aucun jésuite, mais elle les tient pourtant en haute estime. Les bons pères ont la discipline stricte.

Claude Béland, d'un an plus vieux que Bourgault, c'est-à-dire condisciple de Robert Bourassa et de Jacques Godbout, le croise à l'occasion, entre autres au journal étudiant. Il se souvient d'un jeune homme très solitaire, plongé dans ses lectures, toujours assez à l'écart, assez peu sportif[5].

Bon élève. Premier de classe. Premier en religion, en grec et en latin[6]. Sa mère a tout lieu d'être satisfaite. Du moins jusqu'en Philo I, où il pique du nez.

À Cookshire, avec son chien Jyppy et sa sœur Monique.

À 13 ans, il souhaite par-dessus tout que son père lui achète un chien. Il adore les animaux. À la suite de ses bons résultats, Albert Bourgault consent à lui offrir un épagneul qui répond au nom de Jyppy[7]. Évidemment, pas de bête au collège. Donc le chien demeure à Cookshire, ce qui fait qu'il devient vite davantage celui de la famille que celui de Pierre.

Adolescent, Bourgault lit des romans d'aventures. Il se prend, au fil de ses lectures, à se passionner pour la Pologne. « À cette époque, les mots "courageux" et "polonais" étaient synonymes, et plus d'un livre pour les jeunes mettait en valeur des héros polonais. » Le bon peuple polonais, catholique autant qu'il est possible de l'être, souffre alors, selon l'imagerie mise en place par le clergé national canadien-français, des affres du communisme, le même mal qui menace de frapper la société française d'Amérique...

La Pologne : le mot seul évoque en effet assez bien ce qu'est ce Québec d'avant 1960. Bourgault vit alors une forte poussée de mysticisme catholique. « Huit messes par semaine », écrit-il des années plus tard. Il confie qu'il se faisait alors « des fantasmes mystiques [8] ».

Son camarade Yves Massicotte conserve d'ailleurs le souvenir d'un jeune homme très pieux, du moins jusqu'en Belles-Lettres [9]. Comme bien des garçons enveloppés depuis l'enfance dans le nuage doré du surnaturel, Pierre Bourgault se sent appelé par Dieu. Cette voix semble clairement audible à plus d'un. Dieu touche Pierre Bourgault. Il le sent. Il le sait.

C'est bien avant d'être connu comme un individu farouchement athée. « Si Dieu a créé l'homme à son image et à sa ressemblance, j'aime mieux croire qu'il n'existe pas », écrira-t-il [10]. Pierre Bourgault, qui est paradoxalement un pur produit d'établissements religieux, n'a pas encore reçu le prix Condorcet du Mouvement laïque québécois pour son engagement envers la promotion et la défense du principe de la séparation de l'Église et de l'État. Il n'a pas non plus encore réprimandé durement un évêque en direct, sur les ondes de la radio d'État... « La science se trompe souvent, clame-t-il à la fin de sa vie. La religion, toujours [11]. »

En 2001, lorsque le Mouvement laïque québécois lui décerne son prix Condorcet, le président du mouvement, Daniel Baril, résume assez justement l'attitude de Pierre Bourgault à l'égard de la religion. « Aussi loin que l'on puisse remonter dans ses écrits et ses discours, on constate que Pierre Bourgault a toujours été un militant laïque et un libre penseur convaincu. Ardent défenseur de l'école laïque, il a toujours cherché à brasser l'inertie de milieux politiques et cléricaux qui bloquaient les réformes scolaires et empêchaient la société d'avancer. »

Mais, jusqu'à l'adolescence, Pierre Bourgault communie en fait tout entier à la vie catholique. Après avoir été, dans l'enfance, élève de religieux et fils de croyants, il devient à Montréal élève des jésuites, spécialistes de la foi ardente. « Je lisais la vie des saints et j'y croyais jusqu'au bout. [...] La religion ne me suffisait pas, il me fallait la sainteté. Je ne voulais pas être curé, je visais la papauté. J'aurais voulu me faire ermite ou devenir missionnaire [12]. » Il est étrange qu'un homme public qui allait se trouver plus tard accusé d'être un ennemi de l'Église ait commencé sa vie comme un élève dévot. Mais Bourgault ne sera pas le seul, à vrai dire, à ressentir le besoin d'éloigner l'Église de lui au point de ne pas hésiter à manger du curé.

Malgré le renversement des idoles qui s'effectuera en lui, presque en même temps que dans l'ensemble de sa société, la figure du Christ conservera, toute sa vie, un statut de référence sociale placée très haut dans son propre panthéon révolutionnaire. Loin, très loin en fait devant quelqu'un comme Karl Marx, du moins selon ce qu'il expliquera à quelques reprises.

Très tôt, le personnage Bourgault est déjà bien en place. Pape, il l'est de lui-même, en soi et pour soi. Et l'auréole du saint, il se la donne le plus sérieusement du monde, si besoin est.

Mais dans la société étudiante très catholique à laquelle il appartient dans l'immédiat après-guerre, l'Église exerce encore un fort considérable pouvoir de répression et de contrôle non seulement sur la morale, mais aussi sur la culture. En 1947, les étudiants du collège Brébeuf éprouvent, en accord avec l'Église, « un sentiment de révolte » à l'idée qu'on puisse projeter au Québec *Les Enfants du Paradis*, film de Marcel Carné jugé immoral, antifamilial et glorifiant l'amour libre. Les collégiens catholiques, peut-on lire dans le *Brébeuf*, leur journal étudiant, « préfèrent la propreté morale et la justice devant Dieu à un art douteux ou condamnable [13] ».

Une étude réalisée en 1950 par le responsable du Comité du cinéma de Brébeuf illustre bien les mentalités. Cette étude montre que les étudiants préfèrent dans une large proportion les films américains où prédominent l'histoire, l'amour et la comédie [14]. Au cinéma jugé décadent, on préfère de beaucoup, du moins en théorie, des films à la morale édifiante, à commencer par *Jeanne d'Arc*, ce long métrage réalisé par Victor Fleming en 1948 avec Ingrid

Bergman dans le rôle-titre. Les étudiants de Brébeuf apprécient tellement ce film qu'ils lui consacrent un dossier spécial dans leur journal. Au nombre des étudiants y célébrant l'apostolat chrétien de Jeanne d'Arc, on trouve Hubert Reeves, qualifié d'« instigateur de l'*underground* catholique [15] ». Le jeune homme est appelé à un brillant avenir scientifique. En mars 1949, Reeves écrit : « C'est là un de ces films sur lequel, au sortir du cinéma, il nous dégoûte totalement de porter une critique technique ou artistique. Cela vient après. » Car à Brébeuf, la religion vient avant tout. Évidemment, *Jeanne d'Arc* de Fleming a été tourné selon les conseils d'un jésuite français, le père Doncœur, un homme très estimé par les catholiques canadiens-français des collèges classiques. De Bergman, qui mène une vie en marge des principes de l'Église, entretenant une liaison extraconjugale passionnée avec le photographe de guerre Robert Capa, on ne retient que le profil de sainte exploité dans *Jeanne d'Arc*...

Raymond David, professeur de versification de Bourgault pour l'année 1949-1950, conserve le souvenir d'un garçon brillant, d'un premier de classe. Il était cependant « très timide, toujours en retrait [16] ». Son comportement, note-t-il, a beaucoup changé par la suite, en Belles-Lettres, du moins selon ce qu'il entend, puisqu'il n'est plus alors son professeur. Le père Paul Laramée, préfet de discipline, donne raison à son collègue David. Il observe que Pierre Bourgault « était un élève qui, à mesure qu'il vieillissait, donnait plus de fil à retordre [17] ». En Belles-Lettres, Bourgault s'affirme en effet de plus en plus.

Yves Massicotte, son ami de classe, le confirme : « C'est la plus extraordinaire explosion de personnalité que je connaisse dans mon adolescence [18]. » Avant les Belles-Lettres, Bourgault lui apparaît « studieux, pieux, un peu ennuyeux aussi ». Et tout à coup, le voilà qui retourne complètement sa veste !

Il se pointe pourtant à l'horizon quelques signes avant-coureurs qui anticipent le fort caractère se dessinant chez ce jeune garçon d'apparence si timide. Déjà en Syntaxe et en Versification, Pierre Bourgault a été meneur de grève, même s'il s'agit là vraisemblablement d'une prise de position tout à fait ponctuelle. Bourgault a raconté lui-même l'événement à plusieurs occasions. À la récréation de quatre heures, les étudiants doivent alors jouer à la crosse, le sport autochtone canadien par excellence. Mais plusieurs, comme Bourgault, préfèrent le tennis, plus en accord avec la mode du moment et la classe sociale bourgeoise qui fréquente Brébeuf. À son instigation, ils prennent des pelles et montent voir la direction pour protester vigoureusement contre la situation... Pour quelqu'un qui n'est pas trop sportif, c'est vraiment beaucoup pour si peu. Résultat : un congé est annulé! À la chapelle, devant un parterre d'étudiants, le directeur aurait même affirmé que « tant qu'il y aura des têtes fortes comme Bourgault, il n'y aura pas de congé[19]. »

« S'il fallait que j'énumère tous les coups pendables que j'ai fait à Brébeuf, dira-t-il en 1965, on n'en finirait plus[20]. » Un autre exemple? « Une nuit, on avait couvert, mais alors complètement couvert le dortoir (les lits, les colonnes, le plancher) de papier de toilette. C'était beau à voir! »

Les grands timides, sans cesser de l'être, éprouvent parfois une étrange envie, qui est de mettre toute leur énergie, à un moment, dans le dépassement de la timidité. C'est peut-être ce qui est arrivé ce jour-là à Bourgault, qui même lorsqu'il enflammera plus tard des foules comme pas un grâce à ses discours, prétendra volontiers et le plus sérieusement du monde, même jusqu'à la fin de sa vie, être toujours demeuré, justement, un très grand timide[21]...

Quel journal lit-on alors chez les étudiants de Brébeuf? Jugé trop à gauche, *Le Devoir*, mené par Gérard Filion et André Laurendeau, ne circule guère. On trouve par contre facilement *Notre Temps*, une feuille conservatrice dirigée par Léopold Richer, toute favorable à l'Union nationale de Maurice Duplessis et à des idées réactionnaires qu'alimentent avec passion quelques penseurs de droite, dont l'historien Robert Rumilly[22].

> Au collège, explique Bourgault, on nous apprenait que le plaisir c'était le pouvoir. Toute cette éducation puritaine nous orientait vers la recherche du pouvoir et non du plaisir[23].

Sa vie durant, Pierre Bourgault sera déchiré entre ces deux pôles, tantôt sensible aux plaisirs, tantôt à l'appel du pouvoir.

Les étudiants des jésuites portent la cravate et le veston. Les professeurs vouvoient leurs étudiants, et vice-versa.

C'étaient des classes très disciplinées, observe Raymond David. Nous n'avions pas à faire beaucoup de discipline. On leur donnait beaucoup de choses à apprendre par cœur, par exemple les *Fables* de La Fontaine. Ils écrivaient déjà très bien. La gymnastique du français était constante. À partir de textes classiques, comme Xénophon ou Cicéron, les élèves devaient sans cesse travailler la langue. Pour les pensionnaires, comme Pierre Bourgault, la messe du matin était obligatoire, mais l'atmosphère était par ailleurs relativement libre.

Deux professeurs marquent durablement Pierre Bourgault, selon ses propres dires : le « petit père » André Fortin et Raymond David. Ce sont eux, explique-t-il, qui lui ont notamment « tout appris de la littérature, de la poésie [24] ».

Le premier est rieur, selon les étudiants, mais « décidé comme pas un [25] ». Il prépare soigneusement ses cours sur des feuilles jaunes. Et c'est avec un même soin qu'il s'efforce de transmettre sa matière. Le second, Raymond David, est un homme cultivé. Il s'amuse à jouer Cyrano de Bergerac plutôt que de donner ses cours, rappelle Bourgault [26].

En Belles-Lettres, Bourgault se trouve sous la gouverne du « petit père Martin », comme lui et ses camarades appellent leur maître. « Il y avait une certaine complicité entre Pierre et moi parce que je savais qu'il entendait à rire », dira le jésuite [27]. Mais son étudiant ne trouve pas drôle pour autant le fait d'être recalé à son examen de versification française… L'épreuve consistait à écrire un poème en classe, dans le délai habituel de quelques heures. Bourgault explique l'affaire de vive voix en 1985 : « Moi, j'ai fait une sorte de provocation, c'est-à-dire que mon poème, ça n'était qu'une phrase, mais une courte phrase, sublime, mais très courte. » Bien sûr, le jésuite n'accepte pas de voir la consigne remise en question. Il demande à la tête forte de s'expliquer devant le préfet des études, un homme grave et sérieux doté d'une voix de stentor. Ses camarades n'en reviennent pas : Bourgault ose plaider son talent devant le préfet et pousse l'audace jusqu'au bout !

En 1985, Jean-Jacques Gagnon, un ancien condisciple de classe, affirme devant Bourgault qu'il se souvient très bien de son poème [28]. Ses vers, dit-il, donnent l'expression au sentiment chrétien de l'homme devant la mort ou la vie :

Une araignée lente pleure une toile
Sur les filets, une rosée, un voile.

Est-ce là un poème réussi ? La vigueur du poète apparaît surtout pencher du côté d'images plus que convenues. Qu'à cela ne tienne, puisque le souvenir qu'en garde Bourgault ne varie pas, même plus de 30 ans plus tard : ses vers étaient exceptionnels, rien de moins !

Guy Saint-Germain côtoie à l'époque Pierre Bourgault au *Brébeuf*, le journal étudiant. « Nous n'étions pas politisés. Bourgault non plus. Il était orienté vers le théâtre, la vie culturelle. Ce n'était pas un sportif. Je pense que les arts étaient une façon pour lui de se mettre de l'avant, de briller [29]. »

Bourgault s'intéresse très vivement au jazz. En fait, il lit sur le jazz sans doute plus qu'il n'en écoute, faute de pouvoir se procurer des disques ou même de pouvoir les écouter facilement au collège.

À la suite d'une de ses réflexions publiques à propos du jazz, le père Louis-Bertrand Raymond veut le placer dans l'embarras : « Faites-nous donc une conférence sur le jazz, Bourgault ! » Le jeune homme s'exécute… Mais il prend soin, au cours de sa conférence, d'illustrer son propos avec des extraits sonores ! Ce n'est pas du tout la façon habituelle de mener des exposés. Et les jésuites, en plus, ne prisent pas le jazz, musique tenue pour dégénérée par nombre d'instances religieuses depuis le début du siècle. Dès lors, Bourgault est plus que jamais mal vu par les jésuites [30]. « Le jazz, cela n'existait pas dans ce milieu, se souvient Yves Massicotte. Cette présentation nous avait assez marqués [31]. »

Mais de quoi est-il question exactement dans cette conférence consacrée au jazz ? Dans le numéro de mars-avril 1951 du *Brébeuf*, à partir d'une biographie de David Ewen, Bourgault publie une page entière consacrée à George Gershwin, le célèbre auteur de *Rhapsody in Blue*. Se pourrait-il qu'il s'agisse en fait du texte même de sa conférence ? « J'ai souvent écouté la *Rhapsody in Blue*, écrit

Bourgault. C'est une œuvre très belle sans doute, mais elle n'a pas la force que Gershwin prétend y avoir mise [32]. » L'étudiant de Belles-Lettres lui préfère de beaucoup *An American in Paris* : « La musique est ici vraiment suggestive. Au commencement, on voit parfaitement toute la joie de l'Américain de se trouver dans un pays neuf. Mais je pense que la meilleure partie du morceau est lorsque l'auteur a imaginé l'ennui de son héros. Dans ce passage, les notes frappent l'imagination comme rarement je l'ai entendu dans une autre pièce. On semble réellement voir l'homme qui ne sait que faire de lui-même. » Mais qu'est-ce que Bourgault a bien pu entendre d'autre que Gershwin dans ce collège très catholique où il est pensionnaire ? Aucun autre article de sa plume ne traite du jazz dans les pages du journal étudiant.

À Brébeuf, les étudiants se situent d'instinct à la fois comme catholiques et comme membres d'une élite canadienne-française en devenir. Dans une adresse à ses camarades, Jean Rousseau, « président du Conventum », martèle l'idée alors répandue selon laquelle les Canadiens français, en particulier ceux de l'élite, ont une mission providentielle d'« étendre la vérité du Rédempteur [33] ». Aucun hiatus possible entre la jeunesse et la religion. « La nation, la société nous appellent à un service. L'Église aussi nous y appelle. » La vie sociale et culturelle du collège se tisse au gré des semaines saintes, des représentations de Jésus dans toutes ses formes et des visites quotidiennes à la chapelle. Presque chaque texte publié dans le journal étudiant reflète d'une façon ou d'une autre une religion étroitement eschatologique.

Même le théâtre n'échappe pas au dessein religieux de l'établissement. En septembre 1951, dans les pages du *Brébeuf*, le rhétoricien Pierre Bourgault se réjouit de la création d'une troupe de théâtre collégiale. « Il y a déjà longtemps que l'on soupire après une activité théâtrale permanente [34]. » Mais les aspirations de Bourgault pour le théâtre demeurent pondérées par les objectifs mêmes du collège : « Qu'on se le dise bien, nous n'avons aucunement l'intention de faire figure de professionnels. » À en croire ce court article, le théâtre n'a pour lui qu'un objectif à court terme d'intense fraternité catholique : « N'ayons pas peur de faire du théâtre et si possible que tout le monde en fasse. Il apporte une fraternité des plus sincères et fait beaucoup pour la vie d'un collège. »

Le 20 avril 1948, jouant au théâtre en compagnie de son ami Yves Massicotte.

Le 24 novembre 1951, les rhétoriciens présentent *Le Malade imaginaire*, de Molière. Pierre Bourgault incarne Monsieur Diafoirus, père d'un jeune médecin benêt pressenti comme mari pour Angélique, fille d'Argan, cet hypocondriaque joué par son ami Yves Massicotte. La scène de fortune où ils s'exécutent au collège est constituée de vieilles caisses de bois ainsi que de simples cordages.

À la dernière répétition de la pièce, Bourgault est confiant du succès. « Tout avait marché sur des roulettes et les appréhensions de la veille étaient disparues[35]. » Et en effet tout ira bien ou presque. Mis à part quelques ratés, observe Bourgault, « la pièce s'est terminée sans trop d'anicroches ». Mais tout cela n'a guère d'importance : aux yeux de Bourgault, seule compte l'idée de pouvoir monter bientôt une nouvelle pièce, « une pièce d'envergure ». « Le plaisir que nous avons éprouvé nous a convaincus qu'il faut continuer ; et nous n'arrêterons pas[36]. »

Dans le cadre qui est le sien, sa pensée demeure pétrie de maximes ronflantes calquées sur des sermons de l'Église. Devant ses camarades qui dissertent volontiers de l'Homme devant la Bible ou de la dévotion due au pape, Bourgault n'est pas en reste. Dans les pages du *Brébeuf*, il parle de haut au sujet de la jeunesse, au nom même de la foi et de l'Église. « Trop de distractions occupent les jeunes, écrit ce garçon de 18 ans. Ils ne pensent pas à Dieu, ils ne pensent pas aux hommes [37]. »

Comme ses confrères, Pierre Bourgault se montre convaincu d'un sens providentiel à accorder à l'existence, avant même de se lancer dans quelque action que ce soit. « Chaque fois qu'on me demandera si la jeunesse veut faire de l'action, je répondrai : "Non !", jusqu'à ce qu'enfin la souffrance soit entrée dans nos êtres, jusqu'à ce que la Vie nous ait touchés de près et nous ait convaincus de notre mission [38]. »

À l'invitation du père Louis-Bertrand Raymond, professeur d'éloquence un peu terne, Bourgault participe à l'hiver de 1952 au concours intercollégial d'art oratoire. Sa vigueur et sa force oratoires ont déjà été remarquées par ses maîtres [39]. « On voyait qu'il avait de la facilité », dira le jésuite [40]. Quel est le thème de son discours ? Comme dans tous les concours de ce type à l'époque, il touche au nationalisme traditionnel, c'est-à-dire à la défense de l'existence du Canada français au sein de la Confédération. Bourgault traite des difficultés fréquentes pour un étudiant à « faire face aux circonstances particulières que crée, dans un pays, la présence simultanée de deux races de mentalité et de culture différentes [41] ».

Dans le discours qu'il présente devant les « distingués membres du jury », Bourgault se félicite que les nombreux efforts d'assimilation entrepris par les Anglais se soient soldés jusqu'ici par des échecs. « Dieu merci ! » Que le Ciel nous préserve de l'assimilation ! « Car nous avons constaté dans les faits la déchéance progressive de l'assimilé. C'est un être posé là, comme n'ayant aucune mission à remplir et vidé de sa propre personnalité. C'est un être appauvri, hybride, atrophié. » À son renfort, il invoque Paul Claudel, auteur très prisé des collèges classiques, pour justifier que par la différence, nous sommes en mesure d'offrir à l'autre ce qui lui manque ou de prendre chez lui ce qui nous fait défaut. L'isolement n'est certes pas un mode de vie national viable, explique Bourgault. Il soutient aussi que le repli sur soi prôné par quelques figures majeures mérite néanmoins d'être apprécié. « Un Lafontaine, un Bourassa, et plus près de nous les Jeunes Canadas (sic) ou les Jeunes Laurentiens furent de cette élite : ils sont encore bien vivants dans nos esprits. »

Bourgault regrette que la collaboration dans l'ensemble canadien n'ait jamais été considérée dans son sens propre. « Les Anglais, gens pratiques, ne songeant qu'à leurs propres intérêts, exploitent le thème de la collaboration à notre désavantage, sans aucun respect de la justice qui réclame pour chacun selon sa compétence ou ses besoins. » Pas question pour autant « de faire bande à part ». Mais pourtant, l'affaire pourrait sembler raisonnable... « Serons-nous, nous aussi, de ces lâcheurs qui acceptent toutes les formes de compromis avec l'élément extérieur ; serons-nous, nous aussi, de ces aveugles qui refusent de voir qu'historiquement tous les compromis ont été fatals à notre nation canadienne-française ? » La solution, explique Bourgault, est de se débarrasser « de cet inexcusable complexe d'infériorité qui nous gêne et nous écrase », pour mieux nous avancer vers les Anglais afin de réclamer d'eux une véritable collaboration !

Le jeune orateur affirme avec conviction un discours fédéraliste teinté de nationalisme traditionnel. Son nationalisme embrasse le Canada entier et s'attache profondément à une mission civilisatrice en terre d'Amérique. « Nous sommes catholiques, nous sommes Français, le Canada est notre pays et nous irions bêtement sacrifier tous ces avantages, nous irions faillir lâchement à la mission qu'on nous a confiée ! Non, cela est impossible. Ce serait nous perdre. » Que faire ? Toujours la même chose : espérer ! Mais espérer en luttant, dit Bourgault : « Résister si l'on nous attaque, mais prendre l'offensive si l'on nous perd ! Pour ne pas mourir, nous défendre ! Nous compromettre, pour vivre ! C'est là notre idée d'une collaboration vraie ! »

À ce concours d'art oratoire, Bourgault termine deuxième, tout juste derrière un garçon de Québec, Robert Marceau, lequel deviendra plus tard, dans les années 1960, un des militants politiques au Rassemblement pour l'indépendance nationale (RIN) de la Vieille Capitale !

En 1951, la population du Québec est d'un peu plus de quatre millions de personnes. Presque le quart de la population a moins de 10 ans. Ce sont les enfants du *baby-boom* qui auront la main haute sur la décennie suivante et qui insuffleront alors un vent de changement, dont Pierre Bourgault sera l'un des importants agents catalyseurs.

En 1951, étudiant au collège Brébeuf.

Pendant l'année scolaire 1951-1952, Bourgault suit une formation militaire offerte par l'armée de Sa Majesté très britannique. L'été venu, pendant 14 semaines, il se retrouve à la Citadelle de Québec avec 265 étudiants provenant pour la plupart des universités de Québec et de Montréal ainsi que de certains collèges. De ces jeunes hommes, on entend faire des officiers. Vingt-huit aspirants viennent de Brébeuf.

On a beau se trouver dans la ville de Québec, cœur historique de l'Amérique française, une large partie de cette formation militaire se déroule en anglais. Les jeunes hommes étudient la loi militaire, les cartes géographiques et les différentes armes légères dans leurs moindres détails. S'ajoutent à cela l'art du commandement, les soins à porter aux hommes et l'étude de la stratégie militaire. Tout cela est mis en pratique, notamment par une sortie de 48 heures sans trêve où il faut marcher, combattre et endurer toutes les difficultés du terrain. Les erreurs sont punies par des séries de *push-up*. La messe est quotidienne, comme au collège, et les réunions sont fréquentes.

Le 23 août 1952 a lieu la remise des grades suivie par « un bal magnifique », explique un camarade d'armes de Bourgault[42]. Il recevra à cette occasion un parchemin officiel de la jeune reine Elizabeth II. Le document est adressé au *well beloved* officier Pierre Bourgault[43]...

De ses deux mois de vie militaire, Bourgault conserve un heureux souvenir. « Le camp fut des plus rigoureux, écrit-il, quelques-uns n'ont pas persévéré jusqu'au bout. Cependant, je puis assurer que pour quelqu'un qui a réussi à le terminer, la satisfaction est franche. Pour ma part, je m'aperçois en retournant en arrière que les souvenirs de cet été sont parmi mes souvenirs les plus intéressants. J'ai acquis là une expérience impossible à acquérir dans aucun autre domaine[44]. »

L'expérience est, semble-t-il, bien moins heureuse pour certains de ses camarades. Luc Cordeau écrit en effet que, au-delà du maniement de la carabine et du lancer de la grenade, l'activité intellectuelle cessa durant tout l'été. « La lecture fut oubliée et, à plus forte raison, l'étude. Beaucoup d'étudiants qui avaient des examens à reprendre furent forcés de quitter le camp pour pouvoir retrouver l'esprit nécessaire à l'étude. [...] Un état d'abrutissement, de torpeur générale régnait dans le camp. Cet abrutissement aussi bien intellectuel que moral me semble un peu extraordinaire pour des étudiants catholiques de collèges classiques... même en vacances. » À quoi cette atmosphère tient-elle ? À la mauvaise influence de certains officiers et sous-officiers sur les jeunes aspirants, prétend Cordeau. À la Citadelle comme dans la plupart des camps militaires, « il est aussi facile de se procurer de la boisson qu'un paquet de cigarettes ». Durant l'été, il semble que ces abus ont été si nombreux que les autorités « jugèrent vers la fin qu'il était temps de fermer le "mess" ».

Le jeune homme qui a osé donner ces détails peu reluisants sur la vie militaire des camarades de Brébeuf est immédiatement pris à partie par Bourgault dès le numéro suivant du journal étudiant. L'alcool ? « La plupart des gars, je l'avoue, ne manquaient pas de prendre un verre quand ils en avaient l'occasion, mais c'était tout[45]. » Ce n'était rien, à en croire Bourgault, puisqu'il s'attendait, en songeant à son premier stage dans l'armée, « à une soûlerie tout au moins hebdomadaire de la plupart des soldats ». Si ce n'était pas si grave, alors comment Bourgault explique-t-il la fermeture du « mess », là où on trouve de l'alcool ? Simplement à cause de la mauvaise conduite d'un peloton, dit-il, « à l'intérieur de la Citadelle et dans la ville de Québec ». Et cet état de torpeur intellectuelle ? Un état passager, corrige Bourgault : « Durant les deux ou trois premières semaines du camp » seulement. Cette torpeur des élèves officiers, Bourgault l'attribue à un changement brusque du régime de vie : « Le passage de la vie civile à la vie militaire est semblable, si vous me permettez la comparaison, au passage, dans le cours classique, de la Rhétorique à la Philosophie. » Ce passage de la classe de Rhétorique à la classe de Philosophie ne sera justement pas aisé pour Bourgault, c'est le moins qu'on puisse dire...

Depuis la rentrée scolaire de l'automne 1952, Pierre Bourgault n'est plus le représentant de sa classe auprès du journal *Brébeuf*. Que fait-il ? Comme les autres, il se prépare sans doute en vue des examens de décembre, des examens si importants que le *Brébeuf* annonce même, début novembre, qu'il suspend sa publication jusqu'au début de la prochaine année afin de donner une totale liberté d'étude. Or, après Noël, plus de trace de Bourgault nulle part. Ni au journal, ni ailleurs. Ses examens ont été un échec. « À 18 ans, il a été mis à la porte de son collège », écrira Bourgault en parlant de lui à la troisième personne [46].

Quand les résultats scolaires d'un étudiant s'effondrent, la porte de sortie s'ouvre toute grande. Les jésuites ne s'empêchent pas d'exclure quiconque, même un étudiant de grande valeur, surtout s'il fait trop souvent la forte tête ou se montre tout simplement rebelle envers l'autorité et ses symboles. La direction de Brébeuf a l'épiderme réputé sensible. Né lui aussi en 1934, le peintre Yves Gaucher est mis à la porte de Brébeuf à peu près au même moment que Bourgault, mais dans son cas pour avoir réalisé des « dessins impurs [47] ».

La cause principale du congédiement de Bourgault tient sans doute autant à son incapacité à répondre aux exigences de travail de l'établissement qu'à son manque de discipline. De son propre aveu, il n'a pas de méthode de travail. En Philo I, il n'y arrive pas. Il n'y arrive plus. Mais il n'est pas le seul dans cette triste situation, loin de là. « En Philo I, se souvient Yves Massicotte, il n'y avait plus que le tiers des élèves. Ça avait été l'hécatombe, tant pour des raisons de notes que de comportement[48]. » Le fait d'éliminer des élèves ajoute évidemment au sentiment de distinction des autres.

Finies pour Bourgault les études du cours classique. Que fait-il ? Il assiste à quelques cours de philosophie en auditeur libre, à l'Université de Montréal. Et il va se trouver de petits emplois, à gauche et à droite. Il est d'abord commis de bureau.

« Il n'y avait que le théâtre qui m'intéressait à cette époque-là », soutiendra-t-il par la suite[49]. Seulement le théâtre ? C'est en tout cas ce qu'il voudra faire croire des années plus tard. N'est-ce pas là une simple façon de recouvrir de façon commode un échec par les voiles de l'espoir ?

À défaut d'avoir terminé son cours classique, le jeune Bourgault est à tout le moins officier. Hors de Brébeuf, l'été venu, il s'en va tirer du canon dans les plaines du Manitoba en compagnie d'une poignée de Canadiens français, dont certains de Brébeuf.

En 1992, le cinéaste Jacques Godbout écrit : « Quand j'entends "Canada", je revois immédiatement Pierre Bourgault sur le terrain d'exercices militaires du camp de Shilo, au Manitoba, il y a 40 ans. En uniforme d'officier canadien, Bourgault se tenait droit sous le soleil, comme nous tous, pendant que le clairon jouait *God Save the King*, alors l'hymne officiel du pays[50]. »

Nous sommes à l'époque de la guerre de Corée. En Amérique, la paranoïa anticommuniste est à son comble. Pourtant, l'armée ne demeure pour Bourgault qu'une assurance d'avoir un emploi d'été bien payé. Pendant l'hiver, quelques cours théoriques assurent à n'importe quel élève officier une place dans un camp, l'été venu. « Je n'ai pas été fou de l'armée, dira plus tard Bourgault. J'ai toujours aimé la parade, mais pas l'armée[51]. » Voilà une vision de l'armée revue *a posteriori*, si on s'en tient à ses deux articles parus dans *Brébeuf* à l'époque, c'est-à-dire au moment même où il chausse les bottines soigneusement astiquées du militaire. Dans ses articles, Bourgault donne au contraire l'impression de beaucoup apprécier tant la vie militaire que la relative liberté à laquelle elle lui permet alors d'accéder.

À l'été de 1952, Bourgault et quelques-uns de ses confrères de Brébeuf se retrouvent donc à Shilo, au Manitoba. Comme l'ensemble des militaires du camp, il est placé sous les ordres du colonel

Dollard Ménard, responsable de cette garnison depuis quelques mois. Héros du débarquement raté de Dieppe en 1942, cet homme robuste arrive tout juste de l'École de guerre de Paris et d'une mission au Cachemire. Son image de héros bardé de décorations et de noblesse a servi à vendre du courage et des Bons de la victoire durant le terrible conflit mondial. Il est l'un des militaires canadiens les plus connus. Des années plus tard, lors du référendum de 1980, Dollard Ménard se déclarera favorable à l'indépendance du Québec. Unique haut gradé de l'armée canadienne à prendre ainsi une position radicale contre l'emprise du système fédéral, il sera alors honni par ses pairs et traversera une période plus que difficile.

Le camp de Shilo occupe à l'époque un territoire considérable. L'armée canadienne y a installé une importante école d'artillerie. Beaucoup d'étudiants qui font partie du Corps école des officiers canadiens (CEOC), connu surtout sous son sigle anglophone (COT), se retrouvent là-bas. On forme des unités de campagne équipées de canons qui crachent des obus de 105 mm.

Un jour au camp, raconte Dollard Ménard, un élève officier vient le voir à son bureau. Le jeune militaire se dit furieux d'être victime d'une injustice. « Pierre Bourgault était venu me voir parce qu'il avait parlé français dans le "mess". Le commandant de son école d'artillerie n'aimait pas ça. Il lui avait dit : "Écoutez, ici on parle anglais"[52]. » Dollard Ménard convoque alors immédiatement le commandant de l'école, un anglophone du nom de Bailey. Il lui demande de quel droit il empêche un francophone de parler sa langue. « Trouvez-moi, dit Ménard, le règlement qui existe quelque part à cet effet et que vous appliquez ! » Évidemment, le commandant ne trouve rien... « Par la suite, tous les francophones parlaient français dans le "mess" », dira Ménard.

Mais la situation des francophones dans l'armée continue d'être pour le moins difficile. Ainsi, les propres enfants de Dollard Ménard sont, à la même époque, victimes d'une politique militaire d'Ottawa qui favorise uniquement l'enseignement en anglais[53].

Bourgault a de la chance. L'affaire aurait en effet pu se retourner contre lui. « L'avantage, jugera-t-il avec raison, est qu'on avait le chef de notre côté. Et il était très nationaliste[54]. »

Le camp de Shilo compte environ 3 000 soldats, dont quelques dizaines de Canadiens français. Le petit journal du camp est publié en anglais, mais Bourgault et ses camarades, passionnés par les lettres autant que par un principe d'affirmation déterminée des Canadiens français, entendent y publier des articles dans la langue de Molière. Comme il n'y a pas de caractères d'imprimerie avec des accents, publier en français n'est pas chose facile. Mais, dans l'atelier du journal militaire, c'est moins la typographie que la volonté d'accueillir des textes français qui fait défaut. Fort de sa première victoire contre le « mess » des officiers, Bourgault se rend à nouveau voir le colonel Ménard pour trouver cette fois une solution à ce problème d'imprimerie...

Jacques Godbout estime que Bourgault ne voulait rien de moins que transformer l'armée. « Pierre s'était mis dans la tête qu'on pouvait publier un journal en français dans l'Ouest du pays. Ce qui était le comble du ridicule, évidemment[55]. » À l'époque, l'usage du français dans les forces armées canadiennes relève en effet de la plus pure rêverie[56].

Au Manitoba, le lien qui s'établit entre Dollard Ménard et Pierre Bourgault apparaît d'emblée excellent. Ménard semble beaucoup apprécier la détermination du jeune homme. À la Saint-Jean-Baptiste, raconte Bourgault, une permission leur est accordée pour fêter. Résultat : une vraie beuverie ! Les souvenirs sont clairs, même des années plus tard : « Vous nous aviez ramassés soûls dans un fossé », se rappelle Bourgault devant son ancien supérieur. Pour l'occasion, ses camarades et lui ont même placardé, un peu partout dans le camp, des affiches unilingues françaises. « Des affiches un peu insultantes, explique Bourgault : les Anglais demandaient ce qui était écrit là-dessus. On disait : "Traduis !" »

Paradoxalement, l'armée permet à Bourgault de goûter quelque peu aux plaisirs d'une certaine liberté qui lui échappait à Brébeuf. Mais le conformisme et les contraintes de l'uniforme ne sont tout de même pas faits pour lui. Tant qu'à être dans l'armée, estime ce jeune officier peu orthodoxe, il faut s'amuser ! « C'était l'époque du cinéma où il y avait beaucoup de comédies musicales, raconte Jacques Godbout. [...] Pierre, certains matins, prenait le peloton dont il avait la responsabilité et, plutôt que de leur apprendre à

marcher – gauche, droite, gauche, droite – leur enseignait à danser
– un, deux, trois, quatre ! ; un, deux, trois, quatre ! – la samba sur le
terrain de parade [57] ! » Évidemment, comme on s'en doute, la façon
de faire de Pierre Bourgault ne plaît pas beaucoup aux militaires,
plus habitués à marcher au pas cadencé qu'à valser.

Dix ans plus tard, à l'occasion d'une escale en avion au Manitoba, Bourgault se souvient de son séjour au camp et donne des
indications sur ce que la vie dans l'armée comportait alors de festif.

> Je revois cette petite ville que je n'avais pas visitée
> depuis dix ans. Ça n'est pas un retour. C'est une
> découverte. Je n'arrive pas à rassembler de souvenirs.
> Dans quelle direction se trouve donc le camp mili-
> taire de Shilo où je fis mon service dans l'artillerie ?
> Où se trouve la rivière qui contourne Brandon et que
> nous avons traversée si souvent en ce temps où nous
> venions « en ville » nous amuser un peu ? Où sont
> encore les jeunes filles de la compagnie de téléphone
> qu'on venait autrefois chercher en camion et qu'on
> ramenait à Shilo pour les danses et l'agrément des offi-
> ciers ? Que sont-elles devenues ? Sages ? Peut-être [58] !

La carrière militaire, Bourgault la délaisse volontiers. D'ailleurs,
a-t-il jamais sérieusement songé à la poursuivre ? La totale liberté
du civil lui apparaît plus attirante encore que la liberté relative que
lui procurent ses galons d'officier. Pierre Bourgault sait-il qu'il ne
conserve alors son diplôme de l'armée dans ses affaires personnelles
que pour se donner le plaisir de le déchirer plus tard en public,
lors de manifestations du Rassemblement pour l'indépendance
nationale ?

Revenu à la vie civile, tout à fait libre pour la première fois de
sa vie, Bourgault rêve alors de théâtre, malgré le théâtre lui-même,
alors aussi peu accueillant que possible pour un jeune comédien [59].

Le théâtre ? Sa mère n'est pas d'accord avec son choix. Il est
impossible de gagner sa vie au théâtre, dit-elle. Évidemment. Bien
sûr. C'est entendu. Pierre Bourgault le sait, comme tout le monde.
Il ne lui reste plus alors qu'une chose possible pour assouvir cette
passion irrépressible : en faire.

Lorsqu'il était encore à Brébeuf, Pierre Bourgault montait déjà sur les planches, on l'a vu, en compagnie de son camarade Yves Massicotte. Il se lance alors dans la production des *Mamelles de Tirésias*, d'Apollinaire. En Versification, il participe à la création d'une pièce consacrée à la vie du cardinal jésuite Robert Bellarmin. Pierre Bourgault en pourfendeur de Galilée, cet homme qui a tant souffert pour avoir défendu les principes de la raison ! Ainsi, la passion du théâtre est-elle bien ancrée chez Pierre Bourgault après son départ du collège en 1952. « Il avait du talent pour le théâtre », se souvient son professeur du temps [60].

Après son départ de Brébeuf, pour les fins d'une éventuelle carrière au théâtre, Bourgault apprend, tant bien que mal, le ballet et l'escrime en compagnie de son ami Yves Massicotte ! L'escrime avec M. Desjarlais, à la Palestre nationale, et le ballet avec M. Beaudet, dans une école privée. Ils croient tous deux que cela peut sérieusement les aider. « J'étais totalement ridicule », se souvient Bourgault [61]. Les deux amis persévèrent tout de même. Ils suivent ces leçons pendant au moins six mois [62].

Bourgault écrit même une pièce de théâtre au thème patriotique : *L'Honneur*. Il en confie à Yves Massicotte un exemplaire, sans doute dans l'espoir d'arriver à monter la pièce [63]. Bourgault en distribue ensuite quelques copies autour de lui, probablement pour la même raison. Le comédien Marcel Sabourin se rappelle que Roland Laroche lui avait montré la pièce. Le talent de dramaturge n'est pas là : « Selon mon souvenir, affirme Sabourin, c'était bien mauvais, grandiloquent et pompeux [64]. » La pièce meurt dans un tiroir.

CHAPITRE 3

LES PLANCHES

*On trouve toujours quelque chose,
hein, Didi, pour nous donner
l'impression d'exister ?*
— SAMUEL BECKETT, *En attendant Godot*

MONTRÉAL, 1953. Même pour un jeune homme doué, les rôles au théâtre sont rares. Très rares. Où jouer ? Bourgault se joint, avant la fin de l'année, aux Jongleurs de la montagne du père Émile Legault, de la congrégation de Sainte-Croix.

La religion semble s'accrocher à ses semelles. Encore. À moins que ce ne soit le contraire...

Ce père Legault est à tout le moins un personnage hors du commun. Une cigarette dans une main, un bréviaire ou une pièce de théâtre catholique dans l'autre, le père Legault ne peut vivre loin d'une scène, quoi qu'il en dise. Après s'être donné corps et âme aux Compagnons de Saint-Laurent, dont plusieurs des meilleurs comédiens de l'heure sont issus, il ne souhaite plus monter autre chose que du théâtre chrétien, « dans l'ambiance de l'oratoire » Saint-Joseph, rien de moins[1]. À cette fin, il fonde les Jongleurs de la montagne.

Ces Jongleurs sont installés à l'oratoire Saint-Joseph, tant pour jouer que pour répéter. « Dans la pensée de mes supérieurs, dans la mienne aussi, écrit le père Legault, les Jongleurs ne seront jamais qu'une compagnie d'amateurs, œuvrant dans l'ombre somptueuse de l'oratoire[2]. »

Accroupi, au centre des Jongleurs de la montagne.

La troupe joue du théâtre religieux et parareligieux dans la petite salle des Pèlerins, de même que dans les jardins illuminés du chemin de croix [3].

En février 1954, Pierre Bourgault est de la distribution de l'*Antigone* de Sophocle, adaptée par Léon Chancerel. La pièce est présentée dans l'entresol de l'oratoire. On y accède facilement grâce à l'une de ces merveilles de la modernité mise au service de la religion : l'escalier mécanique en métal. L'entrée est gratuite. Les comédiens ne sont pas identifiés puisque le père Legault considère sa troupe comme une école de formation chrétienne et non d'adulation de jeunes comédiens en devenir...

Le 22 février, à la suite de l'avant-première, le critique du *Devoir*, Louis-Marcel Raymond, écrit un commentaire élogieux de la pièce. Le critique tient en très haute estime l'interprète de Créon, qui n'est autre qu'Yves Massicotte. Dans son texte, il souligne aussi la qualité de l'interprète du Choreute, qui est nul autre que Pierre Bourgault : « L'interprète du Choreute a une voix d'une richesse assez rare, doublée d'une excellente diction, de la sincérité et de la chaleur, qui lui promettent également un brillant avenir au théâtre [4]. »

Jacques Godbout affirme, à l'occasion d'un hommage rendu à Bourgault en 1985 :

> Je l'ai vu une fois dans *Antigone* d'Anouilh (sic). Je dois avouer que c'est probablement le seul comédien au théâtre qui m'ait fait pleurer. D'après moi, il y avait deux acteurs qu'il fallait suivre à cette époque-là : Gérard Philipe et Pierre Bourgault [5].

Vraiment ? Pierre Bourgault et Gérard Philipe ? S'il est vrai que les deux hommes jouent au théâtre à Montréal la même année, comment diable comparer sérieusement l'un à l'autre ?

Lorsqu'à l'automne 1954 Gérard Philipe débarque à Montréal avec la troupe du Théâtre national populaire, il est déjà célèbre. Il a joué dans plusieurs films et triomphé au théâtre dans de grands rôles. Au cinéma, grâce à son personnage de Fanfan la Tulipe, il constitue même une sorte de héros populaire en France. Au Québec, Gérard Philipe est reçu partout. Il joue dans *Le Cid* de Corneille et dans *Ruy Blas* de Victor Hugo. Il ne vient en somme au Québec que pour mieux profiter d'une renommée déjà acquise outre-Atlantique depuis longtemps, malgré son tout jeune âge.

Qu'est Bourgault par rapport à cette célébrité internationale ? De 12 ans son cadet, il peine à dénicher le moindre rôle. D'autres comédiens issus de l'univers du père Legault viennent pourtant de lancer le Théâtre du Nouveau Monde et réussissent assez bien sur la scène professionnelle. Faire du théâtre d'inspiration religieuse, anonymement, dans le cadre des activités de l'oratoire Saint-Joseph, de surcroît, ce n'est tout de même pas là un triomphe qui permette de se mesurer sérieusement à un Gérard Philipe !

En 1954 toujours, Bourgault va jouer dans une seconde pièce, encore une fois à l'oratoire Saint-Joseph. L'été venu, les jardins accueillent les représentations d'*Un chemin de Croix*, une pièce d'Henri Ghéon qui sera montée et rejouée durant des années par les soins d'Yves Massicotte. Écrivain français mineur, Ghéon est tenu en très haute estime par le père Legault qui, comme il s'en explique dans ses mémoires, programme ses pièces plus que celles de tout autre auteur. L'espace de la belle saison, Bourgault joue ainsi dans ce chemin de croix en plein air [6].

« Évidemment, je ne pouvais pas vivre de ça », explique Bourgault. Pour continuer d'espérer vivre un jour du théâtre, il accepte donc 36 métiers et autant de misères : commis à la banque Toronto-Dominion et au crédit chez A. Gold and Sons, simple employé dans un laboratoire de photographie, puis dans une librairie et dans la construction [7]. Il travaille aussi dans un garage, puis à la Southern Canada Powers. « À la Southern, le président me fait venir, m'ordonne de couper ma barbe... Je démissionne [8]. »

Bourgault garde tout de même confiance en son avenir au théâtre. Après tout, il est doué. Personne n'en doute. Surtout pas lui, dont le caractère au naturel déjà si fort a, pour ne pas arranger les choses, beaucoup profité de cette modestie qui sied si bien aux anciens de Brébeuf...

C'est à l'occasion d'un concours d'art dramatique que le comédien Benoît Girard le rencontre pour la première fois. Bourgault présente au jury une scène de *L'Hermine*, de Jean Anouilh, et remporte les honneurs. Cela ne suffit pas à le faire apprécier de tous, surtout pas de Benoît Girard : « Je l'avais trouvé suffisant, prétentieux. Il ne doutait pas de lui [9]. »

Bourgault se souvient très bien, lui aussi, de cette première rencontre. Benoît Girard lui demande alors, pour le remettre à sa place :

— Es-tu parent avec les Bourgault de Saint-Jean-Port-Joli ?

— Non. Pourquoi ?

— Alors comment ça se fait que tu as une tête de bois comme ça [10] ?

Bourgault et Girard se retrouveront plus tard à Paris puis, en 1961, sur le plateau de tournage de *La Côte de sable*, un téléroman signé Marcel Dubé.

Faute de connaître de véritable débouché au théâtre, Bourgault finit par accepter de travailler comme annonceur à Trois-Rivières, à la station de radio CHLN. Il y débarque à l'automne 1954 avec sa nouvelle barbe, ce que les propriétaires de la station n'apprécient pas [11]. Il porte alors souvent la barbe, surtout l'été, dans l'espoir de protéger sa peau laiteuse, très sensible au soleil[12]. Caprice de la nature ou mystère d'une filiation inconnue, sa peau n'a pas de pigmentation. Il a le vitiligo, ce qui explique ce visage d'une extrême blancheur qui lui donne un air si particulier. La blancheur de Bourgault ira très tôt croissante. Elle impose l'attention sur lui. On pourrait même dire que cette blancheur exceptionnellement précoce lui confère une certaine autorité. Mais, pendant des années, Bourgault refuse cette caractéristique physique et se teint lui-même les cheveux pour contrer quelque peu cette allure d'outre-tombe qui est pourtant vite la sienne. Jusqu'aux années 1970, il éprouve beaucoup de mal à accepter des cheveux tout à fait blancs comme neige alors qu'il est encore si jeune.

À Trois-Rivières, en 1954, parmi l'équipe de la radio, on trouve André Payette, Georges Dor, Raymond Lebrun, Lise Payette, Jacques Dufresne et Gilles Leclerc. La direction de la radio tente de faire mousser la vente de publicité par l'ajout de nouveaux noms à sa programmation. Lise Payette explique que CHLN n'est alors pour chacun qu'un lieu où on apprend à faire de la radio en attendant de trouver mieux. « Chacun essayait, à partir de là, d'améliorer son sort[13]. »

Bourgault garde régulièrement les enfants du couple Payette, au point où il prend l'habitude – qu'il ne perdra jamais plus – d'appeler Lise « maman ». Il s'amuse par ailleurs beaucoup avec ses amis de la radio et aime bien sortir avec tout le monde. L'hiver venu, il n'hésite pas à provoquer des chamaillages dans la neige, dont Lise Payette a conservé un souvenir ravi.

Dor, Lebrun et Bourgault habitent la même pension, rue Bonaventure. On lit, on écoute de la musique, on boit, on parle... Pour illustrer la couverture d'*Éternelles saisons*, le premier recueil de poésie de Georges Dor, c'est Bourgault qui entreprend de réaliser le dessin qui l'ornera.

— Ton dessin n'est pas bon ! lui lance Georges Dor.

— Ce n'est pas grave, rétorque Bourgault, tes poèmes non plus[14] !

Les membres de l'équipe ont tôt fait de se lier étroitement d'amitié. « Tous les soirs, c'était la fête, se souvient Raymond Lebrun. On ne mangeait pas et on ne dormait pas[15]... » Mais les affaires de la station ne fonctionnent pas du tout comme prévu. À la fin décembre, Bourgault est convoqué par la direction. À son retour de la rencontre, il lance à Lebrun :

— Ça m'a fait plaisir de travailler avec toi ! Ils viennent de me jeter dehors...

Un à un, tout ce beau monde finit par quitter Trois-Rivières. Tandis que Raymond Lebrun s'en va travailler pour Radio-Canada à Ottawa, Bourgault se retrouve quelques temps sur la paille. Il reste sans emploi pendant huit mois, à jouer aux cartes sur la rue Saint-Laurent. Il esssaye aussi d'écrire. Le comédien et metteur en scène Jacques Zouvi lui demande un jour s'il a une pièce à lui montrer. « Je lui ai dit oui. Mais je n'en avais pas. Je me suis installé, j'ai composé la pièce, je l'ai transcrite. En 24 heures. Une pièce de trois heures, qui n'était d'ailleurs pas tellement bonne [16]... »

Il finit par travailler à CHLT, une radio commerciale de Sherbrooke, à proximité de sa famille. À Sherbrooke, il retrouve son ami Georges Dor.

Au printemps 1955, Raymond Lebrun lui téléphone afin de l'informer qu'un poste d'annonceur est disponible à Ottawa, à CBOFT. Bourgault passe l'entrevue. Et l'emploi est pour lui !

Dans la capitale fédérale, René Chartier, Raymond Lebrun et Pierre Bourgault louent ensemble la maison d'un fonctionnaire. La vie est belle. On discute beaucoup de musique classique mais aussi de jazz. Lebrun achète des disques. Bourgault se passionne pour la « haute fidélité ». Il est enchanté par le *Requiem* de Berlioz, entreprise musicale démesurée. « Quand je mourrai, dit-il à Lebrun, j'espère qu'on m'enterrera avec la musique du "Tubamerum" de Berlioz. »

La maison comporte un grand aquarium de poissons tropicaux. « Par tirage au sort, explique Lebrun, nous avions installé l'aquarium dans ma chambre, mais c'est Bourgault qui se passionnait pour les poissons [17]. »

À Ottawa, Bourgault s'amuse. Il apprécie beaucoup la compagnie des jolies femmes. Il connaît au moins deux aventures, se souvient Raymond Lebrun. La première de ces femmes est liée au métier des communications et l'autre finit par épouser un producteur d'Hollywood, résume-t-il. Raymond Lebrun soutient que ceux ayant prétendu que ses problèmes au travail étaient liés à l'homosexualité sont dans l'erreur la plus totale[18].

Mais quelque chose cloche en effet au travail. Qu'est-ce qui ne va pas ? C'est tout simple : le crâne. Bourgault affirme souffrir de céphalées terribles. Il boit beaucoup d'alcool, pour apaiser ce mal, dit-il. Mais, bien sûr, la bouteille entraîne elle aussi des maux de tête... L'alcool représente peut-être, plus simplement, une liberté facilement conquise sur l'oppressante puissance du monde qui l'entoure.

Son camarade Lebrun affirme qu'un médecin diagnostique alors chez son colocataire une lente maladie dégénérative, dont les maux de tête ne sont qu'un symptôme. Malade à ce point, Bourgault ? Aucun autre témoignage ne permet de le soutenir.

De quoi rêve alors Pierre Bourgault ? De théâtre, comme toujours. Mais le rêve cède le plus souvent le pas aux nécessités du quotidien. Il compte tout de même sur cet horizon pour concevoir son avenir. Bourgault discute alors beaucoup d'un projet d'écriture pour le théâtre. Il veut écrire une pièce qui reposerait sur l'incroyable histoire de Joseph Guibord, ce pauvre homme, membre de l'Institut canadien, à qui l'Église catholique refuse, au XIXᵉ siècle, la sépulture jusqu'à ce que l'autorité de Rome elle-même, appuyée par l'armée il est vrai, intervienne pour que le corps du malheureux puisse trouver son dernier repos au cimetière de la Côte-des-Neiges. Cette histoire, où s'affrontent la liberté de pensée et le carcan du catholicisme le plus intransigeant, le fascine durant des mois, voire des années. À mesure qu'il mord dans le fruit de la vie, Pierre Bourgault a compris qu'il devait recracher le noyau du catholicisme.

En 1961, son premier grand article publié dans le magazine couleur de *La Presse* est consacré à l'affaire Guibord. Il écrit alors ceci : « Il est de grandes périodes de l'histoire, des grands faits historiques, qui furent la synthèse de toute une époque, dont on n'a pas le moindre souvenir ou qu'on ignore tout simplement. Ils sont pourtant d'une grande importance pour la compréhension du milieu. [...] L'affaire Guibord est un des moments les plus marquants du XIXᵉ siècle au Canada. Dans une époque déjà remplie de panache, elle retentit comme un coup de foudre et relègue au deuxième plan toutes les escarmouches brillantes des années 1860[19]. »

Sans débouché en vue du côté du théâtre, passant toujours d'un emploi à l'autre du côté des médias, Bourgault aboutit à la télévision d'État à Montréal. Il y œuvre comme régisseur.

> Bourgault était très intelligent, se souvient son ami le comédien Claude Préfontaine. Sur un plateau comme ailleurs, il savait exactement ce qui se passait. Il s'est entre autres occupé de certains télé-théâtres. C'était prestigieux, les télé-théâtres, pour un jeune régisseur[20].

Bourgault possède sa manière bien à lui de mener les choses sur un plateau, explique Préfontaine : « J'ai joué un jour dans *L'Idiot*, de Dostoïevsky. Je connaissais déjà Pierre, mais j'avais découvert cette fois-là sa façon radicale de vous sortir de la torpeur du trac. Juste avant d'entrer sur le plateau, il me tenait solidement par les épaules. Au moment d'y aller, il m'a poussé fermement en scène en disant : "Oublie-pas, ti-Claude, que c'est ta carrière que tu joues !" »

En tout juste quelques années, Radio-Canada était devenu le plus grand centre de production en direct de l'Amérique du Nord, se souvient Bourgault. « C'étaient des tours de force, presque tous les jours. On faisait des télé-théâtres avec 22 décors. On faisait des naufrages, des tempêtes de neige... C'était insensé ! Mais ça fonctionnait[21] ! »

Bourgault travaille un bon moment à l'émission *Music-hall*, animée par Michèle Tisseyre. Là, comme régisseur toujours, il rencontre Olivier Guimond et accueille Jean-Pierre Ferland lors de son premier passage à la télévision. « Ce pauvre Jean-Pierre, qui n'avait jamais fait de télévision, on le lance à la plus grande émission de télé de l'époque ! Évidemment, il a vomi avant que cela commence. Et là, dès le début de sa chanson, il oubliait les paroles. Je lui soufflais... On a réussi à passer au travers. J'ai connu Jacques Brel, avec qui on a passé trois jours à cette époque-là. Quel être détestable ! » Michèle Tisseyre se souvient pour sa part du trac incroyable qu'a alors éprouvé Ferland, mais elle estime que Jacques

Brel était au contraire réservé et parfaitement charmant[22]. Mais de Bourgault lui-même, la grande suzeraine de la télévision ne se souvient tout simplement pas...

Bourgault n'est pas un bon régisseur, soutient l'écrivain Claude Jasmin, alors décorateur à la télévision d'État. « Il n'était pas du tout diplomate. Il envoyait chier les machinistes, les éclairagistes, tout le monde. Les gants blancs, ce n'était pas son affaire. Il avait un naturel de patron. Il ne pouvait pas vraiment travailler sous les ordres de quelqu'un[23]. »

Remarquez, continue Jasmin, que Bourgault n'est pas non plus un comédien de talent. « Il n'était pas bon. Sa personnalité était trop forte. Il n'arrivait pas tout à fait à se faire oublier dans son personnage de scène. »

Dans ses temps libres, Bourgault continue alors d'échafauder son projet de pièce de théâtre consacrée à l'affaire Guibord. À Ottawa, Raymond Lebrun réalise, à sa demande, des recherches aux Archives nationales. Lebrun consulte notamment le journal *La Minerve* et produit un dossier où quelques personnages en rapport avec l'affaire sont esquissés[24]. La structure de la pièce ne tient pas et le projet de Bourgault n'aboutira finalement jamais sur les planches.

À la fin de 1958, la grève de Radio-Canada annonce bien des changements. Bourgault affirme, des années après les événements, avoir passé les 59 jours de grève sur les lignes de piquetage[25]. La jeune télévision de Radio-Canada à Montréal produit alors plus de 60 % des émissions diffusées en français au pays. L'ancien hôtel Ford, transformé par la société d'État en centre de télédiffusion, est vite devenu une véritable fourmilière où tout le monde s'active. Mais les jeunes réalisateurs ne jouissent alors d'aucune protection sociale et ils entendent se syndiquer. Plusieurs sont sans contrat de travail. Leur situation demeure précaire, même si la direction les considère comme des « cadres ». À la fin décembre, la grève éclate. Très rapidement, des techniciens, des annonceurs, des comédiens, des maquilleuses, des journalistes et des employés de bureau arpentent le trottoir devant l'édifice de Radio-Canada. À Ottawa, personne ne semble pourtant prêter l'oreille à ces Canadiens français en colère. Pour des intellectuels tels René Lévesque ou André d'Allemagne, cette lutte syndicale aura un effet déterminant pour leur réflexion sur la relation politique qu'entretient le Canada anglais avec la portion française du pays. Mais pour Bourgault, l'importance de cet événement sur l'évolution de sa propre pensée apparaît mineure.

Monique, sa sœur cadette, vient alors de terminer sa formation d'infirmière et souhaite s'installer à Montréal pour y travailler. Ses parents croient que ce serait une bonne idée qu'elle habite avec Pierre, l'un pouvant ainsi surveiller l'autre... Le père paye alors des meubles à sa fille, ce qui profite aussi à Pierre puisqu'il possède alors trois fois rien. Le frère et la sœur s'installent tous deux, au printemps 1959, dans un nouvel immeuble à logements situé près de l'Université de Montréal, au 3325 de la rue Maplewood.

Ensemble, ils jouent du piano. Ils passent d'un morceau à l'autre, parmi les nombreux cahiers de musique qu'ils possèdent. Au grand dam de sa sœur, Pierre arrive beaucoup plus vite qu'elle à apprendre de mémoire des nouvelles pièces [26]. Les partitions se succèdent. Il déchiffre. Il joue. Il répète. Parfois indéfiniment. Le piano le passionne et l'absorbe.

Selon sa sœur, il prend aussi beaucoup de plaisir à la lecture. Avec des briques et des planches, il s'est fabriqué des étagères pour ranger ses volumes. « J'avais l'impression qu'il retenait absolument tous les détails des livres qu'il lisait. Et Dieu sait qu'il lisait [27] ! »

Pour parer à la désorganisation financière de son frère, Monique prend vite en charge la gestion de l'appartement. Avec l'argent, juge-t-elle, la main droite de Pierre ne sait jamais ce que fait la main gauche... Le jour de la paye, c'est donc elle qui, selon le budget, prélève l'argent pour le loyer, la nourriture, les cigarettes et le remboursement d'une assez curieuse dette que son père a accepté d'endosser. Au retour d'un tournage de Radio-Canada, le fils a affirmé à Albert Bourgault avoir outrepassé le budget que la société lui avait accordé et plaide qu'il doit sans faute rembourser son employeur. Est-ce là une amplification de la vérité qui lui permet en fait d'effacer d'autres dettes ailleurs ? Chose certaine, sa sœur affirme que tout ne va pas alors très bien pour lui à Radio-Canada.

Avec ce qui lui reste d'argent après chaque paye, le frère tumultueux a tôt fait d'acheter des livres et, surtout, beaucoup de disques.

Pour les disques, il profite d'un lien familial avantageux : sa tante maternelle, Blanche Beaudoin, a épousé Frank Ramsperger, propriétaire d'International Music Store, un de ses magasins préférés... Quand il n'a plus d'argent pour payer, il fait tout simplement porter ses achats au compte de sa mère [28] ! Cette désinvolture enrage Monique.

Ce garçon manque toujours d'argent. Le lendemain même de la paye, il n'est pas rare qu'il demande à sa sœur de lui prêter de quoi prendre l'autobus ou sortir...

Le voisin de leur appartement est alors André Galipeault, un jeune étudiant en droit de l'Université McGill. Le soir venu, les deux hommes ont un code commun : l'un tape deux coups au mur mitoyen ; si deux coups se font entendre en écho, c'est le signal de départ d'une longue discussion dans l'un ou l'autre appartement. « Bourgault était un bon vivant et aimait discuter à l'infini de n'importe quel sujet. Le soir venu, on réglait tous les problèmes du monde [29]. » Au 3325 rue Maplewood, tous les jeunes de l'immeuble se fréquentent. Bourgault apprécie en particulier une jeune femme tout à fait splendide. « Françoise Lebon habitait alors au-dessus. C'était une grande femme qu'il aimait beaucoup », se souvient Galipeault. Tous les contemporains de Bourgault ayant connu Françoise Lebon s'accordent pour dire qu'elle était une femme notoirement belle et intelligente.

Tout comme Pierre, elle se passionne pour la musique. « Françoise était une merveilleuse chanteuse », raconte Monique Bourgault. Née en 1936 au Saguenay, Françoise Lebon travaille comme réceptionniste, mais elle se passionne d'abord et avant tout pour ses études de chant. Elle se fait entendre au sein des chœurs de l'Opéra de Montréal, animés alors par la réputée Pauline Donalda. Elle sera bientôt élève à l'École Vincent-d'Indy.

Françoise et Pierre ont tôt fait de tisser des liens à l'occasion de soirées et de diverses sorties entre amis. Bourgault lui fait connaître la *4e Symphonie* de Mozart, se souvient Françoise Lebon [30]. Ensemble, ils écoutent beaucoup d'opéra. Pierre va l'entendre chanter, sans craindre de formuler des critiques parfois sévères, tantôt quant au choix des œuvres, tantôt quant à leur interprétation. Des liens intimes ne tardent pas à se créer entre eux. Mais cette relation amoureuse connaît des hauts et des bas qui encouragent bientôt Bourgault à quitter le Québec.

À Radio-Canada, où il travaille alors à titre de régisseur, Bourgault s'occupe notamment du petit studio 42 où on réalise la populaire émission pour enfants *Bobino*, mettant en vedette Guy Sanche.

« L'émission passait à quatre heures trente. À quatre heures et quart, je dis à Guy, "Je suis tanné de travailler ici". Alors il m'a dit "démissionne" [31]. » Après une répétition, Bourgault quitte le studio et revient quelques minutes plus tard :

— C'est fait, Guy !
— Quoi ?
— J'ai démissionné [32] !

« Je suis parti sur un coup de tête, écrira-t-il. Parce que j'en avais assez, parce que j'étais écœuré. Pour changer d'air [33]. »

Le jeune régisseur éprouve alors plus que jamais le besoin de prendre le grand large. Fuit-il quelque chose ou quelqu'un ? D'où lui vient ce dégoût de sa situation, cet intense et si soudain besoin de vite changer d'air à tout prix, de s'embarquer presque pour n'importe quelle destination ? Sa Françoise se montre, chose certaine, extrêmement déçue de ce départ précipité [34].

Bourgault part pour un long séjour en Europe, au beau milieu de l'année 1959, avec seulement 500 $ en poche. L'aventure, c'est l'aventure ! Il est le seul passager à bord du *Cleopatra*, un cargo allemand où il récite quelques vers de Gœthe pour impressionner l'équipage. Une fois arrivé là-bas, la réalité revient au galop : il télégraphie à sa sœur pour qu'elle lui fasse parvenir de l'argent [35]...

> Je suis parti en Europe sur un cargo allemand. Je suis parti de Saint-Jean, au Nouveau-Brunswick. Je m'en allais à Hambourg. Rendu à Londres, j'étais absolument dégoûté du bateau. Ça faisait 12 jours que j'étais sur le bateau. Alors je suis descendu à Londres. [...] J'ai découvert Londres, que j'ai beaucoup aimé et que j'aime encore beaucoup. [...] L'Angleterre c'est un pays extraordinaire et Londres est une ville extraordinaire. Ils ont de vrais Anglais, eux, là-bas. Les vrais Anglais – pas les autres, à nous – sont

extraordinaires. J'ai fait un séjour très agréable. Après ça je suis passé à Paris [36].

S'il affirme avoir vraiment beaucoup aimé l'Angleterre, Bourgault reste néanmoins à peu près muet à son sujet. Qu'est-ce qu'il aime tant à Londres ? Il n'en dira mot.

En Europe, il écrit à sa Françoise une lettre où il tente d'expliquer tant bien que mal son départ précipité. Sa lettre parle d'une incapacité à leur offrir un futur convenable et, toujours, du manque d'argent [37]. Dans cette lettre, Bourgault affirme aussi avoir rencontré Dyne Mousseau et d'autres comédiens québécois, « tous espérant trouver du travail au théâtre en France [38] ». Hélas, cette lettre a été détruite avec d'autres [39]. Mais n'est-ce pas d'abord à sa propre personne, plutôt qu'aux petites affres de l'existence, que Bourgault tente ainsi d'échapper ?

Sans toujours trop comprendre le bien-fondé de la décision de son amoureux, Françoise Lebon se décide, elle aussi, à quitter Montréal. Elle voyage pendant plusieurs mois aux États-Unis. Les contacts entre elle et Pierre sont alors tout à fait interrompus.

En Europe, à vivre d'espérance, Bourgault se coule doucement dans une certaine bohème [40]. Il ne demande rien d'autre à la vie que de se composer toujours d'une suite d'heureuses journées. « On se nourrissait de surréalisme, explique-t-il en 1965. André Breton, Apollinaire. Paris et Londres, on ne foutait rien du tout [41]. »

Dans la capitale française, il loge à l'hôtel Saint-André-des-Arts, au cœur même de Saint-Germain-des-Prés [42]. Son premier joint, il le fume à la discothèque Le Caméléon, située à deux pas de son hôtel [43]. Il sort. Il s'amuse. Les rues de Paris sont pour lui comme des corridors de pierres où l'on peut flâner, d'un café à l'autre, d'une rue à l'autre, à travers le flot ininterrompu des passants. Il profite des grands trottoirs plantés d'arbres pour déambuler le long d'innombrables terrasses.

Installé à Paris depuis un mois à peine, Bourgault a déjà sa table à la Pergola, un restaurant à la mode où on trouve deux bonnes « machines à boules », des *flippers* comme disent les Français. Bourgault passe ses nuits à jouer avec ces machines jusqu'à devenir le grand champion du lieu, voire le *bum* par excellence de l'endroit, comme l'explique notamment le comédien Benoît Girard [44]. Les

« machines à boules » le passionnent à un tel point qu'il se prend
volontiers à disserter à leur sujet [45].

À la Pergola, tout à fait par hasard, François Tassé et lui font
un jour la rencontre de deux Américains. Ce sont des doublures,
mais ils font aussi du théâtre. Les quatre hommes discutent, de
tout, de rien, y compris de théâtre. Ces hommes du pays de l'oncle
Sam ont le projet de monter une pièce... Pourquoi ne pas se lancer
dans un projet avec eux ?

Élève de l'école de Jacques Lecocq à Paris, Tassé travaille alors le
jeu d'acteur et aspire à devenir un véritable comédien. Il ne ménage
pas ses efforts en ce sens. Dans ses temps libres, il fréquente Gaston
Miron, qui séjourne alors à Paris, et voit des pièces avec le poète-
éditeur. Il ne fréquente – selon son souvenir, à tout le moins –
qu'assez peu Pierre Bourgault. Mais avec lui, il saisit ce jour-là
tout joyeux une occasion de faire du théâtre à Paris. « Ils nous ont
proposé de jouer *En attendant Godot* en anglais, puis de tourner
en France dans un réseau américain. On a donc répété... Mais
l'affaire n'a pas eu lieu. » Où répètent-ils ? Dans un établissement
américain, selon son souvenir. Une maison culturelle ? Possible.
Ou même encore un hôpital ? Pourquoi pas. Chose certaine, pas
un théâtre ou une maison directement liée aux arts de la scène.
Cela situe déjà un peu le caractère amateur de l'entreprise.

Bourgault doit interpréter le rôle de Pozo. Dans cette pièce
de Beckett, les personnages tentent de se donner l'impression
d'exister, mais seul le non-sens de la vie apparaît le plus fort. Pozo,
ce pourrait d'ailleurs être un peu Bourgault lui-même, un homme
qui se cherche de loin en loin, sans idée précise sur son avenir :
« Un beau jour, je me suis réveillé, aveugle comme le destin. Je me
demande parfois si je ne dors pas encore. »

En 1985, à la télévision de Radio-Canada, André Payette affirme
avoir entendu à Paris Pierre Bourgault jouer en anglais [46]. Mais,
19 ans plus tard, en entrevue pour ce livre, il avoue plutôt n'avoir
entendu que des ouï-dire sur la chose [47]. À Paris, les Payette ne
fréquentent pas assidûment Bourgault [48]. Le couple et Bourgault
ne se voient qu'à l'occasion, notamment pour les célébrations de
Noël où on réveillonne ensemble, dans la banlieue de Meudon-
Bellevue.

Bourgault affirme avoir rencontré à Paris les dramaturges Samuel Beckett et Eugène Ionesco [49]. Pourtant François Tassé, son complice de l'époque dans cette entreprise théâtrale, ne se souvient d'aucune rencontre avec ces deux géants pour le moins difficiles à oublier [50].

Au sujet de son séjour parisien, Bourgault donne ici et là des précisions encore plus étonnantes et contradictoires qui jettent par terre l'idée que ce soit un personnage de Beckett qu'il devait interpréter : « On devait jouer avec Ingrid Bergman dans un Shakespeare pour faire la tournée des troupes américaines. Ça a foiré [51]. » Ingrid Bergman avec Bourgault ? La *star* qu'admiraient tellement les étudiants de Brébeuf dans *Jeanne d'Arc* ? Une vedette pareille avec Bourgault à ses côtés ? Sa carrière la porte alors sur tous les grands plateaux. A-t-elle seulement pu envisager cinq minutes de jouer avec de jeunes amateurs canadiens, qui n'ont d'ailleurs pas le moindre contact avec le monde de la scène professionnelle parisienne ?

Bourgault affirme aussi avoir fait partie, en France, « d'une troupe ». Mais laquelle ? Si « troupe » il y a, les témoins de l'époque consultés l'ignorent tout à fait. Pourtant, en 1965, Bourgault affirme que « les répétitions étaient alors avancées, les photos pour la publicité prises ». Ce serait « une grève des artistes en France », dit-il alors, qui aurait fait avorter le projet [52] !

Les témoignages de Bourgault sur cette période sont toujours trop flous pour que toute sa vie parisienne finisse par être bien claire.

Bourgault à Paris, en vérité, c'est d'abord et avant tout la dérive douce au quotidien. Son propre père ne s'y trompe pas lorsqu'il affirme que « c'était son époque de bohème [53] ». À son retour au Québec, Bourgault parle encore de ses nuits passées à jouer aux « machines à boules ». Et cette vie d'errances nocturnes ne touche à sa fin que par nécessité, c'est-à-dire le jour où il manque d'argent [54].

Comment est-il rentré en Amérique ? Comme il en est parti : sur un coup de tête, mais cette fois en avion. Il ne prévient personne de son arrivée à Dorval. Lorsqu'il débarque à son appartement de la rue Maplewood, en plein après-midi, il a la surprise d'y trouver ses parents, alors en visite à Montréal pour tenter de dénicher un autre logis pour leur fille, désormais incapable d'assumer seule le coût du loyer qui devait être commun. Le voyant apparaître ainsi comme un spectre, sa mère éclate de fureur!

— Mais Pierre, pourquoi ne pas au moins avoir prévenu?, demande-t-elle.

— Je me suis aperçu ce matin qu'il me restait seulement assez d'argent pour prendre l'avion, et comme je n'avais aucun contrat pour me refaire, je suis parti avant de dépenser ce qui me restait!

Mais sitôt a-t-il posé le pied dans l'appartement, sitôt en est-il reparti! Avec quelques dollars empruntés à sa sœur, le voilà qui disparaît et ne revient qu'une semaine plus tard... La nouvelle voiture de l'ami Jacques Godin est, semble-t-il, le prétexte à une virée ainsi qu'à des retrouvailles tumultueuses [55].

Agité, verbomoteur, maître de la pirouette et champion de la vie à crédit, Bourgault ignore plus que jamais la lassitude autant que la modestie.

Que devient Françoise Lebon? Rentrée des États-Unis, elle reprend contact avec son ancien amoureux. Selon Monique Bourgault, elle semble très heureuse de retrouver son Pierre [56]. Pour sa part, Louise Latraverse affirme que Bourgault parle alors de *sa* Françoise toujours avec tendresse. « C'était une fort belle femme à qui il était très lié [57]. »

En fait, selon Françoise Lebon elle-même, ils sont « très heureux des nouvelles circonstances » qui se dessinent alors pour eux deux. Lorsque Monique décide de ne plus partager l'appartement avec son frère, les deux amoureux conviennent en effet de profiter de l'occasion pour habiter ensemble, toujours au 3325 rue Maplewood. Puis, quelques mois plus tard, ils emménagent dans un autre logement. Vivre en concubinage, voilà bien toute une liberté dans une société très catholique.

Marie-José Raymond, compagne de Jean Décarie, passe souvent des après-midi en compagnie de Françoise Lebon. « On se préparait du café. Et elle pratiquait ses vocalises tandis que j'étudiais. Mais je ne me souviens pas l'avoir jamais entendue chanter dans un concert. Elle venait du Lac Saint-Jean et affichait avec assurance ses origines [58]. » Jean Décarie conserve lui aussi un excellent souvenir de la compagne de son ami Bourgault : « Pierre était très amoureux. Françoise était une femme extraordinaire, puissante, une maîtresse femme. Elle était grande, très belle... »

Le couple s'amuse beaucoup, discute des nuits entières, même lorsque chacun doit se lever tôt le lendemain. L'atmosphère est le plus souvent à la fête. Pierre « était taquin, toujours de bonne humeur », dit-elle.

Anticléricaux tous les deux, ils reproduisent pour les railler les cérémonies religieuses. Françoise Lebon se souvient notamment d'une « procession de la Fête-Dieu avec un lit servant de dais... » Les amis, très souvent, se trouvent à la maison. Pour rire, on va jusqu'à se lancer des œufs frais dans l'appartement... Bref, il y a de la joie. Beaucoup de joie. Mais Bourgault n'en a pas moins la tête un peu ailleurs.

De son voyage en Europe, il est rentré les poches vides, mais il a rapporté quelques constats de nature politique, dont celui-ci : il sait désormais à quel point il est facile d'être un Anglais en Angleterre et un Français en France. Une question surgit donc en lui et l'accompagne comme son ombre : pourquoi alors est-ce si complexe d'être un Canadien français au Canada ?

Le voyage de Bourgault s'est déroulé à un moment charnière de l'histoire du Québec : au pouvoir depuis 1944, l'Union nationale est emportée en 1960 par une défaite électorale consécutive au décès de son chef historique, Maurice Duplessis, à celui de son successeur, Paul Sauvé, et au total manque de ressort du substitut de fortune du parti, Antonio Barrette.

À son retour d'Europe en 1960, Bourgault découvre de nouvelles avenues politiques un peu par hasard, notamment au cours de rencontres avec Claude Préfontaine. De l'univers politique québécois, il connaît surtout, jusque-là, le vieil idéal nationaliste qui prône la collaboration et la préservation de l'élément canadien-français à travers le rappel constant de pages glorieuses et naïves, qui flattent la mission censément providentielle des croyants et encouragent une soumission lucide à l'élément dominant anglo-saxon. En Europe, Bourgault a goûté tout naturellement, par une sorte d'osmose culturelle qui fait souvent la grandeur des voyages, à une ouverture au monde des idées et des cultures lui faisant sentir d'instinct comme inconcevables les positions conservatrices que défendent les partis politiques de son propre pays.

À l'automne, près de chez lui, dans le quartier Côte-des-Neiges, Bourgault rencontre un jour par hasard son ami Préfontaine. Avec des copains, ils ont déjà l'habitude de se voir souvent à la campagne, mais aussi à Montréal, chez Vito, un restaurant italien qui les accueille tel un véritable quartier général de la jeunesse. Bourgault s'y retrouve très souvent à l'époque. « C'est un restaurant où l'on se sent chez soi, écrit-il, où l'on rencontre tous les amis. Un restaurant rempli d'étudiants, d'universitaires, de gigolos sympathiques, de fins causeurs et d'idéalistes à l'emporte-pièce. Un restaurant où l'on se sent libre, avec un patron discret qui fait confiance à ses clients. Ils le lui rendent bien, d'ailleurs : la plupart du temps, son établissement est rempli à craquer [59]. »

Ce soir-là, plutôt que d'aller chez Vito, Préfontaine invite tout bonnement son ami à l'accompagner à une réunion politique du RIN qui se tient à deux pas, chez André d'Allemagne. Le RIN existe seulement depuis quelques semaines. Curieux, n'ayant rien à faire, Bourgault l'accompagne. À cette réunion politique, Bourgault entend parler d'indépendance pour la première fois. Il est séduit. Il plonge.

Françoise Lebon assiste bien vite à des discussions « interminables mais souvent amusantes » entre André d'Allemagne et son Pierre. La joie berce plusieurs de ces rencontres politiques. Les deux hommes, note-t-elle, « ne semblent pas toujours prendre la séparation d'avec le Canada très au sérieux ».

Pierre se mue très vite en un militant de première ligne. Françoise l'aide du mieux qu'elle peut à faire fonctionner, dans leur appartement, une vieille Gestetner toute noire « qui crache de l'encre sur les murs ». Ensemble, ils impriment patiemment un feuillet traitant de l'idée d'indépendance. Mais ce n'est qu'en marge de la reprise de ses activités à la télévision que Bourgault se lance tout d'abord dans le militantisme politique.

> Quand je suis rentré [d'Europe], en 1960, Duplessis n'y était plus, le gouvernement Lesage avait pris le pouvoir et moi j'ai travaillé comme comédien dans un téléroman de Marcel Dubé, *La Côte de sable*, qui passait à Radio-Canada [60].

Dans cette « chronique » signée Marcel Dubé et réalisée par Louis-Georges Carrier, il personnifie Matthieu, un déserteur canadien-français. « La première phrase que je disais à ce moment-là était : "Jamais je n'irai me battre pour les Anglais". Bien sûr, le rôle avait été écrit pour moi et je le disais avec beaucoup de conviction [61]. »

Sur le plateau de tournage, au fil des répétitions, Bourgault consolide son amitié avec la jeune comédienne Louise Latraverse, alors colocataire de Marie-José Raymond, toutes deux futures militantes du RIN.

Tout ce beau monde des plateaux de tournage se fréquente et se voit alors régulièrement. « J'ai ri avec lui comme avec personne dans ma vie », affirme Louise Latraverse [62]. Mais l'espace politique occupe de plus en plus de place dans la vie quotidienne de Bourgault qui, peu à peu, se prend à délaisser ses aspirations de comédien ou d'homme de télévision, tout en continuant d'en vivre bon gré mal gré.

Comédien lui aussi dans *La Côte de sable*, Richard Martin constate sur le plateau de tournage que Pierre Bourgault est souvent très pensif. Pourquoi va-t-il toujours regarder à l'extérieur par la fenêtre ?

— Pierre, tous les matins, entre tes scènes, tu vas regarder dehors à la fenêtre. Qu'est-ce qui se passe ?

— Je regarde vivre mon peuple, lui répond tout bonnement Bourgault [63] !

En 1961, Bourgault joue aussi le rôle principal dans deux émissions pour enfants qui sont sans lendemain. On le trouve dans la distribution d'*Ouragan*, une émission écrite par Bernard Letremble et Jean-Louis Roux. Il y tient un rôle de rebelle, celui du pauvre colon Louis Fortier. Cet homme braconne un chevreuil pour nourrir sa famille. Or il est surpris dans son entreprise illégale… Évidemment, l'« acte répréhensible » débouche sur une fin heureuse, où la justice se trouve grandie dans sa capacité d'assurer le maintien des conventions sociales. Dans *Le Grand Duc*, l'autre émission, il joue, au côté de Jean-Louis Millette, le personnage de Zerbin, un bûcheron plutôt farouche qui voit tous ses vœux exaucés par une colombe dotée d'un pouvoir magique.

On trouve aussi Bourgault dans des rôles secondaires, notamment dans *Le Prince*, une autre émission pour enfants, écrite cette fois par Hubert Aquin et réalisée par Pierre Gauvreau. Il tient en outre un rôle secondaire dans *Rue de l'Anse*, un téléroman dont l'action se déroule en Gaspésie mais dont plusieurs scènes sont tournées en studio ou, pour certains extérieurs, dans les Cantons-de-l'Est, près de Magog. Joueront notamment dans *Rue de l'Anse* les comédiens Gilles Pelletier, dans le rôle d'un capitaine de goélette, et les jeunes Michel Rivard, Michel Désautels et Daniel Gadouas. Lors d'un tournage à Magog, Bourgault entreprend de convaincre ce dernier d'adhérer au RIN. « Il m'avait parlé du RIN et m'avait encouragé à devenir membre. Si j'étais membre du RIN, disait-il, je serais le plus jeune [64] ! » Gadouas s'inscrit finalement au RIN et assiste à une ou deux assemblées. Mais ce n'est que quelques années plus tard que les deux hommes se lieront vraiment d'amitié.

À force de fréquenter Radio-Canada depuis les années 1950, Bourgault en est venu à y connaître beaucoup de monde, pour ainsi dire tout le monde, du moins du côté des comédiens. À son retour d'Europe, il aspire toujours à être du côté de ce monde-là, mais il cherche surtout par la force des choses à trouver du travail pour avoir de quoi vivre. Bourgault frappe ainsi à la porte de Radio-Canada pour y devenir réalisateur. Il rencontre à cette fin Raymond David, son ancien maître à Brébeuf. David travaille désormais pour la télévision d'État à titre de directeur adjoint des programmes.

> Bourgault était venu me voir pour obtenir un emploi de réalisateur, explique David. Afin de faire bonne impression, il s'était même donné la peine de couper la barbe qu'il portait à cette époque, pour découvrir, au moment de notre entretien, que j'en portais désormais une moi aussi ! Cela l'avait fait beaucoup rire [65].

Bourgault compte énormément sur son ancien maître de Brébeuf pour décrocher cet emploi à la télévision d'État. Mais, après consultation de différents collègues, David en vient à conclure que l'embauche de Bourgault n'est pas « opportune ».

Son ami Claude Préfontaine se souvient que Bourgault à l'époque est souvent extrêmement déprimé, presque dépressif même. À cause du travail ? Non, sans doute pas. S'il convient de parler d'incidences sexuelles sur la vie publique de Bourgault, c'est sans doute ici qu'il convient le mieux de le faire tout d'abord.

Tous les témoins de l'époque signalent en chœur que Bourgault est alors amoureux fou de cette femme vraiment splendide, cette « chanteuse d'opéra » qu'est Françoise Lebon. Pourtant, le couple éclate. « Ils se sont chicanés pour une vétille, explique Jean Décarie. Je me souviens très bien : cela tournait autour d'une histoire avec une pomme de laitue [66]... »

Plus de 40 ans plus tard, très sobre, Françoise Lebon affirme tout simplement que Bourgault et elle se sont séparés « sans avoir pu résoudre les problèmes du passé [67] ». Bourgault souffre entre autres, dit-elle, d'un manque de désir sexuel à son égard [68]. Elle a découvert, dans l'homme qu'elle aime, quelqu'un dont l'appétit s'oriente d'abord vers son propre sexe. Dans une lettre, Bourgault lui avoue qu'il a fait « des expériences au masculin », mais qu'il en a conclu que « ce n'est pas pour lui, donc, qu'il n'est pas homosexuel [69] ». Mais ses perspectives au sujet de sa sexualité, sans cesse remise en balance dans un équilibre très précaire, finissent tout de même par basculer définitivement de ce côté-là. Le couple se défait alors, sur la base de cette incompatibilité fondamentale, dans les premiers mois de l'année 1961.

En 1982, dans des entretiens avec Andrée LeBel, ex-journaliste à *La Presse*, Pierre Bourgault affirme qu'il a failli se marier. Avec qui donc, si ce n'est Françoise Lebon ? Ses amis n'ont aucun souvenir de cela. Françoise Lebon n'en parle pas non plus. Pourtant, à en croire Bourgault, l'affaire est drôlement bien amorcée puisqu'il n'aurait renoncé à cette union que trois semaines avant le mariage !

L'histoire de ce prétendu mariage avec une femme, est-ce donc un simple effet dramatique que Bourgault inscrit au répertoire de sa propre mythologie pour dire à quel point il a tenté de se libérer de son homosexualité par des acrobaties amoureuses insensées ?

Alors très près de Bourgault, Claude Préfontaine affirme que « cette rupture avec Françoise fut un drame, la peine de sa vie [70] ». Françoise et Pierre n'en conservent pas moins des relations puisque, selon celle-ci, elle a encore assez souvent recours à sa culture musicale après 1962, lorsqu'elle est étudiante en musique à Vincent-d'Indy.

Quels rapports Bourgault entretient-il alors avec les femmes ? Rien, en apparence, de l'image du misogyne qu'on a parfois voulu lui accoler. « J'ai souvenir d'un jeune homme très doux et très tendre », dit la comédienne Monique Joly, qui joue avec lui dans *La Côte de sable*[71]. Même son de cloche du côté de Marie-José Raymond, très près de lui à l'époque. Il a des attentions qui plaisent aux femmes, explique-t-elle. C'est lui qui insiste notamment pour qu'elle cesse d'attacher ses cheveux comme une fille de bonne famille lorsqu'ils vont ensemble au restaurant.

Louise Latraverse affirme pour sa part que Bourgault sait mettre toutes les femmes en confiance comme pas un. Devant lui, elles sont toujours « les plus belles, les plus intelligentes ». En fait, il adore séduire et joue volontiers de son charme[72].

Il veut toujours être entouré de belles femmes, raconte encore Louise Latraverse. Bourgault l'affirme lui-même : il aime beaucoup celles qui se parent, pour séduire, pour faire plaisir[73]. S'il y a là bien sûr des traces d'une certaine culture de la femme-objet, très ancrée dans sa société, Bourgault s'en distingue quelque peu par l'attention sincère dont il fait preuve à leur égard.

Contre les frustrations de sa vie amoureuse et les épreuves que lui impose la maigre tolérance sociale à l'égard de l'homosexualité, Bourgault s'accroche aux plaisirs de la vie. Ces plaisirs prennent pour lui, et sans distinction, plusieurs formes valables, depuis le plaisir de la vie politique jusqu'aux plaisirs des sens en passant par celui, toujours vif, de l'usage de la parole.

En un mot, Bourgault est un viveur, comme en témoignent à peu près tous ceux qui l'ont connu. Mais sa vie amoureuse est alors un désert autant qu'un désastre. Il se contente d'expédients. Et il se satisfait de croire peu à peu, comme il l'affirmera lui-même plus tard, qu'il n'a « pas besoin d'aimer pour bander[74] ». Apprendre à faire l'amour sans amour et sans remords n'est cependant pas toujours aussi simple qu'on peut le croire pour un être particulièrement sensible.

Les fins de semaine, avec quelques amis, il travaille alors régulièrement à la construction et, surtout, à la finition du chalet de son ami comédien Claude Préfontaine. Ce chalet est situé au magnifique lac Ouareau, dans les Laurentides. « On se voyait très souvent. Nous étions plusieurs à travailler au chalet, dont Yvon Thiboutot, Jean Décarie et Jean Depocas. Pierre venait lui aussi donner un coup de main. Il était excellent avec un marteau. Sans pour autant être sportif, il jouait avec nous au ping-pong. Il adorait ça. On se baignait aussi. Et on faisait du canot [75]. »

C'est par l'intermédiaire de Préfontaine que Bourgault a d'abord fait la connaissance de Jean Décarie. La relation entre les deux hommes s'avère tout de suite vraiment excellente. « Dès le début, on riait et on parlait beaucoup. Je me souviens m'être amusé comme un fou en canot avec lui au lac Ouareau. Quand sa relation avec Françoise s'est effondrée, Bourgault m'a offert d'occuper une chambre au sous-sol de son nouvel appartement. Je l'aidais ainsi à payer le propriétaire. Il n'avait pas un sou. »

Dans ce grand appartement peu meublé, Bourgault et Décarie parlent sans arrêt, de tout et de rien. Encore étudiant à l'Université de Montréal, Décarie rédige une thèse. Comme Bourgault sait taper à la machine, il s'occupe de la dactylographier. « Beaucoup de personnes venaient dans cet appartement. On gardait souvent les enfants de nos amis. Ma blonde était toujours là. On avait vraiment beaucoup de plaisir. Bourgault venait à la campagne chez mes parents, à Sainte-Lucie. Et c'est là, sur le coin de la table, qu'il a rédigé une bonne partie de son premier discours politique. On avait vraiment beaucoup de plaisir ensemble [76]. »

Tout va pour le mieux entre les deux hommes jusqu'au moment où, quelques mois plus tard, toujours en 1961, Bourgault descend à la chambre de son colocataire pour s'expliquer.

— Jean, tu ne comprends rien ?

— Quoi, Pierre, qu'est-ce que je dois comprendre ?

— Tu ne comprends rien ? Tu n'as rien compris ?

— Non. Quoi ?

— T'as pas compris que j'étais homosexuel ?

Décarie reçoit la nouvelle comme un choc, dont il témoigne toujours, quatre décennies plus tard, avec une certaine stupeur :

Ce viveur, ex-compagnon d'une femme qui faisait l'envie des camarades, comment peut-il être homosexuel ? Jamais je n'avais imaginé ça avant. Je ne pouvais absolument pas me douter de quoi que ce soit à l'égard de cette orientation sexuelle chez lui. Il ne m'a jamais fait d'avances, mais il devait y avoir un béguin quelconque. Il savait pourtant que j'étais en amour et peut-être que cela le dérangeait de me voir toujours avec Marie-José ? Après cette annonce-là, je ne suis pas resté très longtemps. Je suis parti vivre avec ma femme. C'était devenu un peu difficile de vivre là. Mais on a longuement parlé ensemble de ce qui s'appelle maintenant un « coming out ». J'ai encouragé Pierre à vivre sa vie, à s'assumer. Mais il se demandait encore quoi faire. Je lui disais de s'assumer, même s'il voulait le faire discrètement.

Pouvait-il faire autrement, en fait, que de vivre cette vie en se faisant discret ? Durant l'année qui suit, un Bourgault confus peine encore plus à s'y retrouver. « Ce fut très très difficile pour lui à cet égard, au moins durant un an ou deux », résume Jean Décarie.

Prisonnier du cadre amoureux hétérosexuel, Bourgault cesse alors peu à peu de s'imposer le poids de cette contrainte du silence, tout en restant soumis aux lourdes convenances de sa société. L'homosexualité n'est pas, à l'époque, chose facilement admise. La loi considère même qu'il s'agit d'un crime. Les divers agents de l'ordre social s'appuient sur un maintien de l'ordre symbolique et juridique d'où l'homosexualité est totalement exclue.

La misère psychologique que lui cause l'affirmation de son orientation sexuelle n'est pas pleinement résolue. Mais, après tout, s'il souhaite changer le monde, pourquoi ne pourrait-il pas changer aussi sa vie ?

Au début des années 1960 à Montréal, il est commun d'associer l'homosexualité à une perversion sexuelle ou à une maladie. Même un écrivain important tel Yves Thériault n'hésite pas à prendre la plume pour dénoncer, dans le quotidien *La Patrie*, les homosexuels et les lesbiennes [77].

Pierre Bourgault estime qu'il vaut mieux, pour s'éviter des embêtements, continuer à vivre dans une certaine marge, tout en souffrant, voire en entretenant une image publique ambiguë qui fait volontiers une belle place aux femmes. Son sentiment d'exclusion sexuelle l'entraîne à entretenir pendant un temps une certaine forfanterie masculine pour le moins artificielle. Son comportement s'adapte à une nécessité de survie dans un monde encore très marqué par une morale religieuse qui réprouve l'homosexualité. Il est au placard, comme on dit dans le langage populaire, c'est-à-dire qu'il est enfermé dans un lieu à la fois psychologique et social en vertu de son orientation sexuelle.

Au RIN, lors de ses sorties officielles ou semi-officielles, il est volontiers accompagné par de jolies femmes. « Il était homme de goût y compris envers les femmes, dira Michelle Latraverse. Ma sœur Louise, moi ou d'autres l'accompagnions volontiers dans ses fonctions. Nous savions qu'il était homosexuel, mais pour la vie publique c'était moins facile qu'aujourd'hui. Il aimait être entouré de femmes qui le faisaient rire et qui l'amusaient [78]. »

À ces heures où le RIN existe encore à peine, Bourgault n'est pas tout de suite tenté par une carrière politique. « Il est, au début, complètement déconnecté de cet univers », explique Jean Décarie. Seul l'intéresse l'aspect militant du mouvement. En plus, le théâtre le préoccupe toujours beaucoup. Il n'a pas encore transformé un destin jusque-là subi en un destin pleinement dominé. « Il voulait encore être comédien, assure Claude Préfontaine. Mais, faute de pouvoir le devenir, il a d'abord accepté de travailler à la télévision comme régisseur, simplement pour gagner sa vie. Ce n'était pas mauvais pour lui. Il connaissait la plupart des comédiens. Mais son rêve plus ou moins réalisable demeure alors le théâtre [79]. »

Par hasard, tout se met graduellement en place du côté du grand théâtre de la politique ! Bourgault y parvient peu à peu à s'inventer et à se trouver. En fait, il se trouve dans le RIN et le RIN se trouve en lui.

Depuis sept ou huit ans, c'est-à-dire depuis la fin de ses études, il se cherchait, écrit-il : « Je m'étais trimbalé d'un bord à l'autre sans trop savoir où je m'en allais, inquiet, agressif, insatisfait, cherchant désespérément à me faire un trou quelque part. Rien. Je ne trouvais rien qui me satisfasse. De *job* en *job*. De pays en pays. D'amis en amis, vite rencontrés et plus rapidement encore abandonnés[80]. » Et tout à coup, voilà que la vie l'appelle via un projet dont l'armature est politique mais dont le cœur est social. En plongeant de plus en plus profondément dans l'univers du RIN, Bourgault décide vraiment pour la première fois de ce qu'il est et de ce qu'il sera. Il s'installe alors dans la vie politique comme sur la scène d'un théâtre qui ne ferait jamais relâche.

CHAPITRE 4

PERSPECTIVES

Cuba coule lentement au fond du lac Léman
pendant que je descends au fond des choses.
– HUBERT AQUIN, *Prochain épisode*

UNE DES RETOMBÉES de la Seconde Guerre mondiale est la formidable poussée en avant d'une idée datant du premier conflit mondial, selon laquelle les peuples possèdent le droit de disposer d'eux-mêmes. Alors que l'Europe chante les joies de sa libération du joug nazi, la perspective que certains peuples du monde doivent néanmoins continuer à subir une domination coloniale européenne se trouve très vivement secouée. À toute vitesse, une volonté de renouveau dans les rapports entre les nations s'établit.

Au Québec, à partir de la fin des années 1950, on aborde aussi de plus en plus la réalité nationale sous cet angle nouveau. La décolonisation, un concept présenté et élaboré progressivement dans les œuvres de penseurs tels Frantz Fanon, Jean-Paul Sartre, Albert Memmi et Jacques Berque, trouve ici preneur. Jacques Berque, ami du poète Gaston Miron, rencontrera d'ailleurs quelques militants du RIN en France, dont Pierre Bourgault. Cette inspiration intellectuelle nouvelle permet de réenvisager l'expression du nationalisme traditionnel, de comprendre et d'expliquer d'un autre point de vue le sort fait à l'élément canadien-français au Canada.

L'actualité politique rapportée alors par les médias canadiens-français rend compte des luttes de libération nationale dans l'Algérie de Ben Bella, le Congo belge de Patrice Lumumba, le Cuba de Castro, mais aussi au Cameroun, en Indochine, à Madagascar, au Maroc, en Tunisie, ainsi que dans plusieurs autres pays. La question de l'Algérie, en particulier, fascine les indépendantistes québécois de la première heure, racontera plus tard Bourgault[1]. C'est dans ce contexte international agité que Bourgault devient, sur une petite scène nationale d'Amérique du Nord, le Bourgault que l'histoire connaîtra.

En politique, Bourgault est pour ainsi dire un homme seul, appartenant néanmoins à un vaste courant d'idées. Dans son cas, les longs calculs, qui régissent chez certains la seule poursuite de l'intérêt personnel en politique, ne sont pas de mise. Chez cet homme, le désir d'être lui-même, en tant qu'individu appartenant à une collectivité, cherche tout simplement son chemin sans petitesse.

Les perspectives internationales de la lutte qu'engagent le jeune Bourgault et ses camarades se traduisent jusque dans les premières publicités du Rassemblement pour l'indépendance nationale. En 1961, dans *Le Devoir*, une publicité du RIN souligne l'accession à l'indépendance d'une autre ancienne colonie : « En 1951 le Dahomey (population 1 700 000) était une colonie et le Canada français réclamait des chèques bilingues. En 1961, le Dahomey est une République indépendante et le Canada français réclame toujours des chèques bilingues. Une seule solution : l'indépendance[2]. »

Les yeux ne sont pas tournés que vers l'Europe et ses penseurs réformistes. La lutte des Noirs aux États-Unis, très concrète elle aussi, suscite la réflexion. On observe avec intérêt les marcheurs pour la liberté, Martin Luther King, Malcolm X, James Meredith, et la volonté de plus en plus générale des Noirs américains de faire reconnaître leurs droits bafoués depuis des générations.

Cette lutte internationale contre diverses formes de colonialisme se voit progressivement transposée par des intellectuels du Québec à leur propre situation d'infériorité. Ces nouvelles analyses de la situation québécoise trouvent en outre des appuis dans les travaux des historiens de l'« École de Montréal », constituée informellement par les professeurs Maurice Séguin, Michel Brunet et

Guy Frégault. Séguin, en particulier, alimente les discussions de plusieurs jeunes gens préoccupés par l'avenir national. Bien des membres du RIN s'inspirent en effet de ses cours ou s'efforcent de le lire ou d'aller tout simplement l'entendre, si l'occasion se présente. C'est le cas d'Andrée Ferretti, qui assiste à ses cours en étudiante libre. Marie-José Raymond, jeune étudiante de Séguin, se rappelle pour sa part avoir amené avec elle l'illustre professeur lors des premières réunions du RIN afin que son apport, au plan de la réflexion historique, puisse contribuer à mieux structurer la pensée du jeune groupe de militants[3].

Que peut bien raconter Séguin à ces jeunes passionnés ? À tout le moins, il offre des balises historiques pour structurer leur pensée. Dans des conférences données en mars 1962 et diffusées par Radio-Canada, avant d'être plus tard imprimées, Séguin fait remonter l'idée d'indépendance nationale du Québec à 1760, c'est-à-dire à la Conquête britannique elle-même. L'idée d'indépendance se signale encore à son attention à l'époque des Patriotes, en 1837-1838, sans qu'il insiste pourtant sur la proclamation d'indépendance prononcée le 28 février 1838 par Robert Nelson. Dans cette proclamation d'indépendance républicaine, le groupe révolutionnaire accorde à tous les mêmes droits, y compris aux Amérindiens et aux Juifs, affirme la séparation de l'Église et de l'État, de même que l'abolition de la peine de mort[4]. Un siècle et demi plus tard, le RIN réclame encore l'essentiel de ce programme, qui est tout à fait à l'avant-garde pour l'époque.

L'union forcée du Haut-Canada et du Bas-Canada en 1840, Maurice Séguin la juge presque aussi importante que la Conquête anglaise elle-même. Il s'agit là, selon lui, d'un moment particulièrement éprouvant pour la nation canadienne-française : « L'Union de 1840 confirmait, dans une infériorité politique d'abord, et économique ensuite, le résidu minoritaire d'une colonisation française manquée. Devant l'inévitable infériorité démographique, politique, économique et sociale du petit peuple canadien-français, certains Britanniques se sont sérieusement demandé s'il ne valait pas mieux, dans l'intérêt même des Canadiens français et pour assurer la paix sociale dans la vallée du Saint-Laurent, travailler à l'assimilation totale de la minorité[5]. » Au nom de la civilisation, comme le soutient Lord Durham, ne vaut-il pas mieux en effet prendre les moyens de rayer ces gens-là de la carte sociopolitique et faire en sorte de les assimiler au plus vite à l'élément anglais ?

Mais Maurice Séguin glisse très rapidement sur son propre siècle, qui est alors encore jeune, il est vrai, pour être étudié à fond. Un rapide tour d'horizon de ce siècle n'est pourtant pas sans intérêt : on constate ce faisant que les profondeurs du champ indépendantiste, du moins durant toute la première moitié du XXᵉ siècle, se trouvent à droite dans le spectre politique, très à droite même, après avoir été longtemps situées à gauche, dans la suite de l'idéal patriote de 1837-1838. L'indépendantisme du XXᵉ siècle, tel qu'il se présente jusqu'à l'orée des années 1960, est loin de correspondre au fonds d'idées qu'affirme le RIN façon d'Allemagne et Bourgault. À quoi correspond-il exactement ?

En remontant le fil du temps, on trouve le journaliste Jules-Paul Tardivel qui, en 1905, publie un roman indépendantiste futuriste, *Pour la patrie*, où l'ennui du lecteur s'alourdit de page en page. Franco-Américain d'origine, le journaliste Tardivel se montre, en tout, plus catholique que le pape. Il rédige presque à lui seul un journal, *La Vérité*, où il distille une morale à l'eau bénite dans un environnement de soutanes. Tardivel est un ultramontain. Du haut de la chaire très catholique que constituent les pages de son journal, il attaque jour après jour « les francs-maçons, les libres penseurs, les laïciseurs, les libéraux [6] ». Depuis le XIXᵉ siècle, il faut dire que l'ultramontanisme est propagé et soutenu avec vigueur par tout un pan de la société canadienne-française.

1914-1918. La Grande Guerre secoue tout, y compris la politique canadienne. Alors que l'Ontario interdit par une loi l'enseignement dans sa langue à la minorité française, au Parlement de Québec, un député libéral, Joseph-Napoléon Francœur, s'indigne. Pourquoi le gouvernement tient-il tant à envoyer la chair des Canadiens français à cette boucherie que gère l'Empire britannique outre-Atlantique ? Pourquoi les Canadiens français, qui sont jugés assez bons pour mourir pour l'Empire, ne peuvent-ils pas être scolarisés dans leur langue en dehors de la province de Québec ? Francœur dépose une motion qui passera à l'histoire sous son patronyme. La « motion Francœur » clame que « cette chambre est d'avis que la province de Québec serait disposée à accepter la rupture du pacte confédératif de 1867 si, dans les autres provinces, on croit qu'il est un obstacle au progrès et au développement du Canada ». Symbolique, dans la mesure où elle ne fut pas votée, cette motion exprime une bonne part de la rancœur des Canadiens français à l'égard de la situation coloniale dans laquelle ils sont empêtrés, au point de se retrouver en guerre malgré eux.

La blessure de la guerre toujours vive, des hommes proches de l'historien en soutane Lionel Groulx observent avec lui, en 1922, l'état de la Confédération. Il y a crise, pensent-ils. Une crise grave. La rupture du lien constitutionnel de 1867 doit arriver tôt ou tard, mais elle pourrait bien survenir plus vite que prévu. Dans les circonstances, jugent ces groulxistes, il vaut mieux sortir de cette maison, où nous ne sommes que locataires, avant que le toit ne s'écroule sur nos têtes. L'ensemble de cette analyse est animé par une vigoureuse pensée de droite, cléricale et en partie xénophobe.

Une décennie plus tard, au plus fort de la crise économique et toujours dans la même veine idéologique, les membres des Jeune-Canada, menés par André Laurendeau, déclarent qu'il vaut mieux passer à autre chose. Élégiaque, le jeune homme trace les contours de ce pays indépendant, la Laurentie, dont il parle à la seconde personne du singulier comme d'un être de chair : « Positivement, tu es une âme et non cette irréelle abstraction à laquelle les hommes de 1867 t'avaient sacrifiée. Tu donnes la vie à des corps dissemblables : Franco-Ontariens, Acadiens, ceux du vieux Québec, ceux de la Nouvelle-Angleterre [7]. » L'indépendantisme des Jeune-Canada a pour objet premier le passé, la préservation de celui-ci autant que sa résurrection. À vrai dire, il ne vise pas à repenser le présent autant qu'à se protéger du souffle de l'avenir. Laurendeau et ses jeunes camarades de collège sont engoncés dans une pensée faite de puériles velléités de retour à un âge héroïque et glorieux de carton pâte où Dollard des Ormeaux tient le rôle d'un géant. Les héros de la Nouvelle-France, nimbés le plus souvent de l'assurance de tous les brouillards sur les faits historiques eux-mêmes, tiennent alors lieu d'exemples de réussite pour ces nationalistes qui, malgré leurs prétentions à soutenir le contraire, mettent en partie l'histoire au temps mort.

Laurendeau abandonne son indépendantisme sur les rives du Saint-Laurent lorsqu'en 1937 il part étudier en Europe. Sans lui, les Jeune-Canada ne survivent pas. Ou si peu. Mais, en cette fin des années 1930, voient le jour au moins deux autres mouvements de jeunesse qui se proclament, eux aussi, « séparatistes ».

Le premier, animé par les frères Dostaler et Walter O'Leary, se nomme les Jeunesses Patriotes. Les Jeunesses Patriotes réclament la création d'un État indépendant autour du Saint-Laurent. Mais ce mouvement s'intéresse d'abord et avant tout à la création, en Amérique du Nord, d'une société corporatiste calquée sur les modèles de Salazar et de Mussolini... En ce sens, les Jeunesses Patriotes sont encore plus à droite que les Jeune-Canada. Elles se méfient furieusement de tout ce qui est de gauche, en particulier bien sûr les communistes. Les Jeunesses Patriotes fusionneront plus tard avec un second groupe indépendantiste, celui-là structuré à Québec autour d'un journal, *La Nation*. Ces jeunes gens, réunis à partir de février 1936 par Paul Bouchard, publient un journal indépendantiste irrévérencieux pour qui la figure inspiratrice première est l'abbé Lionel Groulx[8]. Dans ces pages, la violence verbale et la lutte contre la domination anglo-saxonne tout autant que contre le système parlementaire s'avèrent totales. L'action préconisée est ici également liée de très près à une pensée radicale de droite, conjuguée aux écrits de Charles Maurras et au fascisme italien. *La Nation* compte notamment sur la collaboration de Jean-Louis Gagnon, Jean-Charles Bonenfant et Damase Potvin, tous devenus par la suite des figures importantes dans leur champ de compétence respectif.

Bien que marginaux, il existe donc bel et bien au Canada français, avant la Seconde Guerre mondiale, des mouvements indépendantistes. Mais il s'agit surtout de mouvements de jeunesse animés par un esprit de turbulence, en proie à être séduits, comme une partie de la société de l'époque, par des idées radicales de droite qui fermentent alors en Europe. Même un Pierre Elliott Trudeau sera tenté par un projet révolutionnaire de ce genre, alors que le Canada se trouve plongé dans une nouvelle guerre. L'indépendantisme n'est alors surtout qu'une lutte de gens qui appartiennent à une fraction aisée de la société. Et ces gens ont beau donner l'apparence de secouer le système sociopolitique, ils continuent de lui appartenir plus que quiconque. À preuve, ce système social a tôt fait de les réintégrer dans le même paysage mental que celui de leurs pères. Ainsi, un Paul Bouchard deviendra vite, et pendant quelques années, un publiciste pour l'Union nationale de Maurice Duplessis. Et il n'y aura, pendant des décennies, pire adversaire de l'indépendance sous toutes ses formes que Jean-Louis Gagnon, pourtant lui-même indépendantiste dans les années 1930. André Laurendeau, peut-être l'homme le plus subtil de sa génération et de son milieu, rentrera lui-même dans le rang et finira par résumer à lui seul, en 1961 dans *Le Devoir*, la conception qui anime toute une époque en regard de l'idée d'indépendance au Québec : « Il est normal, ou en tout cas fort acceptable, qu'on soit séparatiste à 25 ans. Cela devient plus inquiétant quand on en a 35 [9]. » Une fois devenu adulte, les indépendantistes lui apparaissent tout au plus comme des adolescents n'ayant pas atteint l'âge de raison [10].

Pendant toute la première moitié du siècle, l'indépendantisme québécois n'est donc qu'un épiphénomène du nationalisme traditionnel, toujours en force dans la province et qui s'exprime dans de multiples variantes. La faiblesse du poids politique des indépendantistes les amène à se fondre pratiquement avec les diverses représentations d'un nationalisme de survivance, soumis à de légers soubresauts allant dans une direction ou l'autre.

À ce tour d'horizon indépendantiste au début du XXe siècle manque au moins l'évocation du destin imprévu du travail d'un homme en soutane. Fort peu de gens remarquent la parution en France, en 1938, de la thèse d'un prêtre canadien-français, l'abbé Wilfrid Morin, consacrée au droit à l'indépendance politique de sa nationalité. Du reste, personne ou presque n'aurait signalé la mort tragique de cet abbé, survenue dans un terrible accident d'automobile, si les tôles et le métal froissés n'avaient alors emporté en même temps Louis Francœur, journaliste vedette, ainsi que le musicologue Léo-Pol Morin et un ami. Le profil de l'abbé Morin n'appelait pas à ce qu'on lui élève un monument public, comme on le fit pour Louis Francœur, rue Saint-Denis à Montréal. Le clergé avait bien proposé Wilfrid Morin à l'abbé Lionel Groulx pour lui succéder à sa chaire universitaire d'histoire, mais celui-ci ne l'avait

pas retenu comme un choix valable [11]. L'abbé Morin, tout comme
sa thèse, aurait vraisemblablement sombré dans l'oubli total si
l'Alliance laurentienne de Raymond Barbeau n'avait décidé de
rééditer son travail en 1960 sous le titre *L'Indépendance du Québec*.
Les membres de l'Alliance laurentienne, explique alors Barbeau,
« appliquent les principes élaborés par l'abbé Morin aux réalités
et aux problèmes que le Canada français doit affronter de nos
jours [12] ».

Avec l'Alliance laurentienne, fondée le 25 janvier 1957,
Raymond Barbeau ressuscite non seulement la pensée de l'abbé
Morin mais aussi le nationalisme indépendantiste de l'entre-deux-
guerres, marqué au fer rouge d'une pensée de droite. Il réclame
l'indépendance au nom de la religion autant que d'un particula-
risme national qui manque parfois d'oxygène, comme le souligne
Pierre Elliott Trudeau dans *Cité libre*.

Né en 1930, issu d'un milieu populaire, Raymond Barbeau est
plutôt doué pour les études, même s'il n'a pas fréquenté le collège
classique. Il s'inscrit dans diverses universités américaines, vit à
New York et fait un séjour à l'Université McGill [13] avant d'entamer
des études littéraires à la Sorbonne, au milieu des années 1950.
À Paris, il travaille à une thèse consacrée au vigoureux polémiste
catholique Léon Bloy. Il fréquente le père Gustave Lamarche, historien, auteur notamment d'un manuel d'histoire populaire alors
en usage dans les écoles du Québec. L'influence du père Lamarche
sur la pensée de Barbeau apparaît déterminante [14]. Avec lui, il
s'enthousiasme pour la politique menée par Salazar au Portugal,
s'interroge sur la perspective d'implanter le corporatisme au Québec et s'inquiète de la montée du socialisme. « Avec Lamarche,
dira-t-il, je pense avoir eu l'idée du nationalisme canadien-français
proprement messianique, d'une transformation sociale et nationale
du Québec, et religieuse, une plus grande vérité, une plus grande
authenticité, des structures qui seraient moins capitalistes, moins
anglo-saxonnes, moins américaines. »

Gustave Lamarche influence aussi à la même époque, il faut le
signaler, l'historien Robert Rumilly qui, durant une brève période,
affiche alors une position favorable à l'indépendance du Québec,
avant d'y renoncer vigoureusement pour de bon, essentiellement

par crainte de faire ainsi le jeu des « nationalistes de gauche », genre René Lévesque, qu'il déteste plus que tout [15].

Le caractère et la détermination de Raymond Barbeau confèrent un nouvel élan à l'idée d'indépendance à la fin des années 1950. L'Alliance laurentienne propose les assises d'un mouvement de droite où le corporatisme le plus malsain enveloppe tout. Barbeau s'avère peu enclin à solliciter les masses : sa conception de l'univers social est résolument élitiste. Il se montre cependant solidaire des luttes des autres peuples pour leur émancipation, ce qui le distingue quelque peu de certains représentants de la droite, qu'il admire par ailleurs [16]. De 1957 à 1962 paraissent 20 livraisons de sa revue *Laurentie*. Les thèses du groupe Barbeau, on le voit, ne sont cependant pas originales et mijotent dans un substrat idéologique qui a déjà beaucoup vieilli.

Raymond Barbeau « avait des idées reçues, écrira le révolutionnaire Gabriel Hudon, quant aux techniques qui conduisent les hommes et les partis au pouvoir et ces techniques, pour le moins conservatrices, ne pouvaient le rapprocher du peuple [17]. » Plusieurs intellectuels de diverses tendances s'y étaient néanmoins ralliés, « avec l'idée naïve d'y militer comme dans une organisation démocratique avec l'espoir, pour ceux qui étaient le moins politisés, d'en modifier la philosophie ou, pour certains autres, d'en noyer cette philosophie avec le temps [18] ». Parmi eux, on trouve André d'Allemagne et Marcel Chaput, qui seront aux origines du Rassemblement pour l'indépendance nationale.

À peu près au même moment, l'idée d'indépendance au Québec s'inscrit aussi dans un cadre de gauche, ce qui est neuf depuis l'époque révolutionnaire des Patriotes. Le 9 août 1960, Raoul Roy fonde l'Action socialiste pour l'indépendance du Québec. Autodidacte, Raoul Roy exerce successivement divers métiers et professions. Marin dans les années 1940, il appartient à un groupe militant de communistes staliniens. Il devient secrétaire de l'Union des marins, un syndicat communiste. À partir des années 1950, son petit commerce de mercerie le fait vivre tant bien que mal, lui et une partie de sa famille. Il fait aussi un peu de journalisme pour Radio-Canada. Installé rue Amherst à Montréal, au cœur d'un quartier ouvrier, Roy s'occupe plus de la vie politique que de son commerce. Il fonde *La Revue socialiste*, dont il est le principal animateur. Dès le printemps 1959, sa revue affirme son credo indépendantiste : « Instaurons un régime socialiste au Québec ! Par le socialisme, bâtissons notre république ! Socialisons les colonialistes et leurs alliés à Québec ! Vive la liberté du Canada français ! Vive l'indépendance du Québec [19] ! »

Penseur pour le moins baroque, Raoul Roy possède une vaste culture historique constituée de lectures et d'expériences personnelles pas toujours bien décantées. L'idée de l'indépendance du Québec lui vient dès les années 1930, semble-t-il, de la lecture de quelques numéros de *La Nation* de Paul Bouchard diffusés dans sa Beauce natale. Puis, à en croire Gilles Rhéaume, cette idée se serait considérablement affinée chez lui dans une perspective de gauche, lors de la découverte des indépendantistes portoricains à l'occasion d'un de ses nombreux périples maritimes. Devenu partisan du communisme dans un monde craignant cette idéologie comme la peste, Roy affiche fermement des idées sociales de gauche, mâtinées tout de même d'une certaine xénophobie qui, pour plusieurs militants, apparaît parfois fort gênante. Son apport global et original à l'élaboration d'un nouvel indépendantisme de gauche au Québec demeure cependant indéniable. Au début des années 1960, plusieurs le considèrent en plus comme le père spirituel de la première vague du Front de libération du Québec, le FLQ.

« Nous devons à Raoul Roy l'usage des termes de décolonisation et de révolution », affirme en 1964 Paul Chamberland, dans la revue *Parti pris*. Le poète Gaston Miron dit pour sa part être devenu un indépendantiste avoué en 1959, en accord avec *La Revue socialiste* alors rédigée et imprimée à bout de bras par Roy, revue à laquelle collaborait alors l'écrivain Jacques Ferron. Mais Miron et Ferron, comme bien d'autres, jugent préférable, peu de temps après, de prendre leurs distances avec la revue et ses idées, à mesure que d'autres forces d'attraction socialistes, plus solides et plus cohérentes, voient le jour.

Beaucoup des éléments forts qui conduisent une révolution des mentalités dans les années 1960 se sont trouvés en contact avec les idées de *La Revue socialiste*. Raoul Roy prétend même avoir éloigné

André d'Allemagne, président-fondateur du Rassemblement pour l'indépendance nationale, du souffle d'un nationalisme plus à droite.

Que pense pour sa part Pierre Bourgault de Raoul Roy ? En 2000, dans la préface d'un livre signé André d'Allemagne, il le situe, au côté de Marcel Chaput, comme l'un de ses maîtres [20]. Mais Bourgault affirme du même souffle que « le plus grand reste André d'Allemagne ». C'est lui, dit-il, qui « a changé ma vie ».

Qui est André d'Allemagne, cet homme de qui Bourgault affirme à qui veut l'entendre qu'il lui doit tout et dont Jacques Parizeau dira qu'il est « le premier penseur, le premier théoricien de l'indépendance du Québec [21] » ?

Homme discret, parfait gentilhomme, André d'Allemagne est né au Québec, en 1929, d'un baron français et d'une mère québécoise. Par son père, il appartient à une vieille famille d'aristocrates qui aura sur lui une influence considérable : tout jeune, il est envoyé en France auprès de ses grands-parents, qui assument à peu près seuls son éducation. Ses parents et sa sœur Michelle ne sont à ses côtés que durant la belle saison.

Sa famille québécoise immédiate, observe Suzette Thiboutot, son amie de cœur à la fin des années 1950, lui apparaît presque comme étrangère [22]. L'enfant vit et grandit en France jusqu'à la débâcle, en juin 1940, de l'armée française. Le grand-père paternel, lui aussi nommé André d'Allemagne, est longtemps maire de Beley, un village situé près de Grenoble. Le petit André vit là l'hiver, tout en habitant l'été un château médiéval à Saint-Huruge, dans des conditions moins confortables que romantiques. La famille compte sur les services d'une bonne qui semble tout droit sortie du XIXe siècle. Plus tard, André d'Allemagne affirme avoir retrouvé tout à fait celle-ci dans la Françoise d'*À la Recherche du temps perdu*, cette véritable Michel-Ange de la cuisine. « André avait dévoré Proust, même s'il ne lisait pas beaucoup de romans en comparaison des livres d'histoire. Dans *La Recherche*, il avait, disait-il, l'impression de retrouver un peu de l'atmosphère de sa propre enfance [23]. »

À Montréal, les études de commerce qu'André d'Allemagne mène à l'Université McGill sont désastreuses. En statistiques, il n'y arrive tout simplement pas. Il s'inscrit en traduction à l'Université de Montréal où, peu à peu, il se lie d'amitié avec des comédiens et des littéraires. Il lit beaucoup, tout le temps[24]. Sa passion pour l'histoire et la politique est intense. À sa sortie de l'université, il travaille comme traducteur et publiciste, puis il enseigne.

Peu à peu, l'idée de l'indépendance du Québec s'impose à l'esprit d'André d'Allemagne comme une nécessité. Avec Suzette Thiboutot, il se joint à l'Alliance laurentienne. Celle-ci se souvient que Raymond Barbeau « était presque un ami mais que nous avions beaucoup de mal avec son caractère très religieux ». Les préoccupations de Barbeau apparaissent vite déphasées aux yeux du jeune couple. « Je me souviens que Barbeau était dans tous ses états parce qu'un centre d'achats, situé dans l'ouest de l'île de Montréal, avait mis en évidence une reproduction d'un nu grec datant de l'Antiquité! C'était pour nous invraisemblable de se préoccuper de choses semblables. »

Les différences de vue entre d'Allemagne et Barbeau s'accentuent au moment de la grève des réalisateurs à Radio-Canada. Comme bien des jeunes intellectuels, d'Allemagne appuie les grévistes. Il se rend même manifester avec eux au début de 1959. À cette occasion, il rencontre pour la première fois René Lévesque, qui prend une part très active dans le conflit[25]. Les employés de Radio-Canada organisent des spectacles à Montréal et en régions pour nourrir le fonds de grève et diffuser des nouvelles de la négociation. En un mois et demi, à Montréal seulement, plus de 20 000 personnes assistent aux représentations.

Pourquoi diable Ottawa prête si peu attention aux artisans du réseau français de Radio-Canada ? Pour André d'Allemagne, cette grève apparaît comme un détonateur d'opinion.

Plus qu'un conflit syndical, la grève de Radio-Canada devient à ses yeux le symbole d'une incompréhension nationale, se souvient Suzette Thiboutot. « André recommandait alors à Raymond Barbeau d'appuyer les grévistes publiquement. Or l'Alliance laurentienne a vite fait le contraire en les condamnant. Il nous était impossible de supporter cela plus longtemps, même en vue de l'objectif de l'indépendance. Mais André se montrait très réticent à être à l'origine d'une rupture avec l'Alliance laurentienne[26]. »

Au fond, la rupture est pourtant déjà acquise. Il ne reste qu'à la consommer puisque André d'Allemagne situe déjà la lutte indépendantiste dans une autre dimension.

Avec sa voix douce, sans jamais lever le ton, c'est André d'Allemagne qui insuffle d'abord à nombre de gens l'idée d'une nécessaire lutte politique à mener. Bon nombre de ceux à qui il explique calmement les enjeux politiques de l'indépendance deviennent tout aussi convaincus et convaincants que lui, au moment où il s'apprête à lancer le RIN.

Naïm Kattan voit très souvent d'Allemagne à cette époque. « Il m'appelait pour manger régulièrement afin que nous discutions. André d'Allemagne est un des hommes les plus intelligents qu'on puisse imaginer. Contrairement aux vieux nationalistes, il n'y a pas l'ombre d'une forme de racisme chez lui. Il s'intéresse beaucoup aux questions internationales. Je suis même allé faire pour eux, je me souviens, une conférence sur l'indépendance vécue par les pays du monde arabe ainsi que sur Israël [27]. »

D'Allemagne s'évertue à créer des ponts entre les gens et les situations. Il est un passeur d'idées hors pair.

Lorsque Claude Jasmin remporte le Prix du Cercle du livre de France pour son premier roman, *La Corde au cou*, André d'Allemagne n'hésite pas à l'appeler pour le rencontrer. « En deux heures, il m'a complètement changé, explique l'écrivain. Il parlait doucement, mais il était d'une grande logique. Il m'a convaincu. À la fin, il m'a dit que le RIN cherchait des orateurs et que je pourrais prendre la parole dans des réunions [28]. »

André d'Allemagne n'hésite jamais à prendre le temps de convaincre. Et après l'avoir entendu, Pierre Bourgault devient très vite un de ses meilleurs élèves.

CHAPITRE 5

LE RASSEMBLEMENT

Dans les Laurentides, sur la route qui conduit à Saint-Adolphe, un grand panneau de bois, solidement cloué entre deux sapins, annonce en grosses lettres « Hôtel le Châtelet, Restaurant français ». C'est à cet hôtel, parmi les plus recherchés de la région, qu'André d'Allemagne et ses amis se retrouvent régulièrement pour discuter et faire bombance.

L'hôtelier du Châtelet, Roger Paquet, affirme qu'il reçoit « quasiment toutes les fins de semaine, des habitués parmi lesquels André d'Allemagne, fidèle client et ami ». Il se rappelle d'ailleurs que « lors de son mariage avec Lysiane Gagnon, la célèbre journaliste, le repas de noces a été donné au Châtelet après les cérémonies officielles à Montréal [1] ».

Situé à Morin Heights, à moins d'une heure de Montréal, l'établissement compte 16 chambres et une salle à manger suffisamment grande pour accueillir une cinquantaine de convives. Roger Paquet a tout rénové avec énergie.

Français installé au Québec depuis 1951, Paquet a travaillé durant la guerre comme chef dans les cuisines de grands hôtels allemands et, en 1944, il s'est même occupé des cuisines du ministre de l'Information du gouvernement de Pierre Laval, alors en exil au château de Sigmaringen. Là-bas, il fait la connaissance d'un médecin-écrivain peu banal : Louis-Ferdinand Céline. Après la guerre, toujours en Allemagne, Paquet cuisine pour l'armée américaine... Lorsqu'on a la tête aux fourneaux, semble-t-il, on ne fait pas trop de cas des différentes allégeances politiques qui passent autour de soi.

Encore étudiant, André d'Allemagne a rencontré par hasard Roger Paquet à Montréal. Avec son épouse allemande, Paquet tient alors, près de l'Université McGill, un restaurant qui attire une clientèle importante, dont des étudiants comme le jeune André.

« On mangeait là le midi, se souvient Suzette Thiboutot. M. Paquet nous offrait discrètement son "ragoût Saint-Hubert", qui était en fait des viandes sauvages, du gibier. On a continué de manger chez lui lorsqu'il s'est installé dans les Laurentides [2]. » C'est donc tout naturellement au Châtelet qu'on choisit de se retrouver, le 10 septembre 1960, pour fonder le Rassemblement pour l'indépendance nationale.

Dans ses mémoires, tout en se trompant sur la date de l'événement et le nombre de personnes y prenant part, le propriétaire du Châtelet offre quelques détails, que l'on peut corroborer, sur cette rencontre historique qui marque la naissance du Rassemblement pour l'indépendance nationale :

> Pour une communication aisée, et leur tranquillité absolue, je mets à leur disposition exclusive le bar du sous-sol. Ainsi, ils ne seront pas dérangés. En fin d'après-midi, je descends les voir pour m'assurer que tout va bien et qu'ils ne manquent de rien. Je les entends parler de comité, de coordination... Je comprends rapidement qu'ils cherchent un nom pour désigner leur mouvement.

L'hôtelier signale alors à d'Allemagne que le mot « comité » « sonne bizarre, un peu comme le comité révolutionnaire ». Selon lui, réflexion faite, c'est André d'Allemagne qui suggère alors « Rassemblement [3] ». Or, selon les souvenirs de d'Allemagne, c'est plutôt l'aubergiste Paquet qui propose l'usage du mot « Rassemblement [4] » !

Peu importe : le Rassemblement pour l'indépendance nationale est né. Et le RIN va vite grandir.

« Au Châtelet, ce n'était plus qu'une question d'organisation pour mettre en branle tout ça. Nous étions tous d'accord au préalable », explique Suzette Thiboutot. Si le projet d'action politique du RIN voit finalement le jour dans les Laurentides, c'est en effet à la suite de plusieurs débats préparatoires menés du côté de Mont-réal et de Hull[5].

Jacques Bellemare et André d'Allemagne ont notamment dis-cuté à de multiples reprises de la création du RIN. Moment par excellence de ces discussions : la chasse ! Les deux hommes en sont des mordus. Fusil à l'épaule ou appuyé dans la saignée du bras, besace à la hanche, ils guettent volontiers la perdrix et le lièvre dans les Laurentides, près du Châtelet. Ils profitent des moments de pause offerts par cette chasse fine pour discuter de leurs percep-tions de l'avenir du Québec, au point d'en oublier parfois la quête du gibier.

Bellemare et d'Allemagne se connaissent depuis l'université. Ils font partie, avec les Depocas et les Thiboutot, d'un même groupe d'amis. Ils discutent volontiers, entre autres choses, de la question de l'indépendance du Québec. Tout part alors d'un refus ferme de prêter son énergie à l'Alliance laurentienne de Raymond Barbeau. Ils se sentent sur une mauvaise piste, tout en ayant la certitude d'être acquis à une bonne idée.

> Au fil des conversations et des parties de chasse, explique le juriste Jacques Bellemare, nous avons vite convenu de la nécessité d'agir autrement qu'à titre individuel en faveur de l'indépendance du Québec. Mais comment faire ? D'Allemagne a suggéré tout d'abord une alliance avec les Jeunesses laurentiennes. Pour ma part, je ne voulais rien savoir ni de Raymond Barbeau, ni surtout de ses positions réactionnaires. J'exprimais mon refus total à m'embrigader là-dedans.

Après avoir assisté à une réunion de l'Alliance laurentienne, Claude Préfontaine, son frère cadet Yves et Jean Décarie vont eux aussi en arriver à la même conclusion : il faut se dresser pour de bon devant Barbeau. Pourquoi faudrait-il se condamner plus longtemps à souffrir d'aussi tristes conceptions sociales pour réaliser l'indépendance ? Ce milieu de l'Alliance laurentienne n'est pas rassembleur. Les idées au moins autant que le personnage de Barbeau leur déplaisent[6].

Suzette Thiboutot se souvient que Jacques Bellemare, après avoir été présent avec d'Allemagne et elle à au moins une réunion de l'Alliance laurentienne, se désespérait des positions idéologiques de ce mouvement : « Jacques avait détesté la rencontre. Nous nous étions retrouvés chez moi, rue Gatineau, à parler. Jacques en était vite venu à l'idée de créer autre chose, un mouvement autonome de l'Alliance laurentienne [7]. » Dans les faits, Jacques Bellemare apparaît ainsi comme la bougie d'allumage qui va permettre aux idées d'André d'Allemagne de sortir de l'ombre et de faire beaucoup de chemin.

En ce début de l'année 1960, André d'Allemagne demeure, du moins en apparence, quelque peu attaché à la pensée de l'Alliance laurentienne. Il ne marque pas d'emblée une volonté de faire autre chose ailleurs et semble craindre les ruptures. Ce n'est pas un impatient, et son silence mesuré autant que sa réserve naturelle produisent l'impression d'un homme plus ou moins effacé et néanmoins sympathique. Selon Jacques Bellemare, « il y avait un petit côté dilettante chez André d'Allemagne qui l'invitait, pour préserver sa liberté, à ne pas monter seul à cheval sur un nouveau projet. D'où sa proposition initiale de tenter de nous intégrer à une fraction de l'Alliance laurentienne, ce qui était à son sens le plus simple et le plus commode. Je lui ai suggéré que nous ferions mieux de lancer un groupe de pression distinct. André s'est vite rangé à l'idée et nous avons dès lors fait en sorte de provoquer des rencontres [8]. »

Au printemps 1960, des discussions et une correspondance notamment entre André d'Allemagne et Marcel Chaput conduisent à l'élaboration, au mois d'août, d'un « projet de règlements » pour la mise sur pied d'un Comité national pour l'indépendance (CNI) [9].

D'Allemagne a connu Chaput à l'Alliance laurentienne. Mais Chaput militait aussi au sein d'un mouvement plus ou moins secret, l'Ordre de Jacques Cartier, surnommé et connu de tous sous le nom de « la patente ». Chaput y avait été à l'origine d'un comité d'étude sur la question de l'indépendance. Comme d'Allemagne, il était mûr pour un changement du côté de l'action indépendantiste.

Le but du CNI « est de défendre et de propager l'idée de l'indépendance du Québec de façon à favoriser et à accélérer la création d'un État français pleinement souverain et indépendant, sur le territoire du Québec ». Par ailleurs, le document préparatoire note que le CNI n'a pas à se prononcer sur « les questions qui ont trait à la politique interne, à la religion, aux théories économiques ou aux doctrines sociales ».

Dans une lettre datée du 4 septembre, Chaput observe qu'à la différence de l'Alliance laurentienne, le nouveau mouvement auquel il prend part ne demande que l'adhésion de ses membres à l'idée d'indépendance et non pas à un ensemble doctrinaire complet et rigide.

On invite quelques dizaines de personnes à participer à la réunion de fondation. Une vingtaine d'entre elles, venues tant de Montréal que de Hull, se rencontrent ainsi au début de septembre dans les Laurentides, à cette auberge du Châtelet. C'est l'acte préparatoire de la fondation du RIN.

André d'Allemagne a identifié formellement 20 personnes qui assistaient à cette réunion inaugurale. Mais Claude Préfontaine affirme avec assurance que le groupe comptait plutôt 17 personnes. Plusieurs commentateurs parlent pour leur part d'une trentaine de personnes, sans pour autant être en mesure de les nommer. Jusqu'à preuve du contraire, il semble donc plus indiqué de s'en remettre à l'évaluation précise de d'Allemagne, à laquelle pourrait cependant s'ajouter le nom de Jean Décarie, présent à une partie de la séance inaugurale dans les Laurentides [10].

Avant de se lancer ce jour-là dans une aventure indépendantiste sous la bannière du RIN, un peu moins de la moitié du groupe a eu quelques contacts avec l'indépendantisme à la sauce de Raymond Barbeau. Autre fait à noter : la moitié des membres fondateurs ont une formation universitaire [11].

Dans le manifeste adopté par le groupe, il est question de « l'indépendance totale du Québec » selon une perspective anticolonialiste. Le mouvement vise à rassembler tous les indépendantistes au-delà des divergences possibles quant à la religion, à l'économie ou aux questions sociales.

Louise Thiboutot, avec son mari Yvon, était au Châtelet ce jour-là :

> À cette époque, André d'Allemagne n'était pas exacte-
> ment un homme de gauche, mais il n'était certaine-

ment pas de droite. Son sens politique nous apparaissait extrêmement affiné. Il avait de grandes préoccupations sociales. Dans les discussions, il finissait par rassembler des gens plus à gauche que lui. Par la suite, ce sont eux qui l'ont influencé[12].

Et Pierre Bourgault ? Il n'est pas là au moment du lancement du RIN. Au plan politique, Pierre Bourgault n'est alors absolument rien. Il est sans importance aucune. Il ignore d'ailleurs à peu près tout de la politique. Il n'a même jamais entendu parler encore d'indépendance. C'est le hasard, ou presque, qui l'amène à ce nouveau mouvement qu'est le RIN.

Il a 26 ans. Un bel âge pour rompre la routine des jours ordinaires.

De cette rencontre avec la fortune du hasard, nous avons déjà dit deux mots. Le voici qui marche près de chez lui, dans le quartier Côte-des-Neiges à Montréal. Il y croise Claude Préfontaine qui, comme une bonne partie de la bande, habite ce quartier étudiant. La conversation s'engage. Et voilà que Bourgault décide d'accompagner son ami chez André d'Allemagne. Là, après les présentations d'usage, il écoute. Et il est vite emballé. Il sent qu'une tempête sociale va bientôt souffler sur le pays.

> J'avais déjà un peu parlé à Bourgault du groupe que nous avions constitué en faveur de l'indépendance, se souvient Claude Préfontaine. Il était d'un naturel curieux. Il voulait savoir. Alors, ce soir-là, il est venu chez d'Allemagne. Et je crois qu'il fut le dernier à partir ! C'est d'Allemagne qui lui a tout enseigné, du moins au début[13].

Bourgault a raconté cette rencontre avec son destin des dizaines de fois, durant des années. Le soir de cette première rencontre, explique-t-il, André d'Allemagne avait parlé longuement pour présenter la question de l'indépendance, les objectifs du RIN et les tâches à accomplir et à se distribuer. « Quelques-uns interviennent. Décidément, il s'agit là beaucoup plus d'une réunion d'amis que d'une assemblée politique[14]. » Bourgault ne croit toujours pas que la politique l'intéresse, mais il a un faible pour la discussion. Et ce nouveau cercle d'amis lui semble intéressant.

Bourgault est très vite tout à fait fasciné par cette idée de l'indépendance du Québec. Mais il n'en soutient pas moins qu'il lui a fallu « six ou sept mois pour se convaincre que c'était vraiment valable », et pour de bon [15].

Dans les jours qui suivent cette première véritable prise de contact avec le RIN, Bourgault se rend au lac Ouareau pour discuter de tout cela avec Claude Préfontaine et Jean Décarie. Il en reparle à plusieurs reprises, notamment au club de chasse Saint-Georges du lac l'Assomption, avec son ami Claude Préfontaine et André d'Allemagne. « Bourgault ne chassait pas, explique Préfontaine. Il marchait seul dans les bois, entre les discussions [16]. » Et les discussions sont nombreuses.

Au RIN, le recrutement se fait par des moyens éprouvés de longue date. « Dès le début, explique Bourgault, nous commençâmes à tenir des assemblées de cuisine. Je me souviens encore de la première. C'était un samedi soir. Il y avait là, réunis dans un petit appartement, 11 personnes venues nous rencontrer, d'Allemagne et moi [17]. » Pendant quatre ou cinq heures, le duo répond alors patiemment aux questions. Beaucoup de réponses leur manquent encore, mais les gens qu'ils doivent convaincre leur semblent encore plus ignorants qu'eux. Peuvent-ils seulement arriver à les convaincre ? « Même la dialectique étonnante de d'Allemagne semblait impuissante à percer ce mur d'habitudes et de servilité consentie. Nous sortîmes de cette réunion anéantis, complètement découragés [18]. » Le lundi suivant, à leur plus grande surprise, neuf des personnes présentes à la réunion avaient adhéré au RIN !

En octobre 1960, à l'occasion de sa première assemblée générale, le RIN adopte le manifeste issu de la rencontre tenue à Morin Heights le mois précédent.

> Les Canadiens français constituent une nation dont l'origine remonte à l'époque de la Nouvelle-France, peut-on y lire. Conquise par la force des armes, isolée de sa mère patrie, soumise à des tentatives d'assimilation nombreuses et prolongées, la nation canadienne-française a toujours manifesté une indomptable

volonté de survivre et de s'épanouir librement en
conformité avec ses origines et son génie particulier.

La Confédération de 1867 y est décrite comme un document
issu de la Conquête et de l'impérialisme britannique qui, sans
l'accord du peuple, « a placé et maintenu le peuple du Québec
dans une situation anormale de faiblesse et d'infériorité ». « De
plus, les droits accordés officiellement par l'Acte de l'Amérique
du Nord britannique au peuple canadien-français, dans le but
d'assurer sa survivance et sa protection, ont sans cesse été violés,
et continuent de l'être, par le gouvernement fédéral, à Ottawa. La
logique et le droit permettent donc aujourd'hui d'affirmer que le
pacte confédératif, par ses origines et par le cours de l'histoire, est
nul et périmé. »

Les militants du RIN entendent accéder à l'universel et sortir
le Québec d'une situation d'infériorité sous tous les rapports :

> À l'époque actuelle où dans le monde entier les
> peuples s'affranchissent du joug colonial et les nations
> revendiquent leur pleine indépendance, le Canada
> français ne peut plus accepter de demeurer sous la
> tutelle économique et politique de l'étranger. L'idéal
> de l'indépendance nationale, qui s'allie à celui de l'in-
> ternationalisme lucide, est valable au Canada français
> comme partout ailleurs.

Et le manifeste ajoute, plus loin, que l'indépendance est du reste
dans la ligne de l'histoire du Canada français :

> De nos jours, les peuples n'ont plus besoin d'excuses
> pour vouloir être libres. Car si la liberté nationale n'est
> pas une fin en soi, elle est la condition essentielle à
> tout épanouissement réel des hommes et des peuples.
> La première des libertés civiques étant l'indépendance
> de la patrie, le RIN réclame l'indépendance totale
> du Québec afin de permettre au peuple canadien-
> français de choisir librement les voies de son avenir. »
> L'indépendance est présentée comme à la fois normale
> et inévitable. Enfin, le manifeste précise que « la seule

raison d'être du RIN est de favoriser et d'accélérer l'instauration de l'indépendance nationale du Québec, sans haine ni hostilité envers quiconque mais dans un esprit de justice et de liberté pour tous.

Le 26 novembre, le RIN tient son premier congrès officiel. Cette fois, 80 indépendantistes sont présents. La réunion a lieu dans une maison située rue MacKay, juste derrière les bureaux de Radio-Canada à l'époque. Une constitution est adoptée. L'objectif demeure clair, tel que l'exprime l'article 1 de la Constitution : le RIN « est un organisme culturel et politique dont le but est de propager l'idée de l'indépendance du Canada français et de favoriser ainsi la création d'un État français souverain, dans les limites du Canada, englobant le territoire de la province de Québec ». Dans le cadre de cette définition générale, l'article 3 garantit toujours le droit à des tendances doctrinales variées au sein du RIN.

Pour l'équipe de direction, André d'Allemagne est élu à l'unanimité à la présidence et Marcel Chaput à la vice-présidence. Jacques Désormeaux est élu au poste de secrétaire, tandis que Claude Préfontaine et Jean Drouin deviennent directeurs. Les femmes ? Après la réunion, Marie-José Raymond et Louise Latraverse lavent le plancher [19]...

Dès lors, le « conseil central » du RIN tient ses réunions chez André d'Allemagne, au 3115 de la rue Maplewood, à Montréal.

Où est Bourgault ? Au milieu de ces jeux de l'esprit, il n'est pas encore tout à fait là. Il étudie. Il lit. Il discute. Sa passion totale pour l'idée qu'il défend est encore en partie contenue, du moins aux yeux de ceux qui l'accompagnent alors. Mais, peu à peu, le militantisme quotidien pour l'indépendance le révèle. Cette lutte devient sa terre ferme, le seul espace où il lui apparaît possible d'être libre en prenant de la hauteur, en ayant le sentiment d'être utile. Bourgault souhaite bientôt plus que tout abattre un ordre des choses qui est contraire à ses convictions profondes. Disponible, avec en lui l'esprit d'aventure, il plonge de plus en plus au fond des choses. « Bourgault était très démonstratif, se souvient Jacques Bellemare. À un moment donné, il s'est mis à prendre beaucoup d'emprise sur le RIN. Sa maîtrise du verbe était impressionnante et, comme il n'avait pas de vie de famille, il donnait beaucoup de son temps[20]. » RIN ou pas, Bourgault n'en continue pas moins de passer des heures et des heures à parler de tout et de rien avec des amis.

En juin 1961, Bourgault est élu président de la section de Montréal du RIN. En septembre, à l'occasion d'une réunion du conseil central qui se déroule pour une fois chez lui plutôt que chez André d'Allemagne, les 21 personnes présentes acceptent l'idée de tourner un film « de propagande d'une durée de 15 à 30 minutes[21] ». Bourgault est un partisan des moyens de communication les plus modernes.

Mais que pense Bourgault au moment où la politique l'emporte, le déborde, le bouscule et le poursuit ? Jusqu'à quel point comprend-il la portée du mouvement dans lequel il avance ? Qu'est-ce qui le distingue tellement des autres jeunes hommes de son âge, un groupe, une génération à laquelle il appartient pourtant ? Sait-il que ce dans quoi il s'embarque commence à peine, que l'indépendance ne sera pas pour demain, comme plusieurs l'annoncent pourtant ?

CHAPITRE 6

CHIMIE ET MAGIE DE MARCEL CHAPUT

Se réfugier dans un pays conquis
et ne pas tarder à le trouver intolérable,
car on ne peut se réfugier nulle part.
— Franz Kafka, *Journal*

CHIMISTE UN PEU RONDOUILLET, au langage incisif, mais le plus souvent chaleureux, Marcel Chaput est un homme plus âgé que Pierre Bourgault et André d'Allemagne. Il a femme et enfants et se trouve ainsi installé dans la vie comme d'autres en religion. Né en 1918, il travaille au ministère de la Défense pour le gouvernement fédéral. La participation inattendue de ce fonctionnaire à plusieurs activités indépendantistes attire toutefois vite sur lui l'attention des médias et de certains politiciens, tous peu enclins à envisager la réalité sociale du pays autrement qu'à travers le prisme d'un fédéralisme impérial.

Très rapidement, l'employeur de Chaput s'inquiète, c'est le moins qu'on puisse dire, de ses activités militantes. Rien n'y fait : Chaput persiste dans ses convictions. Ses joutes oratoires autant que l'exposé franc et net de ses positions sur la place publique suscitent de plus en plus l'attention. Au RIN, Chaput apparaît tout naturellement comme la seule figure un peu connue du public. Sur le terrain militant, il donne alors plus que quiconque de la crédibilité à la cause indépendantiste.

L'excellent éditeur Jacques Hébert, alors aux commandes des Éditions du Jour, flaire comme à son habitude le bon coup en constatant l'emprise qu'exerce Chaput au rayon de l'indépendance. Dans la mouvance de son ami Pierre Elliott Trudeau, l'ardent fédéraliste qu'est Hébert ne partage pas les positions du chimiste-polémiste. Bien au contraire. Mais il conçoit, comme nombre d'éditeurs, qu'un bon livre doit être publié coûte que coûte, c'est-à-dire même si cela va à l'encontre de ses propres convictions.

Tandis que Raymond Barbeau publie *J'ai choisi l'indépendance* aux Éditions de l'Homme, maison que Jacques Hébert vient de quitter à la suite d'une brouille avec le propriétaire, Marcel Chaput se voit pousser à écrire, pendant ses vacances, en six semaines et sous la supervision de son éditeur, *Pourquoi je suis séparatiste*.

Le 18 septembre 1961, au Cercle universitaire de Montréal, Chaput lance son livre, qui est vite traduit en anglais puis lancé à Toronto à titre de curiosité politique.

En français, plusieurs milliers d'exemplaires sont vendus. L'éditeur parle de plus de 40 000. Il est cependant sage de se méfier quelque peu de pareils chiffres : aujourd'hui comme hier, les éditeurs commerciaux gonflent toujours leurs tirages, puisqu'ils ne sont pas tenus de rendre publics leurs bons à tirer, histoire de laisser entendre à un vaste auditoire que tout le monde en redemande et que ceux qui n'ont pas lu le fameux ouvrage feraient mieux de s'y mettre... Les historiens, très souvent, ne prennent pas encore assez garde à ces manipulations commerciales. Mais disons que, chose certaine, le livre de Chaput n'en connaît pas moins un succès éclatant dans l'édition québécoise.

La thèse et l'argumentaire de *Pourquoi je suis séparatiste* sont simples comme deux et deux font quatre. Selon un plan pyramidal, Chaput affirme que le prétendu « pacte entre deux nations » sur lequel repose le Canada de 1867 est mort. À l'ère de la fin des empires, le Québec n'a que la voie de l'indépendance à suivre s'il veut appartenir aux nations libres et modernes.

Après la parution de *Pourquoi je suis séparatiste*, l'emprise politique de Chaput se précipite comme un soluté dans une éprouvette. Si André d'Allemagne apparaît incontestablement comme le pilier intellectuel interne du RIN, le mouvement acquiert son souffle de vie sur la place publique beaucoup grâce à la renommée grandissante de Marcel Chaput, invité partout à prendre la parole, à s'expliquer, à débattre.

Les 28 et 29 octobre 1961, lors du congrès du RIN tenu à Montréal, Chaput est élu à la présidence. Le président sortant, d'Allemagne, dresse alors le bilan de la première année d'existence du groupe de pression. Il constate que les rinistes ont bien plus en commun « que la simple idée de l'indépendance mais aussi tout un état d'esprit. Il existe maintenant une forme de séparatisme qui est particulière au RIN et qui est en fait un nationalisme humaniste, intégral et démocratique. Humaniste, parce que pour nous l'indépendance n'est pas une fin mais un moyen[1]. »

En fait, le RIN regroupe plusieurs tendances indépendantistes parfois antinomiques. André d'Allemagne considère que se dégage tout de même de cet amalgame fragile une ligne de force particulière qui irrigue tout le RIN et lui donne ainsi son équilibre. Avec ses compagnons Pierre Bourgault, Rodrigue Guité et Massue Belleau, d'Allemagne pense en effet qu'il appartient à l'aile gauche du parti, aussi appelée « les intellectuels de Montréal ». Pour ce groupe, explique-t-il, « l'idée de l'indépendance est liée à celle d'une transformation de la société québécoise[2] ». Il s'agit pour lui de la ligne de force du RIN.

Perçoit-il déjà bien clairement que Chaput n'appartient pas du tout à la même tendance ? Pour Chaput, l'indépendance seule suffit et il n'y a pas à transformer radicalement la société québécoise pour y arriver. Selon les régions, le RIN se trouve sollicité par d'autres conceptions encore. Ainsi, du côté des militants de la région de Québec, on souhaite que le RIN reconnaisse rien de moins que l'existence de Dieu, ce qui donne lieu à des échanges soutenus entre rinistes !

Pendant que se dessinent irrésistiblement des divergences fondamentales entre les têtes fortes du RIN, l'employeur de Chaput continue, plus que jamais, à fort peu apprécier ses prises de position politique. Le cas de Chaput est évoqué jusqu'à la Chambre des communes. Après des questions embarrassantes formulées en Chambre à propos des activités politiques du fonctionnaire Chaput, celui-ci est convoqué par ses supérieurs pour leur donner des explications formelles. Comme Chaput refuse de s'amender, il doit bientôt souffrir une suspension sans solde de deux semaines.

Lorsque Marcel Chaput arrive à Montréal après avoir démissionné de son poste de fonctionnaire, d'Allemagne, Guité et Bourgault vont l'accueillir à la gare.

Le lundi 4 décembre 1961, à la suite de cette suspension, Chaput démissionne de son poste et décide de se consacrer tout entier à la cause politique qui l'anime. Il part à Montréal, en train.

En renonçant à son emploi pour ses idées, Marcel Chaput a gagné un cran supérieur sur l'échelle de la renommée médiatique.

L'arrivée en train à Montréal du chimiste-chômeur cristallise un premier triomphe pour les indépendantistes. Bourgault, d'Allemagne et Guité vont le chercher à la gare, les mains dans les poches, tout sourire. Des photos, prises par Antoine Désilets de *La Presse*, nous les montrent heureux, très fiers, marchant l'un à côté de l'autre, gaillards. Le terrain politique de l'indépendance, à peine labouré, leur semble donner ses premiers beaux fruits.

Bourgault fait déjà partie des chefs de file du mouvement. Rétif à la politique traditionnelle, spécialement vif dans ses jugements, le comédien raté manifeste une propension particulière à s'indigner et à jouer ensuite de cette indignation en la modulant, grâce à des analyses logiques qui savent convaincre autant qu'émouvoir.

Son ascendant naturel sur les affaires du RIN croît et s'impose, à l'ombre d'abord de celui de Chaput et d'Allemagne, jusqu'à finir par apparaître au grand jour. Le RIN a le vent dans les voiles. Et Bourgault aussi.

Depuis sa fondation, le RIN tente d'éveiller la population à sa propre condition politique. Mais que faire, lorsqu'on a peu d'argent et donc de moyens, pour prendre contact avec toute la population ?

Comme plusieurs militants du RIN proviennent des milieux proches de l'information, on développe assez facilement des contacts avec les médias. Le RIN achète aussi, à l'occasion, de la publicité, surtout dans *Le Devoir*. Il utilise également des moyens encore peu courants à l'époque : les manifestations populaires dans la rue. Ainsi, le samedi 11 février 1961, à deux heures de l'après-midi, des militants du RIN paradent, à partir du parc Lafontaine, avec une vingtaine d'autos et diverses banderoles, dans les rues de la métropole. « Notre Québec indépendant, nous l'aurons » et « Le Québec aux Québécois », peut-on lire sur deux des Volkswagen coccinelles qui prennent part au défilé. Pour nombre de passants, l'idée même de l'indépendance apparaît tout à fait nouvelle et provoque soit la curiosité, soit un haussement d'épaules. Dans un quotidien de la ville, on publie une photo du comédien Guy Sanche et de Pierre Bourgault qui sont présents à l'événement.

Les militants rinistes découvrent aussi l'usage des autocollants aux couleurs criardes, des graffitis, des tracts et des manifestations à caractère symbolique, notamment à l'occasion de la Fête des patriotes ou de l'inauguration de la Maison du Québec à Paris. Tout cela est alors assez peu courant et suscite l'intérêt autant que la curiosité.

La première véritable assemblée du mouvement a été pensée et organisée à compter de février 1961. Les piliers du RIN décident alors qu'il est temps de proposer aux militants une assemblée politique en bonne et due forme. Le groupe se laisse deux mois pour faire de la publicité, coller des affiches, envoyer des lettres et organiser l'action des militants. Pour 100 $, il loue la salle du collège Sainte-Marie, le Gesù, une salle ayant déjà connu nombre de manifestations politiques. L'assemblée du RIN est fixée au 4 avril 1961.

En 1961, dans les Laurentides, à la table de cuisine du chalet
de la famille Décarie, Pierre Bourgault rédige son premier discours.
Il y mettra une bonne semaine de travail.

En avril, au moment où la neige disparaît enfin pour laisser place au printemps, la passion du hockey conserve son emprise sur bien des cœurs. Ce fameux 4 avril, les joueurs des Canadiens se retrouvent sur la glace du Forum pour disputer une partie des séries éliminatoires! L'équipe montréalaise affronte ce soir-là les Black Hawks de Chicago. Les Canadiens peuvent-ils éviter l'élimination? La partie est cruciale. L'événement est couru. Qui peut bien vouloir entendre, un soir pareil, un chimiste du nom de Marcel Chaput discourir sur « Le Canada français à l'heure de la décision » et un blanc-bec de 27 ans du nom de Pierre Bourgault parler sur le thème « Indépendance et humanisme » ?

Peut-on remettre l'assemblée ?, se demandent les organisateurs à la dernière minute. Non. Impensable. Trop tard. Il faut y aller. Coûte que coûte.

Pierre Bourgault a donné beaucoup de son temps pour l'organisation de la soirée. Louise Thiboutot se souvient que Bourgault s'investit tout simplement corps et âme dans le RIN. « Il parlait dans nombre de petites réunions. Mais avant cette assemblée du Gesù, personne n'avait réalisé à quel point il pouvait être rassembleur, à quel point il savait parler à une foule[3]. » Pour elle, cette soirée marque la véritable naissance politique de Pierre Bourgault. Et il y a fort à parier que son jugement soit juste. Le fougueux et brillant orateur apparaît bel et bien dans le ciel politique du Québec ce soir-là.

Ses discours, Pierre Bourgault les rédige alors avec un soin infini, sur la table de cuisine de l'appartement qu'il partage avec Jean Décarie, rue Maplewood.

> Au début, il préparait toujours ses envolées, explique Décarie. Je l'ai aidé à plusieurs reprises. Ensuite, il me récitait son texte pour savoir ce que j'en pensais. Il reprenait, il corrigeait. Sans le savoir vraiment tout à fait par cœur, il en connaissait bientôt toutes les articulations principales[4].

Bourgault expliquera qu'il a mis plus de 40 heures à écrire ce discours pour l'assemblée du Gesù ! Une partie de ce premier discours est rédigée dans les Laurentides, au chalet des parents de Jean Décarie, situé à Sainte-Lucie. Cheveux en brosse, barbe de deux jours, chemise rouge à carreaux, Bourgault se penche sur son texte dans le calme de cette habitation rustique, bien installé à une table, crayon en main, sourire aux lèvres, tel qu'en témoigne une photo couleur prise alors par l'ami Jean. « C'était un beau discours, jugera plus tard Bourgault, bien écrit, bien propre, dont le style rappelait plus Bossuet que Réal Caouette. Un mauvais discours, quoi[5]. »

Le soir du 4 avril, avant l'assemblée, Bourgault, d'Allemagne et Chaput se retrouvent pour manger un morceau. Chaput est arrivé le jour même de Hull, accompagné de plusieurs militants. Les organisateurs s'inquiètent. Une question brûle toutes les lèvres : est-ce qu'il y aura au moins un peu de monde ? Des paris sont pris : il viendra 12 personnes, 40, 150... « Nous étions joyeux, nerveux et tendus, inquiets », explique Bourgault[6].

À huit heures trente, le petit groupe n'en revient pas : il y a plus de 500 personnes dans la salle !

Au moment où, à son tour, Bourgault monte sur la tribune, une immense ovation l'accueille. Depuis quelques mois, il a souvent parlé et a convaincu personnellement plusieurs des personnes présentes. Beaucoup sont venues pour l'entendre. Son nom commence à circuler parmi les militants.

> Quand moi j'ai commencé à faire des discours, explique Bourgault, tous les discours politiques sans exception commençaient par Monsieur le Président, Madame la Présidente, Monsieur le Maire, Madame la Mairesse, Monseigneur, ça et ça. Tout le monde faisait ça. Et dans tous les organismes, c'était la même chose. Et moi, dès mon premier discours, j'ai dit : « Mes chers amis », ce qui est devenu une sorte de gag parce que plus ça allait, puis on l'a vu dans les campagnes électorales par la suite, je n'avais qu'à prononcer « Mes chers amis », puis là, il y avait une grande ovation de cinq minutes avant que je puisse commencer à parler. [...] Puis le discours lui-même qui était un discours vrai, senti. Ça a forcé beaucoup de politiciens à s'arrimer à la réalité, pas tous bien sûr, et loin de là [7].

Dès qu'il s'empare du micro dans le Gesù, la salle entière scande un chaleureux « Pierre, Pierre, Pierre... » Ce soir-là, au même moment, un homme arrive en retard. Il est svelte et souple, la quarantaine élégante, et il se presse vers l'avant de la salle en compagnie de la belle Marie-José Raymond. Jean Décarie leur a réservé, tout devant, deux bonnes places à ses côtés. Sous ces applaudissements et ces cris en faveur de « Pierre », l'homme se retourne vers la foule et, l'espace d'un instant, tout à fait certain que ces vivats s'adressent à lui, esquisse un geste de salutation avant de se rendre compte, sur-le-champ, non sans ressentir un certain malaise, que tous ces yeux-là ne le fixent pas du tout. Marie-José Raymond, tout à fait amusée de cette scène inattendue, lui glisse gentiment à l'oreille :

— Ce soir, les applaudissements sont pour Pierre Bourgault. Pas pour toi, Pierre Elliott...

Vieil ami de la famille Raymond, Pierre Elliott Trudeau jouit d'une reconnaissance publique plus importante que celle de tous les gens réunis qui prennent la parole ce soir-là. Indépendant de fortune, cofondateur de la revue *Cité libre*, il est régulièrement invité à la télévision de Radio-Canada et sur diverses tribunes. Avocat, il enseigne aussi le droit à l'université. Ses positions anti-séparatistes sont déjà bien ancrées et connues, mais il demeure foncièrement curieux. Il adore discuter et n'hésite pas à s'aventurer – surtout avec une jolie jeune femme de bonne famille telle Marie-José Raymond – dans des lieux qui risquent de mettre quelque peu à l'épreuve ses conceptions sociopolitiques.

Formé par les jésuites tout comme Pierre Elliott, Bourgault est déjà lancé. Il est un peu ronflant, malgré le geste large et l'assurance de quelqu'un qui connaît déjà bien la scène. Sa diction tient autant de son expérience théâtrale que du cours classique du collège Brébeuf. Il suit fidèlement l'articulation du discours qu'il a soigneusement préparé avec la collaboration de Décarie.

Soudain, au beau milieu de son discours, il quitte l'espace d'un instant son fil et fixe des yeux Jean Décarie et sa Marie-José. Afin d'appuyer un passage consacré à la liberté, il lance tout de go : « Et comme un de mes bons amis disait : "Il faut faire l'amour" ! »

La liberté politique et fraternelle dont parle Pierre Bourgault comprend aussi une part de libération sexuelle. S'adresse-t-il autant à la foule qu'à lui-même ? « C'était vraiment le début d'une certaine révolution sexuelle. Pierre cherchait sa place là-dedans, lui aussi », explique son ami [8]. Il est certain que la révolution que souhaite Bourgault transgresse de beaucoup la seule indépendance politique. La « libération du Québec » qu'il appelle alors de tous ses vœux ne peut pas être, dans son esprit, que politique.

Dans la salle, ce soir-là, on trouve aussi sa mère, Alice Bourgault. Elle est venue spécialement des Cantons-de-l'Est pour l'entendre. Le voyage en vaut la peine : son fils, devant tant de monde, et tellement applaudi !

Bourgault termine son discours par cette phrase : « Finis les monuments aux morts ! Désormais, nous élèverons des monuments aux vivants. Ils seront faits de notre indépendance et de notre liberté [9]. » Une tirade inspirée d'un nationalisme de collège qu'il reprendra plus d'une fois. Alice Bourgault a les larmes aux yeux et, explique Viviane d'Allemagne, répète sans cesse à tous ceux qui veulent l'entendre : « Vous savez, Pierre Bourgault, c'est mon fils[10]. »

Le succès est au-delà de toute attente. L'auditoire s'est révélé particulièrement enthousiaste et réceptif. Plusieurs personnes, conquises, adhèrent au RIN. Les effectifs doublent le soir même, estime Bourgault *a posteriori* dans un texte daté de 1973. Dans ce texte, il trace d'ailleurs un bilan de cette soirée d'avril 1961 : « Nous avions tout à coup acquis des responsabilités insoupçonnées jusqu'alors. Nous allions devoir apprendre à vivre avec les autres, pour les autres. [...] Désormais, notre vie allait changer pour de bon. Ma vie ne serait plus jamais la même. Mais n'est-ce pas ce que j'avais souhaité depuis longtemps ? N'était-ce pas là ce que je cherchais ? N'avais-je pas enfin trouvé quoi faire de ma peau et de ma matière grise, de ma sensibilité ? N'avais-je pas enfin trouvé ma vie[11] ? »

Le lendemain de l'assemblée, le directeur du *Devoir*, Gérard Filion, observe que « si deux parfaits inconnus ont réussi à attirer 500 personnes pour leur parler de séparatisme le soir d'une joute finale pour la coupe Stanley, il se passe quelque chose de nouveau au Québec ». Tous les journaux parlent de la soirée. Plus que le hockey, c'est l'événement ayant marqué la ville ce jour-là !

Bourgault n'est pas encore le leader du RIN. Mais il a un verbe de feu. Et les gens l'aiment.

« C'était un personnage, explique Louise Latraverse. Pour ses discours, il changeait un peu sa façon de parler. Il prenait un accent et une diction qu'il n'avait pas dans la vie de tous les jours. Dans l'orateur, on trouvait alors l'acteur. » Sur une estrade, Bourgault se met soudain à incarner son personnage, un homme aux idées parfaitement maîtrisées servi par une diction absolument impeccable. « Or, dans la vraie vie, Pierre était beaucoup plus *lousse*[12]. » L'intérieur d'un homme, on le sait, n'est pas forcément un calque de son extérieur, et Bourgault en donnait ainsi un peu l'exemple sur une estrade. Mais Bourgault n'a pas à apprendre longtemps à devenir tout à fait le personnage qu'il se crée. Son double politique, c'est encore lui, tout à fait lui. Il ne sera jamais, même à ses débuts, un vermisseau du discours. Il est grand, tout de suite. « Il aimait beaucoup ça, dit Louise Latraverse. Dans un discours, il était seul avec lui. Il brillait. Et il avait ce besoin de briller, constamment[13]. »

Le Québec découvre en quelque sorte la verve de Bourgault en même temps qu'entre en jeu l'idée d'indépendance. L'effet de nouveauté du virtuose Bourgault s'en trouve accentué d'autant.

Avec Bourgault, se souvient Claude Jasmin, c'est la découverte pour la toute première fois de ce qu'est un grand orateur, un orateur puissant. « Pendant la crise de la conscription, en 1942, mon père m'avait emmené voir André Laurendeau. Son discours était minable. Henri Bourassa, très célèbre pourtant comme orateur, ne m'avait pas tellement impressionné non plus. Mais Bourgault ! Il était en feu ! Il était en feu[14] ! »

Plus à l'aise devant l'être collectif qu'est une foule que devant quelques personnes en tête-à-tête, Pierre Bourgault apparaît comme un personnage passionné à la fois par la foule et par la solitude. Il sait vite se faire secret, peu porté à parler de lui-même au-delà de ce qui concerne la politique et sa stratégie. Bourgault est, en politique, dans un rôle dont il a immédiatement délimité les frontières.

Pour Louise Thiboutot, « Bourgault est alors toujours très réservé, voire timide, sauf avec les amis. Avec eux, il est un homme facile, drôle, plein d'humour[15]. » Mais même avec les amis, certains sujets ne sont pas abordés. « Il ne parle jamais de sa famille », dira Louise Latraverse[16]. Et il ne souffle mot non plus de sa vie amoureuse.

Les Desrosiers, qui l'hébergent au début des années 1960, observent que Bourgault, malgré ses sautes d'humeur, ses moments de dépression ou de joie intense, est « un grand timide qui essaye de masquer sa timidité[17] ». Dans la famille Desrosiers, assez souvent, Bourgault manifeste le désir de se retrouver seul, dans un espace à lui. Il se tait. Il s'isole. Il disparaît. Complètement.

Bourgault a expliqué lui-même son besoin viscéral de préserver coûte que coûte son intimité.

> Le vrai goût de la solitude m'est apparu quand j'ai
> commencé à faire de la politique. C'est à force de

voir et de rencontrer des milliers de gens chaque
semaine que j'ai eu envie de me retrouver, ne fût-ce
que quelques heures par jour, absolument seul (même
la radio, la télévision et le téléphone m'encombraient).
C'est encore la politique qui m'a rendu misanthrope
et qui m'a poussé à rechercher la solitude encore
davantage [18].

Mais, pour la vaste majorité de la population, Bourgault apparaît et apparaîtra comme un tribun passionné, loin, très loin des
attitudes propres aux solitaires farouches.

Le 23 mai 1961, le RIN tient une autre assemblée publique, la
deuxième en importance de sa jeune histoire. Cette fois, elle a lieu
à la salle de l'Ermitage. Cette salle est alors souvent utilisée par
Radio-Canada pour des captations radiophoniques ou télévisuelles.
Bourgault et ses amis la connaissent bien. Ce soir-là, Marcel
Chaput prend la parole, de même que Pierre Bourgault et Claude
Préfontaine.

On remarque alors la présence, en plus des journalistes locaux,
d'hommes de la télévision américaine ainsi que d'un correspondant du magazine à grand tirage *Time*. C'est dire qu'en quelques
semaines la notoriété du RIN a fait un bond prodigieux.

Dans son discours, Bourgault se perd dans une longue allégorie
où il s'enfonce et peine quelque peu à sortir. « Nous en avions parlé
et je trouvais pourtant l'idée très bonne, explique Jean Décarie.
Il était dans un bateau, au large, le Québec était en train de se
perdre... L'image du navire, du capitaine, de la tempête... Mais
au micro, l'allégorie n'en finissait plus. Ça a duré cinq longues
minutes au moins ! À un moment, les gens riaient dans la salle.
Bourgault était un peu gêné de ça, mais comme il riait beaucoup
de lui-même, ça allait tout de même [19]. »

L'orateur aux idées ambitieuses se révèle vite à sa pleine hauteur,
non toutefois sans connaître de petits ratés occasionnels de ce genre.
Mais les ratés sont tout de même rares, très rares.

De ses mots, les foules attendent toujours une sorte de béné-
diction. En venant voir Bourgault, les militants savent assez vite ce
qu'on va leur dire ou, du moins, en devinent-ils la puissance, ce
qui suffit déjà, par anticipation, à les griser.

Avec Marcel Chaput à une assemblée du RIN en 1962.

Pour ceux qui le voient pour la première fois, qui ne connaissent pas ses idées et les entendent exposées de la sorte, la capacité de Bourgault à cerner une situation et à la disséquer surprend et impressionne tout à la fois. Bourgault frappe beaucoup l'imaginaire parce qu'il proclame avec assurance et énergie des évidences que cache pourtant tout ce qui est quotidiennement répété à partir des idées circulant en suspension dans l'air du temps. Par le simple usage d'une parole qui agit comme un révélateur, Bourgault parvient à donner confiance en soi à chacun.

En décembre 1961, il prononce un nouveau discours, cette fois dans la salle de la Fraternité des policiers de Montréal. Le texte de ce discours, intitulé *Révolution*, est publié en brochure et distribué par le RIN. Le discours est vif, agile et rigoureusement articulé. Ce sera la marque des discours de Bourgault pour le reste de sa vie.

Que dit-il? Il commence par s'adresser aux adversaires du RIN, qui prennent alors les noms des politiciens Pearson, Fulton, Saint-Laurent, Dorion et Sévigny.

Non, lance-t-il, ce n'est pas par la faute des Anglais
que nous sommes séparatistes. Nous le sommes par
notre propre volonté et par notre sentiment de dignité.
Nous avons entendu plusieurs d'entre vous déclarer
dernièrement que le séparatisme prendrait de la force
ou disparaîtrait complètement selon l'attitude plus ou
moins intelligente, plus ou moins raisonnable de nos
compatriotes de langue anglaise. Non, mille fois non.
Messieurs les Anglais n'ont rien à voir dans l'affaire,
et c'est à nous, et à nous seuls, qu'incombe la responsabilité de nos actions. Croyez bien, messieurs, que le
temps est révolu où nos succès et nos insuccès étaient
portés sur le dos des autres. Cette fois-ci et pour toujours, c'est nous qui décidons. Sachez donc une fois
pour toutes que l'attitude du Canada anglais, hostile
ou aimable, indifférente ou généreuse, ne changera
absolument rien à notre volonté d'être maîtres chez
nous.

Le ton est donné : le RIN ne demande rien et entend entreprendre tout simplement une libération nationale complète. Il ne
souhaite pas de gains fragmentaires dans quelque secteur d'activité
que ce soit. « Comprenez-moi bien, dit Bourgault. C'est l'indépendance que nous voulons, rien de moins, et nous l'aurons. » Le
RIN a « compris cette petite chose toute simple : aucune culture
valable ne peut s'épanouir chez un peuple économiquement et
politiquement asservi. Nous avons compris l'interdépendance de
ces facteurs de vie. La culture canadienne-française sera et grandira
lorsqu'elle pourra appuyer ses réalisations sur une relative indépendance économique et sur la politique libre d'un État souverain. »
L'avenir du français passe par une vie menée en français,
explique encore Bourgault. Et pour cela, il faut l'indépendance.
Il le dit alors, comme il le dira et le répétera encore et encore :
l'indépendance n'est pas une fin. « Dans toutes les occasions, nous
disons exactement le contraire. Mais je le répète pour ceux qui
refusent de nous entendre. L'indépendance, pour nous, n'est pas
une fin en soi, elle est un moyen, un instrument, rien de plus. »

Cet instrument, l'indépendance, servira à aborder d'une façon nouvelle des problèmes anciens non encore résolus : « Après l'indépendance, nous retrouverons les mêmes problèmes qui sont ceux du Canada français aujourd'hui, mais alors nous aurons les moyens de les attaquer de front et d'essayer de les solutionner. Et surtout, ah ! oui surtout, nous aurons les moyens de les solutionner nous-mêmes, dans le sens de notre esprit et de notre volonté ! L'indépendance n'est qu'un instrument, mais un instrument essentiel. »

Après avoir affirmé sur tous les tons que les Québécois sont désormais debout, sans toutefois être ni plus beaux ni plus laids que les autres, après avoir raillé plus que nécessaire – pour l'effet – les défenseurs de la Confédération, Bourgault affirme que les militants du RIN représentent « la vie même de la nation ». Il le répète tout au long de son discours.

La foi en Dieu d'autrefois s'est-elle transmuée en une foi totale envers le peuple, avec qui le RIN, au fond, ne ferait qu'un ? À entendre Bourgault, on pourrait le croire. « L'homme n'est rien, l'homme ne peut rien s'il n'a pas le pouvoir de choisir. L'homme n'a de valeur que par sa liberté. Il n'en va pas autrement des peuples. Un peuple asservi, un peuple en tutelle n'est rien de plus qu'un troupeau de bêtes qu'on mène au pâturage ou à l'abattoir. [...] Nous sommes la nation, parce que nous représentons son désir de liberté. »

Le RIN n'est pas seulement la nation, clame Bourgault, il est aussi la révolution. Si la France, les États-Unis et la Russie ont connu des révolutions, pourquoi serait-il impensable d'en évoquer une au Québec ? Mais Bourgault précise : il ne s'agit pas pour le RIN de mener une révolution dans le sang.

La révolution, changement brusque et rapide, implique souvent la violence. Aux yeux de certains commentateurs, les sécessionnistes du RIN ont déjà les yeux injectés de sang et se préparent à faire couler celui des autres. Bourgault insiste pour corriger une telle impression : pas de cette violence-là pour l'indépendance du Québec. « Rassurez-vous, nous n'avons pas de ces intentions », dit-il.

Chaput, d'Allemagne, Guité et Bourgault.

Tout de suite, cependant, il reprend à sa façon la notion de violence pour dynamiser son propos et lui donner de l'effet :

> Notre action n'en est pas moins violente et le deviendra sans doute encore plus. Il existe, à côté de la violence purement physique que nous réprouvons fortement, une violence faite à l'esprit, à l'intelligence des hommes. C'est cette violence que nous pratiquons pour arriver à changer la politique et le gouvernement de notre pays. C'est l'esprit que nous attaquons, et c'est avec les mots de la raison que nous nous battons. Et notre raisonnement est violent parce qu'il s'attaque à détruire des préjugés, des complexes de l'intelligence qui trop souvent, chez beaucoup de personnes, leur cachent la réalité des circonstances et du contexte dans lesquels elles vivent. [...] L'esprit des hommes qui font la politique et qui composent le

gouvernement canadien, par notre action, subit un changement brusque et violent. C'est dans ce sens que nous pouvons dire que nous sommes la révolution. Révolution pacifique, mais révolution quand même. Révolution dans la raison et dans les sentiments, révolution dans les habitudes, dans les structures, dans les cadres.

En terminant, Bourgault se félicite de voir un homme de valeur, « monsieur Parizeau, économiste », déclarer au *Devoir* que l'indépendance n'est pas une absurdité, et un autre, « monsieur Laurin, psychiatre », affirmer que les indépendantistes ne sont pas fous. Ce sont des noms, évidemment, destinés très tôt à entrer dans l'histoire du mouvement indépendantiste québécois aux côtés du sien !

Mais c'est à Marcel Chaput que Bourgault réserve ses remerciements les plus chaleureux, parce qu'il offre « à toute la nation canadienne-française un exemple de dignité et de fidélité à notre cause commune ».

À quand l'indépendance ? Prudent, Bourgault ne saurait le dire. Mais les étapes pour y parvenir lui apparaissent vite franchies. Le mouvement avance à grands pas. Ce sera donc pour bientôt. Sûrement. Oui, sûrement. Mais, au fond, peu importe puisque « le mouvement est irréversible ».

Le 3 janvier 1962, un journaliste du *Devoir* estime que le RIN compte désormais un peu plus de 1 000 membres. Le mouvement existe depuis un peu moins de 14 mois. La fleur de lys rouge, symbole initial du RIN, est alors remplacée par la corne stylisée d'un bélier. Elle donne une impression de force en même temps qu'elle exprime l'idée d'une volonté, celle d'avancer. Quoi qu'il arrive.

CHAPITRE 7

LA VIE MODERNE

> *Car le temps du plastique*
> *C'est bien plus fantastique tique tique*
> *On y voit le printemps passer son temps*
> *À faire des, à faire des fleurs en papier.*
>
> – LÉO FERRÉ, *Le Temps du plastique*

VINGT FÉVRIER 1961. André Laurendeau livre dans *Le Devoir* un article qu'il a rédigé la veille, comme à son habitude, sur son grand bureau en chêne blanc de rédacteur en chef. Avec son style caractéristique, où il pèse et remet sans cesse en balance ses idées, Laurendeau s'interroge sur la pertinence de la notion de « décolonisation » qu'invoquent les militants de la liberté des peuples. Ces hommes de la décolonisation semblent de plus en plus venir de toutes les latitudes.

La « décolonisation », qui bat son plein depuis la fin de la Seconde Guerre mondiale, lui semble recouvrir d'un voile trompeur des réalités humaines qui mériteraient pourtant d'être distinguées les unes des autres.

« Y aurait-il de l'illogisme à favoriser la décolonisation chez les peuples sous-développés et à refuser le séparatisme québécois au Canada ? » Non, pense-t-il. Bien au contraire. Pourquoi ? Tout simplement parce que la situation n'est pas la même au pays des érables que chez ces gens-là. « Ces hommes se sont sentis méprisés comme nous ne l'avons jamais été. Ils sont pauvres comme nous ne l'avons jamais été. »

Qui plus est, les difficultés vécues au Canada français, « si graves soient-elles, pourraient être résolues à l'intérieur du cadre politique actuel ». Les acquis des Canadiens français, continue-t-il, rendent impensable une radicalisation du nécessaire combat pour l'éclosion de l'indépendance, comme cela a été le cas dans nombre de nouveaux pays.

> N'oublions pas [...] que le terrorisme a été, dans la plupart des pays libérés, l'un des outils de la libération. [...] Peut-on imaginer ici l'équivalent de cela ? Moi, je n'y arrive pas.

Parenthèse : le Front de libération du Québec, le FLQ, n'a pas encore fait son apparition, mais cela ne tardera pas. Laurendeau en sera surpris, bien sûr. Poursuivons...

Bref, conclut Laurendeau, à force de s'identifier à ces mouvements nationalistes et indépendantistes étrangers, les séparatistes québécois plongent dans l'irréalité. Tout simplement.

Si le rédacteur en chef conçoit que les jeunes séparatistes québécois portent un juste témoignage des injustices subies, il n'en pense pas moins qu'ils sont à « la poursuite de l'impossible » et qu'ils ne se préparent rien d'autre que des déceptions[1].

Pierre Bourgault prend la mouche. À titre de président de la section de Montréal du RIN, il réplique tout de go. Il adresse au *Devoir* une longue lettre bien sucrée intitulée « Message d'un homme libre à une génération qui ne l'est plus ».

André Laurendeau est alors considéré comme l'un des intellectuels par excellence du Canada français. Ses articles sont attendus. Depuis des années, plusieurs souhaitent savoir ce que l'ancien directeur de *L'Action nationale* et ancien chef de l'aile québécoise du Bloc populaire canadien pense d'une question avant d'établir leurs propres positions. La vigueur avec laquelle Bourgault se permet de tancer un tel homme étonne.

André Laurendeau, affirme-t-il, appartient à une génération de morts : « Vous êtes d'une génération qui ne bâtit plus rien que sur ses désillusions. Vous dirais-je que nous en avons de la peine ? Nous avons la même peine que celle qui vous accabla peut-être lorsque vous aviez notre âge, lorsque vous vous aperçûtes que vous étiez seul, que tout était à recommencer et que vos aînés avaient perdu la foi avant même de vous l'avoir transmise [2]. »

Bourgault reproche en outre à Laurendeau ce qu'il juge être une démission devant les espoirs de la jeunesse.

> Les séparatistes, pas plus que les autres citoyens, ne se préparent, comme vous dites, d'amères désillusions : vous leur avez finement mâché les vôtres, et maintenant vous essayez de les en nourrir. La plus grande déception qu'ils pourront jamais avoir de leur vie, c'est de vous voir si petit, après avoir entendu dire, dans leur enfance, que vous étiez grand.

André Laurendeau adore ce type de joutes intellectuelles vigoureuses et il y excelle. Il connaît l'importance des débats dans une société démocratique et va même jusqu'à les susciter, ce qui contribue alors à faire de lui un animateur intellectuel hors pair. Il se trouve ainsi parfaitement à même d'apprécier la vigueur autant que la qualité de la réplique que lui sert le jeune Bourgault. En réponse au jeune militant, Laurendeau écrit dans *Le Devoir* du 8 mars : « Les séparatistes sont des gens qui écrivent. Ils le font, en général, fort bien. »

L'homme du *Devoir* n'en continue pas moins à défendre ses positions, lesquelles vont d'ailleurs bientôt le conduire tout droit à la coprésidence d'une commission royale d'enquête sur l'avenir du bilinguisme et du biculturalisme au Canada, une commission dont il avait lui-même proposé la création afin de contribuer à dénouer la crise politique qui secoue alors le Canada. Que répond exactement Laurendeau au jeune polémiste ?

> À partir de constatations réalistes (sur la position qui nous est faite à l'intérieur du Canada), le séparatiste conclut logiquement à une solution qui n'a rien de réaliste – qui n'est pas viable, pas vivable ; qu'on ne saurait pas traduire dans les faits. [...] Le Québec n'est pas une île en plein Atlantique : son départ du Canada signifie la mort du Canada. Je n'arrive pas à comprendre comment un gouvernement canadien pourrait accepter sans réaction violente – ou en tout

cas sans réaction vigoureuse – le saccage d'un pays
qu'il administre depuis un siècle.

Avant de se lancer du côté de l'indépendance, il existe une
solution, croit Laurendeau. Cette solution « consiste, sur le plan
politique, à utiliser à fond les pouvoirs que nous possédons. À
regarder l'État provincial du Québec comme l'outil, moins puissant mais réel, d'une politique qui corresponde à nos besoins et
à notre pensée. Cela n'a jamais été accompli. C'est même une
tâche dont s'est systématiquement détournée une partie de l'intelligentsia canadienne-française, et que des gouvernements successifs
ont boudée. [...] On aurait tort, au nom d'une utopie, de s'en
détourner : car elle exigera l'enthousiasme et l'énergie de toute une
génération. »

Au fond, Laurendeau défend la thèse du réformisme politique
qu'annonce le programme du gouvernement libéral de Jean Lesage.
Bourgault défend quant à lui une position beaucoup plus risquée,
où le changement de structure conditionne la naissance d'un
monde nouveau. En un mot, Bourgault se trouve bel et bien
dans la position du révolutionnaire qui fait face à une pensée mi-
chair, mi-poisson. Les subtilités ont tôt fait, selon son point de vue,
d'être assimilées à des arêtes qui entravent la raison elle-même.

Le vigoureux débat entre les deux hommes auréole bien sûr
d'un certain prestige le jeune militant. Un intellectuel de la trempe
de Laurendeau qui se donne la peine de répondre à un jeune indépendantiste à la plume vigoureuse, voilà un beau crédit offert, par
ricochet, au RIN. Bourgault ne le sait évidemment que trop...
L'encre de la réplique de Laurendeau est à peine séchée que
Bourgault entreprend à nouveau d'écrire au *Devoir*.

Dans la mesure où cette seconde réplique signée Bourgault
tourne poliment autour de la personne même de Laurendeau,
Le Devoir se trouve un peu forcé de la publier. Mais le journal aurait
très bien pu mettre un terme à l'échange dès ce stade, comme c'est
l'usage. Au jeu de la réplique, en effet, un journal met d'ordinaire là
un point final afin de s'éviter des désagréments autant, sans doute,
que pour se donner la chance de tenir le meilleur rôle. Cette fois,
Le Devoir accueille pourtant une nouvelle « lettre » de Bourgault,

celle-ci presque aussi longue que la première, bien plus longue en tout cas que les deux « blocs-notes » de Laurendeau mis en cause.

Comment André Laurendeau, demande le riniste, comment cet homme luttant depuis sa jeunesse contre le bourbier du fédéralisme canadien peut-il croire encore un seul instant que ce système puisse être changé de l'intérieur ?

> Je vous accuse d'irréalisme, M. Laurendeau, lorsque vous prétendez que nous pouvons nous épanouir à l'intérieur du cadre politique actuel. [...] Depuis cent ans, c'est ce que nous avons essayé de faire. Cela n'a pas réussi. Par le principe même de l'action, celle-ci doit être forte, bien dirigée et de courte durée. [...] Nous avons assisté plusieurs fois à ces prises de conscience nationales fortes, plus ou moins bien dirigées, et de courte durée. Que nous ont-elles apporté ? Quelques petits morceaux tombés de la table du riche. Rien de plus.

Au fond, continue Bourgault, l'indépendance du Québec est beaucoup plus réaliste que ne le laisse entendre Laurendeau. Elle peut se faire, explique-t-il, de deux façons : « par la révolution, provoquée de l'intérieur ou imposée de l'extérieur ; par des moyens démocratiques et juridiques ».

Révolutionnaire en paroles, Bourgault n'en rejette pas moins la thèse de la révolution pure et simple, celle susceptible de déclencher un véritable conflit où pourraient être mêlés, à terme, comme dans toutes les régions du monde, aussi bien l'Union soviétique que les États-Unis. Il préfère une seconde avenue, « la seule : l'indépendance par des moyens démocratiques et juridiques ».

Cette voie nécessite courage et volonté plus que n'importe quelle autre, affirme Bourgault. Beaucoup plus, en tout cas, que celle qui consiste à laisser se poursuivre l'intégration et l'assimilation au « complexe nord-américain ».

> L'indépendance acquise par des moyens démocratiques se fera lentement, assez difficilement et ne se fera pas sans sacrifices. Elle ne réglera pas tous nos problèmes mais nous donnera les moyens de les attaquer

de front. Encore une fois, notre prémisse majeure est importante : la souveraineté doit être voulue par la majorité des Canadiens français.

Dès les premiers mois d'existence du mouvement indépendantiste québécois contemporain, la volonté de se situer dans un cadre démocratique apparaît ainsi manifeste.

La souveraineté, insiste Bourgault encore une fois, n'est pas une fin.

> L'indépendance en soi n'est pas notre but. Ce qui peut en découler est l'unique objet de nos espoirs. Ce que nous voulons, c'est donner le calme à l'esprit canadien-français. Nous voulons que cet esprit ne soit plus distrait par d'inutiles batailles, et qu'ayant retrouvé sa dignité, il puisse commencer à travailler sur lui-même au lieu de défendre les portes du musée où on l'enferme.

Puis, une précision fondamentale pour comprendre Bourgault : le but ultime du RIN, ce mouvement auquel sa vie se mélange désormais inextricablement, ne peut être l'indépendance seulement : « la seule fin acceptable pour un être humain, c'est la liberté ». L'établissement d'un État indépendant ne constitue donc qu'une étape, ainsi que Bourgault devra le répéter tout le reste de sa vie[3].

Faut-il, en attendant, s'en remettre à l'idée de mieux utiliser l'État québécois, comme André Laurendeau l'affirme ? Bourgault cite André d'Allemagne pour soutenir que les indépendantistes n'ont rien contre une meilleure utilisation de l'État dans une perspective autonomiste – bien au contraire. Mais, écrit-il du même souffle, « l'autonomie n'est concevable que comme étape. Autrement, c'est une demi-mesure qui revient à vouloir faire de la nation un corps sans tête ; il faut les deux pour vivre[4]. » L'autonomie n'a donc de sens qu'à condition qu'elle conduise à sa suite logique : l'indépendance, laquelle doit permettre à son tour une plus grande liberté.

Cette joute d'idées prolongée entre Laurendeau et Bourgault fait beaucoup parler d'elle. Elle contribue à accroître considérablement, au premier chef, le prestige intellectuel de Bourgault au sein du RIN. En bon stratège, Bourgault tente de prolonger encore cette polémique si profitable... L'été venu, il réécrit donc au *Devoir* en se servant du même angle d'attaque. Le journal ne publie pas son texte. Son troisième « message d'un homme libre à une génération qui ne l'est plus » paraît donc, au mois d'août, sous la frêle couverture de papier du *Bulletin du RIN*. Ornée de quatre coups de plumes formant une fleur de lys sommaire, cet « organe de liaison interne » du RIN, dactylographié, reproduit pauvrement puis agrafé, exprime déjà à lui seul l'état d'organisation encore embryonnaire du jeune mouvement.

Dans ce troisième texte, Bourgault change non pas de cible mais de ton à l'égard de Laurendeau. Il joue les matamores. Il prend prétexte de l'édition du 13 juillet du *Devoir* où, encore une fois, comme depuis des années, on réclame, sous la plume de la direction, des chèques bilingues tout en se plaignant, une fois de plus, du sort fait à une radio française hors Québec. Comment peut-on, se désespère Bourgault, encore en être là, à faire du surplace ? Amer, il avance que ce doit sans doute être « la chose la plus normale du monde pour un peuple qui se traîne à plat ventre depuis 200 ans »...

Ni cordialité, ni recherche du style, cette fois. Le ton n'est plus au dialogue. « Cette fois-ci, c'est rempli de colère que je vous écris. Il y a quelques mois, nous avions engagé un dialogue, écrit et publié dans *Le Devoir*, et que vous avez cru bon, pour des raisons que j'ignore et que je ne juge pas, d'interrompre. » Plus question de dialogue, mais bien de « colère ». Bourgault l'exprime de Canadien français à Canadien français. « J'ai trop longtemps refoulé ma fureur devant les agissements puérils et néfastes de votre génération pour pouvoir la contenir plus longtemps. »

Bourgault joue son va-tout, jusqu'à se montrer injuste, afin de pouvoir pousser ses idées plus loin par l'entremise de Laurendeau.

> Je sais que vous avez bataillé, que vous avez fait des sacrifices, que les circonstances étaient difficiles. Mais ce dont je vous accuse, c'est de ne pas avoir assez bataillé, de n'avoir pas multiplié vos sacrifices. Les circonstances sont encore aujourd'hui trop pénibles pour que nous arrivions à croire que vous avez gagné

quoi que ce soit. Vous avez lâché avant le temps, et
à ce compte, vous auriez mieux fait de ne jamais
vous engager dans la bataille et de n'avoir jamais fait
de sacrifices. Vous seriez aujourd'hui plus serein et
l'on ne verrait pas, à travers l'épaisse couche de poussière qui recouvre votre génération, surgir sans cesse
le visage morbide de l'amertume et de la déception.
Vous aviez de l'intelligence, vous avez manqué d'en-
trailles, de sang et de peau.

Devant toutes les batailles à la petite semaine, ces batailles
minuscules perdues d'avance depuis des générations, Bourgault
oppose des changements structurels majeurs. Pour contrer l'an-
glicisation et l'abâtardissement culturel, il propose un sens de la
grandeur et de l'estime de soi qui transite d'abord et avant tout par
la conquête de l'indépendance politique.

Ce peuple est fatigué, mais il n'est pas mort. Cependant, pour le faire bouger, il faudra lui présenter autre
chose que de vagues petites promesses messianiques.
Ce peuple a besoin de grandeur, il a besoin de sentir qu'il n'est pas tout à fait inutile dans le monde.
[...] Ce peuple s'affichera en français quand il saura
que dans le monde entier il est considéré comme un
peuple français. Ce peuple parlera français quand cela
lui sera utile : quand à la manufacture, au bureau ou
à la direction d'une compagnie il pourra se servir de
sa langue. Ce peuple sera fier quand il aura appris à se
gouverner lui-même. Ce peuple sera digne et relèvera
la tête quand cela voudra dire quelque chose d'être
canadien-français. Ce peuple a besoin de grandeur.
Si on ne la lui offre pas maintenant, il n'aura même
plus la force de la vouloir. Ce peuple a compris ce que
20 générations avant lui n'ont pas compris : qu'on
n'atteint pas à la grandeur en se traînant à genoux
ou en se tapant le ventre d'aise devant une nouvelle
affiche française à Dorval ou ailleurs.

Évidemment, André Laurendeau ne répond pas... Mais le rédacteur en chef du *Devoir* est-il le seul à avoir observé, à juste titre, que les indépendantistes écrivent d'ordinaire fort bien ? Chose certaine, Gérard Pelletier, le nouveau patron de *La Presse*, se fait sans doute la même réflexion à la lecture des textes de Bourgault. Il s'intéresse de près à ce militant et entend le rencontrer, bien qu'il ne partage pas du tout ses idées.

Installé dans les Laurentides comme beaucoup de ses bons amis de la revue *Cité libre*, Pelletier occupe un chalet situé en bordure du même lac que celui où se rend le comédien Claude Préfontaine, à Saint-Donat. Il sait que Bourgault a très souvent l'habitude d'y aller aussi. À la fin de l'été 1961, Gérard Pelletier transmet à Préfontaine et à Bourgault une invitation à venir le rencontrer à sa maison, au bord de l'eau.

Un soir, explique Préfontaine, « après le souper, nous sommes partis en canot pour aller voir Gérard Pelletier. La discussion a été très cordiale. Bourgault polémiquait avec beaucoup d'esprit, comme toujours. »

Dialecticien remarquable, Bourgault saisit alors toutes les occasions offertes par la conversation pour porter le fer dans les thèses du couple Pelletier, qui le reçoit avec l'attention consentie à un être à la fois très charismatique et étrange. Pierre Bourgault est pour eux tout et rien. Tout, parce que sa présence manifeste la toute-puissance d'une idée ; rien, parce que pour eux cette idée n'est qu'une mystification.

« Je me souviens que la femme de Pelletier, Alec, avait les yeux ronds comme des billes devant les envolées de Bourgault, explique Préfontaine. Ce soir-là, nous sommes revenus en canot à deux heures du matin, au moins. » Bourgault était heureux. Il savait avoir livré ce curieux mélange d'impressions qui laisse pour trace une certaine admiration.

Quelque temps plus tard, tout excité, Bourgault téléphone à son ami Préfontaine, quasi haletant. Imaginez : *La Presse* lui offre un emploi ! À lui !

« Bourgault ne vivait pas riche, explique Préfontaine. Il avait besoin de travailler. Gérard Pelletier le savait. Il l'avait appelé pour lui offrir d'écrire dans les pages du supplément couleur de

La Presse, alors baptisé le « supplément rotogravure ». Le travail était bien payé. Et Bourgault avait du temps pour écrire ses articles au journal tout en continuant de militer. Cela lui permettait en plus de voyager ! Il n'en revenait tout simplement pas que Pelletier lui offre ça[5]. » Malgré de très lourdes divergences politiques, les deux hommes seront des amis à partir de ce moment-là.

À vrai dire, l'admiration qu'éprouve Pelletier envers Bourgault n'explique pas tout. Pelletier se trouve alors en difficulté à *La Presse*, c'est le moins qu'on puisse dire. Il a besoin de journalistes. Et il en a besoin au plus vite, car nombre de ceux qui occupaient jusque-là des postes-clés dans le journal sont partis d'un coup pour suivre Jean-Louis Gagnon dans l'aventure du *Nouveau Journal*, lancé en septembre.

À *La Presse*, les rapports qu'entretiennent Bourgault et Pelletier sont très bons, observe Gilles Marcotte, le patron de la section à laquelle le jeune militant politique est affecté. « C'était très libéral comme atmosphère. Bourgault n'était d'ailleurs pas le seul à être engagé en politique tout en étant à *La Presse*. Pierre Vallières était là aussi[6]. »

Lysiane Gagnon, qui milite aussi pour le RIN tout en étant journaliste sous la direction de Marcotte, observe que les rapports entre Bourgault et Pelletier sont excellents, même si celui-là critique sur toutes les tribunes la pensée de celui-ci !

Bourgault travaille dans un journal dirigé par un des fondateurs de *Cité libre*, un fédéraliste convaincu ; mais, comme citoyen, Gérard Pelletier estime que Bourgault a tout à fait le droit d'exprimer ses idées. Et Pelletier adore discuter et se confronter avec Bourgault, au journal ou ailleurs.

Indépendantiste très actif lui aussi et tout à la fois journaliste à *La Presse*, le romancier Claude Jasmin se rappelle à quel point Pelletier estime alors beaucoup Bourgault : « Il n'était pas du tout d'accord avec ses positions politiques, mais il était très impressionné, je crois, par son talent d'orateur[7]. »

Avec la journaliste Lysiane Gagnon, alors militante du RIN.

Bourgault ne cache pas plus à *La Presse* qu'ailleurs son engagement politique en faveur de l'indépendance. D'ailleurs, il affirme ouvertement, comme il le fera toute sa vie, n'avoir que faire du prétendu principe de neutralité dont se gargarisent les journalistes.

Ce principe, il le juge, dès le début de son travail journalistique, aussi prétentieux que mensonger.

Le 13 janvier 1962, il écrit ceci dans *La Presse* :

> Je voudrais qu'on nous débarrasse de tous ces journa-
> listes, professeurs, politiciens ou écrivains prétendu-
> ment objectifs. Sous le fallacieux prétexte de l'objecti-
> vité absolue, ils cachent le plus souvent la paresse la
> plus complète, leurs lâchetés les plus odieuses et leurs
> démissions les plus subtiles[8].

Dans le magazine *Nous*, en 1975, il affirme et développe tou-jours cette même pensée qui ne le quittera jamais. Il note alors à raison que « l'observateur n'est jamais abstrait » : « Même incons-cient, il participe toujours d'une idéologie plutôt que d'une autre. Avant d'observer, il a fait des choix. L'être le plus apolitique ou le plus aculturel qui soit n'en reste pas moins un homme qui choisit tous les jours d'être et de penser de telle ou telle façon, pour telle ou telle raison. C'est pourquoi un fédéraliste et un indépendan-tiste peuvent arriver à des conclusions différentes tout en restant parfaitement objectifs tous les deux. » En somme, résume-t-il, on ne peut regarder qu'à partir de soi-même. Et chaque être est dans une situation particulière.

C'est d'ailleurs plutôt à titre de militant politique que comme journaliste que Bourgault fait son apparition dans les pages de *La Presse*, le 21 octobre 1961. Sa plume est encore maladroite en regard des formes usuelles pour un journal. Il demande d'entrée de jeu à ses lecteurs : « Dieu est-il nationaliste ? », avant d'en arriver, en trébuchant autant sur la religion que sur le nationalisme, à son sujet principal : se tiendra à Montréal, la fin de semaine des 28 et 29 octobre, le premier congrès national du RIN ! Chemin faisant, Bourgault profite de son exceptionnelle tribune pour expliquer la position du RIN. « Le mouvement est nationaliste, bien sûr, puisqu'il vise l'indépendance du Québec, écrit-il. Certains diront qu'il est nationaliste à outrance, et c'est à ce niveau que se situent les controverses les plus significatives. Admettons au départ, pour les besoins de la cause, que le nationalisme soit une chose nécessaire et profitable pour un peuple. Là où la question devient épineuse cependant c'est de savoir quelle dose de nationalisme est nécessaire à un peuple et en quelle quantité on peut le lui faire ingurgiter sans qu'il risque de provoquer des crises beaucoup plus graves que celles qu'il prétend guérir[9]. » En somme, *La Presse* offre à Bourgault un premier canal de communication de masse pour les idées indépendantistes ! *La Presse*, il s'en servira plus d'une fois pour assurer la promotion de ses propres idées politiques.

Toujours dans le quotidien de la rue Saint-Jacques, Bourgault considère que le nationalisme défensif, celui que propose la Société Saint-Jean-Baptiste notamment, est voué à trop peu en matière d'affirmation. Ce nationalisme, croit-il, sert plutôt tout entier à reconduire éternellement des luttes de survivance, bien sûr utiles mais en partie dépassées, à l'heure où une reconquête s'impose : « Alors que le Québec commence à prendre conscience de sa force et de sa liberté, la Société Saint-Jean-Baptise a-t-elle encore son utilité ? Un peuple comme les individus se fatigue à défendre constamment sa maison sans espoir d'en réparer les parties croulantes ou de l'augmenter de quelques pièces additionnelles. »

Loin de cette théorie de la survivance qui alimentait les collèges classiques, le RIN « prétend qu'il faut reconstruire la maison de fond en comble et que nous en avons les moyens. Lorsqu'il prône l'indépendance du Québec, il voit en elle l'instrument le plus important de la rénovation et de la reconstruction ; un instrument, rien de plus, pas une fin en soi. L'indépendance, ça n'est pas le château fort achevé, c'est tout simplement la seule machine capable de mettre les pierres l'une sur l'autre avec assez de rapidité pour ne pas voir les premiers étages s'écrouler de vieillesse avant qu'on ait pu poser un toit sur la structure. »

Mais Bourgault ne parle pas que du RIN dans *La Presse*. Loin de là. C'est même plutôt l'exception. On voit d'ailleurs mal comment un journal qui défend les intérêts de ses annonceurs autant que sa position en faveur de l'ordre établi pourrait risquer de se mettre consciemment le doigt dans l'engrenage révolutionnaire d'un jeune mouvement indépendantiste québécois qui sort tout juste du berceau. Il faut noter toutefois que Pierre Bourgault n'est pas, à *La Presse*, un journaliste ordinaire. Officiellement, il n'appartient pas à la salle de rédaction, là où les journalistes se font souvent imposer des sujets d'article soit par l'actualité elle-même, soit par le directeur des nouvelles. Bourgault est plutôt affecté à un espace beaucoup plus libre : le magazine du journal, un supplément hebdomadaire en couleur. Le lieu permet une approche plus libre que dans les pages quotidiennes. Cela donne à Bourgault la possibilité de proposer, voire d'orienter, les thèmes de ses collaborations.

Même s'il ne parle pas que du RIN dans *La Presse*, une analyse serrée des articles qu'il publie au fil des semaines montre fort bien qu'il impose au journal plusieurs figures et idées chères au jeune mouvement indépendantiste. Sous le couvert des circonstances, des sujets et des personnalités qu'il privilégie pour *La Presse*, il propose en fait un ensemble de préoccupations sociopolitiques qui sont bien celles d'un militant riniste. Il ne mène pas par hasard des entrevues avec Rodrigue Guité, Marie-José Raymond, Jean Décarie, Reggie Chartrand et quelques autres personnalités indépendantistes ! Les sujets qu'il aborde avec eux ne traitent pas à proprement parler d'indépendance, mais en suintent tout de même le message à chaque paragraphe. De tels articles font en outre connaître ces jeunes gens à un plus vaste public et leur assurent, grâce au pouvoir de l'imprimé, un prestige et une reconnaissance publique qu'ils n'auraient pas obtenus par leur seul engagement social. En marge de ces articles aux fortes couleurs politiques, Bourgault s'intéresse à un nombre de sujets très considérable. Mais même là, la perspective politique demeure très présente.

L'architecture et l'urbanisme font partie des sujets qui retiennent tout d'abord beaucoup son attention à *La Presse*. Ami de l'urbaniste Jean Décarie et de l'architecte Rodrigue Guité, tous les deux des militants très actifs du RIN, Bourgault a acquis à leur contact une préoccupation marquée pour ces dossiers. Il faut dire qu'à Montréal les années 1960 correspondent à une période très particulière en matière d'urbanisme. Il faudrait être aveugle pour ne pas s'apercevoir alors à quelle vitesse la ville se transforme, et pas toujours pour le mieux, sous l'effet d'une politique autoritaire. Les projets en chantier sont alors fort nombreux. On construit puis on inaugure en grande pompe beaucoup de nouveaux accès routiers : le pont Champlain en 1962, l'autoroute des Cantons-de-l'Est jusqu'au Richelieu en 1964, le doublement du pont Mercier en 1965, l'autoroute 30 jusqu'à Varennes, l'autoroute 25 jusqu'à Terrebonne et le tunnel Décarie en 1966, puis le pont tunnel Louis-Hippolyte Lafontaine en 1967. Au plan architectural, Montréal change aussi beaucoup. On démolit des quartiers traditionnels du cœur de Montréal pour faire place à de grands projets immobiliers ou à des voies d'accès plus larges. Au même moment, les banlieues poussent à toute vitesse et favorisent la naissance d'un climat psychologique nouveau dont rend compte notamment le film *Deux femmes en or* (1970), scénarisé par Marcel Fournier et Marie-José Raymond. Avec la disparition des tramways, l'automobile devient de plus en plus la reine des rues, voire de l'espace urbain tout entier. Au centre de la ville, la destruction des habitations populaires profite au capital privé, au nom du développement économique. Le métro voit le jour, sous la vive impulsion de l'administration du maire Drapeau. Avec le produit de l'excavation des tunnels, on construit une île au beau milieu du Saint-Laurent pour faire place à l'Exposition universelle de 1967. Hydro-Québec, nouveau symbole de la puissance économique de l'État, inaugure son immeuble au centre-ville de Montréal en 1962. Des projets commerciaux très ambitieux, telle la Place Alexis-Nihon, sont lancés.

Comme dans la plupart des pays occidentaux à la même époque, la ville de Montréal et son organisation urbaine changent à très grande vitesse. La ville autrefois populaire cède le pas à une ville technocrate, appuyée sur des poutres, du verre et de l'acier. Cette nouvelle ville est alimentée par un cœur qui respire au rythme artificiel d'une tour de la Bourse, que le Front de libération du Québec souhaite bientôt faire exploser.

Dans son numéro du 2 décembre 1961, le supplément couleur de *La Presse* présente, sur toute sa première page, une photo de Rodrigue Guité, 28 ans, « jeune architecte débordant d'audace et de talent ». Ces qualificatifs sont évidemment issus de la plume de Bourgault, qui s'emploie ensuite, sur plusieurs pages, à souligner les mérites de son ami de Rimouski qui est aussi, on le sait, un des ténors du RIN... Le patron du magazine, lui, ne le sait pas encore lorsqu'il donne son feu vert à Bourgault pour la rédaction de l'article !

À l'époque, je n'avais encore aucune idée de qui était
Rodrigue Guité, explique Gilles Marcotte en entrevue.
Je ne découvrais alors le sens que prenait la photo en
première page qu'une fois celle-ci publiée. Bourgault
me proposait des sujets et j'acceptais. Je me suis fait
avoir ainsi quelques fois [10].

En entrevue, Guité jouit évidemment du soutien total de
Bourgault. Il affirme qu'il n'y a pas au Québec dix architectes
dignes de ce nom et qu'on ne produit de nouveaux bâtiments
que bien appuyé sur la paresse et le mauvais enseignement. Guité
réclame, en architecture comme en politique, quelque chose qui
ressemble plus à une révolution qu'à une réforme. Et Bourgault
applaudit évidemment à cette volonté de s'engager aussi fermement
dans l'action :

Il est un de ceux qui feront revivre la cité si on leur
en donne la chance. Mais il n'est pas de ceux qui
attendent béatement que le hasard les favorise. Il va
tenter de réformer le milieu dont il a tant besoin pour
vivre. [...] C'est sur le plan politique qu'il se lance
dans l'action. Nous vous laissons le soin de deviner
où vont ses allégeances [11].

L'organisation des villes est-elle aussi désespérante qu'on le dit
au Québec ? Bourgault donne la parole, toujours en première page
du supplément de *La Presse*, à son ami Jean Décarie. Il propose en
fait aux lecteurs une série de quatre longs articles sur la condition
générale des villes, où il se bat avec énergie, en particulier, contre
la construction de Montréal à la diable. Bourgault avait depuis
longtemps fait siennes les préoccupations de son ami Décarie en
matière d'urbanisme. Au moment où Jean Décarie, colocataire de
Bourgault, terminait son mémoire de maîtrise pour l'Université
de Montréal, c'est même lui qui le dactylographiait, après tout !
Un cas de construction scandaleux parmi d'autres, dénonce
Bourgault dans *La Presse*, est celui du St. James Club. « Les mots
sont impuissants à décrire cette horreur architecturale. Bâti dans
le style le plus bâtard qui soit (on pourrait s'amuser à deviner si les
balcons sont de style gothique ou Tudor), étalant sa laideur jusque

sur le trottoir, écrasant la rue Dorchester de sa présentation [...],
ce *building* est le plus grand monument à la bêtise et à l'ignorance
qu'on ait construit à Montréal depuis un siècle. Mais c'est énorme,
bien assis, et c'est là pour longtemps [12]. »

Bourgault s'en prend aussi au nouveau campus de l'Université
Laval, construit en banlieue sur le plus haut promontoire de
Québec. En hiver, les très vastes étendues de pelouse traversées
d'immenses allées rectilignes se transforment en une sorte de petite
Sibérie où les étudiants souffrent des assauts de l'hiver. Sous l'action
du vent, la neige s'engouffre dans les grandes allées pour flageller le
visage de tous ceux qui tentent de parcourir les grandes distances
qui séparent les pavillons du campus. Qui plus est, l'ensemble
du site, commandé par plusieurs intérêts politiques et esthétiques
souvent divergents, a fini par prendre une allure discutable, observe
Bourgault. « Le campus a aujourd'hui l'air d'une vaste esplanade
où tous les styles s'affrontent, où la lourdeur et la grossièreté
architecturale s'étalent avec aisance [13]. »

Fallait-il construire cette nouvelle université loin du centre de
la capitale nationale ou bien l'y intégrer ?

> Les deux théories s'affrontent et se défendent. Mais si
> nous en jugeons par la réaction des étudiants, qui se
> plaignent amèrement de n'avoir aucun contact avec
> le reste du monde, de devoir parcourir des distances
> considérables pour se rendre à l'université, d'être une
> race à part, il faut bien se rendre à l'évidence que cette
> conception du campus hors-ville est loin de satisfaire
> ceux pour qui il est construit.

Le gigantisme appliqué au monde de l'enseignement le désespère. Mais il ne rechigne pas systématiquement devant les nouveaux chantiers, loin de là. La construction de barrages hydroélectriques, du moins en ce début des années 1960, l'enthousiasme au
possible. L'électricité elle-même, il en parle comme d'une merveille.
Il sent peut-être d'instinct que c'est elle qui permet alors à tout un
peuple de faire entendre haut et fort sa langue en Amérique.

Au Nord du Québec, montagnes sauvages, lacs, rivières déchaî-
nées et forêts noires excitent son imagination. L'électricité la
déchaîne. Devant les barrages, les mots lui manquent.

Je vous préviens tout de suite, cela est indescriptible,
je ne saurai pas vous dire ce que j'ai ressenti, je ne
réussirai pas à vous expliquer ce que j'ai vu et les
photographes ne vous apprendront rien du tout, écrit-
il dans *La Presse*. C'est dommage, mais c'est comme
ça. Il y a des choses qu'il est impossible de connaître
par des intermédiaires. Et j'aurai beau vous dire que
c'est une des choses les plus extraordinaires que j'aie
vues dans ma vie... [14]

À Manicouagan, Bourgault s'émerveille encore : « Il y a de
l'électricité dans l'air, littéralement. Cette expression qui d'ordinaire signifie que l'orage approche, que le tumulte s'accroît, cette
expression prend ici un autre sens. Pas très loin il y a Manicouagan.
Pas très loin il y a les barrages, les hommes qui les construisent.
Et pas très loin dans le temps il y a la grande vague d'électricité
qui, venue d'en haut, franchira les montagnes à toute allure. On
bâtit un pays [15] ! » L'électricité est pour lui l'assurance de l'avenir
national.

Même l'allure du barrage hydroélectrique prend sous sa plume
des dimensions quasi divines : « Manicouagan, c'est le rêve devenu
réalité. [...] Structure de béton et d'acier aussi belle que les cathé-
drales du Moyen Âge, aussi riche et aussi humaine [16]. » À l'entendre, les barrages forment aussi des piliers pour la consolidation
de l'identité québécoise.

Deux ans plus tard, une seconde visite de Bourgault aux
chantiers de Manicouagan ne le fait pas sortir des ornières de
son rêve symbolique. Bien au contraire. « Je revois Manicouagan.
Mon rêve se perpétue. [...] C'est tout aussi extraordinaire, aussi
emballant, aussi resplendissant que la première fois [17]. »

Ces grandes constructions expriment pour lui, au beau milieu
des années 1960, ce Québec nouveau auquel il aspire de toutes ses
forces.

Vers Manic 5, écrit-il encore, « nous approchons du pays fabuleux [18] ». Le béton de la Manic maîtrise autant l'eau tumultueuse du
Grand Nord que l'avenir de tout un peuple. « Il faut que ça tienne,
et ça tient. Des ingénieurs canadiens-français dont la moyenne

d'âge est de 26 ans construisent le quatrième plus grand barrage au monde... »

Le futur québécois sera monumental, à l'image de ces constructions. « Le Québec est entré dans l'âge du béton, cela est certain [19]. » Ce béton semble le rassurer profondément pour l'avenir. « Des ponts, des églises, des gratte-ciel en béton. La plus belle matière inventée par l'homme donnera bientôt au Québec l'allure d'un pays construit, humanisé, habité. »

La « beauté du béton » et l'agitation d'un coin de rue suffisent-elles à donner de l'humanité à une ville, comme semble le croire Bourgault dès son retour à Montréal ? En tout cas, l'âme d'une grande ville internationale, croit-il désormais, ce sont ses carrefours [20]. Une ville, pour lui, est un objet de création perpétuelle où le va-et-vient appartient à la liberté humaine dans toute sa grandeur.

Épris de la puissance de la ville, il le sera presque toute sa vie, sauf sur le tard, dans le très bref intervalle où, tiraillé par sa passion des fleurs et des animaux autant que par les goûts de certains de ses compagnons, il se laissera glisser quelque temps vers la campagne.

Pierre Bourgault est et sera d'abord et avant tout un urbain. Son amour des vêtements hors de l'ordinaire et des parures des femmes comme des hommes, sa passion des lumières et du spectacle appartiennent à cet environnement. Créer, pouvoir se créer, cela passe à son sens d'abord par la cité. Et au début des années 1960, tout comme d'autres, Bourgault estime que Montréal doit se réinventer pour que toutes les générations, la sienne comme celle qui suit, puissent s'appartenir et s'exprimer.

Pour créer l'homme nouveau au cœur de la ville, place à la magie et au modernisme du béton ! Dans cette perspective qui emporte tout, jusqu'à la raison même, il n'est pas interdit de démolir la vieille ville et, du coup, les certitudes pourries qui s'y rattachent ! Bourgault ne s'oppose d'aucune façon aux immenses travaux d'ingénierie qui refaçonnent alors le visage de maintes villes occidentales, y compris Montréal.

> Moi, personnellement, je ne suis pas, en principe, contre les démolitions. Bien au contraire. Montréal n'est pas une ville si belle qu'il vaille la peine de tout

conserver. Il faudrait plutôt mettre la hache dans plusieurs quartiers et ne rien épargner.

Dans la grande entreprise de démolition du quartier qui jouxte le pont Jacques-Cartier, démolition mise de l'avant par le maire Drapeau pour faire place au nouvel édifice de Radio-Canada, Bourgault propose toutefois de préserver l'église Saint-Jacques, inaugurée en 1857. Sans être extraordinaire, explique Bourgault, ce temple est « la première église-cathédrale de Montréal » et son « clocher a du panache [21] ».

Il ne s'oppose cependant en rien à la destruction de tous les environs, c'est-à-dire le vieux quartier populaire du « faubourg à m'lasse » qui entoure l'église Saint-Jacques. Cette destruction prend d'ailleurs pour lui la forme d'un hommage à la cité : « Le plus bel hommage qu'on pourrait rendre à Montréal serait de construire du beau autour de ce beau monument qui mérite plus que l'indifférence[22]. » Bourgault appartient à un monde où les impératifs de la consommation appellent à un éclatement quasi total du milieu urbain et à son étalement.

Une architecture nouvelle, destinée à remplacer un univers populaire et historique, sera donc le terreau d'un nouveau genre d'existence sociale. Plus isolés que jamais, les gens n'en seront pas moins regroupés dans un lieu où s'implantera une collectivité d'un nouveau type, que Bourgault estime préférable à l'ancien.

Cependant Bourgault n'aime pas trop les banlieues, ces calques grossiers de la cité qui constituent la manifestation la plus directe de l'éclatement de la ville et de la dictature de l'automobile qui l'accompagne. Il conçoit cependant qu'on puisse apprécier les banlieues. « Si certaines d'entre elles dégoûtent leurs habitants à coup sûr, d'autres leur préparent des joies qu'ils ne pourraient goûter sur l'île d'asphalte et de béton[23]. » Les îles de Laval trouvent ainsi grâce à ses yeux. Si les banlieues « avaient toutes le charme et l'agrément des îles de Laval, les propriétaires des grandes conciergeries de Montréal pourraient se préparer à vivre quelques années de vaches maigres ».

Ses articles publiés à *La Presse* traduisent aussi ses positions économiques. Sensible au socialisme, Bourgault ne souhaite pas renverser le système capitaliste mais bien l'adapter à de nouvelles perspectives plus humaines. En 1963, Bourgault admire visiblement Eric Kierans, président de la Bourse de Montréal et de la Bourse canadienne. Pourquoi ? D'abord, un peu parce que cet homme de la haute finance fustige publiquement avec force le « mythe du Crédit social », une formation politique que Bourgault considère comme dangereusement réactionnaire et qu'il exècre. Ensuite, surtout parce que Kierans promet, par son action, d'amener la Bourse de Montréal à s'intégrer au milieu québécois, c'est-à-dire à l'univers francophone[24]. Or le RIN compte sur un essor économique des Canadiens français, qui s'appuierait sur les principes du capitalisme, pour vivifier la nouvelle société qui se dessine. Bourgault admirera encore la pensée du ministre du Revenu lorsque, en janvier 1966, Kierans critiquera les avantages dont bénéficient les capitaux américains investis au Québec. « L'hégémonie américaine sur notre économie doit être enrayée immédiatement », affirme alors Bourgault dans un communiqué officiel du RIN diffusé depuis Sept-Îles [25].

Au printemps 1963, le Canada compte officiellement 432 000 chômeurs. De ce nombre, plus de 200 000 vivent au Québec. Une véritable catastrophe. À Shawinigan, ville industrielle, environ 20 % de la population ouvrière est au chômage. La région, bien sûr, se vide : on tente de trouver mieux ailleurs.

Bourgault voit dans la situation de Shawinigan le reflet d'une situation générale. Que faire ? Les chômeurs, estime Bourgault, ne le sont pas par leur faute, mais parce qu'ils sont prisonniers de leurs conditions de vie.

« Il semble [...] y avoir deux solutions principales au problème actuel du chômage, non pas seulement à Shawinigan mais dans l'ensemble du pays. D'abord et avant tout : instruction ! Il faudra faire des efforts immenses de ce côté. Il faudra penser non seulement à construire des écoles techniques mais aussi à instruire les analphabètes. Ils sont plus nombreux qu'on le croit généralement [26]. » En outre, il faut planifier. « C'est la seule façon d'éviter que toute une région dépérisse parce que l'industrie s'est transportée ailleurs. L'automation en soi n'est pas un mal. Encore faut-il savoir s'en servir et prévoir ses effets. Instruction et planification. Ce sont les deux exigences primordiales pour effacer le chômage de nos villes. »

Si le béton l'émeut, le sort des gagne-petit semble le toucher encore davantage. Devant l'imposante Place Ville-Marie, qu'est-ce qui attire son attention ? Le sort des laveurs de vitres plutôt que le défi que représentent 10 000 vitres à laver... En plein mois de janvier, un jour où il ne vente pas trop, il monte avec eux jusqu'au 41e étage, installé sur une plate-forme suspendue au-dessus du vide grâce à des câbles. La plate-forme est déjà tombée du quatorzième étage... Et les laveurs de vitre ne gagnent tout de même que 1,65 $ de l'heure, observe-t-il [27].

Le jeune journaliste s'intéresse aussi à la vie des camionneurs. S'appuyant sur sa lecture du roman de Georges Arnaud, *Le salaire de la peur*, Bourgault montre que la vie de ces hommes repose sur les priorités et les intérêts économiques de multinationales américaines. Les impératifs du profit, établis par des dirigeants peu soucieux de la sécurité et du bien-être des travailleurs, amènent ceux-ci à agir mécaniquement, par peur, par habitude, faute de pouvoir choisir une autre existence.

Les routiers que rencontre Bourgault sont payés selon la distance parcourue. Ils roulent donc. Sans arrêt. Ils ne savent pas ce qu'ils transportent. Parfois, ils ne savent plus où ils sont, tant la fatigue les accable. Seuls, toujours seuls, ils en perdent jusqu'à l'habitude de parler. Ils avalent les kilomètres mais digèrent mal leurs repas, à cause des cahots de la route. Le métier est dur.

Tout en roulant avec un routier, Bourgault ne peut tout de même pas s'empêcher de constater que le pays réel, celui qui subit pareille exploitation de l'homme par l'homme, est beau, voire envoûtant. « De Pointe-au-Pic à Québec, c'est l'émerveillement. Ce paysage a de quoi chavirer n'importe qui. Toujours ces montagnes, blanches et lumineuses, puis, au creux, ces vallées vastes comme des déserts, mais humaines, chaudes, toutes habitées, riches et merveilleuses. Des cheminées qui fument dans le soleil. Ce pays a de la grandeur. On voudrait l'embrasser, comme une femme, tant il nous entoure et qu'il nous entre par la peau[28]. » Comme une femme ou comme un homme, c'est selon les préférences, mais il convient évidemment d'écrire « comme une femme » dans le journal...

C'est très vite de la condition des femmes dans la société québécoise que se préoccupe aussi Pierre Bourgault. Les femmes peuvent certainement aspirer à mieux qu'un travail de secrétaire-dactylo, observe-t-il en 1964. Progressiste, il n'en défend tout de même pas moins certains stéréotypes de la réussite, qui témoignent d'un point de vue masculin alors dominant. Dans un article, il présente Denise Cuirot, secrétaire dans un bureau de publicité du centre-ville de Montréal, comme un modèle de réussite. Loin de la simple dactylo, Denise Cuirot est en effet « une femme de carrière ». Pourquoi ? Comme pour son patron, en quelque sorte, « son travail passe avant tout. Elle n'a pas d'heures : elle peut travailler jusqu'à sept ou huit heures le soir, voire même apporter du travail à la maison[29]. » Son objectif demeure cependant dans les limites de celui de son patron : elle souhaite le soulager plutôt que de le remplacer plus tard. La femme idéale n'existe peut-être pas, mais la secrétaire idéale semble bel et bien se trouver à Montréal : « En tout cas, [...] Mlle Cuirot semble bien en être l'incarnation. »

Quelles sont donc les aptitudes qui font d'une femme une « secrétaire idéale » ? Bourgault en donne une idée très précise, qui témoigne autant de sa conception exacte du statut de la femme que de celle qu'embrasse toute son époque : « Cette petite femme noire et jolie a la conversation facile, le verbe clair, le mot juste. Elle parle avec compétence de son travail, de ses responsabilités. Chez elle, c'est la femme simple, sociable, avec qui on peut discuter de tout avec intelligence. Elle émet ses opinions franchement, sans s'imposer. Elle écoute bien. Détendue, mais vive d'esprit, elle a de l'aisance. » En somme, une femme jolie, qui a de l'esprit juste assez et qui sait faire en sorte de ne pas dépasser l'espace social consenti par son patron à ses fonctions, à sa place, à son rang.

Bourgault possède à fond l'art de mettre à l'aise les femmes, comme plusieurs en témoigneront. Il n'en défend pas moins, au début des années 1960, consciemment ou non, un certain nombre d'idées reçues sur leur place dans la société, tout en clamant, il est vrai, la nécessité de leur émancipation. La juste évolution de ses idées en la matière le conduira, une décennie plus tard – et en cela bien plus vite que d'autres – à se faire le héraut d'une certaine révolution sexuelle au profit des femmes, dans les pages du magazine *Nous*. Bourgault animera alors, sous le pseudonyme de Chantale Bissonnette, le personnage d'une femme colorée et délurée qui force ses congénères à réfléchir et à prendre position.

Tout ce qui touche à l'éducation a toujours préoccupé Pierre Bourgault. Cela se sent même lorsqu'on se penche sur ses contributions comme journaliste au magazine de *La Presse*. Ce journaliste atypique manifeste très souvent une confiance énorme dans les bienfaits que peut apporter un meilleur enseignement. Tout ce qui lui semble aller en sens contraire d'une formation équilibrée se voit fustigé. Il s'inquiète ainsi de la qualité et de l'à-propos des manuels et des ouvrages destinés à l'enseignement. Pourquoi, demande-t-il, les étudiants en sciences sociales de l'Université de Montréal, comme ceux des autres disciplines, du reste, en sont-ils réduits à acheter seulement des livres en anglais pour leurs cours ? « Nous savons tous depuis quelque temps, à la suite de plusieurs enquêtes faites par des journaux et par les étudiants eux-mêmes, que nos universités françaises sont, en fait, des universités anglaises ou américaines déguisées. » Comment expliquer, demande-t-il encore, que les professeurs ne se soucient pas d'écrire des livres sur leur propre milieu, dans leur langue, à l'intention de leurs élèves et étudiants ? Sévère, Bourgault tonne, dans ce style très libre qui lui est propre :

> Messieurs, vous êtes paresseux et inconscients. Vous prétendez qu'on ne vous paie pas suffisamment. Et moi je prétends qu'on devrait couper votre salaire de moitié : vous ne méritez pas celui que vous recevez. [...] Je sais maintenant pourquoi on réclame l'instruction gratuite. C'est qu'on s'est aperçu que notre enseignement ne valait rien [30].

Un peuple moderne, tel que l'imagine Bourgault, doit notamment être en mesure de former des scientifiques dans ses propres établissements. Or pourquoi donc, en 1961, 8,5 % seulement des physiciens canadiens sont-ils de langue française ? Du côté des sciences, c'est à l'avenant dans toutes les disciplines, observe Bourgault. Le monde de la science est l'apanage quasi entier des anglophones.

Le jeune journaliste se lance alors, grâce à *La Presse* toujours, dans une entreprise de valorisation des sciences, notamment par la publication de portraits de personnalités du monde scientifique canadien-français. Même lorsqu'il traite de science, la question de l'engagement demeure au cœur de son propos. Au physicien Pierre Demers, de l'Université de Montréal, Bourgault finit ainsi par demander si le savant doit « s'engager politiquement et socialement dans son milieu [31] ». Oui, répond Demers, qui est alors offert au public à titre d'exemple édifiant du vrai scientifique.

Dans sa volonté de faire mousser l'importance des sciences au Canada français, Bourgault s'attache à décrire les différents aspects de la médecine « canadienne-française » afin que le lecteur soit mieux informé « sur ce métier essentiel [32] ». Au-delà des scientifiques eux-mêmes, Bourgault s'intéresse aussi à leurs travaux. Les études de Hans Selye, alors directeur de l'Institut de médecine et de chirurgie expérimentale de l'Université de Montréal, retiennent en particulier son attention.

La connaissance de l'histoire lui semble tout aussi fondamentale que celle des sciences. À sa façon, Bourgault s'emploie donc
à faire mentir Lord Durham, tout en le citant. Dans son célèbre
rapport, écrit à la suite de l'échec de la révolution de 1837-1838, ce
lord anglais affirme que ce peuple vaincu est sans histoire et que ce
serait donc un service à lui rendre que de l'assimiler au plus vite.

Dans le magazine du quotidien de la rue Saint-Jacques, Bourgault présente photos et documents historiques sous le chapeau
d'une chronique intitulée « Ce peuple sans histoire... », toujours en
référence directe à Durham. Que retient-il comme documents fondateurs à présenter à ses lecteurs ? Le plan secret du fort Duquesne

dessiné par le capitaine Stobo [33]. La proclamation de lord Gosford contre le soulèvement des Patriotes [34]. Une des dernières lettres du notaire Chevalier de Lorimier, condamné à mort le 15 février 1839 pour son action avec les Patriotes [35]. Les pensions accordées par le roi Louis XV aux militaires de l'Amérique française [36]. Dès son arrivée à *La Presse*, Bourgault avait en outre résumé pour ses lecteurs la petite histoire de l'emprise sociopolitique de l'Église catholique sur la société québécoise, via les grandes lignes de l'affaire Guibord [37].

Le souci de l'histoire apparaît constant chez le Bourgault journaliste. Dans son travail, il ne manque jamais l'occasion de rappeler et de situer dans l'histoire les lieux qu'il visite pour ses reportages. Il présente ainsi les origines de l'île d'Anticosti [38] et s'attarde à l'histoire du vieux Trois-Rivières [39] ainsi qu'à celle des îles de Laval [40].

Lorsque la librairie Ducharme achète aux États-Unis un exemplaire original des *Voyages* du Sieur de Champlain daté de 1632, Bourgault consacre un article entier à cette affaire en tant qu'événement d'importance culturelle. Le libraire, note-t-il, « est décidé à ce que le livre ne sorte plus du Québec. Il faut donc qu'il devienne la propriété d'un musée [41]. » Dans ses articles, la référence historique s'avère quasi omniprésente.

Mais l'éducation telle que la conçoit Bourgault ne s'arrête pas aux choses de l'esprit. Héritier des collèges classiques, ancien du séminaire Saint-Charles à Sherbrooke, il en retient fort probablement une des maximes latines les plus souvent répétées, celle de Juvénal : *Mens sana in corpore sano*. Un esprit sain dans un corps sain.

Bourgault souhaite que les élèves de tous les établissements d'enseignement du Québec puissent compter sur des gymnases modernes. Il faudrait, pense-t-il, des professeurs d'éducation physique qualifiés dès le niveau primaire. Le professeur d'éducation physique doit « être considéré comme un professeur au même titre que ceux qui enseignent l'histoire, les langues ou la géographie. [...] La santé a maintenant droit de cité dans nos écoles [42]. » Les portraits qu'il trace de certains athlètes tendent tous à montrer qu'il est possible de faire des études fructueuses tout en s'attachant à la plénitude du corps [43]. Dans cette perspective, il rencontre notamment le nageur Dick Pound, futur président du comité olympique canadien.

S'il est peu sportif lui-même, voire pas du tout, la passion du sport semble néanmoins vouloir s'emparer de lui à l'occasion. Chose certaine, le vélo le conquiert littéralement. Devant cette frêle mécanique légère, « plus d'objectivité possible », écrit-il. En ce début des années 1960, on relance à Montréal les courses de six jours au Centre Paul-Sauvé. Elles le passionnent ! Après une interruption de presque 30 ans, ce sport qui avait tout à fait fasciné les générations d'avant-guerre réapparaît sur la scène montréalaise.

Les courses de six jours se déroulent pendant toute une semaine. Elles mettent en vedette des équipes dont les cyclistes se relaient sur la piste d'un vélodrome. Des bourses en argent et des prix sont en jeu pour les cyclistes qui accompliront le plus de tours ou qui remporteront certains sprints annoncés par le tintement d'une cloche à certains intervalles. Très populaires en Europe et aux États-Unis, ces courses font leur apparition au Québec en 1929, où elles seront très prisées jusqu'au milieu de la Seconde Guerre mondiale.

Comme Bourgault au début des années 1960, la plupart des Montréalais ont oublié que même le grand héros de Théophile Plouffe, le père de la célèbre famille emblématique créée par Roger Lemelin, est un grand coureur cycliste qui a connu la gloire : le champion du monde Torchy Peden. Pendant cette glorieuse époque du cyclisme sur piste au Québec, les héros du jour avaient pour noms René Paquin, Heinz Vogel, Gustav Kellian, Louis Letourneur et Jules Audy. La reprise des compétitions cyclistes fait remonter des noms dans la mémoire populaire. Contrairement à l'idée qu'entretiennent les marchands de bière avec force publicité, Bourgault découvre alors que l'histoire sportive de son peuple ne se limite pas seulement au hockey et au baseball, mais qu'elle passe aussi par le vélo et la crosse, deux sports pour lesquels les siens se sont vraiment passionnés.

Du coup, Bourgault raffole du vélo, ce sport dont il se moquait auparavant, quand il ne le méprisait pas. Est-ce le rêve de tout enfant de posséder un beau vélo qui surnage en lui sans qu'il le sache ?

Reporter pour La Presse *à l'île d'Anticosti, le paradis du chevreuil créé de toutes pièces par l'industriel français Henri Meunier.*

Le jeune journaliste considère aussi la boxe avec intérêt, grâce à l'influence de Reggie Chartrand, un militant musclé en faveur de l'indépendance. Bourgault retient un constat du pugiliste indépendantiste pour le porter en exergue d'un article : « La boxe est une porte de sortie pour l'homme pauvre et sans instruction. » Il n'y a pas de raison, dès lors qu'elle prend l'apparence d'une lutte sociale, de la mépriser ni de l'interdire, ou encore de punir d'une quelconque façon ceux qui trouvent un sens à leur existence grâce à elle.

Chez Reggie Chartrand, la boxe revêt l'aspect d'une allégorie de la lutte de libération nationale à laquelle adhère Bourgault, tout comme elle se trouve à symboliser, aux États-Unis, la lutte des Noirs pour leur émancipation.

Natation, boxe, vélo et autres sports ne sont cependant pas pour Pierre Bourgault, lui qui apprécie surtout le billard et l'atmosphère des différentes salles plus ou moins enfumées où on le pratique à Montréal[44]. Bourgault préfère rire et discuter avec des amis dans la nuit bleue des volutes de fumée de tabac que de suer pour sa santé.

En plus de l'éducation, Bourgault revient toujours dans ses articles à la question linguistique en tant qu'enjeu fondamental. L'identité québécoise passe par l'Amérique et par la pleine possession de son histoire française, croit-il, non sans être fasciné, comme bien d'autres intellectuels, par un certain pouvoir d'attraction de la France.

Bourgault s'intéresse à de petits faits tirés de la vie quotidienne qui lui semblent représentatifs des problèmes structurels que vit sa société au regard de sa langue. Pourquoi une jeune téléphoniste de Bell Canada doit-elle forcément le prendre pour un Français lorsqu'il lui demande de parler la langue de Molière dans une ville où la population est pourtant très largement francophone? « La compagnie de téléphone Bell se moque de nous, cela est évident, tranche-t-il[45]. » Même indignation devant la signalisation routière, à titre de symbole de la problématique linguistique. Bourgault ne s'explique pas pourquoi chaque municipalité, ou presque, adopte ses propres mesures de signalisation, alourdies par un bilinguisme débilitant, plutôt que d'imposer des pictogrammes internationaux. Souvent, explique Bourgault, l'automobiliste doit composer avec du charabia faute de pouvoir compter sur les indications simples et précises auxquelles il a droit. Pourquoi, du reste, le Québec devrait-il être le seul endroit au Canada où les panneaux de signalisation routière sont bilingues? « Si le Canada est mon pays, et tout le Canada, alors je dois pouvoir me sentir chez moi dans les dix provinces. Sinon, le Canada n'est pas mon pays et alors... Remarquez que je suis absolument certain de ne jamais trouver de panneaux de signalisation bilingues à Victoria ou à Calgary[46]. » Donc, plutôt que de penser au seul cadre canadien, Bourgault réclame qu'on pense au monde entier : « Il n'existe vraiment qu'une solution à tout cet imbroglio ridicule : c'est que Québec adopte le code international de signalisation routière », tout simplement. Pas de texte écrit. Autant que possible, les mêmes formes, les mêmes couleurs, les mêmes représentations graphiques. C'est tout.

Au Québec, répète-t-il sur tous les tons, il est urgent de pouvoir vivre l'Amérique en français, sinon le risque d'être assimilés comme les Franco-Américains est énorme. Au printemps 1964, afin d'évaluer les risques de génocide linguistique, le jeune journaliste se rend interroger quelques membres de la communauté franco-américaine de Manchester, au New Hampshire. Ne serait-ce que par sa propre famille, Bourgault ne sait que trop bien à quel point l'orbite franco-américain est riche d'enseignement pour comprendre sa propre condition en Amérique.

Bien sûr, le triomphe littéraire du Franco-Américain Jack Kerouac se fonde en bonne partie sur son désarroi linguistique et sa recherche éperdue d'origines québécoises, dissoute dans l'alcool et l'errance identitaire. Mais pour un seul Jack Kerouac, idole de toute une jeunesse intellectuelle des années 1960, combien d'humanité perdue dans le gouffre de l'assimilation ?

Après deux générations passées à vivre aux États-Unis, que sont devenus les anciens Québécois ? « Ils parlent un peu français, puis aussitôt qu'ils s'aperçoivent que nous venons du Québec, ils préfèrent parler anglais. On sent qu'ils ont le même complexe linguistique vis-à-vis les Québécois que ceux-ci entretiennent vis-à-vis les Français [47]. » Ce complexe d'infériorité, pense-t-il, doit être combattu, pendant qu'il en est encore temps, par une connaissance précise de la langue française en tant que moyen de communication international et par le maintien de structures identitaires. Sinon, c'est tout simplement le triste sort culturel des Franco-Américains qui guette les Québécois. « C'est qu'ils ne sont plus Québécois du tout. Ils sont Américains, un point c'est tout, et un peu plus que nous le sommes nous-mêmes. »

On en revient, immanquablement, à la nécessité de l'éducation la meilleure possible. Cette volonté d'expliquer, d'éduquer, de faire voir et connaître est chez lui vraiment omniprésente. Au magazine de *La Presse*, Bourgault entreprend – malgré ses connaissances à l'évidence bien minces en la matière – de présenter certaines figures importantes dans le domaine des arts visuels. Il passe volontiers d'un extrême à l'autre, éclectique au possible. Qui est Marc-Aurèle Fortin, cet être « bougon et rageur [48] » ? Peut-être « le peintre le plus vrai par rapport au milieu canadien-français que le Canada ait jamais produit ». Paul-Émile Borduas, à des années-lumière du travail de Fortin, recueille sa meilleure attention. Sous sa plume, comme sous celle de plusieurs jeunes gens, Borduas devient « une sorte de héros pour nous tous ».

> [Borduas] est, pour beaucoup d'entre nous, un symbole : il représente la lutte contre un milieu, une ambiance, un contexte. Il représente aussi l'amour de ce milieu. Le Canada français, tout à coup, se sent identifié à quelque chose de grand, à un homme qu'il a forgé, pétri, haï, malmené, surestimé et pas assez ; à un homme qui, malgré tout, lui appartient en propre. C'est pourquoi, d'ailleurs, il faudrait dénoncer avec violence ceux qui, sous toutes sortes de prétextes, s'attaquent à la mémoire de Borduas [49].

Il s'intéresse aussi au sculpteur Paul Borduas [50] et s'insurge contre la Ville de Montréal lorsqu'il apprend qu'elle refuse à un jeune artiste un permis pour peindre sur la place publique sous prétexte que la cité pourrait finir par être envahie par les toiles et les pinceaux. « Quand donc comprendrons-nous que nous avons besoin des artistes autant qu'ils ont besoin de nous ? Quand donc comprendrons-nous qu'ils ont quelque chose à nous dire qui leur crève le cœur et qui pourtant pourrait nous aider à vivre si on leur donnait la chance de se manifester [51] ? »

Pour éveiller les Québécois à l'art, il faut un musée digne de ce nom. Or, il manque un vrai musée à Montréal, écrit-il. « Montréal ne possède qu'un musée trop petit, peu comblé et trop souvent dirigé comme un salon de thé par quelques dames patronnesses qui trouvent du plaisir à déguster leurs petits biscuits le dos tourné à Rodin, à Maillol ou à Rubens [52]. » Au Musée des beaux-arts, il aura l'occasion de se frotter lui-même, bien plus tard, à cette vieille aristocratie à titre d'administrateur... Mais les musées sont-ils nécessaires à l'art ? « Il semble bien que les musées ont leur utilité mais que d'autre part on a trop souvent oublié que l'art devait faire partie de notre vie de tous les jours et que par conséquent il devait descendre dans la rue et s'étaler dans nos maisons. »

Et le théâtre, comment ne pourrait-il pas retenir son attention, lui qui en a la passion depuis l'enfance ? En 1963, Bourgault s'emploie à présenter les comédiennes de la relève. Il offre des portraits : Louise Latraverse, Françoise Lemieux, Élisabeth Lesieur, Geneviève Bujold, Andrée Saint-Laurent, Pascale Perrault [53]. Il s'intéresse aussi à des comédiennes établies, telle Charlotte Boisjoli [54]. Il souligne en outre l'intérêt de projets collectifs comme celui de la troupe des Saltimbanques [55] et s'intéresse au difficile métier de mime, tel que le pratique Claude Saint-Denis.

Comment s'y prend-on pour monter une pièce de théâtre ? Bourgault suit de jeunes comédiens durant un mois afin de l'expliquer aux lecteurs [56]. Il les connaît déjà tous, pour la plupart. Ce sont Albert Millaire, Marc Favreau, Jean-Louis Millette et quelques autres dont les noms ne sont pas encore, loin de là, ce qu'ils deviendront.

Mise en place, répétitions, générale, accessoires, éclairage : Bourgault fait découvrir au lecteur la vie de cette scène qu'il aime tant. À *La Presse*, dans un autre numéro de « Roto », comme on dit alors, il s'emploie à présenter l'œuvre de Claude Robillard [57].

Au journal, cet incorrigible éclectique s'intéresse aussi à la musique. Il présente notamment avec enthousiasme le pianiste Ronald Turini, lauréat de quelques concours, bien que la musique classique, à *La Presse*, soit déjà la chasse gardée du critique Claude Gingras [58]. Ainsi Bourgault en vient-il à se consacrer surtout aux chansonniers : Pierre Calvet, Pauline Julien, Raymond Lévesque, Renée Claude, Monique Leyrac. Les vedettes de la chanson populaire aussi retiennent son attention : Joël Denis, Serge Laprade, Pierre Lalonde, Donald Lautrec. « Cela n'a l'air de rien, mais si l'on entend que la culture est faite autant de chansonnettes que de symphonies, on doit à ces jeunes une fière chandelle. Ils sont en train de redonner aux Canadiens français le goût d'entendre du français [59]. » La langue, il a vite mesuré qu'elle jaillit des profondeurs de petites choses qui donnent leur sens aux grandes.

Bourgault s'intéresse aussi aux lieux où s'exprime cette nouvelle chanson française, non sans être très critique à l'égard du paysage général de la scène. Au printemps de 1963, il écrit ceci : « Depuis un an ou deux, la vie de nuit à Montréal est devenue d'une platitude à faire pleurer. Tous les spectacles se ressemblent, à peu près tous sont américains. » Il défend le Club des Arts, une petite boîte de l'ouest de la ville où se produit notamment Raymond Lévesque. Il y a bien quelques autres boîtes à chansons, mais elles ont en général la vie fort courte. Bourgault regrette par ailleurs que la plupart des boîtes à chansons ou des cabarets de chansonniers soient « presque toujours situés dans l'ouest de la ville, où le public canadien-français est le plus restreint [60] ».

Au Casa Loma, avec ses 560 places, les spectacles des vedettes canadiennes-françaises sont toujours précédés de trois numéros de variétés américaines. Le Casa Loma est une scène populaire où se produisent à l'origine des gens tels que Denise Filiatrault, Ti-Gus et Ti-Mousse, le Père Gédéon, Michel Louvain et compagnie. Puis, ce sont Jean-Pierre Ferland, Pauline Julien, bref des symboles pour une nouvelle génération québécoise, qui y trouvent bon accueil. « Ainsi, sans faire de révolution, le Casa Loma est en train de devenir un cabaret de grande classe en donnant une chance aux vedettes de chez nous [61]. »

Bourgault regrette beaucoup que Montréal ne connaisse pas une vie nocturne de meilleure tenue. Les propriétaires de boîtes, dit-il, « auraient grand intérêt à offrir plus de qualité à leurs clients et aussi aux artistes qui auraient intérêt à se lancer à fond de train dans l'aventure, en prenant leur chance. [...] Si tout le monde donnait un bon coup dans les prochaines années, il se pourrait bien qu'en 1967 les nuits de Montréal soient plus illuminées qu'elles ne l'ont jamais été. Et ce serait tant mieux pour tout le monde [62]. »

Pour faire progresser son peuple, Bourgault réclame même, dans un billet d'humeur, des mesures législatives qui permettent la création de cafés tels qu'on en trouve en Europe ! « Nous avons besoin de cafés-terrasses, parce que nous avons besoin d'affrontement, d'air libre et de ciel ouvert. [...] Changeons les lois si elles nous empêchent de vivre. La civilisation n'est pas toute la vie. Elle est une manière de vivre. Vivre dans la rue, à la face du monde, n'est-ce pas là un des bons moyens d'atteindre à la liberté collective ? Les cafés sont facteurs d'esprit et de civilisation [63]. »

À travers ses collaborations régulières au magazine de *La Presse*, on perçoit aussi ses convictions plus **personnelles**, plus intimes. Son pacifisme, d'abord. Bourgault évoque Apollinaire, mort le jour de l'Armistice, le 11 novembre 1918, pour dénoncer ces commémorations qui transforment en héros les victimes du « militarisme bourgeois ». Il mérite d'être ici longuement cité :

> Il faut combattre cette exploitation commerciale et intéressée de la grandeur du sacrifice. On peut bien verser une larme fragile sur la tombe du soldat inconnu, et faire en son esprit l'éloge du courage et du massacre pour la liberté, le soldat n'en est pas moins mort, bêtement, sans raison. Ce qu'il faut, ça n'est pas discourir sur la grandeur du sacrifice, mais plutôt faire comprendre l'absurdité et l'inutilité d'un tel sacrifice. Seule la nécessité peut justifier le sacrifice, et non pas les intérêts plus ou moins avoués de quelques grands tirailleurs professionnels. Ces grandes fêtes aux morts me déplaisent souverainement. Ces monuments aux morts me répugnent. Il faut dresser des monuments aux vivants ! [...] Il faut respecter les morts, mais il faut travailler pour les vivants. Et au lieu de fusils, qu'on nous donne plutôt les moyens de nous épanouir, de vivre noblement, et dans la paix. Qu'on laisse le coquelicot dans son champ et toute autre fleur dans son jardin. Qu'ils vivent, eux aussi, pour notre émerveillement, au lieu de décorer la tombe de nos erreurs. [...] Ah qu'enfin vive la vie ! Et, mon Dieu, tant pis pour les militaires [64] !

L'antimilitariste a déjà le caractère quelque peu misanthrope, comme il l'exprime à l'occasion d'un voyage à New York, au cœur de Greenwich Village. Pourquoi des professeurs conduisent-ils des élèves dans cet ex-quartier des rébellions devenu quartier touristique ? « Sans doute pour leur donner une leçon de choses et leur montrer comment il est vilain de n'être pas comme tout le monde. Et c'est avec un peu d'amertume que nous constatons que, pour être libre, il faudrait s'enfermer. Si vous laissez la porte ouverte, il y a toujours des intrus pour marcher sur vos plates-bandes avant qu'elles soient épanouies [65]. »

Il s'intéresse toujours particulièrement au sort fait aux jeunes. Il s'exprime ainsi plutôt favorablement à l'égard d'un projet de loi qui ferait passer de 21 à 18 ans l'âge du droit de vote. Pour ce faire, il prend en outre appui sur le pilier du *Devoir*, André Laurendeau, qui argumente lui-même en ce sens [66].

Tout se tient dans l'enchaînement des articles de Bourgault. Lorsque des sujets lui sont imposés, il ne manque pas de signaler qu'il s'agit pour lui d'articles de seconde zone par rapport à sa production personnelle. Un article sur les aveugles ? « Soyons francs. Lorsqu'on me demanda de faire un reportage sur les aveugles à l'occasion du centième anniversaire de la fondation de l'Institut Nazareth de Montréal, je n'étais nullement emballé [67]. » Mais on sent fort bien qu'il met du cœur dans la plupart de ses textes. Sa prose suscite d'ailleurs très vite l'attention des lecteurs, comme en témoigne le courrier publié à l'époque. Le plus souvent, si on en juge par ces lettres, les lecteurs lui sont très favorables. Même un professeur de français du Michigan écrit à *La Presse* pour dire qu'il donne les textes de Bourgault à lire à ses étudiants [68]...

Pendant près de trois ans, *La Presse*, un journal à grand tirage, lui permet donc de se faire connaître d'un vaste public. En quelque sorte, *La Presse* l'aide même à se façonner une image. Elle assure à sa personne une certaine renommée et une crédibilité que ses seules apparitions publiques en politique, dans un parti marginal, ne peuvent lui procurer. Pour faire valoir ses idées comme sa propre personne, Bourgault bénéficie durant des mois, presque chaque semaine, d'un des meilleurs espaces du quotidien canadien-français ayant le plus fort tirage : le supplément couleur du samedi. Et il peut utiliser très librement ce canal non seulement pour gagner sa vie, mais aussi pour faire œuvre d'éducation populaire à partir de sujets qui lui tiennent à cœur dans le cadre de ses activités politiques. Que pouvait-il espérer de mieux ?

En 1997, Lysiane Gagnon, elle aussi journaliste à *La Presse* à l'époque où Bourgault s'y trouvait, écrit que le jeune militant indépendantiste signait alors dans le journal, « quand ses occupations politiques lui en laissaient le temps, de magnifiques reportages sur des sujets non politiques [69] ». En vérité, comme on vient de le voir, la plupart de ses articles sont au contraire issus d'abord et avant tout de préoccupations politiques. Tout est en effet relié par un fil conducteur, à l'intérieur même d'une structure de pensée politique globale. Elle-même militante indépendantiste à l'époque, Lysiane Gagnon ne voit peut-être pas à quel point la politique peut suinter dans certains articles même en apparence anodins, aujourd'hui comme hier...

Pour son patron Gilles Marcotte, surnommé à *La Presse* le « chanoine », Bourgault était un journaliste « habile ». Mais « il était déjà orateur dans ses textes. Il n'avait pas un style de magazine. L'amplification des sentiments lui venait facilement. » Les rapports entre les deux hommes, pas toujours heureux, contribuent à éclairer les objectifs de Bourgault au journal. Un jour, explique Claude Jasmin, Bourgault se met à rigoler en montrant à ses amis journalistes une photo d'une grande foule rassemblée dans la cour du Vatican pour entendre le pape. « Hilare, il dit au chanoine Marcotte : voilà le genre de public énorme dont rêve le RIN [70]. » Toujours farouchement anticlérical, Bourgault ne prise pas les endoctrinements irraisonnés, pas plus en religion qu'en politique, mais il aspire à un important changement social. Puisque Marcotte, se souvient Jasmin, était un catholique ardent et un ultrafédéraliste, « il supportait mal le caractère de Bourgault ». Et Bourgault, le sachant, ne se gêne pas pour le piquer, comme il pique quiconque lui semble contribuer à bloquer l'édification de ses projets d'avenir. « Cette fois-là, Marcotte s'est levé et est parti, tout à fait furieux [71]. »

La collaboration de Bourgault avec *La Presse* s'arrête net au début de 1965, soit quelque temps à peine après la fin de la grande grève qui frappe le journal. Pourquoi ? Gilles Marcotte affirme que son journaliste est alors ni plus ni moins que dépressif. « Il voulait s'en aller. Loin, en Europe. Il voulait foutre le camp. Il en avait assez de tout. J'avais l'impression qu'il sacrifiait le RIN là-dedans aussi. Il a été question qu'il obtienne un poste à Londres, où Gérard Pelletier aurait servi d'intermédiaire. » Bourgault visite bien New York en 1965 [72], mais impossible de trouver trace d'un projet de vie à l'étranger. Claude Jasmin, son collègue à l'époque, ne se souvient pas pour sa part de quelque chose chez lui ayant pu ressembler à une dépression. « Il était toujours très énergique, très vif, très allumé [73]. » Mais il affirme lui aussi que Bourgault n'était pas heureux à *La Presse*, qu'il souhaitait faire autre chose [74]. Quoi ? De la politique, certainement. Autre chose encore ? Peut-être. Qui sait ?

Bourgault continue son aventure au RIN. Plus que jamais. Mais sans emploi autre que celui de président d'une organisation maigrichonne, il loge chez les Desrosiers, des militants du parti et, surtout, des amis.

Au sous-sol de leur maison, il occupe une chambre. Il y lit. Il y écrit. Mme Desrosiers dira que Bourgault a insisté pour habiter le sous-sol afin de ne pas déranger. Pour ne pas être dérangé non plus ?

À table chez les Desrosiers, lors des repas, il parle peu. Vraiment très peu. Ce qui ne lui ressemble guère, pourrait-on dire. Tout au plus semble-t-il jouir alors de quelques connivences de grand gamin avec la petite fille du couple. « Il est arrivé à la maison avec des cartons remplis de livres. Il passait des nuits à lire et à méditer. [...] Parfois, à la table familiale, il restait de longs moments sans prononcer une parole. Seule notre petite dernière, Caroline, qui l'aimait beaucoup, savait le dérider [75]. »

Est-il alors dans son état normal ?

CHAPITRE 8

L'ENCRE DE *L'INDÉPENDANCE*

Ah! Ça ira, ça ira, ça ira!
Les aristocrates à la lanterne
Ah! Ça ira, ça ira, ça ira!
Les aristocrates on les pendra
Le despotisme expirera
La liberté triomphera
Ah! Ça ira, ça ira, ça ira!
Nous n'avons plus ni nobles ni prêtres
Ah! Ça ira, ça ira, ça ira!
L'Égalité partout régnera.

— CHANT RÉVOLUTIONNAIRE

CINQ ANNÉES ONT PASSÉ depuis la fondation du mouvement. Le RIN ne jouit toujours que de pauvres moyens. La situation n'est guère meilleure qu'aux premiers temps, même si le RIN a sans conteste gagné en importance et en reconnaissance. L'argent manque. Encore et toujours. Le RIN peine à tenir en place une permanence sans le soutien constant de bénévoles.

Marcel Chaput, lorsqu'il était vice-président du parti, avait décidé d'organiser cette permanence dans le modeste local du mouvement, situé au 2157 de la rue Mackay. En présence des militants du RIN et de quelques curieux – dont les cités-libristes Pierre Elliott Trudeau, Jacques Hébert et Gérard Pelletier – ces bureaux du RIN sont inaugurés le 19 janvier 1962. Chaput, alors vice-président, y loge lui-même, dans l'intervalle de sa démission à Ottawa et du déménagement de sa famille à Montréal à l'été 1962.

De quoi a l'air cet espace où Bourgault, à titre de rédacteur en chef du journal *L'Indépendance*, devient une figure incontournable sur une base quotidienne, surtout à compter de l'automne 1962 ?

Dans ses mémoires, le felquiste Gabriel Hudon écrit qu'en 1963, « le secrétariat du RIN, rue Mackay à Montréal, ressemble plus à une salle de débarras qu'à un secrétariat d'une organisation politique. [...] Des fichiers métalliques presque vides occupent tout un pan du mur dans la pièce du fond. Dans cette pièce, au centre, il y a deux petites tables pleines de paperasse. Çà et là, il y a des montagnes de ballots de vieilles éditions non écoulées du journal *L'Indépendance*. Un sacré bon journal pour l'époque. [...] Nous le donnons ce journal lorsque les gens ne sont pas disposés à le payer [1] ! »

Dans la petite pièce centrale, du papier traîne partout. Sur un grand pupitre, une machine à écrire. Une jeune femme y fait toujours claquer rapidement les touches. Une des militantes qui occuperont cette place est la très jolie et intelligente Michelle Duclos, présentatrice à CFTM-TV. Elle est la fille de Jean Duclos, un militaire qui s'est illustré lors de la catastrophe de Dieppe, en Normandie. Avec trois comparses, Michelle Duclos sera arrêtée aux États-Unis, en février 1965, en possession de dynamite. Le quatuor, lié au Black Liberation Front, avait l'intention de faire sauter à New York divers monuments, dont la Statue de la liberté et le Monument Washington... Un de ses comparses, Gilles Legault, se suicidera d'ailleurs en prison avant la tenue de son procès. Des militants du RIN croiront alors bon de lui offrir de simili-funérailles « nationales ».

Avec d'autres membres du RIN, Michelle Duclos a entretenu des liens avec le Front de libération nationale en Algérie et avec le régime de Castro. Robert Collier, un des camarades arrêtés avec elle, a même déjà rencontré Che Guevara lors d'un séjour à La Havane.

« C'était très *rock and roll* rue Mackay », se souvient Claude Préfontaine [2]. Le secrétariat du RIN est, en effet, un lieu de passage pour plusieurs révolutionnaires en herbe ou en puissance. Le spectre idéologique de leur engagement politique est d'ailleurs assez large, allant de la gauche marxiste jusqu'à la lutte pour les Noirs, en passant par le nationalisme le plus chauvin ou l'internationalisme le plus exemplaire.

« Dans la grande pièce qui donne sur la rue Mackay, continue Gabriel Hudon dans ses mémoires, les murs sont tapissés de posters et, sur le mur nord, il y a une immense toile sur laquelle apparaît une tête stylisée de bélier », l'emblème du RIN [3]. Au centre de la pièce trône une Gestetner, un duplicateur rotatif américain très commode lorsqu'il ne s'enraye pas. Sur le plancher de bois, des montagnes de journaux du RIN, encore et encore... Comme dans nombre de petites équipes de rédaction, on accumule les invendus tant bien que mal autour de soi, bien conscient de leur valeur intellectuelle, mais pourtant incapable de comprendre le côté vite périmé d'une feuille de papier journal.

C'est dans ce contexte que milite et s'active Pierre Bourgault. Le directeur de ce journal, c'est lui. Cela signifie de nombreuses heures de travail, beaucoup de labeur : des textes à revoir, une mise en pages à établir, des épreuves à corriger, la structure de la fabrication et de la distribution à maintenir, à surveiller.

Lancé en septembre 1962, ce journal mensuel, publié le premier du mois, se veut la voix du RIN tout entier. Après seulement deux numéros publiés, Bourgault présente, le 24 novembre, un premier rapport au conseil central du parti, qui se tient chez André d'Allemagne. Il explique vouloir faire de *L'Indépendance* « un journal facile à lire, attrayant et populaire sans être populacier ». Le journal, il souhaite le voir solidement balisé par des « cadres solides, parfois jusqu'à la rigidité ». Il est clair qu'il entend produire une feuille de parti et rien d'autre : « C'est à l'intérieur de ces cadres, écrit-il, qu'on doit tenter d'introduire la plus grande souplesse possible. »

Pour faciliter le développement du journal, Bourgault souhaite acquérir pour la direction une totale liberté par rapport au conseil central. En 12 mois, Bourgault veut obtenir 30 000 abonnés, passer de 12 pages à 24 ou 32 et tout mettre en œuvre pour que la publicité paye tous les coûts du journal.

Les projections sont irréalistes. Imprimé par *Le Devoir*, *L'Indépendance* ne tirera jamais à plus de 10 000 exemplaires. Et il s'avère déficitaire.

Manifestation tenue en 1963.
Derrière d'Allemagne et Bourgault, Guy Bouthillier.

L'Indépendance sert à propager le point de vue des rinistes sur les questions culturelles, économiques, sociales et politiques. Bourgault tient et entend à ce que les militants puissent s'y abreuver comme à une source unique. Et il ne supporte pas la concurrence ou même les simples prétentions d'autres feuilles au sein du mouvement indépendantiste.

En Mauricie, en 1962, Tony LeSauteur décide de lancer un journal régional du RIN, *Libre Nation*, inspiré, dit-il, par la lecture de quelques vieux numéros de *La Nation* de Paul Bouchard. Farouche partisan de Marcel Chaput, qu'il suivra d'ailleurs au Parti républicain du Québec (PRQ), LeSauteur estime que le RIN façon Bourgault et d'Allemangne se préoccupe trop de problèmes de société, en dehors de la stricte question nationale. Il en préfère d'autant plus la présence et l'action de Chaput au RIN : « Le discours de Marcel Chaput, pourtant du RIN central, est entièrement axé sur notre problème national. Il ne parle jamais de laïcisation, de grandes réformes sociales ou de la peine de mort, des préoccupations majeures au sein du RIN central et qui nuisent à la mobilisation des patriotes [4]. »

Pour Bourgault, il n'y a et ne peut y avoir qu'un journal : celui du RIN de Montréal, celui qu'il dirige. Afin de tenter de bloquer la parution de *Libre Nation*, Bourgault fait le voyage à Trois-Rivières. Il compte sur sa verve pour faire cesser l'impression de cette petite feuille concurrente. Mais le journal finit par paraître quand même... *Libre Nation* est alors, tout simplement, plus ou moins interdit de diffusion par la section centrale du RIN de Montréal. La mesure a son effet : *Libre Nation*, où écrivent entre autres l'historien Jacques Lacoursière et Pierre Gravel, le futur éditorialiste de *La Presse*, ne circule bientôt qu'à Trois-Rivières et au RIN de Québec, animé alors par le jeune Jean Garon, futur pilier du Parti québécois, dont le talent et l'aplomb ne suffisent pas à lui éviter d'être assez vite expulsé du RIN.

> À Trois-Rivières, explique Denis Vaugeois, nous avons accueilli plusieurs fois Bourgault, même avant qu'il ne soit élu président du RIN. Il dormait chez moi. Mais nous lui préférions Marcel Chaput, plus en accord à notre sens avec la vision historique de l'indépendance mise de l'avant par Maurice Séguin [5].

Bourgault s'impose petit à petit, en prenant garde d'influer d'abord sur l'immédiat et le concret. Ainsi, lors d'une de ses rares visites à ses parents dans les Cantons-de-l'Est, Pierre signale à sa mère qu'elle pourrait peut-être enlever de sa cuisine la photo de Jean Lesage, le chef du Parti libéral. Le fils s'explique mal comment sa propre mère peut douter de la valeur de son engagement politique.

— Mais Pierre, dit-elle, je lis *La Presse* et ce qu'ils disent de Jean Lesage a bien de l'allure. D'un autre côté, quand je lis ton journal, je trouve que ça a bien de l'allure aussi. Je ne sais plus qui croire !

— C'est simple, maman, répond-il du tac au tac. Arrêtez de lire *La Presse*...

Sous l'impulsion que lui donne Bourgault, le journal *L'Indépendance* devient vite le fer de lance du RIN. Il compte plusieurs rédacteurs de talent. Le journal manifeste même une certaine sensibilité à la littérature, comme en témoignent notamment la publication dans ses pages de poèmes signés Yves Préfontaine et, plus tard, la préoccupation de ses directeurs, dont André Major, d'y publier jusqu'à des contes de Jacques Ferron[6].

Cependant, le résultat effectif des prises de position du journal demeure souvent bien théorique. La diffusion demeure quasi confidentielle. Le journal ne sert, tout au plus, que de centre intellectuel de référence pour les militants. Mais c'est déjà énorme.

À l'occasion des élections fédérales du 18 juin 1962, le RIN recommande à tous les Canadiens français de ne pas voter. Évidemment, sa recommandation est à peu près sans effet sur la population... Après la théorie, il faut réussir à toucher l'aspect pratique.

Écrire ne saurait suffire à Bourgault. Il éprouve la nécessité d'être engagé plus profondément dans l'action politique. Mais faut-il concevoir cette action en fonction du jeu électoral? Cela reste encore à considérer au RIN.

Un scrutin, il y en aura un en 1962 : le gouvernement provincial de Jean Lesage décide en effet de déclencher des élections anticipées, confiant d'avoir pour lui seul le vent dans les voiles.

Les libéraux présentent ce scrutin, prévu le 14 novembre 1962, comme une élection référendaire fondée sur le projet de nationaliser les entreprises hydroélectriques privées, qui harnachent alors plusieurs cours d'eau du Québec. Comme figure de proue de l'opération, nul autre que le populaire René Lévesque, ministre des Richesses naturelles, ancien journaliste vedette de la télévision de Radio-Canada.

Lévesque jouit alors d'un prestige énorme. Au point où l'Union nationale, un adversaire direct, parle toujours de l'équipe « Lévesque-Lesage ».

À Québec, lors d'un congrès d'étude tenu à huis clos les 9 et 10 juin 1962, le RIN décide de soutenir le projet de nationalisation des entreprises d'électricité, sans pour autant soutenir la politique d'ensemble du Parti libéral de Lesage. Le gouvernement libéral « doit procéder au plus tôt et sans plus de tergiversations à la nationalisation des compagnies privées d'électricité », affirme une résolution adoptée pendant ce congrès [7]. Mais, selon l'assemblée du RIN, ce projet urgent ne nécessite pourtant pas la tenue d'élections précipitées.

Toujours à l'occasion de ce congrès, le RIN affirme que ce sont ses membres qui réaliseront l'indépendance et que, en conséquence, il est hors de question de fusionner avec tout autre mouvement ou formation politique.

Afin d'opérer un changement social profond, dans les domaines tant politique, économique, social que culturel, les délégués du RIN estiment qu'« il va sans dire que le RIN doit demeurer un mouvement d'éducation nationale, d'éducation de ses membres et d'éducation de tout le peuple, dans tous les domaines [8] ». Des dirigeants du RIN, dont Bourgault, d'Allemagne et Pierre Renaud, estiment tout simplement que le mouvement n'a pas les moyens financiers, le programme ni les effectifs pour se lancer ainsi prématurément dans l'action électorale. Donc, pas question de voir le RIN se transformer à court terme en un parti politique.

Pour un Québec libre, ne votez surtout pas aux élections fédérales de juin 1962 !
Au milieu des militants, Marcel Chaput et Pierre Bourgault.

Marcel Chaput pense tout autrement. Il manifeste déjà depuis un moment sa volonté de voir le RIN se transformer en un authentique parti. Un sondage interne, effectué auprès des membres du RIN, indique d'ailleurs qu'une forte majorité se montre favorable à la transformation de l'organisation en parti politique. Mais quand ? Chaput décide que ce sera tout de suite ! Pour l'élection du 14 novembre 1962, il entend même se présenter à titre de candidat indépendantiste dans le comté de Bourget ! Mais le Conseil central du RIN estime tout cela vraiment très prématuré. Il fait savoir à son président que sa candidature ne doit pas afficher les couleurs du RIN. Néanmoins, plusieurs membres du RIN acceptent de le soutenir à titre individuel dans sa campagne[9]. C'est aussi le cas de Pierre Bourgault lui-même. Et, dans les faits, c'est bien la section du RIN du comté de Bourget qui organise la campagne de Chaput[10]. Mais, afin de clairement dissocier son action de celle du RIN, Chaput soumet pour étude, dit-il, sa démission du mouvement à titre de président[11]... La grogne couve.

Dès juin, Pierre Bourgault annonce son intention de se porter candidat à la présidence du RIN au congrès prévu en octobre. Il mène campagne auprès des membres. Son approche directe et

globale le conduit vite à être classé comme « l'élément "révolutionnaire" du RIN, par opposition à l'élément "traditionnaliste"
incarné par Chaput [12] ».

Au RIN, Bourgault n'a pas que des amis. Loin de là. Et ceux
qui lui sont opposés n'appuient pas forcément Marcel Chaput
non plus. À mesure que le congrès approche, on craint donc,
à l'intérieur du RIN, un éclatement, peu importe lequel des
candidats sera élu. Pour éviter ce désastre, une troisième voie se
dessine alors autour d'André d'Allemagne comme président.

En octobre, la dissension au sujet de Chaput se manifeste plus
que jamais au sein de l'exécutif, cette fois à cause de questions
financières. L'affaire éclate lors du congrès général. « Lors de la
réunion du comité exécutif qui suit le congrès, on accuse Marcel
Chaput d'incurie et on le tient responsable de la situation financière catastrophique du RIN [13]. » Chaput aurait creusé un déficit
de 4 000 $. Certains membres souhaitent que Chaput quitte le
navire.

À titre de président du RIN, Chaput persiste par ailleurs à
vouloir transformer le mouvement en parti politique. Cela lui
semble incontournable, fondamental, nécessaire. Ses camarades
de la direction du RIN, eux, continuent cependant de ne pas l'entendre du tout ainsi. Ce repositionnement, répètent-ils, demeure
prématuré.

Petit à petit, une ligne de rupture se dessine. Et il devient
impossible de nier son existence.

En février 1963, dans le journal *L'Indépendance*, Pierre Bourgault explique bien les divergences au sein du RIN : « D'un côté,
vous avez les indépendantistes qui font de l'indépendance un but à
atteindre le plus rapidement possible et qui disent "après on verra".
Ceux-là ne croient pas à une véritable révolution nationale ou, s'ils
y croient, ils refusent d'en parler parce que cela pourrait ne pas être
rentable électoralement. De l'autre côté, il y a le RIN qui fait de
l'indépendance un instrument, un levier essentiel d'une véritable
révolution nationale. » Il est clair que, pour Bourgault, ses idées
se confondent de plus en plus avec cette seconde voie, qu'il tient
d'ailleurs pour l'incarnation du vrai RIN.

Le 20 octobre, le congrès annuel du RIN a lieu au gymnase du collège Mont-Saint-Louis. Qui sera élu président ? Pierre Bourgault pose sa candidature comme prévu, mais son style, son ton et son image fougueuse l'associent de trop près à l'aile montréalaise du RIN, laquelle est tenue pour suspecte par nombre de militants. Pour se distinguer encore davantage, comme s'il en avait alors besoin, Bourgault se présente comme le « candidat révolutionnaire » !

Non, non, le président, ce ne peut être lui…

Alors qui ? Bien sûr, on pense toujours à André d'Allemagne, qui accepte. Et, devant d'Allemagne, Bourgault se retire. Pas question de faire la lutte à cet homme qui lui a tout appris au sujet de l'indépendance. Mais d'Allemagne se retire à son tour lorsque, à la dernière minute, surgit la candidature de Guy Pouliot, avocat et président du RIN de la région de Québec. Pouliot a l'immense avantage, dans les circonstances, de ne pas avoir été mêlé aux débats autour de Marcel Chaput…

Dans son discours prononcé à l'occasion de ce congrès, André d'Allemagne soutient que le RIN doit remettre à plus tard une décision qui le mènerait à se transformer en parti politique et il encourage ses partisans à voter pour Guy Pouliot. Marcel Chaput, après avoir martelé devant l'assemblée que le RIN doit devenir un parti politique dans moins d'un an, est battu. Environ 70 % des voix lui ont été défavorables [14]. Chaput demeure cependant le directeur général du RIN, mais on supprime le salaire rattaché à cette fonction, à la suite d'une résolution présentée par Rodrigue Guité et appuyée par Denise Bombardier, jeune journaliste du *Quartier latin*, représentante des étudiants. Confirmé dans ses fonctions malgré tout, Marcel Chaput les refuse…

Aux journalistes qui l'interrogent sur son possible retrait du RIN, Chaput déclare le 29 novembre qu'il pourrait fonder un parti politique grâce à l'appui d'une partie des militants du RIN [15]. Les rumeurs couraient déjà à ce sujet depuis un long moment. Début décembre, il réunit ses partisans afin de leur exposer ses positions. Les tentatives menées par certains membres du RIN pour retenir Chaput ont échoué.

Le 17 décembre 1962, dans un salon cossu de l'Hôtel Mont-Royal, Marcel Chaput annonce en conférence de presse qu'il quitte le RIN pour fonder le PRQ, première formation politique ouvertement indépendantiste.

Deux jours plus tard, il déclare en entrevue : « Quelques membres de la direction du RIN veulent faire l'indépendance du Québec dans une société idéalisée, alors que moi et ceux qui me suivent, nous voulons la faire avec la société québécoise telle qu'elle existe [16]. » Pour Chaput, cette société est à majorité française et catholique. Elle s'attache à la promotion et à la défense de ses valeurs traditionnelles au sein de la cellule familiale. Chaput se défend cependant d'être à la droite, à la gauche ou même au centre de l'échiquier politique... Pour lui, il serait néanmoins « antidémocratique d'imposer le neutralisme religieux » à l'État du Québec, puisque « 95 % de la population du Québec est chrétienne [17] ».

En janvier 1963, à Trois-Rivières, Chaput expose en détail ses divergences de vues avec la direction du RIN : « La moitié la plus active de la direction du RIN est composée d'athées et d'agnostiques notoires qui sont plus intéressés à imposer leur conception de la société québécoise qu'à faire l'indépendance. » En somme, pour Chaput, l'indépendance est une fin en soi qui s'impose en raison de la condition sociale et politique des Québécois. Elle n'a pas pour but de faire évoluer cette condition, au sens où il ne lui apparaît pas souhaitable d'en modifier les assises traditionnelles.

Le Parti républicain du Québec reçoit tout de suite l'appui enthousiaste de Raymond Barbeau, au nom de l'Alliance laurentienne [18]. Avant la formation du parti, il faut le noter, Chaput a discuté longuement avec lui de l'opportunité de son geste [19].

Le président de l'Association de la jeunesse laurentienne, Guy David, se félicite pour sa part de voir que le nouveau parti et Marcel Chaput se sont débarrassés « des équivoques rinistes » et il promet, dans la première semaine de janvier 1963, de rencontrer les dirigeants du PRQ [20].

Chaput entend d'entrée de jeu convaincre le président de la Société Saint-Jean-Baptiste de faire adhérer ses 80 000 membres en bloc au nouveau parti [21]. Même si le président de la fédération, le Dr Marcel Frenette, se dit personnellement prêt à en discuter, l'entreprise n'aura pas de suite favorable au PRQ en matière d'action politique. Des sympathies s'établissent tout de même entre la SSJB et le PRQ[22].

Au RIN, toute cette agitation politique provoque une véritable onde de choc. Un effritement se produit. Les secousses se font sentir ici et là plus durement. Selon André d'Allemagne, Chaput « entraîne avec lui bon nombre de militants ainsi que des organisateurs, surtout en dehors de Montréal[23] ». Le bassin de militants du RIN se vide alors vraisemblablement d'au moins 30 % en faveur de Chaput. Et la situation financière du RIN devient encore plus précaire[24].

Tandis que tombent sur Montréal 45 centimètres de neige, l'exécutif du RIN de Jacques-Cartier, avec son président Jacques Antoons en tête, annonce officiellement le 21 décembre qu'il passe au Parti républicain. Antoons se trouvait déjà au cœur de la création du PRQ, pour lequel il devient alors le « directeur des relations extérieures[25] ».

Aux journalistes, Antoons affirme que seul le Parti républicain pourra mener le Québec à son indépendance et que le RIN n'offre pas ces garanties à l'heure actuelle. La question religieuse apparaît au cœur des motifs de sa dissidence. Antoons considère que « Chaput a toujours su que messieurs André d'Allemagne, Pierre Bourgault et Jean Lebel étaient des agnostiques militants », mais que s'il a œuvré au sein du RIN, « c'est parce qu'en étant leur chef – directeur général et président – il a cru pouvoir les influencer ou du moins les contrôler[26] ». Mais voilà qu'à la fin de 1962, Marcel Chaput s'est vu de plus en plus « ostracisé par une minorité sectaire et rejeté presque au rang de membre ordinaire ».

Jacques Antoons s'inquiète surtout de l'influence qu'exercent André d'Allemagne et Pierre Bourgault :

> Il est inconcevable que la population du Québec à 90 % chrétienne soit appelée à voter éventuellement pour un parti qui sera sous la coupe d'une extrême gauche agissante. Nous ne pourrions concevoir une indépendance du Québec avec de tels dirigeants.

Dans la foulée, la présidente du RIN de Verdun, Germaine Perron, annonce aussi qu'elle se joint au PRQ. Et Jacques Lamarche, jusque-là conseiller au programme social du RIN, devient vice-président de la commission économique du Parti républicain.

Le Parti républicain de Chaput reçoit en outre l'appui de Reggie Chartrand, jeune homme trapu et coloré venu de l'Ontario qui, après avoir été champion de boxe tant sur les rings que dans les bars, a ouvert une école de pugilat dont le local devient alors le cœur même d'un groupe indépendantiste musclé : les Chevaliers de l'indépendance.

À Hull, château fort par excellence de Chaput, le comité exécutif du RIN risque lui aussi de passer sous la bannière du Parti républicain. Prenant cette menace très au sérieux, le comité central du RIN dépêche en Outaouais d'Allemagne et Bourgault. Les deux hommes sont à Hull le dimanche 23 décembre et tentent « de réparer les pots cassés [27] ». Ce voyage nourri de paroles doit porter fruit puisque le 9 janvier, la section de l'Outaouais du RIN assure qu'elle entend se conformer entièrement à la ligne de conduite formulée par le Conseil central [28].

Selon Rodrigue Guité, président du RIN de la région de Montréal, Marcel Chaput et les siens ont eu l'occasion de fonder un parti au sein de l'organisation, mais ils n'ont pas voulu se soumettre à la volonté démocratique des membres : « Les fondateurs du PRQ ont eu l'occasion de fonder leur parti au sein du RIN, mais la majorité a décidé, lors du congrès d'octobre dernier, d'attendre en 1964 pour ce faire. » Il en conclut donc que « la fondation du Parti républicain du Québec par Marcel Chaput n'exprime que le refus de ce dernier de participer à un régime démocratique tel qu'il est en honneur au sein du RIN [29] ». Il ajoute enfin que quoi qu'il advienne, le RIN deviendra un parti politique en 1964. Est-ce là pure manœuvre pour retenir les militants ? La résolution adoptée au congrès laissait pourtant clairement entendre que le RIN n'avait pas, pour atteindre ses objectifs, à se transformer en parti.

Avec beaucoup d'efforts, les dirigeants du RIN en arrivent miraculeusement à colmater assez bien les brèches. Mais le coup porté par le PRQ a fait mal.

Durant la dernière fin de semaine de l'année, les dix présidents régionaux du RIN et des membres du Conseil central se réunissent à Québec et acceptent la proposition faite par le RIN de Montréal pour expulser Chaput et les membres qui militeraient au PRQ. Dans la région de Montréal, seulement trois sections du RIN sur 16 se montrent défavorables à l'expulsion pure et simple de Marcel Chaput.

Le samedi 29 décembre, le RIN fait paraître une pleine page de publicité dans *Le Devoir*. Présentée sous la forme de vœux adressés aux Québécois pour le Nouvel An, cette publicité vise aussi, à l'évidence, à afficher la force du RIN. Elle affirme, à grand renfort de fleurs de lys, que « pas un seul peuple au monde » ne consent délibérément à utiliser des timbres et des billets de banque à l'effigie d'une étrangère, ni à faire valider ses lois ou à assermenter ses représentants au nom de cette étrangère, la reine Elizabeth II. De plus, le RIN s'indigne que « plus de 80 % des ouvriers doivent travailler dans la langue de la minorité étrangère » et que « plus de 90 % des hauts postes dans les chemins de fer, dans la haute finance et dans la grande industrie soient occupés » par cette même minorité. Puisque aucune société nationale, ni aucun homme politique, ni aucun journal ne peuvent rien changer à la situation, le RIN souhaite l'indépendance aux Québécois pour 1963. Et il leur enjoint, bien sûr, d'adhérer au RIN pour que ce vœu se réalise.

Au sortir de sa réunion à Québec, le Conseil central du RIN affirme qu'il n'a pas l'intention de partir en guerre contre le PRQ. La guerre n'est cependant pas loin puisque la marge de liberté impartie aux membres du RIN qui voudraient soutenir le PRQ demeure visiblement sujette à interprétation : si le RIN ne s'oppose pas en théorie à ce qu'un de ses membres adhère au PRQ, il se réserve le droit de le suspendre s'il juge que celui-ci milite activement au sein du parti ou cherche à faire passer d'autres membres ou sa section sous l'aile du parti dirigé par Marcel Chaput[30]... Aussi bien dire qu'à la suite de cette réunion tenue dans la Vieille Capitale, le Conseil central ne tolère aucune allégeance concurrente.

Dans *L'Indépendance* de février, Bourgault écrit : « L'union est impossible pour la simple raison que nous n'allons pas à la même place. Nous avons voulu au départ que le RIN soit un rassemblement. Il était en train de devenir un ramassis. » Mais malgré les menaces et les coups de gueule lancés par le RIN à son endroit, le PRQ en mène large. Du moins en apparence.

Le vendredi 4 janvier 1963, le parti emménage dans ses nouveaux bureaux, au deuxième étage du Stade de Lorimier. L'édifice est situé à faible distance de la vieille prison du Pied-du-Courant, là où ont été exécutés les Patriotes à la suite des révolutions manquées de 1837-1838. Le PRQ occupe 12 bureaux et a loué, en plus, des salles de réception, de conférence de presse et de réunion. L'édifice est prestigieux. L'Union nationale y a même déjà eu ses bureaux [31]. Le nouveau parti se donne les allures d'un vieux afin d'attirer les électeurs issus de la bourgeoisie.

Rieur, le comédien Jean Duceppe fait remarquer, sur les ondes de CKAC, que tous les partis politiques ayant occupé des locaux dans cet édifice ont perdu leurs élections, y compris l'Union nationale [32] !

Le PRQ annonce aussi qu'il lance dès la mi-février une émission hebdomadaire sur les ondes de la télévision de CFTM. Depuis quelques semaines, le RIN diffusait déjà quant à lui des émissions de télé via un réseau privé.

Plus que quiconque du RIN, Marcel Chaput est alors le véritable homme en demande lorsqu'il est question d'indépendance. Il participe un peu partout au Québec, et même au Nouveau-Brunswick et en Ontario, à plusieurs débats et conférences, tant devant des étudiants que des chambres de commerce. Le PRQ se fait ainsi très vite connaître.

Des promesses électorales ? Oui, puisque le procédé même de l'élection en réclame. Voici donc la première : dans un Québec indépendant, clame le PRQ, l'habituel ministère de la Guerre serait remplacé par un ministère de la Paix. En mars, le nouveau parti indépendantiste condamne, par une résolution, l'usage de la violence. Il affirme qu'il n'utilisera que des moyens démocratiques pour arriver à ses fins.

Hors de Montréal, c'est à Hull que prend forme la première association régionale de comté du PRQ, bien que l'association locale du RIN, mise sur pied par Chaput, ait assuré le Conseil central de sa fidélité. C'est autour de Gilles Côté, un ex-organisateur libéral, que se structure l'association régionale. D'autres comtés, dont Verdun, Bourget et Jacques-Cartier, s'organisent aussi autour du PRQ plutôt que du RIN.

Le PRQ cherche par ailleurs à internationaliser la question du Québec. Il ouvre à cette fin un « bureau » à Paris, placé sous la direction de Pierre Gravel. Les échos d'outre-Atlantique demeurent cependant très faibles, pour ne pas dire inexistants.

Le RIN ne se sent pas moins menacé pour autant par l'action du PRQ. La fin de semaine des 19 et 20 janvier, à l'occasion de sa réunion mensuelle, le Conseil central du RIN en arrive à proposer la transformation immédiate du mouvement en parti politique, sous réserve de l'approbation des membres lors de l'assemblée générale prévue en mars. On entend aussi expulser Marcel Chaput et tous les membres du RIN qui militent dans les rangs du PRQ, à compter du 7 février. La déclaration intégrale du RIN est publiée en placard publicitaire dans *Le Devoir* du 22 janvier. Voilà une façon radicale de couper l'herbe sous le pied des troupes de Chaput.

Le RIN, par la voix de différentes personnes, déclare pourtant depuis des semaines qu'il n'entend pas devenir, du moins pour l'instant, un parti politique. Or, explique soudain le Conseil central, la situation québécoise a changé. Qu'est-ce qui a changé ? La déclaration du groupe tente de le préciser mais elle ne trompe en fait personne : « De récents événements sur la scène politique québécoise, tels que les dernières déclarations du chef de l'État du Québec et du chef de l'opposition, ainsi que l'évolution rapide de la société canadienne-française ont amené le Conseil central à redéfinir ses positions actuelles et l'orientation du mouvement[33]. » En fait, c'est bien l'action de Chaput qui, plus que toute autre chose, pousse le RIN vers une action politique plus traditionnelle.

Guy Pouliot et André d'Allemagne insistent pour dire que la fondation du PRQ n'est qu'un des éléments qui conduisent à ce changement de cap du RIN. En entrevue, faisant allusion à l'appui offert par l'Alliance laurentienne au PRQ, ils soulignent toutefois leur décision ferme de prendre tous les moyens nécessaires pour se dissocier « irrévocablement de tous les éléments rétrogrades et réactionnaires, qu'ils soient indépendantistes ou non ». Ils excluent du même souffle toute possibilité de conciliation avec le PRQ, tout en dénonçant le corporatisme de l'Alliance laurentienne. « Il existe des différences claires et fondamentales non seulement entre le RIN et les partis fédéralistes, mais aussi entre le RIN et le PRQ. »

Lesquelles ? « Notre aspiration à l'indépendance est intimement liée à notre aspiration à une véritable démocratie, à une plus grande justice sociale et à l'épanouissement de l'individu dans une société humaniste et ouverte sur le monde. Voilà ce que nous entendons lorsque nous parlons de révolution nationale. Pour nous, cette révolution est impossible sans l'indépendance et l'indépendance serait incomplète sans cette révolution. »

Le RIN compte « rallier autour de la cause de l'indépendance et de son idéal social, les éléments les plus progressistes et les plus dynamiques de la nation ». Ce qui veut dire à ce moment que le RIN, entre autres choses, soutient sans réserve les mouvements opposés au nucléaire et ceux qui sont favorables à la laïcisation de la société québécoise [34].

Par ailleurs, le Conseil central observe que le PRQ n'est le parti que d'un seul homme, tandis que le RIN a été fondé par ses militants et doté d'un programme démocratique. « Le PRQ n'a pas de structure, pas de cadres, pas d'effectifs. Son chef s'est nommé lui-même et a désigné un Comité exécutif dont on ne connaît même pas les membres. » Or, dès ses débuts, « le RIN a répudié le culte du chef pour le remplacer par la discipline démocratique. Il veut être dirigé non par un homme, mais par une équipe qui soit désignée par les membres du mouvement. »

Que déclare en riposte Raymond Barbeau, une des principales cibles de cette sortie du RIN ? Barbeau considère que « c'est le chant du cygne du RIN », « un geste de désespoir » d'un mouvement qui combat une hémorragie parmi ses membres, « une façon de mourir en beauté ».

Le différend idéologique éclate alors dans toute sa puissance. « L'objectif suprême du PRQ, explique Barbeau, est l'épanouissement complet de la nation québécoise en tant que chrétienne et française dans le respect de la personne humaine, de la famille et des libertés civiques. » Pour Barbeau, l'indépendance du Québec est incompatible avec une perspective de gauche. « Si M. Chaput s'est dissocié du RIN, c'est justement parce qu'il ne voulait plus se rendre complice d'un Conseil central composé d'agnostiques avoués tels que Pierre Bourgault, journaliste à *La Presse*, et André d'Allemagne. Le RIN devenant un mouvement d'extrême gauche ne pouvait plus répondre aux aspirations légitimes des Canadiens français. » Et Barbeau d'insister pour dire que 85 % de la population du Québec est chrétienne, ce qui n'empêche pas tous les Québécois, « y compris les Juifs, les Néo-Canadiens, les ouvriers, les industriels », de financer le Parti républicain du Québec.

Chaput ayant quitté le RIN, qui donc pourrait en prendre la tête afin de le rendre crédible, demande Raymond Barbeau. Dans les circonstances, continue-t-il, le PRQ avec le tandem Chaput-Barbeau est une « équipe imbattable, qui va durer. Je ne vois pas d'équivalent du côté du RIN ».

Il est vrai que le président du RIN du moment, Guy Pouliot, ne se distingue pas par un charisme fort et ne jouit pas d'une renommée personnelle propre à en faire un adversaire solide face au coloré et bouillant Marcel Chaput. Avocat à Québec, Pouliot porte une moustache sagement taillée et s'exprime tout aussi sagement. Bourgault, quatre décennies plus tard, dira : « Guy n'était pas un très bon président. Il était terne. Il était ennuyeux[35]. »

Sensible, subtil, toujours sur la corde raide de ses réflexions et de ses tourments, André Laurendeau, le rédacteur en chef du *Devoir*, en vient tout naturellement à se pencher sur les différentes facettes des récentes « querelles séparatistes » qui défraient l'actualité. En éditorial, Laurendeau trouve pour le moins odieux et inquiétant de voir le PRQ s'ingénier à briser ses adversaires à partir de leurs opinions religieuses[36]. En réplique à Jacques Antoons, un des piliers du PRQ, Laurendeau finit tout simplement par sortir de sa réserve habituelle de parfait gentleman : « Conduire la politique dans cette boue, ce n'est pas "aller en avant", mais rejoindre les vieux partis dans leur plus basse et leur plus odieuse démagogie[37]. »

Tout au contraire du RIN, le PRQ recommande de voter à l'élection fédérale du 8 avril. Tandis que le RIN juge que les Québécois n'ont rien à tirer des partis fédéralistes en place tant et aussi longtemps qu'ils ne seront pas en mesure de s'organiser et de donner de la force à leurs idées, le PRQ incite pour sa part ses partisans à voter pour celui qui, parmi tous les candidats en lice dans un comté, semble être le plus favorable aux idées indépendantistes. À l'occasion d'une conférence de presse, Marcel Chaput explique qu'il faut élire à Ottawa des gens sensibles aux idées indépendantistes, « parce que c'est avec le prochain gouvernement fédéral que

nous négocierons l'indépendance du Québec [38] ». La cause indépendantiste, à en juger par cette déclaration, est sur le point de
triompher. Pourtant, la situation du PRQ, comme celle du RIN,
apparaît toujours bien fragile.

Le PRQ tient à Montréal son congrès de fondation les 16 et 17
mars 1963. Où ? Au majestueux hôtel Queen Elizabeth, c'est-à-dire
là même où des membres du RIN avaient déjà manifesté contre la
construction de ce haut symbole du colonialisme britannique ! Le
PRQ tient un congrès à l'américaine où le faste et les apparences
du faste sont à l'honneur.

Dans les principes directeurs qu'il adopte, le PRQ affirme
qu'il « garantit le respect des minorités ethniques, culturelles et
religieuses dans le territoire du Québec libre et indépendant ». Il
réitère néanmoins avec vigueur l'objectif suprême du PRQ, qui
est « l'épanouissement complet de la nation canadienne-française
comme nation chrétienne et française, dans le respect de la personne humaine, de la famille et des libertés civiles ».

Dans *Libre Nation* d'avril 1963, Jacqueline Wanner, du PRQ,
écrit ceci : « Dans les jours qui suivirent la fondation du PRQ,
certains dirigeants du RIN émirent des déclarations très hostiles
envers le nouveau parti et son chef. Certaines de ces mêmes autorités du RIN, de façon sensationnelle et imbécile, ont traité M. Chaput de paranoïaque. Afin de mieux contrôler leur mouvement, ces
mêmes dirigeants ont expulsé tous leurs frères en indépendance
qui étaient inscrits au Parti républicain. Dans le dernier numéro
de *L'Indépendance*, la rédaction attaque de nouveau le Parti républicain. » La « rédaction » de *L'Indépendance*, c'est évidemment
l'affaire de Bourgault lui-même...

Pierre Bourgault n'est pas du tout en faveur d'une alliance,
ne serait-ce que stratégique, avec le PRQ. Dans *L'Indépendance*, il
écrit en avril 1963 : « Il n'existe pas pour nous de "partis-frères" ou
"d'associations-sœurs". Il y a nous et, face à nous, nos adversaires.
C'est la guerre ! Nous la gagnerons ! »

Depuis quelques semaines, il faut le dire, le RIN est officiellement devenu un parti politique.

Bourgault au 6ᵉ Congrès du RIN.

Le vendredi 1ᵉʳ mars 1963, à la veille de ce congrès qui a trans-
formé le mouvement en parti, Pierre Bourgault prend la parole à
Montréal dans une assemblée populaire à l'école secondaire Saint-
Stanislas. Outre Bourgault, deux autres conférenciers s'adressent
alors à l'assemblée : le président du RIN, Guy Pouliot, et l'écrivain
Hubert Aquin. Quelque 400 personnes les écoutent.

« Au RIN, explique Bourgault, nos préoccupations portent
dans une proportion de 50 % sur l'indépendance et 50 % sur
la révolution [39]. » Sa « révolution », comme toujours, est plus
réformiste qu'autre chose. Précisions de l'orateur : « Il faut que
l'indépendance s'accompagne de la révolution sociale, dans le sens
d'une amélioration profonde des cadres sociaux actuels. »

Le RIN, selon la pensée de Bourgault, est au fond un parti
très réformiste qui se donne des airs révolutionnaires. Il défend
les syndicats, du moins le syndicalisme et les travailleurs. C'est
nouveau. Il s'oppose à l'idée d'une nation exclusive, fondée sur

la valeur supérieure de ses membres. C'est aussi nouveau. Ce 1er mars, Bourgault explique : « Nous ne croyons pas qu'il existe de nation ou de race supérieure. Mais nous ne croyons pas être inférieurs à quiconque. Nous ne voulons pas dominer un autre peuple, mais nous avons le droit de vivre pleinement nous aussi [40]. » Le RIN, par la voix de Bourgault, réclame aussi la séparation de l'État et de l'Église. C'est encore nouveau, très nouveau. Et cela est d'ailleurs dénoncé par ces indépendantistes qui voudraient réaliser l'indépendance dans un esprit de droite, conservant en haute place une religion catholique dont on perçoit pourtant qu'elle s'effrite partout dans la société.

« L'indépendance en soi, déclare Bourgault, ça ne veut rien dire. » Mais il faut connaître cette victoire, ajoute-t-il, afin de passer enfin à autre chose. « Nous avons toujours été battus : nous sommes écœurés d'être battus... Ce qu'il nous faut, c'est une victoire, la seule qui vaille la peine. Il est extrêmement important de changer notre mentalité de battus. Nous allons gagner : ce n'est pas une "bebelle" que nous proposons, dans le genre des timbres ou des chèques bilingues, c'est la liberté. »

Bourgault dénonce l'action du moment de politiciens tels Louis Saint-Laurent, Georges Vanier, Réal Caouette et Paul Gérin-Lajoie, les « collaborationnistes », comme il les appelle. « Il y a des gens qui collaborent ; c'est vraiment de ce mot que nous devons nous servir ; il y a des gens qui collaborent à nous maintenir dans le marasme, à nous abrutir. Ces gens-là ne savent pas ce que c'est que la liberté ; ils ne savent que ramper et ne font que cela depuis 200 ans. »

Dans la même veine, mais un cran plus révolutionnaire, Hubert Aquin, alors directeur de la revue *Liberté*, affirme lui aussi, avec une pensée pleine d'audaces, la nécessité de changements profonds : « Il ne faut pas se leurrer sur la révolution dans laquelle le RIN doit s'engager : la révolution, c'est difficile, ce n'est pas de la bienveillance ; la révolution, c'est un acte d'amour, un acte de création... »

Aquin sera toujours considéré comme une sorte d'extraterrestre par Bourgault, tout comme sa bonne amie Andrée Ferretti. La liberté exceptionnelle dont faisait preuve Aquin en tout l'inquiétait. « Entre les deux, il y avait beaucoup de flammèches, se rappelle Claude Jasmin. Aquin était fier. C'était un intellectuel, un homme avec des idées, des théories. Bourgault appartenait surtout à l'action. Lors des assemblées, les deux s'engueulaient en coulisses. Aquin voulait parler le dernier. Il n'acceptait pas même l'idée que Bourgault soit le meilleur pour terminer les assemblées du RIN [41] ! » L'écrivain n'avait pourtant aucune aptitude à soulever les foules, ni à susciter facilement l'enthousiasme, selon Andrée Ferretti [42].

Bourgault ne voit pas quel rôle concret Aquin peut tenir dans une organisation politique en jouant sans cesse au cow-boy solitaire avant, pendant et après chaque réunion de l'exécutif. Il lui reproche son manque de solidarité concrète avec l'organisation du RIN.

Le soir du 1er mars, il semble que les exhortations conjointes de Bourgault, Aquin et Pouliot aient facilité la transformation du mouvement en parti. Le dimanche, à 15 heures 14 minutes exactement, un tonnerre d'applaudissements éclate dans la salle décorée de pancartes arborant les symboles du RIN et le slogan « Québec, ma seule patrie ». On entonne immédiatement le vieux chant révolutionnaire « Ah ! Ça ira ».

> *Ah ! Ça ira, ça ira, ça ira !*
> *Les aristocrates à la lanterne*
> *Ah ! Ça ira, ça ira, ça ira !*
> *Les aristocrates on les pendra*
> *Le despotisme expirera*
> *La liberté triomphera*
> *Ah ! Ça ira, ça ira, ça ira !*
> *Nous n'avons plus ni nobles ni prêtres*
> *Ah ! Ça ira, ça ira, ça ira !*
> *L'Égalité partout régnera.*

Les 65 délégués réunis pour l'occasion ont voté avec empressement, et à l'unanimité moins une voix, en faveur de la création d'un nouveau parti politique indépendantiste. En plus des délégués venus de tous les coins du Québec, une centaine de militants ont assisté aux délibérations, de même que des représentants du Nouveau Parti démocratique (NPD) [43].

Dans l'esprit du président, Guy Pouliot, l'indépendance demeure plus que jamais un simple moyen devant servir à opérer une véritable révolution sociale.

Pour devenir un parti politique, le RIN a dû apporter de nombreuses modifications à sa charte, mais il conserve intacts ses structures, ses objectifs, ses idées de même que sa direction.

Le 7 mai 1963, Raymond Barbeau annonce officiellement, lors d'une conférence de presse tenue à l'hôtel Queen Elizabeth, qu'il dissout l'Alliance laurentienne pour joindre ses forces au PRQ. Heureux de l'action du PRQ, Barbeau semble aussi soulagé de pouvoir se délester un peu du poids de son propre militantisme puisque, diabétique, sa santé apparaît alors plus fragile [44]. Mais le PRQ de Chaput se révèle vite un échec. Les dettes s'accumulent. Plusieurs membres du RIN ont beau l'avoir quitté pour se joindre au PRQ, le nouveau parti n'arrive pas vraiment à décoller. La scission provoquée par Chaput a amené plusieurs des éléments les plus à droite du RIN à quitter ce navire pour un autre qui se révèle moins maniable en mer. Le parti souffre de très graves problèmes de financement et n'arrive pas à respecter les échéances de remboursement de ses dettes.

Très certain qu'il poursuit alors avec le PRQ une lutte essentielle que personne d'autre ne peut mener, Chaput ne trouve rien de mieux à faire que deux éprouvantes grèves de la faim « à la Gandhi » pour nourrir son parti. Le 8 juillet, installé dans les bureaux du PRQ, Marcel Chaput entreprend une première grève de la faim, qui dure 33 jours. Rien n'y fait : les fonds amassés à cette occasion arrivent à peine à parer aux urgences.

En août, quelques discussions informelles ont lieu avec la direction du RIN afin d'étudier des scénarios d'unification [45]. Ces entretiens se déroulent au domicile et sous la bienveillance du vieux nationaliste René Chaloult, qui a accepté de servir d'intermédiaire. Une première rencontre ne donne rien. Le PRQ souhaite que le nouveau parti qui jaillirait de l'union soit doté d'un chef unique détenant beaucoup de pouvoirs. Évidemment, on pense à Chaput lui-même. Au RIN, on souhaite plutôt une direction collégiale. Que faire ? Même la question d'une simple coalition électorale est écartée. Les différends demeurent majeurs. Il faut donc se résoudre à continuer son chemin chacun de son côté.

Acculé au pied du mur, Marcel Chaput entreprend une deuxième grève de la faim à compter du 18 novembre 1963, jusqu'au 21 janvier 1964. Mais le PRQ n'en continue pas moins de rendre l'âme au terme de ce deuxième geste de désespoir. Exsangue, le parti est officiellement dissous en décembre 1964. Abandonné à lui-même pour un temps, Marcel Chaput connaît alors une vie très difficile. Personne ne semble vouloir l'embaucher. Avec Raymond Barbeau et quelques autres, il s'intéresse à la pensée naturiste, selon une perspective très marquée à droite [46].

Le Parti républicain du Québec a beau être enterré, le RIN affronte une nouvelle scission en 1965. Cette fois, c'est le Dr René Jutras qui tente de fonder son propre parti politique indépendantiste de droite, le Ralliement national (RN). Il est suivi dans son aventure notamment par Jean Garon qui, après avoir été président du RIN pour la région de l'Est du Québec en 1963 et membre du comité exécutif national l'année suivante, s'affirme comme l'un des principaux organisateurs du Ralliement national dans l'Est du Québec. Après Barbeau et Chaput, c'est au tour du Dr Jutras de s'époumoner pour dénoncer la politique de gauche préconisée par le RIN...

Le 28 janvier 1965, Jutras explique les motifs de son départ du RIN : « Quand j'ai démissionné, c'est parce que je n'ai pas accepté que mon action nous conduise à un État athée. [...] Abandonner la cause de l'indépendance entre les mains des agnostiques et des communistes, ce n'est pas notre rôle à nous, catholiques ; ce n'est pas le temps de perdre notre âme pour quelque prestige [47]. » Jutras démissionne ensuite de la barre du RN pour faire bonne place à Gilles Grégoire, ex-député créditiste.

Si le Dr Jutras tout comme d'autres membres du Ralliement national n'ont jamais remis les pieds au RIN, tout à fait dégoûtés par ces « gauchistes », ce n'est pas le cas de Marcel Chaput. En août 1965, Pierre Bourgault lui téléphone pour l'inviter à réintégrer les rangs de ce parti qu'il a contribué plus que tout autre à lancer. Les deux hommes se sont amusés comme larrons en foire à l'époque où ils faisaient des tournées ensemble, rappelle Bourgault. Faut-il désormais tout oublier de cette connivence ? Bien sûr que non. Aux élections provinciales de 1966, Marcel Chaput est nommé candidat dans le comté de Papineau. Et cette fois, sous la bannière du RIN ! Bourgault l'aide dans son comté. Et Chaput se rend pour sa part jusqu'à la Côte-Nord pour parler en faveur du président du Rassemblement pour l'indépendance nationale : Pierre Bourgault.

CHAPITRE 9

MONSIEUR LE PRÉSIDENT

You need a revolution as much as we do,
but you don't have the guts to do it.

– Pierre Bourgault, *Victoria (Colombie-Britannique), 1965*

LE 30 MAI 1964, à Québec, Pierre Bourgault devient le président du RIN à la suite du vote des délégués au congrès national. À peine une semaine plus tôt, il avait organisé à Montréal la mise en scène d'un grand spectacle de music-hall destiné à financer le parti. Au programme, Claude Léveillé, Gilles Vigneault, Jean-Pierre Ferland, Joël Denis, Pauline Julien, Monique Leyrac, Muriel Millard et plusieurs autres, le tout mis en musique par le chef Serge Garant. Malgré la somme de talents réunis, un spectacle très inégal, rapporte la critique. Un spectacle où se mélangent la politique dans des parades de drapeaux un peu ridicules, les inepties de quelques mauvais artistes, les textes de présentation bêtement faciles et des plaisanteries édulcorées sur les « maudits Anglais ». « Je sais plus d'un partisan ou d'un vague sympathisant de l'indépendance du Québec qui n'ont pu souffrir cet étalage de mauvais goût et l'usage un peu fallacieux sinon très fallacieux qu'on fit de choses belles pour une stricte utilité politique et partisane », observe alors le jeune journaliste Gil Courtemanche[1].

Au RIN, Bourgault sera toujours, comme il le dit, heureux de pouvoir, « par la présentation de plusieurs spectacles, faire connaître de plus en plus » des artistes qui annoncent « un avenir prochain où les Québécois pourront enfin s'identifier à des villes, à des réalités, à un pays qui leur ressemble ». Les artistes et les poètes annoncent pour lui des événements importants.

Lors du congrès qui conduit Bourgault à la tête du RIN, les membres du parti le préfèrent à Guy Pouliot. Les deux candidats jouissent de solides appuis mais c'est finalement Bourgault qui l'emporte : 125 votes contre 85. Ce n'est pas une victoire écrasante. Mais c'est une victoire. Contre Bourgault, ses opposants évoquent son « agnosticisme », son « jeune âge » et son « instabilité émotive », rapporte *Le Devoir*.

Daniel Johnson, le chef de l'Union nationale, est personnellement en rogne contre Pouliot, le président sortant du RIN. Il a même dépêché à l'assemblée indépendantiste un homme de confiance, Marc Lavallée, une sorte d'agent double, afin de favoriser la cabale en faveur de Bourgault. En politique, se mêler des affaires des autres, c'est une façon parmi d'autres de s'assurer le plein contrôle des siennes, se dit Daniel Johnson.

Bardé de diplômes, Lavallée est médecin, tout en détenant une maîtrise en pharmacologie et un doctorat en biophysique. Il est alors associé tant à l'UN qu'au RIN. Et ce n'est un secret ni pour l'une, ni pour l'autre formation politique. En fait, cela fait l'affaire de chacun des deux groupes, dans la mesure où Lavallée sert, au besoin, de passeur entre ces deux mondes qui ont, pour l'instant, besoin l'un de l'autre pour vivre.

En pleine assemblée électorale, Lavallée téléphone à Daniel Johnson pour faire le point avec lui. Bourgault n'a besoin d'aucune aide, estime Lavallée. « Bourgault n'a besoin de personne. Il est capable de se faire élire sans aide[2] ! » Pourquoi en effet cuisiner des délégués un à un puisque dès que Bourgault ouvre la bouche, il s'avère électrisant ?

Daniel Johnson sent alors d'instinct que le RIN peut diviser l'électorat nationaliste lors d'une prochaine élection, à la défaveur de l'Union nationale qu'il tente de reconstruire. Voilà aussi pourquoi il accorde autant d'attention aux indépendantistes.

Les 17 et 18 avril, dans une réunion tenue secrète, des délégués de l'UN et du RIN se sont rencontrés. On veut, de part et d'autre, voir jusqu'où il est possible d'aller de concert, sans pour autant parler le moins du monde de fusion, afin de favoriser l'élection respective de candidats. À l'initiative d'André d'Allemagne, le nouveau chef pressenti, Pierre Bourgault, a été volontairement tenu à l'écart des discussions. Question de protocole d'abord : puisque Daniel Johnson lui-même n'assiste pas à la rencontre, juge d'Allemagne, pourquoi Bourgault devrait-il être là ?

Même si de nombreuses ablutions d'alcool permettent aux quelques membres des deux formations de s'apprivoiser, voire de fraterniser, il ne ressort pratiquement rien de cette rencontre. Et lorsque Bourgault apprend, plus tard, qu'il a été délibérément tenu à l'écart de ce rendez-vous, il entre dans une sainte colère[3]...

Pierre Bourgault n'a que 30 ans lorsqu'il devient président du RIN. Pourquoi a-t-il souhaité devenir le chef ? « Je ne sais pas comment c'est arrivé, mais j'ai eu envie de devenir président, expliquera Bourgault plus tard. Je sais que j'ai battu Guy Pouliot à la présidence et que ça a été relativement facile[4]. » Il restera à la tête du parti jusqu'à sa dissolution, à l'automne 1968.

À vrai dire, Bourgault rêve alors de devenir président de la jeune formation depuis au moins deux ans. Ce désir a eu ainsi largement le temps de mûrir pour devenir une volonté solide.

Mais en cette fin de printemps 1964, à la suite de l'élection qui couronne Bourgault, le RIN apparaît comme une formation vraiment divisée. Malgré l'apparence d'unité que le nouveau président tente immédiatement de donner, le RIN reste miné par les attaques intestines qui ont été fomentées, au fil des semaines, par les partisans de Pouliot et par ceux de Bourgault[5].

De Montréal, Bourgault est identifié une fois de plus à la faction la plus radicale, la plus « révolutionnaire » du parti. De Québec, l'avocat Guy Pouliot véhicule plutôt l'image d'un modéré qui offre une voie de compromis. En vérité, Pouliot est beaucoup moins modéré qu'il n'y paraît dans ses discours toujours un peu ternes.

Deux jours après son élection à la présidence du RIN, les confrères de Bourgault à *La Presse* entament une grève. Du coup, il n'a plus d'articles à écrire et à rendre, plus de reportages à organiser et à réaliser. Bourgault a dès lors tout son temps et le champ libre pour exercer un militantisme plus constant que jamais.

Six mois plus tard, lorsque la grève de *La Presse* se termine enfin, Bourgault s'est à ce point investi dans ses nouvelles fonctions politiques qu'il n'a plus ni le temps ni l'envie de poursuivre sa collaboration avec le journal de la rue Saint-Jacques. Malgré un moral que certains décrivent comme souvent chancelant, il décide de continuer sur cette voie militante à temps plein.

Dès son entrée en fonction comme président, Bourgault exige qu'on le vouvoie en public. Il préconise en outre une application stricte du code Morin, en vertu de laquelle les membres s'adressent « au président » et non à Pierre Bourgault. L'expression « Monsieur le président » est de mise. En privé, bien entendu, c'est une autre affaire. Mais cette défense stricte du vouvoiement constitue pour lui une façon de s'assurer une certaine forme de respect, tant à l'extérieur de l'organisation qu'à l'intérieur. Le sérieux qu'impose cette mise à distance par le vouvoiement le prémunit contre une légèreté que Bourgault n'a pas de mal à retrouver par ailleurs dès lors qu'il quitte le cadre de l'exercice de ses fonctions.

Sous la présidence de Bourgault, le RIN change sans conteste. Dans l'opinion publique, le parti devient de plus en plus indissociable de sa personne. Porté par le RIN, Bourgault devient en effet un homme-événement. Ses méthodes sont nouvelles, sans pour autant être originales. Bourgault appartient en effet à une époque où les manifestations sont à l'honneur. Il reprend donc à son compte, en vue des objectifs de son mouvement, un mode d'activisme politique déjà fort utilisé un peu partout dans le monde. Comme bien des mouvements de contestation de l'époque qui n'ont guère d'autres moyens, il fait notamment en sorte de multiplier les manifestations et le militantisme de base comme méthode d'action politique. En multipliant les actions, il entend donner au RIN une importance décuplée par rapport à ses capacités réelles.

« Quand je suis devenu président du RIN [...], sur le plan de l'action, nous nous sommes beaucoup radicalisés, expliquera-t-il. Nous étions dans la rue trois fois par semaine. » André d'Allemagne, un des fondateurs, « détestait ça », observe Bourgault[6].

En fait, le RIN des débuts avait déjà compris l'importance symbolique de ces manifestations et ne négligeait pas de les utiliser. Ce qui change avec Bourgault tient surtout à la fréquence et à l'importance donnée à cette forme d'engagement dans la lutte sociale et politique.

Des manifestations dans les rues sont organisées. Les lieux au fort potentiel symbolique sont investis à fond.

Sous le tablier du pont Jacques-Cartier, devant l'ancienne prison du Pied-du-Courant, là où les Patriotes ont été pendus, dont le notaire Chevalier de Lorimier, le RIN procède à l'appel des victimes. À chaque nom de Patriote scandé, la foule crie « Mort pour la patrie ! ». Un orateur explique l'importance des événements de 1837-1838, puis Bourgault prend la parole, toujours à la recherche de l'effet oratoire le plus fort. Le journaliste français Pierre-Louis Mallen, correspondant de la Radiodiffusion-Télévision française (RTF), garde un souvenir particulier de ce discours qui l'étonne tout à fait.

> Les idées qu'il exprimait étaient simples, mais ses formules suivaient la cadence majestueusement accélérée qui fait monter sourdement l'enthousiasme. J'écoutais avec surprise ; pour la première fois depuis que j'étais en Amérique (où j'avais écouté beaucoup de

gens intelligents, éloquents, mais comme de bons professeurs), j'entendais un authentique tribun [7].

Bourgault déchire alors, dans un grand geste théâtral, sa commission d'officier de l'armée canadienne. Son geste a un tel retentissement qu'il la recollera deux fois pour mieux réussir ailleurs encore ce petit numéro très théâtral [8] ! À la suite de ce geste antimilitaire, le premier ministre Diefenbaker finira par le jeter officiellement hors des rangs de l'armée canadienne, dont il n'était d'ailleurs plus qu'un vague numéro sans aucune fonction. L'affaire, bien entendu, ne fait qu'amuser Bourgault et, surtout, sert au mieux ses efforts militants.

D'autres manifestations ont lieu, ici et là, dans une perspective toujours assez semblable : dénoncer des injustices, faire valoir la cause sociale du RIN, montrer la force du mouvement, rappeler des faits historiques.

Une des plus importantes et des plus ambitieuses manifestations doit avoir lieu à Québec à l'occasion de la visite de la reine. Bourgault racontera lui-même l'événement à de multiples reprises jusqu'à la fin de sa vie, tant par écrit qu'à la radio ou à la télévision. Il s'agit pour lui, à l'évidence, d'un moment fort de son action au RIN, qui montre bien sa manière, avec ses succès et ses échecs, les deux parfois inextricablement imbriqués l'un dans l'autre.

La reine Elizabeth II annonce en 1964 qu'elle viendra au Québec avec son mari, le prince Philippe. La visite doit avoir lieu du 6 au 12 octobre. Bourgault s'empresse d'écrire à la « souveraine du Canada » pour lui signifier qu'elle n'est pas la bienvenue ! Les journalistes s'emparent de l'affaire. La tension mondiale est alors plus élevée que jamais : l'assassinat de John F. Kennedy, entre autres, remonte à quelques mois à peine. Est-ce dangereux pour la reine, demandent les journalistes, de venir au Québec ? Très habile comme toujours avec les médias, Bourgault répond oui : la reine peut être en danger… Est-ce que le danger viendra du RIN ? Mais non, dit-il, le ton faussement rassurant. Cependant, ajoute-t-il, on ne sait jamais : un fou, quelqu'un qui lui voudrait du mal… Bourgault manie avec habileté l'art de la pointe et la causticité de la suggestion. Résultat : la tension monte, amplifiée plus que jamais par les serviteurs serviles de la presse.

En fait, Pierre Bourgault en profite pour récupérer à l'avantage du RIN le capital d'inquiétude que le Front de libération du Québec (FLQ) a su faire fleurir avec l'aide des médias. Depuis sa fondation, le RIN condamne en principe l'usage de la violence à des fins révolutionnaires, tout en signifiant à l'occasion qu'il le comprend, comme le fait André d'Allemagne dans les pages du journal *L'Indépendance*. C'est ainsi que le RIN défend les revendications des membres du FLQ, tout en repoussant leur mode d'action. La position laisse place à beaucoup d'ambiguïtés qui ne servent pas le RIN, comme a tôt fait de le comprendre quelqu'un comme René Lévesque, toujours ardent et intransigeant dans sa condamnation de l'action violente.

Fondé en 1963, le Front de libération du Québec comprend en fait plusieurs membres du RIN, mais les cadres du parti ne se reconnaissent pas du tout dans cette organisation révolutionnaire clandestine. L'écrivain André Major, un des responsables du journal *L'Indépendance* à compter de 1965, affirme que Bourgault se servait de lui pour tenter de calmer le jeu des felquistes. « Je connaissais plusieurs felquistes depuis l'enfance. Certains venaient comme moi d'un quartier pauvre de l'Est de Montréal. Bourgault croyait que j'étais plus près d'eux que je ne l'étais en réalité. Il était très méfiant à l'égard du FLQ[9]. »

Pour accueillir la reine, Bourgault appelle à manifester « avec véhémence ». Des journalistes de partout se mettent à traquer Bourgault... Pour la télévision française, Pierre-Louis Mallen organise un débat entre Paul-Émile Robert, de la Société Saint-Jean-Baptiste, et Pierre Bourgault du RIN. Le premier, assureur de métier et plutôt rassurant par tempérament, juge que l'invitation faite à la reine n'est pas opportune mais que la population devrait rester à la maison. Bourgault, lui, considère bien entendu que la population doit sortir et manifester sa plus vive opposition à cette visite. Et tout le monde finit par se dire, voyant cela, qu'il y aura bien là une manifestation d'importance d'une manière ou d'une autre. Même le célèbre journaliste américain Walter Cronkite sent les tensions et se déplace avec son équipe pour couvrir l'événement...

Du côté des autorités fédérales, les déclarations sibyllines de Bourgault déclenchent une panique hâtive. À cause du RIN, mais aussi à cause du grand nombre d'étudiants qui pourraient eux aussi manifester leur opposition à cette visite, les services de sécurité ont les nerfs à vif.

En son for intérieur, Bourgault jubile. Sa provocation est réussie. Il avouera plus tard avoir fait ainsi longtemps de la « provocation délibérée », dans la perspective de réussir certains coups[10]. Il dira aussi : « La provocation, c'était ma force et ma faiblesse. Ma force, parce que j'étais prêt à n'importe quoi ; je fonçais et rien ne m'arrêtait. Ma faiblesse, parce que je risquais d'aller trop loin ou de faire de la provocation gratuitement, pour le seul plaisir de choquer[11]. » Cette tendance naturelle, appliquée à sa vie personnelle, aura aussi des résultats plus ou moins intéressants...

La reine vient. Et Bourgault ne manquerait pas cette visite pour rien au monde. Sur la route qui mène à Québec, la Pontiac dans laquelle prend place Pierre Bourgault, conduite par Jacques Léonard, futur ministre du Parti québécois, est arrêtée trois fois par la police. On fouille la voiture. On pose des questions. Bourgault et Léonard ont eu la bonne idée de faire monter à bord deux journalistes, un Suédois et Bob McKenzie, du *Montreal Star*. Cette présence leur garantit une certaine réserve de la part des policiers.

Au centre Durocher, dans la basse ville de Québec, les militants attendent avec impatience qu'on leur dise quoi faire. La salle est bondée. Les militants sont coude à coude. Il y a aussi des journalistes venus de partout. Sur la scène, on a installé les couleurs du RIN. Au-dessus du bélier stylisé, on peut lire : « Le peuple, notre seul souverain ». La tension est à son paroxysme.

Pouliot prend la parole. Il arrive à peine à être entendu. Un agitateur le coupe en lui lançant une obscénité : « *Bullshit*! »

Incapable de reprendre la parole, Pouliot se trouve figé. Il a perdu le fil. De l'arrière-scène, Bourgault lui crie de continuer. « Parle! Parle! » Mais l'avocat n'y arrive pas et le tumulte monte. Un film d'archives nous montre Bourgault qui bondit alors sur scène, s'empare du micro et ordonne : « Taisez-vous! » Puis, il enjoint au trouble-fête de sortir au plus vite de la salle. La réunion reprend... Bourgault a installé son autorité naturelle. Il fait son discours et chauffe encore plus la salle. Le nouveau président du RIN a besoin de bien peu de mots pour gagner définitivement ce public déjà tout feu, tout flamme. Les militants goûtent, médusés une fois de plus, sa remarquable puissance cathartique, même si le discours, de l'avis de Bourgault lui-même, n'est pas très bon. Leurs têtes remplies du tonnerre de son discours, tonnerre auquel Bourgault semble effectivement capable de donner naissance, les militants sont fin prêts pour l'action.

Bourgault a prévu de pousser ses partisans dans une marche d'opposition qui doit conduire à bloquer le passage de la reine. Les militants se rendront à pied jusqu'à la vieille ville, où ils feront un *sit-in* sur la route qui doit conduire la souveraine à la Citadelle, cette enceinte militaire où loge le Royal 22ᵉ régiment et où la royauté britannique possède une de ses deux résidences officielles au Canada. Mais tout autour du centre Durocher, la police veille de près, de très près même. La manifestation n'est pas sitôt commencée que ses participants sont cernés dans l'enceinte même où les orateurs livrent leurs discours.

Bourgault n'a visiblement pas réfléchi suffisamment à l'aspect stratégique de son action. Depuis la basse ville de Québec où les rinistes se trouvent, il n'est pas simple du tout d'atteindre les hauteurs où se trouve la Citadelle. Les rues étroites et pentues laissent peu de latitude aux manifestants. Ce n'est pas pour rien que Vauban, le commissaire des fortifications sous le roi Louis XIV, a approuvé le plan de la fortification de Québec ! Dans le langage militaire, jusqu'au XIXᵉ siècle, on dit d'ailleurs d'une place imprenable qu'elle est un « Québec ». Plusieurs groupes en ont fait l'expérience au fil du temps, des troupes du général Montgomery en 1775 jusqu'aux manifestants altermondialistes du Sommet de Québec en 2001. Mais il semble qu'en toute époque l'expérience historique des uns soit souvent inaccessible aux autres...

Dès la sortie des militants du centre Durocher, la police entend contrer leur action. Elle indique immédiatement à Bourgault que cette marche politique qu'il vient d'annoncer n'est pas permise, ni même tolérée.

— Vous ne marcherez pas !

— Oui, on va marcher, crâne le président du RIN.

— Vous ne marcherez pas, M. Bourgault !

— Oui, on va le faire !

Il faut pourtant bien vite se rendre à l'évidence : jamais les militants ne pourront aller plus loin sans faire l'objet d'une dure répression. La police est en effet partout, nerveuse, prête à bondir.

Souvent présenté comme un irréaliste, Bourgault sait au contraire jusqu'où il peut et doit aller pour atteindre ses objectifs. « Bourgault avait un grand sens de la stratégie. Et il avait surtout beaucoup de sang-froid, contrairement à ce qu'on a pu penser », explique Jacques Léonard [12].

Parce qu'il n'a en fait pas le choix, Bourgault accepte de discuter avec les autorités. Mais comment dégonfler d'un coup une foule qu'il a lui-même contribué à galvaniser de toutes ses forces depuis plusieurs jours ? Le risque d'éclatement s'avère considérable. Et si cette foule se retournait contre lui ?

Pour pouvoir parler à ses militants avec un minimum de sécurité, mais aussi pour donner à comprendre facilement ce qui se passe, Bourgault demande à la police une protection ! Il cherche ainsi non seulement à protéger sa propre peau contre des militants déçus, mais aussi, de façon très habile, à alimenter toute la mystique de la domination du chef, forcé malgré lui de se rendre. Cerné ainsi par la police, Bourgault imprime d'autant mieux dans les consciences l'image d'un acte politique légitime qui est brimé seulement par la répression des autorités. Il parle à ses militants avec énergie, jusqu'à faire rebrousser chemin aux plus hardis. L'impression qu'il maîtrise parfaitement l'univers du discours apparaît alors quasi totale.

La violence de Bourgault est essentiellement verbale, soutient Jean-Marc Cordeau, parmi d'autres de ses amis qui sont très près de lui à cette époque. « En septembre 1967, pour accueillir le train de la Confédération, une pure entreprise de propagande fédéraliste, nous étions allés jeter des tomates [et de l'encre] sur le convoi à la gare Jean-Talon. Lorsque la GRC est sortie du train pour attraper les manifestants, Bourgault nous a fait reculer alors que nous voulions vraiment foncer. "Sacrez votre camp ! C'est fini !", disait-il. Bourgault ne voulait jamais de casse. Il mettait le holà vite [13]. »

En 1964, au lendemain de la manifestation avortée de Québec, ces événements servent la cause indépendantiste plus que Bourgault n'aurait jamais pu l'espérer. La crainte a été à ce point décuplée par sa sortie et par la réaction de la police que la population, déjà peu réceptive désormais à la royauté anglaise, n'ose sortir le bout du nez. Le couple royal, au contraire de la visite en 1939, se promène ce dimanche-là à peu près seul dans la Vieille Capitale. Les routes ne sont bordées que de policiers. Les temps changent.

Bourgault est rentré la nuit même à Montréal, avec Jacques Léonard. Les militants demeurés à Québec pour manifester, dimanche, leur opposition à la monarchie reçoivent une pluie de coups de matraque. Les images de cette répression sauvage, retransmises par la télé, en opposition à celles de la reine au milieu de rues désertes, font gagner un capital de sympathie certain aux indépendantistes.

Dans les jours qui suivent, Bourgault entreprend une tournée du Québec grâce à la grosse Pontiac conduite par Jacques Léonard.

> J'aimais être avec Bourgault parce qu'il brassait sans
> cesse des idées, explique Jacques Léonard. Il s'intéres-
> sait à tout, notamment à l'urbanisme. Il lisait tous les
> journaux et les commentait. D'ailleurs, pas question
> pour moi de lire les mêmes exemplaires que lui : je
> devais acheter les miens, disait-il [14] !

À Saint-Jean-Port-Joli, le président du RIN est accueilli et
hébergé par la célèbre famille de sculpteurs qui porte le même
patronyme que lui. De l'autre côté du fleuve, à Baie-Comeau,
après une difficile traversée, Jacques Léonard et lui entreprennent
de se rendre à Sept-Îles malgré la tempête. Alors qu'il y a encore
peu de militants du RIN dans la région, Bourgault et Léonard sont
émus par l'accueil chaleureux qu'on leur réserve.

Mais, parfois, le climat est carrément hostile. À Chicoutimi,
des étudiants manifestent et les empêchent de visiter un collège.
Le soir, ces mêmes étudiants viennent entendre Bourgault, dans
l'intention de lui nuire. Mais Bourgault arrive à les convaincre
jusqu'à être applaudi à tout rompre !

> Je l'ai vu plusieurs fois réussir à retourner une salle,
> explique Jacques Léonard. Les gens étaient surpris
> de constater que Bourgault abordait les questions
> avec beaucoup plus de largeur de vue que la presse
> ne le rapportait le plus souvent. Ils étaient surpris
> de le constater et il arrivait alors très souvent à les
> convaincre [15].

En mai 1965, lors du congrès du parti, Bourgault est reconduit
dans ses fonctions de président. En réaction à la montée du
FLQ, dont plusieurs partisans militent au sein du RIN, Bourgault
annonce que le parti utilisera dorénavant les méthodes de la
résistance passive, inspirées par le mouvement de défense des droits
civils aux États-Unis.

Tandis que les Afro-Américains organisent des *sit-ins* contre
la ségrégation raciale, les militants du RIN occupent de la même
façon, dès l'été 1965, des restaurants unilingues anglais du centre-
ville de Montréal comme Honey Dew ou Murray's. Ils entrent et
occupent alors toutes les tables jusqu'à ce qu'on daigne enfin les

servir en français, au grand dam des propriétaires... Bourgault participe à ces occupations[16]. « Les restaurants anglais devront s'intégrer ou faire faillite », titre le journal du RIN[17]. Aux serveurs unilingues anglophones, les militants laissent un simple carton où on peut lire, en caractères d'imprimerie noirs, qu'en raison de leur attitude à l'égard de la majorité française du Québec, leur pourboire sera versé entièrement à titre de contribution au RIN ! « Votre pourboire de 25 sous a été versé au parti du Rassemblement pour l'indépendance nationale. Pas de français, pas de pourboire. Vive le Québec libre. »

Afin de favoriser la croissance des ressources intellectuelles du parti et de les mobiliser, Bourgault se montre aussi favorable aux assemblées de cuisine. Ces assemblées de taille très réduite offrent une prise de contact réelle avec les idéaux du RIN. À ses yeux, ces rencontres de quelques personnes, dans leur milieu quotidien, constituent une excellente façon à la fois de comprendre comment elles vivent et aussi de les convaincre de la nécessité de changer la vie. Bourgault en tient lui-même des centaines. À défaut d'avoir les moyens de s'offrir de la publicité, le RIN s'investit donc dans le rapport le plus direct possible avec la population.

Venu du théâtre et des arts de la scène, comme plusieurs autres jeunes sympathisants du RIN, Robert Charlebois affirme qu'on se passe alors le mot pour aller entendre Bourgault dans des cuisines ou des sous-sols. Avec ses amis Jean-Guy Moreau et Jacques Mongeau, il va l'entendre dans une cuisine d'Ahuntsic.

> C'était avant même mon premier album, avant que je devienne « Robert Charlebois ». Je me souviens de Bourgault, assis sur le coin d'une table, qui parlait et parlait... Il nous demandait par exemple comment General Motors pouvait donner des indications en arabe aux Arabes mais ne pas être capable d'en donner en français aux Québécois. Bourgault expliquait notre soumission par une multitude d'exemples. C'était un sacré bon orateur... Il avait le sens de la formule qui frappe. Il était très persuasif. C'était le réveil de la fibre nationale. Quand on sortait de là, on se passait le mot. Et d'autres amis allaient l'entendre[18]...

Dans ces toutes petites assemblées, Bourgault en voit de toutes les couleurs. « Les assemblées de cuisine, explique encore Robert Charlebois, c'étaient ses boîtes à chansons à lui. C'est là où il faisait ses gammes et rodait ses discours[19]. »

Sur les lieux mêmes où vivent les militants et ceux qui pourraient leur emboîter le pas, Bourgault découvre souvent la dure réalité qui est celle de milliers de Québécois. Il conserve ainsi le souvenir d'une assemblée tenue à Montréal dans une maison dont le sol est encore en terre battue. Nous sommes au début des années 1960 : 60 % des logements montréalais n'ont pas encore de toilettes individuelles. Dans les bains publics construits au début du siècle dans chaque quartier, on donne encore une serviette et un savon contre dix cents à ceux qui, nombreux, y viennent pour se laver une ou deux fois par semaine. Le chant des sirènes de la consommation américaine, relayé par d'immenses machines publicitaires, cache une réalité matérielle souvent bien triste.

Très fort en gueule, Bourgault enveloppe toute l'action du RIN d'une rhétorique où le parti, incarné dans ses paroles, semble n'avoir peur de rien. En vérité, Bourgault se montre beaucoup plus fort et plus sûr de lui qu'il ne l'est en réalité. Comme l'observe son jeune collaborateur André Major, « Bourgault n'est en fait pas très cow-boy[20] ».

Son intention avouée est de s'assurer de gagner pour son parti une solidité réelle sous le paravent fragile d'un pur effet de style. « Dans les manifestations, explique Bourgault, j'avais très peur. C'est peut-être pour ça que j'ai développé des allures épeurantes ; je ne voulais pas être dans une situation où j'aurais à me battre avec mes poings[21]. »

En comparaison avec le militantisme politique radical qui se pratique alors à l'échelle internationale, le RIN, même solidement secoué par Bourgault, apparaît bien sage. Rien à voir avec les manifestations canalisées par l'action de mouvements comme les Black Panthers ou les Weathermen Underground...

Le RIN s'apparente dans les faits à un parti politique de centre gauche, teinté par certaines mesures d'inspiration socialiste. Sa part authentiquement révolutionnaire ne prend surtout forme qu'en paroles.

En 1965, Pierre Bourgault est invité dans l'Ouest canadien pour prononcer une série de conférences, notamment à Saskatoon, à Victoria et à Vancouver.

À Calgary, la police doit le protéger : l'hôtel où il loge a reçu un appel d'alerte à la bombe. Pour son plus grand plaisir, Bourgault se retrouve ainsi protégé au Canada par un corps policier qui le menace d'ordinaire au Québec !

En Colombie-Britannique, des salles combles mais néanmoins hostiles l'écoutent avec intérêt. « Oh, ils n'étaient pas d'accord, loin de là. Ils préféreraient évidemment nous reconnaître dans les moutons d'autrefois, mais ils préfèrent tous voir le Québec indépendant plutôt que de voir la Colombie-Britannique bilingue [22]. »

À Victoria, à l'université, le doyen doit présenter dans une forme protocolaire toute canadienne-anglaise l'invité québécois. Or Bourgault n'est pas encore présenté par le doyen qu'il se voit huer ! Alors Bourgault ne fait ni une ni deux et va directement au micro, devançant le doyen. Il dit aux étudiants : « *You, shut up. You invited me here. You're going to listen to me or else I'm going out.* » Le doyen, dans ses petits souliers, arrive enfin à le présenter et Bourgault commence alors tranquillement son discours... Dans les premières minutes, il s'efforce de faire rire l'auditoire. La salle se calme et se montre peu à peu plus sensible. Alors Bourgault fonce. Il en met. Il pousse, et loin, comme à son habitude. Il en vient à leur parler d'eux-mêmes. « Ne vous occupez pas du Québec, dit-il, occupez-vous du Canada. Le Canada est bien plus colonisé que le Québec peut l'être. Et vous devez vous occuper de ça. Vous êtes parfaitement capables de vivre sans le Québec, comme on est parfaitement capable de vivre sans le Canada. » Et il termine dans une grande envolée, où il trouve à les retourner tout à fait à son avantage : « *You need a revolution as much as we do, but you don't have the guts to do it.* » C'est tout. Point final. Applaudissements nourris et chaleureux. Ovation. Il les a eus ! Eux aussi. Comme les autres.

CHAPITRE 10

LES URNES

LES BULLETINS DE VOTE, une fois déposés dans les urnes prévues à cet effet, doivent en principe, après l'addition des suffrages, faire apparaître l'intérêt commun du plus grand nombre. Dans plusieurs des mouvements de contestation qui animent et secouent toutes les années 1960, on croit que ce jeu électoral est truqué et ne sert, en définitive, qu'à reconduire pour quatre ans des entités déjà en place et quasi immuables. Les opposants au système électoral classique estiment donc que les partis exercent leur autorité seuls et qu'en fait ils ne représentent pas le peuple.

À quoi sert-il alors de donner sa voix à quelqu'un si celui-ci s'en empare pour quatre ans ?

Comme l'explique alors un éditorialiste de *La Presse* parfaitement soumis et rompu à ce « grand jeu » qu'est une campagne électorale, « la politique c'est de la stratégie », tout simplement, qui consiste à faire chaque geste « en fonction de la psychologie... des foules » sur la base du flair, allié à l'expérience [1]. En devenant un parti politique, le RIN s'est lancé lui aussi dans la production d'un certain nombre d'artifices en vue de séduire par le jeu électoral.

Que peut espérer exactement le RIN, dans ce système électoral calqué sur celui du parlementarisme le plus britannique ? Ce système tend à exclure d'emblée la possibilité, pour un troisième parti politique, de jouer un rôle majeur en son sein. Et ce régime politique est déjà taillé de telle sorte que la carte électorale prédétermine une partie des résultats. Par ailleurs, le mode de scrutin – choisi par une assemblée et non par le peuple – tend à surreprésenter un parti par rapport au pourcentage de vote qui lui est accordé.

En somme, le RIN part perdant en voulant entrer dans un jeu qu'il dénonçait d'ailleurs vigoureusement jusque-là.

Au *Devoir*, en éditorial, Claude Ryan estime que l'avenue électorale pour le RIN constitue une erreur. Toujours pénétré par l'assurance imperturbable de son sens du juste milieu chrétien, Ryan a le don, sa vie durant, de hérisser Bourgault. « Si nous ne le faisons pas [devenir un parti politique], se demande Bourgault, que nous reste-t-il ? Nous avons le choix entre devenir un mouvement de pression comme les Ligues du Sacré-Cœur ou alors mettre des bombes. C'est le seul choix que nous laisse M. Ryan. Si nous mettions des bombes, ça lui permettrait de nous dénoncer plus facilement, alors [2]... »

Pour les élections de 1966, le RIN présente des candidats indépendantistes réunis sous une même bannière pour la première fois de l'histoire du Québec. La perspective d'accéder aux commandes de l'État demeure cependant lointaine. À des journalistes qui demandent au président du jeune parti et à André d'Allemagne ce qu'ils feraient si le RIN prenait le pouvoir, Bourgault répond : « Mais nous serions glacés d'horreur [3] ! »

Bien entendu, Bourgault n'a rien à craindre en ce sens. Le jeu électoral auquel il se livre vigoureusement avec ses camarades n'est pas susceptible de le porter très loin du côté du pouvoir. Il ne se fait d'ailleurs pas la moindre illusion quant aux capacités réelles du nouveau parti de tenir un grand rôle sur la scène électorale. Au fond, le RIN en campagne n'est qu'un groupe de pression qui s'accapare les poses connues d'un jeu auquel il ne peut apparaître au mieux qu'en marge.

En fait, par sa participation aux élections, le RIN entend affirmer plus fort ce qu'il exprime déjà : de l'opposition. « Au terme des élections qui s'annoncent, dit Bourgault, nous comptons – ne serait-ce qu'avec deux ou trois députés élus – devenir officiellement ce que nous sommes officieusement depuis cinq ans, c'est-à-dire l'opposition au régime Lesage [4]. »

Bourgault et les militants du RIN entrent curieusement dans le jeu électoral tout en sachant que leur action entérine en quelque sorte la base même du système qu'ils affirment par ailleurs combattre. Le président du RIN reconnaît que le système électoral favorise la « stabilité », c'est-à-dire le maintien de la puissance en place. La loi électorale elle-même, comme Bourgault l'observe à regret, n'accorde pas la même marge de manœuvre aux tiers partis qu'aux deux principaux. « Cette loi inique, qui fait perdre au RIN plus de 500 000 $ de dépenses électorales, n'a été faite que pour protéger un système dont profite une petite minorité de privilégiés », déclare-t-il à l'annonce de la tenue du scrutin, prévu le 5 juin[5].

Alors, qu'est-ce que Pierre Bourgault entend vraiment pouvoir faire dans cette galère ? D'autant que, de son avis même, le RIN existe pour renverser non pas d'autres partis, mais bien tout un régime, tout un système, « un système qui favorise les privilégiés aux dépens de la grande majorité de la population »...

Sans argent pour mener une campagne électorale moderne via la télévision et la radio, le nouveau parti doit s'en remettre à des moyens de communication qu'il connaît déjà bien : les assemblées de cuisine, les assemblées populaires, le porte-à-porte, la distribution de tracts.

Dans l'espoir de recueillir assez d'argent pour se payer une petite campagne publicitaire sur les ondes de la télévision et de la radio, le RIN organise une campagne de financement en pleine campagne électorale ! Il a besoin de 20 000 $ au minimum. Par les journaux et les rares moyens de diffusion dont il dispose, le RIN invite, dans cette optique, les membres à acheter un « timbre de propagande » au coût de 10 $ pièce[6]. Pour toute campagne sur les ondes, Bourgault ne pourra compter en fait que sur l'enregistrement de quelques émissions de télévision, notamment à Rimouski[7].

Il est vrai que le RIN jouit tout de même de quelques avantages sur les autres partis, entre autres sa jeunesse, sa fougue naturelle et l'effet puissant de ses idées neuves. Mais, contrairement à l'opinion largement répandue alors, la clientèle du parti n'est pas aussi jeune qu'on le croit, sans être pour autant bien âgée : à l'été 1964, le secrétariat du RIN avait établi la moyenne d'âge de ses membres à 31 ans[8].

Le plus grand atout du RIN dans la campagne de 1966 est sans doute Bourgault lui-même. Comme l'observe à juste titre

La Presse en page éditoriale : « Le chef du Rassemblement pour l'indépendance nationale, M. Pierre Bourgault, est animé d'une flamme peu ordinaire. Un orateur de fort calibre. Pas seulement du panache : des idées, des formules, des slogans qu'on écoute, qu'on apprécie, auxquels on souscrit ou non [9]. » Dans *Le Journal de Montréal*, Jean Côté écrit que « de tous les chefs politiques du Québec, Bourgault est certes le plus électrisant et le plus convaincant. MM. Johnson et Lesage ont certes individuellement beaucoup de couleur, mais ils n'ont pas la verve endiablée du chef riniste qui parle d'or et connaît bien son sujet. De l'avis des Québécois impartiaux, Bourgault est probablement, à l'heure actuelle, notre plus grand orateur [10]. » Non seulement est-il un bon orateur, mais ses idées portent. « L'avenir donnera raison à Bourgault », affirme Côté.

Qui dit élections dit mise au point d'une somme inouïe de cahiers de préparation pour les candidats, de formulaires, de règlements internes de toutes sortes pour les assemblées de mise en candidature et la bonne marche de l'ensemble des étapes à suivre. Qui dit élections dit aussi préparation d'un programme électoral. Celui du RIN entend favoriser les conditions économiques, sociales, culturelles et politiques nécessaires à l'épanouissement d'une jeune nation qui souhaite occuper une place à part entière dans la société mondiale.

Après plusieurs mois de travail, un comité formé de Jacques Brousseau, Massue Belleau, Claude Lamothe, Jean Décarie et Rodrigue Guité a établi, en date du 12 avril 1965, le programme qui sera soumis à l'assemblée des membres le mois suivant. Pour rédiger le programme, Jean Décarie explique que le petit groupe a pu bénéficier d'une documentation exceptionnelle. « Nous avions beaucoup de contacts chez des universitaires et dans la fonction publique. Grâce à eux, nous avions pu bénéficier de nombre de documents de première main qui, normalement, ne nous auraient pas été accessibles [11]. »

Bourgault présente dès lors ce programme comme « le plus complet jamais présenté à l'électorat québécois ». L'indépendance, explique ce document fondateur, n'est pas une solution, mais un moyen d'appliquer des solutions proposées par le RIN. D'ailleurs, précise Bourgault, « on s'apercevra vite, à la lecture de ce programme, que les solutions proposées sont presque toutes irréalisables sans cet instrument essentiel qui s'appelle l'indépendance [12] ». Grâce à l'indépendance, il entend récupérer les pouvoirs et l'argent qui sont nécessaires pour l'application de ce programme dans tous les domaines. « Sans cet instrument, toute bataille devient futile, tout effort est vain. »

Qui dit élections dit aussi affrontement. Durant toute la campagne, Bourgault n'a de cesse d'attaquer le Parti libéral de Jean Lesage. Dans la lutte qu'il mène contre l'ordre des choses existant, il marque avant tout un rejet complet du régime libéral. Le RIN se présente durant toute la campagne comme une force d'opposition totale à l'organisation du Parti libéral de Jean Lesage, un homme qui, raille Bourgault, semble toujours s'émouvoir lui-même lorsqu'il fait rouler gravement ses mots dans sa bouche avant de les lancer sur la place publique.

Demandez à Pierre Bourgault de dire qui est Jean Lesage et il répond, sans hésiter, qu'il s'agit non seulement d'un « vaniteux », mais aussi d'un « vieux réactionnaire conservateur qui n'a de "libéral" que le nom [13] ». Comme « grand chef », Lesage est, dit-il, « le fils spirituel de Duplessis, en plus hypocrite ».

Que dit-il encore au sujet du premier ministre ? « Cet homme nous représente tellement mal, il est à ce point inconscient et colonisé, il souffre de telles aberrations que nous ne pouvons éviter de dénoncer certaines de ses attitudes par trop révoltantes [14]. »

Lesage n'est qu'un colonisé total, estime Bourgault. Il se laisse marcher dessus par le système canadien : « Il lui faut sa ration de coups de pied au cul chaque jour. Insulté, ignoré, totalement incompris, il exulte [15]. » Avec lui, la Révolution tranquille l'est tellement qu'elle s'endort. Aux yeux de Bourgault, il s'agit d'un être soumis à la volonté du gouvernement fédéral, battu d'avance. « Quand Jean Lesage vient négocier à Ottawa, il arrive sur le ventre et s'en retourne sur le derrière [16]. »

Sur la rive sud de Montréal, à l'occasion d'une assemblée politique de l'écrivain Jacques Ferron, candidat riniste dans le comté de Taillon, Bourgault affirme que la Révolution tranquille de Jean Lesage dort désormais profondément. Dans une salle de l'hôtel Labarre, Bourgault explique, devant les militants du comté, que « le programme du Parti libéral, presque inexistant, semble vouloir mettre un frein au mouvement de libération qui s'est engagé au Québec ». Aux élections fédérales précédentes, le Dr Ferron avait été un candidat du Parti rhinocéros, ce parti loufoque voué à tourner en dérision le système politique dans lequel le Québec est forcé de se concevoir. Le RIN, lui, est un parti sérieux, mais tout aussi corrosif pour le système en place.

Évidemment, le RIN ne peut que bondir lorsque le premier ministre affirme, à des étudiants du Séminaire de Sainte-Thérèse, que l'indépendance, « c'est le plus grand danger qui existe pour notre langue et nos traditions », et que le quotidien *La Presse* reprend cette sortie en manchette, sur toute la largeur de ses sept colonnes [17].

Bourgault espère que les oppositions au régime libéral seront contagieuses et qu'elles feront jaillir une mobilisation de la base d'un type inédit, en faveur d'un régime nouveau. Il espère plus que tout, grâce à cette allumette qu'est le RIN, propager assez de flammes dans la vie politique pour créer un nouveau soleil.

En 1973, Bourgault admettra en toutes lettres ce qui crève déjà les yeux lorsqu'on analyse de près la campagne électorale de 1966 : l'attaque du RIN vise d'abord et avant tout le Parti libéral. « Il nous semblait l'ennemi le plus facilement identifiable à cause des nombreuses sorties colériques que M. Lesage et nombre de ses ministres avaient faites contre nous dans les années précédentes [18]. »

Mais comment le RIN se situe-t-il devant l'autre grand parti politique, l'Union nationale ? Daniel Johnson, chef du parti, présente ses candidats selon une rhétorique qui reprend beaucoup du discours indépendantiste. Juste avant les élections, il a lancé sous son nom un petit livre, *Égalité ou indépendance*. Adroitement rédigé par deux scribes, ce livre peut facilement laisser croire que Johnson est à peu près devenu indépendantiste. Habile politicien, Johnson récupère ainsi à son avantage une partie de l'argumentaire d'un adversaire. Des années plus tard, Bourgault affirmera à raison que Johnson, en politicien rusé, n'attaquait pas ses adversaires, mais qu'« il les avalait [19] ».

Tout au long de la campagne, les indépendantistes du RIN s'en prennent somme toute assez peu à l'Union nationale. Bourgault lui-même estime au moins autant Johnson qu'il croit que Johnson l'estime.

Selon Bourgault, l'Union nationale a même tenté une nouvelle fois de créer une alliance avec le RIN tout juste avant les élections. Bourgault racontera très souvent cette histoire. À l'invitation de Johnson, le chef du RIN se rend, quelques mois avant le scrutin, aux bureaux de l'Union nationale, boulevard Dorchester à Montréal. Tous les témoignages qu'a donnés Bourgault sur cet événement laissent deviner à quel point cette rencontre lui plut et flatta tout à fait son ego.

En 1973, Bourgault se rappellera encore une fois cette rencontre avec Daniel Johnson, pour le bénéfice de ses lecteurs du *Petit Journal* : « Fin causeur, habile, il tourna autour du pot pendant tout l'entretien. Pourtant, je le voyais venir. Il ne parla jamais de coalition, ni d'entente, ni d'intégration de quelque sorte que ce soit. Mais à la fin de cette conversation agréable, il glissa, comme en ayant l'air de ne pas y toucher, presque distraitement : "M. Bourgault, ce serait extraordinaire ce que nous pourrions faire ensemble. Vous, vous seriez sur la scène, vous feriez des discours et vous convaincriez les gens pendant que moi je serais à vos côtés et que..." [20] » Quelle réponse vient aux lèvres de Bourgault ? Celle d'un coq, naturellement : « M. Johnson, tout ce que nous pourrions faire ensemble, nous du RIN, nous pouvons le faire seuls. » L'entretien, dès lors, est terminé...

Mais Johnson désamorce ainsi plus ou moins Bourgault : tout en sachant que le président du RIN ne déviera pas de sa voie à la suite de pareille rencontre, il a mis en place le germe d'un respect mutuel sur la base d'une rencontre personnelle.

Au fond, Johnson y gagne plus avec cette rencontre que Bourgault ne l'imagine : sa haine à l'égard de l'Union nationale est désormais en partie bridée par le charme naturel de Johnson. « Nous devions rester des adversaires, quoique fort respectueux l'un de l'autre, jusqu'à la fin », écrira d'ailleurs Bourgault [21].

En fait, une entente tacite a pour effet que, dans la mesure du possible, ni Bourgault ni Johnson ne s'attaquent l'un l'autre au cours de la campagne. Toute sa campagne, Bourgault ne tape que sur Lesage et les libéraux ; presque aucune parole n'est prononcée à propos de l'Union nationale. Il faut dire aussi que le RIN n'accorde pas beaucoup d'importance à l'Union nationale parce que personne ne semble en mesure d'imaginer le retour au pouvoir de ce parti après la déconfiture qu'il a connue depuis l'époque de Duplessis.

À la bataille des slogans électoraux toujours un peu creux, le Parti libéral joue double avec « Québec en marche ! » et « Pour un Québec plus fort ! ». L'Union nationale synthétise sa campagne dans son « Québec d'abord ! ». Du côté du RIN, on mise sur une flèche publicitaire beaucoup plus terre à terre, « On est capable ! », de même que sur la personne du président : « Nous choisissons notre avenir avec Pierre Bourgault », peut-on lire sur des affiches qui le montrent tout sourire, le bras étendu, dans une perspective dynamique. Le président du RIN s'anime et se fait entendre plus que jamais. La campagne du RIN est en marche.

Le coup d'envoi de cette première campagne du RIN est donné à Hull, région de plus en plus perméable à l'assimilation linguistique mais chère au cœur des militants indépendantistes, notamment à cause de l'intérêt naturel que lui témoigne un de ses fondateurs, Marcel Chaput.

Comme tous les partis, le RIN tient des assemblées pour nommer ses candidats. À compter du début de l'année, ces assemblées d'investiture se succèdent les unes aux autres.

À la fin de janvier 1966, les journaux notent tout d'abord la tenue d'une assemblée où Pierre Cinq-Mars, professeur et directeur de l'« école Cinq-Mars », est choisi comme candidat aux prochaines élections.

Le 5 février, avant même que le gouvernement de Jean Lesage n'ait précisé la date du scrutin, le RIN annonce que sa campagne débutera formellement le dimanche 27 février. Bourgault passe alors en mode d'action purement électoral. Une grande assemblée populaire au Monument national, rue Saint-Laurent à Montréal, en marque le point de départ. Bourgault parcourt dès lors tout le Québec à un rythme absolument effréné.

Le RIN n'a pas les moyens de se payer des campagnes publicitaires, mais son président possède l'art de faire passer ses messages via les journaux. Lors de ses rencontres avec les journalistes, Pierre Bourgault apparaît calme, toujours très sûr de lui, comme à son habitude. À la différence de la plupart des politiciens de la province, il se révèle être « aussi à l'aise dans la langue de Shakespeare que dans sa langue maternelle », comme le notent des journalistes et comme on peut le voir dans de rares documents de la télévision [22].

À l'occasion d'un dîner-causerie à Québec, le jeune président revendique vigoureusement pour le RIN certaines réalisations récentes : « Il ne faut pas oublier que c'est le RIN qui a d'abord prêché la nationalisation de l'électricité, la réforme de l'éducation, la caisse de retraite, et la récupération des pouvoirs d'Ottawa [23]. » Il semble oublier que dès l'entre-deux-guerres, des groupes nationalistes ont avancé semblables revendications sociales, dans une perspective d'ailleurs plus ou moins autonomiste.

Pour un certain nombre d'assemblées, ce sont Danièle et Jean-Marc Cordeau qui le véhiculent. Ces deux infatigables militants politiques jugent que Bourgault jouit d'une qualité physique fondamentale pour faire de la politique active : une exceptionnelle capacité de récupération. « Il pouvait s'endormir en deux minutes, n'importe où, dans l'automobile, par exemple. Dix minutes plus tard, lorsqu'il se réveillait, il était à nouveau en pleine forme. Bourgault pouvait travailler beaucoup grâce à cette capacité physique naturelle [24]. »

Le 6 février, le jeune parti indépendantiste a déjà tenu 12 assemblées d'investiture lorsqu'il choisit Guy Viel, professeur à l'école

Sauvé, pour être candidat dans le comté de Saint-Louis à Montréal. Les jeunes professeurs paraissent très attirés par les indépendantistes. Fernand Villeneuve, éducateur à Trois-Rivières, se porte candidat ; l'instituteur Maurice Dumas représente le RIN dans le comté de Terrebonne ; Jean-Robert Rémillard, enseignant au Séminaire de Sainte-Thérèse, est candidat dans Deux-Montagnes ; Louis Gravel, professeur à l'Université de Montréal, brigue les suffrages dans Vaudreuil-Soulanges ; Robert Dénommé, lui aussi professeur, se présente dans Lafontaine ; Laurent Bourdon se présente dans Jacques-Cartier, André Villeneuve dans Saint-Henri. On trouve aussi quelques journalistes, des membres de professions libérales et des ouvriers parmi les candidats.

On remarque également des pionniers de la première heure du mouvement indépendantiste qui tentent de recoller à leur manière la fraction dominante que constitue désormais le noyau dur du RIN façon Bourgault. Marcel Chaput, on l'a dit, accepte de défendre les couleurs du RIN, à la demande de Bourgault. Le coloré boxeur Reggie Chartrand, qui brandit toujours ses idées avec ses poings, se présente lui aussi comme candidat dans un quartier populaire de Montréal, où sa sueur est susceptible de le faire valoir autant que ses convictions politiques.

Bref, les candidats rinistes viennent de partout et sont de toutes les tendances. Ils font même parfois, malgré eux, de curieux clins d'œil à l'histoire : Dostaler O'Leary, ancien animateur farouche des Jeunesses Patriotes dans les années 1930, devient candidat du Rassemblement pour l'indépendance nationale dans une perspective ouvertement socialiste, c'est-à-dire radicalement contraire à celle qu'il défendait trois décennies plus tôt, au temps de sa jeunesse.

Au cours de la campagne, les régions apparaissent d'emblée au premier plan des préoccupations des indépendantistes du RIN. Le pays à venir doit être global. Il n'est pas question de projeter simplement un regard sur le Québec depuis Montréal. Le territoire en entier, physique autant qu'intellectuel, doit être couvert par la pensée du jeune parti.

Le 7 février, Pierre Renaud, directeur national et grand argentier du RIN, descend d'avion aux Îles-de-la-Madeleine. Il entend y passer plusieurs jours pour organiser la campagne locale. À sa descente d'avion, il déclare : « Je suis venu vous dire surtout que vous êtes des Québécois et que vous devez être traités comme tels. Depuis trop longtemps, nous voyons tous les gouvernements se désintéresser de plusieurs parties du territoire du Québec, dont les Îles-de-la-Madeleine. On ne peut continuer à tolérer des communications aussi déficientes entre les îles et la terre ferme, principalement le Québec. Certaines compagnies, comme la Clarke Steamship Lines, ont exploité les Madelinots sans que nos gouvernants interviennent pour faire cesser pareil scandale. Le RIN n'hésitera pas à prendre les moyens qui s'imposent pour mettre les exploiteurs à la raison [25]. »

La Clarke Steamship Lines est à ce titre vigoureusement dénoncée tout au long de la campagne par Pierre Bourgault comme un symbole fort de l'oppression des régions maritimes québécoises. Au mois de mars, dès qu'il débarque à Sept-Îles pour préparer son propre terrain électoral, Bourgault s'en prend à l'entreprise :

> Le gouvernement du Québec se ferme les yeux sur l'attitude scandaleuse de la Clarke Steamship Lines et du gouvernement fédéral. [...] Le gouvernement fédéral vient d'accorder 60 000 dollars à la Clarke pour la distribution du courrier, enlevant ce contrat au capitaine Jourdain du *Cap Diamant*. Ce contrat fut donné sans soumission préalable, sous prétexte que seule la Clarke pouvait assurer le service. Cela est complètement faux. Tous les gens de la côte vous diront que le capitaine Jourdain a toujours donné un meilleur service que la Clarke. Le capitaine Jourdain étendait d'ailleurs ce service sur une plus longue période de l'année que la Clarke ne le fait. J'ai été moi-même à même de constater que le service postal était excellent l'an dernier quand j'ai fait la Basse-Côte à bord du *Cap Diamant* [26].

Le dynamisme naturel de Bourgault et sa langue bien pendue séduisent nombre d'électeurs, explique un journaliste qui le suit quelques jours durant sa campagne sur la Côte-Nord. Ces gens l'entendent avec plaisir parler de la politique du RIN sur les pêcheries et réclamer pour la Côte-Nord une assistance médicale réelle. Pêcheurs, mineurs ou journaliers vibrent aussi, rapporte un journaliste, « avec satisfaction en entendant M. Bourgault dénoncer ce qu'il appelle "la protection gouvernementale à l'endroit de la Clarke Steamship Lines qui, avec ses navires, exploite toute la Basse-Côte-Nord" [27] ».

Bourgault a la surprise de retrouver sur sa route électorale le général Dollard Ménard, son ancien commandant à la garnison de Shilo, au Manitoba. Ce héros militaire est désormais au service de la Clarke Steamship! Malgré les intérêts que défend alors Ménard, son ancien officier lui conserve beaucoup d'estime. Bourgault n'en tient pas moins un langage vigoureux à l'égard de l'entreprise. À Sept-Îles, le lundi 2 mai, il déclare à des journalistes : « La compagnie Clarke Steamship est très puissante, et nous devons lui casser les reins. Seul, je ne suis pas capable, mais avec l'opinion éveillée du public, la chose est possible. Une idée valable peut renverser la force de l'argent [28]. »

Parmi les préoccupations du RIN se manifeste aussi un large intérêt pour les ressources naturelles. Le RIN souhaite que l'on se serve de l'État québécois pour investir massivement dans les mines, la forêt et le secteur secondaire [29].

À Murdochville, Bourgault critique le mode d'exploitation des ressources. « À toutes fins pratiques, l'industrie de transformation n'existe pas au Québec. Les capitalistes étrangers se contentent d'extraire du sol le produit brut qu'ils trouvent au Québec. Ils le transforment en Ontario ou aux États-Unis [30]. »

Dans la suite logique de cet intérêt pour les régions et les ressources naturelles, Bourgault s'intéresse au commerce du poisson. De passage à Gaspé le 2 mars, il explique que le problème de l'approvisionnement en poissons est montréalais. « On aura beau organiser les pêcheurs de la meilleure façon du monde, cela ne donnera absolument rien si les Montréalais, qui forment le plus grand marché de consommateurs au Québec, ne mangent pas le poisson pêché au Québec. [...] Il est stupide de tolérer la situation présente. Il est facile de se procurer à Montréal du poisson qui nous vient de Vancouver ou du Japon, mais la ménagère qui tente de se procurer de la morue, du saumon, du turbot ou des pétoncles de la Gaspésie ou de la Côte-Nord se voit dans l'impossibilité d'y réussir[31]. » Selon Bourgault, le gouvernement du Québec a complètement négligé le problème de la mise en marché du poisson. En matière de pêcherie, le président du RIN se révèle aussi être un farouche opposant aux clubs privés pour touristes fortunés, qui font des rivières à saumon du Québec de simples parcs d'amusement personnels.

Au plan international, le RIN manifeste sa volonté de faire en sorte que les Québécois puissent faire des affaires directement avec l'étranger, sans devoir passer par le gouvernement d'Ottawa. En janvier 1966, lors d'une assemblée, Bourgault déclare : « Nous ne pouvons tolérer plus longtemps que le Québec n'ait aucun contrôle sur son commerce extérieur. Mais une véritable organisation de l'économie du Québec ne pourra se faire que lorsque nous aurons récupéré, par l'indépendance d'Ottawa, tous les pouvoirs dans ce domaine[32]. »

Le peuple québécois, explique Bourgault en conférence de presse, doit « récupérer immédiatement des pouvoirs et des contrôles sur le crédit, les banques, le commerce extérieur, les tarifs douaniers, la monnaie, le système fiscal et l'immigration[33] ».

Pour lui, le problème global du Québec est lié de très près à la dépossession. Afin que le niveau général de la richesse augmente, le RIN propose un régime d'impôt sur le revenu qui soit progressif, c'est-à-dire qui exige davantage des puissants que des faibles.

L'indépendance implique la présence d'une zone frontalière. À cette fin, un gouvernement du RIN conclurait des accords douaniers avec le Canada et les États-Unis. Bourgault affirme aussi que son parti, une fois au pouvoir, adopterait un système de taux de change[34]. Il y aurait donc, dans son esprit du moins, une monnaie québécoise.

Le 6 mai, à Montréal, le leader du RIN présente une fois de plus le programme du parti. À son auditoire, il affirme en résumé ceci : « Le programme vise à transformer une situation historique : nous, les Québécois, nous sommes un peuple d'employés et de salariés ; les solutions du RIN cherchent à faire de la collectivité québécoise un groupe de patrons et de possédants[35]. » En somme, le RIN cherche à engager le peuple québécois plus en avant dans le chemin du capitalisme selon une morale sociale renouvelée.

La lutte politique du RIN, souligne Bourgault, permettra de renverser l'emprise des « vieux partis » et d'instaurer un système économique plus juste. « Les vieux partis ont érigé un système qui protège une petite minorité de privilégiés et d'exploiteurs. C'est à ce système que le RIN s'attaque pour le remplacer par un régime qui servira les intérêts de la majorité des citoyens québécois [36]. »

Au nouvel État du Québec qu'il souhaite voir naître, il faudrait une armée, croit Bourgault en 1966. Le Québec serait un pays neutre, déclare-t-il, mais cela ne devrait pas l'empêcher d'avoir « une armée moderne et bien équipée [37] ». « Le Québec sera un pays neutre, comme la Suisse ou la Suède, qui sont militairement équipées jusqu'aux dents [38]. » Tout en s'opposant à l'impérialisme et au colonialisme, le RIN soutiendrait une politique de non-engagement auprès des deux grands blocs militaires de la planète, l'URSS et les États-Unis. L'opposition aux armes nucléaires est aussi affirmée [39].

Le RIN souhaite que l'on maintienne le cap sur les réformes entreprises dans les premières années du régime libéral de Jean Lesage. Il espère une poursuite de la Révolution tranquille. Or, il reproche aux libéraux de freiner ce mouvement. En compagnie du candidat riniste Jacques Ferron, Bourgault explique : « M. Lesage devrait actuellement accélérer la révolution plutôt que de la freiner. Mais il a peur. Il a peur de Ames Brothers, de la Bank of Montreal, de St. James Street, de la Clarke Steamship Lines et de tous les autres exploiteurs du Canada français qui nous tiennent dans un étau dont nous ne pourrons sortir que par l'indépendance [40]. »

À Sorel, devant les étudiants du collège Mgr-Decelles, Bourgault présente le Parti libéral comme un parti bourgeois, irrémédiablement voué d'abord et avant tout à la protection des intérêts de ceux qui remplissent sa caisse électorale : les hommes d'affaires [41]. Avant même le déclenchement officiel des élections, Bourgault s'attaque à la notion de statut particulier pour le Québec, sur laquelle s'est rabattu le Parti libéral afin de contrôler la montée du nationalisme québécois. Bourgault est sur un mode offensif. Il ne veut pas d'un statut particulier de pacotille, mais bien de la normalité pour un peuple : l'indépendance.

Dans l'ensemble, le jeune parti indépendantiste avec Bourgault comme figure de proue apparaît plutôt d'inspiration socialiste. Dans le paysage politique québécois de l'époque, très ancré dans des valeurs et des pratiques politiques conservatrices, on s'explique facilement à quel point il peut apparaître révolutionnaire à certains. En fait, Bourgault et les siens ne cherchent en rien à renverser le système capitaliste, mais bien à l'adapter au sein d'une nouvelle entité politique, l'État du Québec, qu'ils veulent plus près des intérêts des gens qui le composent. En définitive, Bourgault voudrait pouvoir offrir au plus grand nombre les conditions de vie supérieures que le capitalisme permet seulement à certains.

Le marxisme ne l'intéresse pas et ne l'intéressera jamais autrement que comme une curiosité. Il y a un principe d'innocence et de bonté chez Bourgault qui le fait pencher plus du côté de Jésus que de Marx. D'ailleurs, il n'a que faire de l'engouement de l'époque pour le marxisme. Il a bien tenté de lire Lénine, mais il n'y arrive pas. Trop lourd et trop indigeste pour lui. Les marxistes en général et Lénine en particulier ne l'amusent pas du tout. « Et pourtant, si Lénine avait pu, de temps en temps, se prendre pour San-Antonio, quel plaisir nous aurions à plonger dans son univers », écrira-t-il quatre ans plus tard, en guise de demi-boutade [42].

Sa foi dans le socialisme découle en droite ligne du mythe du « bon sauvage » affirmé par les philosophes des Lumières, en particulier Jean-Jacques Rousseau. Bourgault suppose en effet une innocence de l'être humain qui serait pervertie par le poids de la société. Or ce désir de liberté ne demande qu'à s'épanouir, si on lui en donne l'occasion. À Longueuil, le 27 avril 1966, il n'affirme pas autre chose que cette confiance en l'avenir : « Nous savons que le peuple québécois finira par comprendre où sont ses véritables intérêts [43]. »

Toute la mise en place éventuelle des positions du RIN dans un nouvel État du Québec repose sur la constitution d'un « haut commissariat au plan ». Cet organisme central, voué tout entier à la planification socioéconomique, aurait pour tâche de définir les différents modèles possibles de développement du Québec selon des plans à court terme de deux ans, des plans quinquennaux et des plans à long terme, dits « de perspective [44] ».

Évidemment, dans ce système d'inspiration socialiste, plusieurs nationalisations seraient effectuées ou poursuivies. Le RIN suggère notamment de confier la distribution du gaz naturel à Hydro-Québec. Il souhaite aussi nationaliser la société de téléphone Bell. Par contre, il ne voit pas comment il pourrait nationaliser les chemins de fer, puisque l'opération serait trop complexe et trop onéreuse. Il suggère donc de créer une société ferroviaire mixte qui intégrerait, avec du capital national, les réseaux québécois du Canadien National et du Canadien Pacifique. Pour ce qui est des mines, le RIN envisage de nationaliser la Sidbec. Dans le domaine forestier, il voudrait d'abord pouvoir compter sur un inventaire précis et concret des ressources avant d'envisager un mode d'exploitation. À plus petite échelle, il espère la création de coopératives de producteurs agricoles [45].

Comme structure étatique pour le Québec, le RIN propose un modèle visiblement très inspiré du système républicain français. À la tête de l'État, un président élu, bien sûr, plutôt qu'une couronne héréditaire étrangère. Le pouvoir législatif est détenu par un

premier ministre. Deux chambres exercent les pouvoirs législatifs :
la chambre des députés, élus par suffrage universel, et le Conseil
économique et social, qui réunit des représentants élus des « corps
sociaux et économiques reconnus et des conseils économiques
régionaux[46] ». Le parti souhaite aussi réviser la carte électorale
afin d'en éliminer les sources de distorsion dans l'expression de
la volonté populaire. Mais, pour l'instant, tout cela n'est qu'un
rêve : le parti ne sera sans doute pas porté au pouvoir et le système
électoral en place l'assure plutôt d'être battu. Sauf peut-être dans
un comté : Duplessis.

CHAPITRE II

LA CÔTE-NORD

C'était le seul endroit au Québec
où je me sentais vraiment chez moi.
— PIERRE BOURGAULT, 1973

L E CANDIDAT PIERRE BOURGAULT se présente sur la Côte-Nord, dans le comté de Duplessis. C'est le plus grand du Québec : près de 1 000 kilomètres de côtes, sans compter l'île d'Anticosti. Toute cette région n'est accessible, bien souvent, que par bateau ou par avion. Après Sept-Îles, il n'y a plus de route ou, quand il y en a une, elle est coupée par des rivières impossibles à franchir autrement qu'en chaloupe, faute de pont. Comptant environ 200 000 km², le comté représente quelque 14 % de la superficie totale du Québec.

« Il est de notre devoir de constater l'isolement presque moral de la Basse-Côte-Nord, explique Bourgault en mai 1966. C'est là un besoin essentiel et non une fantaisie électorale. Il faut ouvrir une route de toute urgence au-delà de Sept-Îles[1]. »

Pourquoi, d'un point de vue stratégique, se présenter aussi loin de Montréal, alors le centre de rayonnement du RIN, de surcroît dans un territoire où les communications sont aussi difficiles ? Bien des années plus tard, en 2002, Bourgault s'en explique ainsi au cinéaste Jean-Claude Labrecque :

> Duplessis, moi je m'y suis présenté pour une raison très simple. J'y suis allé, sur la Côte-Nord, une première fois, je pense, vers 1960. Je suis littéralement

tombé en amour avec la Côte-Nord. J'y suis retourné
après ça plusieurs fois. J'y suis retourné aussi en tant
que journaliste, particulièrement à l'île d'Anticosti.
Et quand il s'est agi de choisir un comté, comme on
ne savait pas – c'était notre première élection – quels
sont les bons comtés pour nous [...], j'ai dit « je m'en
vais sur la Côte-Nord ». Évidemment, tout le monde
m'a dit « t'es complètement fou, c'est trop loin, ça
va coûter trop cher ». Bah, moi j'ai dit : « un comté
qu'on aime, c'est déjà au moins 50 % du travail de
fait [2].

Et Bourgault aime la Côte-Nord. Indéniablement. Il en
conserve en tête, sa vie durant, des images émues.

En 1973, toujours porté au lyrisme dès qu'il est question de
cette région, il écrira : « J'ai encore dans la tête ces plages infinies
où roule le caplan dès les premières marées printanières. J'ai dans
l'âme ce désert de roc. J'ai dans le cœur ces visages de chaleur
humaine qui m'ont accueilli chez eux comme si j'y avais toujours
habité [3]. »

Bourgault a découvert la Côte-Nord pour la première fois en
1963, particulièrement l'île d'Anticosti, à l'occasion d'un reportage
réalisé pour le supplément magazine de *La Presse.* Accompagné
alors par Antoine Désilets, le réputé photographe du journal, il
part ainsi à l'aventure pendant quelques jours. À ses yeux, l'île
apparaît telle une sorte de fief médiéval en pleine Amérique, au
milieu du XXe siècle. « Anticosti, ça n'est ni le paradis ni l'enfer ou,
plus justement, c'est à la fois le paradis et l'enfer, dans le même
moment, au même endroit, pour les mêmes gens [4]. »

Bourgault ne s'expliquera jamais bien si la peur générale qu'il
constate chez les habitants de l'île d'Anticosti tient à leur condition
réelle ou à leur appréhension imaginaire.

Sur l'île, Désilets se souvient que Bourgault discutait ferme
avec le président d'une grande entreprise de forage. « À un moment,
au cours de la visite, nous nous sommes retrouvés à la prison locale.
Et Bourgault, pour rire, a empoigné le président par le collet et l'a
tout simplement mis derrière les barreaux ! Bourgault était toujours
très vif et très drôle [5]. »

Affiche pour la campagne électorale dans le comté de Duplessis.

Pour *La Presse*, Bourgault visite Baie-Comeau et les installations hydroélectriques de la Manicouagan. Après son retour à Montréal, il fait un jour la connaissance, par hasard dans un restaurant, avec de jeunes travailleurs venus de Rivière-au-Tonnerre. Parmi eux, Claude Bourque, un gaillard très solide aux cheveux coupés en brosse qui en a plus qu'assez de l'attitude du député Coiteux concernant les dossiers de son village. Les jeunes gens invitent Bourgault à venir les voir sur la Côte-Nord. Et Bourgault y va ! Claude Bourque, énergique, lui montre alors, entre autres choses, les difficultés de circuler dans ce pays où les rivières sont aussi nombreuses que les ponts sont rares [6].

Gilles Vigneault, que tout le Québec découvre alors, chante ce pays du nord et du vaste fleuve. Le Québec entier apprend l'existence de Natashquan et de toute la mythologie du Nord que met en place le chansonnier. Jack Monoloy et les très rares bouleaux de la rivière Mingan, peu de gens savent de quoi ils peuvent bien avoir l'air, mais on en rêve... L'attrait qu'éprouve soudain Bourgault pour la Côte-Nord n'est vraisemblablement pas étranger au génie de Vigneault. En 1973, Bourgault explique : « La Côte-Nord, que chantait Vigneault, était devenue une sorte de symbole dans l'esprit des Québécois : une terre à chanter, un pays à conquérir, un Nouveau-Québec à inventer[7]. »

En se portant candidat dans le comté de Duplessis, Bourgault a l'ambition de réaliser une percée indépendantiste importante sur ce territoire en apparence impossible qu'est la Côte-Nord. Il entend « en faire une sorte de légende qui servirait d'exemple aux autres régions du Québec ».

Son calcul est plein de défi. « Je me disais que si le RIN réussissait dans ce comté extrêmement difficile, où les communications étaient à peu près inexistantes, où les distances étaient considérables et où il fallait mettre beaucoup de temps et de patience à joindre les citoyens, alors tout deviendrait possible dans les autres circonscriptions du Québec. » En somme, commencer par le plus difficile afin que tout semble vraiment plus facile par la suite. Logique...

Henri Coiteux est le député libéral sortant du comté de Duplessis. Il a été élu une première fois en 1960, puis une seconde fois en 1962, en faisant augmenter sa marge électorale. Il est le frère d'un autre député, installé dans la région de Montréal. Ingénieur forestier à l'emploi de grandes compagnies papetières durant des années, lui-même propriétaire d'une entreprise forestière, Coiteux représente tout ce que Bourgault déteste. Personnage oblique, ce député « se battait à l'ancienne mode, explique Bourgault : toutes les médisances et les calomnies y passaient[8] ». L'homme est conservateur, borné par des visières paroissiales. À propos du chef du RIN, Coiteux n'hésite pas à évoquer Castro, Mao, les bombes, le terrorisme, la dynamite, les fusils. Bref, le sang.

Bourgault éprouvera de mauvais sentiments toute sa vie à l'égard de Coiteux. En 1973, quelques mois après la mort du député, il ne bronche pas et répète qu'il n'a pas plus de respect pour cet homme mort que vivant. « Il était l'incarnation parfaite de ce contre quoi je me battais : l'ignorance, la malhonnêteté, la stupidité, la bêtise, l'achat des consciences, le mépris total du peuple. »

Lorsqu'il lance officiellement sa campagne électorale, Henri Coiteux compte sur Jean Lesage lui-même. Le 6 mai, le premier ministre est accueilli, à sa descente d'avion à Sept-Îles, par toutes les personnalités de la ville, dont le maire Valmond Blanchette. Les Marinières, le corps de majorettes local, exécutent un tour de piste au son plus ou moins juste des instruments de la fanfare. Une fois installé à l'Hôtel Sept-Îles, près de la mer, à deux pas du local du RIN, le premier ministre assiste à une nouvelle présentation des majorettes, décidément considérées comme irremplaçables lors d'une campagne politique.

Les efforts déployés par le Parti libéral afin de faire réélire le député de Duplessis sont soutenus. Le ministre Pierre Laporte se rend lui aussi dans le comté afin de prêter main-forte. Coiteux visite Schefferville et des écoles en compagnie de Laporte. Ils sont aussi reçus ici et là, notamment à des thés organisés par des associations de femmes libérales...

Les majorettes et les salons de thé, cela tranche beaucoup avec la politique militante que pratique le RIN, plus près du peuple et moins tenté par de l'esbroufe politique d'une autre époque.

Les libéraux dépensent beaucoup et depuis plusieurs mois en publicité, notamment dans *L'Avenir*, le journal local. Chaque semaine, sans que ce soit présenté officiellement comme de la publicité électorale, la Fédération libérale du Québec annonce à pleines pages dans le journal ses « messages d'intérêt public » au sujet du « Québec de demain ».

Devant autant de moyens mobilisés contre lui, Bourgault ne se démonte pas pour autant. Au contraire : il attaque. « Entre M. Coiteux et moi-même, c'est un combat de personnalité, et je ne crois pas avoir un adversaire capable durant cette campagne », déclare-t-il [9].

Le quotidien montréalais *La Presse* observe, à l'avantage de Bourgault, que le mécontentement gronde dans le comté à l'égard de Coiteux [10]. À l'évidence, note sur place le journaliste Claude Gendron, la bataille se jouera entre le Parti libéral et le RIN.

Dès le début de la campagne, Bourgault provoque en duel oratoire le député libéral. Coiteux a tout à perdre dans une joute pareille. Sur ce terrain, il n'a pas la moindre chance de l'emporter. Il refuse donc de rencontrer Bourgault à l'occasion d'un débat public ou télévisé.

Faute de pouvoir faire mieux, Bourgault continue d'attaquer.

Coiteux est au service des puissants, dit-il, « toujours plus désireux d'exploiter les gens de la Côte-Nord que de les servir ». À Sept-Îles, début mars, il affirme aussi que Coiteux doit tomber pour éviter « que la Côte-Nord continue à être entièrement sous l'emprise des capitaux étrangers, avec sa complicité [11] ».

Du côté de l'Union nationale, c'est André Haince, un conseiller municipal de Sept-Îles, qui est candidat. Sous le slogan de son parti, « Québec d'abord ! », Haince propose une meilleure collaboration entre l'industrie et les travailleurs, de façon que la main-d'œuvre soit mieux payée et plus respectée. Il est de ceux qui croient que les conditions difficiles que vivent les travailleurs découlent de l'ignorance de leurs patrons au sujet de leurs conditions. Il propose en conséquence que les patrons et les ouvriers marchent main dans la main, pour leur mutuel bénéfice, comme si le lièvre pouvait vivre sans s'inquiéter avec le lynx, sous prétexte qu'ils sont tous les deux des animaux!

La triste situation des ouvriers que décrit le candidat de l'Union nationale n'en est pas moins vraie : « Les beaux discours des libéraux n'ont rien changé au fait que le revenu annuel moyen d'un chef de famille habitant la région comprise entre Sheldrake et Pointe-Parent se situe très exactement à 1 500 $[12]. » Sur la Basse-Côte-Nord, entre Kégaska et Blanc-Sablon, le revenu annuel d'un chef de famille est encore moins élevé, note-t-il. Mais depuis l'élection de 1960, pour plusieurs motifs, l'Union nationale n'a cessé de connaître des revers et des reculs dans le comté qui porte le nom de son chef historique. Pour Bourgault, c'est un parti mort sur la Côte-Nord.

Pour le candidat de Daniel Johnson, Bourgault laisse présager le pire, dans l'intention évidente d'en tirer parti pour son propre jeu électoral : « Partout où je suis allé dans le comté de Duplessis, le parti de l'Union nationale est mort et enterré, et je puis vous assurer que son candidat va perdre son dépôt[13]. »

Dans le journal *L'Avenir*, en pleine campagne, le candidat unioniste et le candidat libéral achètent des espaces publicitaires très nombreux. Haince se fait aussi entendre, au nom de l'Union nationale, sur les ondes de la radio CKCN de Sept-Îles, à raison de cinq minutes par passage, souvent plusieurs fois par jour. Du côté des libéraux, on peut aussi voir le candidat Coiteux à la télévision, sur les ondes de CKBL-TV Matane, où il a acheté plusieurs blocs d'une demi-heure.

Pour Bourgault, rien ou presque. Mais il bénéficie, du moins à la radio, de la complicité de l'opérateur : lorsque ses adversaires prennent la parole, la puissance d'émission de l'antenne est réduite, si bien que leurs messages ne franchissent guère les limites de Sept-Îles! Lorsque Bourgault est appelé à prendre la parole en ondes, pleine puissance! On l'entend alors jusqu'à Natashquan[14].

Dans Duplessis, le vote des indépendantistes risque en plus d'être divisé. Bourgault n'est pas seul en effet à briguer les suffrages en faveur d'un Québec indépendant. Jacques Brunet se présente pour le Ralliement national. Mais le candidat tient à préciser que son parti n'est pas indépendantiste comme les gens du RIN, mais qu'il prône plutôt le statut d'État associé pour le Québec [15]. Peu en vue et discret, le candidat du RN espère tout au plus doter la région d'une route à partir de Sept-Îles vers le nord et développer le chemin de fer. Brunet compte beaucoup sur l'appui de Gilles Grégoire, le chef des créditistes à Ottawa, dont une partie des idées, notamment en matière économique, est reprise par le RN.

À Sept-Îles, à la radio, en 1966.

Aucun candidat, sauf Pierre Bourgault, ne propose une vision globale du Québec dans laquelle s'inscrit la région de la Côte-Nord. Les gens n'y sont pas insensibles. Le poète Gilles Vigneault se souvient de l'effet considérable que la largeur de vue de Bourgault provoque alors dans la région. « On avait tellement l'habitude d'avoir n'importe qui sur la Côte-Nord que pour une fois qu'on avait quelqu'un, j'encourageais les gens à voter pour lui et les gens sentaient vraiment que Bourgault s'intéressait à eux, à leur sort. C'était nouveau [16]. »

Le samedi 21 mai, chaque candidat reçoit 20 exemplaires de la liste électorale imprimée. Mais aucun des candidats n'a attendu ce jour-là pour rencontrer ses électeurs.

Même s'il n'est pas de la région, Bourgault connaît déjà plutôt bien les gens de la Côte-Nord. Ceux qui votent, comme tous les autres qui ne votent pas. Ceux qui votent sont très exactement 18 867. Ils sont disséminés un peu partout sur ce très vaste territoire.

Bourgault parcourt souvent seul, parfois accompagné d'un ami, toute la région. Il va de porte en porte. Sans argent pour la publicité, le RIN n'a d'autre choix que de tout miser sur une approche personnelle. Dans un comté pareil, le défi que représente cette méthode est de taille ! À l'époque, il n'y a pas encore de pont sur plusieurs rivières et tout s'arrête en quelque sorte à la rivière Moisie, à une vingtaine de kilomètres au nord de Sept-Îles… À partir de là, c'est de plus en plus l'aventure. Il faut user de moyens de transport souvent peu habituels. Bourgault parcourt les distances en traîneau à chiens – le cométique, comme disent les gens du pays – en chaloupe, en bateau, en avion, bref par tous les moyens possibles et impossibles…

Malgré tout, le pays lui semble merveilleux. « C'était le seul endroit au Québec où je me sentais vraiment chez moi, dira-t-il plus tard. La mer, ce paysage grandiose, farouche, presque inhabité. Ce pays qu'on appela autrefois "terre de Caïn" et qui pourtant ressemble si souvent au paradis. Cette nature difficile, rugueuse, qui force les gens à se coller les uns sur les autres pour mieux se réchauffer, s'aider, se comprendre, s'aimer [17]. »

*Dans le comté de Duplessis, sur la Côte-Nord, il faut user de tous les moyens
de transport pour parcourir le territoire.*

À la fin avril, Pierre Bourgault prend l'avion, sans tambour ni
trompette, pour se rendre dans son comté. En classe économique,
accompagné d'un journaliste de *La Presse*, il atterrit à Havre-Saint-
Pierre. Le RIN, explique-t-il, offre aux électeurs un effort plutôt
qu'une récompense. « Pour résoudre ses problèmes, particulièrement ses problèmes économiques, le Québec doit choisir entre
les canons et le beurre. Nous, du RIN, nous avons choisi depuis
longtemps le beurre [18] ! »

Le Québec doit posséder une infrastructure économique solide,
clame-t-il aussi. « Nous croyons la population du Québec assez
lucide et assez consciente pour comprendre que c'est au prix de
sacrifices, d'investissements et d'efforts patients que nous assure-
rons notre avenir économique. »

À Rivière-au-Tonnerre, là où habite son ami Claude Bourque,
la population se plaint d'être victime d'un abus usuraire dans le
cadre des « travaux d'hiver », une mesure qui vise à contrer les effets

du chômage saisonnier et qui est financée par le gouvernement dans le cadre d'un emprunt consenti à la municipalité. Pour le débuté libéral Coiteux, il est normal que les ouvriers paient des intérêts de 6 ou 7 % pour négocier leur salaire avant le mois de… septembre[19] ! Le représentant du syndicat des Métallos, Émile Boudreau, envoie alors une volée de bois vert au député. Ou M. Coiteux ment, affirme-t-il, ou il ne sait pas ce qui se passe dans son comté. Car comment le député peut-il trouver raisonnable que les ouvriers, pour un travail qu'ils ont déjà accompli, soient obligés de payer 6 ou 7 % de la valeur de celui-ci afin de recevoir leur dû ? D'autant que ce salaire n'atteint que 1,25 $ l'heure ! « Pourquoi le député de Duplessis se croit-il obligé de crier à la démagogie chaque fois que quelqu'un signale une situation fautive quelque part ?, tonne Émile Boudreau. […] Est-ce que, d'après M. Coiteux, ce sont seulement ceux qui ne disent jamais rien qui ne sont pas démagogiques[20] ? »

Bourgault est bien du même avis que le syndicaliste, autant que de celui des ouvriers victimes de cette escroquerie à peine déguisée.

À Rivière-au-Tonnerre, après être débarqué du bateau et avoir marché seul jusqu'au bout d'un quai infini, il frappe à la porte de la première maison qu'il croise. « Bonjour, je suis Pierre Bourgault, du RIN. » Personne ne sait qui il est, sauf Claude Bourque, qui l'attend. Personne ne connaît non plus le RIN. Mais on le laisse entrer partout, sans façon. Quelques jours plus tard, Bourgault est déjà chez lui. Il connaît tout le monde. Tout le monde le connaît. Narcisse Pagé, bûcheron, le reçoit avec son père comme un ami. « Il ne refusait pas un verre de scotch. Tout le monde l'aimait ici. On avait même surnommé "Bourgault" le fils d'Aimé Lebrun parce qu'il lui ressemblait beaucoup[21]. » Le nom lui est d'ailleurs resté.

Au village, le président du RIN loge chez Claude Bourque et côtoie Élysé Hort, un bon vivant qui joue volontiers du piano et des cuillères, des « os » comme il dit. Beaucoup de jeunes fréquentent ce bon vivant. Là, entre amis, on ne rechigne pas à lever le coude.

Sur la Côte-Nord, le printemps est toujours tardif. En arrivant à Rivière-au-Tonnerre, Bourgault achète une paire de bottes de caoutchouc afin de pouvoir parcourir la région. « Il me les a données en partant, explique Claude Bourque, après avoir passé la soirée des élections au village [22]. »

Durant la campagne, Bourgault parle aux ouvriers de l'usine de transformation de poissons tout comme aux personnes réunies dans la salle du village, mais il se promène surtout de maison en maison, comme s'il était dans son univers depuis toujours [23]. Cependant, personne ne s'abuse à son sujet : même s'il se montre près d'eux, il n'est pas fait de la même farine. « C'était un homme que tout le monde trouvait très cultivé », se souvient Roméo Martin au village [24].

Depuis son fief de Rivière-au-Tonnerre, Bourgault dénonce Éric Kierans, ministre de la Santé. Selon lui, ce ministre ignore autant que les autres membres du gouvernement où se trouve la Côte-Nord. Il invite Kierans à se rendre compte par lui-même de la situation désastreuse de la région, notamment en matière de soins de santé. « Nous ne demandons pas des services luxueux et superflus, nous manquons de l'essentiel, et c'est l'essentiel qu'il faut assurer [25]. »

Le 1er mai, Bourgault tient une assemblée à Sept-Îles, la première de sa campagne dans le centre urbain du comté. Après son discours prononcé dans la salle de la Légion royale canadienne, à une personne qui lui demande quelles sont ses positions à l'égard du Labrador, Bourgault répond qu'il souhaite que le Québec récupère ce territoire perdu en 1927, comme l'indique par ailleurs déjà le manifeste électoral du parti [26]. « Laissant les armes de côté, nous forcerions Terre-Neuve à nous rendre cet immense et riche territoire en opérant un boycottage systématique ; nous empêcherions la compagnie Wabush Mines de transporter le minerai de fer à travers l'État du Québec ; nous dirions à la Brinco qu'elle peut développer les chutes Churchill, mais qu'elle ne passera pas dans le Québec ; et que durant ce temps nous ferions un appel devant la Cour internationale. » Dans le même souffle, Bourgault déclare qu'il mettrait immédiatement en œuvre des mesures pour attirer les gens du Labrador au Québec, sur la Côte-Nord. « Un des nombreux gestes positifs que nous poserions serait de faire de Blanc-Sablon un centre d'attraction dans le but d'attirer les gens du Labrador vers chez nous [27]. »

Sept-Îles, le seul centre urbain du comté, laisse d'abord des impressions partagée à Bourgault. « La population de Sept-Îles n'appuie pas le RIN aussi ouvertement que celle de la Basse-Côte-Nord, dit-il, mais cela dépend peut-être du fait que ce n'est pas une ville homogène. On peut classer Montréal dans la même catégorie, tandis que la ville de Québec démontre plus ses assentiments. À tout événement, il est encore très tôt pour passer un jugement final », explique Bourgault à des journalistes le 2 mai, en marge de sa première assemblée à Sept-Îles [28].

Le « jugement final » des électeurs donnera tort à Bourgault : c'est à Sept-Îles qu'il comptera finalement le plus d'appuis dans la région.

À Sept-Îles toujours, s'il est élu, Bourgault promet de s'occuper d'abord de la question des transports et des communications sur la côte. Il s'intéresse aussi de près à la santé publique. « Je considère que nous manquons de médecins et de dentistes sur la Basse-Côte-Nord. » Il juge que les hôpitaux de Blanc-Sablon, de Harrington et de Sept-Îles sont trop petits et ressemblent plus à des dispensaires qu'à des établissements modernes.

À Motton Bay, où il arrive aussi par bateau, il découvre un village anglais où il n'y a pas de route, pas d'auto, rien sauf du roc. Que faire ? On lui conseille tout simplement de voir M. Vatcher, qui n'est nul autre que l'organisateur libéral ! Où loger pendant son séjour ? Rien de plus simple : l'organisateur libéral l'accueille à bras ouverts chez lui, tout en ne partageant pas le moins du monde ses idées !

Des scénarios semblables, imprégnés d'une rare humanité, se répètent à La Romaine et à Tête-à-la-Baleine. Ces villages du bout du monde, pourtant si près des hommes et de la poésie du Nord, les caméras de l'équipe de Pierre Perrault, jeune et brillant documentariste de l'Office national du film, les ont déjà bien saisis à l'époque.

Qu'espère Bourgault, au point de vue électoral, des villages anglophones de la côte ? En toute logique, pas grand-chose. Mais il déclare néanmoins publiquement, pour faire bonne figure sans doute, que « beaucoup d'anglophones voteront pour le RIN car le Parti libéral n'a pas de programme et les improvisations de René Lévesque affolent les Anglais [29]. » Lévesque sera, tout au long de la campagne, une de ses cibles préférées. Bourgault propose même un débat télévisé au ministre, qui est refusé par les libéraux [30]. Bourgault sent le besoin, face à cet homme qui navigue dans des eaux parfois communes, de se distinguer.

S'il est élu, prêtera-t-il serment à la reine, ce symbole par excellence du colonialisme qu'il ne cesse de dénoncer ? « Si je suis élu, je ne sais pas encore quelle attitude je prendrai concernant ce serment ; il est forcé, donc d'aucune valeur morale. D'ailleurs, je l'ai déjà prêté deux fois [31]. »

Par une sorte de défi symbolique qu'il affectionne beaucoup, Bourgault fume alors des cigarettes de marque Buckingham. À table, devant un micro, sur la route, n'importe où. Entre ses doigts, il laisse ainsi brûler, en quelque sorte, un haut symbole de la monarchie britannique : le palais royal lui-même ! Ses nombreuses cigarettes quotidiennes, il les allume souvent avec des allumettes tirées de cartons frappés du bélier rouge du parti.

À Blanc-Sablon, où les plages sont roses, où les chiens hurlent à la lune, il se lie d'amitié avec le Dr Marcoux, dont la cave à vin lui permet de déguster un bon vin blanc d'Alsace avec des pétoncles tout frais pêchés.

Tout n'est cependant pas que plaisir durant cette campagne, loin de là. Alors que la campagne officielle de Bourgault sur la Côte-Nord débute officiellement le soir du 30 avril par une assemblée publique à Havre-Saint-Pierre, deux matamores de l'organisation libérale débarquent, à 9 heures le soir, au comité du RIN de Sept-Îles, rue Arnaud, en bordure du fleuve, près des quais. Le militant libéral Guy Ouellette et son ami empoignent des membres du RIN et les secouent en les accusant de vouloir leur perte. Pour se disculper, Ouellette affirmera à la police qu'il a d'abord été victime de chantage téléphonique. Et la brave police décide tout bonnement de ne pas donner suite à l'affaire [32].

À Sept-Îles, deux jours plus tôt, Bourgault s'en est pris « violemment » au Parti libéral, rapporte le quotidien *La Presse*. Bourgault accuse les libéraux de vouloir acheter les électeurs du comté [33].

De retour à Sept-Îles après son assemblée à Havre-Saint-Pierre, le président du RIN prévient qu'il n'hésitera pas à poursuivre les organisateurs libéraux au besoin. « J'aimerais avertir les organisateurs libéraux que nous ne nous laisserons pas intimider et que nous ne répondrons pas à l'intimidation par l'intimidation, mais que nous nous défendrons devant les tribunaux ; cette méthode s'applique aussi pour la diffamation [34]. »

Le lundi 23 mai, Marcel Chaput vient lui prêter main-forte à Sept-Îles. Aucun auditoire n'est négligé par le RIN. Chaput prend donc la parole devant une centaine de personnes dans la salle des Chevaliers de Colomb, cet ordre paroissial ultraconservateur auquel le père de Bourgault est tant attaché. Chaput est accompagné par le président du RIN pour le comté, Laurier Ouellet, professeur à l'école Gamache de Sept-Îles. Le Dr Marc Lavallée, directeur de la « propagande » du RIN, est aussi là. En fin de campagne, ce dernier prendra aussi la parole devant les élèves de sciences et lettres de l'école Gamache, avant d'être accusé publiquement par le maire de Sept-Îles, Valmond Blanchette, un fort partisan libéral, d'avoir voulu l'intimider. Lavallée, selon le maire, serait venu le voir à son bureau pour lui dire de se tenir tranquille, sous peine de devoir subir de sévères répliques. En outre, explique le maire, « il a voulu s'informer auprès de moi s'il était vrai que j'étais contre la doctrine du RIN... et je lui ai répondu par l'affirmative [35] ». Le maire de Sept-Îles ne s'était pas présenté pour les libéraux à « regret », avait-il déclaré quelques semaines plus tôt [36].

Sur toute la Côte-Nord, Bourgault n'en revient tout simplement pas de l'accueil généreux qu'on lui réserve. S'arrime alors en lui, plus que jamais, la conviction que les Québécois forment un peuple bon, un peuple accueillant, chaleureux.

Comme président du parti, Bourgault a néanmoins le devoir de ne pas se consacrer qu'à sa seule circonscription. Il doit parcourir tout le Québec, le plus souvent à un rythme effréné. Ce faisant, il ne perd néanmoins jamais de vue les affaires particulières de son propre comté de Duplessis. Lorsqu'il se retrouve dans l'une ou l'autre des régions du Québec, celle de la Côte-Nord lui sert ainsi très souvent à démontrer la situation difficile des Québécois dans leur ensemble.

Même à Outremont, repaire des Canadiens français les plus bourgeois, comté de Georges-Émile Lapalme, ministre influent et ancien chef du Parti libéral, Pierre Bourgault parle de... Shefferville et de ses trous de mine à ciel ouvert! Il le fait le 19 janvier 1966, alors que les militants du comté viennent de choisir André d'Allemagne pour briguer les suffrages lors de la prochaine élection. Bourgault respire alors déjà l'air de la Côte-Nord, même en plein cœur de sa vie montréalaise : « Dans le comté de Duplessis où je me présente, les problèmes commencent là où la compagnie Iron Ore a construit des bungalows "style Californie" pour un pays où il fait parfois 72 degrés [Fahrenheit] sous zéro l'hiver ; les problèmes commencent quand ils doivent payer 0,90 $ pour une douzaine d'œufs, 0,47 $ pour une pinte de lait ou même 7,00 $ pour une caisse de bière. À Baie-des-Loups [...], cinq familles "vivent sur une roche" et depuis toujours, le gouvernement ne s'est jamais occupé d'elles, même si elles ont un revenu annuel de 700 $ ou 800 $ [37]. » Le gouvernement du Québec, explique encore Bourgault à son auditoire, « ne sait pas où c'est la Côte-Nord ».

Lui, il le sait. Et il va le dire.

Au fil de sa campagne, Pierre Bourgault préconise une révolution du quotidien : « Qu'on ne vienne pas me dire que la pinte de lait n'a pas son importance en politique parce que ce ne serait pas révolutionnaire, comme le prétendent certains. La vraie révolution, au fond, c'est de commencer à s'intéresser aux problèmes réels des gens [38]. »

La campagne très régionale que mène Bourgault l'oblige bien sûr à effectuer plusieurs déplacements difficiles aux quatre coins du Québec. La rationalité de pareils va-et-vient ne semble pas toujours bien calculée. Ainsi, on le trouve le mercredi 20 avril à Sorel pour parler à des étudiants. Puis le revoilà sur la Côte-Nord, où il passe trois jours pour veiller à sa campagne personnelle dans le comté de Duplessis. Mais, le lundi 25 avril, le voilà qui se trouve à Hull pour la grande ouverture officielle de la campagne électorale du RIN... De quoi épuiser n'importe qui, d'autant plus que Bourgault ne peut pas toujours compter sur des déplacements en avion.

Les discours que prononce Bourgault sur l'ensemble du territoire québécois sont riches en enseignement sur sa pensée politique. À Hull, dans le sous-sol de la cathédrale Saint-Rédempteur où il prend la parole, Bourgault se consacre à plusieurs sujets. L'éducation prédomine. Le symbole de l'inégalité socioculturelle qu'est l'Université McGill continue de susciter son dégoût. Il explique que l'Université McGill a été construite avec de l'argent « saisi

des jésuites canadiens-français [39] ». Il déplore que le gouvernement
du Québec verse plus du quart de ses subventions aux établissements d'enseignement anglophones, alors que moins de 15 % de la
population de la province est anglophone. « On leur donne deux
fois plus que ce à quoi ils ont droit. Et lorsque le gouvernement
a décidé de réduire leurs subventions, ils ont eu le culot, le front
de se plaindre. [...] On a été assez charitable au cours des 200
dernières années. C'est fini. » Le RIN sait où il va, explique-t-il.

Bourgault annonce qu'un gouvernement du RIN ne subven-
tionnerait pas le système d'enseignement anglais, mais seulement
l'enseignement français, gratuit à tous les niveaux. « Et qu'on ne
nous accuse pas de racisme : ça nous prendra 200 ans pour récupérer tout l'argent qu'ils nous ont volé. La minorité anglaise perdra
tout, le jour où le RIN prendra le pouvoir. En ne subventionnant
pas les écoles anglaises, nous récupérerons plusieurs milliards, et ce
ne sera que justice. »

Les francophones, martèle-t-il, doivent être mieux formés par
leur système d'éducation. Bourgault en a la conviction depuis
longtemps déjà, comme le montrent ses premiers articles publiés à
titre de journaliste dans *La Presse*.

Mais la faiblesse relative des Canadiens français ne relève pas
que de leur seule formation. La structure du fédéralisme canadien
elle-même, fruit de la Conquête anglaise, les maintient dans cet
état d'infériorité constante. « Vous vous rappelez, c'est M. Donald
Gordon, président des Chemins de fer nationaux, qui disait que
si les Canadiens français n'occupaient pas de hauts postes [...],
c'était que notre système d'éducation était déficient. On est allé
voir ce qu'il y avait derrière Donald Gordon et savez-vous ce qu'on
a trouvé ? Une septième année ! On a fait de même pour le ministre
des Finances, Mitchell Sharp : dans son cas, c'est une quatrième
année [40]... »

Le RIN avait participé, en novembre 1961, aux manifestations
dénonçant l'attitude du président du Canadien National, Donald
Gordon, qui avait déclaré qu'aucun des 17 vice-présidents du CN
n'était francophone parce qu'il fallait être compétent pour occuper
des fonctions pareilles.

Bourgault trouve invraisemblable que la Commission royale
d'enquête sur le bilinguisme et le biculturalisme – communément

appelée commission Laurendeau-Dunton ou encore commission BB – dépense des millions de dollars pour rendre compte d'une situation d'infériorité économique des Canadiens français qui crève pourtant les yeux. « Sept millions que ça va coûter, pour vous dire quoi ? Ce qu'on vous dit gratuitement depuis cinq ans. Nous sommes, dit-il en riant, les commissaires les moins payés. »

À Hull, Bourgault parle ainsi avec fièvre pendant une heure, devant un auditoire plutôt jeune. Durant son discours-fleuve, il traite encore de quelques éléments du programme électoral du RIN, notamment la volonté du parti d'accorder l'égalité juridique totale aux femmes, tenues jusqu'à cette époque, avant les luttes juridiques menées notamment par l'avocat Jacques Perrault, pour des êtres soumis n'ayant guère plus de droits que les handicapés mentaux.

La sortie du jeune président du RIN à Hull est rapportée dès le lendemain en première page de *La Presse*. L'assemblée est un vif succès.

Dans un autre discours donné en début de campagne, Bourgault défend les étudiants de l'Université de Montréal pour l'accueil qu'ils ont réservé au premier ministre Lesage. Dans un éditorial de *La Presse*, les étudiants sont alors pris à partie pour avoir été un peu rudes... Bourgault relance alors la question de l'inégalité dans le système d'enseignement. « Il n'est pas étonnant que le premier ministre ait été mieux reçu à McGill et à Sir George Williams. Ils le savent, eux, les étudiants de l'Université de Montréal, qu'ils reçoivent moins que leurs confrères anglophones du gouvernement pour l'éducation ; ils savent que les étudiants de Sir George Williams, par exemple, ont droit aux bourses universitaires parce que Sir George se donne le nom d'université, alors qu'en fait le collège Brébeuf, par exemple, a la même valeur académique, mais ses étudiants n'ont pas droit aux bourses universitaires anglaises ; ils savent que les universités anglaises, enfin, touchent 38 % des investissements du Québec dans les universités [41]. »

Depuis des semaines, Bourgault n'hésite pas à s'en prendre à répétition à l'Université McGill. Il qualifie même le directeur de l'établissement, Rocke Robertson, de « privilégié faussement vertueux [42] ».

Cette lutte pour la reconnaissance des droits des francophones dans le système scolaire au Canada ne date pas des discours de Bourgault pour le RIN. Le tristement célèbre Règlement 17, qui interdisait le français à l'école en Ontario, avait fait couler beaucoup d'encre pendant des générations, pour ne nommer que lui. Les discours de Bourgault à l'égard des privilèges ou des abus dans le système scolaire témoignent de la vigueur des critiques adressées à un système qui se perpétue avec ses inégalités depuis des générations. Au même moment, en Belgique, les jeunes Flamands réclament eux aussi des établissements d'enseignement qui puissent les former correctement dans leur langue, le néerlandais. La volonté des peuples de vivre et d'assurer leur avenir dans leur langue s'apparente alors à un phénomène mondial.

L'éducation apparaît pour Bourgault un cheval de bataille de première importance. « Les privilégiés anglophones du Québec, qui n'ont jamais élevé la moindre protestation contre le traitement odieux dont sont victimes les Canadiens français des autres provinces, utilisent aujourd'hui le ton de la pire arrogance pour essayer de préserver leurs privilèges au détriment des droits des Québécois francophones. [...] Si l'on considère que les Canadiens anglais du Québec ne forment que 13 % de la population et qu'ils reçoivent plus de 50 % des subventions fédérales, on ne peut plus parler de manque à gagner mais d'injustice criante [43]. »

Pour rétablir l'équité, Bourgault réclame plus d'une fois que le Québec cesse de verser toutes ses subventions au système d'enseignement anglophone. À Chambly, devant les membres du club Richelieu, Bourgault explique qu'« il ne s'agit que de rétablir un équilibre rompu depuis la Conquête [44] ».

Tout cela dans le but d'offrir à tous un système scolaire gratuit et en français. À Montréal, devant un groupe d'étudiants, il réclame avec force que le gouvernement mette vraiment « en œuvre l'instruction gratuite [45] ».

Devant d'autres étudiants, au collège Saint-Paul cette fois, il encourage les jeunes à écouter leurs propres convictions : « Beaucoup d'adultes vous diront que vous n'êtes pas mûrs pour voter. Ne les écoutez pas. Ils votent, eux, depuis 50 ans sans jamais savoir pourquoi [46]. » En fait, explique-t-il, les adultes ont peur de voir éclater devant eux le régime qu'ils cautionnent par habitude : « Ils savent que les jeunes ne font pas de compromis, qu'ils vont jusqu'au bout de leurs idées. Et comme beaucoup d'adultes ont renié tout ce en quoi ils croyaient pour se complaire dans les petites cochonneries, ils ont peur que vous leur jetiez leur culpabilité à la face. »

À Amqui, sur les bords de la rivière Matapédia, Bourgault déplore le manque d'industries de transformation. Il raille Bona Arsenault, historien amateur, vieille figure politique conservatrice revenue à la vie politique avec les libéraux de Jean Lesage, qui continue d'écrire des livres bon enfant, entre autres sur l'histoire des Acadiens. « M. Bona Arsenault devrait plutôt s'occuper de voir comment "ses" Acadiens vivent ou crèvent », lance Bourgault en mars 1966, selon ce que rapporte *Le Devoir*.

Puis, en fin de compte, les élections finissent par avoir lieu. Pierre Bourgault tient sa dernière assemblée à Rivière-au-Tonnerre, chez lui, près des gens qu'il aime et qui lui ont tout appris de la Côte-Nord. L'assemblée tourne assez vite à la fête. On danse et on chante dans l'air frémissant et humide du soir. Les jeunes boivent de la bière en mangeant du caplan grillé sur la grève. On boit, on trinque, et on boit encore.

Le jour du vote, afin de ne pas indûment influencer les gens qui se présentent aux urnes, il est interdit de faire de la publicité électorale. Mais les partisans du RIN sur la Côte-Nord s'accrochent tous au cou, en guise de pendentif, un joli coquillage que l'on nomme justement en ce pays « un bourgault »...

Dimanche 5 juin, jour d'élections. Certaines âmes pieuses se plaignent qu'on puisse oser tenir des élections le jour du Seigneur. Le RIN a loué « une suite » à l'hôtel Sept-Îles où Bourgault passe la journée, tandis que ses travailleurs d'élection s'affairent à faire « sortir le vote ». Bourgault est satisfait de lui, bien que fatigué de la campagne électorale. Sous médication prescrite par un médecin afin de lui permettre de tenir le coup, Bourgault conserve un moral au zénith. Il a donné tout ce qu'il pouvait. Mais cela ne suffit pas même à lui faire remporter la victoire dans le comté de Duplessis.

Au soir de cette longue journée, le gouvernement libéral de Jean Lesage est battu. L'Union nationale, avec à sa tête Daniel Johnson, est portée au pouvoir. Elle a récolté 56 députés et 41,2 % du vote, tandis que le Parti libéral, malgré qu'il ait obtenu 47 % du vote, récolte seulement 50 sièges au Parlement. Deux sièges sont remportés par des candidats indépendants.

Le RIN a bien réussi à présenter 73 candidats sur les 108 possibles, mais aucun n'est élu. Pas même le chef, Pierre Bourgault. Déçu, Bourgault livre pour la télévision ses réactions à chaud au journaliste Pierre Nadeau.

Le lundi 6 juin, alors que les résultats de cinq bureaux de vote du comté de Duplessis demeurent inconnus – dont ceux des Innus de Fort Chimo – le journal bilingue *L'Avenir* confirme à Sept-Îles, en première page, que le libéral Coiteux est réélu et que Bourgault termine deuxième. Mais, plutôt que de parler de cette victoire des libéraux, le journal traite surtout avec inquiétude d'une « vague séparatiste » qui a failli renverser le député sortant.

Les résultats compilés et vérifiés donnent, pour l'ensemble des 101 bureaux de scrutin, 6 673 votes au libéral et 4 392 votes au riniste. Pas mal pour un homme qui débarque sur la Côte-Nord !

André Haince, de l'Union nationale, obtient quant à lui 2 709 voix, tandis que Brunet, du RN, n'obtient que quelques dizaines de voix.

Quelques mois plus tard, Bourgault observera à la blague que comme les Inuits du comté ont finalement voté pour lui, il songe plus que jamais à faire l'indépendance avec eux[47]...

Même si Bourgault s'est beaucoup passionné, tout au long de sa campagne électorale, pour les petites villes du comté, dont Rivière-au-Tonnerre, c'est bien en milieu urbain, à Sept-Îles même, là où il craignait pourtant de faire mauvaise figure, qu'on a voté le plus massivement en sa faveur. Sur 45 boîtes de scrutin à Sept-Îles, Bourgault est donné largement gagnant dans 27, soit dans une mesure de 60 %. Sept-Îles devient alors la première grande ville indépendantiste du Québec. La population de la ville a voté à 53 % en faveur de Bourgault. Même en régions, le RIN constitue d'abord et avant tout un phénomène urbain.

Au lendemain des élections, en éditorial, le journal *L'Avenir* invite Bourgault à rentrer chez lui, à Montréal, au plus vite ! « Au cours de la campagne, notre journal a évité de publier toute critique, si minime soit-elle, à l'égard de la doctrine politique et des idées réactionnaires de M. Bourgault en croyant que l'issue de cette lutte devait être celle que le peuple choisirait [...]. L'électorat a tranché le problème de façon tellement claire que M. Bourgault devrait aussitôt prendre le chemin du bercail et retourner purement et simplement d'où il vient. »

La rédaction du journal critique du même souffle le fait que ce sont les jeunes qui ont appuyé le RIN lors de l'élection. « Pourquoi les jeunes n'ont-ils pas voté pour accepter le bon jugement de leurs parents et de leurs aînés ? Pourquoi n'ont-ils pas compris qu'ils tentaient de ressusciter un cadavre politique ? »

L'enseignement offert par certains professeurs aux jeunes, poursuit l'éditorialiste anonyme, semble fautif. Les jeunes sont-ils vraiment incapables de penser par eux-mêmes, comme l'entend en conclusion le journal ? « Nous ne pouvons blâmer les adolescents car lorsque nous avions leur âge, nous n'avions pas également appris à penser par nous-mêmes[48]. » Pour ce journal, en somme, penser par soi-même voudrait dire penser comme la majorité !

Le libéral Coiteux déclare lui aussi que « l'endoctrinement » des jeunes par le RIN est nuisible [49]. Mais à qui et en quoi est-ce nuisible ? Le député semble surtout ne pas souffrir que son autorité ait pu être remise en question. Il digère encore mal la soirée des élections, même s'il a été réélu. Le soir du scrutin, un jeune militant indépendantiste aurait crié « chou » et « vive le RIN » au député réélu, avant de cracher sur lui. Henri Coiteux l'aurait alors immédiatement empoigné et immobilisé contre un mur du Palais des sports de Sept-Îles, où son image en avait pris un coup. Coiteux réclamera par la suite une action de la police contre ce jeune homme et soutiendra alors qu'il faut « protéger la population entière contre ces actes révoltants [50] ».

Dans un discours adressé à la population du comté au lendemain de sa victoire, Coiteux semble en fait avoir perdu devant Bourgault, tant ses paroles ne visent qu'à dénoncer le RIN plutôt qu'à considérer sa propre victoire. Le député demande alors aux parents des jeunes militants du RIN de les remettre dans le droit chemin. Il note que beaucoup de jeunes, lors de son « défilé », le soir du 4 juin à Sept-Îles, ont fait le geste, lors de son passage, de pointer le pouce vers le bas. Le geste même, dit-il, que « posait le juge qui condamnait les gens sans procès à la guillotine lors de la Révolution française [51] ». Il insiste aussi pour souligner que l'attitude des jeunes à son égard « dénote un lessivage de cerveau ». À qui la faute ? Aux professeurs, croit-il. Des professeurs criminels, sans doute, puisqu'ils ne préparent pas, sous l'effet d'un dressage, les esprits à une emprise rigoureuse par une pensée bien établie, celle du Parti libéral... « Je n'ai pas besoin d'insister, dit Coiteux, pour que vous ayez une réelle discussion entre parents-maîtres et vos commissions scolaires afin qu'une enquête très sérieuse soit faite auprès de la classe enseignante et que vous demandiez l'arrêt immédiat de ce lessivage de cerveau excessivement dangereux pour notre Province de Québec. » Coiteux demande aussi au Parti libéral de mieux diffuser la doctrine de sa formation « à la radio et autrement », afin d'éviter « la révolution sanglante où le RIN veut nous mener ». À l'entendre, on comprend que Coiteux a sincèrement l'impression d'en avoir décousu avec une sorte de Che Guevara du Nord qui a pour nom Pierre Bourgault !

À la suite du résultat final des élections, la direction du RIN estime que le parti a récolté surtout des votes de libéraux déçus et que, à titre de facteur de nuisance au gouvernement de Jean Lesage, il a fait basculer 13 circonscriptions électorales du côté de l'Union nationale. En quelque sorte, c'est dire que l'Union nationale doit son élection au rôle joué par le RIN durant la campagne.

Pierre Bourgault a voulu être élu et a tout fait pour l'être. « Pendant la campagne électorale de 1966, j'ai donné tout ce que j'ai pu, au risque d'y laisser ma santé », confiera-t-il[52].

Malgré l'échec électoral, l'avènement de l'indépendance du Québec lui apparaît, à l'époque, absolument certaine, inévitable. Bien qu'il n'en soit pas un, il raisonne un peu comme un marxiste pour qui l'histoire occidentale est prédéterminée par un certain nombre de facteurs économiques. Bourgault considère en effet que le cours normal de l'histoire ne peut mener le Québec ailleurs que sur la voie de l'autonomie complète.

Il rêve d'être premier ministre et, mieux, président de la République du Québec. « On ne peut pas faire de politique sans entretenir de tels rêves », dit-il. Mais le rêve s'estompera peu à peu, non sans briller encore quelque temps.

Au lendemain des élections, loin de quitter le comté, comme le réclament ses opposants, Bourgault continue de s'activer. Lorsqu'il s'élève contre la pêche au saumon qu'organisent les clubs privés sur la rivière Moisie, il déclenche même une nouvelle et violente polémique locale. Et il demeure bien sûr présent sur la scène nationale.

À titre de président d'un parti politique, Bourgault décide d'assister à l'ouverture des travaux de l'Assemblée législative à Québec. Or il n'est pas plus annoncé qu'invité à cette cérémonie protocolaire ! Par chance, il tombe sur Jean Loiselle, le stratège de Daniel Johnson. Loiselle est un homme tout en rondeurs, amateur de cigares autant que de politique américaine. Il connaît Bourgault depuis l'époque où il travaillait à Radio-Canada. Comme il estime Bourgault et qu'il sait ce que l'Union nationale, au fond, lui doit, il a tôt fait de lui permettre d'entrer dans l'enceinte du Parlement. Pour préparer sa déclaration, Bourgault trouve alors refuge dans le bureau d'Yves Michaud, que le député partage alors

avec Claude Wagner. Soudain, la porte s'ouvre. Un Jean Lesage
étonné se trouve alors devant un Pierre Bourgault qui l'est tout
autant. La conversation s'engage. On parle tout de suite de Daniel
Johnson, l'adversaire commun.

— Monsieur Lesage, êtes-vous comme moi ? Il n'y a pas moyen
d'attaquer Monsieur Johnson. Il dit quelque chose, on saute dessus,
puis il est déjà rendu ailleurs, il est comme une couleuvre… Il n'y
a pas moyen de l'attraper.

— Ah, répond Lesage, oui, il est très, très difficile.

— Ce n'est pas comme vous, hein, réplique Bourgault. Vous,
vous dites une bêtise, on vous saute dessus. Non seulement vous
ne vous sauvez pas, vous la répétez encore une fois.

Lesage sort sans en redemander… « Je pense que je ne lui
ai jamais parlé après. C'est la seule fois où on s'est parlé », dira
Bourgault, qui ne remettra plus jamais les pieds au Parlement, du
moins comme président du RIN [53].

CHAPITRE 12

IL L'A DIT

La France entière sait, voit, entend ce qui se passe ici
et je puis vous dire qu'elle en vaudra mieux...
Vive Montréal! Vive le Québec!...
Vive le Québec libre!
– CHARLES DE GAULLE

POUR LES QUÉBÉCOIS, l'année 1967 est marquée au sceau de l'Exposition universelle (Expo 67) qui se tient à Montréal, sur les îles Sainte-Hélène et Notre-Dame. Cette grande manifestation internationale coïncide avec le centenaire de la Confédération canadienne. Toute l'année promet ainsi de se dérouler dans l'allégresse d'une célébration nationaliste à la gloire du Canada. De multiples activités commémoratives sont prévues, dont une visite d'Elizabeth II. La reine entend se rendre à Expo 67, symbole de son emprise constitutionnelle sur le Canada.

À l'annonce du passage de la reine à Montréal, le président du RIN annonce tout de suite qu'il « prévoit quelque chose qui va amuser les gens [1] ». Fin stratège, Bourgault se garde évidemment de dire de quoi il s'agit... En matière de réception royale, tout le monde admet alors qu'il jouit d'une certaine expertise : on se souvient très bien de l'accueil peu ordinaire qu'il avait ménagé à Sa Majesté en 1964, à Québec.

Bourgault possède l'art de faire parler de lui autant que du RIN en piquant l'intérêt des médias en toutes circonstances. Il use d'eux comme d'une caisse de résonance pour faire entendre ses propres idées et réduire l'importance de celles de ses adversaires.

Devant pareil programme de commémorations pour 1967, visant à soutenir ce système fédéral impérial que combat le RIN, on comprend que Bourgault passe tout de suite à l'offensive dans cette guerre idéologique acharnée, cosaque.

Dans le grand souffle politique qui tient en l'air Expo 67, le gouvernement va jusqu'à faire frapper des plaques d'immatriculation spéciales pour les voitures afin de souligner le 100ᵉ anniversaire de la Confédération. Le RIN de Bourgault réplique dare-dare en fabriquant et en distribuant des miniplaques qui affirment plutôt « 100 ans d'injustice ». Jean-Jacques Bertrand, député unioniste de Missisquoi, affirme alors que « si des automobilistes veulent faire des commentaires sur un fait historique comme le centenaire de la Confédération, il y a d'autres endroits pour le faire que sur les plaques d'immatriculation ». Bourgault, toujours prompt, fonce dans la faille logique : « Si M. Bertrand croit cela, alors comment peut-il accepter que le gouvernement lui-même souligne le centenaire de la Confédération sur les plaques d'immatriculation qu'il distribue aux automobilistes ? » Le syllogisme s'impose lui-même : « Nous pensons donc que si le gouvernement peut se le permettre, il est évident que les citoyens le peuvent aussi [2]. »

Depuis 1867, un groupe influent de Canadiens français considère que l'Acte de l'Amérique du Nord britannique, cette loi votée par le Parlement de Londres, affirme le principe de deux majorités au Canada dans un régime fédéral : une majorité française au Québec, une majorité anglaise dans le reste du pays. Cette conception traditionnelle, sans cesse battue en brèche par les faits, trouve néanmoins toujours de vaillants défenseurs dans la classe dirigeante canadienne-française durant la seconde moitié du XXᵉ siècle.

Au début des années 1960, l'expression la plus achevée de ce rêve canadien se trouve dans les pages imprimées sur le fragile papier bleu du rapport préliminaire de la commission Laurendeau-Dunton. Dans ces pages, rédigées surtout par André Laurendeau lui-même, le Canada est, selon une conception chère aux nationalistes traditionnels, une entité où les deux groupes majoritaires, les francophones et les anglophones, affirment une identité canadienne biculturelle. À partir de ces deux pôles culturels, selon les vues de Laurendeau, se structure une société moderne qui accueille et intègre des communautés de différentes origines. C'est la thèse historique du pacte entre deux nations poussée à son extrémité la plus moderne.

Bourgault est en rupture totale avec cette idée que le Canada constitue un « pacte » entre deux entités nationales. Tout comme Pierre Elliott Trudeau, pour qui ce « pacte » fédéral correspond aussi à une illusion dont s'est bercé le nationalisme canadien-français traditionnel pour s'éviter de regarder en face la réalité juridique du pays.

À la différence des trudeauistes, cependant, Bourgault rejette l'idée que les Canadiens français puissent être chez eux partout au Canada, ce que démontre d'ailleurs sans cesse la réalité. Il croit plutôt que les Canadiens français doivent s'affirmer à partir d'un État national pluriethnique où ils sont majoritaires, un État constitué à partir de la vieille province de Québec, cœur historique du français en Amérique.

Le Québec, juge Bourgault, à condition qu'il se présente sous la forme d'un État laïque de langue française, est la seule entité politique et sociale qui puisse offrir un avenir viable aux francophones d'Amérique du Nord.

Cette perspective bien enracinée en tête, Bourgault s'en prenait sans cesse au premier ministre Jean Lesage lorsque celui-ci oscillait entre le multiculturalisme à la Trudeau – un cadre où les Canadiens français ne forment qu'une minorité parmi bien d'autres – ou le biculturalisme à la Laurendeau, qui reconduit dans une forme tout juste renouvelée la vieille illusion d'un « pacte » binational au Canada.

« C'est bien beau de parler de deux majorités, mais cette image est fausse, trompeuse et ridicule », martèle Bourgault[3]. Les Canadiens français ne sont qu'une minorité au Canada et ils sont donc traités comme tels. Au Québec, ils sont en revanche une majorité depuis toujours et devraient en conséquence se comporter en majoritaires. Or, ce n'est pas le cas. Et cela, conclut Bourgault, ne pourra se faire tout à fait qu'avec l'indépendance. Alors, en avant ! Le temps presse !

Bourgault s'est opposé très vigoureusement au statut parti-culier que proposaient les libéraux pour le Québec au sein de la

Confédération. Un statut distinct lui semble justement ajouter à l'imposture et au provincialisme qu'il combat. « Le statut particulier consacrera la réserve québécoise au sein du Canada. Déjà il est impossible d'être Canadiens français en dehors du Québec ; déjà nous sommes entourés du "mur de Chine" dont parlent si allégrement nos adversaires en nous attribuant le désir de l'ériger ; déjà nous sommes une "réserve". Le statut particulier ne peut que consacrer cette situation. » Comme indépendantiste, il nourrit des perspectives internationales. La réserve, ce n'est vraiment pas pour lui.

La lutte de Bourgault pour l'indépendance se mâtine volontiers de son anticléricalisme personnel. En avril 1967, sans même consulter les membres de l'exécutif du RIN, Bourgault rédige et rend publique une lettre qu'il a adressée au pape Paul VI afin de protester contre la publication, par les évêques canadiens, d'un document soulignant le centenaire de la Confédération canadienne! À ses yeux, les évêques font usage de ce texte à « des fins de propagande », tout simplement.

Lisons-le : « Si la première partie de la lettre reconnaît que les Canadiens francais ont subi des injustices sous ce régime, la deuxième partie n'est qu'un appel, à peine voilé, à la soumission. Nous ne saurions l'accepter. »

Selon le style sans ambiguïté qui le caractérise, Bourgault conclut en proposant au primat de l'Église catholique « de suggérer aux évêques canadiens de ne pas poser d'autres gestes qui pourraient envenimer un débat déjà orageux [4] ».

Le pape ne s'offusque évidemment pas de cette sortie d'un ancien élève des jésuites... Par contre, les camarades du RIN trouvent à raison que Bourgault pousse parfois un peu loin son entreprise de relations publiques unilatérales.

Confiant en lui-même comme pas un, Bourgault est convaincu qu'il peut mobiliser l'histoire à lui seul, tout en acceptant, toujours seul, autant ses revers que ses succès.

Il calcule, mais comme tout homme qui calcule seul, il commet des erreurs qui causent parfois des dommages à sa propre maison. Pour un homme de parti – ce que Bourgault, au fond, n'est pas – pareille attitude ne manque pas de panache et de grandeur, du moins vue de l'extérieur. Mais elle rend parfois la vie terriblement difficile pour ceux qui doivent, de l'intérieur, composer avec les conséquences des gestes d'un homme en qui le spectaculaire a une tendance naturelle à s'hypertrophier.

Tout au long de l'année 1967, les célébrations du centenaire de la Confédération autant que de l'Expo sont dénoncées par le président du RIN. Tout cela ne correspond pour lui qu'à un trompe-l'œil. Bourgault déplore « que l'Expo 67 donne aux Québécois l'illusion de vivre au rythme de l'Amérique du Nord, alors qu'ils ne sont qu'une petite communauté pauvre et dépossédée collectivement. Les Québécois devraient cesser de croire qu'avec l'Expo ils sont enfin arrivés et qu'ils sont riches [5]. »

La parole haute et vive que fait entendre Bourgault sur la scène politique le distingue passablement dans l'univers où il gravite. Cette parole semble être celle d'un homme des ruptures. Toutefois, lorsque vient le temps de traiter avec le pouvoir politique en place, Bourgault se montre plus traditionnel dans son approche. Pour réagir aux actions du gouvernement unioniste de Daniel Johnson et afin de se livrer à un exercice de critique du pouvoir, le président du RIN annonce ainsi la mise sur pied d'un cabinet parallèle, qui n'est rien de plus, en fait, que le calque des cabinets officiels. Le RIN souhaite de cette façon approfondir son programme électoral, tout en donnant le change de façon concrète aux deux grands partis politiques, selon un mode qui reprend les structures habituelles de la vie politique [6].

Dans son rôle d'opposition marginale, sans aucune place au Parlement bien que s'imaginant tout de même un peu y être, le RIN incarne un malaise autant qu'un espoir déçu, où une nouvelle génération se trouve en rupture avec ce que la précédente a accepté de supporter.

Concrètement, le RIN n'a pas beaucoup de réels moyens d'action. Et la politique, hélas, n'est pas ce qu'on désire, mais ce qui peut être fait – et encore, pas toujours.

Le 25 mars, le Conseil central du parti adopte une résolution qui, en principe, doit faire en sorte que l'image publique du RIN passe d'abord par la promotion du comité exécutif et du Conseil central, puis par les candidats et ce « gouvernement parallèle » que Bourgault vient de lancer et auquel il croit beaucoup [7].

D'emblée, ce gouvernement parallèle du RIN offre une large place aux membres de la « nouvelle gauche », essentiellement des socialistes.

Bourgault invite publiquement les sociologues Marcel Rioux et Fernand Dumont à se joindre au RIN et à y occuper des postes de premier plan. Il convie aussi les écrivains Michel van Schendel et Pierre Maheu, tous deux de la revue *Parti pris*, à se joindre au groupe.

Dans les pages du *Devoir*, Réal Pelletier analyse ainsi cette politique de la main tendue du RIN à l'égard de certains intellectuels de gauche : « Au regard du cheminement propre au RIN, cette invitation lancée aux porte-parole les plus influents de la gauche nationaliste, cette offre qui leur est faite à toutes fins pratiques de prendre en main l'orientation du parti, témoigne d'une option définitive en faveur de la gauche... à la condition bien sûr que les invités acceptent[8]. »

Or, les intellectuels en question refusent tout net cette politique de la main tendue[9]. Le « gouvernement parallèle » du RIN demeure dès lors en plan. Quatre mois après l'annonce de sa création, Guy Pouliot, vice-président de l'exécutif national, déclare que ce projet de gouvernement parallèle est abandonné tout simplement parce que « ce qu'il y a de valable dans la population ne veut pas collaborer avec M. Bourgault. On le considère comme un instable et un émotif[10]. »

L'explication est un peu courte, même si elle n'est pas tout à fait sans fondement. On pourrait aussi considérer que pour des socialistes militants, Bourgault n'est tout juste qu'un social-démocrate bon teint dont les positions fluctuantes sont plus dictées par la situation du moment que par une pensée théorique. Bourgault tiendra certes des positions en faveur de l'établissement d'un système socialiste, mais en il reviendra toujours, tout au long de sa vie, à l'idée qu'un tel système ne fonctionne pas puisqu'il fait abstraction de l'être humain. Derrière les coups de gueule de circonstance, il reste un simple social-démocrate préoccupé par des enjeux plus pratiques que théoriques. Il ne se voit pas lui-même comme un homme d'une pensée très fermement marquée à gauche.

Dans ce parti où les divisions apparaissent innombrables tout au long de son histoire, il s'ouvre sans cesse sur la place publique de nouveaux chapitres du procès des idées et de l'action de Pierre Bourgault.

Où commence et où doit s'arrêter l'action du président du RIN ? En vérité, comme le montrent les différents résultats électoraux au sein des rinistes, Bourgault jouit de l'appui de la majorité des membres. Mais vers quoi tend en définitive un parti, pourtant fragile, qui s'offre néanmoins sans cesse le luxe de se complaire sur la place publique au petit jeu des guerres de division ?

En ce début d'année 1967, le RIN aurrait bien pu imploser assez rapidement, n'eût été du grand événement que constitue une courte phrase prononcée en juillet à Montréal par un chef d'État étranger : Charles de Gaulle. L'arrivée providentielle de cet homme-événement donne des ailes aux indépendantistes, alors qu'ils étaient sur le point de s'entre-déchirer à mort, une fois de plus.

Revenu au pouvoir en 1958 avec un parfum de coup d'État dans l'air, de Gaulle, le héros de la Libération, est depuis jugé par bien des intellectuels comme le maître d'un gouvernement de droite qui est même, pour certains, semi-fasciste. Plusieurs militants indépendantistes québécois voient ainsi d'un œil méfiant la politique qu'a tenue de Gaulle à l'égard de l'Algérie, de même que le contrôle sévère qu'il exerce sur la circulation des idées dans son propre pays. En même temps, il leur apparaît tout de même comme un symbole fort du pouvoir qui construit une France moderne.

En tant que symbole étatique d'une nouvelle France, il est légitime pour les rinistes de concevoir que l'on réserve un accueil chaleureux au président de la République française. Mais de Gaulle n'a évidemment pas besoin des rinistes pour transformer son voyage officiel au Canada en un théâtre de l'histoire afin d'y conduire de hautes manœuvres symboliques dont il a depuis longtemps appris à maîtriser tous les secrets.

Il faut dire que la rencontre entre de Gaulle et le Québec est alors magique à un point tel que toute évaluation préalable de la portée de sa visite se révèle inexacte.

Le choix du bateau pour ce voyage en Amérique est déjà hautement symbolique. Alors que le président français, dans le sillage des anciens découvreurs, remonte le Saint-Laurent à bord du *Colbert*, son navire est escorté depuis Cap Tourmente par des dizaines de petites embarcations souvent décorées qui manifestent leur joie de le savoir en ces eaux.

Le 23 juillet, à L'Anse-au-Foulon, le gouverneur général Roland Michener, représentant de la reine Elizabeth II, est hué par la foule lorsqu'il entre en scène pour accueillir de Gaulle. Quelque 350 journalistes venus des quatre coins du monde rendent compte de l'événement...

Dans la ville de Québec, une foule compacte qui agite tant le fleurdelysé québécois que le tricolore français, souvent les deux à la fois, réserve une ovation bruyante au général. Rien de commun avec son passage rapide dans la même ville durant la Seconde

Guerre mondiale, alors qu'il était pourtant le chef de la France libre. En cette belle journée de juillet, la foule entonne *La Marseillaise*. Partout où il passe dans sa décapotable, accompagné du premier ministre Daniel Johnson, le président de Gaulle est acclamé à tout rompre. Rien à voir non plus avec l'accueil que la ville avait réservé à sa souveraine en 1964 et qui s'était soldé par de violentes charges à la matraque menées par la police.

Dans son discours principal offert dans la Vieille Capitale, Charles de Gaulle constate, après avoir fait un bilan des « influences étrangères sur le Québec », qu'« on assiste ici, comme en maintes régions du monde, à l'avènement d'un peuple qui veut, dans tous les domaines, disposer de lui-même et prendre en mains ses destinées ».

Sur toute la longueur de la route pittoresque qui le conduit de Québec à Montréal, le président goûte l'hommage que forment les mains tendues et les maisons décorées en son honneur. La foule, toujours dense, manifeste son approbation et son enthousiasme de mille signes colorés.

Depuis l'arrivée de Charles de Gaulle au Québec, Bourgault a écouté comme tout le monde les reportages à son sujet retransmis par la radio. Il n'est pas, au départ, emballé par la figure du personnage. Mais, comme d'autres militants, il se trouve bien vite pris au jeu par cet homme plus grand que nature.

Qui aurait pu croire que la visite d'un président français, certes célèbre, réveillerait une telle joie au sein du peuple québécois ? Lorsqu'il arrive enfin sur l'île de Montréal, une foule que *Le Devoir* estime à près d'un demi-million de personnes, entassées sur plusieurs rangées tout au long du parcours présidentiel, fait de cette visite un triomphe jugé imprévisible par à peu près tout le monde.

À Ottawa, la tension monte. Le sentiment nationaliste québécois qu'attise de Gaulle n'est pas au goût du jour. Depuis son arrivée à Québec, toute la population suit à la radio les échos de cette visite et comprend d'instinct ce qu'elle signifie.

Devant l'hôtel de ville de Montréal où de Gaulle est reçu, plusieurs partisans du RIN scandent « France libre, Québec libre » et « RIN, RIN, RIN »... Cette même foule, naturellement, hue le *Ô Canada*.

Aucun discours du président n'a été prévu au bénéfice de cette foule. Mais celle-ci en réclame un tant et si fort que de Gaulle, grâce à la rapidité d'un technicien qui place devant lui un micro, improvise sur-le-champ et en livre un depuis le balcon de cet édifice de style Second Empire.

Après un chapelet de paroles qui saluent le développement et l'affranchissement du pays, de Gaulle lâche un terrible coup de sa voix grave et ferme :

> La France entière sait, voit, entend ce qui se passe ici
> et je puis vous dire qu'elle en vaudra mieux... Vive
> Montréal! Vive le Québec!... Vive le Québec libre!

Tandis que le général de Gaulle, dans un grand geste de victoire, pointe ses bras vers le ciel en ce 24 juillet 1967, la foule éclate de joie, très bruyamment. Et les bras de Jean Drapeau en tombent, eux, d'étonnement. Le maire est complètement abasourdi par le propos. Faire *ça*, depuis *son* hôtel de ville!

La phrase du général est comme un coup de feu qui retentit partout dans le monde. Les commentaires ne tardent pas à fuser de toutes parts.

Réactions de proximité, d'abord, comme il se doit. Claude Ryan, directeur du *Devoir*, considère qu'il y a des limites à manquer ainsi de savoir-vivre sur la scène internationale. Sur place lors de l'événement, bien que de l'autre côté de l'hôtel de ville, René Lévesque est furieux de la sortie du général et ne s'en cache pas à son ami, le député libéral Yves Michaud.

Mais les indépendantistes du RIN, eux, exultent littéralement. Ils ne s'attendaient tout de même pas à un tel soutien : de Gaulle a repris leur slogan! « Vive le Québec libre! » peut donc être scandé par une personnalité internationale de premier plan et pas seulement par de petits révolutionnaires aux cheveux plus ou moins longs, habitués d'être malmenés par la police! Quelle victoire! Quelle victoire!

Bourgault est au nombre des militants qui se trouvent ce jour-là devant l'hôtel de ville lorsque le général, avec son sens unique de l'histoire, enflamme l'ardeur des indépendantistes et glace d'effroi les tenants jusqu'au-boutistes du Canada fédéral.

Des années plus tard, dans la relation qu'il fera de cette journée pour le bénéfice du film de Jean-Claude Labrecque, Bourgault confiera qu'il a eu à ce moment les larmes aux yeux. Une seule phrase, dit-il, lui vient alors sans cesse à la bouche :

— Il l'a dit ! Il l'a dit ! Il l'a dit !

Comment un chef d'État français peut-il reprendre sans crainte le slogan des indépendantistes à l'occasion d'une visite officielle ? De Gaulle est-il bien conscient de ce qu'il fait, se demande-t-on ? Tout le monde analyse alors à l'infini les paroles prononcées depuis le balcon de l'hôtel de ville de Montréal. Jusqu'à la fin de sa vie, Jean Drapeau lui-même tentera de démontrer, par un jeu d'acrobaties intellectuelles plus ou moins subtiles, que le général n'a pas affirmé ce qu'il a dit ce jour-là depuis *son* hôtel de ville... À la mort de Jean Drapeau, son manuscrit de plusieurs centaines de pages consacré à cette journée-là était toujours réputé être incomplet auprès de son éditeur, Alain Stanké, qui ne tenait d'ailleurs pas plus que cela à le publier.

Peu importe les bémols de toutes sortes et les tentatives de dilution des paroles du chef d'État : l'effet dévastateur qu'ont ses déclarations sur les certitudes d'une certaine élite conservatrice est considérable. Règle générale, les commentateurs considèrent d'ailleurs à raison que ce sont les indépendantistes du RIN qui sont les grands gagnants de la déclaration incendiaire du général.

Bourgault, comme tout le monde, ne pouvait en espérer autant. Ses déclarations faites en marge de la visite en témoignent. Rien ne lui permettait d'envisager une chose pareille. Le 21 juillet, il déclare à *La Presse* que le Québec doit resserrer ses liens avec la France, mais que le général de Gaulle n'est pas un messie. Et la veille du fameux discours à l'hôtel de ville, soit le 23 juillet 1967, Bourgault affirme que de Gaulle est le représentant d'une France moderne à laquelle il importe de prêter attention et il dénonce au passage le « sentimentalisme éculé de Jean Marchand qui ne voit dans la France que le pays de nos ancêtres ». Mais il ne va pas beaucoup plus loin que cela, étant alors occupé davantage par le projet de torpiller les propos de Jean Marchand, alors ministre fédéral de la Main-d'œuvre. Un mois plus tôt, le président du RIN affirmait déjà que Marchand, toujours dans sa ligne de tir, mentait littéralement pour arriver à ses propres fins[11]. Rien de plus, vraiment, sur de Gaulle lui-même… Bourgault, comme les autres, n'a jamais prévu ce coup de tonnerre qui déchire le ciel de la politique canadienne, et c'est pour cela qu'il ne se soucie guère du général au préalable.

Avant son célèbre discours, si de Gaulle apparaît important aux yeux du ténor du RIN, c'est essentiellement parce qu'il met en contact la province avec « une France politiquement forte, économiquement stable, culturellement influente, et à l'avant-garde du progrès scientifique dans de nombreux domaines ».

En de Gaulle, c'est surtout cela qui intéresse Bourgault *a priori* : « C'est cette France-là que nous voulons reconnaître dans la présence parmi nous du général de Gaulle. »

Mais de la France seule, Bourgault n'attend rien. « Nous ne pouvons demander à la France de nous reconnaître en tant que nation si nous ne nous reconnaissons pas nous-mêmes comme telle. Nous ne pouvons demander à la France de reconnaître le Québec comme un État souverain lorsque nous-mêmes refusons de le faire[12]. »

L'appui d'un des hommes les plus médiatisés de la planète est inespéré pour la cause que défend Bourgault. C'est un cadeau servi sur un plateau d'argent.

Au lendemain du célèbre discours, Pierre Bourgault se trouve tout entier conquis par le général. Et il n'est pas le seul. Le président du RIN monte ce jour-là dans un taxi où la photo du général de Gaulle est fixée au tableau de bord. Surpris, Bourgault en parle tout de suite au chauffeur.

— Qu'est-ce que c'est que ça ?, demande-t-il.

— Les Anglais ont leur reine, nous autres, on a notre roi !

Ce chauffeur de taxi exprime, aux yeux de Bourgault, un sentiment populaire d'attachement profond à une France éternelle, la France des origines lointaines dont un certain souffle flotte encore sur le Québec.

Quelque temps à peine après le discours tonique du général, Bourgault se trouve en voyage sur la Côte-Nord, sa Côte-Nord. Il se conforte alors dans cette idée que le peuple québécois apprécie le fait qu'un vainqueur tel de Gaulle vienne affirmer avec assurance que la France est là, qu'elle entend accompagner le Québec dans ses choix, qu'elle favorise ainsi la naissance d'un destin autonome. Devant la présence des États-Unis, cela constitue un appui d'importance.

Le moment est à l'offensive politique. Le militantisme des indépendantistes redouble d'ardeur. Et Bourgault aussi.

Mercredi soir, le 2 août 1967. À Montréal, le RIN tient une assemblée publique à la salle Saint-Stanislas au sujet de la visite du général de Gaulle. Bourgault et d'Allemagne prennent la parole, de même que Laurent Bourdon, président du RIN de la région de Montréal. La salle est bondée. Quelque 2 000 personnes se sont entassées pour les entendre. Au moins une centaine de militants n'arrivent même pas à entrer dans la salle, malgré des efforts désespérés de certains pour y parvenir. Une chaleur épouvantable règne, aggravée par l'épaisse et accablante fumée de cigarette qui flotte sous le plafond comme une sorte de doublure gazeuse[13]. Tout le monde chante *La Marseillaise* et scande des slogans indépendantistes. Quelques personnalités présentes dans la salle sont acclamées, dont Jean-Marc Léger, alors du *Devoir*, Reggie Chartrand et Marcel Chaput.

Filmé par le réseau américain NBC, sans cesse interrompu par des tonnerres d'applaudissements et de bravos, le président du RIN occupe presque tout l'espace oratoire de la soirée. Il parle d'abondance et avec énergie, comme toujours. Bourgault est énergique de nature, mais aussi parce qu'il appartient à une époque où les systèmes d'amplification sonore, plus ou moins efficaces, encouragent les orateurs à livrer des discours ardents et à multiplier les effets théâtraux.

« Si le Rassemblement pour l'indépendance nationale, le FLQ et les dernières élections n'avaient presque pas réussi à faire connaître au monde entier la réalité francophone du Québec et la situation politique de la province, le général de Gaulle, en 30 secondes, a réussi ça », rappelle Bourgault pour mettre en contexte son discours[14].

Son évaluation du changement en cours est enthousiaste. « Nous commençons à avoir de véritables désirs, alors qu'autrefois nous nous contentions de combler nos besoins. La différence est énorme, car nous commençons à gagner la bataille. » À cela, dit-il, les politiciens traditionnels ne peuvent rien. « Bien sûr, il y a les Lesage, les Trudeau, les Marchand, les Drapeau, mais tout ce qui branle, rampe et tremble n'a jamais eu de conséquences historiques en pareilles circonstances, pas plus qu'il n'en eut jamais en tout autre temps. » Ces hommes-là, figures exemplaires de l'ordre établi, sont pour lui les purs produits d'un peuple profondément colonisé, un peuple qui n'a rien et ne contrôle rien. Peut-on tout de même soutenir que leurs actions n'ont pas de conséquences sur le cours de l'histoire ?

Souffrir plus longtemps d'être colonisé est invraisemblable, enchaîne Bourgault. Par une suite de 27 exemples tirés de la vie courante, il explique alors en quoi les Québécois sont toujours des colonisés. « Quand on est capable d'accepter sans mot dire, lance-t-il entre autres, que la langue de travail de plus d'un million de travailleurs québécois soit une langue étrangère, soit l'anglais chez nous, c'est qu'on est colonisé. Quand on accepte calmement qu'il y ait à Montréal quatre stations de radio francophones, cinq stations anglophones et une station fédérale, c'est qu'on est colonisé. Quand on accepte qu'il y ait à Montréal deux universités de langue anglaise et une université de langue française, et ce, pour la majorité francophone, c'est qu'on est profondément colonisé. Quand on accepte que beaucoup de rues et de monuments de nos villes portent le nom de ceux qui nous ont vaincus, c'est qu'on est colonisé. »

Pour conclure, Bourgault martèle : « Nous commençons à gagner la bataille et je vais vous confier, en terminant, un secret que vous répéterez au monde entier à pleins poumons tant que vous pourrez : Vive le Québec libre ! »

Au terme de son discours, Bourgault ramasse ainsi dans une seule phrase deux formules gaulliennes, paraphrasant l'une et citant l'autre, et fait le pont entre le de Gaulle de l'Algérie et celui du Québec. Ruisselant de sueur, le président du RIN descend alors de la tribune et dit au journaliste Pierre-Louis Mallen : « C'est curieux, tout de même, mais c'est pourtant vrai : ce soir, ça a été la première fois de ma vie que j'ai dit : "Vive le Québec libre" [15]. »

Mercredi soir, 2 août 1967. Quelque 2 000 personnes
se sont entassées pour entendre Bourgault.

Bourgault attribuera toujours à la visite du général de Gaulle le mérite d'avoir cristallisé les efforts déployés jusque-là par les troupes indépendantistes. La déclaration du général, affirmera-t-il, a aussi accru le nombre des indépendantistes « en rapatriant ceux qui se trouvaient sur le bord de la clôture[16] ».

Dans les jours immédiats qui suivent la visite du général, c'est surtout la démesure des réactions antigaullistes qui domine l'actualité. Bourgault tance autant qu'il le peut les opposants organiques à l'expression pro-indépendantiste du général. Il réplique entre autres au chef de l'opposition, Jean Lesage, qui demande alors publiquement combien a coûté la visite du président trouble-fête. « M. Lesage semble avoir la mémoire courte, lance Bourgault. Nous ne lui avons jamais demandé combien avait coûté au Québec la reine d'Angleterre en 1964, alors que celle-ci avait été si mal informée, par M. Lesage lui-même, du véritable sentiment des Québécois. M. Lesage semble oublier également que pas un Francais n'a eu l'indécence de demander au gouvernement français ce qu'avait coûté la visite de M. Lesage en France alors qu'il était premier ministre du Québec[17]. »

Même si l'opposition à de Gaulle est alors vive, elle ne manifeste au fond qu'un profond sentiment d'inquiétude à l'égard des suites possibles de l'intervention du général. Ses paroles ont en effet donné un nouveau souffle au mouvement indépendantiste et ont secoué l'arbre des fragiles certitudes du régime fédéral canadien.

Le RIN profite de ce vent favorable pour lancer une campagne de publicité afin de recruter encore plus de nouveaux membres. Sur ces publicités, Pierre Bourgault apparaît seul. Il y clame que « le RIN a besoin de votre appui », dans une conjoncture où « la cause de l'indépendance gagne chaque jour du terrain ». Durant les trois mois qui suivent le discours du général, le nombre des adhérents du RIN double, soutiendra Bourgault en 1969[18].

Au sein du RIN, il est question de lancer une médaille frappée, sur une face, à l'effigie de Charles de Gaulle et, sur l'autre, à celle de Pierre Bourgault ou du symbole du RIN... La figure de Bourgault est déjà plus que jamais mise de l'avant pour la promotion du parti. Elle a notamment fait son apparition sur les calendriers du RIN, en plus de la publicité dans les journaux. Sur le calendrier de 1968, on voit une photo de Bourgault rencontrant des électeurs en région. Il porte le même manteau d'hiver qu'en 1961, une simple canadienne aux attaches en corne, un signe parmi d'autres que ses revenus ne sont pas très élevés.

Certains trouvent exagéré ce culte qui se dessine à l'égard du président, selon la formule convenue de la politique traditionnelle. On s'abstiendra donc de frapper une médaille représentant son buste !

Plutôt que de concentrer plus longtemps leurs efforts de promotion de l'indépendance et de recrutement de nouveaux membres au Québec, les dirigeants du RIN font le curieux calcul qu'il est possible de mieux répercuter l'onde de choc gaullienne depuis la France elle-même! Ils pensent vite à organiser une visite officielle en France. On peut bien sûr s'interroger *a priori* sur l'efficacité politique réelle d'un tel choix, qui a pour conséquence immédiate l'éloignement des têtes dirigeantes du parti.

Pourquoi cette soif de la France? Comme l'écrira André d'Allemagne, lui-même éduqué à la française, le RIN est un parti qui s'inspire beaucoup de modèles français dès ses origines[19]. Cela se traduit déjà dans la symbolique, la terminologie, les activités sociales et les chants du mouvement. Le RIN a un « président », des « sections ». Il tient des « assemblées ». Tout cela, à l'époque, appartient à un imaginaire politique plus français que nord-américain. En mars 1963, le RIN a même organisé un « bal musette » à l'Union française... Le rapport avec la France est jugé déterminant par les jeunes indépendantistes. Et il l'est d'autant plus après la visite de Charles de Gaulle. Mais est-il essentiel que les cadres supérieurs du RIN se rendent en France peu après la visite du général de Gaulle au Québec?

Le 12 août 1967, le Conseil central du RIN est d'avis qu'une visite en France n'a de sens que si elle ne souffre pas de la comparaison avec les voyages de Jean Lesage et de Daniel Johnson dans l'Hexagone! Différence importante, toutefois : le RIN, lui, n'a évidemment pas d'argent...

La visite du RIN ne peut donc avoir lieu que si les démarches nécessaires à la pleine réussite de l'entreprise sont réalisées. Or, le 28 août, sans même que le Conseil central ait encore donné son accord à une telle visite française, la radio annonce que Bourgault ira en France en novembre pour « exposer et promouvoir la cause de l'indépendance du Québec » !

Un porte-parole du RIN explique alors au *Devoir* que le RIN entretient certains contacts avec les milieux journalistiques et politiques francais. Évidemment, on se garde bien de mentionner lesquels, mis à part, au passage, le journaliste Serge Mallet, signataire d'un article du *Nouvel Observateur* intitulé « Vive le Québec libre ».

Plus de deux mois après la visite du général, l'onde de choc qu'il a provoquée se fait toujours très bien sentir au Québec. À la fin septembre, Bourgault revient une fois de plus sur l'épisode de la visite de Charles de Gaulle lors d'une sortie publique. Le général est alors servi à toutes les sauces, dans tous ses discours.

Le RIN rêve-t-il de provoquer une nouvelle sortie du général de Gaulle favorable au Québec, laquelle serait opérée cette fois depuis Paris à la suite de l'impulsion directe des jeunes indépendantistes ? Peut-être. Chose certaine, le RIN demeure convaincu de la nécessité d'attiser, autant que faire se peut et depuis la France elle-même, les braises laissées par les paroles incendiaires du général.

> Pour nous, explique Bourgault, il nous a permis de faire de grands pas en avant. Que de gains, que de nouveaux partisans. Il nous a emmenés. Mais pas seulement pour nous. Il a mis le Québec sur la carte du monde. Il a réveillé la fierté de chaque Canadien français. Je ne crois pas que c'est à 72 % que les Québécois l'ont approuvé, mais à 90 %. Et puis, il a donné la frousse aux Anglais. Voilà qu'il parle de liberté et tout le Parlement s'affole. Si nous étions libres comme Pearson l'a dit, pourquoi alors tant s'énerver ?

Mais nous ne le sommes pas, dit Bourgault. « Et nous y pensons plus que jamais [20]. »

CHAPITRE 13

LE SABORDAGE

LE TERNE GUY POULIOT A-T-IL tort de considérer, en public comme en privé, que Pierre Bourgault se présente et agit par trop comme une diva ? Le 25 septembre 1967, Bourgault manifeste en tout cas une fois de plus son tempérament pour le moins prompt : sur un coup de tête, il annonce qu'il démissionne de la présidence du RIN !

Cette démission entraîne en même temps celles de Pierre Renaud, directeur général du parti, de Marc Lavallée, directeur de la stratégie, et de Jean-Marc Cordeau, membre du comité exécutif.

Une bravade, puisque Bourgault affirme qu'il se portera à nouveau candidat à la présidence lors du congrès national qui doit se tenir à Trois-Rivières, les 7 et 8 octobre. Pourquoi ce départ factice, puisqu'il s'agit de revenir en scène, pour ainsi dire tout de suite ? Par cette sortie boudeuse et houleuse, Bourgault entend établir fermement, une fois pour toutes, son autorité et son emprise sur le RIN : s'il est réélu – ce dont il ne doute pas – les éternels insatisfaits vont devoir se taire !

Une portion importante du caractère de Pierre Bourgault se révèle dans cette action d'éclat : impulsif, ardent, entier, intraitable. Sa superbe irradie partout.

Les raisons explicites de cette démission ne sont toutefois pas immédiatement formulées. Bourgault se contente tout au plus de déclarer qu'il souhaite « placer les membres en face de véritables choix qui menaçaient fort d'être déguisés au congrès[1] ». Mais lesquels ? Pour le public en général, ce n'est pas clair.

On comprend que Bourgault et ceux le suivant dans cette démission ont conclu, selon ce que rapporte alors un journaliste, « qu'il fallait immédiatement combattre les tendances anarchistes naissantes au sein du parti, la montée des intérêts personnels, autant électoraux qu'idéologiques, ainsi que la malhonnêteté foncière de certains cadres qui se préparent à prendre le pouvoir à Québec avec l'intention très nette de trahir un grand nombre des objectifs pour lesquels le RIN se bat depuis sept ans ». Mais encore ? Qu'est-ce à dire exactement ?

En fait, on en a une fois de plus contre l'attitude du clan Pouliot. Et en luttant ainsi contre Pouliot et ceux qu'il représente, on donne tout de même forcément un peu de crédit aux critiques qu'il formule.

Le jour précédant sa démission, soit le dimanche 24 septembre, Pierre Bourgault boude déjà les 800 convives du dîner anniversaire du RIN réunis à l'ampithéâtre Paul-Sauvé.

Le président du parti fait ainsi la gueule en avant-programme de sa démission, afin de manifester fermement sa désapprobation envers une décision du Conseil central du RIN, qu'il assimile à un vote de censure à l'endroit du comité exécutif national, dont il a en principe le contrôle.

Selon *Le Devoir*, ce désaccord de procédure est en fait un acte calculé servant « de prétexte pour forcer une prise de position sur toute la question des pouvoirs de la direction du parti », à l'occasion du congrès d'octobre[2]. En un mot, l'autorité de Bourgault est sérieusement remise en cause. Démocrate de principe, Bourgault n'en accepte pas moins difficilement en pratique qu'on critique son action. Pour lui, un parti démocratique, même s'il mise sur la collégialité, doit avoir un leader qui puisse affirmer et défendre avec assez de liberté une volonté commune qu'il se sent d'ailleurs assez souvent apte à représenter à lui seul !

En cette deuxième moitié de l'année 1967, Bourgault en est venu à considèrer que les structures d'origine du RIN ne conviennent plus à la formation qu'il préside.

Mais qu'est-ce qui a donc tant changé entre la naissance du RIN sous la forme d'un groupe de pression et son établissement comme parti politique ? En fait, à l'époque où le RIN était essentiellement dirigé depuis Montréal, il apparaissait facile aux membres de l'exécutif historique de faire triompher leurs idées. À mesure que le parti prend racine et s'organise dans les régions, l'exécutif montréalais affronte plus de résistance à l'égard de ses positions, ce qui n'est souvent pas commode…

Bourgault souhaite obtenir plus de pouvoirs pour l'exécutif du parti, c'est-à-dire pour les sept membres sur 29 que compte le Conseil central. S'il n'y parvient pas, soutient-il, le RIN va vite se trouver paralysé.

Dans ce parti où la discussion est toujours de mise, comme dans la plupart des formations de gauche, tous ne l'entendent bien sûr pas de cette façon.

Lui-même ancien président du parti, l'avocat Guy Pouliot, devenu vice-président, n'entend pas laisser Pierre Bourgault s'arroger plus de pouvoirs qu'il n'en exerce déjà. À son avis, Bourgault en mène d'ailleurs déjà beaucoup trop large !

En bon avocat, Pouliot constitue un dossier à charge contre Bourgault afin d'en mieux venir à bout. Il dénonce autant qu'il le peut le « culte de la personnalité Bourgault » dont le président, croit-il, est lui-même à l'origine. Pouliot l'accuse de surcroît d'avoir une conduite anarchique et indisciplinée à la tête du parti. Plus précisément, Pouliot accuse Bourgault d'avoir fait fi de plusieurs décisions du Conseil central, l'organe directeur le plus puissant du parti, ce qui, croit encore Pouliot, est tout à fait contraire à l'esprit même du RIN, « dont un des fondements est sa direction collégiale, puisque c'est une œuvre collective ».

Pouliot décoche des traits assassins. Il estime en définitive que Bourgault s'est montré un excellent président du RIN en 1964 et 1965. Il aurait été encore acceptable en 1966. Mais sa conduite serait devenue franchement blâmable à partir de 1967.

L'avocat en a assez. Plus qu'assez même. Il décide de se retirer de l'exécutif national. Il ne se représente pas au poste de vice-président et entend plutôt accorder son appui à la brûlante Andrée Ferretti pour ce poste. Ses déclarations à l'égard de Bourgault lui vaudront tout de même une motion de blâme…

Les 7 et 8 octobre, au congrès national du parti, Bourgault est réélu président, comme il fallait s'y attendre. Cinq des neuf candidats de son équipe sont aussi retenus par les militants.

Andrée Ferretti, elle, devient vice-présidente. Voici donc le feu et l'eau ; l'eau et le feu ! Cette nouvelle équipe aux caractères fortement antinomiques reçoit tout de même le mandat d'étudier et de favoriser le rapprochement de tous les indépendantistes, ce qui constitue une victoire pour les partisans de Bourgault. Ceux de Ferretti obtiennent en revanche du congrès que s'élabore une stratégie globale pour le parti afin qu'il soit structuré uniquement en fonction de l'intérêt des travailleurs. On adopte aussi, du même souffle, une politique d'action contre l'impérialisme américain.

Les réunions du Conseil central qui suivent cette réélection de Bourgault ne sont pas plus faciles à mener qu'auparavant. On y trouve plus que jamais en opposition la conception militante que symbolise Bourgault et la vision plus intellectuelle que représente Ferretti. Les luttes intestines sont nombreuses. On fait des reproches à l'équipe du journal *Le Bélier*, entre autres, qu'on accuse de critiquer sans cesse l'exécutif national. Des propositions de suspension ou d'expulsion sont à l'ordre du jour des différentes séances. Le 16 décembre, le climat est tellement houleux au Conseil central que Pierre Bourgault se retire de la présidence en raison de « l'esprit qui règne » et demande, toujours provocateur, à Andrée Ferretti de le remplacer, ce qu'elle refuse. Comme Bourgault rejette l'idée de réintégrer sa fonction au sein de cette assemblée, il décide tout simplement d'ajourner la réunion.

Pour s'éloigner des soubresauts de la vie politique, Bourgault se retire volontiers dans son appartement somptueux de la rue Tupper, situé près du Forum, dans l'ouest de Montréal. Et pour mieux se retrouver seul, il tient souvent portes ouvertes, ce qui peut sembler paradoxal à quiconque, sauf à lui bien sûr.

Sa résidence, belle et claire, se confond avec un lieu de rencontres plus ou moins officielles où s'écoulent, aussi bien le jour que la nuit, autant les fêtes et les réunions que la bière et le vin. On a surtout l'habitude d'y veiller tard, souvent jusqu'aux petites heures du matin.

L'appartement court sur deux étages. Il est ensoleillé, rempli de fleurs fraîches et de tableaux « qui révèlent un goût raffiné », écrit la journaliste Claude-Lyse Gagnon[3]. S'ajoute à ce décor sa passion voyante pour les animaux exotiques en général et pour les oiseaux en particulier. Comme il n'aime pas voir ses oiseaux en cage, il décide de les laisser tout bonnement libres dans son appartement. Pareille liberté provoque bien sûr quelques désagréments du côté de la propreté des lieux, un parti pris dont les conséquences iront d'ailleurs en s'aggravant à la fin de sa vie.

Les intérieurs d'un appartement sont pour lui matière à la distinction de soi. Bourgault, même en ses lieux intimes, se distingue. Pourtant, il est sans le sou depuis des années, aussi bien dire depuis toujours. Il affirme alors en entrevue qu'il ne gagne que 100 $ par semaine. « Mon appartement... c'est un ami du parti qui le met à ma disposition [4]. »

L'« ami » en question est en fait tout un groupe de soutien à Pierre Bourgault, groupe dans lequel le millionnaire et sympathisant indépendantiste Gilles Corbeil occupe une place prépondérante [5]. Selon Louise Latraverse et d'autres amis de l'époque, cet homme de culture aime beaucoup Pierre et lui vient volontiers en aide par l'entremise d'un fonds d'aide spécial [6].

Grâce à ce fonds dédié à Pierre Bourgault, des rinistes subviennent à une partie de ses besoins. Daniel Gadouas se souvient que les militants du RIN payaient encore certains de ses frais d'appartement, même quelque temps après la dissolution du parti en 1968. « Je me souviens que Pierre était alors rentré d'une réunion et m'avait dit que le RIN avait encore de l'argent pour le faire vivre encore un peu [7]. »

Tout n'est pas que politique chez Bourgault, même en cette époque d'intense activité partisane. Ses amitiés les plus vives ne gravitent pas dans la seule nébuleuse du RIN. Loin de là. Après avoir couru les réunions, les assemblées, les manifestations, Bourgault se retrouve souvent ailleurs, en d'autres milieux, avec des gens n'ayant absolument rien à voir avec ce monde politique qui est tout à fait le sien, sans pourtant l'être tout à fait exclusivement.

Seul, bien à l'écart du RIN, le voici qui vogue sur sa vie avec des amants de passage, des artistes – beaucoup d'artistes – et de jolies jeunes femmes dont il aime toujours la compagnie.

Bourgault mène sa vie dans différents espaces de relation soigneusement cloisonnés les uns par rapport aux autres. Ses amitiés comme ses intérêts sont souvent autonomes. Ils ne se croisent pas toujours autrement qu'à travers sa seule personne. La sphère de l'amitié intime, Bourgault la préserve d'ailleurs farouchement de la dévorante vie du parti.

En cette fin d'année 1967, sait-il déjà que d'ici quelques mois tout au plus, ses proches en politique, il ne les verra pour ainsi dire plus du tout? Chose certaine, il règne alors au sein du RIN un climat de tension qui n'annonce rien de bon. Ni dans l'immédiat, ni pour l'avenir. Lucide, Bourgault n'en est pas dupe. Au quotidien, il prend d'ailleurs dès lors quelque peu ses distances de la vie politique. Sait-il mieux que d'autres ce qui s'en vient?

À ceux qui veulent l'entendre, il affirme à ce moment qu'il écrit un livre et qu'il a besoin, pour cela, de se retirer un peu des devants de la scène politique. Un livre? Aux yeux de certains militants, ce projet un peu immatériel l'éloigne par trop du secrétariat du parti[8].

Sa secrétaire, Yolande Léger, affirme qu'« on le voit peu au bureau ». Pourquoi? Pierre Bourgault est souvent en « tournée », note-t-elle, ou alors il préfère tout simplement travailler chez lui. Elle ajoute enfin que lorsque le président du RIN « arrive à l'improviste à la permanence, il veut tout trouver en ordre[9] ».

« Son propre bureau est pourtant un capharnaüm », observe le méticuleux Pierre Renaud, qui se souvient d'y avoir retrouvé une multitude invraisemblable de factures impayées[10]. Au mur, derrière le bureau de Bourgault, se trouve une petite peinture d'un bateau stylisé voguant sur une mer bleue. Au bas, une devise latine : *Ad portum feliciter.*

Près ou loin du RIN, Bourgault n'en demeure pas moins d'avis qu'il offre une direction solide au parti. Il ne voit d'ailleurs qu'un seul homme capable d'assumer pareille fonction : lui.

Dans l'éventualité de plus en plus probable et souhaitable de voir apparaître un parti indépendantiste de coalition, Bourgault pense même qu'il faudrait « un seul chef » plutôt qu'une direction bicéphale. Mais il ajoute que cela ne l'empêche « pas d'appuyer la formule de la direction collégiale du RIN[11] ». Comprenne qui pourra.

Pendant ce temps, le Mouvement souveraineté-association (MSA) a terminé son incubation sous l'aile gauche du Parti libéral.

Le départ de René Lévesque, ministre influent, ancien journaliste vedette de Radio-Canada, lui assure un fort capital de sympathie auprès des indépendantistes. C'est la première fois qu'un homme aussi prestigieux manifeste son adhésion à l'idée de l'indépendance. La création du MSA, en novembre, affecte tout de suite le RIN. Le parti se vide de ses militants au profit du nouveau groupe. La nécessité stratégique d'unir les forces indépendantistes apparaît plus que jamais à l'ordre du jour.

Devant pareille montée d'enthousiasme pour les idées et la personne de René Lévesque, les chefs de file du RIN, André d'Allemagne et Pierre Bourgault en tête, ne pensent pas à se recroqueviller dans une politique du chacun pour soi. Analystes lucides de la situation, ils estiment que le mouvement indépendantiste n'a plus d'autre choix que de s'unifier. De gré ou de force, puisqu'il en va des possibilités de victoire de cette option. Le RIN doit donc s'intégrer au MSA de Lévesque, que celui-ci le veuille ou non.

Plusieurs membres de la direction du RIN ne se font pas d'illusion : si cette fusion ne réussit pas, il faudra que le RIN accepte de ne survivre que comme faire-valoir du MSA, au risque d'ailleurs de mourir quand même, épuisé, exsangue. En somme, le RIN doit rendre l'âme pour ne pas rendre les armes. Et il doit aussi, ce faisant, sauver la face.

Bien après ces événements, dans nombre d'entrevues et de textes, Bourgault lui-même prétendra qu'il a bien fallu saborder le RIN pour permettre l'unification des forces indépendantistes. Il répètera aussi qu'il a toujours été, d'un point de vue stratégique, favorable à cette union politique. Il ajoutera même, à l'occasion, qu'il n'y a pas eu en pratique d'autre choix possible. Or, dans les faits, tout ne se joue pas sous un éclairage aussi simple, comme on peut s'en douter.

À l'époque, la volonté de Bourgault d'unir toutes les diverses tendances du mouvement indépendantiste au sein d'un même parti apparaît quelque peu fluctuante. Chose certaine, Bourgault n'est alors certainement pas favorable à une union à tout prix de tous les indépendantistes, quoi qu'on ait pu en penser, quoi qu'il ait pu en dire après coup.

Tout au long de l'année 1967, soit peu de temps avant le sabordage du RIN, Bourgault refuse à plusieurs reprises d'unir ses forces à celles du Ralliement national (RN), tout en envoyant néanmoins des messages contradictoires à cet égard. Il n'a jamais été très enthousiaste à l'idée d'une union avec des indépendantistes de droite. À Rimouski, le 17 avril, il déclare que « le RIN étant un parti de cadres, un parti idéologique, il ne peut se permettre de s'effriter en acceptant en son sein d'autres tendances [12] ». L'affaire est classée d'avance, tranche Bourgault, qui indique en conclusion qu'il ne veut pas revenir sur cette question de fusion de deux partis indépendantistes !

Pourquoi ? D'abord parce que, raisonne-t-il, le RN n'est pas vraiment un parti qui poursuit l'objectif de l'indépendance, puisque plusieurs membres du RN avouent ne pas être indépendantistes [13]. Ensuite, il considère que puisque le RN s'inspire du créditisme, il charrie forcément une catastrophe avec lui, dans un Québec indépendant ou pas.

L'avocat Guy Pouliot, ancien président du RIN, se montre pour une fois d'accord avec Bourgault et s'avoue lui aussi fermement opposé à un rapprochement avec le RN. Le RN est, pour lui aussi, un parti naïf, rétrograde, bref insupportable.

Pour René Lévesque, politicien pragmatique ayant appris à la vieille école, cette alliance avec le RN apparaît en revanche plus facilement envisageable au grand jour. Lévesque cherche à faire augmenter les appuis à sa formation, tout en évitant d'y intégrer des gens susceptibles de lui faire de l'ombre quant à son emprise intellectuelle. Le RN, à cet égard, est tout à fait le bienvenu puisque Lévesque est sans conteste en mesure de le digérer sans problème.

Durant cette courte période si déterminante pour l'avenir du projet indépendantiste québécois, on change à maintes reprises d'idée et de discours au RIN quant à l'éventualité d'une fusion avec le MSA ou le RN. À la fin du printemps 1967, Bourgault revient d'abord sur l'idée qu'une fusion avec le RN n'est pas possible. Début juin, il annonce à Sept-Îles qu'il attend désormais incessamment un appel du chef du RN, l'ancien député créditiste Gilles Grégoire, afin de discuter « d'une fusion éventuelle des deux formations politiques [14] ». À peine deux mois plus tôt, avec sa meilleure verve de feu, Bourgault jugeait pourtant l'affaire tout à fait impensable et la condamnait d'avance !

Il faut dire que cette tentative d'union inattendue avec un parti auparavant vilipendé intervient après l'échec du RIN pour se rapprocher de certains intellectuels de gauche. Faute de choix et d'avenue plus à gauche, il faut donc changer son fusil d'épaule et faire contre mauvaise fortune bon cœur…

Marcel Chaput, tout naturellement, est chargé d'agir comme médiateur dans le cadre de la renaissance de ce projet d'arrimage du RIN avec le RN.

L'été passe. L'idée de cette union aussi. À la fin de la belle saison, Bourgault ne discute même plus de la question d'une alliance avec le RN, idée qui est d'ailleurs vaillamment combattue par le groupe de rinistes qui se reconnaît dans la pensée d'Andrée Ferretti. Le 23 septembre, le groupe Ferretti réussit à faire voter au Conseil central une proposition qui rejette une union éventuelle avec le RN. C'est le dernier clou planté dans le cercueil de ce projet mort-né.

Le 27 septembre, le journaliste Jean-V. Dufresne observe néanmoins que Pierre Bourgault, « pour sa part, estime qu'un rapprochement, sinon même une fusion avec le Ralliement national, est souhaitable [15] ». Mais après six mois d'efforts, l'aventure d'un regroupement se solde par un constat d'échec total.

Se joindre alors aux troupes de Lévesque, est-ce plus facile ? La pirouette idéologique pour en arriver là n'est certainement pas aussi complexe que celle qui était nécessaire à une union avec le RN. Et pourtant, ce n'est guère plus simple…

D'abord, que pense Bourgault d'une possible alliance avec le Mouvement souveraineté-association de Lévesque ? D'entrée de jeu, il entrevoit cette éventuelle union plutôt comme un phénomène de digestion organique où le RIN joue le rôle du prédateur. Bourgault ne manque jamais d'appétit pour son parti : il considère en effet que c'est au RIN d'absorber le jeune mouvement de Lévesque. Pas le contraire !

Depuis Sept-Îles où il effectue régulièrement des tournées, Bourgault déclare, le 26 octobre, « qu'il ne ménagerait rien » pour amener au RIN François Aquin et René Lévesque, les députés démissionnaires du Parti liberal. Il confie du même souffle qu'il s'entretient depuis longtemps avec François Aquin, mais qu'il n'a pas encore communiqué avec René Lévesque depuis que celui-ci a démissionné du Parti libéral[16]. Lévesque a démissionné le 14 octobre. Près de deux semaines ont alors passé.

Si Bourgault « ne ménagerait rien », comme il le déclare, pourquoi donc se ménage-t-il dans les faits à l'égard de Lévesque ? Qu'est-ce qui l'empêche, pour commencer, de soulever le combiné du téléphone et d'appeler Lévesque ? Rien, évidemment. Ou plutôt tout : entre Lévesque et lui, la communication, même téléphonique, n'est déjà guère envisageable. Entre eux, le torchon brûle depuis toujours. Les deux hommes ne s'entendent tout simplement pas.

François Aquin, cousin de l'écrivain et militant riniste Hubert Aquin, ancien président des Jeunesses libérales, a pour sa part quitté le parti le 3 août. Il siège désormais comme député indépendant. Une première dans l'histoire du Québec : un député indépendant et indépendantiste de surcroît. Avant que Lévesque ne quitte à son tour le Parti libéral, c'est vers François Aquin que les yeux se tournent. Certains l'imaginent même comme chef potentiel d'une nouvelle formation dont le noyau dur serait constitué par les effectifs du RIN. Même Bourgault semble lui tendre la main.

S'il ne parle guère de Lévesque en public, Bourgault ne tarit pas d'éloges au sujet de François Aquin. Pourtant, Aquin affirme ne l'avoir rencontré alors en tout et pour tout que cinq ou six fois[17].

« Voici un des Québécois les plus valables, les plus prometteurs. Intelligent, cultivé, brillant, dur, courageux, on peut le comparer avec les meilleurs politiciens européens, affirme Bourgault. C'est un homme d'opposition merveilleux et je crois qu'il pourrait devenir un chef de parti extraordinaire[18]. » C'est donc à François Aquin plutôt qu'à René Lévesque que Bourgault réserve sa meilleure attention.

Le 12 décembre, François Aquin accepte de prendre la parole à une assemblée du RIN au Centre Paul-Sauvé. Quelque 2 000 militants se sont rassemblés là.

Plus proche de Lévesque par nature que des rinistes, dont il partage néanmoins une certaine forme de radicalisme, Aquin insiste pendant son discours sur la nécessité de l'union de tous les indépendantistes [19]. Comme il l'expliquera un peu plus tard, dans la revue *Socialisme*, la « réunification ne constitue pas exclusivement, pour lui, à rassembler tout le monde derrière le même *chef*. Elle comporte le respect démocratique des différentes tendances. Elle n'est pas une tactique électorale, mais une valeur stratégique. En ce sens, la réunification se situe sur le plan des fins et non sur celui des moyens. [...] Ainsi peut-on créer un parti structuré, possédant le pluralisme d'un front et projetant une image aussi diversifiée que sera celle d'un Québec libre. »

Bourgault peut-il vraiment songer à Aquin comme leader de tous les indépendantistes ? Aquin montre dès le départ une très forte inclination envers le MSA, auquel il adhère en décembre 1967. À défaut de pouvoir souffrir Lévesque, Bourgault ne voit personne de mieux. Car pas question pour Bourgault de faire la courte échelle d'une quelconque façon à ce maudit René Lévesque !

Entre Lévesque et Bourgault, la concurrence s'annonce vive. Les deux hommes réclament en quelque sorte pour eux seuls l'amour et l'autorité que leur confèrent les militants.

Et entre les deux, le torchon brûle autant que jamais. Des éloges, le président du RIN n'en a jamais vraiment eus pour l'ancien ministre de Jean Lesage. Bourgault l'a presque toujours présenté plutôt comme une simple et triste illusion politique, une sorte de caution à un régime réactionnaire assez hypocrite pour se draper dans un manteau de vertu, comme il l'a déclaré à peu près en ces mots au *Devoir* en mai 1966.

Durant toute la campagne électorale de 1966, Lévesque a été traité sans ménagement par Bourgault. Le président du RIN l'a sans cesse présenté comme une simple caution de gauche pour les libéraux. À Sorel, devant des étudiants, Bourgault s'est même évertué tout particulièrement à démolir l'image de Lévesque, avec cette force de persuasion que tous lui reconnaissent :

> N'oublions jamais que malgré tout le bien qu'il a fait, M. Lévesque est aujourd'hui complice, par son silence, d'un parti qui pratique encore le patronage sur une haute échelle, qui favorise, dans le domaine de l'éducation, une petite minorité d'anglophones privilégiés, qui pratique une justice puni-

tive au lieu d'une justice de réadaptation, qui favorise les grandes concentrations au lieu d'aider les
régions sous-développées, qui méprise les jeunes tout
en leur faisant la cour, qui enfin s'est voté une loi
électorale d'une iniquité telle qu'elle coupe au RIN
tous les moyens de se faire entendre tout en permettant au Parti libéral de dépenser des millions de dollars à même les fonds de l'État. La complicité de
M. Lévesque devient insoutenable [20].

À la fin de septembre 1967, en réponse au journal *La Patrie*
lui demandant ce qu'il pense de René Lévesque, Bourgault se
montre encore plus dur que jamais à son endroit, voire mesquin.
Sa déclaration ne comporte pas la moindre ambiguïté. Lévesque,
affirme-t-il, « est un velléitaire. C'est le plus beau ballon que le
Québec ait eu. En somme, l'un des hommes les moins intéressants.
Il avait un certain talent des foules, mais c'est tout. Il a raté le
bateau. Intellectuellement, c'est un homme désorganisé, fuyant les
responsabilités, même celles qu'il se crée, et, comme un pantin,
marchant avec petit bruit, sans avancer [21]. »

Bourgault insistera plus tard pour dire que ses commentaires à
La Patrie ont été faits trois semaines avant que Lévesque ne quitte
le Parti libéral... Bourgault, tout à fait convaincu que Lévesque ne
quitterait pas le nid libéral, aurait alors chargé le portrait et se serait
montré accusateur jusqu'à l'outrance afin de mieux combattre un
adversaire. Grave, très grave erreur d'anticipation !

Lévesque n'est plus au Parti libéral. Et il est en fait plus populaire que jamais. La déclaration à l'emporte-pièce de Bourgault
à son égard, loin d'être de celles qui se rattrapent en un tour de
main, n'offre en fait aucune prise à des modulations. Elle s'imprime
plutôt dans le présent comme des dents dans la chair fraîche.

Les blessures infligées par Bourgault à l'image de Lévesque ne
s'arrêtent pas à cette seule déclaration musclée. Il s'agit là seulement
du dernier coup – peut-être le plus sévère – de ceux qu'a portés
contre lui Bourgault depuis qu'il se trouve à la tête du RIN.

Pareilles critiques, renouvelées dans le temps, laissent des traces
dans les consciences. Et négliger tout à fait pareilles attaques

acérées, surtout lorsqu'on s'appelle René Lévesque, n'est pas chose aisée. Le fiel des insultes finit évidemment par laisser sa trace.

Comment s'approcher de Lévesque alors qu'on l'a autant mis à distance de soi ? Et comment le faire lorsqu'on sait en plus que Lévesque n'apprécie pas particulièrement les gens du RIN, qu'il tient en quelque sorte pour des têtes brûlées ?

À l'automne 1967, après une tournée sur la Côte-Nord et un bref séjour dans les Cantons-de-l'Est, Pierre Bourgault ne fait toujours pas d'une communication avec René Lévesque sa priorité. Quand tendra-t-il publiquement une perche à Lévesque ? Nul ne semble le savoir. En vérité, lui-même l'ignore.

Alors que la table semble mise pour un rendez-vous historique avec Lévesque, un des hommes politiques les plus populaires du Québec, Bourgault s'intéresse plutôt, comme on l'a vu, aux bienfaits éventuels qu'aurait pour le RIN une tournée de promotion qui ferait suite à la visite du général de Gaulle.

Qu'importe Lévesque ! Bourgault s'envole finalement pour Paris le 13 novembre, accompagné par Pierre Renaud et Roger Turgeon. « Un de nos militants, en séjour à Paris, avait organisé la tournée et notre calendrier était déjà rempli d'assemblées publiques et de rencontres de toutes sortes », explique Bourgault [22]. Tout est à se jouer au Québec et Bourgault part en France !

À son arrivée dans la capitale française, le président du RIN déclare devant des journalistes qu'il compte s'entretenir avec des ministres du cabinet français. Des entretiens, précise-t-il, qui seront « secrets et discrets [23] ». Voilà de la pure poudre jetée aux yeux des médias : des entretiens de ce type, il n'y en aura tout simplement aucun parce que rien de tel n'a pu ni ne peut être organisé. Bourgault et les siens ont beau penser que de Gaulle leur a donné un passeport pour entrer dans l'histoire, ils ne sont en vérité que des touristes québécois en France. N'entre pas qui veut dans l'arène de la politique française. Que peut bien espérer Bourgault de cette visite ? Écoutons-le :

> Le but de mon voyage est de rencontrer le plus grand nombre de notabilités politiques françaises, qu'elles appartiennent à la majorité ou à l'opposition, afin de leur expliquer les raisons de notre lutte et leur

dépeindre la situation actuelle du Québec. Je souhaite également parvenir à les intéresser à ce problème dont la France ne soupçonne peut-être pas l'importance et éliminer les malentendus et les méconnaissances qui peuvent exister à ce propos. Si des élections avaient lieu actuellement, je pense que les partis favorables à l'indépendance du Québec obtiendraient environ 25 % des voix, ce qui me permet d'envisager avec optimisme les résultats d'une consultation électorale ultérieure, qui peut-être aura lieu en 1970 [24].

À Orly, le trio riniste fait l'objet d'une « réception semi-officielle », dira Bourgault. À Paris, la délégation riniste s'installe à l'hôtel Castiglione, 40 rue du Faubourg Saint-Honoré, juste à côté de l'ambassade britannique et du Jardin des Tuileries, à deux pas de l'Élysée. Bourgault se souvient alors un peu de Paris pour y avoir séjourné sept ans plus tôt.

Au cœur de cette opération de charme, Renaud et Bourgault tentent de se faire voir le plus possible. De son côté, Turgeon apparaît surtout préoccupé par l'organisation matérielle française, dont il ne se lasse pas de commenter, à table notamment, les déficiences de tout ordre, en particulier en regard de la plomberie [25]... Cette perspective pour le moins étroite sur la société française étonne puis finit par beaucoup amuser Renaud et Bourgault.

Que réalise exactement le trio en France ? Voit-il au moins des personnages influents comme il le souhaite ? Bourgault affirme avoir téléphoné à l'hôtel George V, où séjourne Robert Kennedy, frère du président assassiné, afin d'obtenir un entretien. Son secrétaire, Pierre Salinger, lui aurait affirmé que Kennedy le rappellerait dans les semaines qui viennent. Est-ce vrai ? Se souvenant de l'affaire, Bourgault dira plus tard que cet entretien promis n'avait finalement pas été possible, puisque Kennedy a été assassiné peu de temps après [26]. Pourtant, Kennedy trouva la mort le 5 juin 1968, lors de la campagne d'investiture démocrate, alors qu'il venait de remporter les primaires en Californie, soit plus de six mois après que Bourgault eut en principe parlé à son secrétaire. Le retour d'appel aurait-il donc pris plus de six mois ? Il semble ici que Bourgault reconstruise quelque peu l'histoire, comme il le fait à l'occasion, tout en établissant du même souffle des éléments propres à entretenir sa légende.

En France comme en Belgique, durant un séjour de deux semaines, Bourgault ne rencontre en vérité pas la moindre figure politique majeure.

Il prononce toutefois plusieurs conférences devant différents groupes, un peu partout, afin de mieux faire connaître « les aspirations du peuple du Québec à une indépendance totale ». Beaucoup de Québécois installés en France viennent alors l'entendre avec plaisir, tout comme, bien sûr, des Français.

Bourgault assiste aussi, en compagnie de Pierre Renaud, à une petite réunion privée de journalistes. « Grâce à Jean-Philippe Caudron, un ami journaliste qui travaille à *La Vie catholique*, nous avons organisé cette rencontre d'une dizaine de journalistes », explique Danièle Cordeau qui, déjà installée à Paris, accompagne alors la délégation du RIN dans ses pérégrinations. La rencontre avec les journalistes a lieu chez Caudron lui-même, qui se promettra ensuite, vu la vigueur des échanges, de ne plus jamais prêter son logis pour un jeu pareil !

Durant la soirée, l'incendie éclate entre les rinistes et Claude Julien, alors une signature importante dans les pages internationales du quotidien *Le Monde*. En France, Julien s'est imposé comme spécialiste de l'Amérique du Nord dans la foulée de la publication de livres qui retracent l'évolution de ces sociétés. Farouchement opposé à l'indépendance du Québec, concevant le Canada comme une importante et nécessaire base de résistance à l'impérialisme américain, Claude Julien tient tête aux rinistes. Admirateur de Pierre Elliott Trudeau, Julien exaspère particulièrement Pierre Renaud, jusqu'à lui faire perdre contenance. Renaud s'emporte devant ce pontifiant qui s'apprête alors à publier *L'Empire américain*, son livre le plus connu. « On est venu ici pour vous informer, dit-il, pas pour avoir votre approbation [27] ! » Renaud finit par sortir tout à fait de ses gonds et sert à Julien quelques paroles pour le moins agressives. Peu habitué à de telles entraves au protocole, Julien exige des excuses sur-le-champ, tandis que Renaud n'en démord pas. On voit d'ici le tableau !

Pour désamorcer la crise, Bourgault se contente de dire à Julien qu'au fond ce n'est pas grave : il peut bien s'opposer autant qu'il le veut à l'indépendance du Québec, puisqu'elle se fera sans lui ! Et tout s'arrange assez entre Julien et les rinistes pour qu'ils puissent se retrouver ailleurs bons ennemis.

Durant le séjour européen des rinistes, Julien et Bourgault débattent en public à Lyon, en compagnie de l'éditeur et écrivain Yves Berger. Figure de proue des Éditions Grasset, Berger se fait alors en France, avec sa langue chantante du sud pétrie de plus-que-parfait du subjonctif, l'ardent défenseur des indépendantistes québécois. Le trio débat devant une assemblée composée essentiellement d'étudiants d'université.

Le 17 novembre, Bourgault s'adresse à 150 personnes à Paris, dont plusieurs jeunes Québécois. Sa conférence se déroule sous les auspices du club Gaullisme et prospective. Bourgault parle alors pendant plus d'une heure. Il n'hésite pas à affirmer que Charles de Gaulle est « l'homme d'État le plus prestigieux de notre époque », ce qui ne manque pas de plaire à cet auditoire très partisan du général.

À la suite de sa prestation, l'Agence France-Presse observe que Bourgault est « doué d'un indéniable talent d'orateur ». La dépêche s'attarde au style du jeune politicien, ce qui indique à quel point celui-ci a touché l'esprit du journaliste : « Bien que son style soit sobre, M. Bourgault sait aussi s'exprimer par de larges gestes, des éclats de voix soigneusement mesurés. »

L'étonnante facilité avec laquelle Bourgault navigue dans les milieux français étonne jusqu'à Pierre Renaud, qui le connaît pourtant bien. « Son éloquence était aussi évidente en Europe qu'au Québec, explique-t-il. Au départ, je ne m'imaginais pas que ce serait ainsi. C'était surprenant. Il faisait rire les auditoires et les captivait [28]. »

Un autre soir, la délégation du RIN se retrouve dans le salon cossu d'une aristocrate du chic XVIᵉ arrondissement de Paris. Il y a là une brochette d'individus ayant l'habitude, entre eux, des dîners en ville : de l'extraction de noblesse, des militaires haut gradés, des membres de la très digne et unique société bourgeoise parisienne. « Grand salon, meubles d'époque, étiquette rigide, élégance raffinée et simple de la maîtresse de maison. Il y avait là près de 125 personnes, se souvient Bourgault. [...] Mon discours dut avoir quelque portée car, après l'assemblée, Monsieur de Rieu s'approcha de moi pour me dire : "Monsieur, nous n'avons plus d'orateur comme vous en France." [29]. »

Bourgault s'empresse de corriger ce monsieur de Rieu et de le ramener vers cette figure qu'il admire et qui, pour l'instant, le sert plus qu'il ne pourrait l'espérer : « Mais si, monsieur, il vous en reste *un* », rétorque-t-il : « De Gaulle ! »

Toujours avec le nom du général à la bouche, Bourgault se retrouve le lendemain chez Drouant, à l'invitation de membres du conseil municipal de Paris. La politique n'est pas forcément au menu du prestigieux restaurant. « La bonne chère et le vin aidant, nous eûmes tôt fait de nous lier d'amitié, résume Bourgault. Ce qui devait être une rencontre très officielle tourna bientôt à la réunion amicale, ce qui, en politique, apporte des résultats beaucoup plus positifs. Je crois même que nous avons parlé de fesses [30]. »

Bien sûr, le gouvernement canadien s'inquiète de cette mission des indépendantistes. Son représentant, Auguste Choquette, s'engage à contrôler quelque peu les efforts diplomatiques du RIN en France. Le très fédéraliste Choquette n'a rien pour plaire à Bourgault, ne serait-ce que parce qu'il est un chaud partisan de la peine de mort. En accord avec le programme du RIN, Bourgault a déjà manifesté bruyamment sa désapprobation de la peine capitale jusque devant le palais de justice de Montréal [31]. À Paris, Bourgault refuse tout net de rencontrer Choquette qui ne cesse pas pour autant de le talonner tout au long du séjour des rinistes.

Quelques rencontres sont toutefois intéressantes. Bourgaut voit les dirigeants du club Jean-Moulin, a une brève conversation avec Michel Poniatowski, bras droit de Valéry Giscard d'Estaing, rencontre Jacques Berque, un des principaux penseurs de la décolonisation, et dîne chez le sociologue Edgar Morin. Pas mal, même si les vrais hommes du pouvoir politique font défaut à l'agenda.

Bien que le président du RIN prenne la parole à Paris, Louvain, Grenoble, Rouen et Lyon durant ce séjour, le succès de la tournée demeure fort modeste. Les représentants du RIN éprouvent notamment toutes les difficultés du monde à se faire entendre à la radio ou à la télévision française. Et, bien sûr, point de campagne d'information politique moderne sans ces médias. « Nous étions une patate chaude et personne n'osait prendre le risque de nous manipuler publiquement », écrit Bourgault[32].

Le président du RIN obtient finalement en France une seule entrevue radiophonique de fond. Un fonctionnaire du ministère des Affaires étrangères au Quai d'Orsay, sensible à la question du Québec, lui permet *in extremis*, grâce à ses contacts, d'être entendu sur les ondes. Bourgault prend alors la parole en compagnie de Pierre Renaud devant les micros de la radio Europe 1. Que disent-ils ? Le ton de l'entrevue est triomphaliste. L'indépendance arrivera bientôt ! Quand ? Plus tôt qu'on ne le croit ! Grâce à l'indépendance, résument-ils, les Québécois pourront s'extraire d'un système de domination.

Comble de malchance, Bourgault tombe malade durant le séjour. Une vilaine grippe, accompagnée d'un début d'extinction de voix, le rend plus impossible que jamais.

> Bourgault dramatisait tout beaucoup, se souvient Pierre Renaud. Il a alors fait une crise, disant qu'il ne pouvait plus continuer, que je devais le remplacer, et tout et tout… Il était dans sa chambre, les rideaux tirés, pâle, abattu, comme s'il allait mourir à l'instant. Je suis donc allé un jour à sa place pour une quelconque émission de ligne ouverte à la radio, avant que tout ne rentre finalement dans l'ordre[33].

De petits succès mais surtout de grosses ambitions nourrissent ce voyage. Le trio riniste croit tellement à l'importance de sa mission en Europe qu'il décide, en cours de route, de prolonger le voyage d'une semaine ! Les délégués du RIN ne rentrent finalement à Montréal que le 4 décembre.

À Montréal, pendant ce temps, tout s'agite plus que jamais autour du groupe de René Lévesque. C'est bien à Montréal, et non à Paris, qu'est en train de se jouer l'avenir immédiat du mouvement indépendantiste québécois.

Quoi de neuf du côté d'une alliance possible entre le RIN et les partisans de l'ancien ministre libéral ? Toujours rien de bien concret, même si, depuis Paris, Bourgault affirme encore à des journalistes qu'il travaille à cette alliance[34]. Au journal de gauche *Combat*, Bourgault déclare en effet que des pourparlers sont alors en cours entre Lévesque et le RIN. Il soutient en outre qu'il a récemment rencontré René Lévesque pour discuter d'une éventuelle fusion du RIN avec le MSA[35]. Mais quand donc, en fait ?

Dès son retour à Montréal, Bourgault continue de se montrer absolument convaincu que la fusion des forces indépendantistes est nécessaire, même si les résultats tardent à cet égard. Le RIN, explique-t-il, est prêt à « élargir les corridors » afin de réaliser l'unité le plus rapidement possible. Bourgault compte alors rencontrer Lévesque d'ici quelques jours pour poursuivre, dit-il, la conversation qu'il a eue avec l'ancien ministre avant son départ pour l'Europe. Bourgault a-t-il vraiment vu Lévesque avant de partir, comme il l'affirme ? Pierre Renaud se souvient en tout cas d'une rencontre où Lévesque était arrivé plusieurs heures en retard, tout en ne prêtant que peu d'attention à la conversation. « Il avait noté quelques éléments sur son paquet de cigarettes, ce qui donnait vraiment l'impression que ce que nous disions ne valait rien. Bourgault en était furieux ! Je pense que c'est d'ailleurs ce que souhaitait Lévesque, qui est reparti très rapidement[36]. »

Les médias évoquent alors surtout le fait que Bourgault aurait qualifié Lévesque de « croulant ». Bourgault réplique prestement et tente de corriger le tir : « Je n'ai jamais dit cela. Je pense au contraire, et je l'ai dit là-bas [en France], que René Lévesque est l'homme fort du Québec...[37] » Mais en vain. Le mal est fait. Une fois de plus.

Dans *Le Devoir*, Michel Roy souligne que par tempérament, les deux hommes ne sont pas faits pour s'entendre. Lévesque, écrit-il, se méfie « de l'action impétueuse et du radicalisme verbal de son jeune collègue dont les dons d'orateur, parmi les plus riches dans toute l'histoire politique du Québec, lui permettent de conquérir et de rallier à ses points de vue non seulement une foule, mais encore un groupe de militants bien informés et au départ sceptiques à son endroit[38]. »

La première grande réunion régionale du mouvement de Lévesque se tient dans le fief électoral même de Bourgault : Sept-Îles. Le samedi 9 décembre, à l'issue d'une allocution prononcée devant les militants réunis au Centre récréatif de Sept-Îles, François Aquin annonce qu'il se joint au mouvement de son ex-collègue libéral. Le cousin d'Hubert Aquin déclare alors qu'« il n'y a qu'un homme qui peut prendre la direction du grand parti qui, demain, fera un Québec indépendant, un Québec renouvelé et fraternel, et cet homme c'est René Lévesque ». Aquin affirme du même souffle qu'il souhaite que des négociations soient entreprises avec le RIN[39].

Malgré les tensions entre Lévesque et Bourgault, des entretiens ont bel et bien lieu. La première rencontre entre les comités exécutifs des deux formations se tient le 28 décembre 1967. D'autres se déroulent au début de l'année suivante. Le 3 janvier 1968, le comité exécutif du RIN mandate Pierre Bourgault, Andrée Ferretti, Pierre Renaud, Jean-Pierre Bourgeau et Gabriel Rufiange pour représenter le RIN devant le MSA.

Comme si les tensions entre Lévesque et Bourgault ne suffisaient pas, il s'avère aussi qu'elles sont de plus en plus vives, à l'intérieur même du RIN, entre Bourgault et Ferretti !

Le 23 janvier, lors d'une rencontre de l'exécutif du RIN, l'opposition entre les perspectives de Bourgault et celles de Ferretti apparaît à nouveau au grand jour. La *passionaria* de l'indépendance argumente en faveur d'une représentation variée des points de vue dans le journal du RIN. Bourgault continue de penser, comme au temps où il en assurait la rédaction, que l'organe de communication du parti doit servir à diffuser sa position officielle seulement. Puis, le 6 février, dans une lettre ouverte, Andrée Ferretti accuse le comité exécutif, notamment Pierre Bourgault, de ne souhaiter que le sabordage pur et simple du RIN au seul profit du MSA, sans aucune négociation réelle préalable. À partir de là, les demandes d'expulsion et les accusations lancées de part et d'autre sont si nombreuses au RIN qu'on décide de tenir un congrès spécial les 30 et 31 mars 1968.

En février, alors que le RIN continue officiellement de travailler à un rapprochement avec le MSA, Bourgault semble une fois de plus torpiller le projet par son manque de retenue. Il critique à nouveau durement Lévesque sur la scène publique. Il lui reproche cette fois de soulager la peur des gens tout en jouant avec celle-ci.

Aux yeux du président du RIN, il faut agir autrement que ne le fait Lévesque. « Il ne faut pas ménager les gens. Il faut dire ce qu'on veut faire et non tenter de s'attirer tout le monde par des formules imprécises. » En somme, « on ne fera pas l'indépendance tant qu'on n'aura pas vaincu leurs craintes ».

Bourgault fait cette déclaration à l'occasion d'une réunion d'une trentaine de membres du RIN, qui proposent de tenir, le plus rapidement possible, un congrès auquel le MSA serait invité à titre d'observateur, afin qu'une décision soit prise au sujet de la fusion entre les deux groupes. De l'avis des militants, les négociations avec le MSA traînent en longueur[40]. Une enquête menée par le journal *L'Indépendance* auprès de 584 répondants du RIN montre pourtant que 91 % d'entre eux souhaitent une fusion avec le MSA.

Selon ce que rapporte *Le Devoir*, il y aurait alors deux problèmes qui permettent à Bourgault d'expliquer sur quoi butent les négociations avec le MSA : l'unilinguisme français et l'union monétaire. « Le président du RIN, observe le quotidien, s'est dit d'avis que M. Lévesque pourrait être opposé à l'unilinguisme français[41]. » Une question tout à fait fondamentale pour les rinistes, qui ne cessent de rappeler à quel point un peuple doit pouvoir vivre et travailler dans la langue de sa majorité.

En ce début février, Bourgault doit évidemment faire marche arrière une fois de plus au sujet de Lévesque. Il se voit pressé de rectifier le tir, dans l'espoir que le MSA en vienne au plus vite à se rapprocher du RIN. « Je regrette l'interprétation qu'on a faite dans la presse de ce que j'ai dit de l'action de René Lévesque, dit-il. [...] Je n'ai fait que discuter un moyen d'action en soulignant que celui du RIN me semblait plus efficace[42]. » Mais ce nouveau signal public d'une incompréhension mutuelle n'est sans doute pas plus susceptible d'attendrir Lévesque à l'endroit de la tête d'affiche du RIN que ne l'ont fait ceux émis précédemment.

À Québec, le 17 février 1968, Bourgault propose que le Conseil central du RIN endosse le principe de former une alliance immédiate mais temporaire avec le MSA que dirige Lévesque.

Au même moment, le torchon brûle plus que jamais entre les partisans d'Andrée Ferretti et ceux de Pierre Bourgault. Ferretti carbure à un indépendantisme nourri de la lecture de nombre d'intellectuels de gauche, européens et autres. Bourgault estime tout simplement que ces lectures sont mal assimilées. Il déplore les emportements de cette militante énergique à la parole prolixe. À son sens, Andrée Ferretti perd trop souvent contact avec la réalité.

Les partisans d'Andrée Ferretti, assimilés à la « gauche doctrinaire », jugent rétrograde le point de vue de la « gauche réaliste », représentée par les partisans de Bourgault. Ferretti réclame sur la place publique que le RIN se radicalise et se montre résolument socialiste[43]. Walter O'Leary, ancien militant d'extrême droite comme son frère Dostaler, est de ceux qui, avec Andrée Ferretti, réclament la tenue d'un congrès spécial du RIN en 1968 afin de porter le parti plus à gauche[44].

Les discussions sur la fusion avec le MSA exacerbent plus que jamais ce conflit d'idéologies au moins autant que de personnalités[45]. Bourgault déclare que la seule présence d'Andrée Ferretti dans le contexte des négociations avec le MSA suffit à menacer jusqu'à l'existence même du RIN. Il est sans appel : « Il est impossible de tenir en vie le parti le temps que dureront les négociations et de le faire fonctionner tant que Mme Ferretti sera là[46]. »

Cette fraction plus à gauche du RIN refuse catégoriquement la fusion avec le MSA telle qu'elle se présente. À ses yeux, le RIN ne doit faire aucune concession sur son programme, dans le cadre des négociations devant conduire à ce regroupement des forces.

Andrée Ferretti, forte en gueule, prend plus de place que jamais. Comment parler raisonnablement d'une fusion avec un autre groupe lorsque la vice-présidente du RIN se montre publiquement et farouchement opposée à une entreprise pareille ?

Devant des militants montréalais, au début de février, Bourgault déclare : « Moi, et je n'ai pas peur de le dire, je favorise et privilégie une fusion parce que, sur le plan pratique, il n'y a véritablement pas d'autre solution[47]. » Le 8 mars, à l'occasion d'une conférence de presse, il déclare à nouveau qu'il est urgent de regrouper les forces indépendantistes.

Bourgault considère que ce rapprochement définitif avec le MSA se justifie pour trois raisons. D'abord, il croit que cela éliminerait les flottements entre les deux mouvements et rendrait les indépendantistes plus forts. Ensuite, il considère l'avantage de mener des batailles ensemble. Enfin, à défaut d'une fusion complète, il considère qu'un front commun permettrait de jeter les bases d'une future union permanente [48].

Sur la place publique, le projet de fusion continue d'apparaître sans cesse brouillé, tant en raison des déclarations contradictoires de Bourgault lui-même que de la vive querelle interne qui secoue le RIN. À ce propos, *Le Devoir* va jusqu'à parler d'une « guerre déclarée entre Bourgault et Ferretti ».

André d'Allemagne se voit forcé d'intervenir dans le débat pour calmer le jeu. Il rédige un document interne intitulé *La crise du RIN*, lequel sera ensuite repris dans le journal *L'Indépendance* sous un titre évocateur : « La griserie des mots nous entraîne loin de la réalité ». D'Allemagne y dénonce notamment les cadres d'analyse préfabriqués, inspirés du marxisme, que tentent de plaquer sur le RIN certains de ses militants, tout en rejetant l'idée, comme l'a fait Bourgault, que le parti soit strictement celui des travailleurs. Il s'en prend aussi nommément à Andrée Ferretti et à sa cour, utilisant à leur sujet des qualificatifs comme « doctrinaire » et « utopique ». Au nom du réalisme québécois que représente à ses yeux Bourgault, André d'Allemagne entend se présenter à la vice-présidence du RIN, contre Andrée Ferretti, afin de dénouer l'imbroglio.

La guerre est donc officielle. Les déclarations et les communiqués fusent. À Sherbrooke, Bourgault affirme que la vice-présidente du RIN paralyse l'action du parti par son manque total de sens des responsabilités, son sabotage des assemblées et son mépris du programme du RIN, qu'« elle traîne comme un torchon ». Les membres du RIN devront faire un choix, dit-il, lors du congrès spécial des 30 et 31 mars. Monté sur sa superbe, Bourgault lance, sûr de lui : « Ce sera elle ou moi [49]. »

Pendant les semaines qui précèdent ce congrès spécial, la querelle ne cesse de s'envenimer entre les deux factions. Et cela, à l'évidence, épuise beaucoup l'énergie de Bourgault. Début mars, à l'issue d'une réunion tenue à huis clos à Chicoutimi, Bourgault tance encore Ferretti : « Si Mme Ferretti ne se présente pas après toute la campagne qu'elle a menée contre moi depuis plus d'un an, elle est une lâche [50]. »

Le 16 mars, une réunion du Conseil central précipite les choses. À l'ordre du jour : la reconnaissance d'une nouvelle région pour le RIN, celle de la Côte-Nord. Il y a égalité des votes entre les partisans de Bourgault, qui approuvent la proposition de reconnaissance, et ceux de Ferretti, qui la rejettent puisqu'elle menace, entre autres choses, de favoriser désormais l'autre clan. Le président ne peut trancher, selon les règles en vigueur, et sollicite donc une réunion d'urgence du comité directeur pour résoudre le problème. Protestations et chahut accueillent sa demande. La réunion tourne au vinaigre. Bourgault menace les opposants de destitution s'ils quittent la réunion du Conseil central, ce qui ne manque alors évidemment pas d'arriver ! Quatre opposants se lèvent et partent. Le quorum fait donc défaut. Comment continuer ? On suspend la tenue de cette réunion du Conseil central pour la transformer immédiatement en réunion du comité exécutif, où le quorum est cette fois possible puisque quatre des membres sont là. À ce petit jeu, on finit par s'embrouiller quelque peu, jusqu'à reformer une réunion du Conseil central plus tard en soirée... Et, de fil en aiguille, Bourgault finit par en arriver à ses fins. Mais au prix de quels efforts !

Le lendemain, dans une lettre, le président du RIN explique aux membres qu'on a tout de même fini par avancer lors de cette réunion, puisque, dit-il, des décisions devaient être prises à tout prix pour le congrès spécial. « Nous avons cru de notre devoir de continuer la réunion du comité directeur et de prendre les décisions qui s'imposaient », résume-t-il en substance.

Voilà qui en est trop pour Andrée Ferretti et les siens. Le 18 mars, à l'occasion d'une conférence de presse qu'elle a convoquée, Andrée Ferretti dénonce les dirigeants du RIN et annonce qu'elle démissionne. Walter O'Leary, Gabriel Rufiange, Laurent Bourdon, Marcel Desjardins, Michel-Guy Huot et d'autres encore lui emboîtent le pas. Au bout du compte, les démissionnaires de la faction Ferretti sont moins d'une centaine.

À la fin du mois, lors du congrès spécial qui se tient à Longueuil, les rinistes réélisent Pierre Bourgault comme président. Et André d'Allemagne, le père fondateur, affirme alors que le parti a su enfin recréer son unité au centre gauche.

Pour les indépendantistes autant que pour les fédéralistes, beaucoup de choses se mettent en place en ce printemps 1968, en particulier dans les tout premiers jours du mois de juin. Il n'est pas exagéré en fait d'affirmer que ces jours-là comptent parmi les plus déterminants de toute l'histoire du pays. Ce que sera le Canada pour les années à venir se joue en effet alors en condensé dans le destin de quelques hommes emblématiques, dont les idées s'entrechoquent pour donner lieu à la mise en place d'un nouvel échiquier politique.

Il y a tout d'abord, le 8 juin, André Laurendeau qui s'effondre, victime d'une rupture d'anévrisme. À la suite de son décès, la commission Laurendeau-Dunton est assez vite aiguillée sur une voie de garage. La politique de reconnaissance nationale du Québec, que souhaitait Laurendeau, au sein d'un Canada biculturel et bilingue est définitivement abandonnée. Cela conduit Claude Ryan à parler plus tard, à juste titre, du « rêve trahi » de Laurendeau. Au même moment, la montée irrésistible de la trudeaumanie annonce déjà de toute façon l'enterrement à plus ou moins court terme des idées de Laurendeau sur la scène fédérale. D'ailleurs, il n'est pas dit que Laurendeau lui-même ne se montre pas excessivement confiant en Trudeau [51].

Le Canada que souhaite l'aspirant premier ministre est unitaire et fondé sur un culte de l'individu qui est ancré à un appareillage juridique de plus en plus mis en valeur. Le concept de biculturalisme de Laurendeau, qui s'appuie sur une approche sociologique du Canada, est battu en brèche par le multiculturalisme juridique à la Trudeau, dont un des effets pervers est la folklorisation de toutes les identités culturelles au profit de la création d'une nouvelle identité pancanadienne.

Pour le président du RIN, les vues de Laurendeau continuent d'être une chimère de Canadien français et celles de Trudeau demeurent une insulte faite aux aspirations légitimes des Québécois.

Les élections fédérales doivent se tenir le 25 juin. Tout le monde tient déjà Pierre Trudeau pour le nouveau premier ministre.

En parallèle à ce branle-bas fédéraliste, le RIN, le RN et le MSA tentent tant bien que mal d'opérer une fusion pour créer un nouveau parti indépendantiste qui soit capable de mener une vraie lutte contre les vieux partis fédéralistes. C'est en somme la genèse du Parti québécois qui s'établit.

Toutes ces tractations dans la politique québécoise du printemps 1968 sont à situer dans le cadre beaucoup plus large de l'agitation et des revendications sociopolitiques qui se manifestent à l'échelle de la planète. Partout, la contestation des structures politiques est vive, voire omniprésente. Le printemps 1968 est fortement marqué par les révoltes étudiantes en Europe. La jeunesse gronde et se fait entendre comme jamais. Paris connaît un mois de mai révolutionnaire où les étudiants s'unissent à un vaste mouvement de grèves. En Belgique, les revendications prennent une teneur linguistique. Dans le pays voisin, en Hollande, les *provos* en jeans blanc continuent de dénoncer violemment la « culture de consommation » et les piliers de l'ordre religieux et politique qui maintiennent la société en place par un processus de reproduction bien établi. Dans les pays du bloc de l'Est, le soulèvement de Prague laisse entendre que même un rideau de fer n'est pas assez solide pour masquer les aspirations populaires qui se font jour partout. En Amérique latine, la mort de Che Guevara, l'année précédente, n'a pas ralenti l'affrontement idéologique qui se joue sur le continent, du Chili jusqu'au Mexique. Même le Japon est touché ! La répression, partout considérable, donne la mesure du désarroi qui s'installe dans l'ordre des choses.

En Amérique du Nord, toute une nouvelle génération qui croit à la paix, à l'amour et au bonheur des yeux rêveurs et des cheveux longs se dresse contre le napalm au Vietnam, pour la marijuana, pour le bannissement de toutes les guerres et pour l'amour universel.

Le Québec n'est pas en reste. À l'École des beaux-arts de Montréal notamment, on tente alors de nouvelles expériences qui déboucheront, en octobre, sur l'occupation par les étudiants des locaux de l'établissement et sur la fondation de la République des beaux-arts. Avec les grosses presses des ateliers de l'école, on imprime des tracts pour nombre de groupes de gauche, y compris le FLQ, dont l'action s'est nettement radicalisée depuis 1966. L'Université libre d'art quotidien se met en place. Les étudiants montréalais lisent et reprennent les textes de l'Internationale situationniste, à commencer par ceux signés Guy Debord et Raoul Vaneigem, dont on imprime même une « explication [52] ».

L'année 1968 est aussi marquée au Québec par un renouvellement des formes culturelles. C'est la première de l'*Osstidcho*, le spectacle hors norme animé par les Robert Charlebois, Yvon Deschamps, Louise Forestier, Mouffe et le quatuor du Jazz libre du Québec. Avec ce spectacle d'un nouveau genre, la culture musicale de la Belle Province éclate. « Bourgault était venu voir ça, explique Charlebois. Et on avait "trippé". On prenait un coup et on fumait. Il est venu plusieurs fois. À l'époque, on fréquentait les mêmes cafés, les mêmes bars. On se voyait [53]. » D'un naturel beaucoup plus réservé, Michèle Tisseyre, qui se trouve aussi à la première de l'*Osstidcho*, se souvient d'y avoir vu un Pierre Bourgault très enthousiaste venu la prendre dans ses bras et l'embrasser, porté tout à fait par l'effet de ce spectacle d'un nouveau genre [54].

Même au plus fort de la crise intérieure qui secoue le RIN ou à l'occasion des grandes manifestations sur la question linguistique, comme celle de McGill français en 1969, il appert que le réseau social de Bourgault n'est pas strictement politique. On ne le répètera jamais assez. Bourgault apprécie d'abord et avant tout un univers d'artistes plus ou moins bohèmes. Ce monde-là est vraiment le sien. Beaucoup plus, en fait, que celui des politiciens professionnels. L'homme est attiré, comme il le sera toute sa vie, par le vedettariat, les plateaux, la lumière, la reconnaissance publique et l'univers de la consommation du divertissement.

Dans ses temps libres, il voit alors beaucoup le musicien Emmanuel « Max » Charpentier et le comédien Daniel Gadouas. Ce dernier traverse alors une période difficile. Fils des comédiens Robert Gadouas et Marjolaine Hébert, il joue à la télévision depuis son plus jeune âge, mais il éprouve beaucoup de mal à faire le point sur son existence. En 1968, comme beaucoup de jeunes de sa génération, il ne sait plus du tout où il en est et il se laisse alors couler dans une sorte de désœuvrement total, dans la connivence qu'apportent les célébrations de la messe des drogues douces. « J'étais dans une période assez perdue, explique-t-il. Je consommais beaucoup de drogues et Bourgault, un peu. Moi, j'étais très mélangé. Ma vie n'avait pas vraiment de sens [55]. »

Bourgault et Gadouas sympathisent et s'apprécient mutuellement. Ils se voient souvent au Café des artistes et au bar de l'hôtel des Provinces, où le jeune comédien a pris l'habitude de se retrouver pour mieux se perdre.

Souvent en compagnie de Max et de Latraverse, ils parlent de tout, sauf peut-être de politique. Bourgault les reçoit, comme d'autres, dans son vaste appartement de la rue Tupper. « Chez lui, explique Gadouas, il écoutait alors beaucoup de Bela Bartók. Et lorsqu'on fumait un joint ensemble, il disait : "Allez Bela, swingne, swingne"! Bartók, évidemment, ça swingne pas tellement... [56] »

Dans ce climat mental irrigué par des fumées euphorisantes, on communie à l'esprit commun dans un certain gel de la parole et des tensions qu'elle peut susciter. Entendre le silence parler à la place de Bourgault, c'est ainsi faire le vide sur un personnage qui, entre son *high* et son *down*, en a parfois assez d'être cet homme de la parole dont il voudrait pouvoir se débarrasser à loisir.

Rue Tupper, chez lui, Bourgault possède nombre de poissons tropicaux. Il s'intéresse de près à tout ce qui concerne les aquariums et leur fausse vie marine. Cet exotisme de bocal occupe une large place dans sa vie. « Ces poissons lui coûtaient assez cher, puisqu'ils mouraient tout le temps, raconte Gadouas. C'étaient des animaux très délicats. L'eau, la température, tout était très compliqué... »

L'exotisme animalier sous toutes ses formes fascine Bourgault. Quelques mois avant le départ de son ami Gadouas pour l'Europe, il discute sérieusement avec lui de la possibilité d'acheter une panthère, un tigre ou quelque autre gros félin. Gadouas a, si on peut dire, une meilleure idée... « Je lui avais dit que ce serait plus drôle d'acheter un kangourou. Le kangourou, c'était l'antithèse des *trips* de l'époque avec la drogue : tu peux regarder un gros chat parce qu'il fait des mouvements lents, mais un kangourou, lui, fait des mouvements plutôt brusques... Je trouvais l'animal en soi bizarre et drôle. Et Bourgault a acheté un kangourou pendant que j'étais parti en Europe [57]! »

Jean Décarie, qui vient de se séparer, retrouve son ami Bourgault et son kangourou pendant la période où, faute d'un logement bien à lui, il partage celui de son camarade, comme il le faisait quelques années plus tôt [58]. L'animal fait sur tous une forte impression. Un kangourou qui arrive à l'improviste dans un salon de Montréal depuis l'étage, en descendant un escalier en colimaçon, cela a de quoi surprendre n'importe qui!

L'animal est évidemment mal adapté à la domesticité d'un appartement, même si celui-ci est plus vaste que d'ordinaire. Tout cela, bien sûr, ajoute de la couleur au branle-bas politique qui se déroule depuis le printemps.

Que reste-t-il, en fait, du Rassemblement pour l'indépendance nationale en ce printemps 1968 ?

Bien que les principales têtes du parti continuent de répandre l'idée que le RIN compte plus d'une dizaine de milliers de membres, le rapport sur l'état du parti de l'année précédente renvoie l'image d'une réalité beaucoup plus cruelle : le RIN compte alors 1982 membres en règle et on espère par ailleurs le renouvellement de 1282 adhésions. Plusieurs membres – peut-être tout autant fatigués des divisions intestines du RIN que fascinés par la figure de Lévesque – se sont éloignés peu à peu du parti. En tout, en comptant très large, on arrive donc difficilement à 3 000 personnes au sein du RIN.

À la suite du congrès spécial tenu à la fin mars, la direction du RIN est appelée à mettre en œuvre une résolution visant la création d'un front commun avec les souverainistes de René Lévesque. Mais la proposition d'une simple « étude » d'un front commun indépendantiste l'a en fait emporté sur celle qui vise sa véritable mise en œuvre.

À la mi-mai, aucun contact n'a encore repris entre les deux formations. Le MSA de Lévesque, il faut le dire, ne fait pas le moindre geste pour favoriser la reprise des discussions[59]. Depuis des mois, tout n'est en fait que discours et paroles, que paroles et discours. Rien n'aboutit.

Le 28 mai, à la suite d'une réunion du Conseil central du parti, Bourgault déclare publiquement sa joie de voir enfin les négociations débuter ! « Nous nous réjouissons de pouvoir enfin commencer les négociations en vue du regroupement de toutes les forces indépendantistes[60]. »

Le 3 juin 1968 doit avoir lieu une rencontre préparatoire pour l'éventuelle fusion du RIN, du MSA et du RN. Bourgault précise les intentions du RIN en cette matière : « Nous avons l'intention de négocier avec fermeté, mais notre but demeure inchangé et nous ferons tous les efforts nécessaires pour l'atteindre : c'est la fusion en un grand parti populaire de toutes les forces indépendantistes du Québec [61]. »

Le désaccord entre le RIN et le MSA porte principalement, encore et toujours, sur la question linguistique. Les partisans du RIN, à cet égard, demeurent diamétralement opposés à Lévesque. L'ancien ministre libéral ne se sent pas du tout enthousiaste à l'idée de contraindre l'usage d'une langue, ni de près ni de loin. Lévesque se montre plutôt favorable à une politique de libre choix, ce que les rinistes ont tout naturellement en détestation. Le conflit qui éclate à Saint-Léonard, jusque-là une banlieue montréalaise relativement paisible, est alors symptomatique des positions qui s'affrontent au sein de l'univers indépendantiste.

À Saint-Léonard, cette municipalité agricole qui s'urbanise très rapidement à compter de 1955, la population augmente depuis l'ouverture de l'autoroute métropolitaine. Jusqu'en 1962, plus de 90 % de la population est française. Toutes les écoles sont d'ailleurs entièrement françaises. Six ans plus tard, on compte toujours une majorité de francophones, mais ils sont réduits à 60 % de la population : 30 % est désormais d'origine italienne et 10 % d'autres origines linguistiques. Depuis 1963, pour répondre à la demande des immigrants qui s'installent dans cette banlieue, la commission scolaire locale a institué des classes bilingues où se retrouvent 90 % des élèves allophones. L'expérience montre que ces écoliers poursuivent ensuite leurs études en anglais, ce qui encourage les commissaires d'école à abolir les classes bilingues pour leur substituer un enseignement en français seulement afin de favoriser l'intégration. La banlieue de Saint-Léonard se transforme alors en un symbole de l'infériorité des francophones du Québec et devient le théâtre d'une lutte contre celle-ci. Entre les parents des élèves touchés par la mesure et les militants de l'intégration à la société française, c'est bientôt l'affrontement : altercations, empoignades musclées, occupations, discours, refus pur et simple des parents d'envoyer leurs enfants à l'école française. La situation tourne au vinaigre.

Pour les militants du Mouvement pour l'intégration scolaire comme pour bon nombre de Québécois, le fait que les citoyens d'origine italienne s'intègrent plutôt au monde anglophone est en soi un constat troublant, puisque leur langue et leur religion les rapprochent, *a priori*, de l'univers de la majorité. Que se passe-t-il ? Les travaux de la Commission sur le bilinguisme et le biculturalisme autant que les efforts d'analyse militante produits par André d'Allemagne l'ont déjà suffisamment expliqué : dans le contexte québécois, où l'élément francophone est majoritaire, la langue anglaise est néanmoins vue comme plus prestigieuse et plus susceptible d'apporter des bénéfices, même à Montréal. Ainsi les nouveaux immigrants se sentent-ils naturellement attirés par l'anglais, ce qui accentue l'état d'infériorité socioéconomique de la population canadienne-française, pourtant déjà très marqué.

À l'occasion d'une assemblée organisée en faveur de l'école francaise pour les néo-Québécois d'origine italienne, le président du RIN vise directement les partisans de Lévesque lorsqu'il déclare ceci : « Nous ne voulons pas d'une mini-indépendance. Nous croyons à un Québec unilingue francais, nous croyons à un Québec libre. » Bourgault s'oppose alors, comme il le fait depuis son entrée en politique, à un double système scolaire subventionné par l'État.

En septembre, au plus fort de la crise de Saint-Léonard, Pierre Bourgault va participer, à titre de président du RIN, aux manifestations de soutien à l'occupation de l'école Aimé-Renaud par des francophones qui tentent d'empêcher que cette école n'offre dorénavant un enseignement en anglais.

Les négociations du RIN avec le MSA ont achoppé en bonne partie sur le problème linguistique. Mais « abstraction faite de cette question, écrira François Aquin, je suis certain qu'elles n'auraient pu réussir de toute façon. Trop de choses séparent le MSA du RIN. » À commencer par celle-ci : Lévesque souhaite davantage être le chef d'un parti efficace que celui de tous les indépendantistes.

Mais revenons pour l'instant au mois de juin...

Deux rencontres sont fixées pour favoriser un rapprochement entre le MSA et le RIN. À la première, le 3 juin, Bourgault propose la tenue d'une grande assemblée publique du RN, du RIN et du MSA avant les fêtes de la Saint-Jean. Il propose aussi que les trois groupes appuient conjointement la grève aux chantiers navals de la George T. Davie, à Lauzon.

Lors de la seconde rencontre, le 9 juin, les représentants du MSA demandent de reporter la question de l'appui aux travailleurs maritimes et rejettent l'idée d'une manifestation commune. C'est l'impasse. Encore. Mis à part ces questions de détail, le point d'achoppement majeur des discussions reste la question linguistique.

Pour les rinistes, la question de la protection des droits linguistiques de la minorité anglophone demeure un accident de l'histoire qu'il importe peu de préserver, dans la mesure où les droits linguistiques des francophones hors Québec ont sans cesse été bafoués. Les militants du MSA, René Lévesque en tête, tiennent au contraire à garantir ces droits aux anglophones pour l'avenir. Mais il faut dire que la position linguistique de Lévesque, qui finira par dominer, est d'abord contestée au sein même du MSA. Le comité directeur du MSA, tout comme les rinistes, souhaite d'abord, comme il l'exprime dans une résolution, que dans un Québec souverain la langue française soit la seule langue officielle, « celle de l'État et de l'ensemble des institutions de caractère public ». Dans ce nouvel État, les écoles publiques seraient françaises, même si un système scolaire anglais aux niveaux primaire et secondaire devrait être conservé sur la base du nombre d'enfants. Contre cette prise de position soutenue et explicitée surtout par François Aquin devant l'assemblée, Lévesque pèse de tout son poids dans la balance, menace même de démissionner et réussit *in extremis* à convaincre suffisamment de congressistes pour renverser la vapeur.

La troisième réunion du RIN et du MSA doit se tenir le 26 juin, au lendemain des fêtes de la Saint-Jean et de l'élection fédérale. Elle n'aura jamais lieu. Et voici pourquoi.

Au printemps 1968, la trudeaumanie bat son plein. Célibataire et millionnaire à l'allure juvénile, Trudeau fait tourner les têtes. Le ministre de la Justice sera vraisemblablement le prochain premier ministre d'un gouvernement du Parti libéral. Pour les indépendantistes, cet homme n'est qu'un jars dont les coups de bec sont dangereux, tant est grande sa volonté d'écraser un mouvement d'émancipation nationale qu'il confond volontiers avec l'univers d'un Québec d'autrefois, celui de sa jeunesse, qui n'existe pourtant plus.

Imaginez la surprise de Bourgault lorsqu'il apprend que des dépêches mal informées ou mal intentionnées laissent entendre qu'il appuierait Trudeau pour la prochaine élection !

Le président du RIN s'empresse de remettre les pendules à l'heure : Trudeau, pas question ! Jamais ! Une fois de plus, il recommande d'ailleurs aux membres du RIN de s'abstenir de voter « aux élections étrangères » du 25 juin 1968 ou d'annuler leur vote en inscrivant sur leur bulletin des slogans indépendantistes.

Bourgault considère qu'il ne peut y avoir d'autre geste logique, pour un véritable indépendantiste, que de ne pas voter pour un gouvernement fédéraliste. « En cela, nous restons fidèles à ce que nous avons toujours dit : le gouvernement d'Ottawa est un gouvernement étranger et nous n'avons pas à nous en occuper plus que nous nous occupons des gouvernements de Washington, de Mexico, de Moscou ou de Tokyo. » Et il conclut, pour contenir les ragots à propos de son invraisemblable appui à Trudeau : « Tout le reste n'est que rumeur [62]. »

Le 29 mai, Bourgault invite tout simplement Trudeau à ne plus remettre les pieds au Québec, surtout si c'est pour y déclarer, comme il vient alors de le faire à Sherbrooke, que les Québécois ont « vécu 100 ans de bêtise ». Provocateur comme à son habitude – au moins autant que l'aspirant premier ministre canadien – Bourgault ajoute :

> M. Trudeau se demande à qui il est vendu ? Je vais le lui dire :
>
> 1. Vendu à la minorité anglaise du Québec dont il n'a jamais souligné une seule fois, en 20 ans, l'incommensurable « bêtise » et la superbe arrogance. Minorité qui continue à jouir de privilèges étendus au détriment de la majorité francophone du Québec.
>
> 2. Vendu à la majorité anglaise du Canada dont il flatte les préjugés francophobes en diminuant le Québec et ses aspirations légitimes ; en prônant l'idée d'un État unitaire canadien où les Canadiens français ne seront toujours qu'une minorité sans pouvoirs réels.

3. Vendu au grand capital anglo-saxon nord-américain
qui exploite sans vergogne nos richesses naturelles et
notre capital humain en maintenant une grande partie de notre population dans une misère chronique [63].

Or, en ce printemps si chargé, la Société Saint-Jean-Baptiste
de Montréal a cru bon d'inviter Pierre Elliott Trudeau à la traditionnelle parade du 24 juin dans les rues de Montréal, c'est-à-dire
la veille même des élections fédérales. Trudeau, invité d'honneur
de la fête nationale d'une nation dont il ne reconnaît pourtant pas
les droits ? Voilà qui est trop fort, estime le président du RIN !

Tout comme leur leader, plusieurs militants du RIN jugent
que Trudeau n'est pas à sa place sur une estrade d'honneur dressée,
pour l'occasion, près du parc Lafontaine, devant l'imposant édifice
néo-classique en granite gris de la Bibliothèque municipale de
Montréal.

Pierre Bourgault estime tout de go qu'il faut réagir, même
s'il n'a pas l'assentiment préalable de l'exécutif du RIN. André
d'Allemagne, notamment, se montre en profond désaccord avec
l'idée d'une manifestation. Même si le RIN a participé, depuis
sa fondation, à un nombre considérable de manifestations, de
marches, de piquets de grève et de *sit-ins*, André d'Allemagne
déteste toujours autant les foules. Et cette fois, il insiste pour dire
que le projet de manifestation à la Saint-Jean n'est pas du tout
raisonnable, du point de vue de l'engagement politique. Bourgault
est persuadé du contraire. Donc, au diable les objections de tous :
il fonce seul !

Pendant le mois et demi qui précède l'événement, Bourgault
tient des assemblées où il chauffe à bloc les militants en prévision
de cette fête de la Saint-Jean. L'idée d'une manifestation contre la
présence de Trudeau et contre l'à-plat-ventrisme de la SSJB, Bourgault l'impose littéralement par sa seule autorité au RIN. Quelques
jours avant l'événement, il appelle encore tous les Québécois à
manifester, le soir de la Saint-Jean-Baptiste, contre la présence de
Trudeau à cette fête.

Quelques secondes avant d'être arrêté, au soir du 24 juin 1968.

Son plan? Il est fort simple. Il s'appuie sur une stratégie de manipulation des foules absolument classique. Pendant 10 ou 15 minutes, Bourgault entend être présent et bien visible, puis s'éclipser en douce chez lui. Il s'agira alors, tout simplement, de faire courir dans la foule le bruit que Bourgault a été arrêté pour que la manifestation débute vraiment!

Le fameux soir arrive... Pendant que, sur l'estrade d'honneur, le chef du Parti libéral, le premier ministre du Québec, le maire de Montréal, l'attaché commercial de Grande-Bretagne James Richard Cross et d'autres personnalités regardent le défilé, des militants du RIN portent Bourgault en triomphe, à bout de bras, en direction de l'estrade. Comme à son habitude, il porte la chemise blanche, la cravate étroite et le veston. Sitôt arrivé sur les lieux, il est saisi à bras-le-corps comme une vedette de rock et porté au-dessus de la foule.

Les policiers resserent l'étau.

En apparence, Bourgault est le principal protagoniste de cette scène dirigée contre le symbole du jour qu'est Pierre Elliott Trudeau. Mais, en fait, Bourgault n'est plus alors, au mieux, qu'une demi-marionnette agitée par la volonté incohérente d'une foule. Rien de rien, chose certaine, ne se déroule comme prévu. Et le tumulte s'accentue. Très vite.

La police, nerveuse, intervient presque tout de suite. Des bagarres éclatent. On se tape sur la gueule. La police à cheval charge. Quelques manifestants expérimentés lancent des poignées de billes de verre sous les sabots des canassons... Tout est vite sens dessus dessous.

Bourgault se fait, contre toute attente, vraiment arrêter quelques minutes à peine après son arrivée sur les lieux de la manifestation !

Les photos de son arrestation sont célèbres. Sur plusieurs d'entre elles, on le voit, un rictus de douleur au visage, vigoureusement étranglé par la pince qu'un policier casqué lui applique à l'aide de son avant-bras. Ce policier est entouré de plusieurs collègues qui forment un cordon infranchissable autour d'eux. Sur une autre photo, le visage du président du RIN est écrasé contre le panier à salade. Ses mouvements sont à l'évidence douloureusement entravés.

Arrestation de Bourgault.

Empoigné sans retenue par la police, Bourgault se retrouve dans un fourgon, avec quelques jeunes militants aux chemises déchirées et légèrement ensanglantées. Un de ces militants, farouche et sans peur, réussit alors à fausser compagnie aux policiers. Un peu sonné, Bourgault se retrouve avec de jeunes gens pour qui il est en quelque sorte un mentor. Sa seule présence à leur côté constitue déjà, pour eux, un fait d'armes dont ils se réjouissent.

Bourgault est compagnon de cellule de Reggie Chartrand. L'ancien boxeur a été durement battu par la police. Il souffre. Il pleure. Très affaibli, déprimé, le boxeur affirme qu'il ne pourra plus, que c'est terminé, que c'est trop dur, pour lui, ce combat de l'indépendance. Et Bourgault essaie tant bien que mal de lui faire retrouver ses esprits autant que sa dignité.

Interrogé par la police une partie de la nuit, Bourgault parle sans arrêt et sans difficulté de tout, histoire de ne rien dire ! Le président du RIN est parfaitement à même de se jouer assez longtemps des deux hommes qui l'interrogent. Au petit matin, un des deux sort pour aller chercher du café. Selon Bourgault, l'autre lui déclare alors :

— Monsieur Bourgault, moi je vous déteste, mais ma femme vous aime tellement. Accepteriez-vous de lui parler au téléphone ?

Bourgault au panier à salade.

Surpris, Bourgault n'en accepte pas moins d'adresser quelques mots par téléphone, depuis le poste 33, à la femme du policier, sans doute tout aussi surprise de recevoir un appel du genre.

Taire des hommes, un pamphlet cinématographique réalisé au lendemain des événements par Pierre Harel et Pascal Gélinas, rend compte de la violence des arrestations de la Saint-Jean. Sur des images détournées de la télévision et sur une musique de Ringo Starr – un Beatles qui n'a certainement jamais pensé militer au Québec –, Harel donne la parole à des citoyens et à de jeunes intellectuels qui expliquent, à leur façon, les événements. L'un d'eux, Jacques Lanctôt, bientôt célèbre pour ses activités terroristes, a des béquilles et regrette, l'air catastrophé, le langage peu catholique utilisé par les policiers durant toute l'opération.

Le bilan de l'émeute qu'offre le quotidien *La Presse* signale 292 arrestations et 123 blessés, dont 43 policiers. On compte aussi 12 autos-patrouilles endommagées et six chevaux de la police blessés.

En cour, Bourgault est accusé d'incitation à l'émeute. En attendant son sort, il peut sortir de sa cellule contre un cautionnement fixé par le tribunal à 1 500 $. Frondeur, Bourgault refuse d'abord tout net de sortir et entend se défendre lui-même. Mais son amie Marie-José Raymond a tôt fait de lui faire entendre raison. Elle le convainc de se montrer plus réaliste, dans son propre intérêt. « Pierre devait à l'occasion être raisonné, se souvient-elle. Il lui fallait un avocat. Il n'en voulait pas. Mais je lui en ai trouvé un bon [64]. »

Dans cette histoire, Bourgault est défendu par Antonio Lamer, un ami de Trudeau qui deviendra par la suite le juge en chef de la Cour suprême ! Marie-José Raymond, dont l'un des oncles est juge, le connaît très bien et a eu vite fait de mettre l'accusé en contact avec le juriste.

Antonio Lamer commence par demander à Bourgault de ne tout simplement pas parler en cour... Sa stratégie est simple : il entend faire valoir que le président du RIN a été manipulé par la foule, que ce sont des mains de gens qu'il ne connaissait pas qui le tenaient en l'air et qu'il n'avait préparé d'aucune façon ce qui est arrivé. Une parade pour s'en sortir qui est pour le moins habile...

Le juge estime tout de même compromettante une des nombreuses photos de Bourgault prises lors de l'événement : on y voit Bourgault qui montre l'estrade de la main, comme s'il indiquait une direction à suivre. Pourquoi donc ? Très simple, explique Lamer : Pierre Bourgault avait été invité à l'estrade d'honneur, il avait même son carton d'invitation, que voici ; il souhaitait donc se rendre à sa place. Mais ce sont les autres qui l'empêchaient !

La preuve est loufoque, mais un doute suffisant est établi par cet habile juriste. Et sur la base de ce doute raisonnable, Bourgault sera finalement acquitté par la cour en juillet 1969 !

Les conséquences politiques immédiates de la manifestation de la Saint-Jean sont cependant moins amusantes. Au lendemain des arrestations, René Lévesque annonce que les négociations sont définitivement rompues avec le RIN. Pour Lévesque, c'est la goutte qui fait déborder le vase : il ne veut pas voir son image de ministre raisonnable accolée à celle de têtes chauffées par un tribun révolutionnaire. Lévesque a déjà suffisamment de mal à supporter les déclarations radicales que Bourgault offre en pâture aux médias dans la crise des écoles de Saint-Léonard. Une manifestation pareille en plus, en voilà bien assez !

Contre vents et marées, Bourgault maintient néanmoins que la manifestation de la Saint-Jean constitue un succès total pour le RIN.

Pour Bourgault, faut-il le préciser, une manifestation en soi n'est rien. Afin de prendre son sens, elle doit avoir un contenu pédagogique ; elle doit conduire à faire comprendre des choses ou permettre, à tout le moins, de mieux les expliquer. Sitôt remis en liberté, Bourgault part donc en tournée un peu partout au Québec pour affirmer l'importance de manifester contre Trudeau dans la mesure où celui-ci représente une négation de l'existence même des Québécois. Chemin faisant, il explique les motifs de cette grande manifestation de la Saint-Jean qui a tant fait parler d'elle, partout au pays, mais qui n'a pas empêché Pierre Elliott Trudeau de devenir le nouveau premier ministre du Canada.

Après l'échec des négociations avec le MSA, le RIN doit retomber sur ses pieds. L'année a été difficile. Très difficile. Le parti a-t-il seulement encore du temps devant lui ? En tout cas, le secrétaire général du RIN, Pierre Renaud, déclare le 11 septembre 1968 que l'avenir du parti ne sera pas même à l'ordre du jour lors du congrès annuel qui doit se tenir les 26 et 27 octobre.

Pourtant, depuis la fin du mois d'août, le RIN consulte ses membres au sujet de son avenir. Il le fait d'abord au cours de l'assemblée consultative du parti, le 25 août, puis à l'occasion de plusieurs réunions régionales. Au moment où le MSA a le vent dans les voiles, quel avenir s'offre à ceux qui sont demeurés à bord du RIN ? La direction du RIN crâne en affirmant que tout va bien.

Trois facteurs font alors en sorte que la direction du RIN juge que l'avenir du parti n'a pas à être remis en cause sur la place publique. Ces facteurs ont un effet cumulatif. Tout d'abord, l'attitude que l'on prête à René Lévesque lors des négociations. Il n'a pas vraiment voulu la fusion, répète-t-on. Deuxièmement, la manifestation et la répression du 24 juin, qui ont mené Lévesque à prendre position et à suspendre les négociations. Enfin, la crise de Saint-Léonard et la prise de position du mouvement de Lévesque à cette occasion, qui est toute contraire à l'objectif d'un Québec unilingue français que proclame intensément le RIN depuis 1963. En conséquence, le RIN maintient le cap, a toujours sa raison d'être et demeure fidèle à lui-même.

Dans les réunions préparatoires au congrès annuel, Pierre Renaud fustige le mépris dont fait preuve René Lévesque envers des indépendantistes qui ne sont pas précisément de son obédience. On tient pour preuves de ce mépris les déclarations qu'il a faites au lendemain de la nuit du 24 juin, les accusations qu'il a portées contre les Chevaliers de l'indépendance de Reggie Chartrand, les allusions encore qu'il a lancées quant au rôle de Pierre Bourgault dans ces événements, aussi bien que ses dénonciations à l'emporte-pièce de ceux qu'il qualifie d'« agitateurs » dans la question des écoles de Saint-Léonard. Bref, on juge inaceptable de s'entre-dénoncer entre indépendantistes [65]. Lévesque, en somme, n'est pas fréquentable et on ne veut plus même souffrir d'envisager de discuter avec un homme pareil.

Mais personne au RIN ne semble se demander pourquoi Lévesque devrait se taire au sujet des autres mouvements indé-pendantistes, alors que Bourgault lui-même, à plusieurs reprises, n'a pas ménagé ses observations critiques à l'endroit du RN et du MSA...

François Aquin a beau avoir déjà quitté le MSA, où il appa-raissait trop riniste, il n'en demeure pas moins que les militants du RIN continuent d'aller enrichir les troupes de Lévesque. Le secrétaire général du RIN, Pierre Renaud, le confirme. Il est vrai, dit-il, que plusieurs membres du RIN ont adhéré au MSA. Ces membres, explique-t-il, croient que l'indépendance peut arriver plus rapidement s'ils soutiennent aussi cette structure portée par Lévesque. Mais, précise Renaud, jamais il n'y a eu de démissions massives au RIN : « À peine une vingtaine de lettres depuis la fondation du MSA. »

Sur ce dernier point, Bourgault soutiendra plus tard tout à fait le contraire. Les démissions sont alors nombreuses, dira-t-il. Le RIN s'enlise. Doucement, mais sûrement.

En septembre 1968, Pierre Renaud se félicite du succès inespéré de la campagne de souscription du parti. Plus de 8 000 $ en deux mois, sans compter Montréal, dit-il. « Jamais nous n'avions obtenu de résultats pareils. »

Est-ce là de la simple frime offerte en pâture par cet ancien publicitaire afin de masquer une réalité plus cruelle ? Par rapport aux années précédentes, la situation financière de ce parti pauvre semble bel et bien meilleure. Mais les déclarations triomphalistes cachent mal un malaise de plus en plus perceptible.

« Nous préparons pour le 21 septembre au Centre Maison-neuve la grande assemblée qui marquera le huitième anniversaire de fondation du RIN. Or, nous savons dès à présent que cette manifestation dépassera par son ampleur toutes celles qui l'ont pré-cédée. Nous avons maintenant les moyens de retenir des périodes à la télévision : nous venons d'acheter un quart d'heure par semaine à la télévision de Sherbrooke. » Mais le MSA aussi a diffusé de la publicité à la télévision. Et le MSA vend des cartes de membre à 2 $ plutôt qu'à 7 $ comme c'est le cas au RIN...

En entrevue, près de quatre décennies plus tard, Pierre Renaud admetra que, en vérité, la situation était alors devenue très difficile, voire insoutenable. « Tous les yeux étaient tournés vers le MSA et Lévesque. Le RIN, même avec l'élan donné par de Gaulle, n'arrivait plus à attirer à lui beaucoup de monde[66]. »

L'importance symbolique et la place stratégique qu'occupe le RIN dans l'arène politique n'en demeurent pas moins grandes. En septembre, le politologue Gérard Bergeron lance un livre dans lequel il trace, entre autres, le portrait de Pierre Bourgault, à titre de figure importante du paysage politique québécois. Il y explique qu'en dépit du fait que le président du RIN ait 20 ans de moins que les principaux chefs de partis, il a accompli deux choses importantes : « La transformation d'un groupe de discussion passionné pour l'indépendance en parti politique structuré et permanent, quoique à faibles ressources ; le débordement, sur leur gauche nationale, des trois formations politiques principales, menace qui peut s'amplifier par l'entrée sur la scène politique des nouvelles classes d'âge toujours plus nombreuses [67]. » Le RIN, pense le professeur de l'Université Laval, est dans cette mesure une réussite. Quoi qu'il arrive du RIN, ajoute Gérard Bergeron, Bourgault demeurera, dans l'univers indépendantiste, un acteur de tout premier plan. Vrai. Jusqu'à sa mort, Bourgault restera en effet une figure politique marquante au Québec.

Le portrait que trace Gérard Bergeron de l'individu Bourgault est pourtant loin d'être élogieux. Qui est Bourgault lui-même ? La réponse du professeur, sous la forme polie d'une question, n'est pas flatteuse :

> Un comédien raté qui était, de son avis même, « plus cabotin qu'acteur », un écrivain sans message à livrer qui devint journaliste d'occasion, un aventurier sans autre esprit de nécessité que d'occuper le temps, un jean-foutre qui est devenu démagogue à froid, un tribun fonceur plutôt qu'un orateur convaincant, un agitateur d'instinct qui est en train de faire ses premières classes de leadership, un précurseur qui accepte par avance de n'être pas celui qui *tirera les marrons du feu* ? Sans doute un peu tout cela et autres choses encore, qu'il raconte lui-même avec quelque complaisance.

Le lourd été 1968 passe. En septembre, le 11 exactement, Pierre Renaud résume la ligne que suivra désormais le RIN : plus question de fusion, mais tout au plus d'une alliance stratégique, selon les circonstances.

Dans ces derniers temps du RIN, Pierre Renaud apparaît désormais pour ce qu'il est vraiment : un des piliers de la formation, mais sans doute plus discret dans son rôle que quiconque. « Nous considérons, dit-il, que le MSA est une étape vers la politisation et qu'une fois franchie cette étape, les effectifs du MSA deviendront un réservoir pour le RIN. S'il doit y avoir des élections au Québec, nous devrons examiner de près les forces en présence ; s'il est avantageux pour les deux formations de réaliser un front commun, nous le ferons ; si, au contraire, nos divergences sont trop profondes, il appartiendra à l'électorat de trancher [68]. » En somme, on s'imagine que le groupe de Lévesque demeurera plus ou moins en marge du terrain électoral et que le vrai parti indépendantiste, du moins pendant un temps, demeurera le RIN. Avec cette option rassurante en tête, chacun demeure le général de son petit corps d'armée.

Qu'en pense Pierre Bourgault, lui qui a pourtant déclaré à plusieurs reprises au cours des derniers mois qu'il fallait logiquement unir les indépendantistes dans un seul mouvement ? « Je n'ai pas changé d'idée, affirme-t-il. C'est Lévesque qui a fait un mauvais calcul [69] ! »

Mais le RIN se vide de son sang. Impossible de pouvoir compter sur assez de transfusions pour le sauver. Bourgault, d'Allemagne et Renaud, notamment, sont convaincus qu'il n'est pas réaliste de continuer ainsi encore bien longtemps.

Le 21 octobre, le comité directeur du parti fait parvenir une lettre aux militants. Cette lettre, signée par Bourgault, explique que le parti doit se rendre à l'évidence : l'unification est nécessaire. Une conférence de presse a été donnée au préalable par Bourgault afin d'expliquer la position du comité directeur à la presse.

Lors du congrès extraordinaire des 26 et 27 octobre, soit à peine 15 jours après la fondation du Parti québécois, les membres du RIN, à l'invitation pressante de Bourgault et de certains dirigeants, acceptent la dissolution du parti. Dans la salle, des militants pleurent.

Selon Guy Bouthillier, un militant de la première heure au RIN qui est devenu alors professeur de science politique à l'Université de Montréal, la décision a été prise rapidement par les congressistes. En quelques heures à peine, c'en est fait du RIN : la résolution de sabordage est votée par 227 voix contre 50.

« Pour la dernière fois dans ma vie, je crie : "Vive le RIN !", lance Bourgault après le vote. Pour la première fois de ma vie, je crie : "Vive le Parti québécois". »

Une fois que les dirigeants historiques ont annoncé leur intention ferme de saborder le parti, il ne reste plus grand-chose d'autre à faire pour les militants que d'en prendre acte. Guy Bouthillier observe que « le magnétisme de ceux qui sont en définitive les deux seuls chefs véritables que le RIN ait jamais comptés, Pierre

Bourgault et André d'Allemagne, a pesé d'un poids décisif sur le vote des délégués [70] ».

La seule question de la politique immédiate occupe d'ailleurs tout l'espace de ce congrès de dissolution. « L'absence totale, dans ce congrès décisif, de références aux articles économiques et sociaux du programme en dit long sur la place de ces questions dans les préoccupations des rinistes et laisse songeur devant les affirmations de "parti de contestation globale" [71]. »

Pour survivre, le RIN aurait été obligé de durcir son point de vue politique pour se distinguer des troupes de Lévesque. Or, ce n'est pas l'intention de Bourgault. Ni celle de d'Allemagne.

Dans une lettre datée du 4 novembre 1968, le président du RIN écrit une dernière fois à ses militants. Le RIN a été sacrifié, explique-t-il, pour faire l'unité des indépendantistes dans le Parti québécois. « Je reste pourtant convaincu qu'il reste en chacun de nous ce qui ne pourra jamais être détruit : l'esprit du RIN. Cet esprit, c'est quelque chose d'indéfinissable. C'est un mélange de courage, de lucidité et de générosité ajouté à la conscience très profonde que nous avons acquise du bien commun. » Puis, quittant le lyrisme du discours, Bourgault recommande une fois de plus à chacun de s'inscrire sans tarder au Parti québécois. « Nous devons tous nous inscrire au Parti québécois pour ajouter notre force à celle des milliers d'autres indépendantistes. Nous devons le faire avec la plus grande dignité, sans demander de faveur à personne. Et nous devons le faire dès maintenant. » À sa lettre circulaire, Bourgault joint un coupon d'adhésion au parti de Lévesque. « Ce n'est plus à la mort du RIN que nous devons songer, dit-il, mais à la naissance de la grande force unifiée de tous les indépendantistes du Québec. »

La nouvelle du sabordage rend tout d'abord fou de rage René Lévesque. L'ancien ministre de Jean Lesage ne veut pas des gens du RIN. Ni globalement, ni individuellement. Il n'en a jamais voulu.

Les membres du RIN se joignent à un parti dont les perspectives politiques ne sont pas parfaitement semblables aux leurs. La souveraineté dans le même souffle que l'association, ce n'est en effet pas ainsi que le RIN envisage le passage du Québec à l'indépendance.

En regard de la politique linguistique à adopter pour un Québec souverain, la distance entre les deux formations est aussi considérable.

L'absence totale de critique du système capitaliste dans le programme du Parti québécois est également étrangère aux aspirations à une société plus juste telle qu'envisagée par les militants rinistes. D'autres divergences sont aussi manifestes, entre autres à propos du mode d'action politique privilégié.

Malgré ces divergences de vues, Bourgault et sa petite troupe de militants se placent donc au service d'un nouveau général, qui refuse en fait les mercenaires de leur sorte depuis des mois. Cela laisse déjà présager bien des dissensions à l'intérieur du Parti québécois...

Dans son essai intitulé *Québec, quitte ou double*, Bourgault écrit : « Nous avons dissous le RIN parce que nous avons cru que l'unité des indépendantistes était une nécessité absolue dans la lutte que nous avions entreprise. » Même s'il s'avère que l'histoire réelle comporte quelques bémols, comme on l'a vu, cette explication définitive du sabordage du RIN mérite d'être retenue tant Bourgault, par la suite, ne s'en est pas écarté. Au-delà des soubresauts de la vie militante concrète, c'est bien ce sens-là qu'il entend donner, dans l'histoire, au geste qui met un terme à l'existence du premier vrai parti politique indépendantiste structuré du Québec moderne : le Rassemblement pour l'indépendance nationale.

CHAPITRE 14

ENT' DEUX JOINTS

Je rêve que le Québec, libre enfin,
devienne le premier pays du monde
à n'avoir ni drapeau, ni hymne national.
Je rêve de voir notre seule liberté nous servir d'étendard
et notre seule fraternité nous servir d'identification
pour le genre humain.
– PIERRE BOURGAULT, 1970

B OURGAULT SE TROUVE en déséquilibre depuis la disparition du RIN. Il n'a plus d'option qui s'offre à lui pour s'assurer une existence politique. Il doit coûte que coûte en arriver à se tailler une place au sein du Parti québécois ou alors accepter de se retirer.

Comme il doit bien vivre, il tente aussi, en parallèle, de lancer une école d'art oratoire, l'École Pierre Bourgault, située au cœur de Montréal, rue Dorchester, à l'angle du boulevard Saint-Laurent. Le slogan de la maison en dit déjà long sur l'importance que son animateur accorde au discours : « La parole triomphe de tout ». Après quelques mois seulement, il doit abandonner son projet. Il n'y a pas suffisamment d'élèves qui s'inscrivent à ses 12 leçons de deux heures chacune pour 90 $. L'école est un échec.

Il ne lui reste alors que le monde du spectacle et de la scène. Il connaît ce milieu, mais presque uniquement pour les épiphénomènes qui en émanent. Lui-même n'a plus œuvré de près ou de loin sur un plateau depuis longtemps, trop longtemps. Que faire ?

Au début du mois de décembre 1968, son ami Daniel Gadouas abandonne ses tournages à Radio-Canada et part en Europe sur un coup de tête qui doit en principe lui permettre de retrouver ses esprits. Il séjourne d'abord quelques jours en Espagne. Le voyage, qui ne devait durer que quelques semaines, se transforme en un séjour de six mois. À la recherche de lui-même, Gadouas expérimente les possibilités que lui procure la drogue. Dépressif, il traverse une période noire sous le plein soleil espagnol. Bourgault se met alors à beaucoup lui écrire. « C'est lui qui me tient en vie, dit Gadouas. Il conserve un lien. J'écris de temps en temps à mes parents, mais c'est lui qui maintient mon optimisme, qui essaye de me garder sur terre. »

En 1969, dans l'espoir de retrouver Gadouas en Espagne, Bourgault projette un voyage en Europe. Le départ est fixé au 7 juin[1]. Mais la situation évolue. Bientôt, pour des raisons politiques, ce voyage n'est plus possible[2]. Bourgault a alors décidé de replonger tout entier dans le jeu électoral.

Depuis la dissolution du RIN, de nombreux militants du PQ lui demandent de prendre la parole dans des rencontres. Lévesque continue de craindre Bourgault comme la peste. Lévesque demande même à Camille Laurin de rappeler à l'ancien président du RIN que « les seuls porte-parole du PQ sont ceux mandatés par l'exécutif[3] ».

Vendredi 13 juin 1969 : Pierre Bourgault annonce aux médias qu'il présente sa candidature à la présidence du Parti québécois pour le comté de Taillon, en banlieue de Montréal. Il souhaite de plus être candidat à la prochaine élection dans le même comté. En plus d'annoncer sa candidature aux prochaines élections, Bourgault veut se présenter à un poste de directeur national du parti lors du prochain congrès national, prévu à l'automne.

Pourquoi ne pas refaire campagne dans la circonscription de Duplessis, où il avait fait très bonne figure en 1966 ? Trop loin et trop cher pour faire campagne cette fois, tranche Bourgault. Peut-être un jour, mais pas maintenant. Plus tard.

Mais Bourgault n'a pas forcément choisi un terrain beaucoup plus facile que Duplessis, même s'il n'a cette fois qu'à traverser le pont Jacques-Cartier pour se rendre dans sa circonscription.

Le milieu politique de Taillon est plutôt rocailleux à tout point de vue. Des déchirements internes ont fini par provoquer la démission en bloc de la direction régionale du parti. Des élections sont donc prévues le 23 juin à Ville Jacques-Cartier afin de mettre sur pied un nouvel exécutif.

Le Dr Ferron, ancien candidat riniste dans Taillon, est le premier à appuyer publiquement Bourgault.

Ville Jacques-Cartier, cœur électoral du comté, n'est pas un lieu de tout repos. Comme l'écrit Jacques Ferron, les chiens y remplacent la police, les « bécosses » l'égoût, les puits l'aqueduc. Autour des taudis où l'électricité piratée éclaire autant qu'elle met le feu, les trottoirs et l'asphalte sont inexistants. La corruption s'alimente et s'engraisse des malheurs des habitants de ce quasi-bidonville montréalais. Quelques authentiques révolutionnaires, dont Francis Simard et Pierre Vallières, y prennent conscience de la condition de leur peuple.

Le 23 juin, au sous-sol de l'église Saint-Charles-Borromée à Ville Jacques-Cartier, Bourgault tente de se faire élire à la tête de l'organisation péquiste locale. Il ne tarde pas, comme ses partisans, à se sentir dans le pétrin jusqu'au cou. La salle a été « paquetée », comme on dit dans le jargon électoral. Environ 400 personnes sont présentes, mais à peu près la moitié seulement ont droit de vote. Les esprits sont chauffés à blanc. En fait, le climat tient plus d'une réunion de mafieux que d'un exercice électoral démocratique. Avant même le début du scrutin, une dizaine de minutes en fait avant la tenue du vote, Bourgault se sent à ce point menacé physiquement qu'il juge nécessaire de quitter la salle avec les siens. Parmi eux se trouve le Dr Ferron, furieux. Un des militants de Bourgault, craignant le pire, demande l'intervention de la police, qui s'interpose en effet.

À l'issue du vote, tenu dans un désordre total, François Bérubé obtient 188 voix et Bourgault seulement 11. « Ce fut une assemblée ridicule, présidée par un doux psychiatre, Denis Lazure, plus ridicule encore, écrit Jacques Ferron. Il n'y a pas eu d'élection. Les partisans de Bourgault s'étaient retirés. Il ne restait plus dans la salle que la bande de monsieur Rémillard », le maire que Ferron a toujours assimilé à une sorte de mafia locale [4].

In absentia, Bourgault est donc défait à plate couture par son adversaire Bérubé, un journaliste de CKLM. Mais, dans les 48 heures, le chef du parti, René Lévesque, condamne cette assemblée et exige qu'elle soit reprise selon les règles. Que déclare Lévesque ? « Il y avait un certain nombre de fiers-à-bras assez connus qui ont fait peser un climat très mauvais sur l'assemblée et il y avait aussi, dans un autre sens, des "présences" complètement extérieures au comté de Taillon qui ne pouvaient pas faire autrement que d'agir comme des agents provocateurs [5]. » En somme, aussi bien dire que Lévesque condamne tout autant les gros bras que Bourgault lui-même ! Étranger au comté, laisse entendre Lévesque, Bourgault n'a pas à se trouver là. Comme si c'était une première qu'un candidat veuille briguer les suffrages ailleurs que dans son propre comté !

Démocrate, Lévesque n'en ordonne pas moins la tenue d'une nouvelle assemblée. « La décision n'a pas été prise en fonction de M. Bourgault ou d'autres, dit-il, mais en fonction de ce qu'il a été possible de constater en fait d'irrégularités lors de cette assemblée. » Du reste, Lévesque met en garde ceux qui seraient tentés d'essayer de manipuler à nouveau de la sorte une assemblée du Parti québécois. « Nous tenons mordicus, autant qu'il est humainement possible de l'assurer, à maintenir, à travers tous les problèmes de croissance, un parti vraiment nouveau, qui s'efforcera sans relâche d'être l'instrument propre, démocratique et authentiquement populaire de la souveraineté du Québec. »

Mais Bourgault ne se représente pas à la nouvelle assemblée, où il devait affronter en principe Jacques-Yvon Lefebvre. Pourquoi ? Il a d'abord demandé à rencontrer René Lévesque. « Il a refusé, raconte Bourgault. Mais, après avoir insisté, il a décidé d'accepter. Je suis entré dans son bureau et, dès le début de notre conversation, ça a été effrayant. Jamais je n'avais été méprisé comme ça de toute ma vie. Je ne vous raconte pas ce qui s'est passé parce que c'est trop écœurant. Il n'y avait rien à faire. Il ne voulait pas de moi dans le parti. À ce moment-là, il m'avait dit que tous les bons comtés de Montréal m'étaient fermés. Je ne savais plus où aller pour les élections de 1970 [6]. »

Lévesque le rudoie et le broie littéralement par la force de son mépris : « Vous êtes dangereux parce que vous provoquez le fanatisme. Lefebvre vous vaut cent fois parce qu'il travaille, lui ! Si l'indépendance vous tient vraiment à cœur, monsieur Bourgault, faites donc comme François Aquin et rentrez chez vous [7] ! »

Dans la relation de cette rencontre avec Lévesque qu'il fait en 1982, Bourgault la considère toujours comme la pire qu'il ait jamais eue. Selon ce qu'il en dit encore dans le cadre d'une conférence, Lévesque lui affirme alors, « textuellement et brutalement » : « Je vous ferme tous les bons comtés. Je vous interdis d'y aller. Si vous croyez à l'indépendance, allez-vous en donc chez vous [8]. »

Lévesque préfère en somme l'élection de n'importe qui sauf Bourgault. Et comme l'affirme le chef du Parti québécois, une nouvelle procédure démocratique dans Taillon ne changera pas forcément le résultat... Lévesque le sait. Alors, à quoi bon s'infliger la douleur d'une défaite supplémentaire ? Bourgault passe son tour.

C'est le Dr Ferron qui se jette à l'eau à titre de candidat, en lieu et place de Bourgault. L'écrivain-docteur est défait par Jacques-Yvon Lefebvre à l'issue d'une réunion dirigée cette fois de main de maître par le Dr Camille Laurin, président du conseil exécutif du parti. Le Dr Ferron, perçu par l'assemblée comme un allié de Pierre Bourgault, obtient 37 voix contre 136 en faveur de Lefebvre, ancien organisateur du RIN pour Ferron aux élections de 1966. Dans une lettre aux journaux, le Dr Ferron accuse Lefebvre d'avoir eu recours à l'organisation politique du maire Rémillard, soit environ 300 personnes qui n'ont aucun souci politique, voire qui sont « tout ce qu'il y a de plus fédéralistes [9] ». Selon Ferron, le PQ est alors détourné dans le comté au profit de petits intérêts locaux très archaïques.

Le Dr Ferron ne porte pas Lefebvre dans son cœur. En 1966, observe-t-il, cet assureur fut une source constante d'embarras. Trois ans plus tard, sibyllin, l'écrivain-docteur note que plus de gens dans l'assemblée semblent s'intéresser aux projets municipaux qu'aux projets nationaux... La candidature de Lefebvre lui apparaît vraiment pistonnée par des hommes douteux liés au maire de l'endroit, Aldéo Rémillard.

Bien que cette seconde assemblée dans Taillon se soit déroulée cette fois dans l'ordre et selon les règles prescrites, Bourgault tonne contre l'organisation du PQ dans le comté. « Cette assemblée, déclare-t-il, était "paquetée" à mort. M. Lefebvre ne recule devant rien. Il emploie volontiers et sans scrupules toutes les méthodes des vieux partis. » Comme toujours, Bourgault ne mâche pas ses mots. « La régularité n'est pas en cause. Je ne doute pas que la réunion se soit déroulée dans le calme. Ce qui s'est passé, c'est que M. Lefebvre a recruté des membres à la cinquantaine pour assurer son élection, allant même jusqu'à payer les cartes au besoin. C'est le genre d'homme qui ne devrait pas être membre du PQ. » Bourgault fait connaître son point de vue à la direction nationale du parti, mais celle-ci n'en tient pas compte. Lévesque lui a déjà tout dit...

S'entêter, dans un cadre pareil, à vouloir devenir candidat aux prochaines élections relève de la folie. Et le 7 août, dès qu'est connu le résultat du vote pour l'élection du président de l'organisation du comté, Bourgault annonce tout de suite qu'il ne sera plus candidat à un poste de député dans Taillon.

Pendant ce temps, à Fuengirola en Andalousie, Daniel Gadouas écrit les paroles d'une chanson qu'il destine à Robert Charlebois. Même si Gadouas connaît le chanteur depuis qu'il a joué, dans les Cantons-de-l'Est, au théâtre d'été de sa mère, le Théâtre de la Marjolaine, il compte sur Bourgault pour remettre sa chanson à Charlebois. Gadouas souhaite aussi faire d'abord lire le texte à Bourgault afin de connaître son avis. « Pierre a fait des coupures dans le texte. Il a gardé ce qu'il y avait de meilleur. Et il a trouvé le titre : *Québec Love*. »

Sans trop savoir l'apport exact de Bourgault à cette chanson, Charlebois le reconnaît néanmoins formellement lorsqu'il l'endisque en 1969 : le texte est signé Gadouas et Bourgault [10].

Cette chanson est arrivée par la poste à Charlebois, via Bourgault. C'est sa compagne, Mouffe, qui la découvre, tout comme elle extirpe alors du courrier du chanteur d'autres chansons à succès, dont *Les ailes d'un ange*. Charlebois savoure la vie nocturne de la contre-culture. Il ne s'occupe pas tellement des affaires courantes, même les siennes. « C'est moi qui dépouillais son courrier et qui retenais ce qui pouvait l'intéresser, dont la chanson de Gadouas et Bourgault », explique Mouffe [11].

La chanson de Gadouas, retouchée par Bourgault, traduit à la fois le désespoir et la révolte de toute une jeunesse québécoise en quête de sens, pour l'individu plongé au beau milieu d'une crise collective d'appartenance à un presque pays. Mais n'est-ce pas aussi un peu la situation de Bourgault lui-même que traduit cette chanson ?

Un joint à la main, chez Jean Décarie, au cours de l'été 1969.
Bourgault n'a jamais caché sa consommation occasionnelle de drogues douces.

Alors que le RIN vient tout juste de se saborder et que Bourgault croit encore pouvoir gagner à la nage le PQ, il est fort probable qu'il se voit dans certains méandres de cette chanson à laquelle il met la main : « Un Québec love ça c'est mon bag / Faut faire queq'chose envoye ça presse. » Ces lignes trouvent écho, quelques années plus tard, dans un passage d'*Ent' deux joints*, une chanson écrite cette fois par Bourgault seul, mais toujours pour

Charlebois. Bourgault écrit alors : « *Ça presse en maudit / Ent' deux joints tu pourrais faire queq'chose.* »

À elle seule, la chanson de Gadouas-Bourgault permet indéniablement de plonger dans l'esprit de toute une époque, dans laquelle PET (Pierre Elliot Trudeau) se mélange à la fumée des drogues douces :

> *Paranoïaque rouspète pis pète*
> *Pipette de hasch ça c'est d'la marde*
> *Des Calisch pis PET fume pas*
> *Pis moé j'm'en crisse fume ou fume pas*
> *C'est l'même problème moé j'en ai pas*
> *Comprends-tu ça comprends-tu ça*
>
> *Pour moi c'est clair comme de l'eau d'roche*
> *Rocher Percé t'en souviens-tu*
> *Y'é toujours là pis y bouge pas*
> *Y'a rien qu'un œil mais y te r'garde*
> *Ça c'est moé toé tu m'vois pas*
> *Comprends-tu ça comprends-tu ça*
>
> *C'est comme ton ombre tu regardes pensant qu'c'est toé*
> *Mais c'est pas toé ton ombre te suit suis-la donc pas*
> *C'est ma bébelle c'est not'bébelle*
> *Moi j'm'en occupe occupe-toé pas*
> *Comprends-tu ça comprends-tu ça*
>
> *Y fait soleil même si ça pleut*
> *Même si ça pète même si ça tonne*
> *Ça m'étonne pas moé j'ai la paix*
> *Toé tu l'as pas mais ça viendra*
> *Moé j'me sens v'nir pis j'va r'venir*
> *Comprends-tu ça comprends-tu ça*
>
> *J'suis défriché pas défroqué*
> *En d'sour d'mes ch'veux j'ai ma tête*
> *Un Québec love ça c'est mon bag*

Faut faire queq'chose envoye ça presse
Lâche pas bonhomme ça s'ra ta fête
Comprends-tu ça comprends-tu ça

Pis les États c'est à personne
C'est à Babel c'pas not'bébelle
Qu'ils se l'arrachent pis moé j'm'en sacre
Moi j'ai mon arche arche de Noé
Joyeux Noël Tremblay ça c't'à nous autres
Comprends-tu ça comprends-tu ça

Y'en a plus d'Christ y'a plus d'Christmas
Qu'ils se l'arrachent leur Santa Claus
De chez Simpson pis d'chez Eaton
Moé j'me contente de Dupuis Frères
Moé j'me contente d'Omer Deserres
Comprends-tu ça comprends-tu ça

Pacifique Plante cruise les Anglais
Pacifiquement si c'est possible
Si c'est possible pacifiquement
Si ça l'est pas donne-moé un gun
Donne-moé un gun moé j'm'en occupe
Comprends-tu ça comprends-tu ça

Bourgault s'intéresse alors autant à la musique classique et au jazz qu'à la chanson populaire. À vrai dire, comme à son habitude, tout l'intéresse. Absolument tout.

Le 14 septembre 1969, il se rend au Forum de Montréal, à deux pas de chez lui, pour entendre les Doors. Dans l'attente de Jim Morrison, le public écoute une première partie assurée par La Révolution française. C'est un groupe québécois un peu plus revendicateur et plus engagé que ceux du même moment, dont la plupart vivotent d'ailleurs depuis que l'ouragan Robert Charlebois déchire sur scène les habitudes du monde du spectacle. Angelo Finaldi, Richard Tates et François Guy, de La Révolution française, interprètent *Québécois*, le seul grand succès de la formation :

« Québécois, nous sommes Québécois, le Québec saura faire s'il ne se laisse pas faire. » La foule s'excite un peu, mais n'en a tout de même que pour les Doors tant attendus... Elle les réclame à grands cris. Son tour venu, Jim Morrison éprouve d'abord du mal à se rendre jusqu'au devant de la scène, se souvient François Guy, tellement il est dans un état second avancé. « Tout le monde était défoncé, à cette époque-là, autant sur scène que dans la salle. Mais Morrison l'était alors plus que les autres[12]. » Sa conduite d'alcoolique va d'ailleurs alors en s'aggravant de plus en plus.

Les Doors débutent avec *Backdoor Man*, jouent *Heartbreak Hotel* et terminent avec leur succès *Light My Fire*. Mais la performance est médiocre tant Morrison est soûl et, sans doute, gelé à mort, estiment plusieurs spectateurs. Tout nouveau au *Montreal Star*, le journaliste Juan Rodriguez n'en revient pas d'assister à une aussi mauvaise prestation pour donner matière à sa première critique. Rodriguez conserve le souvenir d'un spectacle terriblement mauvais où Morrison n'avait plus aucun contrôle sur lui-même[13]. Très critique comme à son habitude, Bourgault a lui aussi détesté le spectacle. À la sortie, il descend en flammes les Doors devant Robert Charlebois, qui a assisté au spectacle avec lui[14].

Avec quelques amis, ils se rendent ensuite au Laugh-In, un bar de Donald K. Donald baptisé du nom même d'une émission d'humour américaine alors en vogue. Surprise : Jim Morrison y vient aussi.

Imaginons alors la scène suivante. Bourgault se lève. Il va voir Morrison pour l'engueuler vertement dans la langue de Shakespeare. Le spectacle était épouvantable, lui dit-il. Vous n'avez pas le droit d'être aussi mauvais lorsqu'on se déplace pour vous voir ! Pour seule réaction, Morrison lève un peu les yeux, dira Bourgault, sans quitter son état second[15].

Mais Robert Charlebois ne se souvient pas de cette sortie de Bourgault. Le tribun l'a pourtant racontée à la radio en 2002 comme une vérité, en disant d'ailleurs l'avoir déjà narrée précédemment à la télévision en présence de Robert Charlebois lui-même, lors d'une émission intitulée *Les Détecteurs de mensonge*, un jeu télévisé où il s'agit de dissimuler une fausse histoire parmi des vraies. Si elle existe, cette émission n'a pu être retrouvée, peut-être en raison d'un classement déficient aux archives.

En cette fin des années 1960, le tribun a beau n'être plus officiellement à la tête d'un parti politique, il reste un personnage public. Sa tête continue d'être une cible politique de choix. Si René Lévesque collectionne les lettres outrageantes et les menaces de mort, il en va de même pour Bourgault. Ses adversaires lui rendent même hommage en le gratifiant de sérieuses menaces de mort !

Un jour, expliquent Jean-Marc et Danièle Cordeau, Bourgault téléphone, très troublé. La police vient de lui parler. Une conversation de bar entre les membres d'une bande louche a été rapportée aux policiers grâce à un indicateur. La police croit fermement qu'on cherche à tuer l'ancien président du RIN... Bourgault se fait donc suggérer de se cacher pendant quelques jours, le temps qu'on tire l'affaire au clair et histoire de ne pas prendre de risque. Que peut-il faire ?

> Nous sommes venus le chercher, rue Tupper. Il est sorti par une porte de côté, en vitesse. Puis nous l'avons amené chez nous, au Mont Saint-Hilaire. Il avait peur. Nous avions tiré les rideaux... Pendant quelques jours, il n'est pas sorti de la maison. Et nous non plus [16].

Bourgault ne jouit d'aucun des avantages issus des liens avec une structure politique comme le PQ, mais il collectionne en revanche tous les inconvénients. La tension continue en outre d'être vive entre René Lévesque et lui. À un *party* d'huîtres pour les militants où se trouvent aussi le chef du PQ et Gilles Grégoire, Lévesque refuse net de se faire photographier avec l'ex-président du RIN. Au moment des discours, Lévesque et Grégoire prennent la parole. Mais rien n'a été prévu pour Bourgault. Or les militants se mettent à scander « On veut Bourgault ! On veut Bourgault ! ». Vexé, Lévesque lui tend le micro et s'en va. Entre les deux hommes, rien ne s'adoucit.

Même si elle est postérieure à ces événements eux-mêmes, la perspective de Martine Tremblay, directrice de cabinet de Lévesque lorsque celui-ci sera premier ministre, mérite d'être citée, tant elle résume bien la situation entre les deux hommes à l'époque : « La relation la plus ouvertement tendue de René Lévesque, en tout cas sur le terrain politique, a certes été avec Pierre Bourgault, à qui il n'a jamais pardonné d'avoir dissous le RIN en 1968 pour venir grossir les rangs du PQ avec ses quelques milliers de militants. En réalité, Pierre Bourgault est le prototype de ce que Lévesque détestait le plus, combinant une enflure verbale et un radicalisme de pensée et de stratégie qu'il trouvait éminemment nuisibles à la cause qu'il défendait [17]. » Tout est dit.

En octobre 1969, le Parti québécois tient son congrès à Montréal, au centre Maisonneuve. Bourgault a renoncé définitivement au comté de Taillon, mais il pose sa candidature, comme prévu, à l'élection de l'exécutif du parti. Neuf candidats sont élus, dont Camille Laurin, Marc-André Bédard et Claude Charron. L'économiste Jacques Parizeau obtient le plus grand nombre de voix. Mais Bourgault est battu, malgré un discours surprenant où il promet, très sobre, de respecter la doctrine du PQ, de la défendre, de la promouvoir et, surtout, de « ne faire aucune difficulté ». Personne, évidemment, ne le croit...

Les congressistes ne souhaitent pas voir à la tête de l'appareil du parti celui qui incarne pourtant une certaine idée populaire de l'indépendance au Québec. Le nouveau parti veut plutôt projeter une image honorable, une pensée pétrie de bonnes manières calquées sur les pratiques apparentes du jeu politique traditionnel. Or, Bourgault continue et continuera de représenter l'image de l'action directe et du chef d'un groupe de pression peu orthodoxe.

Du reste, René Lévesque ne souhaite pas le voir là non plus. Lévesque prend en fait « tous les moyens disponibles » pour que Bourgault ne se fasse pas élire à l'exécutif [18]. Un journaliste du *Devoir* observe alors que des membres de l'exécutif déjà en place et leurs représentants s'efforcent de dissuader ceux qui entendent voter en faveur de Bourgault [19]. À l'ouverture du congrès, Lévesque a déjà pris soin de rappeler aux délégués qu'ils doivent élire une équipe aussi « harmonieuse et solidaire » que possible...

Même si les résultats du scrutin sont secrets, *Le Devoir* affirme que Pierre Bourgault a recueilli environ 300 voix sur 985 bulletins. C'est à peu près le tiers des voix d'un congrès où le tiers des délégués sont justement d'anciens rinistes.

Dès l'annonce de sa défaite, Bourgault déclare qu'il attribue sa nouvelle déconfiture au travail de sape organisé contre lui par la direction du parti, pour ne pas dire par Lévesque lui-même. Il se dit très déçu, mais il espère néanmoins que le PQ aura désormais plus souvent recours à ses services, d'une façon ou d'une autre.

Ce ne sera pas le cas.

Lors d'une conférence tenue dans le cadre du congrès, René Lévesque affirme qu'il y a de la place pour tout le monde au sein du Parti québécois, y compris pour Pierre Bourgault. Mais la place de chacun, note-t-il, est « déterminée suivant les compétences et les spécialités ». À Bourgault, il n'en reconnaît en fait aucune.

Dans son discours de clôture du congrès, Lévesque estime aussi qu'il ne suffit pas de lancer un nouveau parti pour changer la nature humaine. « Aussitôt que les affrontements sont personnalisés, la nature humaine retrouve ses griffes [20]. » Et qui pourrait bien croire que le conflit entre Lévesque et l'ancien président du RIN n'est pas personnalisé ?

Même fort longtemps après ce congrès, Bourgault ne variera pas dans l'interprétation qu'il en donne. Cette journée relève et relèvera toujours, pour lui, d'un véritable drame personnel. Il la tient sans hésitation pour la journée d'une bataille vraiment salope menée contre lui par la direction du parti. « Tout l'exécutif a fait une campagne écœurante et mesquine contre moi, expliquera-t-il trois ans plus tard. D'ailleurs, j'ai failli laisser le parti à plusieurs reprises. J'ai tenu parce que j'avais décidé que l'unité des indépendantistes était plus importante que tout le reste. J'avais décidé que M. Lévesque ne m'aurait pas [21]. »

Tout concourt semble-t-il à éloigner l'ancien riniste des instances décisionnelles du parti de René Lévesque. Dans un éditorial, le directeur du *Devoir*, Claude Ryan, décrit Jacques Parizeau, élu en opposition à Bourgault à l'exécutif du PQ, comme un modéré tout à fait préférable à l'ancien président du RIN [22]...

Prisonnier d'un véritable cul-de-sac politique, Bourgault voit soudain se présenter une proposition pour le moins très surprenante. Un ancien du RIN lui suggère d'engager la lutte électorale dans le comté de Mercier contre Robert Bourassa, 36 ans, premier ministre désigné du Parti libéral ! Qui pourrait bien refuser à Bourgault de vouloir engager une bataille électorale dans un comté complètement perdu d'avance ?

D'emblée, Bourgault réagit comme tout le monde :

Je lui ai répondu qu'il était fou et que c'était un suicide, explique-t-il. Mais, après y avoir quelque peu
réfléchi, j'ai trouvé l'idée pas bête. Je me suis dit que
les dirigeants du parti n'oseraient pas m'en empêcher
et qu'ils vont être contents que j'aille ainsi à la boucherie. J'étais convaincu de réussir une lutte intéressante
et je voulais leur prouver que j'étais encore rentable
électoralement. Tout le monde disait : « Bourgault est
masochiste ». Ce n'était pas du masochisme, je n'avais
pas le choix [23].

Bourassa et Bourgault se connaissent. Plus vieux que Bourgault
d'une année, Robert Bourassa a fréquenté le collège Brébeuf à la
même époque que l'ancien chef du RIN. Mais Bourgault ne le
rencontre vraiment pour la première fois qu'en 1967, à l'occasion
d'un débat sur l'indépendance du Québec qui se tient à Bedford.
Le jeune loup du Parti libéral soutient alors qu'il est essentiel
que les Québécois « aient une société distincte et possèdent tous
les pouvoirs leur permettant de donner leur pleine mesure [24] ».
Bourgault tranche le débat en affirmant que le statut particulier
n'est pas une solution de rechange à l'indépendance. « Ceux qui
préconisent ce statut devraient admettre qu'il ne pourrait être
négocié que par un Québec indépendant. » Pour tout le reste de
leur vie respective, les deux hommes s'en tiendront à peu près à
leurs propres positions lors de ce premier débat en 1967...

L'assemblée d'investiture du PQ dans Mercier se déroule en
présence de seulement quelques membres du bureau de direction.
Le président, René Lévesque, brille par son absence. Le discours de
Bourgault, lapidaire, se termine par une affirmation qui ne laisse
aucun doute sur ses intentions et sur ses prétentions envers Robert
Bourassa : « Et je le battrai, moi [25] ! »

Bourgault ne pouvait pas douter, explique Danièle
Cordeau. Il jouissait d'une assurance extraordinaire.
On ne pouvait pas le mettre en cause lorsqu'il était
décidé. Il fonçait [26].

Même si les possibilités de remporter la victoire dans le comté
de Mercier sont minces, les militants travaillent d'arrache-pied

pour cette élection prévue en avril 1970. Médecin, Jean-Marc Cordeau a mis à la disposition du comité électoral un local dont il est propriétaire, rue Gilford, tout près de la rue Saint-Denis. La rue Gilford devait perpétuer à l'origine le souvenir de Joseph Guibord, ce pauvre homme privé de sépulture au XIXᵉ siècle par une Église catholique outrageusement arrogante dont Bourgault s'était inspiré pour écrire une pièce de théâtre à la fin des années 1950. Mais une erreur dans les registres a fait en sorte que la rue Guibord s'est métamorphosée en rue Gilford...

Jeune étudiante à l'université, Nicole Stafford est nommée attachée de presse de Bourgault. Elle n'a jamais fait ce travail et commence à l'apprendre à la dure au côté d'un homme souvent intraitable. La moyenne d'âge de l'organisation péquiste de Bourgault se situe alors dans la jeune vingtaine...

Pas facile de faire campagne avec Bourgault, se souvient Nicole Stafford. « Il a d'abord fallu le convaincre de faire du porte-à-porte. Il ne voulait rien savoir de cela ! Il n'en était pas même question, explique-t-elle [27]. » Bourgault finit par céder et accepte de frapper humblement à la porte des résidants du comté.

Bourgault multiplie bientôt ces opérations de porte-à-porte et les assemblées de cuisine [28]. Il travaille les citoyens à la base. Il parle. Il explique. Autant qu'il le peut [29]. On placarde comme on peut des affiches de campagne où la tête de Bourgault tirée en noir et blanc, l'air un peu sévère, coiffe un tricolore français où on lit le nom du candidat en grosses lettres.

Deux membres de son comité de campagne, Yves Charron et Gilberte Trudel, se souviennent des efforts consentis alors par le tribun. Écoutons-les :

> Il fit une campagne sur la fierté, assumant ses actions passées. Il frappait aux portes, entrait dans les cuisines, expliquait, étonnait les auditoires d'assemblée de la circonscription par sa fougue oratoire. Des chômeurs, des ouvriers, des étudiants apparurent, formèrent un univers d'espoir, enveloppèrent ses tournées [30].

Avec les militantes en particulier, Bourgault adopte une attitude d'ouverture alors peu répandue. « Il intégrait les femmes à l'action. Et il ne cessait de nous complimenter. Il était vraiment adorable avec les femmes », se souvient Danièle Cordeau [31].

René Lévesque, à titre de chef du parti, refuse catégoriquement de venir aider Bourgault, alors qu'il appuie pourtant les candidats de tous les autres comtés. Lévesque se rend partout, sauf dans Mercier !

Le conflit entre les deux hommes est à ce point profond qu'il est même impossible d'obtenir une photo montrant le candidat Bourgault en compagnie du chef du Parti québécois. Une telle photo, imprimée et distribuée à large échelle dans des dépliants de campagne, doit en principe donner confiance aux électeurs. Tenue pour importante d'abord par les militants, elle exprime la conjonction du chef et de son représentant dans l'expression physique de l'unité. Cette unité prend le plus souvent la forme d'une solide poignée de main, accompagnée d'un sourire de connivence. Elle apparaît tel un avenir possible. La photographie électorale condense ainsi en une image une impression de la vie partisane et sert d'appât pour l'électorat.

En ne se livrant pas au jeu de la photo avec le candidat Bourgault, René Lévesque refuse en quelque sorte de déléguer ne serait-ce que son image comme soutien à son candidat. L'absence d'une photo peut donc constituer un signal fort lancé aux électeurs par Lévesque contre Bourgault !

Que faire ?, se demande la jeune équipe qui défend Bourgault dans Mercier.

> Nous avons réalisé une fausse photo, explique Nicole Stafford ! On avait pris Bourgault alors qu'il serrait la main d'un homme ayant l'allure de René Lévesque. Et on avait remplacé la tête de cet homme par celle de Lévesque ! C'est donc cette photo truquée, imprimée dans un journal de campagne, que les électeurs ont reçue à leur porte ! Tout simplement parce qu'on ne pouvait pas faire autrement [32].

Devoir tricher pour créer un objet pareil !

Début avril, Bourgault lance un livre, son premier, *Québec quitte ou double*. Il s'agit d'une commande que lui a passée un éditeur il y a un moment. L'écriture en a sans cesse été retardée depuis

1968. Bourgault s'avère incapable de se consacrer sérieusement à ce projet depuis le sabordage du RIN. Le manuscrit traîne depuis longtemps sur son bureau lorsque son éditeur décide qu'il en a plus qu'assez de l'attendre...

Selon Bourgault lui-même, son éditeur a fini à peu près par lui arracher un texte des mains, tout à fait exaspéré[33] ! Le livre sort donc comme s'il s'agissait d'un complément de la campagne électorale, alors qu'il n'avait pas du tout été prévu pour cela à l'origine.

Pourquoi Bourgault n'arrive-t-il pas à finir ce petit livre consacré au projet d'indépendance ? Il connaît pourtant le sujet par cœur, mieux que quiconque peut-être. Il peine, dit-il, parce qu'il ne parvient pas à s'approcher de l'ouvrage parfait. Le livre tout à fait à la hauteur de l'écrivain qu'il entend être ne lui vient pas. À défaut du meilleur, Bourgault préfère donc tout simplement ne rien produire !

> J'ai eu le malheur de me prendre un jour pour un écrivain et de me prendre au sérieux tout court. Il est évident que, dans ces conditions, je me voyais forcé de corriger chacune de mes phrases pendant les prochaines 100 années. Résultat : rien[34].

L'explication a son charme. Mais elle n'arrive pas à bien camoufler une certaine incapacité de Bourgault, esthète un peu farfelu, à se consacrer alors tout entier à un travail de longue haleine, à y consacrer les efforts nécessaires.

Afin d'en terminer avec son livre, loin d'essayer de produire un monument littéraire comme il le prétend, Bourgault se contente d'écrire avec le souffle de l'orateur qui est le sien : des phrases courtes, incisives, parfois un peu ronflantes, avec des effets de surprise ménagés pour le lecteur au détour de quelques passages. Chose certaine, il ne se donne pas les moyens d'écrire un bon livre : il remet à son éditeur ses chapitres à mesure qu'il les écrit. De la sorte, il s'interdit d'y revenir. Pas de plan préalable, mais l'envolée d'un homme qui est habitué de discourir et qui ne s'écarte jamais trop, finalement, de son fil conducteur tant ses idées sont claires. Cela donne néanmoins une suite de fragments à la valeur très inégale.

Dans son livre, Bourgault ne peut s'empêcher de caboter un peu. Au premier tiers de l'ouvrage, il s'arrête tout net à un moment : en guise de transition, il dessine des fleurs et affirme que, pour se détendre, il fait tout bonnement « un petit dessin [35] ». Nous sommes à l'ère du *Flower Power*, mais tout de même ! Bourgault se montre un génie de l'à-peu-près. Dans le genre, il est alors inimitable.

Plus loin dans son ouvrage, il s'arrête une nouvelle fois tout aussi net, cette fois pour dédier ce travail trop rapide à ses parents. « Je les vois peu mais je pense souvent à eux. Ce sont les deux personnes les plus honnêtes que je connaisse. Je souhaite, pour moi-même, que leur vertu soit héréditaire [36]. »

Mais la substance des jugements, même avec leur part de cabotinage, demeure la même. Les traits principaux de sa pensée sont fermes et clairs.

Dans *Québec quitte ou double*, l'histoire ne lui semble plus jouée d'avance : l'indépendance n'arrivera pas *forcément*, comme il le pensait depuis les débuts du RIN. Elle lui apparaît dans l'horizon des possibles, tout au plus. « Elle ne l'est qu'à condition expresse d'augmenter chaque jour le poids et la pression de notre action dans ce sens. C'est pourquoi, pour ma part, je parle encore "d'indépendance", alors même que j'ai déjà en tête d'autres objectifs aussi irréalistes que celui-ci l'était il y a dix ans [37]. »

L'indépendance n'est qu'une condition d'accès, croit Bourgault, à un monde où l'éventail des possibles serait plus grand pour un peuple qui se reconnaît en Amérique par sa culture et par l'expression de celle-ci en français. « La langue, pour un Québécois, joue le même rôle que la couleur pour un Noir [38]. »

Afin de sortir de la situation de minoritaire imposée aux Québécois, Bourgault en appelle à dépasser le cadre national par l'accession à l'indépendance politique. Parmi les penseurs indépendantistes, on ne trouve alors certainement personne de moins nationaliste que lui. Il est loin de tout subordonner à des émotions collectives qui lui feraient oublier les ambitions qui animent sa solitude d'homme privé. « Je rêve que le Québec, libre enfin, devienne le premier pays du monde à n'avoir ni drapeau, ni hymne national. Je rêve de voir notre seule liberté nous servir d'étendard et notre seule fraternité nous servir d'identification pour le genre humain [39]. »

Le 28 avril 1970, la veille du scrutin, Bourgault monte sur scène dans la salle de la Fraternité des policiers, à deux pas de son local électoral. Il connaît la salle pour y avoir déjà pris la parole à l'occasion. Dans son discours, il entreprend alors de résumer un siècle de luttes autonomistes. Yves Charron et Gilberte Trudel sont là et racontent :

> Il était un spectacle en soi. Avant de haranguer la foule, il prit position, avança légèrement le pied droit, garda le silence pendant quelques instants, jaugea l'assistance et commença. La salle de la Fraternité était remplie de gens avides d'entendre le tribun. L'auditoire débordait à l'extérieur. Des gens enregistraient ses paroles sur bande magnétique, d'autres, tout simplement dans leur cœur. [...] Les travailleurs d'élection jurèrent victoire [40].

Le soir du 29 avril, Bourgault est deuxième dans le comté avec 12 276 voix en sa faveur, contre 15 337 à son adversaire Robert Bourassa, qui devient *de facto* premier ministre. Le Parti libéral obtient 72 sièges au parlement avec 45 % du vote populaire. Le Parti québécois ne compte que 7 députés avec pourtant 23 % du vote populaire, tandis que l'Union nationale en obtient 17 avec 20 % des bulletins de vote. Le découpage des comtés et le système électoral d'inspiration britannique continuent à favoriser l'ordre politique établi par les grands partis dominants. Au PQ, la rage gronde devant cette injustice.

Au local du Parti québécois du comté de Mercier, tous les militants sont amèrement déçus. Ils ont cru, comme Bourgault, à la victoire. En groupe ou seuls, certains pleurent ou gardent le silence, assis, couchés, appuyés sur un mur. Plusieurs militantes sanglotent, blotties tour à tour dans les bras de Bourgault. Celui-ci retient ses larmes.

« Pierre Bourgault quitta tard les lieux, accompagné de quelques personnes. Il ne dit pas un mot ; il n'y avait rien à dire », expliquent Yves Charron et Gilberte Trudel [41].

À la suite des résultats électoraux du 29 avril, le Parti québécois estime que de graves irrégularités ont été commises en plusieurs endroits. Le PQ décide même d'entamer des procédures judiciaires, notamment dans le comté de Mercier, où la lutte a été chaude entre Bourgault et Bourassa. Mais la contestation judiciaire échoue devant les tribunaux.

Pour la seconde fois, Bourgault ne parvient pas à se faire élire. Qui plus est, il n'occupe toujours aucune place au sein du nouveau parti pour lequel il s'était résolu la mort dans l'âme à abandonner le sien. Mais ses deux luttes électorales, tant dans Duplessis que dans Mercier, ont frappé l'imaginaire : même dans des lieux extrêmement difficiles où l'adversaire est farouche, il est très clair que Bourgault peut faire beaucoup plus que n'importe qui.

Au printemps 1970, à la suite de sa défaite électorale, Bourgault accepte le poste de rédacteur en chef de *Point de Mire*, un nouveau magazine lancé par Jean Côté, qui agit à titre de « directeur général ». Celui-ci présente *Point de Mire* comme un imprimé « aussi libre que le vent » qui offre une perspective différente de celle des journaux de Power Corporation [42]. Le mensuel se veut indépendantiste et « dégagé des contraintes journalistiques habituelles ». Cofondateur d'une agence de presse locale, Telbec, Jean Côté aime les affaires au moins autant que la politique.

Bourgault donne le coup d'envoi de « sa » formule dans le numéro de juillet 1970. Les collaborateurs : le sociologue Marcel Rioux, son vieil ami André d'Allemagne, le journaliste militant Jacques Guay, le jeune Bernard Landry, le juriste Jacques-Yvan Morin et Robert Mackay. Un littéraire aussi, figure emblématique du projet indépendantiste : Gaston Miron.

Plusieurs jeunes pigistes complètent l'équipe, au nombre desquels figurent le journaliste Pierre Graveline et le graphiste André Gladu.

Le modèle graphique – Bourgault ne s'en cache pas – est un calque du magazine français *L'Express*. « À partir de cette copie, nous tâcherons [...] de trouver notre style propre tout en conservant cette formule qui permet la lecture de textes sérieux [43]. »

La ligne politique ? Très claire, évidemment. Bourgault ne feint pas la neutralité. « Nous affichons sans hésiter nos couleurs, contrairement à certains journaux soumis au Parti libéral et à Power Corporation qui préfèrent taire leurs véritables allégeances politiques, sans doute parce qu'ils en ont honte [44]. »

Point de Mire approuve et défend l'objectif de l'indépendance du Québec. Il n'est pas pour autant assujetti au Parti québécois. « Si nous appuyons officiellement le Parti québécois, cela ne nous empêchera pas de le critiquer à l'occasion [45]. » *Point de Mire* ne se veut pas et ne sera pas une feuille de parti.

Point de Mire n'est pas « non plus un instrument de propagande indépendantiste : qu'on ne s'attende pas à trouver dans chaque page l'illustration de la cause de l'indépendance du Québec [46] ».

Bourgault affirme en outre la position de gauche bien marquée de son mensuel. Du même souffle, il espère que les annonceurs seront nombreux à soutenir le travail de la nouvelle équipe. Le rédacteur en chef espère publiquement rien de moins que 100 000 lecteurs ! C'est énorme.

De quoi parle-t-on dans *Point de Mire* ? De la question linguistique, du monde des affaires, de planification familiale, de littérature, de politique municipale autant que nationale. Bourgault lui-même s'intéresse à la question nationale, tout en se gardant bien, pour une fois, de critiquer Lévesque. Il encourage même les lecteurs à ne pas douter des qualités du chef du Parti québécois en vue de la prochaine bataille électorale.

Lévesque doit-il partir, comme le prétendent certains et comme le chef du PQ semble y réfléchir ? Non, affirme Bourgault. En éditorial du mensuel, Bourgault réclame même en toutes lettres que Lévesque reste à la tête du PQ. « Vous devez rester président du Parti québécois et vous devez diriger le parti dans la prochaine campagne électorale [47]. » Il reproche cependant à Lévesque de laisser entendre qu'il n'est « rien d'autre qu'un "homme ordinaire" ». Pour lui, un leader n'est pas et ne peut pas être un homme ordinaire. Quelques années plus tard, selon la même logique, Bourgault reprochera à Robert Charlebois de chanter, avec autant de succès, qu'il est « un gars ben ordinaire »... Pur mensonge racoleur, croit-il.

Le *Point de Mire* qui s'établit sous l'autorité de Bourgault n'apparaît pas axé uniquement sur les différentes facettes de la politique québécoise. La politique internationale y trouve sa place. Fidel Castro, la guerre du Vietnam, la Tchécoslovaquie, les Noirs... Le regard porte volontiers au loin.

Dans ses articles personnels, le rédacteur en chef se montre toujours très sensible à la question linguistique. Bourgault chemine à partir d'événements particuliers pour démonter la mécanique et les conséquences historiques d'une situation linguistique aliénante. La thèse du colonialisme, aux origines du cadre théorique du RIN, colore toujours fortement sa pensée.

En éditorial, en juillet 1970, Bourgault écrit : « La semaine dernière, je me faisais littéralement "sortir" d'une discothèque de l'Ouest de Montréal parce que nous avions osé commander notre bière en français. La patronne, une dame vieillissante du nom de Monroe, nous affirma, avec tous les cris hystériques d'usage, qu'elle ne voulait pas de politique chez elle. À Montréal, en 1970, commander une bière en français, c'est faire de la politique [48]. » Bourgault traque l'humiliation. Il se dresse, au nom de la collectivité. Son « nous » découle de son usage du « je ». Avec une bière, le verre national déborde : « Nous ne rions plus. L'humiliation collective prépare des éruptions volcaniques. Vous nous croyez cassés, brisés dans nos forces vives. Vous vous trompez. Vos troupes meurent de vieillesse pendant qu'il nous en arrive de fraîches tous les jours. Vous gouvernez un peuple qui n'existe plus depuis 20 ans. Le nouveau peuple québécois sortira bientôt de l'humiliation pour entrer dans l'histoire [49]. »

Fidèle à ses habitudes de mangeur de curés, Bourgault ne rechigne pas à l'idée de lancer aussi quelques flèches anticléricales à partir du magazine. À l'occasion de Noël 1970, il raille ces ardents défenseurs de l'ordre établi qui, le plus souvent, se montrent de bons catholiques. Pour ce faire, il interpelle Jésus directement. « Vous avez vécu et vous êtes mort pour défendre la liberté de parole, dites-vous ? Pas possible. Si je crois en vous ? Non, pas vraiment. » D'autant plus lorsqu'il voit que Trudeau aime se présenter comme un bon catholique...

Bourgault n'hésite jamais à citer le syndicaliste Michel Chartrand, véritable figure forte de son imaginaire dans les années 1970. Comme lui, il défend les travailleurs avec une verve unique.

Bourgault se situe d'instinct du côté du peuple. Il s'intéresse au sort des petits et des sans-grade. Cette propension naturelle suscite même parfois des surprises. Ainsi, il peut aller jusqu'à défendre les policiers, mais condamner du même soufle le système qui les utilise ! Les policiers, dit-il, « sont souvent victimes des mêmes exploiteurs que nous, ils ont les mêmes peurs, les mêmes frustrations. C'est tout le système qui est en cause et nous sommes finalement tous dans le même combat [50]. »

Lorsque la Crise d'octobre éclate à la suite de l'enlèvement du délégué commercial britannique James Richard Cross et du ministre Pierre Laporte, Bourgault parle beaucoup de cette situation, en privé comme en public. L'affaire ne lui semble d'abord guère plus importante que l'actualité politique habituelle. Puis, il se ravise.

La population en général trouve que le FLQ y va fort en allant jusqu'au meurtre politique, résume Bourgault, mais en même temps l'admiration est grande pour ces jeunes gens qui ne manquent pas d'audace et qui semblent prodigieusement organisés, à la façon de Robins des Bois des temps modernes. Même l'hypocrisie de surface camoufle assez mal un plaisir populaire de voir un ministre « être mis en pénitence », comme le dit Michel Chartrand. Dans les jours qui suivent la lecture du manifeste des ravisseurs sur les ondes de la télévision d'État, le FLQ reçoit des encouragements de divers mouvements : étudiants, écrivains, ouvriers. Même un curé et un évêque appuient d'abord les revendications du FLQ. Trois mille personnes se rassemblent à Montréal pour réécouter le manifeste, cette fois lu par la voix riche et grave du poète Michel Garneau.

À Sept-Îles, raconte Bourgault, un vieil homme se scandalise devant lui qu'on puisse faire une chose pareille à Pierre Laporte, un vice-premier ministre. Puis, sur le ton de la confidence, il dit à Bourgault : « mais ils ont choisi le bon, hein [51] ! »

À Montréal, Bourgault discute de la situation entre autres avec Jacques Parizeau et René Lévesque.

Parizeau, expliquera-t-il en 1983, est alors déchaîné. Très excité par la crise, il téléphone sans arrêt aux quatre coins du Québec, à toute heure du jour, pour savoir si tout va bien chez les militants.

Passionné de stratégie, Parizeau sent la soupe chaude. Il se comporte en grand chef des armées qui cherche à connaître l'état de ses troupes. Sa guerre, il l'a enfin trouvée.

Bourgault finit par lui dire que son comportement tend en fait à produire ce qu'il cherche à prévenir, puisque son attitude inquiète sans bon sens les militants.

— Ça n'a aucun sens, dit-il à l'intention de Parizeau, en présence de René Lévesque. Vous jetez de l'huile sur le feu. Vous aggravez la situation. Vous faites exprès !

— Venant de vous. . . !, se contente de répondre René Lévesque, surpris de l'origine de cet appel au calme.

— Bien sûr que non, s'empresse de répondre le tribun ! Moi, je jette de l'huile sur le feu quand le feu est éteint. J'agite les choses quand il ne se passe rien. Mais quand ça va mal, j'essaye de calmer les esprits [52] !

Selon le témoignage de Bourgault, le chef du Parti québécois n'en croit alors absolument rien. . . Pour lui, Bourgault demeure un agité du bocal. Guy Joron se souvient que quelques mois plus tard, à l'occasion d'une réunion de l'exécutif où il vient d'être élu, Bourgault fait un esclandre au sujet de Parizeau parce que celui-ci continue de voir des complots partout.

« M. Parizeau, dit-il, vous qui êtes un homme si posé et si réfléchi dans la plupart des circonstances, comment pouvez-vous fabuler autant à l'égard du FLQ [53] ? »

C'en est trop pour Parizeau, qui sort de la salle. Qui sait alors que l'économiste vient de se faire prendre par sa maîtresse, Carole Devault, dans une histoire d'agent double qui passe bien près de lui coûter sa carrière politique ? Parizeau, plus que d'autres, a justement raison de se méfier, même si c'est à outrance.

Mais revenons au cœur des événements, quelques mois plus tôt. Le 16 octobre : c'est le vendredi noir. On proclame à l'aube la loi sur les mesures de guerre. Les arrestations en masse vont dès lors bon train. La veille, Robert Bourassa a déclaré qu'actuellement au Québec « le régime démocratique est menacé ».

Bourgault se rend à la permanence du PQ pour proposer ses services. « Il était toujours là, explique Guy Joron. Il est vrai que Lévesque s'en méfiait, mais il était néanmoins très près des militants. Nous leur donnions de la formation sur divers sujets. Bourgault était très présent à la permanence de la rue Christophe-Colomb [54]. »

Ce vendredi 16 octobre, à la permanence, Bourgault croise Joron qui lui propose de partir pour la journée dans le nord, à son chalet de Saint-Jovite. Joron vient de rentrer de Québec en compagnie de Camille Laurin. Tout va mal. Il a besoin de changer d'air. Deux autres habitués de la permanence sont de l'aventure dans les Laurentides : Richard Desrosiers et André Larocque. Bourgault veut bien aller dans le nord, mais il ne cesse de prédire, comme un oiseau de malheur, qu'ils vont se faire arrêter. « Si t'es avec Bourgault, dit-il à Joron, on va se faire arrêter ! »

Qu'à cela ne tienne, direction Saint-Jovite ! Arrêt à La Baratte, un restaurant de Saint-Sauveur où Joron a l'habitude de manger. À la toute fin du repas, des policiers en civil sortent de partout. « Police très civilisée, raconte Bourgault, puisqu'elle ne nous a arrêtés qu'au dessert ! » Les quatre péquistes sont emmenés au poste de police de Saint-Jérôme. Questions et identifications d'usage. Pour Bourgault, c'est facile. On sait qui il est. Mais la police ne se rend pas compte tout de suite qu'elle a aussi arrêté un député, ce qui est plus délicat. Elle pensait arrêter Bourgault avec trois suspects, mais elle l'attrape avec un député qui est, de surcroît, un très bon ami de Robert Bourassa ! Joron explique aux policiers qu'ils se rendent tout bonnement à son chalet. Après quelques heures perdues, le quatuor peut poursuivre sa route. On contrôle cependant à nouveau leur destination à proximité du chalet en question, histoire d'être bien certain qu'ils s'y rendent. Deux ou trois verres de scotch leur permettent d'aller au lit moins amers.

Le lendemain au réveil, Joron allume la radio. Une musique grave et funèbre se fait entendre. En entendant la musique, Bourgault anticipe : « Pour moi, ils ont assassiné Laporte », dit-il à Joron. Bourgault estime tout de suite que si c'est le cas, on se trouve devant une catastrophe. « Il était très déprimé à cette idée, se souvient Joron. Il faisait ni plus ni moins qu'une tête d'enterrement, ce qui était bien de circonstance. »

Comme ils n'ont plus rien à faire dans les Laurentides en des heures aussi graves, ils rentrent à Montréal. Bourgault dira en 1983 que c'est pour assister en soirée à la réunion du conseil exécutif qu'ils retournent dans la métropole. À cette réunion du conseil, Lévesque est à la fois furieux et triste, racontera Bourgault en 1983 [55]. Il pleure à chaudes larmes. Il est atterré. Il n'accepte pas – ni politiquement, ni personnellement – ce qui vient de se passer. Il n'a pas le cœur non plus à entendre un Jacques Parizeau lui proposer de faire une déclaration publique. Laporte était, pour Lévesque, un ami qu'il connaissait de longue date. Comme lui, il était journaliste. Comme lui, il avait tenu un poste d'avant-plan au Parti libéral. Il semble impensable à Lévesque qu'on puisse seulement croire aller quelque part en politique avec des gestes pareils. Furieux, explique Bourgault, Lévesque fait porter le blâme, cette soirée-là, sur chacun des membres de l'exécutif. Et il faut un moment pour que les membres du conseil se ressaisissent et comprennent qu'ils n'y sont pour rien dans le geste terrible que le FLQ a posé.

Ce récit très concis de Bourgault, livré à un vaste auditoire 13 ans après les faits, ne manque pas de charme. Comme toujours, la phrase est serrée, rapide, efficace. Elle court vers un but précis, se bornant aux faits essentiels pour assurer la pleine compréhension du propos par un vaste public. Bourgault sait que pour raconter on doit choisir. Mais ici, il y a un désaccord entre les mots et les faits. Le décès de Laporte n'est annoncé ce 17 octobre que très tard en soirée. Joron et Bourgault ont donc quitté les Laurentides pour rentrer à Montréal forcément avant la diffusion officielle de la nouvelle du meurtre. Ce n'est par ailleurs que fort tard ce jour-là que René Lévesque a convoqué une réunion d'urgence.

Selon les témoins, la réaction de Lévesque à l'annonce du meurtre politique semble s'être à peu près passée tel que Bourgault la narre. Mais est-ce que Bourgault y assiste vraiment ? Il n'est pas alors, contrairement à ce qu'il racontera en 1983, membre de l'exécutif du PQ. Il y sera élu, mais seulement quatre mois après ces événements. De plus, cette réunion extraordinaire est très bien gardée, comme le montre le biographe de Jacques Parizeau : n'y assiste pas qui veut. Et comme Lévesque fait alors tout en son pouvoir pour éloigner Bourgault du cœur du PQ, on le voit mal, en un moment de crise pareil, l'inviter à une réunion exceptionnelle d'intimes du parti.

S'il est certain que Bourgault se trouve aux avant-postes de cette crise, il n'a pas accès, en cette circonstance, à cette loge-là. Joron non plus, qui confirme ne pas y avoir été, pas plus que Bourgault, qu'il a d'ailleurs déposé chez lui plutôt qu'au PQ en cette lourde soirée[56]. Ce soir-là, il est clair que Bourgault aurait voulu se trouver dans l'action comme un Parizeau ou un Lévesque. Il a construit le souvenir de sa vie pour être avec eux, alors qu'il n'était, pour une fois, qu'un simple commentateur.

Bourgault racontera que la police a débarqué aussi chez lui, à Montréal, au plus fort de la crise, soit après le 16 octobre. Il est victime d'une des 4 600 perquisitions avec saisie qui seront réalisées en vertu de la Loi des mesures de guerre. Les policiers entendent fouiller l'appartement de Bourgault, comme les autres. Peut-être James Cross s'y trouve-t-il ?

Devant les policiers, Bourgault se montre affable, une façon bien à lui de se foutre de leur gueule. Cet excès de politesse ne les rassure pas : depuis l'annonce de l'assassinat de Laporte, la police est devenue très nerveuse. On craint le FLQ comme la peste. Robert Borrie, député libéral fédéral, affirme le 17 octobre que « nous n'avons pas affaire à des dissidents politiques, mais à une organisation d'assassins structurée ».

Bourgault soutient qu'un des policiers se décide très vite à partir lorsqu'il aperçoit le nouveau petit chat de la maison. Ce policier ne supporte pas, semble-t-il, les félins. Mais est-ce vraiment à cause d'un chat qu'on se garde de monter à l'étage et qu'on fouille seulement le rez-de-chaussée ? Peut-être est-ce plutôt parce que ces hommes en uniforme ont une femme et des enfants et qu'ils ne tiennent pas particulièrement à tomber sur des terroristes que l'on imagine alors sanguinaires et armés jusqu'aux dents...

On cherche Cross partout, mais avec une subtilité pour le moins discutable. Apprenant que l'attaché commercial Cross est un fervent amateur de Winnie the Pooh (Winnie l'ourson) et qu'il garde d'ordinaire à son chevet des contes du célèbre ourson jaune, la police fait éplucher *The House at Pooh Corner* et *Now We Are Six* dans l'espoir d'y découvrir des indices secrets qu'il aurait pu cacher dans ses lettres que les ravisseurs ont transmises aux autorités. « À chaque lecture, raconte l'avocat Michel Côté, il nous semblait qu'il y avait des centaines d'indices. Nous avons sûrement fait, je dirais, plus d'une centaine de descentes à partir des livres de Winnie the Pooh [57]. »

Pour Bourgault, l'importance qu'on accorde au FLQ et, surtout, la charge que mène le pouvoir contre lui sont disproportionnées par rapport à la réalité. Avec plusieurs intellectuels, il participe à un comité opposé aux mesures de guerre. Du *Devoir*, Claude Ryan dirige avec quelques autres ce comité. Bourgault a depuis toujours beaucoup de réserve à l'égard de cet homme austère, pétri d'un catholicisme ardent. Mais, de tous les hommes et les femmes ayant eu à dire ou à faire quelque chose à l'occasion de la Crise d'octobre, observe Bourgault, seul Claude Ryan s'est tenu debout du début à la fin, « avec une froideur impeccable ». Le directeur du *Devoir* « s'est prononcé contre les mesures de guerre, et il a lutté contre jusqu'au bout », ce qui lui semble admirable [58].

Ryan est de ceux qui croient que ce sont des situations sociales et économiques intolérables qui alimentent d'abord et avant tout le terrorisme à travers le monde. Le vrai terrain où le terrorisme peut être vaincu est donc celui de la justice et de la liberté. Les comités de citoyens de toutes sortes qui fleurissent depuis la fin des années 1960 ne pensent pas autrement.

En 1970, la démocratie canadienne apparaît s'exercer au profit des mieux nantis. Tandis que le taux de chômage est à la hausse, les étranges résultats des élections d'avril achèvent de décourager bien des militants prêtant foi au jeu démocratique. À ces élections, les libéraux provinciaux ont obtenu 67 % des sièges de l'assemblée nationale avec seulement 45,5 % du vote populaire. Si c'est au peuple que la démocratie doit être redevable, pourquoi le système traduit-il si mal sa volonté ? La célèbre tirade du poète grec Diphile pourrait alors être mise dans la bouche de bien des citoyens en rogne contre leur gouvernement : « C'est notre misère qui te fait grand »...

En ce début des années 1970, la Révolution tranquille s'essouffle et montre ses failles. Les cris séditieux contre le pouvoir se font de plus en plus entendre. Mais la révolution est-elle vraiment au coin de la rue ? Existe-t-il un complot appréhendé contre le pouvoir en place ? Les gouvernements soutiennent que 3 000 révolutionnaires attendent l'occasion de renverser le système. Tous les rapports d'enquête ultérieurs démontreront pourtant que rien ne permet alors de le croire sérieusement.

Derrière l'écran de fumée créé par la psychose du terrorisme, les trois ordres de gouvernement tentent en fait de profiter de la situation pour réduire à néant toute opposition de gauche, tant nationaliste que sociale, comme le montre Jean-François Cardin dans son excellent ouvrage, *Comprendre octobre 1970*[59].

Dans tout drame existe toujours une part de comédie. À l'occasion d'une assemblée du comité de crise que dirige alors notamment Claude Ryan, Bourgault observe à quel point le directeur du *Devoir* prend plaisir à être applaudi et à être présent sur une scène, loin de son journal quotidien. Ryan glousse alors littéralement de plaisir à l'idée de voir son point de vue rallier soudain autant d'intellectuels. Or, Bourgault juge par expérience qu'il faut savoir, en politique, mesurer la futilité des applaudissements. Ryan ne lui apparaît pas du tout apte à le faire. Devant le petit succès populaire spontané dont jouit Ryan, l'ancien président du RIN dit alors à son voisin et ami Guy Joron :

— Cet homme est applaudi trop tard. Il ne s'en remettra jamais...[60]

Huit ans plus tard, à l'heure de l'affrontement entre les fédéralistes à la Trudeau et les souverainistes de la mouvance Lévesque, un Claude Ryan pris entre l'arbre et l'écorce, à titre de chef du Parti libéral du Québec, se mérite une observation similaire de Bourgault : « Claude Ryan, qui n'a reçu ses premiers applaudissements qu'à l'âge de 50 ans, garde l'insatiabilité de tous ceux qui, ayant rêvé toute leur vie durant de succès, l'ont connu trop tard pour en juger la vanité[61]. » Le temps passe, mais le jugement de Bourgault à l'égard de Ryan ne change pas : moins intelligent que travailleur, Ryan est et restera toujours à ses yeux un homme vain.

La réaction du pouvoir à l'égard du FLQ est exceptionnelle, pour ne pas dire outrancière. Aux États-Unis, les nombreux assassinats politiques perpétrés depuis le début des années 1960 n'ont pas conduit le gouvernement à décréter la loi martiale. Washington ne l'utilise pas non plus lorsque les Black Panthers, les Weathermen ou la Symbionese Liberation Army multiplient leurs coups d'éclat. Dans les années 1970, ni l'Italie frappée par les Brigades rouges, ni l'Allemagne secouée par la Fraction armée rouge (Baader-Meinhof), ni la France avec Action directe, ni l'Espagne agitée par les Basques de l'ETA ne jugeront bon d'utiliser la loi martiale malgré l'extrême gravité de certains gestes de ces groupes révolutionnaires. Il y aura des chars d'assaut dans les rues de l'Italie et des arrestations massives en Espagne, mais toujours au titre d'une répression encadrée étroitement par un dispositif juridique. Le Brésil, l'année précédente, a pris le parti de négocier avec les ravisseurs pour sauver la vie d'un général japonais et d'un ambassadeur américain. Plusieurs avenues différentes sont employées dans le monde pour répondre à l'action terroriste. Pourquoi avoir utilisé au Canada la mesure la plus radicale, la loi de la guerre, une loi d'exception par rapport à toutes les règles légales, d'autant plus qu'il s'agit de juguler un tout petit groupe d'opposants politiques plutôt mal organisés ?

La plupart des grandes puissances disposent de toute une palette de réponses à une opposition armée, depuis les polices spécialisées jusqu'aux outils juridiques en passant par des actions d'État clandestines. Le Canada ne possède pas ces outils, acquis souvent par une expérience coloniale à l'étranger. Il s'en remet plutôt, selon les principes d'ordre et de bon gouvernement britanniques, à l'exemple de la pratique anglaise à l'égard de l'Armée républicaine irlandaire (IRA), l'objectif étant ici de faire d'une pierre deux coups : abattre le FLQ autant, comme on l'a dit, que les forces de gauche autour desquelles ces opposants clandestins gravitent de plus ou moins près.

Très tôt durant la Crise d'octobre, Bourgault est lui-même convaincu que cet être « sans scrupules » qu'est le Très Honorable Pierre Elliott Trudeau a senti une occasion unique de réduire en cendres tout le mouvement indépendantiste. Le FLQ va lui servir d'épouvantail pour réaliser ses basses œuvres. Robert Bourassa, qui n'est pas d'un naturel très courageux, l'a laissé faire, tandis que le maire de Montréal, Jean Drapeau, profite de l'occasion dans la mesure où son parti ne se gêne pas, à la veille des élections municipales du 25 octobre, pour assimiler au FLQ ses opposants du Front d'action populaire (FRAP). À l'hôtel de ville, Drapeau fait élire 52 conseillers municipaux sur un total de 52, ce qui rend pour le moins douteux son discours dans lequel il continue de plaider, même une fois la victoire acquise, qu'on a échappé de justesse à des gens qui voulaient s'emparer de l'hôtel de ville pour mettre sa ville à feu et à sang !

Les ravisseurs de Cross finissent par s'enfuir à Cuba, où ils mèneront une vie d'exil confortable, installés dans des hôtels luxueux, dont le célèbre Hotel Nacional, aux frais du gouvernement canadien. Moins chanceuse, la cellule qui a enlevé Laporte est capturée en décembre. Pendant ce temps, quelques centaines d'individus innocents, pour la plupart des indépendantistes et des membres de mouvements de gauche, sont détenus sans motif valable.

Le jour de Noël 1970, par un froid glacial, Bourgault manifeste devant le pénitencier Parthenais, comme quelques milliers de membres du Mouvement pour la défense des prisoniers politiques du Québec (MDPPQ), afin que les quelque 500 personnes détenues en vertu de la Loi des mesures de guerre soient définitivement relâchées par l'État. René Lévesque est là, lui aussi.

Le 20 janvier, Bourgault est à la tête d'une marche organisée de nouveau par le MDPPQ, où on trouve plusieurs groupes de gauche et des syndicats. Devant le Palais de justice de Montréal, les manifestants en appellent à nouveau à la libération des « prisoniers de guerre ».

Pour la plupart des indépendantistes, la Crise d'octobre a l'effet d'un catalyseur. Si la violence terroriste est rejetée du revers de la main par Lévesque – pour qui les Québécois n'ont pas à prendre le maquis, surtout en plein hiver –, elle n'en fait pas moins apparaître à quel point les contre-révolutionnaires entendent eux aussi faire usage de la force pour mâter toute volonté de changement social global.

Le Parti québécois est alors menacé de dislocation. « PQ-FLQ, se souviendra Jacques Parizeau, devient l'association qui, dans l'esprit des Québécois, identifiera la souveraineté à la violence [62]. » L'effet est terrible.

À ce moment, observe Jacques Ferron, le mot « effelquois », qui sert jusque-là à désigner les membres du FLQ, cède tout à fait la place à « felquiste », plus semblable par sa sonorité à « péquiste ».

Le Parti québécois, qui fuit comme la peste toute association avec des radicaux, se retrouve malgré lui piégé sur un terrain qui n'est pourtant pas du tout le sien. Dans les mois qui suivent la Crise d'octobre, le PQ perd 45 000 membres, tant la formule malveillante « PQ = FLQ » provoque des ravages.

Bourgault n'en revient tout simplement pas de voir les Québécois s'habituer à subir une violence d'État comme ils s'étaient habitués à endurer leur servitude. Trudeau « a réussi à faire croire à la population qu'elle était menacée, mais je n'ai pas vu de soldats dans le métro ; ni dans le quartier Saint-Henri, ni dans les manifestations populaires. Non, ils protègent les hommes politiques, les puissants, les riches, les privilégiés, et ce sont les luxueuses limousines qui les accompagnent dans leurs déplacements. »

Selon l'analyse de la Crise d'octobre que fait Bourgault, les Québécois se sont retrouvés prisonniers d'un jeu à deux équations où autant le FLQ (pour défendre ses idées) que le gouvernement (pour légitimer son autorité mise en cause) ont décidé de jouer, dans une partie de bras de fer bien inégale, la vie d'un homme : Pierre Laporte. « La vie de M. Laporte a servi de pouvoir de négociation aux deux parties. Elles l'ont utilisée abondamment toutes les deux. Il n'y a pas eu de négociation. Les deux parties sont restées sur leurs positions : M. Laporte est mort [63]. »

Bourgault se refuse à être complice de la violence, qu'elle vienne d'un côté ou de l'autre. « Tuer pour la cause ? Mourir pour la cause ? Non ! » À ce sujet, il ne changera jamais d'idée : il n'a pas et n'aura pas l'intention de mourir pour un pays. Pour lui, la vie vaut plus que tout et mérite d'être vécue.

Le candidat défait dans Mercier n'excuse pas mais s'explique tout à fait la violence du FLQ, tout autant que celle des fédéralistes. La violence, pense-t-il, est un effet fort prévisible du système canadien. Où est la démocratie dans cet univers politique que le FLQ affronte à sa façon et que les hommes d'Ottawa entendent défendre à la leur ? Bourgault observe, une fois de plus, que le système électoral canadien est une caricature de démocratie donnant lieu à des distorsions du vote considérables depuis des décennies. En outre, les magouilles électorales et le favoritisme politique jouent toujours un rôle majeur et ont pour effet d'usurper des votes. En conséquence, affirme Bourgault, il faut être d'une malhonnêteté crasse pour laisser entendre que le système dans lequel se situe le drame humain de Pierre Laporte est vraiment démocratique. Il n'est rien de tel, même s'il en a parfois les apparences.

Dans ce contexte aliénant où le vote est présenté malgré tout comme s'il s'agissait d'un salut public, les Québécois se trouvent, dès leur naissance, en position d'inégalité. Comme l'ont montré les travaux de la commission Laurendeau-Dunton quelques années plus tôt, les citoyens de langue française arrivent au douzième rang sur 14 dans l'échelle des revenus au Québec. C'est dire que la majorité des citoyens du Québec sont dépossédés en leur propre pays. À mesure que le temps passe, les raisons de désespérer, pour beaucoup de ces citoyens, sont de plus en plus nombreuses, malgré les promesses initiales de la Révolution tranquille.

En ce pays, la liberté de parole n'est égale pour tous qu'en théorie. En pratique, soutient Bourgault, le point de vue du plus fort domine toujours. Cela est évident à la radio et à la télévision encore plus qu'ailleurs. Le système médiatique permet bien sûr d'inviter de temps à autre, pour la forme, des progressistes ou des indépendantistes, essentiellement pour pouvoir prétendre aux bienfaits du libéralisme qu'il défend. Mais, dans les faits, le temps de parole leur étant accordé est très court, puisque la conception de l'égalité dont se gargarisent les médias les amène le plus souvent à donner la réplique à quelqu'un qui jouit depuis des années de tout le terrain médiatique pour faire valoir sa pensée. Il en résulte d'ordinaire une simple joute oratoire qui profite à la défense de l'ordre des choses tel qu'il est. Pour rétablir un peu l'égalité dans ce monde médiatique, il faudrait que les animateurs constatent d'abord que leurs débats, toujours conçus sur ce mode sportif de l'affrontement, laissent en fait très peu de place à l'émergence de nouvelles idées.

En raison de ces inégalités autant que par la nature du projet indépendantise, Bourgault continue d'affirmer que la lutte pour l'indépendance est difficile et qu'il est de mauvais aloi de se le cacher.

Comment se fait-il que les militants se mettent la tête dans le sable et refusent de regarder cette vérité en face ?

Un an après les événements d'octobre, les simples citoyens ont oublié le manifeste du FLQ et affirment qu'ils ne se sentaient pas concernés au moment de la crise, du moins selon une enquête réalisée par Robert Lévesque et Gilles Crevier pour le journal *La Patrie* du 14 octobre 1971. Ces gens de la rue pensent néanmoins qu'il y aura bientôt une nouvelle crise au Québec. Selon les journalistes, la population espère qu'une prochaine crise sera non violente, « tout en croyant qu'un bon coup contre les gouvernements, l'*establishment* et les riches serait presque souhaitable si l'on veut que les problèmes socioéconomiques soient résolus ».

Pour Bourgault, il faut que les mouvements de lutte populaire apprennent de leurs échecs, plutôt que de les refouler comme ils le font. Le printemps 1971 est « malade » à cet égard, juge Bourgault. « Je m'acharne pour ma part depuis dix ans à tenter de faire comprendre aux indépendantistes qu'ils doivent se préparer au pire, que le régime se défendra avec le dernier acharnement, qu'il emploiera tous les moyens nécessaires pour mâter la révolution[64]. » Et que font les Québécois ? Ils font comme si rien ne s'était vraiment passé…

Pourquoi, se demande Bourgault, les Québécois apparaissent-ils incapables d'envisager tant les conséquences de certains de leurs choix que la réaction du pouvoir à ceux-ci ? « Au lendemain de l'éclatement des premières bombes [du FLQ], la première réaction fut d'imaginer que c'était l'œuvre "d'étrangers". Au premier matraquage, on parlait d'incident passager. Aux premières arrestations préventives, on restait incrédule. Et jusqu'à tout dernièrement, on se forçait à croire qu'il était possible de discuter avec M. Trudeau[65]. » La belle affaire, raille Bourgault ! Et les services secrets ? Et le harcèlement des militants ? Et les procès politiques ? Et les caisses électorales truquées au bénéfice d'une option ? Tout cela vient-il aussi d'ailleurs ?, demande Bourgault.

Un Québec sous la gouverne d'un premier ministre nommé Pierre Bourgault serait peut-être dans une situation toute différente. Sans doute. Mais qui sait vraiment ?

Premier ministre, Bourgault le sera, mais l'espace d'une soirée seulement, le 23 février 1971 ! Il participe alors à Montréal à une soirée de politique-fiction visant à dénoncer le discours du trône du gouvernement libéral et à financer le MDPPQ. À côté du « premier ministre » Bourgault siègent notamment Michel Chartrand, dans le rôle du ministre du Travail, et Matthias Rioux, dans celui du ministre de l'Éducation…

La méfiance règne à l'égard du MDPPQ. Les défenseurs des prisonniers politiques sont assimilés eux-mêmes à des terroristes en puissance. Quatre jours avant l'événement, le groupe de Bourgault n'a toujours pas trouvé de salle ! On lui a refusé celle du centre Paul-Sauvé de même que l'accès à l'Université de Montréal. En conférence de presse, Bourgault en profite pour tourner toute l'affaire à la rigolade aux dépens de l'Église, l'une de ses cibles favorites : il affirme que l'archevêché de Montréal a dit à un porte-parole du Mouvement pour la défense des libertés civiles que le jour où toutes les salles leur seront fermées, on leur ouvrirait les églises [66] !

Sur un mode plus sérieux, Bourgault espère encore faire son nid au sein du Parti québécois. À Québec, durant la dernière fin de semaine de février, il se présente pour une deuxième fois à l'élection de l'exécutif du parti. Personne ne prend à la légère cette candidature lourde de signification. Ce troisième congrès du PQ n'a pas suscité de nouveaux sentiments de Lévesque à l'égard de Bourgault. L'appui tacite qu'offre l'ancien chef du RIN à plusieurs révolutionnaires, en particulier à Michel Chartrand, a l'heur de lui déplaire.

Lévesque s'oppose toujours très fermement à l'élection de Bourgault. Il mène une cabale contre lui jusqu'au dimanche soir. Ce jour-là, Bourgault confie à Jacques Parizeau qu'il songe tout simplement à se retirer. L'économiste l'encourage au contraire à aller jusqu'au bout [67].

Bourgault profite du temps de parole accordé aux candidats pour exprimer ses positions. Le discours est bref, mais intense comme toujours. « Mon discours n'était pas long, mais je reconnais qu'il était éloquent et très bien structuré, se souvient Bourgault. J'avais repris tout le discours des Castro, Mao et Hô Chi Minh, puisque je représentais en quelque sorte l'aile radicale du PQ [68]. » Et il charge alors au maximum, au contraire de ce qu'il avait fait lors de sa tentative précédente pour être élu à l'exécutif.

Que dit-il exactement alors ? Ceci :

L'indépendance n'est pas la sécurité et nous avons
le devoir de ne rien cacher à la population. À quoi
servirait-il d'avoir de nouvelles idées, si nous demeu-
rons constamment effrayés de nous présenter tels que
nous sommes, sans toujours garder des idées et des
hommes dans nos garde-robes.

Le tribun en profite aussi pour défendre l'action du syndicaliste
Michel Chartrand, trop souvent pris à partie, à son avis, par des
gens dont il est pourtant proche. « Il existe hors du parti des gens
que nous dénonçons trop facilement. Pourtant, nous en profitons. »

Lorsque René Lévesque l'entend prononcer le nom de Michel
Chartrand, il se prend la tête entre les deux mains [69]… Emprisonné
durant la Crise d'octobre, le syndicaliste de la Confédération des
syndicats nationaux (CSN) est, depuis sa sortie de prison, lié de
très près à l'univers d'ex-felquistes, en particulier Pierre Vallières.
Pendant que Chartrand attend son procès devant un juge dont
il conteste la légitimité, ses déclarations incendiaires le situent
exactement dans cette mouvance révolutionnaire que Lévesque
fuit comme la peste.

Dans son discours prononcé devant le parterre du PQ, Bourgault ajoute ceci : « Nous devons refuser de nous faire l'image de
la respectabilité, des possédants et des bourgeois. La respectabilité,
c'est d'être fidèle à ses rêves de jeunesse. Je voudrais que le PQ
reste fidèle aux rêves qui l'ont enfanté [70]. » Ce thème de la fidélité
à ses rêves, Bourgault y reviendra sans cesse jusqu'à la fin de sa
vie, y compris dans un discours qui célèbre, en 2000, les 40 ans
de la fondation du RIN. Au fil du temps, Bourgault reprend et
réorganise ainsi des éléments de ses discours passés, souvent dans
une forme si constante que cela étonne d'abord. « On a le droit
de se servir de son propre patrimoine », dira-t-il à Georges-Hébert
Germain bien plus tard afin de justifier son droit de se plagier
lui-même, à l'écrit comme à l'oral [71].

Mais à qui Bourgault parle-t-il exactement lorsqu'il s'adresse à
ces militants du PQ ? Parmi les 2 000 délégués, on dénombre 16 %
d'enseignants, 14 % d'employés de bureau et de vendeurs, mais
seulement 10 % d'ouvriers et 16 % d'étudiants. Ces gens viennent
en majorité de la ville. Ils gagnent en moyenne un salaire plus

élevé que celui de la majorité de la population et possèdent, dans 39 % des cas, un diplôme universitaire [72]. Bourgault fait donc *a priori* campagne pour des gens qui ne ressemblent pas du tout à la composition majoritaire du congrès. Mais c'est sans compter un fait important : 27 % de ces délégués ont déjà milité au RIN, alors qu'on ne compte pratiquement pas de militants ayant appartenu au Ralliement national (RN) de Gilles Grégoire [73].

Lévesque n'en démord pas : Bourgault ne doit pas passer ! Il met, encore une fois, tout son poids personnel dans la balance pour éviter que Bourgault ne se retrouve à l'exécutif. Le grenouillage politique bat son plein. Les signaux de mécontentement du chef sont évidents et ne trompent personne : pour souligner le départ de Gilles Grégoire à la vice-présidence, Lévesque insiste lourdement pour dire que c'est grâce à l'ancien chef du RN que le PQ est né, puisque ce fut « le seul parti qui se soit fusionné » au départ, rejetant ainsi en quelque sorte l'héritage du RIN, pourtant plus évident que jamais [74].

Pétri d'un flegme très britannique, Jacques Parizeau trouve pour le moins infantile l'attitude de son chef à l'égard de Bourgault. En 1999, il expliquera à son biographe l'attitude protectrice qu'il adopte alors à l'égard de l'ancien chef du RIN. Au fond, il applique, dit-il, un simple principe de « réalisme » politique contre l'attitude de Lévesque : « Quand vous êtes menacés par les pouvoirs publics et que vos gens sont mis en prison, on ne crache pas sur ses alliés... Même si on considère que ce sont de petits imbéciles ou des pédés [75]... » Existe-t-il aussi une part d'homophobie dans l'attitude de Lévesque à l'égard de Bourgault ? Possible.

Lévesque joue donc à sa façon ses cartes contre Bourgault lors du congrès. Et il perd à cause de Parizeau, ce qui a pour effet immédiat de créer un froid entre les deux hommes.

Au moment de l'élection, Parizeau prévient en effet l'assemblée que les candidats sont égaux et que, à titre de président de l'exé-cutif national, il ne voit aucune raison de tolérer des manigances d'exclusion préalable d'un candidat...

Bourgault gagne. Les 2 000 partisans réunis en congrès exultent [76].

Est-ce que les victoires comptent double pour quelqu'un en ayant connu si peu ?

Les militants ont compris que Bourgault se présente contre Lévesque, mais pas à sa place. Ils agissent en quelque sorte comme ceux du RIN au temps où Andrée Ferretti y menait sa contestation : ils protestent contre certaines attitudes du chef sans vouloir le menacer vraiment. Bourgault, lucide, n'est pas dupe du rôle qu'il vient de jouer. Il explique d'ailleurs lui-même que « les membres d'un parti ont toujours quelque chose à reprocher à leur chef, et ça leur fait plaisir de voir quelqu'un s'opposer à lui, à condition, toutefois, qu'ils n'aient pas à choisir entre leur chef bien-aimé et son opposant. Andrée Ferretti m'avait appris ça[77]. »

Mais, à la différence d'Andrée Ferretti, qui est en tout point convaincue de ses idées au sein du RIN, Bourgault tient dans ce congrès un discours radical ultrasocialiste essentiellement par calcul politique. Ce radicalisme dont il clame les thèmes n'est en effet pas exactement le sien. Mais puisque, à l'élection précédente, la stricte vérité n'a pas suffi à le faire élire, il s'est vu dans l'obligation de manœuvrer, en bon politicien.

Pierre Renaud, un autre ancien membre du RIN, accède alors à un poste important au sein du PQ. Il devient trésorier du parti. À ce titre, il jouera, dans l'ombre, un rôle fondamental dans le développement du mouvement indépendantiste désormais conduit par Lévesque.

À la suite du congrès de Québec, plusieurs analystes expriment des doutes quant à la valeur de l'action de Bourgault au sein du PQ. En éditorial dans *La Presse*, Jean-Paul Desbiens, le frère Untel, affirme qu'une « aile plus radicale, mieux identifiée et plus organisée » se dessine au parti de Lévesque. Et en éditorial dans *Le Devoir*, toujours au sujet de Bourgault, Claude Ryan parle de « son penchant prononcé pour des orientations plus radicales ».

Comme plusieurs autres, un militant pro-Lévesque s'inquiète de l'élection de Bourgault à l'exécutif du parti, dans les pages du *Devoir* : « Il faudra qu'il nous démontre dans les prochains mois qu'il peut travailler à l'élaboration d'une société nouvelle qui ne se fonde pas uniquement sur l'idée nue d'indépendance et, s'il mérite vraiment ce titre d'homme de gauche que certains lui attribuent fort gratuitement, il devra apporter une contribution à la construction d'une démocratie sociale appropriée à notre style de sous-développement[78]. »

À cette lettre, signée Bernard Jasmin, la direction du *Devoir* se permet d'ajouter un commentaire, ce qui est peu commun : sur le plan de l'action à tout le moins, écrit la rédaction, « le penchant prononcé de Pierre Bourgault pour "la rue" le situe nettement [...] à gauche de René Lévesque ». Mais le journal affirme ensuite que c'est injustement réduire la pensée de Bourgault que d'affirmer qu'elle est axée uniquement sur le nationalisme. À preuve, *Le Devoir* renvoie à la lecture de la revue *Point de Mire*, dirigée par Bourgault, laquelle « reflète des perspectives plus larges ». Bien vu.

Sur la place publique, il est clair que Bourgault apparaît toujours comme un tribun populaire auréolé d'un grand prestige. Le samedi 24 avril, devant le consulat américain à Montréal, il harangue, avec le syndicaliste Michel Chartrand, 2 000 personnes rassemblées pour dénoncer la complicité du Canada dans la guerre du Vietnam. « Pour vaincre les grands impérialismes, explique Bourgault, il faut vaincre les petits impérialismes, ceux qui existent chez nous et auxquels nous participons[79]. » L'image du politicien qui aime l'action de la rue n'est pas près de l'abandonner : il la cultive.

Ceux qui croyaient que l'arrivée de Bourgault au cœur du PQ provoquerait une arythmie politique dans le parti ont vite fait de constater leur erreur. Toujours rigoureusement à l'heure, Bourgault travaille d'entrée de jeu avec rigueur et méthode à la direction du PQ. Le côté brouillon, emporté et émotif qu'on lui prête n'est pas au rendez-vous. En revanche, le caractère indiscipliné de René Lévesque apparaît, lui, plus évident que jamais.

Lorsque Lévesque n'assiste pas aux réunions ou que son retard se fait trop long, c'est Pierre Marois qui mène seul le bal. Mais les décisions prises alors sont ultérieurement approuvées ou non par Lévesque, avec parfois un grand mépris envers une direction en principe collégiale. Dans *Moi, je m'en souviens*, Bourgault écrit : « Si René Lévesque est d'accord avec nos décisions, tant mieux. Il les entérine et s'en fait le promoteur. S'il n'est pas d'accord, tant pis. Il n'en fait qu'à sa tête et… *fuck* la direction collégiale[80] ! »

Selon Jacques Parizeau, Bourgault se révèle alors « rigoureux, bon soldat, discutant ferme jusqu'à ce qu'une décision soit prise.

On appréhendait le chaos des émotions, on découvrit un esprit constructif pour qui le rêve pouvait déboucher sur l'action[81]. » Pierre Renaud, Guy Joron, Serge Guérin et Pierre Marois ont tous émis des opinions similaires. Lors du conseil national tenu à Chicoutimi en septembre 1971, Bourgault défend même de son propre chef un budget serré, établi par Pierre Renaud, devant chacun des ateliers, jusqu'à faire triompher le point de vue de l'exécutif. Pourtant, les chiffres ne sont pas du tout sa spécialité...

Des problèmes financiers personnels, entre autres difficultés, forcent Bourgault à s'absenter des réunions du conseil exécutif pendant huit mois, selon son propre témoignage[82]. Ce qui veut dire, en pratique, qu'entre son élection en février 1971 et son départ au tout début de janvier 1973, il s'est absenté au moins du tiers des réunions.

Au sein de l'exécutif, Bourgault n'entreprend aucune action qui pourrait porter atteinte à René Lévesque ou remettre en cause son leadership. À Denyse Monté, du *Journal de Montréal*, il affirme à la fin de septembre 1971 qu'il s'entend « très bien » avec Lévesque : « Mon élection au conseil exécutif du parti est une bonne chose. Depuis, je n'ai eu aucune prise de bec avec René Lévesque. À l'exécutif, nous sommes arrivés à une unanimité. »

Ce n'est pas tout à fait exact... Des prises de bec ont lieu. Dans la soirée du 23 octobre 1971, par exemple, l'exécutif du PQ a décidé, par six voix contre cinq, que le parti pouvait participer à la manifestation prévue contre *La Presse* le 29 octobre. Même après ce vote, l'affaire s'envenime.

Achetée par Paul Desmarais et Power Corporation, *La Presse* est mise plus que jamais au service de la promotion du fédéralisme canadien. Le quotidien est alors en *lock-out* à la suite d'un conflit avec les pressiers et les typographes. Les journalistes de *La Presse* affirment en plus être victimes de censure politique. À l'été, René Lévesque a dénoncé l'attitude de Desmarais et invité la population à boycotter son journal. Mais Lévesque ne tient pas à s'aventurer beaucoup plus loin que ça.

Le samedi 16 octobre, soit quelques jours avant la grande manifestation prévue contre *La Presse*, Bourgault prend la parole à l'occasion d'une manifestation de 5 000 personnes – la moitié moins que prévu – qui souligne le premier anniversaire de la proclamation de la Loi des mesures de guerre. Les pancartes portées par les manifestants réclament un « Québec libre » et un « Québec français », comme aux beaux jours du RIN. Le service d'ordre des manifestants eux-mêmes, baptisé de cet étrange et inquiétant nom de « Milice de la République du Québec », prévient les débordements. Le calme communicatif affiché par un des orateurs de la journée, l'incontournable Michel Chartrand, fait le reste. Au micro, le leader syndical condamne tout de suite l'action de quelques énervés qui lancent alors des pierres et des bouteilles contre l'édifice d'Hydro-Québec. « L'Hydro-Québec est une chose qui nous appartient, même si Bourassa y a ses bureaux », dit-il. Mais, à la fin de cette manifestation, où Bourgault a déploré l'enterrement de la démocratie, environ 2 000 personnes décident de foncer et de s'en prendre à *La Presse*. Des briques sont lancées et quelques incendies sont allumés. Des manifestants érigent même des barricades avec des matériaux de construction qui se trouvent par hasard sur place. La police anti-émeute intervient fermement. L'association de certains indépendantistes avec le pouvoir de la rue, René Lévesque ne peut, comme d'habitude, la tolérer.

Puisque cette manifestation improvisée contre *La Presse* donne déjà un avant-goût de ce que pourrait être celle prévue le 29 octobre, pour Lévesque c'est tout simplement non. Pas question de voir la violence éclater et éclabousser au passage le PQ. Lévesque interdit donc à ses députés de participer à la manifestation, malgré la résolution de l'exécutif. Seul Robert Burns défie le chef.

Le 29 octobre, près de 15 000 personnes manifestent devant le quotidien de la rue Saint-Jacques pour en dénoncer les biais et appuyer les journalistes faisant l'objet de la répression de leur employeur. Mais les vitres brisées et les projectiles lancés contre des policiers en armes, ce n'est encore une fois pas la politique que Lévesque préconise. La manifestation se solde par la mort d'une femme et par un matraquage sévère des militants. Le chef du Parti québécois est, par conviction, opposé à ces grandes manifestations où la fureur populaire l'emporte le plus souvent sur la raison politique.

La décision de l'exécutif du PQ d'appuyer la manifestation du 29 octobre n'empêche pas Lévesque de tenir, quelques jours plus tard, une conférence de presse pour dénoncer ceux qui ont participé à cet événement.

En entrevue au *Devoir*, le leader parlementaire des péquistes, Camille Laurin, estime alors que « le PQ est aux prises avec un problème sérieux ». De son côté, Lévesque pointe volontiers du doigt ceux qui, à son avis, s'enflamment un peu trop facilement au meilleur profit de groupes de gauche ou de leaders syndicaux qui perpétuent à l'égard de la violence, juge-t-il, une ambiguïté de mauvais augure. Lors de sa conférence de presse tenue à ce sujet, le 8 novembre 1971, René Lévesque affirme en avoir assez des « indésirables » contre lesquels il dit se battre depuis trois ans. Il ne mâche pas du tout ses mots : « Que ceux qui font partie de la révolution-orgasme et du futur Vietnam québécois quittent les rangs du Parti québécois et aillent militer sous une autre étiquette. » S'il vise alors quelqu'un comme Robert Burns, il est certain qu'il maintient aussi dans sa ligne de tir un Pierre Bourgault, associé d'assez près à cette mouvance révolutionnaire.

Les rapports entre Bourgault et Lévesque, bien que meilleurs qu'auparavant, n'en demeurent pas moins tendus, quoi qu'en dise Bourgault pour la galerie des journalistes. Lévesque refuse d'ailleurs toujours d'être photographié en compagnie du tribun[83]...

Bourgault s'active néanmoins autant qu'il le peut au conseil exécutif du PQ. « Pendant tout le temps que j'ai été à l'exécutif, dira-t-il plus tard, je croyais sincèrement que le PQ, même s'il n'était pas parfait, était le meilleur instrument d'épanouissement de la collectivité québécoise[84]. » Il ne défend pas pour autant toutes les positions du parti. « Chaque fois qu'on m'a demandé ma position sur la langue dans des assemblées publiques, je disais : "ma position n'est pas celle du programme mais voici celle du programme", et je l'expliquais pendant une heure pour convaincre les gens que c'était la bonne, tout simplement parce que c'est celle qui avait été acceptée par la majorité. »

Mais les réticences que Lévesque éprouve envers Bourgault dominent et le maintiennent en échec. Même dans les syndicats, réputés alors très à gauche, Bourgault n'a pas que des amis. Parmi bien d'autres, l'essayiste Pierre Vadeboncoeur ne peut pas lui non plus blairer Bourgault, surtout depuis que celui-ci a affirmé à la légère, lors de la campagne électorale de 1966, que des permanents de la CSN se rendaient dans le nord en compagnie de leur maîtresse aux frais de la princesse. D'où Bourgault sort-il une allégation pareille ? Vadeboncoeur téléphone à Bourgault pour tirer l'affaire au clair. Sans vouloir connaître de noms, il exige tout de même une explication. Les deux hommes se retrouvent dans un restaurant. Et Bourgault finit vite par reconnaître qu'il a parlé à travers son chapeau.

— C'est un exemple imaginaire que j'ai employé afin d'illustrer ma pensée, dit Bourgault.

« Je crois que je lui ai alors répondu, sans en être bien sûr, que c'était un trou de cul, résume Vadeboncoeur [85]. » L'essayiste considère dès lors, et pour de bon, que le tribun est vraiment une tête folle et que Lévesque a forcément raison de vouloir le maintenir à l'écart du Parti québécois, au début des années 1970.

Selon Guy Joron, qui s'entretient souvent avec lui à cette époque, Bourgault parle souvent pour faire de l'effet, pour susciter l'étonnement. « Il résistait mal à l'envie de dire quelque chose pour choquer. Devant un penchant pareil, j'avais un peu les mêmes craintes que Lévesque à son endroit, même si je le comprenais mieux et que j'étais son ami. Bourgault et moi, nous nous parlions alors pratiquement tous les jours [86]. »

Nous sommes au début de 1971. *Point de Mire* occupe encore considérablement Bourgault. Mensuel, l'imprimé devient hebdomadaire à compter du 18 février, même si les comptes ne sont pas très bons et ne laissent pas présager un avenir bien florissant.

Engagé à gauche, ouvertement indépendantiste, le magazine partage un certain nombre de services avec *Québec-Presse*, un imprimé de la même famille idéologique mais plus enclin, estime Bourgault, à pratiquer le « jaunisme intellectuel ».

Publié tous les dimanches, *Québec-Presse* est rédigé par une équipe de journalistes militants d'expérience. Le directeur de l'information, Jacques Elliott, est un syndicaliste ayant auparavant été directeur de *L'Indépendance*, le journal du RIN. Parmi les collaborateurs les plus en vue de *Québec-Presse*, on compte Gérald Godin, Louis Fournier et Jacques Keable. L'équipe s'intéresse aussi bien au sort des travailleurs de la chaussure qu'aux dangers de la concentration de la presse entre les mains de Power Corporation, en passant par la mafia montréalaise et la situation de la pêche en Gaspésie.

Dans l'univers de la presse alternative sociale-démocrate et indépendantiste, *Point de Mire* « est un autre instrument pour la libération du Québec » et appartient à un système plus vaste qui demeure à développer, résume Bourgault[87].

Mais un conflit couve entre le propriétaire de *Point de Mire*, Jean Côté, et son équipe de rédaction. « Nous voulions nous syndiquer avec la CSN, explique Pierre Graveline. Côté trouvait l'affaire inacceptable. Bourgault était favorable aux journalistes, même si nous étions sans doute plus à gauche que lui[88]. »

Entre le propriétaire et Bourgault, les différends s'accentuent, d'autant plus que le journal ne fait décidément pas ses frais, malgré les efforts consentis par chacun.

Bourgault a déjà remis une lettre de démission à Côté dès le 27 novembre 1970, jugeant la situation intenable. Il a ensuite accepté de revenir sur sa décision pour tenter à nouveau de mettre à profit ses efforts dans l'aventure. Mais, à la fin de mai 1971, Bourgault démissionne de nouveau de *Point de Mire*. Cette fois, il ne revient pas sur sa décision. Il n'est tout simplement pas d'accord avec les compressions financières de plus de 40 % proposées par Côté, à titre de directeur général, afin de sauver le magazine. En outre, Côté critique désormais publiquement le parti pris de Bourgault envers une certaine facette idéologique de l'indépendance. Ses positions sont trop marquées à gauche à son goût. De plus, il a avancé de l'argent à Bourgault qui ne lui est jamais revenu...

Jean Côté reproche aussi à son rédacteur en chef ses crises dans le local du magazine, son humeur ombrageuse en fonction de l'état toujours cahotique de ses relations amoureuses, de même qu'une consommation effrénée de pot chez les collaborateurs de *Point de Mire*.

Le comble, explique Côté, est que Bourgault a trouvé le moyen de publier une photo de sa plus récente flamme dans *Point de Mire* ! Il n'a que faire, rage-t-il, des histoires de cul de son rédacteur en chef et de collaborateurs qui nagent sans cesse sur des mers de pot[89] !

Homme de droite, ami de longue date de l'homme d'affaires Pierre Péladeau, Jean Côté est conseillé par Marcel Chaput. Il préfère tenir des positions beaucoup plus conservatrices que celles qu'affectionne Bourgault. Dans cette perspective, il reprend le plein contrôle de *Point de Mire* et invite Chaput à signer chaque semaine un bloc-notes. Bourgault refuse quant à lui la proposition qui lui est faite, à la suite de sa démission, de demeurer membre de l'équipe et de signer des éditoriaux[90].

Bourgault dira plus tard qu'il ne s'est jamais senti à sa place dans ce magazine, de surcroît dans le rôle d'un rédacteur en chef.

Le voilà donc à nouveau parti, seul, en homme libre qu'il est et sera toujours.

Où trouvera-t-il du travail désormais?

En principe, il doit animer une série d'émissions d'affaires publiques sur les ondes de CKLM, une radio privée qui fut, avec CKAC, la station ayant diffusé le plus d'informations en octobre 1970 à propos des felquistes. Or, avant même l'entrée en ondes de l'émission, CKLM décide d'abandonner le projet. Il semble que CKLM, pour éviter de perdre des annonceurs en prenant Bourgault à son bord, ait tout simplement préféré faire vite marche arrière[91]. Bourgault fait peur plus qu'il ne fait vendre… Et l'ancien président du RIN se retrouve donc, une fois de plus, le bec à l'eau.

Au PQ, Bourgault n'occupe aucun poste qui puisse lui permettre de toucher un salaire. Forcé de chercher du travail, il dépose alors en moyenne, dira-t-il, 40 demandes d'emploi par année. Que cherche-t-il comme travail? N'importe quoi. Ou presque. Il essaye même un jour, avec la meilleure volonté du monde, de travailler dans une boulangerie…

Des emplois, on lui en a refusé plusieurs « à cause de son incompétence »! En effet, qu'est-ce qu'un intellectuel pareil peut bien être capable de faire de ses deux mains? C'est ce que beaucoup de gens se demandent. Bourgault, après tout, n'a jamais travaillé ailleurs que dans l'arène politique ou dans l'univers des médias, l'un et l'autre étant du reste liés d'assez près.

Faute de revenus, Bourgault accumule plus que jamais les dettes. Bientôt, elles le rongent. Que faire?

Dans son dernier éditorial pour la revue *Point de Mire*, il lance à la blague : « M. Bourassa, vous n'auriez pas une *job* pour moi ? »

En désespoir de cause, Bourgault finit effectivement par appeler un jour son ancien condisciple du collège Brébeuf, dont il a admiré le refus de se soumettre devant Pierre Elliott Trudeau, en juin 1971, pour la Charte de Victoria. Un emploi pour Bourgault? Cela doit pouvoir se trouver lorsqu'on a promis 100 000 nouveaux emplois à la population lors des élections...

Jean-Paul L'Allier, ministre des Communications, rencontre le premier ministre, qui lui explique que Pierre Bourgault se trouve en difficultés financières. « Tu n'aurais pas quelque chose à lui donner, un petit travail, quelque chose?, demande le premier ministre. Mais surtout, ne lui dis pas que cette demande vient de moi! »

L'Allier répond qu'il trouvera bien quelque chose pour Bourgault du côté des traductions pour l'Éditeur officiel du Québec. « À mon sens, Bourgault était un intellectuel de valeur. Il maîtrisait très bien le français et l'anglais. Je ne voyais pas de problème à lui confier des traductions apolitiques, explique Jean-Paul L'Allier. J'ai consulté des fonctionnaires, qui étaient du même avis que moi. Selon mon souvenir, il s'est vu offrir deux contrats d'environ 5 000 $ chacun pour traduire un ensemble de textes officiels. Je ne savais pas alors que Bourgault était un ami de Bourassa. Et comme la demande venait du premier ministre, je me suis tout simplement débrouillé pour trouver quelque chose [92]. » Ces contrats sauvent l'ancien président du RIN.

> On imagine souvent que les hommes publics sont riches, et personne ne voulait croire que j'avais besoin d'un petit travail pour manger, explique Bourgault. Quand je sollicitais un emploi modeste, on me prêtait des idées révolutionnaires [93].

Il faut dire que la pauvreté colle mal à l'image de Bourgault... Même pauvre, l'homme se maintient volontiers lui-même dans l'utopie d'un certain exotisme lié de près à la richesse matérielle. Puisqu'il est déjà très connu, cette illusion projetée sans cesse autour de lui est d'ailleurs fort facile à entretenir.

Bourgault est, à vrai dire, plus démuni que pauvre et peut-être plus dépensier que sans le sou. Chose certaine, sa façon de vivre ne s'accorde en rien à sa situation réelle.

Il rêve de voiliers. Il en essaye donc plusieurs.

Passionné par les fleurs, il adore les orchidées et les iris. Il en achète autant qu'il le peut afin de fleurir sa demeure. Son logement est ainsi toujours rempli de fleurs fraîchement coupées.

Les animaux exotiques continuent de le fasciner. Il en achète donc avec de l'argent emprunté. Des oiseaux et des poissons surtout.

Comme les belles maisons l'émerveillent, il en visite des dizaines, toujours prêt à les acheter toutes. . .

L'argent continue de sortir de ses poches toujours plus vite qu'il n'y arrive. Dans ses moments difficiles, explique son amie Louise Latraverse, Bourgault « était le prince de la misère ». Pour créer l'illusion, il apparaît d'ailleurs sans égal. « Pierre était d'un chic ! Il n'avait plus rien, et il avait pourtant une allure de prince. . . Il nous recevait dans son jardin, il avait ses poissons, il faisait la cuisine [94]. . . »

En 1993, à la suite d'un autre mauvais pas financier venant de le faire lourdement trébucher, Bourgault se penchera sur la propension à la dépense qui l'habite depuis toujours et la résumera ainsi à ses lecteurs : « J'ai fait le *trip* des orchidées à l'époque où on n'était pas encore parvenu à les reproduire *in vitro*. Elles étaient alors hors de prix, ce qui n'allait pas m'arrêter. Quel plaisir ! J'ai fait le *trip* des poissons d'eau salée à l'époque où on n'était pas encore parvenu à les reproduire en captivité. Ils étaient évidemment hors de prix et survivaient rarement plus de trois jours. Mais quel plaisir [95] ! »

Son vieux complice à *La Presse*, le photographe Antoine Désilets, se rappellera que Bourgault, en ce début des années 1970, lui téléphone au journal, rue Saint-Jacques, en désespoir de cause. « Il voulait me voir rapidement. Nous nous sommes donné rendez-vous sur la place d'Armes, à côté de *La Presse*. Il m'a dit en deux mots qu'il avait besoin d'argent, et très vite. Je lui ai fait un chèque de 300 ou 350 $. Et je n'ai plus jamais entendu parler de mon argent [96] ! »

Un autre jour, de nouveau en désespoir de cause, il téléphone à Jean Décarie. Il lui faut encore de l'argent. Vite. Combien peut-il lui prêter ? Cinq cents dollars, lui répond l'ami. Mais quand pourrai-je te les rendre ?, lui dit Bourgault. La réponse que Décarie lui sert le marque profondément : « Lorsque tu auras de l'argent pour me rembourser, tu donneras cette somme à quelqu'un qui en a besoin à son tour », se rappelle-t-il en substance[97]. Ce qu'il fera.

Bourgault n'accepte pas facilement de se fixer des limites, même lorsqu'il est pris au piège dangereux de ses propres excès. Il se montre au fond sans cesse prisonnier de son incommensurable propension à singer des façons de vivre qui lui sont pourtant à l'évidence inaccessibles.

Plus tard, bien plus tard, il avouera lui-même cette difficulté lui ayant causé tant d'ennuis : « Mon rapport à l'argent est relativement simple : si j'en ai peu, j'en dépense beaucoup, et si j'en ai beaucoup, j'en dépense encore davantage. Autrement dit, comme le disait ma mère, "l'argent me brûle les doigts"[98]. »

En ce début des années 1970, la faim risque aussi par finir de lui torturer l'estomac.

> On l'invitait tous beaucoup à manger, explique l'ancien militant riniste Jean-Marc Cordeau. Un soir, il était chez l'un, puis le lendemain, chez l'autre. Sa compagnie était agréable, bien sûr, mais nous avions aussi une dette envers lui. Et nous savions qu'il avait besoin de nous[99].

Bourgault en arrive ainsi à se nourrir un peu à la façon de l'écrivain Henry Miller qui, installé sans le sou dans le Paris d'avant-guerre, s'était constitué un circuit de visites amicales qui comblaient l'essentiel de ses besoins en calories.

À la différence de Miller, toutefois, Bourgault aime bien faire la cuisine et trouve donc le moyen de continuer aussi de recevoir chez lui. Ses amis Yvan Dufresne et Guy Joron ont ainsi l'idée de se faire inviter chez lui, tout en apportant bien plus que le strict nécessaire pour préparer un repas, afin que Bourgault n'ait besoin de rien pendant plusieurs jours.

> Bourgault était drôle et divertissant. Il faisait bien la cuisine et c'était un prétexte, explique Guy Joron, pour le nourrir : Yvan et moi lui demandions de nous préparer tel ou tel plat qu'on aimait bien. Et

on apportait tout et bien plus pour qu'il cuisine, y compris du vin [100] !

La comédienne Geneviève Bujold, très connue alors pour ses rôles au cinéma en compagnie de Richard Burton, Yves Montand et Jean-Paul Belmondo, dîne à l'occasion chez Bourgault, tout comme celui-ci mange parfois chez elle et son mari, le réalisateur Paul Almond.

Bujold et Bourgault se fréquentent jusqu'à ce qu'elle parte s'installer en Californie en 1974. « À table, Bourgault avait toujours un grand charme, allié à une férocité tranquille, explique l'actrice. Il était le cœur d'un repas. Chez lui, on trouvait toujours des gens intéressants. Cet homme était en feu. Et il adorait en plus cuisiner un remarquable lapin à la moutarde ! On riait beaucoup. Et on ne s'ennuyait jamais avec lui [101]. »

Interrogé quelques années plus tard par Gaston L'Heureux sur cette période difficile de sa vie, Bourgault affirmera que des amis le soutenaient alors financièrement autant que moralement. « Il y a eu des moments très très durs. Mais j'ai eu des amis qui m'ont aidé, qui m'ont beaucoup aidé et qui m'ont permis de passer au travers [102]. »

Bourgault rédige alors pour Steve Fiset l'essentiel des textes des chansons qui constituent un album lancé en 1972 sous le titre de *Si j'ai ça icitte... c'est pour toi.* Quelques-unes sont rédigées dans le calme du chalet de Guy Joron, dans les Laurentides.

Fiset est un habitué des palmarès populaires, en plus d'être une vedette du petit écran comme du grand. Cheveux longs ondulés, large sourire, il a l'air d'un ange. Fiset a repris pendant quelques années des succès américains en français, avant de se décider à chanter des créations originales qui le propulsent vite en haut du palmarès. « Dans ma Camaro, je t'emmènerai... », refrain de son premier grand succès, est sur toutes les lèvres. Pour ses chansons, il travaille notamment avec Luc Plamondon, André Gagnon et Michel Pagliaro. Il demande un jour à Pierre Bourgault, qu'il connaît par l'entremise du Parti québécois, de lui écrire des chansons. Et Bourgault s'exécute, sans rien demander en retour.

Bourgault se fait parolier en partie parce que cela le distrait un peu de la vie politique. « Bourgault fonctionne à l'émotion tout le temps », se rappelle Fiset. Le chanteur a certainement raison lorsqu'il affirme que « Bourgault n'a aucune ambition personnelle en écrivant des chansons : il prête sa plume pour aider quelqu'un, parce que ça l'amuse [103] ». Mais il faudrait être naïf pour penser que Bourgault ne fait que de la chansonnette destinée à chatouiller des palmarès plus ou moins bidons pour le seul plaisir d'écrire des textes et de les entendre chanter ensuite.

Bourgault a déjà dit que les nouveaux groupes et chansonniers québécois qui émergent tout au long des années 1960 ont l'immense mérite de faire entrer le français dans les chaumières, alors qu'on y entendait surtout, jusque-là, de la chansonnette anglaise. Une décennie a passé depuis que Bourgault a observé la naissance de ce phénomène. La chanson québécoise a désormais son milieu, ses vedettes et son public. Bourgault sent très bien le rôle de diffuseur de la culture qu'elle joue. Dans ce contexte, le fait qu'il accepte d'écrire des chansons pour Fiset n'est pas tout à fait innocent. Bourgault sait bien que la chanson, moyen de communication populaire, peut l'aider à transmettre son message politique et contribuer à faire l'histoire.

Pratiquement toutes les chansons qu'il rédige pour Fiset portent leur lot de messages politiques. La première chanson qu'il écrit pour lui, *L'Exil*, affirme tout de suite ceci : « Je suis un touriste en mon propre pays ». *Pepsi Forever*, sur une musique d'Angelo Finaldi, propose la narration d'un homme, un Québécois, écartelé entre la France et l'Amérique, qui ne sait plus comment écrire son nom : en français, en anglais ou en joual ?

> *J'ai pourtant pas le goût de me taire*
> *J'ai pas envie d'être pogné comme mon père*
> *Je vais en inventer des mots et des chansons*
> *Nous avons tout ce qu'il faut pour bâtir un pays*

Le thème de l'affirmation est constant, omniprésent. *Blanc Sablon*, en plus de faire référence à un lieu ayant profondément marqué l'imaginaire de Bourgault, rappelle qu'« il y a toujours un maudit bout, il faut savoir se tenir debout ».

*Devant la maison du 4144, rue Mentana, qu'il partagera
entre autres avec le chanteur Steve Fiset.*

Lorsqu'il abandonne ce registre lié de près à son discours national, Bourgault se montre sous un côté plus intime et évoque sa propre vie, souvent sur un mode quelque peu mélancolique. Dans *L's*, il raconte ni plus ni moins sa nouvelle vie, depuis son déménagement de la rue Tupper jusqu'à la rue Mentana.

> *Je viens tout juste de déménager*
> *Je suis rendu sur la rue Mentana*
> *J'étais tanné de vivre dans l'ouest*
> *Je m'aperçois que c'est ben plus l'fun dans l'est*
> *En arrière j'ai un jardin*
> *Pis dans la rue je vois du vrai monde enfin*

La mélancolie atteint son comble dans *Les jardins mouillés*, qui porte un regard tendre et ému sur quelques vieilles de son village, drapées d'un châle blanc, perdues avec leurs vieux mots surannés à discuter de leur départ prochain pour un dernier voyage.

Tout dans les chansons de Bourgault tient de l'usage de mots simples qui gagnent en force seulement parce qu'ils sont portés par une musique dynamique ainsi que par l'air du temps.

Comme Bourgault n'a pas assez d'argent pour payer seul la location de sa petite maison de la rue Mentana, il finit par proposer à Fiset d'y louer une chambre. Fiset hésite, parce que l'univers homosexuel dans lequel Bourgault navigue jour et nuit n'est pas du tout le sien. Mais les choses étant bien mises au clair, il finit par s'y installer en 1972.

Comment est Bourgault chez lui? Il exige de la précision en tout et il n'est jamais content de rien, résume Fiset. « Tous les matins, quand je me lève, explique le chanteur, Bourgault n'est jamais de bonne humeur. Il critique sans cesse quelque chose de la vie en général. Il fonctionne à l'émotion tout le temps et aux cigarettes, des Buckingham au début, puis des Craven-A, les unes derrière les autres, sans arrêt. Bourgault fume comme une cheminée! »

Bourgault écrit, rêve, rage. Il parle au téléphone, il fume, il racole des jeunes hommes. Et le lendemain, ça recommence.

Steve Fiset reste chez Bourgault tout juste une année. Il est chassé par son parolier lorsque celui-ci devient terriblement amoureux de Mario, un boxeur qui occupe bientôt, pour le meilleur et surtout le pire, tout l'espace dans sa vie.

« Bourgault voulait coûte que coûte que son Mario vienne s'installer chez lui, explique Guy Joron. Mais le jeune homme n'était pas très enthousiaste à cette idée. » Le 31 décembre 1973, Bourgault téléphone à Joron avant de se rendre chez lui pour célébrer le Nouvel An.

— J'ai une grande nouvelle, Guy. C'est ce soir que je me marie!

— Et c'est dans ma nouvelle maison que ça va se faire?, demande un Joron dubitatif et amusé.

Le Mario n'est pas sitôt arrivé à la magnifique demeure de Joron à Westmount qu'il s'enivre au champagne. Il est vite si soûl qu'on l'installe dans la chambre du maître de la maison pour qu'il reprenne ses esprits et se repose un peu. Furieux, Bourgault part et le laisse là. Le lendemain matin, un Joron pince-sans-rire téléphone à Bourgault pour lui demander s'il désire se faire livrer son « mari » ou s'il pense le récupérer lui-même...

Tout à fait épuisé par la lutte politique autant que par ses mésaventures personnelles, Bourgault songe de plus en plus à se retirer de la vie publique. Il participe néanmoins à « l'anti-campagne » du Parti québécois pour les élections fédérales de 1972. Le PQ a planifié, avec différentes personnalités du parti, la tenue de 88 assemblées d'opposition. Le soir du dimanche 1er octobre, il prend la parole avec Jacques Parizeau lors de la première de ces assemblées, devant quelque 450 personnes au centre d'entraînement de la police de Montréal. Le *Montréal-Matin* du lendemain rapporte que Bourgault « n'a rien perdu de ses talents de magnétiseur des foules », en plus de « faire preuve d'un humour poussé ». Chemise blanche, boutons de manchette, cravate et veston sombre, Bourgault affirme tout de suite que Trudeau et Wagner « sont des écœurants ». Les coups de gueule de Bourgault sont au rendez-vous.

Mais derrière cette provocation destinée à allumer les esprits, le tribun se montre, comme à son habitude, un fin pédagogue pour la cause de l'indépendance. Il explique à son auditoire la nécessité de se définir comme nation québécoise plutôt que nation canadienne, « parce que dans le premier cas, nous, francophones, sommes une majorité de 82 %, tandis que dans le second cas, nous ne représentons que 26 % de la population totale du Canada. » Il rappelle aussi que, tout particulièrement depuis la fin de la Seconde Guerre mondiale, l'indépendance est chose normale dans le monde : 85 pays sont devenus indépendants. Pas plus tard que la semaine dernière, observe-t-il, les citoyens des Bahamas, un pays de 186 000 habitants, ont voté pour l'indépendance.

Puis, Bourgault s'attarde à la question des États censément bilingues. À son avis, Pierre Trudeau et d'autres professent des bêtises lorsqu'ils évoquent le multilinguisme de la Suisse ou le bilinguisme de la Belgique afin de soutenir le bilinguisme au Canada en général et au Québec en particulier. « La Suisse, c'est quatre unilinguismes, côte à côte, corrige l'ancien président du RIN, tandis qu'il est impossible de trouver des institutions francophones en territoire flamand de Belgique, comme il est impossible de trouver une école flamande en Wallonie. C'est tellement vrai que l'Université de Louvain a déménagé de façon à être située en territoire français. »

Bourgault charge à fond de train contre l'argumentation de Trudeau. Il en retourne même plusieurs propositions à son avantage. Si l'indépendance est une idée rétrograde, comme l'affirme Trudeau, pourquoi soutient-il l'indépendance du Canada, pourquoi cette défense ardente et constante de son intégrité ? Pourquoi ne pas plutôt envisager, raille le tribun, de saborder le Canada afin de l'unir complètement avec les États-Unis ? Puis, il tonne : « Tout l'internationalisme moderne est basé sur l'indépendance des peuples, pourquoi [Trudeau] tente-t-il de nous faire croire le contraire ? »

Dans ce genre d'assemblée, Bourgault triomphe chaque fois. Il est applaudi, admiré, porté aux nues. Mais il en a tout de même assez de cet univers. Plus qu'assez.

En décembre 1972, peu de temps avant Noël, il confie à Guy Joron sa décision de se retirer de la vie politique. Il consulte d'autres amis dans les jours qui suivent. Au fond, sa décision est déjà prise. Il finit par l'annoncer au conseil exécutif du PQ. Personne ne conteste son choix, mais René Lévesque exprime la volonté, aussi étonnante que soudaine, de le retenir comme candidat potentiel pour la prochaine campagne électorale ! Est-ce là une politesse ou une moquerie à peine voilée ? C'est en tout cas la seule fois où René Lévesque laisse entendre à Bourgault qu'il a besoin de lui. Mais Bourgault ne bronche pas : il se retire.

On sait alors qu'il n'a plus d'argent. Et on sait aujourd'hui qu'il était de plus en plus en amour avec un homme violent, ce qui lui causait bien des ennuis.

Loin du PQ, le nouveau Bourgault s'imagine dans le rôle d'un simple traducteur. Après tout, André d'Allemagne, son compagnon d'armes au RIN, l'est devenu lui aussi pour vivre, tout comme plusieurs polémistes québécois de talent le sont devenus en leur temps, à commencer par le bouillant journaliste Jules Fournier, ce fidèle camarade d'Olivar Asselin.

Traducteur, Bourgault ? Ce n'est pas si compliqué. Du moins, à première vue… Il s'agit de savoir s'asseoir calmement à sa table de travail, entouré de dictionnaires et du texte auquel on doit accorder sa voix autant que son âme. Mais un homme d'action tel Bourgault est-il capable de mettre ainsi sa voix au silence pour mieux faire entendre celle des autres ? Bourgault a-t-il vraiment le tempérament qu'il faut pour mener à bien pareille entreprise ?

Le 18 janvier 1973, à l'occasion d'une conférence de presse, Bourgault annonce publiquement qu'il en a assez de la politique active. Il jette l'éponge. Il démissionne du conseil exécutif, bien qu'il demeure membre du Parti québécois. Quelques minutes avant la conférence de presse, Lévesque lui retend la même perche : pourquoi ne serait-il pas candidat aux prochaines élections ? Non. Trop tard. Bourgault se retire. Il en a décidé ainsi. Il en a vraiment assez. Voilà. C'est tout.

Sobrement, Bourgault affirme qu'il entend désormais se consacrer à se « refaire intellectuellement, moralement et financièrement ». Il se dit « criblé de dettes [104] ».

René Lévesque, qui assiste à cette conférence de presse, déclare que l'exécutif du PQ « regrette unanimement et sans ambiguïté la décision de M. Bourgault [105] ». Lévesque insiste même pour souligner la totale loyauté de Bourgault depuis deux ans.

Avant de partir, Bourgault ne s'empêche tout de même pas de rappeler les différends qui demeurent entre lui et Lévesque, aussi bien dire entre lui et le Parti québécois. Ils sont au nombre de trois, estime-t-il. Premièrement, la politique linguistique, encore et toujours : Bourgault souhaite l'unilinguisme français au Québec. Deuxièmement, Bourgault reproche au PQ une attitude qu'il juge trop timide à l'égard des jeunes, ce qui a pour effet de les démobiliser. Troisièmement, il insiste pour la promotion – à ses yeux, insuffisante – d'une politique de gauche, inscrite au programme mais trop peu énoncée en tant que telle.

En entrevue, Bourgault fait, en définitive, grief au PQ de présenter une image trop conservatrice, alors que ses visées réelles sont proprement révolutionnaires. « Ça me semble très dangereux parce que même si on essaie d'avoir l'air modéré, nos adversaires ont intérêt à faire de nous des radicaux. Donc, chez ceux qui ne connaissent rien à la politique et qu'on veut rejoindre, on garde une image radicale tandis que, chez nos membres, on finit par avoir une image extrêmement conservatrice et ils nous quittent. Il va falloir accorder notre image à ce qu'on est vraiment, c'est-à-dire un parti radical qui veut faire l'indépendance et qui va changer profondément toute la société [106]. »

Le même jour, Lise Payette invite Bourgault à s'expliquer sur les ondes de la télévision publique dans le cadre de sa populaire émission, *Appelez-moi Lise* :

> Pour parler alors de politique à la télévision de Radio-Canada, il me fallait jouer la carte de l'amitié avec Bourgault, explique Lise Payette. Il existait alors un mur de béton entre les affaires publiques et les variétés. Je me suis fait taper sur les doigts à plusieurs reprises pour avoir voulu le franchir [107].

La journée terminée, le rideau tombe sur la carrière politique de Pierre Bourgault.

À 39 ans, il apparaît à la fois comme l'un des pionniers et l'un des premiers retraités de l'indépendance. Il s'arrête, mais son immobilité politique apparaît comme un sourire lancé par défi à la vitesse du temps qui passe.

Nonobstant ses problèmes personnels, Bourgault pouvait-il alors rester encore bien longtemps au Parti québécois ?

Non, affirme Michel Roy, du *Devoir* :

> En entrant dans un véritable parti politique, M. Bourgault ne s'est jamais résigné à admettre que les règles du jeu devaient nécessairement changer. Il n'appartenait plus à un « groupe de pression », comme l'avait été le RIN, toujours prêt à courir des risques pour sensibiliser l'opinion, mais à un groupe politique nord-américain dont le programme, l'action et la stratégie sont principalement ordonnés à la conquête du pouvoir [108].

En politique, les profanes, c'est-à-dire ceux n'appartenant pas à la religion des partis, sont pour ainsi dire toujours rappelés à l'ordre parce qu'ils refusent d'employer la langue sacrée du milieu. Bourgault sera donc, une bonne partie de sa vie, accusé d'exercice illégal de la politique parce que, en homme tout à fait libre, il ne respecte pas ces règles non écrites qui n'ordonnent en effet qu'une chose : « la conquête du pouvoir ».

En politique comme en d'autres domaines, Bourgault trouble les gardiens du conformisme intellectuel. Ses discours sont d'abord destinés au peuple et aux militants. Il s'oppose volontiers, dans ses pratiques, aux élites traditionnelles qui sont courtisées d'ordinaire au premier chef par les hommes politiques. Il jouit, pour ce faire, d'une rare capacité de ciseler des formules qui font mouche et d'utiliser des moyens de communication modernes. Bourgault en appelle à la mobilisation politique des citoyens excédés par un système qu'il s'emploie par ailleurs à déconstruire afin d'en mieux illustrer les faiblesses.

Par son comportement et son discours, Bourgault exprime le fait que personne n'est plus compétent que soi-même pour gérer ses propres intérêts et prendre conscience de sa situation sociale.

Parti de presque rien, Bourgault s'accorde en politique sa propre légitimité. Il altère ainsi les codes de valeur d'un monde politique qui, lui, ne supporte pas qu'un homme s'accomplisse en dehors de son système et de ses règles non écrites.

On l'accuse donc sans cesse, comme le fait Michel Roy, de ne pas savoir se comporter dans le cadre d'un « vrai » parti politique. Robert Barberis écrit pour sa part que Bourgault va devoir admettre « au jour le jour [...] que le PQ est un parti politique qui veut prendre le pouvoir par des votes et qui veut inspirer aux citoyens, quel que soit leur âge, la confiance nécessaire pour qu'ils lui confient l'administration de six milliards de dollars[109] ». Soyons donc clair : Bourgault, aux yeux de ces gens-là, aurait dû approuver la vie traditionnelle d'un parti politique, plutôt que de préconiser l'idée qu'il faut adapter la vie du parti en fonction de sa propre vision du monde.

Les médias aussi lui rappellent, périodiquement, qu'il n'appartient pas à la dynamique acceptée en politique. Quoi qu'ils en disent, les journalistes constituent souvent des relais autorisés pour le maintien de la structure politique telle qu'elle est. Règle générale, les médias modernes donnent en effet au monde politique dominant la possibilité d'accéder à l'expression publique de sa légitimité, tout en privant de visibilité les autres groupes.

Tant au plan de la politique que des médias qui justifient la politique, Bourgault se trouve ainsi invalidé. En 1973, il ne choisit donc la retraite qu'en apparence. En vérité, il n'a plus tellement le choix de prendre la porte de sortie : tôt ou tard, il devra bien se retirer afin de souffler un peu et de s'éloigner de ce système qui ne cesse de lui faire savoir qu'il ne se comporte pas de façon légitime et qu'il n'est pas à sa place.

En 1973, le voilà donc dégagé des ornières de la politique. Pierre Bourgault est devenu traducteur. Le travail s'effectue de façon solitaire, ce qui lui convient bien, en principe. La grande maison torontoise McClelland and Stewart lui offre de traduire un ouvrage de Pierre Berton consacré à l'histoire du Canadien Pacifique, cette importante entreprise canadienne.

L'ancien premier ministre Lester Pearson, tout juste décédé, a même, semble-t-il, considéré Bourgault comme traducteur potentiel de ses mémoires. L'apprendre amuse Bourgault. Voilà, à ses yeux, l'ironie de toutes les ironies !

Bourgault souhaite aussi traduire en anglais, de son propre chef, le manifeste du Parti québécois.

Un jour, le texte d'une chanson lui vient presque d'un seul trait : « Ent' deux joints tu pourrais faire queq'chose / Ent' deux joints tu pourrais t'grouiller l'cul ». Cette chanson, baptisée tout naturellement *Ent' deux joints*, sera sa plus célèbre.

« Il l'a écrite devant moi très vite, en moins de 30 minutes », se souvient Steve Fiset [110]. Bourgault veut tout de suite la donner à Robert Charlebois. Afin de la lui présenter, il organise chez lui un repas auquel prend aussi part Geneviève Bujold, toujours belle, énergique, intelligente et tranchante.

La rencontre ce soir-là est très vive, se rappelle Robert Charlebois.

> Ça avait été vraiment bien arrosé et bien « jointé » aussi. Bourgault m'avait alors montré *Ent' deux joints*. Je pense qu'il n'y avait pas encore de refrain. C'est

moi qui avais trouvé le « grouille, grouille, grouille-
toi l'cul ». Ce n'était pas monté comme une chanson.
Mais je n'ai fait au fond que le montage et la musique.
Tout était là ! Je crois qu'il en a été fier toute sa vie.
Bourgault était convaincu, dès le départ, qu'il avait
quelque chose d'extraordinaire pour moi. Et c'est
devenu en effet un très gros *hit*. Le lendemain de
notre rencontre, la chanson était terminée.

Ent' deux joints est endisquée par le chanteur en 1973 sur
l'album *Solidaritude*. Charlebois est alors au sommet de sa gloire.
La chanson connaît tout de suite un immense succès : on la
fredonne et on l'entend partout. *Ent' deux joints* sera reprise dans
presque tous les spectacles du chanteur populaire, au point de
vite devenir un classique de la chanson québécoise. En fait, tout
un Québec se reconnaît instantanément dans cette chanson toute
simple, déclinée à travers le prisme d'un regard qui embrasse toute
une société, en ayant bien en tête les conséquences de la conquête
britannique de 1759.

> *Tout ça a commencé sur les plaines d'Abraham*
> *La chicane a pogné t'as mangé ta volée*
> *Mais depuis ce temps-là t'as pas beaucoup changé*
> *J'te trouve ben magané pis encore ben pogné*
> *Ent' deux joints tu pourrais faire queq'chose*
> *Ent' deux joints tu pourrais t'grouiller l'cul*

La chanson dépeint tout à la fois une situation historique et ses
conséquences, selon la perspective anticolonialiste de Bourgault,
avec une remarquable économie de moyens. Le refrain est scandé
comme un appel à l'action, urgente, nécessaire, alors que le cœur
de la chanson s'applique à projeter des instantanés de la condition
québécoise.

> *Ta sœur est aux États ton frère est au Mexique*
> *Y font d'l'argent là-bas pendant qu'tu chômes icitte*
> *T'es né pour un p'tit pain c'est ce que ton père t'as dit*
> *Chez les Américains c'pas ça qu't'aurais appris*

Y t'reste un bout' à faire faut qu't'apprennes à marcher
Si tu fais comme ton père tu vas t'faire fourrer
Ah j'sais qu't'es en hostie pis qu't'en as jusque-là
Mais tu peux changer ça vite ça presse en maudit
Ent' deux joints tu pourrais faire queq'chose
Ent' deux joints tu pourrais t'grouiller l'cul

T'as un gouvernement qui t'vole à tour de bras
Blâme pas l'gouvernement mais débarrasse-toé z'en
Couche-toé pas comme un chien pis sens-toé pas coupable
Moé j'te dis qu't'es capable c'pays-là t'appartient

[…]

T'as pas besoin d'crier t'as juste à te t'nir debout
Ça sert à rien d'brailler mais faut qu't'ailles jusqu'au
    bout
T'as rien à perdre vois-tu parc'qu'ici au Québec
Tout commence par un Q pis finit par un bec
Ent' deux joints tu pourrais faire queq'chose
Ent' deux joints tu pourrais t'grouiller l'cul

Cette chanson, en un sens, peut aussi être vue, comme d'autres qu'il a écrites, telle une synthèse de sa propre vie : les joints, les déceptions nombreuses, une famille vivant en bonne partie aux États-Unis, les difficultés économiques, la rage au ventre transmuée en force d'action, avec au final la joie que procure une histoire de cul confondue avec le bonheur lui-même. Tout l'homme est dans cette chanson, autant que son peuple lui-même.

Si Robert Charlebois propulse ce texte très haut dans le ciel de la chanson populaire, Bourgault n'en devient pas pour autant un habitué de l'univers intime du jeune *rocker* issu de l'École nationale de théâtre. Selon Mouffe, la très précieuse compagne de Charlebois à l'époque, le chanteur ne voit alors Bourgault en privé qu'à deux occasions, tout au plus. « Ce n'est pas quelqu'un que l'on fréquentait. Son arrogance et sa prétention m'étaient insupportables, affirme Mouffe. Et je n'aimais pas non plus sa façon de parler de ses rapports avec de jeunes garçons [III]. »

À cette époque, Jean-Marc Cordeau et sa compagne Danièle, comme d'autres, se brouillent avec Bourgault, surtout en raison justement de son discours sur la sexualité. Un soir, à l'occasion d'un souper chez des amis communs, Bourgault se lance dans un exposé qui laisse entendre que les jolies jeunes femmes réunies autour de la table n'auront bientôt plus de jeunes prétendants, puisque tous les éphèbes aiment de plus en plus les hommes mûrs... Assez versé en psychanalyse, médecin de surcroît, Cordeau exprime son objection et propose quelques interprétations des positions de Bourgault qui n'ont pas l'heur de lui plaire. « Bourgault ne supportait pas que l'on conteste son interprétation des rapports humains. Et je le faisais souvent avec des outils psychanalytiques qui le hérissaient. Ce soir-là, il était excédé et disait : "Qu'est-ce que tu connais aux jeunes garçons, toi, hein ? Qu'est-ce que tu y connais ?" Nos rapports plus intimistes se sont arrêtés ce soir-là. Il faut dire que sa propension naturelle à la rupture a toujours été assez forte [112]. »

Le jeune retraité du RIN et du PQ se découvre alors un nouveau cercle d'amis. Il fréquente en particulier le comédien et chanteur Guy Boucher. « On riait énormément ensemble, se souvient celui-ci. On sortait beaucoup. Bourgault me traînait dans les discothèques, même si je n'aimais pas tellement ça au début. Puis, il organisait aussi des soirées chez lui [113]. » Bourgault adore alors danser sous les stroboscopes jusqu'à en perdre haleine.

Animateur de *Jeunesse oblige* puis, après un séjour en Californie, de différentes émissions populaires, Guy Boucher est aussi connu pour ses chansons. Les disques de Boucher, porteurs d'une gloire vite éteinte, usent leur lot d'aiguilles de tourne-disque avec des succès au goût du jour qui s'intitulent *Ma jolie Rose*, *La Californie* ou *Devant le juke-box*. Boucher vit à pleine vitesse, apprécie les belles maisons comme pas un, tout comme les voitures, les motos, les chevaux et les beaux garçons. Bourgault et lui s'entendent comme larrons en foire.

« Guy Boucher venait rue Mentana presque tous les jours », affirme Steve Fiset, le colocataire de Bourgault à ce moment-là. Plongé malgré lui dans l'univers des relations homosexuelles de Bourgault, Fiset ramène néanmoins bien des filles différentes à la maison.

Bourgault me faisait des commentaires le matin, du genre : « Encore une ! » Lui, il ramenait pour sa part des serins à la maison, mais ça ne fonctionnait pas toujours. Il avait du mal, beaucoup de mal… Il a même écrit une chanson sur les serins que je n'ai jamais endisquée. Un gars qui s'appelle Bernard, qui vient de Ville-Émard et qui fait le trottoir… Il est alors en amour avec Mario, un ancien boxeur complètement *fucké*. Un matin, en sortant de ma chambre, j'ai vu Bourgault qui marchait à quatre pattes, tout nu dans le corridor, parce que son Mario s'était défoulé dessus… Il l'avait frappé. Bourgault avait mal. Il se tordait. Il souffrait [114].

Bourgault reçoit son lot de râclées sévères. « Un jour, il m'a appelé pour me dire que son Mario l'avait battu, se souvient Guy Boucher. Je suis arrivé tout de suite. Ça n'avait aucun sens. Mais Pierre l'aimait… [115] »

La cuisine fait alors une bonne place à une grande photo de son amant nu, se souvient Georges-Hébert Germain, un peu surpris de trouver partout dans cette maison, pour la première fois de sa vie, des imprimés à caractère homosexuel [116]. Mario est riche d'un beau corps musclé et animal. Bourgault est fou de lui.

Dans sa vie intime, il a beaucoup de mal à conjurer l'animalité du désir pour atteindre à une simplicité amoureuse à laquelle il aspire tellement. Peut-être est-ce pour cela qu'il écrit autant, pendant des années, sur les rapports amoureux, prodiguant conseils à gauche et à droite sur un monde sensible qui, comme chacun le sait, demeure pourtant très fragile et sujet à des modulations infinies selon la personne qu'on est, la personne avec qui on se trouve ou la personne avec qui on voudrait être.

L'environnement d'une vie heureuse finit par jouer chez Bourgault un rôle de substitution au bonheur lui-même. Recevoir, cuisiner, meubler et décorer au mieux, tout cela est comme de petits élans vers le bonheur amoureux dans une vie qui en est intimement privée.

Afin d'apprendre à mieux recevoir à la maison tous les deux, Boucher et Bourgault s'inscrivent à des cours de cuisine donnés par le réputé chef Henri Bernard. « Lorsque nous sommes arrivés au cours pour la première fois, il n'y avait pratiquement que des femmes. On est sorti fumer une cigarette en riant comme des fous... Bourgault disait qu'on allait avoir l'air insensé là-dedans. Puis, quelques hommes sont venus avec leurs femmes. Et on est finalement resté... »

Bourgault n'a alors pas un sou en banque. Comme d'habitude. Mais ses amis, eux, en ont. Qui sont ses amis du moment ? Bourgault voit beaucoup de monde. Mais il fréquente en particulier quelques personnes. Guy Boucher d'abord, alors au sommet de sa gloire comme animateur. Gilles Corbeil, un millionnaire passionné d'art. Le député Guy Joron, ancien agent de change à la Bourse, dont le père a été, dans l'entre-deux-guerres, l'associé de Charly Trudeau, père de Pierre Elliott, dans une entreprise pétrolière. Yvan Dufresne, un producteur de vedettes de la chanson. André Guérin, responsable du bureau de censure du cinéma. René Homier-Roy, directeur de l'hebdomadaire *Nous*. Pierre Morin, réalisateur à Radio-Canada.

« Nous avions à peu près tous beaucoup d'argent, explique Guy Boucher, sauf Bourgault. Mais il menait quand même à peu près la même vie que nous, justement parce qu'il était avec nous. »

La belle saison venue, Bourgault se rend presque chaque semaine à la maison de campagne de l'un ou l'autre de ses amis, le plus souvent dans les Cantons-de-l'Est. Il se trouve régulièrement à la maison de Gilles Corbeil, située sur une presqu'île du lac Memphrémagog. L'annexe de la maison lui sert à établir ses quartiers. Il s'installe aussi volontiers dans les chalets que louent René Homier-Roy ou Guy Boucher dans les environs. Lorsque ce dernier acquiert une maison de campagne à Danville, il se rend là-bas, pour un temps, presque toutes les fins de semaine. « J'avais trois chevaux, mais il ne voulait pas apprendre à monter. J'avais aussi des motos. Il a voulu en essayer une un jour, à Montréal, dans la ruelle derrière chez lui. Il a percuté un poteau de téléphone, puis une porte et, enfin, il a foncé dans une clôture avant de tomber par terre ! Pierre s'est alors relevé et a dit : "C'est bien bête, ces affaires-là !" Nous nous étions écroulés de rire en le regardant. »

Aux Bahamas, à l'occasion d'un voyage
avec son ami Guy Boucher.

Pour se changer les idées, Bourgault accepte un jour d'aller passer une semaine aux Bahamas avec Guy Boucher. « Je lui ai offert ce voyage que j'avais obtenu contre ma participation à un spectacle pour célébrer CKVL. Aux Bahamas, nous avions chacun une chambre. J'ai loué une Jeep. À l'arrivée, Pierre était heureux comme un enfant. »

Mais le soleil ne réussit pas à Bourgault. Son épiderme de vitiligo ne le supporte pas. Chemise à manches longues, pantalon, chapeau de paille, rien n'y fait. Et la chaleur agit vite sur lui comme un révélateur de son mauvais caractère naturel, précise Boucher. L'être apparaît plus que jamais tout en grincements.

Sous le soleil, Bourgault n'éprouve en fait aucun plaisir. Tout semble vite l'ennuyer aux Bahamas, au point qu'il devient lui-même ennuyant. « Les petits déjeuners se terminaient à dix heures le matin et il arrivait systématiquement dix minutes en retard et piquait alors une crise parce qu'il ne pouvait plus avoir d'œufs ! Puis, il trouvait les serveurs trop lents, voire paresseux… La nuit, on sortait dans les discothèques, mais il ne s'amusait pas… Pierre semblait tout à fait dépaysé. C'est l'homme que j'ai connu qui voyageait le plus mal », explique Guy Boucher.

Un soir, Boucher décide de le laisser en plan afin de pouvoir sortir tranquille. Il se cache pour se rendre jusqu'à la Jeep. Discrètement, il sort seul de l'hôtel. « Lorsque je suis arrivé à la Jeep, Pierre était assis sur le pare-chocs et m'attendait, sachant que je lui préparais sûrement un coup du genre ! Il était très intelligent, mais à l'occasion vraiment très insupportable. J'ai finalement prétexté un enregistrement urgent à Montréal pour acheter un billet d'avion et rentrer seul, trois jours plus tôt que prévu : je ne pouvais tout simplement plus le supporter. »

En 1999, dans le cadre de l'émission télévisée *Les Détecteurs de mensonge*, Bourgault doit présenter deux vérités et un mensonge afin de soutenir la dynamique d'un jeu. Il raconte, comme l'une de ses vérités, qu'il s'est rendu au Mexique à cette époque, sans toutefois parvenir à se rappeler où exactement… Là-bas, il aurait fait, dit-il, du parachute ascensionnel, avant de piquer du nez dans l'eau près d'une embarcation occupée par nul autre que le premier ministre du Canada, Pierre Elliott Trudeau [117] !

Cette histoire de parachute est bel et bien arrivée. Mais l'aventure a été vécue par son ami Guy Boucher et non par lui ! Trudeau, faut-il le préciser, n'était pas du tout dans le paysage mexicain à ce moment-là… « Pierre n'a jamais mis les pieds au Mexique à cette époque », assure Boucher, tout en se rappelant fort bien avoir raconté à son ami cette aventure survenue à Puerto Vallarta [118].

En ce début des années 1970, Bourgault se raconte un autre genre d'histoire. Il tente alors par tous les moyens, de son propre aveu, de détruire pour de bon son colossal personnage de tribun politique, allant jusqu'à tenter de se berner lui-même quant à sa propre place dans l'arène politique. Il souhaite se débarrasser de son personnage parce qu'il se sent étouffé sous son poids.

Combien de temps lui faut-il avant de se rendre compte que ses efforts en ce sens sont aussi inutiles que vains ? « J'ai dit des conneries, j'ai parlé de cul quand ce n'était pas le temps et cela n'a rien donné. » Enfin, pas tout à fait : il se conforme, ce faisant, presque tout à fait à cette image d'homme instable qu'on lui prête parfois. . .

Agissant de la sorte, Bourgault donne même en partie raison à l'analyse que René Lévesque offre à son sujet : « Un jour, René Lévesque m'a dit : "Vous êtes dangereux parce qu'il y a des gens qui sont prêts à se faire tuer pour vous". J'en étais conscient et c'est pourquoi je pratiquais une autodestruction systématique. Je ne voulais pas que les gens aient trop confiance en moi. Je me présentais devant les militants avec les cheveux longs et des cravates excentriques pour avoir l'air moins sérieux[119]. » Comme on peut le noter en visionnant des documents tirés des archives, certains des arrangements vestimentaires de Bourgault sont alors en effet parmi les plus curieux à avoir été présentés au public depuis l'apparition de la télévision en couleur. . .

Le jeune retraité de la politique apparaît tel un homme qui cherche à déjouer sa propre trajectoire et à s'échapper de lui-même. Il veut user, voire abuser de lui, sans plus de balise publique. Bourgault sombre alors en lui-même jusqu'à n'être plus que l'ombre de ce qu'il est vraiment. Le laisser-aller est brutal. Sa grisaille tranche radicalement avec l'image qu'il a donnée sous le feu des projecteurs.

Claude Jasmin se souvient de l'avoir vu alors, rue Saint-Denis, complètement défoncé, incapable de le reconnaître, les yeux rouges, l'air hagard. « Il était complètement parti. Il parlait tout seul. Il frissonnait. J'en avais parlé à Gaston Miron, assez découragé lui aussi de le voir ainsi. Miron m'avait dit de le laisser plonger et qu'il remonterait, que Bourgault ne pouvait pas faire autrement que de remonter[120]. »

CHAPITRE 15

LE RETOUR DU BÉLIER

L A RETRAITE POLITIQUE de Bourgault ne dure pas. Évidemment. Quoi qu'il en dise, il n'a pas un goût très prononcé pour le temps arrêté, ni pour les profondeurs et la grisaille indéfinissable de l'abîme intérieur. Du moins, jamais très longtemps. Et regarder la télévision chez lui pour la commenter ensuite au bénéfice de l'hebdomadaire *Nous* ne lui suffit pas. Certainement pas.

À l'émission de Lise Payette, sur un fond de musique de François Cousineau, là même où il avait expliqué qu'il se retirait de l'avant-scène, il affirme en janvier 1975 qu'il recommence à faire totalement de la politique ! La retraite n'a pas duré tout à fait deux ans. Qui aurait pu penser d'ailleurs qu'elle pourrait être plus longue ?

Sur la Côte-Nord, dans un discours, Bourgault s'explique un peu au sujet de son retour :

> Je ne vous inventerai pas 1 000 raisons pourquoi je suis revenu : j'en avais tout simplement envie. Et puis, j'avais quitté le parti parce que, pour la première fois, je n'avais plus l'impression d'être indispensable. Et me revoilà aujourd'hui, revenu pour chercher à convaincre les gens de leur indispensabilité [1].

En ce froid mois de janvier 1975, la Société nationale des Québécois (SNQ) l'a invité à prendre la parole. Il a accepté. Le revoilà. Avec toute sa fougue et son style habituels, c'est-à-dire avec un mélange unique de charme irrésistible, de générosité, d'arrogance et d'entêtement.

Malgré une tempête de neige, 300 militants se sont alors déplacés pour l'entendre. Ils ne le regrettent pas. Bourgault explose, plus brûlant que jamais.

Que fait-il sauter cette fois avec ses mots ? Rien de moins que le Parti québécois. Que dit-il ? Que malgré ses 100 000 membres et son statut d'opposition officielle, ce gros parti existe à peine !

Devant les militants réunis par la SNQ, Bourgault ne parle pas en marge et à la marge. Bien au contraire. Ce soir-là, c'est nul autre que Jacques Parizeau qui prend d'abord la parole pour chauffer la salle. La présence d'une haute figure du Parti québécois entérine en quelque sorte officiellement à la fois le retour de Bourgault et son discours lui-même.

Économiste, Parizeau parle de l'inflation. Ce n'est pas un sujet qui gonfle spontanément l'enthousiasme d'un auditoire. Mais Parizeau parvient néanmoins à captiver la salle et à préparer l'atmosphère pour celui qui va le suivre. Pour Bourgault, Jacques Parizeau le fera à maintes occasions encore, avec un plaisir qu'il ne cache pas.

« Quand je fais une assemblée avec Jacques Parizeau, c'est une bonne assemblée, parce qu'on se complète, parce qu'on touche des gens différents », explique Bourgault, la semaine suivante, à un journaliste[2].

L'assemblée Parizeau-Bourgault est en effet efficace. Un vrai succès, malgré une petite audience. Sans conteste.

Pierre O'Neil, du *Devoir*, observe que Bourgault « n'a rien perdu de sa grandiloquence ». Il a suscité, dit-il, « un enthousiasme quasiment euphorique lorsqu'il s'est mis en train de fouetter son parti[3] ».

Qu'a-t-il exactement en tête avec ce retour ? Bourgault juge urgent de faire en sorte que la politique ne soit pas seulement l'affaire des parlementaires. Le PQ doit d'abord se ranger derrière les travailleurs. D'ailleurs, pourquoi le PQ n'a-t-il pas pris position en faveur des centrales syndicales lorsque le gouvernement Bourassa a emprisonné les trois chefs syndicaux en 1971 ? Bourgault entend, une fois de plus, tirer le PQ à gauche, jouant ainsi en quelque sorte, peut-être sans bien tout à fait sans rendre compte, le rôle qu'une Andrée Ferretti occupait autrefois au RIN.

La conception du politique qui l'anime ne fait pas de doute : « Il faut se ranger résolument du côté du travailleur, dit-il. Il ne suffit pas de brandir notre programme. Ce n'est pas parce qu'il y a de la cochonnerie dans les syndicats que l'on peut se permettre de les abandonner. Il ne faudra pas hésiter à descendre dans la rue dans des manifestations de masse. C'est beau, la victoire finale ; mais en attendant, il faudra gagner de petites victoires. »

Bourgault veut aussi que le PQ se soucie davantage des femmes. Leur participation n'est pas assez favorisée à l'intérieur même du parti. Comme dans les vieilles organisations politiques, déplore-t-il, elles s'occupent encore du café et des petits sandwichs. C'est là une situation insensée, d'autant plus pour un parti de gauche !

Ce combat pour la place des femmes, il le résume souvent dans une formule simple. Le pouvoir des femmes, dit-il, n'est « ni meilleur ni pire que le pouvoir des hommes ». Mais, s'empresse-t-il d'ajouter, elles y ont aussi droit.

Troisième cheval de bataille pour son retour en politique : les jeunes. Il faut les mobiliser davantage, croit-il. Et au plus vite. Il lui semble qu'on les a abandonnés à eux-mêmes, ce qui explique en partie leur désengagement. Afin de renverser la tendance, Bourgault souhaite entre autres faire une tournée des cégeps de la province, aussitôt que possible. Pourquoi le PQ ne lui organise-t-il pas une telle tournée, se demande-t-il ?

Bourgault manifeste même son intention d'être à nouveau candidat dans le comté de Mercier lors de la prochaine élection. Il veut battre le premier ministre Robert Bourassa ! Ce n'est toutefois pas lui qui sera finalement candidat dans Mercier, mais Gérald Godin, l'ancien de *Québec-Presse*, qui battra d'ailleurs le premier ministre sur son propre terrain.

Et l'indépendance ? Bourgault demeure fidèle à son discours riniste : ce ne sera pas simple, mais ce sera la plus belle aventure. « L'indépendance, c'est une aventure, c'est pas facile, on ne sait pas ce qu'il y a de l'autre côté du mur. C'est plus facile de laisser les autres la faire, mais c'est plus enivrant de la faire soi-même. » Pas question pour lui de lancer un nouveau message quant à l'objectif de l'indépendance, précise-t-il, mais tout au plus de voir à renouveler les formes utilisées par le PQ pour le diffuser.

Bourgault se voit comme l'un des chefs de file naturels d'un éventuel renouveau des formes du discours du Parti québécois.

Sa critique du travail effectué par le PQ est radicale et cinglante :

> Je trouve le parti un peu « plate », un peu ennuyeux ; il n'est pas enthousiasmant. Au début, le parti avait une image un peu *hot* ; puis, peut-être avec raison, on s'est acharné à développer l'image du *low profile*. J'ai l'impression que l'utilité de ce style est un peu dépassée. Je nous trouve très peu présents à la télévision, à la radio, dans les assemblées publiques. Il faudrait accorder plus d'importance à la propagande, à la publicité. Idéalement, si Lévesque et quelques autres têtes d'affiches pouvaient se détacher un peu plus des tâches d'administration quotidienne, ce serait utile. On pourrait former une manière de commando de francs-tireurs qui n'auraient rien d'autre à faire que de la propagande. Moi, je veux bien me mettre dans cette position actuellement et c'est pour cela que je suis revenu [4].

Son retour en politique se veut donc total. Les médias, tout de suite, sautent sur l'aubaine : un tel personnage, médiatique à souhait, qui reprend le flambeau tandis que tout dans l'actualité apparaît le plus souvent gris, quel bonheur ! Quel bonheur !

Les journalistes, bien sûr, cherchent immédiatement à recueillir des réactions autour d'eux à l'annonce de ce retour. À la radio, la station CKVL mène une petite enquête impressionniste auprès des passants dans la rue pour savoir si Bourgault fait... toujours peur ! La réponse ? Oui. Évidemment. Mais on se rend compte aussi, en conduisant ce *vox populi*, que Bourgault est connu. Très connu, même. Et, surtout, qu'il n'ennuie pas le peuple, contrairement à bien d'autres politiciens.

Dès le lendemain de cette sortie remarquée de Bourgault à la Société Saint-Jean-Baptiste, René Lévesque se voit forcé de réagir par l'intermédiaire des médias qui le pressent de questions à ce sujet.

Que pense Lévesque des paroles prononcées par Bourgault la veille ? Ce ne sont que des « sparages », lance-t-il. Le ton du chef du Parti québécois carbure à l'ironie grinçante. Il juge, avec dérision, « touchant l'enthousiasme emballant avec lequel M. Bourgault veut relancer le parti[5] »...

Entre les deux hommes, ce n'est pas l'estime réciproque qui fait office de trait d'union mais la détestation. Chez Lévesque, l'annonce du retour de Bourgault au PQ s'annonce évidemment beaucoup plus difficile à accepter que celle qui signifiait son départ...

René Lévesque s'empresse de fermement remettre Bourgault à sa place. Il l'identifie à nouveau comme un être qui n'est qu'un agité du bocal et qui conduit sans cesse la politique à la rue, voire à la fange des ruelles.

Lévesque observe tout d'abord que les syndicats s'identifient suffisamment au PQ pour qu'on ne réclame pas de leur part une action plus directe en faveur de l'indépendance. « Contrairement à tous les "sparages" qui parlent de descendre dans la rue, les syndiqués forment une partie de l'épine dorsale du Parti québécois. »

En ce qui concerne une tournée auprès des jeunes, René Lévesque croit que Claude Charron, ancien leader étudiant bien connu, serait intellectuellement mieux équipé que Bourgault dans cette entreprise. Pas question, donc, de voir le PQ orchestrer une tournée de Pierre Bourgault dans le monde étudiant.

Coup de massue final sur les propos et la tête de l'ancien président du RIN : Lévesque juge prématurée l'idée de confier à nouveau à Pierre Bourgault le comté de Mercier pour les prochaines élections, même s'il s'agit d'un comté difficile où règne le premier ministre.

En somme, Lévesque ferme carrément la porte à un retour de Bourgault au PQ selon les perspectives qui sont les siennes. Par contre, la porte de la sortie semble à nouveau toute grande ouverte...

Comme il fallait s'y attendre, il n'en faut pas plus pour que le débat acrimonieux entre les deux hommes reprenne de plus belle.

Furieux, vexé, Bourgault tonne : « Quand je dis, comme cette semaine, que je veux aller dans les cégeps, Lévesque répond que

Charron fait bien ça et qu'il connaît mieux que moi le dossier
de l'éducation. C'est vrai que Claude connaît ce dossier mieux
que moi, mais on ne va pas dans les cégeps pour parler seulement
d'éducation, on devrait y aller pour parler d'indépendance. De
toute manière, nous ne sommes pas assez nombreux dans ce parti,
nous n'avons pas assez de communicateurs, de propagandistes
pour avoir les moyens de se chicaner pour rien. On n'est pas assez
nombreux pour se cataloguer, pour se prêter des intentions ou
pour s'exclure [6]. »

Donc, n'en déplaise à Lévesque, Bourgault est reparti. Et il n'a
pas l'intention de s'arrêter.

Mais l'ancienne figure de proue du RIN ne s'étonne pas outre
mesure de l'accueil pour le moins glacial que lui réserve Lévesque. Il
en a l'habitude. D'ailleurs, Bourgault ne se gêne pas non plus pour
lui rendre la monnaie de sa pièce. Pas d'histoire d'amour politique
possible entre ces deux hommes : Lévesque appartient au groupe
de ceux que Bourgault aime rudoyer plutôt que complimenter, et
vice versa.

Pierre Bourgault ne participe pas à une tournée des collèges et
des universités, comme il l'aurait aimé, mais il s'adresse autant que
possible, de son propre chef, selon ses moyens et ses capacités, à
des auditoires de jeunes. En février 1975, il prend ainsi la parole
à Québec devant des étudiants de l'Université Laval. Là, quelque
400 étudiants viennent l'entendre dans un auditorium. Il ne mâche
pas ses mots, bien évidemment. Que dit-il ? Rien de moins que
ceci : Lévesque devrait partir... Oh, il met bien sûr tout de suite
un bémol : Lévesque devrait quitter la direction du parti afin
d'user au mieux de ses « excellents talents de propagandiste » !
Des hommes moins doués que Lévesque, continue-t-il, devraient
s'occuper de l'organisation politique. Lévesque et lui-même – ainsi
que d'autres, qu'il se garde toutefois de nommer – pourraient alors
mieux s'occuper de la vraie « cuisine du parti ». Car, pour l'instant,
juge-t-il, l'énergie de chacun doit être consacrée à expliquer, à
convaincre [7]. Le don d'orateur, en somme, est jugé par Bourgault
bien supérieur au don d'organisateur. Sa critique est vigoureuse à
l'égard des choix et des manières de Lévesque, mais elle lui permet
aussi, du même souffle, de s'offrir des fleurs en se plaçant d'emblée
sur le même piédestal que le chef du parti.

En cet hiver 1975, Bourgault parle aussi au collège Dawson de Montréal, cette fois devant des étudiants et des professeurs. Un tel auditoire anglophone, surtout lorsqu'il est composé d'une majorité de jeunes gens, ne lui laisse jamais la vie facile. Mais, comme sait tout aussi bien le faire un René Lévesque devant un public coriace, Bourgault jouit lui aussi d'une extraordinaire capacité de savoir remarquablement bien se tirer d'affaire.

À Dawson, Bourgault déclare que la création d'un parti vraiment socialiste serait une bonne chose. Or le PQ, à son avis, n'est tout au plus que social-démocrate. Un véritable parti socialiste forcerait donc le PQ à se dépasser. « Si le PQ, une fois au pouvoir (ce qui pourrait arriver dès les prochaines élections), ne réalise pas un programme pour les travailleurs, il faudra créer un parti ouvrier[8]. » Voilà des mots, encore une fois, qui auraient pu être lancés par Andrée Ferretti à l'époque où Bourgault lui reprochait férocement son manque de pragmatisme politique !

À la différence de Ferretti, on peut toutefois douter, cette fois encore, de l'enthousiasme réel de Bourgault à se lancer vraiment à fond dans la création d'un parti des travailleurs. Social-démocrate de nature, comme il le répétera toujours, Bourgault n'a jamais eu de profondes aspirations socialistes, sauf en cette époque précise où il sait bien que son discours doit être radicalisé davantage pour qu'il puisse représenter au moins un bastion du Parti québécois et en devenir la figure emblématique. S'il ne tenait pas un discours aussi marqué à gauche, Bourgault ne pourrait tout simplement pas espérer se maintenir bien longtemps au PQ, sinon à un niveau où son poids serait tout à fait négligeable. Or, il souhaite bel et bien occuper une place, une vraie place, dans l'appareil de ce parti...

« Il serait extrêmement dangereux, poursuit-il au collège Dawson, de proclamer une indépendance qui ne ferait que transférer le pouvoir de la bourgeoisie anglophone à la bourgeoisie francophone. » Les militants communistes, alors en pleine floraison au Québec, ne disent pas autre chose, à la différence près que pour eux, il n'est pas possible d'échapper à ce simple transfert en réalisant l'indépendance dans un cadre national. Bourgault exècre néanmoins ces communistes qui s'échinent à annoter qui Marx, qui Mao, qui quelques doctrinaires du bloc de l'Est, sans jamais vraiment se donner la peine de se pétrir d'abord de la propre expérience de leur pays et de ses citoyens. Les marxistes québécois lui semblent toujours mieux connaître l'Albanie que leur propre pays...

Bourgault soutient que le PQ, une fois au pouvoir, devrait créer un cadre susceptible de soutenir l'existence d'un parti politique qui défendrait des valeurs semblables à celles du RIN, mais un peu plus à gauche encore. Un renouveau du paysage politique lui semble une réelle nécessité. Pour les anglophones de Dawson, pareil discours constitue toute une surprise.

Alors, que fait donc Bourgault au Parti québécois ? Il ne milite là, en somme, que pour régler la question nationale, véritable nœud gordien québécois. Ce qui l'intéresse, fondamentalement, est la mise en place d'un système social mieux adapté aux besoins de chacun, que ce soit dans un cadre socialiste ou, plus sûrement, social-démocrate. Mais un tel système social, en toute logique, ne peut être vraiment instauré qu'une fois cette question nationale tranchée, ce qui permettrait alors entre autres de sortir du système britannique bipartite, qui limite l'expression des différentes opinions au Parlement.

Lise Lachance, du *Soleil*, assiste au discours de Bourgault au collège Dawson. Elle résume sa position :

> Il a souligné que le Parti québécois prône la social-démocratie et ne croit pas nécessaire de se rendre jusqu'au socialisme pour se débarrasser des Américains. Pour sa part, il ne partage pas cette thèse. Il va plus loin, convaincu qu'il faut déboucher sur le socialisme [9].

Durant une large partie de sa prestation à Dawson, le climat est pour le moins tendu. Le public n'apprécie guère la présence d'un tel ténor du « séparatisme ». Bourgault continue pourtant de parler devant eux de cette « fantastique aventure » qu'est l'indépendance. Sa position à l'égard des anglophones, il l'exprime sans ambiguïté : « Nous n'arrêterons pas demain, que vous aimiez cela ou pas. [10] » Pour éviter de devenir une minorité folklorique au Québec, ajoute-t-il, les anglophones doivent participer à la construction de l'État national.

Qui est Québécois ? Sa définition est alors précise et restera pratiquement inchangée jusqu'à la fin de sa vie. Lise Lachance la note dans *Le Soleil* : « Il définit un Québécois comme quelqu'un qui a accepté de vivre, de travailler au Québec, quelle que soit son origine. Comme quelqu'un, aussi, qui veut prendre toutes ses responsabilités, sans les laisser à des étrangers qui empochent les profits [11]. »

Ne cherchez pas chez lui la communauté ethnique, le sang et le folklore national. Le pays de Bourgault n'est pas un fétiche, mais une idée appelée à grandir, à se modifier. La tribu ? Non merci. Il envisage l'avenir d'une véritable nation pluriethnique, traversée par des courants intellectuels variés. Il sait par ailleurs fort bien, et il n'a d'ailleurs de cesse de le répéter, que l'indépendance de la nation n'est pas la réponse à tous les défis de notre temps. Loin de là.

À la fin mars, Pierre Bourgault passe quelques jours sur la Côte-Nord, dans son ancien comté lors des élections de 1966. Retenu là-bas par une tempête, il en profite pour manger avec des amis de la région. « Du saumon de la Moisie vendredi, de la truite de Schefferville samedi [12]. » Toujours sensible aux plaisirs des sens, Bourgault aime beaucoup les plaisirs de la table, des plus simples aux plus sophistiqués. « Lorsqu'il venait à Sept-Îles, explique une militante, il me demandait toujours de lui faire une lasagne qu'il aimait particulièrement. Il apportait du bon vin. Nous parlions de politique toute la soirée. »

À l'auditorium Manikoutai, Bourgault se lance dans une longue harangue sur la nécessité de la mobilisation politique. L'envolée reprend ses grands thèmes habituels, vus encore et toujours à travers le prisme de la théorie de la décolonisation. Peu de gens se sont déplacés pour le voir, mais il n'en séduit pas moins l'auditoire présent, comme d'habitude.

> Rien de fondamental n'a changé depuis 15 ans au Québec, dit-il. Le pouvoir reste aux autres, alors que nous nous faisons cultiver comme des légumes. Ce sont les autres qui profitent de notre argent ; nous, on se prend encore pour des niaiseux et des incompétents. L'Afrique reprend les rênes de sa destinée, après des

années d'esclavage, à l'heure où le Québec n'a jamais connu de gouvernement responsable. Depuis 300 ans, nous sommes une colonie, d'abord française, puis anglaise, maintenant canado-américaine... L'objectif est pourtant bien simple : aller à Ottawa chercher des pouvoirs législatifs, économiques, décisionnels. C'est l'indépendance [13].

La question de la langue demeure tout aussi essentielle dans son discours. Le projet de la Manicouagan, avec ses immenses barrages, a été réalisé en français, observe-t-il. Ce monument du génie ouvrier québécois, monument qu'il estimait tant au début des années 1960, continue de servir d'assise symbolique à sa pensée. Mais une décennie a passé. L'électricité, laisse-t-il entendre, menace à nouveau de parler anglais. À la baie James, on fait trop de place à des intérêts étrangers. Bourgault pointe notamment du doigt la firme Bechtel, « une compagnie de consultants américains » employée au chantier de la baie James. Pourquoi ces gens-là ?

L'ancien candidat dans le comté de Duplessis en appelle aussi à une affirmation nationale de la langue française au nom même de l'internationalisme. « Si on enlevait l'administration actuelle chez ITT-Rayonnier ou IOC et qu'on la remplaçait par une autre ? Est-ce que les usines seraient capables de fonctionner quand même ? En français ? Les compagnies américaines en France, en Allemagne, en Espagne, en Arabie ou aux Indes travaillent dans la langue du pays, et au Québec on travaille en anglais ! »

Il s'élève encore, toujours au nom de l'internationalisme, contre le joual, « ce jargon d'à peine 300 mots [14] ». Bourgault a pourtant lui-même déjà rédigé quelques chansons dans cette demi-langue...

Il raille ceux qui, souvent sans même trop s'en rendre compte, veulent se débarrasser de la francophonie. « Les Français, on a appris à les haïr... Il faut se débarrasser de la francophonie... Quand on renie ses origines, on se renie soi-même. On aime mieux parler deux ou trois langues mal que de bien parler français. Le joual, c'est cela être emmuré, renfermé [15]. » Il ajoute que « les Québécois doivent accéder au monde par le français, sans crainte de rougir d'eux-mêmes [16] ».

Les questions de l'auditoire fusent. À quand Bourgault au Parlement ? Se présentera-t-il sous peu à une élection partielle ? Souhaite-t-il se présenter encore dans le comté de Taillon ? Pourquoi pas dans Duplessis ?

Bourgault sera candidat. Du moins, il le dit. Mais où et quand ? Reste à le savoir. Lui-même ne le sait pas. Lévesque ne lui rend pas la partie facile. Pour ce qui est du comté de Taillon, si le lieu est sûr comme on le prétend, Bourgault croit qu'il devrait d'abord être offert à René Lévesque. Chef du parti, Lévesque ne siège pas encore comme député, puisqu'il a été défait aux élections précédentes, encore une fois. Bourgault ne peut s'empêcher d'observer qu'une nouvelle défaite électorale de Lévesque dans un comté, qui serait la troisième de suite, devrait le conduire à se donner une nouvelle période de réflexion [17]...

Mais, évidemment, si le chef du Parti québécois n'est pas intéressé à se présenter dans Taillon, Bourgault le serait. À condition, justement, que le résultat soit sûr. « Je ne suis pas intéressé à me faire massacrer[18]. » En la matière, il a déjà suffisamment donné, laisse-t-il entendre.

Les couteaux continuent de voler bas entre Lévesque et Bourgault. Et Bourgault, malgré ce qu'il prétend, ne manque jamais une occasion pour insinuer publiquement que le chef du PQ devrait peut-être songer à partir... Au quotidien *Le Droit*, le tribun affirme que « la bataille de la langue devra se faire bientôt au sein du Parti québécois quitte à perdre René Lévesque[19] ». Un projet qui conduirait à une « Loi 101 » avant la lettre, perçue comme excessive par le noyau central du parti auquel Lévesque appartient, n'est en fait qu'un compromis qui ne satisfait pas non plus les militants plus préoccupés par la question linguistique. Ces militants, dans la veine de Bourgault, ne souhaitent pas seulement un nouveau visage français pour le Québec ; ils entendent imposer tout à fait l'unilinguisme institutionnel, mesure à laquelle Lévesque fait barrage depuis la fondation du parti.

Bourgault veut se battre corps et âme à l'intérieur du PQ afin que Lévesque bouge à propos de la question linguistique, son grand cheval de bataille depuis l'époque du RIN. « La question de la langue au Québec est beaucoup plus importante que René Lévesque. Il nous a fait chanter avec ça en disant qu'il partirait si on adoptait telle ou telle chose[20]. »

Au sujet de la question linguistique, Bourgault maintient la ligne dure. « Le Parti québécois a une politique de la langue aberrante qui ressemble quand même terriblement au *bill* 22, malgré ce que certains militants peuvent en dire[21]. »

L'image modérée lui semble plus dangereuse que celle, trompeuse, de la modération. « Évidemment, une image de force, ça demeure une image de violence ; cependant, je redouterais maintenant davantage une image de "gars ben ordinaire" dans laquelle on croirait se reconnaître... » Lévesque est ici visé, encore une fois.

Paradoxalement, Bourgault ne cesse d'affirmer, comme il l'a déjà fait du reste, que « ce n'est pas le moment de m'engager dans des batailles contre mes propres alliés[22] ». C'est pourtant bien ce qu'il ne cesse de faire !

Au *Jour*, ce quotidien indépendantiste que Bourgault estime de bien piètre qualité en comparaison de *La Presse* ou du *Devoir*, il s'explique un peu plus longuement sur son attitude concernant la critique des positions du Parti québécois : « Pour faire l'indépendance, ça prend un large parti d'union nationale. Par définition, un tel parti est un peu fragile, mais il faut s'habituer à vivre dans un grand parti, avec un éventail très large, dans un parti où beaucoup d'individus sont exacerbés, parce que c'est exacerbant de ne pas avoir de pays. Ça veut dire des tiraillements, des discussions ; mais bon Dieu, on n'a quand même pas besoin de se chicaner pour rien. Nous sommes là pour faire l'indépendance[23]. » Prêche-t-il par l'exemple ? Force est de reconnaître que non.

Bien que Bourgault rappelle à loisir qu'il ne souhaite pas s'aliéner des membres de son parti, son discours semble bel et bien toujours se contredire, du moins à l'égard de René Lévesque. C'est un euphémisme d'affirmer qu'il n'apprécie pas l'homme. Coalition indépendantiste ou pas, Bourgault se passerait bien de lui. Et comme il parle toujours à cœur ouvert, il ne s'en cache pas non plus.

Au quotidien *Le Droit*, au début du mois d'août 1975, Bourgault affirme qu'il se retient depuis sept ans « pour ne pas faire éclater le parti[24] ». Faire éclater le parti ? Ce coq de l'indépendance croit-il seulement en avoir vraiment les moyens ? Durant cette période, Bourgault ressemble bien un peu à ces hommes forts qui, très conscients de l'effet qu'ils peuvent produire en tendant leurs muscles, font croire volontiers qu'ils possèdent des capacités supérieures à celles qu'ils ont en réalité. Se « retenir », dans les circonstances, ressemble au jeu de ces colorés personnages de fête foraine qui affirment, pour la galerie, en se maîtrisant parfaitement eux-mêmes : « Retenez-moi ou je fais un malheur ! »

Or Bourgault est seul. Il a été laissé sur le bas-côté de la route de l'indépendance par un parti qui le tolère à peine et qui ne ferait sans doute qu'une bouchée de n'importe qui dans sa situation s'il ne s'appelait pas justement Pierre Bourgault. Avec ou sans lui, le Parti québécois progresse sur les voies qu'il s'est décidé à emprunter. Plus structuré et plus important que le RIN ne l'a jamais été, le PQ ne s'attarde pas beaucoup aux faits et gestes de Bourgault, dont les prises de position provoquent souvent autant d'effets réels que la mouche du coche.

À l'intérieur du PQ, l'entourage immédiat de Lévesque ne prise pas les coups de gueule de Bourgault. Claude Morin l'a baptisé « le Springate du Parti québécois », du nom de ce député libéral pas tout à fait sérieux qui est passionné surtout par le football et les actions de la police.

Bourgault a tout de même quelques amis bien placés à l'intérieur de cette structure politique. Il n'entend pas baisser les bras et cherche par tous les moyens à sensibiliser de nouveaux publics.

> Il est alors toujours très drôle en politique et trouve même le moyen d'embarquer ses amis les plus éloignés dans ses combats, explique son ami Guy Boucher. Un jour, je me trouve chez lui et le téléphone sonne. Il répond, discute un peu. « Oui, dit-il, j'en aurais justement un très bon qui est ici chez moi. Je vous passe Guy Boucher. » Il me tend le téléphone. C'est Jacques Parizeau qui me remercie d'accepter de présenter Bourgault et lui à une assemblée ! Comment dire non ? Par la suite, je les ai donc présentés tous les deux à quelques reprises [25].

Même s'il mène en apparence une vie plutôt belle pour un homme sans le sou, reste que Bourgault, au plan financier, continue de se trouver à la remorque de ses amis. Il vit d'expédients. Les grandes difficultés financières dont il souffrait en 1973, lorsqu'il a jeté l'éponge au PQ, ne sont pas loin derrière. Deux ans plus tard, il ne dispose toujours d'aucune assise financière personnelle. Il ne peut donc se permettre de demeurer en politique à temps plein sans par ailleurs pouvoir compter sur un revenu à peu près stable.

Depuis l'automne 1974, Bourgault collabore comme pigiste régulier au magazine *Nous*, dirigé par René Homier-Roy. Cela lui vaut à l'hiver, notamment, un voyage de presse d'une semaine pour faire du ski en France. Lui qui n'a pas skié depuis l'adolescence se casse la gueule à répétition sur les pentes, mais il profite au maximum des restaurants !

Bourgault œuvre dans les médias tel un poisson dans l'eau. L'homme politique cède volontiers la place au communicateur. Rompu aux usages des médias modernes, il baratine aussi sur plusieurs sujets légers, qui lui dessinent peu à peu une image de personnalité envers qui l'auditeur doit s'intéresser globalement. En janvier, à la populaire émission *Appelez-moi Lise*, animée par Lise Payette, Bourgault dit détester les petites villes, les jeunes enfants et... les entrevues ! Un bon communicateur sait surprendre son public, bien sûr... Lors de la même émission, il annonce qu'il vient d'écrire une chanson, *L'Or, l'argent et le bronze*, pour un concours à l'occasion de la tenue des Jeux olympiques d'été à Montréal. Cette chanson terminera deuxième du concours, remporté par le parolier Stéphane Venne.

À la différence de plusieurs habitués d'émissions mondaines plus ou moins creuses, Bourgault précise tout de même qu'il ne dit rien lorsqu'il n'a rien à dire. Mais pourquoi alors accepter souvent des invitations dans ces théâtres du vide ? « J'aurais dû refuser mais j'accepte par habitude, par paresse, par vanité ou parce que c'est mon métier de le faire. En partant, je suis déjà convaincu de l'inutilité de l'entreprise, aussi bien pour moi que pour les téléspectateurs », écrit-il dans le magazine *Nous* à l'été 1976, à la suite d'une invitation à apparaître de nouveau à l'émission de Lise Payette [26].

Que se trouve-t-il à faire dans certains de ces théâtres médiatiques, sinon à flatter sa vanité de paraître tel un personnage public d'importance ? S'il n'a tout simplement rien à dire, Bourgault l'affirme, à la différence de bien des gens de ce milieu, mais il n'en fait pas moins comme tout ce petit monde en acceptant de jouer le jeu de la confidence à la caméra.

> Qu'à cela ne tienne ! Il faut parler quand même. Et je parle... de sujets que je connais à peine ou auxquels je n'ai pas encore assez réfléchi. Quelques centaines de milliers de spectateurs, à l'autre bout de la ligne, me regardent, sans doute fascinés par ce moulin à paroles qui tourne à vide. Je ne peux pas m'empêcher de penser que je suis en train de perdre mon temps et de le faire perdre aux autres.

En ondes, devant une Lise Payette ahurie, il ose même couper court au bavardage complaisant d'usage pour lui demander, à brûle-pourpoint, si elle n'a pas l'impression, comme lui, que ce qu'ils fabriquent – une savante bouillie de questions et de réponses vagues – s'avère parfaitement inutile...

Espace conservateur, observe-t-il, la télévision entretient un système de vedettariat qui bénéficie d'abord à ceux qui la serve. « Ce groupe a donc des intérêts solides à défendre et les contestataires y sont rares. »

Mais, parce qu'elle s'appuie sur une toute petite population, la télévision québécoise possède à son sens un avantage : elle ne peut pas sans cesse carburer au vedettariat et doit faire appel à de simples citoyens. Une chansonnette, une conférence dans un collège ou un exploit sportif très mineur dans une ligue non moins mineure suffisent à vous assurer un passage à la télévision. « Car la télévision chez nous, malgré des cadres rigides et malgré son intégration formelle au système, est forcément obligée d'éclater dans toutes les directions et de devenir un véritable instrument de participation pour une population qui a plus envie que jamais de s'exprimer [27]. »

Lucide, Bourgault constate bien que pareil système, lorsqu'il ne carbure pas au vedettariat, faute de vraies vedettes, a aussi le défaut de s'engouffrer dans une complaisance parfois éhontée. « Comme on a toujours besoin de plus en plus de monde pour nourrir le monstre, il peut arriver qu'on fasse appel à des gens fort médiocres qui n'ont rien à dire, qui chantent mal ou qui patinent sur les bottines. Il faut faire attention à ce piège, car c'est alors donner une importance considérable à des gens qui dans tout autre pays auraient du mal à se faire inviter à présider une noce de campagne. » Bourgault, jamais avare de pointes, en veut pour exemple, ce jour-là, Patrick Norman : « un "chanteur" qui aurait dû depuis longtemps aller vendre des cravates ou des souliers »...

Il existe bel et bien des personnalités inutiles que les médias créent de toutes pièces. Bourgault estime aussi que certaines formes de communication sont inutiles. Car pourquoi faut-il absolument remplir une grille de programmation nuit et jour ? Dans l'absolu, on pourrait fort bien limiter le temps d'antenne, croit-il. Mais comme les médias ont beaucoup trop d'espaces libres par rapport à ce qui mérite d'être dit, il leur faut bien voir à remplir tout cela, quitte à se satisfaire de bouillie pour les chats.

Bourgault a beau clamer qu'on ne devrait jamais accorder d'entrevue à moins d'avoir vraiment quelque chose à dire, il participe tout au long de sa vie, comme d'autres, à nombre d'entrevues bidons ou à des jeux-questionnaires parfaitement idiots. Pourquoi ? Par vanité, par habitude, mais aussi parce que ces activités médiatiques sont presque toujours très bien rémunérées. Les médias lui servent aussi à remplir son portefeuille. Du vide médiatique, Bourgault en remplit donc de sa présence, autant qu'il le peut, de son mieux, se faisant même prendre à l'occasion à savourer le reflet de sa propre image à fleur d'écran.

Bourgault opine pour que les médias offrent de l'essentiel plutôt que de l'accessoire. Évidemment, cela ne change rien. Le divertissement l'emporte. Plus personne ne sait où donner de la tête : la confusion des genres s'installe. C'est d'ailleurs ainsi, dit-il en se faisant une fois de plus provocateur, qu'« on finit par prendre Rodrigue Biron pour un homme politique, les Expos pour un club de baseball, Vincent Prince pour un éditorialiste, Michel Pagliaro pour un chanteur rock et le père Desmarais pour un philosophe ! »

Aussi lucides ses analyses soient-elles, Bourgault est lui-même prisonnier d'un système médiatique dont il évalue néanmoins mieux que d'autres les terribles faiblesses.

Caméras ou pas, l'argent manque toujours chez lui ! Dès le début du printemps 1975, après avoir annoncé son retour en politique avec tambours et trompettes, il se trouve à nouveau devant la perspective où, faute d'un travail ou d'un salaire lié à son militantisme, il devra renoncer, une fois de plus. Sa chronique sur les médias dans le magazine *Nous*, diverses piges dans la presse écrite et ses apparitions plus ou moins régulières dans les médias ne suffisent pas du tout à faire vivre ce dépensier chronique.

Lorsque René Homier-Roy décide de publier dans *Nous* des articles légers en écho à la révolution sexuelle en marche, Bourgault lui affirme qu'il peut faire bien mieux, pour le même prix, que les textes américains que le magazine se propose de traduire. Pourquoi ne pas tenter le coup, se dit Homier-Roy ? Sous un pseudonyme, Bourgault incarne donc, du jour au lendemain, une jeune femme à la sexualité débridée, mais qui fait toujours preuve d'une totale maîtrise de sa vie.

Fin de l'été 1976, invité d'honneur d'un des nombreux
festivals qui prolifèrent alors dans les Cantons-de-l'Est.

Sous le nom d'emprunt de Chantal Bissonnette, Bourgault s'amuse alors beaucoup. Peut-on être vrai en parlant de sexe sans être pour autant vulgaire ? Peut-on jouir de se faire faire mal ? L'amour libre est-il envisageable ? Et l'amour à trois ? L'amour se fait-il n'importe où ? Et en avant aussi pour une exploration du sadisme, du masochisme et de tout le reste, toujours sous le couvert de ce commode pseudonyme de Chantal Bissonnette !

Dans le courrier des lecteurs de *Nous*, une vraie Chantal Bissonnette exige bien vite que la fausse-vraie change de nom, puisqu'elle ne cesse de se faire traiter de cochonne depuis que le magazine publie les histoires de son homonyme ! À vrai dire, le courrier des lecteurs est très bien nourri grâce aux propos de Pierre-Chantal Bissonnette-Bourgault...

« Si j'aime tant parler de cul, écrit Bourgaut sous son pseudonyme, c'est pour deux raisons principales. Premièrement, ça
m'excite. Ça ne vaut pas une belle queue frémissante à portée de
la main et du reste, mais ça éveille l'imagination au moins autant
que les mâles en papier de *Playgirl*. [...] Mais j'ai une autre raison
de parler de cul. C'est que j'ai toujours essayé de comprendre ma
sexualité et celle des autres. »

Avec des propos semblables, Chantal Bissonnette provoque
vite une véritable avalanche de courrier ! Certaines lectrices sont
outrées de ses prises de position libertines. On prie la dame de se
retirer de la profession, de laisser à quelqu'un comme Lise Payette
le soin de parler des femmes aux femmes !

Sous quelques traits de plume provocateurs, la femme qu'incarne Bourgault continue beaucoup, en fait, de respirer son propre
idéal amoureux, qui est somme toute assez conservateur quand on
y regarde de plus près. Par divers moyens visant à choquer un peu,
Chantal Bissonnette cherche en fait à conquérir le bonheur, dont
l'état suprême, croit-elle, tient à la passion ardente d'où est issue la
fidélité [28]. Romantique, Chantal Bissonnette ? Oui. Très. Comme
Bourgault.

Loin d'être un révolutionnaire des barricades comme certains
voudraient le croire, Bourgault s'avère d'abord et avant tout un
révolutionnaire du bonheur, pétri d'une morale à l'ancienne dont
les verrous ne sautent jamais complètement : « Quand je vois des
gens heureux, quelle que soit leur condition, je perds toute envie
de leur imposer quelque révolution que ce soit », dit Bourgault en
entrevue au quotidien *Le Droit*.

Son personnage de Chantal Bissonnette finit évidemment par
être lourd à porter. Après s'être amusé grâce à lui, il doit bien se
résoudre à s'en débarrasser. Chantal Bissonnette disparaît de *Nous*
de la même façon qu'elle y est apparue : comme par enchantement.
Que reste-t-il alors de possible du côté de l'écriture ?

Sa traduction du livre de Pierre Berton, *The National Dream*,
est terminée depuis un bon moment. À partir de ce livre, Radio-
Canada a présenté une série qui court sur huit semaines sous le
titre d'*Un grand défi*. Mais tout ça a pris fin. Lui reste sa chronique
mensuelle dans *Nous*. Ce n'est pas suffisant. Et il ne peut compter
vraiment sur les passages médiatiques occasionnels pour vivre.

« Si je ne travaille pas, je vais me retrouver dans le trou comme avant et je devrai abandonner encore une fois », explique-t-il à Sept-Îles en mars 1975[29]. Bourgault tire le diable par la queue.

Que faire ? Il compte alors sur Robert Bourassa pour l'aider. L'adversaire de Mercier se révèle, une fois de plus, un allié.

> Je suis allé au moins deux fois avec Bourgault au *bunker* à Québec, se souvient Guy Boucher. Ils étaient très familiers tous les deux et s'aimaient bien. Le midi, ils allaient manger ensemble, seuls, tandis que je mangeais avec Jean-Claude Rivest.

Aux yeux de Bourgault, son ami Bourassa est une « tête heureuse », selon l'expression du Lac Saint-Jean décrivant un optimiste naïf qui va jusqu'à se faire croire que tout va bien alors que tout s'effondre sous ses pieds.

« Il n'y a personne au Québec qui ose me parler comme tu me parles », lui dit Bourassa[30]. En effet, Bourgault ne se gêne pas pour lui dire ses quatre vérités, qui sont souvent très dures puisque Bourgault a en détestation plusieurs traits de caractère du premier ministre...

Devant Bourassa, en toute amitié, Bourgault le blâme parfois jusqu'à l'inquiéter. Robert, lui dit-il, il ne suffit pas d'être un bon gars pour faire un bon chef d'État !

« Tu ne penses qu'à une chose, lui dit un jour le tribun : te faire réélire dans quatre ans. Chaque geste que tu poses ne vise qu'à t'assurer un vote de plus ou à conserver le vote que tu as déjà. Voilà pourquoi tu es un premier ministre "plate". Accepte plutôt de te faire battre dans quatre ans, mais d'ici là sers-toi de ta force pour devenir un grand premier ministre, avec tout ce que tu peux imaginer que cela puisse comporter[31]. » Bourgault l'engueule sans ménagement.

Bourassa voudrait être applaudi. Comme tous les hommes qui occupent sa fonction. Il a besoin d'être aimé, avec le moins de réserves possible.

> Bourassa avait une fascination pour Bourgault, explique Guy Joron, ami intime des deux hommes. Bourassa appelait parfois Bourgault pour savoir ce

qu'il pensait de ceci ou cela. Bourassa était très organisé : parler à Bourgault, c'était pour lui une façon de sonder les réactions d'un esprit plus radical[32].

Beaucoup ignorent que Joron a tenté de convaincre Bourassa de rejoindre Lévesque dans les premiers instants de vie du Parti québécois.

> À sa maison, seuls à table avec lui et sa femme, nous le tirions, elle et moi, vers cette idée. C'était sa pente naturelle. Mais l'objectif de devenir premier ministre rapidement a fini par le convaincre de rester au Parti libéral. J'étais étonné plus tard, lorsque Bourassa me répétait l'avis que lui avait donné Bourgault sur certaines questions, tandis que Bourgault me faisait part de celui que lui avait confié Bourassa sur telles autres ! Les deux hommes se parlaient[33].

De petits contrats, obtenus via le premier ministre, permettent alors à Bourgault de gagner un peu d'argent, explique Guy Boucher. « Pierre n'était pas d'accord avec les positions politiques de Bourassa, mais il le respectait beaucoup, tout en se moquant de lui, le traitant même de *bum* devant lui. »

CHAPITRE 16

UN RÉFÉRENDUM SANS BON SENS

Rien, rien qu'une image,
rien d'autre, oubli total.
– KAFKA, *Préparatifs de noce de campagne*

AU MUSÉE ! On a placé Pierre Bourgault au musée ! En février 1977, par un arrêté en conseil, il est nommé membre du conseil d'administration du Musée des beaux-arts de Montréal, en remplacement du sociologue Guy Rocher, nommé sous-ministre d'État[1]. Bourgault n'a pourtant rien d'un administrateur, comme il ne cessera de le prouver dans sa vie personnelle.

S'il accepte cette fonction, il n'en juge pas moins que le nouveau premier ministre, René Lévesque, a voulu de la sorte se moquer de lui. Beau joueur, il laisse néanmoins entendre en public qu'il lui est reconnaissant de cette nomination...

Bourgault se rend aux réunions du Musée des beaux-arts. Il est fidèle aux rendez-vous. Il prend part aux discussions en tirant sur une éternelle cigarette, dont la blancheur des serpents de fumée se confond de plus en plus avec celle de ses cheveux, qu'il se refuse depuis un moment à teindre. Bourgault met de la vie dans ce milieu conservateur. Lorsque vient le temps d'élire le président du conseil, Bourgault se lève pour dire que deux personnes ne devraient pas avoir le droit de se présenter. Qui ? Lui, tout d'abord. Tout le monde connaît ses positions, et un musée, dit-il, n'a pas besoin d'une image aussi politiquement marquée. Qui d'autre devrait être écarté ? L'homme d'affaires Maurice Sauvé, qu'il pointe alors du doigt, tout en clamant que les manigances incessantes de cet homme en faveur des politiques du Parti libéral doivent le déconsidérer pour une fonction semblable. Sauvé, qui est le mari de la députée libérale Jeanne Sauvé, ne rit pas du tout [2]... Les réunions du conseil du musée, selon les entretiens qu'a menés Georges-Hébert Germain au moment d'écrire l'histoire de l'établissement, n'ont jamais été aussi animées qu'au moment où Bourgault s'y trouve.

L'assiduité de Bourgault envers le musée ne l'empêche pas de trouver l'affaire complètement ridicule. De bout en bout. Que fait-il dans cette galère ?

Depuis l'élection du Parti québécois, on ne risque plus au moins de se faire mettre à la porte pour ses opinions à l'égard du régime fédéral. La vie des militants indépendantistes n'est plus la même. Pour eux, l'élection du 15 novembre 1976 a été une surprise. Une vraie. Les réjouissances ont été à la mesure de la surprise.

« Malgré toutes mes objections, malgré l'analyse dramatique que je faisais de la situation, malgré mes appréhensions devant la prise du pouvoir trop rapide du Parti québécois et devant la mise en veilleuse de l'idée d'indépendance, malgré mon opposition à la stratégie du référendum, j'aurais voulu célébrer ce soir-là avec tout le monde », écrit-il dans *Moi, je m'en souviens.*

Le soir du 15 novembre, Bourgault ne participe pas à la fête puisqu'il commente les résultats électoraux sur les ondes de CKAC en compagnie de deux fédéralistes notoires, Solange Chaput-Rolland, qui vient de recevoir l'Ordre du Canada, et Pierre Desmarais, président du Conseil du patronat et ancien maire d'Outremont, un homme qui « après avoir ajouté prétentieusement un "II" à son nom, écrit Bourgault, prétend occuper les premières places [3] ».

Après la soirée à la radio, Pierre Desmarais va reconduire Bourgault chez lui, dans sa limousine : « Je songeai, tristement mais sans amertume, je crois, que mes adversaires me traitaient mieux que mes alliés », écrit-il.

Bourgault a raté la fête, mais il n'en mesure pas moins l'importance historique de cet événement qui, pendant plusieurs semaines, agite toutes les têtes et, surtout, les langues.

À compter du 15 novembre, « les Québécois s'adonnent avec une sorte de fureur à une drogue extrêmement puissante qui les exalte, les anesthésie et va parfois jusqu'à leur faire perdre la mémoire : la parole [4] ».

Bourgault note en outre que depuis cette élection, on situe désormais tout selon ce nouveau repère historique : avant le 15 novembre et après le 15 novembre. En somme, *avant* le PQ et *depuis* le PQ.

Le changement de régime a certes du bon. Mais Bourgault s'inquiète néanmoins de voir les Québécois ne plus parler soudain que d'eux-mêmes, lui qui continue d'observer de près la situation internationale et de la commenter. « Nous semblons avoir complètement oublié que le monde continue de tourner et que le Québec n'est pas soudain devenu une sorte de vaisseau spatial lancé sur orbite terrestre et voguant vers l'infini (sans cesser de tourner en rond), indifférent à tous les grenouillages dont il croit s'être abstrait en se projetant dans l'Histoire le soir du 15 novembre [5]. »

D'ailleurs, tempère Bourgault, cette élection n'est pas aussi exceptionnelle qu'on veut bien le croire. Depuis 1960, le pourcentage des voix accordées à l'Union nationale n'a cessé de diminuer, malgré les renaissances du parti annoncées par les médias. Les créditistes, eux, glissent un peu plus chaque jour vers le néant d'où ils sont issus. Seul le Parti libéral, solidement implanté, continue donc de maintenir son rang historique. En conséquence, comme la politique a horreur du vide, il est normal qu'un nouveau parti apparaisse. Et, de tous les partis, seul celui qui soutient l'indépendance progresse sans arrêt dans l'opinion publique : 9 % en 1966, 23 % en 1970, 30 % en 1973 et 40 % en 1976. Il s'agit en somme d'un courant de fond qui ne tient pas au seul jeu médiatique et circonstanciel, affirme Bourgault. Les médias prolongent certes cette tendance fondamentale, mais ils ne la fabriquent pas du jour au lendemain : depuis 1960, le projet indépendantiste s'est vraiment fait un nid solide au sein de la population.

À la suite de l'élection du Parti québécois, Pierre Bourgault est devenu « respectable » comme par enchantement, même s'il critique toujours sévèrement les positions linguistiques de Lévesque et l'étapisme asséchant du technocrate à la pipe qu'est Claude Morin.

Les offres qu'on lui fait pour des entrevues, des conférences, des colloques, des articles et des discours se multiplient tout d'un coup. Lui qui est toujours à sec du côté des finances peut même désormais encaisser un chèque n'importe où! Pourtant, Bourgault n'est lié d'aucune manière particulière au nouveau gouvernement. Mais, comme les gens considèrent que ses idées sont au pouvoir, on lui fait confiance. Plusieurs le croient *a priori* « utile » pour eux-mêmes, puisqu'il a certainement ses entrées dans ce nouveau gouvernement! Beaucoup de gens s'imaginent tout aussi volontiers que Bourgault est devenu une source d'inspiration pour les politiques qui se dessinent. Bref, son prestige personnel a décuplé, même si tout dans ce nouveau gouvernement se décide en fait bien loin de lui.

Bourgault n'en considère pas moins que, par la force des circonstances et en toute logique, tenter à nouveau de reprendre du service en politique, d'une façon ou d'une autre, s'avère inévitable. Chose certaine, il ne s'imagine pas passer le reste de sa vie au musée! Mais les jours et les semaines passent et personne ne téléphone afin de lui proposer un rôle ou, du moins, un théâtre d'action au sein du nouveau gouvernement. Faute de mieux, il s'active donc seul, comme à son habitude.

Le 21 novembre 1976, soit moins d'une semaine après l'élection du Parti québécois, l'ancien candidat dans Mercier participe d'abord à une des premières assemblées publiques tenues au sujet de l'élection des souverainistes. Poètes, politiciens et journalistes, dont Michel Roy, Michèle Lalonde, Jacques Guay, Gérald Godin et Gaston Miron, prennent part à l'événement. Il s'agit alors d'imaginer et de structurer plus ou moins les tâches qui attendent, dans la perspective de l'indépendance, le nouveau ministère des Affaires culturelles du Québec. Pour ces intellectuels, il s'agit là d'un ministère névralgique autour duquel tourne en conséquence une large part du projet du Parti québécois.

Selon toute apparence, cette assemblée est dominée par la parole du poète Gaston Miron. Charismatique, chaleureux, l'auteur de *L'Homme rapaillé* impose naturellement ses idées en public. Cela tient à une capacité de convaincre qui repose sur une argumentation serrée, mais aussi – et peut-être avant tout – sur une sorte de magie qui enveloppe le personnage et le conduit droit au cœur de chacun comme par enchantement. Après avoir prononcé quelques paroles avec sa voix de stentor, jouant entre chaque phrase de sa forte mâchoire comme s'il souhaitait parvenir à se la déboîter, Miron occupe tout l'espace. Magnétique, le personnage l'est, sans aucun doute possible.

Avec Miron, l'assemblée convient, très vite, que le problème politique québécois lui-même est de nature culturelle et que, en ce sens, il déborde de beaucoup l'espace d'un seul ministère[6].

Dans l'euphorie des premiers jours, tous étant très accaparés par l'apprentissage des règles du pouvoir, personne au gouvernement Lévesque ne pense particulièrement à Bourgault. À vrai dire, on ne pense plus à lui depuis un long moment déjà, sauf peut-être à l'occasion, chez Lévesque, pour le haïr.

Depuis sa démission de l'exécutif en 1973 et l'annonce de sa retraite politique, l'ancien président du RIN n'appartient plus à aucun cadre structurel du parti. Il ne maintient une certaine renommée chez les indépendantistes que grâce à son rôle historique et à l'usage épisodique en public de sa verve intempestive.

Pour expliquer la distance du PQ par rapport à l'ancien candidat dans Mercier, Jacques Parizeau affirme que tout va très vite après le 15 novembre et que, de surcroît, le personnel politique de qualité ne manque pas au sein du PQ. Ce gouvernement compte en effet la plus forte concentration de diplômés et d'experts de toutes sortes jamais atteinte dans l'enceinte du Parlement. Jacques Parizeau ajoute que tout le gouvernement s'est organisé naturellement avec ces ressources, disponibles à portée de la main, sans penser un instant avoir besoin en plus des services de Bourgault. « C'est bête, mais c'est comme ça. L'affaire s'explique simplement ainsi. Il n'y a pas eu, à ma connaissance, l'idée d'écarter Bourgault, dans la mesure où on ne pensait même pas à lui[7]. »

L'ancien ministre des Finances du gouvernement Lévesque estime aujourd'hui que c'est tout simplement parce que Bourgault n'est pas présent dans les affaires politiques courantes qu'il se retrouve alors en marge de l'histoire. « On le voyait moins. Et comme on le voyait moins, on pensait moins à lui, tout simplement. Ce n'était pas planifié comme cela, mais la structure du pouvoir en place produisait cela. De loin, on peut penser que Bourgault était écarté du pouvoir. Or c'est plus compliqué que cela. »

En somme, le défaut de Bourgault, dans les circonstances, est de ne pas être parvenu à se trouver là où il a tenté d'être de 1968 à 1973, puis de 1975 jusqu'aux élections de 1976, c'est-à-dire au sein du Parti québécois, comme député !

En 1976, comme d'autres, Guy Joron dit avoir alors été « aspiré par le pouvoir ». Il cesse alors de faire partie de la vie quotidienne de Bourgault, non pas par choix mais par la force des choses. Les engagements se multiplient. Tout bouge. Et Bourgault reste sur place.

Pendant que s'organise le nouveau gouvernement, pendant qu'une nouvelle génération de politiciens indépendantistes fait connaissance avec les rouages de l'administration publique, pendant que le champ d'action indépendantiste se dessine, Bourgault l'homme, laissé en marge de l'action, donne désormais des cours à l'université. En 1976, contre toute attente, c'est en effet l'université plutôt que le monde politique qui pense à Bourgault. L'Université du Québec à Montréal (UQAM), la plus jeune université montréalaise, est alors à la recherche d'un professeur en communications. Pierre Bourgault n'a pas même terminé son cours classique, il n'a aucun diplôme, mais son expérience et sa renommée en matière de communications le surqualifient, semble-t-il, pour ce travail d'enseignant tombé du ciel.

> Les étudiants en communications se plaignaient de mal parler, explique-t-il. Ils ont fait des représentations à l'université. On leur a donné raison, mais on s'est demandé qui pourrait les aider. Quelqu'un m'a suggéré. J'ai été nommé chargé de cours un premier trimestre, puis un deuxième, et plus tard j'ai enseigné à plein temps [8].

Depuis 1974, Bourgault développe sa pensée au sujet des médias dans le cadre de sa chronique pour le magazine *Nous*. Il s'intéresse tout particulièrement à la télévision, mais tout y passe. Il donne son avis à propos des journaux, remet en question certaines pratiques, répète qu'il déteste Claude Ryan... Malgré tout, s'il ne pouvait acheter qu'un seul quotidien (il en lit quatre chaque jour), « c'est *Le Devoir* que je lirais », tranche-t-il[9].

Il se livre par ailleurs aussi bien à un survol des différents mensuels québécois qu'à une réflexion sur le prix des livres. Pourquoi, demande-t-il, les livres sont-ils si chers alors que tout le monde reconnaît pourtant que la lecture est un « médium privilégié » ?

Bourgault réfléchit aussi aux avantages et aux désavantages de la centralisation culturelle au profit de Montréal. « J'ai rencontré partout au Québec des gens fort intéressants que nous ne voyons jamais à la télévision, parce que les Montréalais ne savent tout simplement pas qu'ils existent[10]. » Entre autres à partir de cette observation, il remet en question les choix de la radio publique. Qu'est-ce qui explique que la radio FM de Radio-Canada est une véritable tragédie avec sa programmation morcelée, ses présentations constipées et ses « dialogues ésotériques et ennuyeux à mourir » ?

Bourgault a déjà tenté l'aventure d'ouvrir une école consacrée aux communications. Lui-même est rompu à tous les aspects du monde des médias. Alors, comment dire non à une université qui lui offre de le payer pour continuer de réfléchir encore à tout cela ?

Voilà donc Pierre Bourgault devant une classe, aussi à l'aise que sur une estrade coiffée de bannières politiques ! L'enseignement constitue tout de suite un coup de foudre pour lui, bien que l'exercice ne lui soit pas aussi facile que de prendre la parole devant une foule partisane. Comme il l'expliquera en 1989 à des enseignants d'une commission scolaire venus l'entendre, il n'est pas si simple d'intéresser les étudiants : « Il a fallu que je travaille pas mal pour voir comment on faisait[11]. » À la différence d'une conférence ou d'un discours donné devant 1 000 ou 5 000 personnes, les étudiants ne sont pas là tout à fait volontairement. Ils ont l'occasion de revoir le professeur plusieurs fois et d'ainsi moduler leur jugement sur lui. Et il n'est pas aussi facile de capter l'attention grâce à des effets de scène. Mais Bourgault apprend. Et vite. « J'aime beaucoup enseigner à l'université », répétera-t-il souvent[12]. Au fil du temps, de nombreuses personnalités transiteront par ses classes avant d'être connues du grand public. C'est le cas des cinéastes Hugo Latulippe

et Jean-Claude Lauzon, de la chef Josée DiStasio, de l'humoriste
Guy A. Lepage, des journalistes Sophie-Andrée Blondin et Jules
Richer, du musicien Michel F. Côté et de plusieurs autres.

> Bourgault avait sa cour, explique Michel F. Côté. Il
> aimait bien aller prendre un verre dans un bistro ou
> un repas avec ses étudiants préférés. Il payait tou-
> jours tout. En classe, il avait ses favoris. Quand un
> étudiant lui résistait, lorsque quelqu'un s'opposait à
> sa pensée, il pouvait être terrible... Dans les cours
> de communication orale, par exemple, ces étudiants-
> là, au moment d'être jugés et critiqués par lui, se
> voyaient passer à la moulinette. Son intransigeance
> était alors excessive. Il faisait preuve d'une remar-
> quable partialité. Mais comme il était très charisma-
> tique, cela passait [13].

Ses cours sont constitués pour l'essentiel de présentations
magistrales. Debout, calme, Bourgault est seul devant la classe.
Il parle, sans notes. Il use à l'occasion du tableau noir. Parfois, il
sort aussi un journal, pièce à conviction qui vient appuyer son
discours ou lancer une discussion. En classe, il sait, chose certaine,
maintenir l'attention comme pas un.

Toujours est-il que l'université finit par l'embaucher pour de
bon. L'ancien chef politique devient un professeur en bonne et
due forme, avec un salaire confortable, des avantages sociaux, des
vacances assurées ainsi que la possibilité d'organiser son horaire de
travail de telle sorte qu'il puisse jouer un rôle social actif tout en
poursuivant son enseignement.

En principe, Bourgault se trouve dès lors à l'abri des intem-
péries financières, tout en conservant sa liberté de parole et en
jouissant de beaucoup de temps libre. Mais à l'occasion cela ne suffit pas encore et il néglige alors quelque peu ses cours, comme en
1991 où ses étudiants, vexés de ne jamais le voir en classe, lancent
une pétition afin d'avoir sa tête. Les étudiants à l'origine de la
protestation sont violemment pris à partie par Bourgault, même
s'ils n'ont pas complètement tort.

En plus de ses cours à l'université, lesquels ressemblent d'ailleurs souvent plus à des cours d'histoire que de communications, Bourgault continue d'écrire. En 1977, au moment où il commence à enseigner, il lance *Oui à l'indépendance du Québec*, petit livre publié aux Éditions des Quinze, une jeune maison dirigée par un collectif d'auteurs.

Près d'une décennie après la mort du RIN, l'influence du discours anticolonialiste demeure facilement décelable dans ce livre. Bourgault y cite Frantz Fanon et reprend une partie de l'argumentaire mis en place par Jacques Berque et Albert Memmi. Il existe au Québec, dit-il, un rapport dominant-dominé qui découle des suites de la bataille des plaines d'Abraham. Ce rapport, sans être forcément brutal, s'est prolongé dans diverses institutions de la vie collective. Or, cette situation de colonisé qui perdure n'est pas normale. Pour devenir une nation comme les autres, le Québec doit rompre une fois pour toutes ses liens de subordination coloniale avec le Canada.

Au cœur de ce projet indépendantiste anticolonialiste, on trouve la langue française, qui porte en elle une culture. L'indépendance ne vise pas à sauver les minorités françaises d'Amérique du Nord, comme pouvait l'espérer le vieux nationalisme canadien-français, mais à refuser justement la condition de minoritaire, à s'accorder les pouvoirs d'une majorité sur un territoire historique déjà doté d'un État : le Québec.

Le projet décrit dans *Oui à l'indépendance du Québec* est résolument républicain. La République du Québec doit, dans l'esprit de Bourgault, affirmer le caractère original de sa population tout en refusant de se laisser imposer plus longtemps le modèle américain ou canadien.

Qui est concerné directement par ce projet de pays ? Il n'existe pas, pour Pierre Bourgault, de « frères de sang » canadien-français. Cette notion, « si chère à Pierre Trudeau », il la rejette même du revers de la main dès lors qu'il s'agit de définir son projet politique québécois. « Ce n'est pas par leurs origines que se définissent les Québécois, mais par leurs objectifs et leurs aspirations collectives. » En un mot, ceux qui entendent fuir le pays à l'approche du référendum ne sont tout simplement pas des Québécois. Les autres, peu importe leur origine, sont des Québécois dans la mesure où ils partagent un projet et une certaine conception du monde qu'ils veulent créer.

Répondre oui à un référendum sur l'indépendance du Québec, c'est acquérir un moyen de lutter contre l'homogénéisation américaine du monde occidental, tout en soutenant les peuples qui luttent pour maintenir eux aussi leur existence. « Ce qui fait l'intérêt du genre humain, c'est sa diversité », pense Bourgault, qui affirme aussi être favorable à l'établissement d'un gouvernement mondial à condition qu'il ne serve pas uniquement les intérêts des grandes puissances. Dans cette perspective d'ouverture au monde, Bourgault affirme que les Québécois ont « le devoir d'accorder tout le respect qui se doit au désir d'autodétermination des autochtones du Québec », quelque forme qu'il prenne, y compris l'indépendance politique.

Résumé efficace des principaux arguments en faveur de l'indépendance du Québec, ce livre de Bourgault se termine très exactement comme il conclua, le soir du 4 avril 1961, son tout premier discours au RIN : « Les monuments aux morts ont fait leur temps. Désormais, nous élèverons un monument aux vivants. Il sera fait de notre indépendance et de notre liberté. » Bourgault réutilise sans cesse son « patrimoine » d'orateur, comme il dit...

Professeur, Bourgault n'en continue pas moins de collaborer aussi au magazine *Nous*. Il accepte bientôt de rédiger en plus une chronique, en anglais, dans le quotidien *The Gazette*, tout en offrant ses analyses politiques de la situation dans nombre de médias électroniques. Il participe aussi à l'élaboration d'un projet de nouvelle revue mensuelle, *La Question*, et souhaite lancer, encore une fois, une école privée de journalisme. Comme si cela ne suffisait pas bien assez pour le tenir occupé, il accepte la commande d'un éditeur qui souhaite le voir écrire un livre d'horticulture urbaine, *Les jardins dans la ville*, ouvrage qui ne verra finalement jamais le jour, comme bien d'autres qu'il aura pourtant accepté, en principe, d'écrire.

Cette propension à se maintenir totalement sur le terrain de l'action publique hérisse un certain nombre de ses collègues universitaires. L'administration de l'UQAM n'a pas l'habitude de devoir composer avec des personnages de ce type. Les premiers temps à l'université n'en sont que plus ardus. « Les trois ou quatre premières années, dira-t-il, les relations ont été plutôt difficiles. Ça n'a pas duré [14]. » Bourgault est un homme d'action. Et il le restera. Impossible de voir l'homme se retirer dans une tour d'ivoire au profit de la seule recherche. Tout le monde finit par le comprendre.

La politique continue de le fasciner, quoi qu'il en dise. Parmi les élus qui prennent place dans la composition du nouveau Parlement, Bourgault estime en particulier Jacques Parizeau – « sûrement le seul ministre des Finances au monde qui sache encore rêver et dont l'imagination n'a pas été ensevelie sous l'imposture du "sain réalisme" » – et Lise Payette, une femme qu'il connaît depuis les années 1950 et dont il respecte profondément la rigueur, bien qu'il la trouve « sérieuse jusqu'à l'ennui ». Bourgault voue aussi une grande affection à la jeune Louise Harel. Il estime tout particulièrement son engagement social et ses idées de gauche.

Bourgault déteste cependant Claude Morin plus que jamais, lequel le lui rend bien. « La souveraineté n'est pas l'affaire de négociations, contrairement à ce que dit M. Claude Morin ; c'est d'abord une décision politique des Québécois. L'association ou les associations qu'on peut toujours envisager se négocient, mais on ne peut pas demander à négocier la souveraineté. C'est à nous de la décider [15]. » Bourgault juge en outre que Morin n'a jamais été vraiment indépendantiste. Selon lui, cet homme ne sait faire qu'une chose, et encore la fait-il bien mal : il négocie sans cesse avec le fédéral, comme il a appris à le faire dans les années 1960 au sein de différents appareils gouvernementaux, sans pour autant obtenir des résultats significatifs. « Remarquez, dit Bourgault, qu'il n'a jamais rien gagné dans toutes ses négociations. Rien, mais rien du tout. Et il continue à vouloir la négociation. »

Le professeur Bourgault reproche aussi à Morin de vouloir semer la confusion au sein de la population avec un usage alambiqué du terme « souveraineté-association ». Selon lui, un éventuel référendum doit tout simplement demander aux Québécois s'ils sont favorables ou non à l'indépendance [16]. Bourgault reste farouchement opposé à la stratégie étapiste de Morin. À son sens, puisque le PQ veut tenir un référendum, il aurait dû le faire dès son arrivée au pouvoir, avec une question claire, quitte à le perdre. « Il est préférable de perdre le référendum avec 37 % de "oui" convaincus, avec des bases solides, que de le gagner avec plus de 50 % de voix laiteuses, ambiguës et tout hésitantes [17]. »

Bourgault maintient en outre de profondes réserves à l'égard de Lévesque. À son avis, le parti est manipulé par son fondateur au point de perdre de vue les véritables objectifs qu'il s'est fixé. Avec Lévesque pour chef, les indépendantistes lui semblent se retrouver, du point de vue stratégique, dans la position des Palestiniens : « Tout se passe au-dessus de nos têtes, nous sommes piégés, nous ne pouvons plus bouger. »

Lorsqu'il se retrouve dans les médias, Bourgault ne se laisse plus coiffer de son seul titre d'ancien président du RIN et affirme même à nouveau, du moins certains jours, ne plus du tout avoir envie de faire de la politique. Mais qui pourrait bien croire que cet homme dévoré par l'appel de la vie politique ne s'y intéresse encore que par habitude ?

De plus en plus, il enfile volontiers la combinaison passe-partout de l'expert universitaire pour prendre la parole. Sous cet habit commode, il explique notamment l'« importance des différents médias durant une campagne électorale [18] ». L'acteur s'est fait commentateur. Mais l'homme d'action veille toujours, pas très loin...

En janvier 1978, au sujet du départ de Montréal du siège social de la compagnie d'assurance Sun Life, Bourgault n'hésite pas à affronter, dans un débat, l'avocat Peter Blaikie sous le regard des caméras de télévision de Radio-Canada. Bourgault continue aussi d'accepter de prendre part à des débats, même du côté du Canada anglais. On le trouve entre autres à Toronto, devant de jeunes étudiants, pour affronter Jean Chrétien. Il se fait alors huer tandis que Chrétien répète à satiété que le Canada est un beau pays et qu'il faut être bête pour songer à le détruire. Après la rencontre, les deux hommes vont prendre un café... Et Bourgault lui assure, évidemment, qu'il prendra sa revanche. Ce qui viendra en effet, mais plus tard, au moment du rapatriement de la Constitution.

À la fin de 1978, on retrouve Bourgault aussi bien à discuter de souveraineté-association avec Bernard Landry, ministre péquiste, et Claude Forget, député libéral, qu'à traiter, tout aussi passionnément, de la place du romantisme dans la société actuelle!

Au plan personnel, Bourgault continue toujours de chercher le grand amour, tout en multipliant, pour combler ce vide, les aventures. Selon Jean Décarie, il accumule plus que jamais les passades.

Les aventures deviennent pour lui une sorte de viatique. Entre deux histoires, il s'étiole. Les nouvelles rencontres sont pour lui des sources où il puise une nouvelle vie. De petites morts en renaissances, Bourgault développe le besoin intense et irrépressible d'assouvir la régénération cyclique que procurent les emballements sexuels répétés.

Guy Joron a été le confident de bien des aventures de Bourgault. « Il aimait les petits *bums* et les sales gueules. Il ne devait pas être facile, mais il n'en choisissait pas des bien faciles non plus [19]. »

Sa vie amoureuse plutôt débridée va sans cesse à vau-l'eau, estime pour sa part Guy Boucher. « Il aimait vraiment les *bums*. Il avait bien sûr toujours des problèmes avec eux. Ses *chums* lui coûtaient toujours cher, très cher. Il se faisait même voler. »

Les vols dont il est victime lui permettent au moins de rédiger des articles dans *Nous* sur la nature des voleurs en général et sur la façon d'entraver leur action en particulier!

Cet intérêt pour les délinquants ne comporte pas toujours un aspect sexuel concret. Bourgault a souvent le cœur missionnaire. « Je me suis occupé de centaines de délinquants dans ma vie, dit-il à Andrée LeBel en 1981. Pendant des années, j'allais les visiter régulièrement en prison. Je me suis fait voler tant et plus. J'en ai réchappé quelques-uns; les travailleurs sociaux n'en réchappent pas plus. » De l'un d'entre eux en particulier, il tombe assez follement amoureux. Le jeune homme, drogué et brisé par la vie, est quasi analphabète. Entre eux deux, une correspondance amoureuse s'établit. Bourgault conserve ses lettres toute sa vie, les seules du genre qu'il ne s'empressera pas de jeter [20].

Mais pourquoi cette passion véritable et constante pour les jeunes délinquants? Peut-être est-ce, comme ce fut le cas du cinéaste Pier Paolo Pasolini, afin de conjurer, dans ce type de rapport humain particulier, le mauvais sort de sa singularité sociale et de trouver ainsi une façon de l'aplanir dans l'intimité ? Dans cette passion qu'éprouve Bourgault pour de jeunes garçons tumultueux, il y a l'expression de plusieurs facettes de lui-même : une attention naturelle pour les sans-grade, un caractère frondeur et le sentiment que tout vit grâce à la fougue sans cesse renouvelée d'une jeunesse qui l'habite, même si son corps s'en va, comme tous les autres, vers l'irréparable décrépitude. Bourgault semble ainsi exprimer, à plus forte raison dans ses rapports homosexuels, sa propre énergie débordante. Sa passion pour les délinquants apparaît donc, d'une certaine façon, non seulement comme une simple histoire individuelle mais aussi comme un rapport constant avec le monde qui se met à jour par l'entremise d'une classe sociale et d'une classe d'âge toujours assez semblables.

Pierre Bourgault, si puissant en public, s'avère très vulnérable en privé parce que très, voire trop, sensible. « Il tombe en amour tout de suite, par-dessus la tête. Devant un serin, il est perdu. Je n'ai jamais vu ça à ce point », explique Guy Boucher, qui en a pourtant vu bien d'autres, assure-t-il. « Tout ça le rendait triste. Et c'est en fait ce qui pouvait le rendre le plus triste et qui lui coûtait le plus cher, à tout point de vue. »

L'hypertrophie de son obsession amoureuse le conduit à une forme d'aliénation dont le caractère se manifeste par une ambiguïté à l'égard de ses relations : d'une part, une passion dévorante ; d'autre part, une incapacité à convenir d'une vie commune où il n'a pas le sentiment de se nier lui-même, à un moment ou un autre, ce qui conduit inéluctablement, plus ou moins vite, à la rupture.

« J'ai été un grand amoureux, explique Bourgault. Chaque fois, j'embarquais comme si c'était pour toujours. Je coupais tous les ponts. [...] J'ai eu beaucoup d'amours. Malheureusement, à cause de certaines circonstances, ça n'a jamais dépassé un an [21]. » Il se considère comme un très mauvais amoureux, incapable de parler, de communiquer avec l'autre, jusqu'à ce que, sous la pression accumulée, tout éclate.

Malgré tout, Bourgault rit et vit. C'est un flambeur, un homme pressé de vivre. Il refuse de se laisser emporter comme un fétu de paille sur le fleuve tortueux de l'existence. L'amour est pour lui, perpétuellement, une plaine en friche où il espère voir se rencontrer le désir et la réalité, moins pour les regarder faire la guerre l'un à l'autre, comme ce sera sans cesse le cas, que pour faire la paix, trouver le repos, la grâce du bonheur.

Pour échapper à une certaine culpabilité amoureuse, Bourgault sent le besoin de donner sans compter. « Au début, lorsqu'il était prof, explique Guy Boucher, j'ai connu un gars qu'il a entretenu trois ans sans jamais coucher avec lui, l'amenant en Europe et partout. Pierre pouvait donner sa chemise lorsqu'il était en amour. » Et il la donnait, en effet.

Un jour, après avoir lu dans le magazine *Time* un article où il est question de faire profiter les autres de ses lectures, Bourgault se débarrasse, sur un coup de tête, de tous ses livres. À ceux qui lui demandent alors de s'expliquer sur ce qu'il vient de faire, il répond : « As-tu déjà relu des livres que tu gardes ? Moi, j'ai décidé d'en faire profiter les autres et de m'éviter de les déménager encore. »

Plus de livres, désormais. Mais encore beaucoup de lectures, du moins pour un temps.

Avec ses disques, Bourgault fait bientôt la même chose. Il en donne des milliers. « J'ai été un maniaque du son et j'avais des milliers de disques[22]. » Il ne conserve plus, à compter de ce moment-là, qu'une collection modeste d'environ 300 disques consacrés essentiellement à la musique classique.

Tout cela se joue pendant qu'un référendum approche. Une folie que ce référendum, estime Bourgault. Mais puisqu'il n'a pas le choix, puisque ce n'est pas lui qui jette les dés sur la table de l'histoire, il veut bien finir par y croire. Après tout, se dit-il pour se rassurer, il y a un chef et une équipe dans ce gouvernement. Ils doivent savoir ce qu'ils font... La stratégie référendaire n'en semble pas moins fumeuse pour Bourgault. Mais puisque tout est lancé, allons-y ! Et le voilà qui se jette lui aussi dans la bataille.

Cet homme, qui critique la position référendaire du gouvernement lors de plusieurs passages dans les médias, affirme tout de même à l'émission *Ce soir*, en octobre 1978, qu'il se tait complètement depuis quatre ans et qu'il appuie le gouvernement ! C'est faux, bien sûr. Si Bourgault soutient la plupart des décisions administratives du gouvernement, il n'en demeure pas moins un de ses plus vifs détracteurs en regard de la question linguistique et, surtout, de la question référendaire. Il s'oppose à la tenue d'un référendum, d'autant plus s'il est fondé sur une question laiteuse. Pour lui, une élection référendaire suffisait. Il l'a dit. Il l'a répété. En fait, il n'a pas non plus cessé de critiquer l'action de René Lévesque quant aux grandes orientations que celui-ci impose au parti. Tout cela ne l'empêchera pas de soutenir aussi activement que possible le camp du Oui.

En 1979, Bourgault ne rechigne pas à l'idée de remettre une fois de plus en question, de près ou de loin, l'autorité de René Lévesque. Le chef du Parti québécois continue, il est vrai, de servir aussi à Bourgault de vigoureux coups de trique.

Au mois d'août, lorsque le nouveau président du PQ dans Montréal-Centre, Marc Lavallée, discute avec Lévesque de la canditature possible de Bourgault dans le comté de Prévost, il reçoit tout d'abord une vigoureuse fin de non-recevoir de la part du premier ministre. Bourgault avait auparavant affirmé que l'appui de Lévesque était cette fois-là une condition nécessaire pour qu'il reprenne du service comme candidat dans une lutte qui devait l'opposer à Solange Chaput-Rolland. Comme personne d'autre de valable n'est disponible, Lévesque se ravise finalement et accepte de rencontrer Bourgault à ce sujet, dans le cadre d'un entretien qui sera décrit comme « poli », sans plus. Mais, après une semaine de réflexion, Bourgault décide de s'éviter de remettre les pieds dans pareil guêpier… Il reste prof. Député, une autre fois. Peut-être.

Bourgault continue quand même d'agir. Il aide Louise Harel à préparer son discours en vue d'être élue à la vice-présidence du Parti québécois. Louise Harel, une des principales bêtes noires de Lévesque, a demandé conseil à Bourgault. Elle doit affronter Pierre Renaud, cet ancien du RIN devenu le candidat de René Lévesque. Le premier ministre fait alors ouvertement campagne pour Pierre Renaud.

Parce qu'elle représente un courant plus à gauche que Renaud, un courant dans lequel il se reconnaît lui-même, Louise Harel semble préférable pour le parti, selon le jugement de Bourgault. Il accepte donc d'aider la jeune femme, qui a d'ailleurs été membre du RIN du temps où elle étudiait au Séminaire de Sainte-Thérèse.

Par une chaude journée de la belle saison, Louise Harel se rend donc voir Bourgault chez lui, sur le Plateau Mont-Royal. Là, installés dans son jardin, ils décortiquent tous deux le discours qu'elle a d'abord préparé. Bourgault le tourne et le retourne dans tous les sens. Il en sort tout ce qui peut être sorti.

« Il m'a expliqué qu'un discours n'est pas un cours, que je devais trouver des formules lapidaires », se souvient Louise Harel. Tout un après-midi, Bourgault s'emploie ainsi à peaufiner son texte et à le lui faire répéter.

« Lorsqu'en fin d'après-midi je suis sortie de chez lui, expliquera-t-elle, j'étais profondément convaincue que j'allais gagner contre Pierre Renaud, tant la rencontre avait été motivante. Nous avions tout revu : tant la pensée que la manière de la formuler[23]. » Louise Harel perd, mais elle n'en reste pas moins en selle dans l'appareil du parti. Bourgault, lui, demeure à la marge et semble ne pas même arriver à imposer son jugement par personne interposée.

En 1979, l'urgence du référendum se pose de plus en plus vivement. Pour convaincre les Québécois de voter en faveur du projet de souveraineté-association de Lévesque, Bourgault met du sien autant que faire se peut. Conférences, articles, discours. Il n'épargne aucun adversaire du métal de ses mots. Mais il n'en désespère pas moins de ce projet de Lévesque...

La Société Saint-Jean-Baptiste lui offre l'usage d'une automobile afin qu'il puisse se déplacer durant la campagne référendaire. Bourgault demande en plus les services d'un chauffeur. On trouve qu'il exagère. En vérité, il ne sait tout simplement pas conduire, ce que beaucoup de gens ignorent puisqu'il ne le dit pas trop...

Avec Gilles Vigneault, devant des étudiants, il prend la parole dans la perspective de cette échéance capitale. En 20 minutes, il dresse alors un portrait de l'histoire du Québec avec des conclusions précises et indémontables. « Il était – même si je n'aime pas employer ce mot – un des hommes les plus "articulés" que j'ai connus, explique Vigneault. Son discours à l'occasion du référendum était d'une extrême précision. Tout était juste. Quand ce fut mon tour de prendre la parole, j'ai commencé par dire que c'était la première et la dernière fois que j'acceptais de parler après lui. Je m'en suis sauvé comme ça, en faisant rire[24]. »

Après cette rencontre, Vigneault demande alors au tribun s'il sait à quel point l'art de la parole, chez un homme aussi charismatique que lui, peut être dangereux. « Je ne sais pas bien, affirme Vigneault, s'il mesurait à quel point il pouvait manier des gens dans un discours. Parfois, il devenait même un autre personnage que lui-même, tellement il jouait son rôle. Quand je lui ai dit cela, il m'a juste dit : "Ben voyons ! Et toi, Gilles !" Il était impossible à démonter, Bourgault... »

Durant toute l'année 1979 et au début de cette fatidique année 1980, Bourgault accepte ainsi de participer à des débats politiques contradictoires, à gauche et à droite, surtout devant des étudiants. Il débat à plusieurs reprises avec nul autre que Robert Bourassa, l'ancien premier ministre. Des extraits de ces joutes relevées sont même présentés au téléjournal de la télévision d'État [25]. Les deux hommes aiment se jauger, s'évaluer, puis se lancer dans des conversations animées.

De ses joutes oratoires avec l'ancien premier ministre, Bourgault conserve un souvenir précis.

> J'ai fait des débats avec tout le monde, avec Pierre Elliott Trudeau, avec Gérard Pelletier, avec Jean-Luc Pépin, enfin avec tout le monde [...]. Je peux écraser ces gens-là assez facilement – sauf Robert Bourassa ! [...] Pendant la campagne référendaire, d'ailleurs, d'un commun accord on avait arrêté d'en faire parce que ça devenait un *freak-show* [...]. On savait tellement ce que l'autre allait dire, on connaissait ses faiblesses, ses forces [...]. Nous avons toujours fait match nul. Il est diabolique ! Ce que je ne suis pas : moi, je m'arrête en chemin. À un moment donné, j'arrête ; je dis : « non, c'est trop, mes amis vont rire de moi ». Lui [...] que ses amis rient de lui ou pas, il va jusqu'au bout quand même. C'est comme ça qu'il gagne. Il est diabolique [26] !

Dans sa chronique du quotidien *The Gazette*, Bourgault continue de critiquer ouvertement Claude Morin. Il lui reproche très durement la lourde question référendaire dont il a accouché. Mais le point névralgique de son désaccord se situe surtout dans la volonté du PQ de rendre tout négociable, y compris la souveraineté elle-même. Comme Bourgault l'exprime devant des militants réunis au cégep Montmorency en janvier 1979, le PQ devrait au contraire affirmer qu'il est prêt à aller plus loin afin d'établir un rapport de force qui lui soit profitable. « Si les Anglais ne veulent pas s'asseoir à la table des négociations après le référendum, le programme du PQ devrait être modifié au prochain congrès national [...], de façon à prévoir que le gouvernement proclame unilatéralement l'indépendance du Québec, sinon nous sombrerons dans le ridicule [27]. » Chaudement applaudie par les militants, la proposition ne trouvera cependant pas d'écho favorable au gouvernement.

Est-il trop tard pour réajuster le tir référendaire en accord avec sa propre analyse de la situation ? Le 29 décembre 1979, Bourgault écrit qu'un référendum pour obtenir un mandat de négocier, plutôt que pour proclamer l'indépendance, laisse entendre que même la souveraineté peut faire l'objet d'un commerce politique. « Si j'étais fédéraliste, écrit Bourgault, cette question me ravirait. [...] On ne nous demande pas de décider si le Québec devrait exister en tant que pays, mais si le Canada se prêtera au chantage qui mènerait à sa propre dissolution. Nous nous présentons à la table de négociation sans aucun pouvoir. Nous laissons l'initiative à la partie adverse. Nous n'exigeons pas, nous quémandons. »

L'échéance approche. Et néanmoins, considère Bourgault, le premier ministre continue de trahir les aspirations des militants du Parti québécois et se montre trop timide pour convaincre ses opposants. « Si le référendum est perdu avec une question aussi timide, alors le Québec aussi est perdu. Personne ne nous prendra plus jamais au sérieux après cela. Pas moi, en tout cas. Et si le référendum est gagné avec une question aussi timide, où cela mène-t-il ? Nulle part. » En somme, la journée du 20 mai pourrait finir par ressembler à une journée comme les autres, puisque peu importe que les Québécois disent oui ou non, ils ne seront toujours pas plus avancés le lendemain.

Bourgault n'y va pas avec le dos de la cuillère : « Ce référendum n'a aucun bon sens. » Cette consultation populaire, bien que régie par la mise en place d'un rigoureux cadre démocratique, fruit de consultations entérinées par Robert Burns, n'est à son sens qu'un simple sondage qui encourage, une fois de plus, les dirigeants à gouverner comme des poules mouillées. « Tout un cadeau aux générations futures, qui devront livrer la même bataille – si elle n'est pas perdue pour de bon au printemps de 1980. »

Mais Bourgault lutte. Il est là. Même s'il en a souvent assez.

> La politique active, c'est la pire *job* au monde, expliquera-t-il en 1992. Tu travailles 20 heures par jour, tu n'as pas une seconde à toi, tu te fais lancer des tomates... C'est l'enfer. Je me souviens du jour où j'ai lâché tout ça. C'était en 1980, pendant la campagne référendaire. Je venais de finir ma journée à l'UQAM [...] et je suis parti à Mont-Laurier pour une assemblée, pendant une tempête de neige épouvantable. Je suis arrivé là-bas en retard, j'ai prononcé mon discours et je suis rentré chez moi à quatre heures du matin. Deux heures plus tard, je me levais pour aller travailler. Alors, je me suis dit : « Plus jamais [28] ! »

Il n'en continue pas moins à prononcer des discours et à participer à des assemblées jusqu'au référendum... Le 7 mai, il prend la parole au cégep de Limoilou. Il discute longuement avec un étudiant fédéraliste et un communiste qui monopolisent une partie de la période des questions. Devant les journalistes, il critique la sortie de Trudeau, qui vient de prendre la parole pour la première fois dans la lutte référendaire. À Trudeau, qui affirme qu'il ne briserait pas le Canada sur la base d'une question référendaire ambiguë, Bourgault réplique que la question est pourtant « claire et précise »... Ce n'est pourtant pas ce qu'il écrit dans *The Gazette* !

Le lendemain, il apprend le décès de sa mère. C'est tout juste s'il se permet d'assister aux funérailles d'Alice Bourgault, qui l'avait désigné comme exécuteur testamentaire. Après une visite rapide à Cookshire, le voilà reparti, vers d'autres tribunes. Le temps presse. Il faut faire vite.

Le soir du 20 mai 1980, une page d'histoire se tourne dans l'immense tristesse de militants effondrés et en larmes. René Lévesque, plus modeste que jamais, sait trouver les mots qu'il faut pour éviter les débordements de la déception sans pour autant démobiliser ses troupes. Mais le mal est fait. Même avec une question enrubannée et laiteuse à souhait, l'étapisme défendu par

Claude Morin est battu en brèche : un peu moins de 60 % des Québécois ont voté pour le Non.

Cette page d'histoire, Bourgault aurait préféré pouvoir l'arracher et faire en sorte que ce sombre moment n'ait jamais existé. Pourquoi les partisans du Oui agitent-ils leur défaite comme s'il s'agissait d'une victoire, se demande-t-il ? La scène qui se déroule au centre Paul-Sauvé à Montréal tranche radicalement avec celle des militants du Non, menés par le terne Claude Ryan. Ceux-ci se font discrets, timides même, et semblent presque tenir à étouffer leur victoire malgré le discours sottement triomphaliste de Claude Ryan, plus satisfait de lui-même que jamais.

Commentateur durant la soirée référendaire sur les ondes de la télévision de Radio-Canada, avec diverses personnalités dont Robert Bourassa, l'ancien président du RIN estime immédiatement que certains leaders du PQ se retrouveront vite en difficulté, dont le ministre des Affaires intergouvernementales, Claude Morin.

Le rêve de l'indépendance est-il terminé ? Non. Certainement pas. Mais Bourgault croit d'emblée que le règne de Lévesque, lui, touche à sa fin. Ce n'est d'ailleurs pas la première fois qu'il en juge ainsi !

Quelques mois plus tard, à la mi-août précisément, Bourgault estime, devant les caméras de la télévision de Radio-Canada, qu'il est temps de retourner à l'objectif fondamental du Parti québécois : l'indépendance. « Que Lévesque quitte et la confusion sera dissipée », affirme-t-il une fois de plus [29].

Lévesque doit partir. Bourgault n'en démord pas. Et cette fois, il charge plus que jamais.

Sa pensée à l'égard de Lévesque, il la précise dans un texte publié le 21 août 1980 dans *Le Devoir*. Le tranchant de son écriture apparaît plus net que jamais. Très dur au sujet de Lévesque, il n'en prend pas moins quelques précautions oratoires pour ménager en vitesse quelques impressions de douceur, qui ne trompent pourtant personne. « J'ai mis longtemps à me résoudre, écrit-il : on n'attaque pas impunément – en réclamant sa tête – l'homme politique le plus populaire du Québec. » Vraiment ? C'est pourtant bien ce qu'il fait depuis des années !

Bourgault en 1980.

Bourgault en arrive à la conclusion que c'est bien sa lecture de la vie politique québécoise qui est juste, rigoureusement juste, en regard de l'objectif de l'indépendance. L'étapisme mis en place par Claude Morin et approuvé par René Lévesque a conduit ni plus ni moins à l'abandon de l'indépendance. Par étapes.

L'indépendance, opine Bourgault, est une idée dans l'opposition. Or, croire qu'exercer le pouvoir à Québec mène forcément l'idée de l'indépendance au pouvoir constitue une illusion assez bête. Avec le Parti québécois, « ce qui est au pouvoir, c'est une certaine idée de la gestion des pouvoirs provinciaux, rien de plus ». Changer d'État demeure une autre affaire que de simplement changer l'État. Et le PQ l'oublie, rage Bourgault.

Bien sûr, Bourgault se montre favorable à la plupart des politiques réformistes mises en œuvre pendant le premier mandat du
Parti québécois. Ce gouvernement a du talent pour gérer. Bourgault ne s'est pas gêné pour le dire depuis 1976. Ses critiques à
l'égard de la politique linguistique du PQ se sont même adoucies
avec le temps qui passe : la loi 101, cette mesure de compromis
entre deux tendances au sein du Parti québécois qu'il n'approuve
pas au départ, lui apparaît en fin de compte excellente. La Charte
de la langue française le force même à réviser sa pensée au sujet de
la question linguistique : la défense farouche d'un unilinguisme
telle qu'il la proposait lorsqu'il était au RIN ne lui semble plus
nécessaire.

En 1978, au moment où la loi 101 commence tout juste à
faire sentir ses effets, Bourgault affirme qu'il ne serait pas entièrement inutile de nous écouter et de nous lire les uns les autres
pour constater à quel point, en matière de langue française, nous
défaillons. On peut bien forcer les Anglais à respecter le français
au Québec, dit-il, mais encore faudrait-il que ceux dont c'est la
langue maternelle la respectent au moins eux aussi !

Bourgault estime très favorablement les avancées du gouvernement Lévesque en matière de zonage agricole, de protection du
territoire, de sécurité sociale et d'assurance-automobile. Par contre,
« la politique culturelle du Parti québécois est une catastrophe »,
tranche-t-il. Plusieurs le diront aussi, mais il est un des premiers
à le faire dans le contexte d'une critique globale du régime en
place. Les politiques culturelles du PQ manquent de nerf. Et, en
matière culturelle, la décentralisation préconisée n'apporte pas les
fruits escomptés. « Idéologiquement, je suis très décentralisateur,
expliquera plus tard Bourgault. Mais, pratiquement, il faut faire
attention. La décentralisation peut tuer un petit peuple comme
le nôtre. À force de vouloir régionaliser, on risque d'asphyxier les
centres de créativité naturels, sans pour autant animer de façon
significative les satellites [30]. »

Tous ces progrès législatifs sont louables, très louables même.
Mais Bourgault en revient toujours au même constat : le Parti
québécois a-t-il vraiment été élu afin de mieux gérer une province
canadienne, comme il le fait, dans la simple suite logique de la
Révolution tranquille ?

Bourgault bataille. Il demeure intraitable. Il continue de marteler cette idée maîtresse de son discours, la même qu'il tente de faire pénétrer dans les consciences depuis l'avènement du RIN : les indépendantistes ne sont pas là pour gérer mieux, mais pour faire autre chose !

« Si l'exercice du pouvoir pour les souverainistes ne conduit pas à l'exercice de la souveraineté du Québec, alors ce pouvoir est vain et illusoire. Il constitue d'autre part un piège, dans la mesure où il occulte les véritables enjeux en les reportant à plus tard, au risque de les voir disparaître de nos préoccupations collectives. C'est ce processus, déjà largement entamé, qu'il faut à tout prix stopper. Voilà l'objectif de ma sortie contre Lévesque. » Pour le dire plus justement, voilà l'objectif d'une de ses sorties contre René Lévesque !

Et pour commencer, une seule chose à faire. Toujours la même. Lévesque doit être jeté par-dessus bord ! « Je dis que la seule façon pour les souverainistes de sortir de leur léthargie et de s'ouvrir enfin les yeux, c'est de perdre la prochaine élection et d'inviter René Lévesque à quitter honorablement la scène politique. »

Évidemment, le texte de Bourgault provoque une véritable onde de choc. Mais rien, pas même sa plume de feu, ne parvient à déboulonner le monument politique que Lévesque constitue aux yeux des Québécois, même les plus critiques.

Mais qui est Bourgault pour exiger la démission d'un premier ministre dont la popularité demeure considérable ? L'écrivain Jacques Ferron, ancien candidat du RIN, lui-même un habitué des polémiques, s'empresse parmi d'autres de répliquer à Bourgault. Ses propos sont représentatifs de la façon dont la lettre assassine de Bourgault est perçue par nombre de militants indépendantistes qui, contre vents et marées, croient toujours en Lévesque : « Il en va de son pays comme de Dieu : qu'on l'ait aimé, qu'on ait jeûné pour lui comme Marcel Chaput l'a fait, qu'on l'ait bien servi, cela n'entame en rien sa souveraineté et ne confère pas d'autorité. Bourgault n'en a aucune. De quel droit demande-t-il le départ de René Lévesque[31] ? »

Aux yeux de Ferron, l'ancien président du RIN ne remonte sur scène qu'afin de gâcher une pièce qui est trop sérieuse pour souffrir plus longtemps la diversion d'un homme qui parle de longs couteaux alors qu'il n'est armé que de sa seule lime à ongles.

« Bourgault, affirme l'écrivain-médecin, a été un précurseur, quand le temps n'en était pas encore à la politique mais à la prédication ; il parlait dans l'air, il y pouvait tout et cela l'a dérangé. Quand le discours a porté à conséquence, que l'affaire a pris corps et qu'à la place d'une petite élite, le RIN, un parti a été formé, le PQ, aujourd'hui au gouvernement, il a pu se retirer : il avait joué son rôle. Dommage qu'une Salomé n'ait pas demandé sa tête au roi Hérode, il aurait laissé un bon souvenir ! » La nouvelle sortie de Bourgault provoque au fond à peu près cet effet-là au Parti québécois...

Le 28 septembre, l'échec du référendum toujours en travers de la gorge, les anciens du RIN se réunissent pour commémorer le 20ᵉ anniversaire de la fondation du mouvement à Morin Heights. Le téléjournal de Radio-Canada rend compte de l'événement et diffuse une déclaration de Pierre Bourgault. L'ancien président du RIN juge lui-même que cette rencontre est « folklorique et déprimante », ce dont il se souviendra sans doute lorsque, 20 ans plus tard, ses vieux camarades devront pratiquement le forcer à prendre la parole lors du quarantième anniversaire du RIN. Bourgault ne voudra d'abord tout simplement pas sortir de chez lui pour assister à cette nouvelle commémoration.

À ceux qui lui réclament, en ce début des années 1980, de lancer un nouveau parti indépendantiste, Bourgault répond que le Parti québécois reste le seul instrument valide pour accéder à l'indépendance. Et il conclut en déclarant, tout à fait formel, que « le RIN, c'est chose du passé [32] ».

Mais l'ancien chef du RIN n'en tient pas moins Lévesque responsable de cette triste situation politique dans laquelle se trouvent désormais plongés les indépendantistes. Et il raille volontiers la stratégie péquiste de l'après-référendum.

Dans sa chronique du 25 octobre dans *The Gazette*, il résume sa perspective politique en la matière : « Les séparatistes rêvaient d'un Québec fort et d'un Canada fort. Grâce à Trudeau et Lévesque, on se retrouvera avec un Québec affaibli dans un Canada divisé. "C'est comme deux scorpions dans une bouteille", disait René Lévesque.

Pour ne pas avoir eu le cran de briser la bouteille quand il était encore temps, leur poison nous atteindra tous. »

Afin de continuer tant bien que mal à pousser Lévesque du côté de la sortie, Bourgault présente même en des termes laudatifs celle qui lui semble désormais la plus apte à le remplacer : Lise Payette. Cette femme est intelligente, forte, courageuse, militante, compétente, volontaire, fière, humble, sérieuse, travaillante, loyale, exigeante... Sa gaffe sur les « Yvettes » durant la campagne référendaire – ces femmes supposément soumises et dominées qu'elle a assimilées à l'épouse de Claude Ryan et qui se sont d'un coup mobilisées contre son option – n'a été qu'un faux-pas qui ne lui enlève rien, croit Bourgault.

> Avec René Lévesque, Bourgault est le seul alors à m'avoir téléphoné pour m'encourager lors de l'épisode des Yvettes, expliquera Lise Payette en entrevue. Il m'a encouragée à continuer. Il est même venu chez moi. C'est lui qui m'a remonté le moral et qui m'a permis de reprendre la route durant la campagne, même si j'avais partout ce poids immense à traîner. J'ai appris plus tard que le Parti québécois lui aurait demandé de m'aider à me relever, ce qui m'a un peu déçue [33].

Au moment où Lise Payette affirme pourtant qu'elle quitte le gouvernement, Bourgault répète à qui veut l'entendre ce qu'il a déjà affirmé deux ans plus tôt : « Elle ferait une excellente première ministre du Québec. »

Il déplore aussi que René Lévesque continue d'exercer « une certaine terreur sur son parti », qui est néfaste aux idées devant être défendues, avant de conclure en revenant à la charge en faveur de Lise Payette : « Le parti a besoin d'un nouveau leadership. Est-ce que Mme Payette l'assumera ? Peut-être. En tout cas, je l'espère. »

Lise Payette ne donne finalement pas suite à l'invitation de Bourgault. « Jamais il ne m'a parlé de cela à l'époque, affirmera la principale intéressée. Il l'écrit mais ne m'en parle pas. Lorsque je suis partie, il m'a reproché de l'avoir fait trop vite, de ne pas m'être positionnée pour remplacer Lévesque, de n'avoir pas fait ceci ou cela. Mais j'étais déjà ailleurs. La page était tournée. On ne s'est vu ensuite, comme depuis les années 1950, en fait, qu'épisodiquement, et plus jamais en privé[34]. »

Pour les élections générales du 13 avril 1981, des militants péquistes de l'Ungava ont demandé à Bourgault de représenter le PQ. Il refuse, d'autant plus qu'il croit savoir, dit-il, que le premier ministre est déjà intervenu une fois de plus pour lui bloquer le chemin. Il affirme toutefois ne pas fermer définitivement la porte à un retour à la politique active. Il reviendrait, dit-il, si le PQ se retrouvait dans l'opposition et si, surtout, René Lévesque levait les pattes !

Le soir du 13 avril 1981, les Québécois reconduisent au pouvoir le parti de René Lévesque. Au départ, les analystes ne donnaient pourtant pas bien cher de la peau du Parti québécois qui venait tout juste d'être battu dans une consultation populaire majeure.

Durant toute cette nuit du 13 avril, tandis que les militants célèbrent, Bourgault rumine des pensées moroses sur la signification de cette élection. Cette victoire, Bourgault la tient d'emblée pour tragique : le PQ s'éloigne plus que jamais de ses objectifs et obtient en plus le mandat de continuer de le faire !

Pendant toute la campagne électorale, observe Bourgault, le discours sur la souveraineté a été mis en veilleuse. En somme, on n'a plus affaire, avec le PQ de l'après-référendum, qu'à une formation politique comme une autre qui, bien qu'un peu plus à gauche peut-être, entend d'abord et avant tout gouverner sans trop faire de vagues. L'élection confirme le détournement du rôle révolutionnaire que doit pourtant jouer le PQ. Bourgault enrage !

Le 23 avril, il couche sur papier le résultat de ses réflexions nocturnes. « Malgré certaines apparences trompeuses, voilà bientôt huit ans qu'on ne parle à peu près plus d'indépendance au Québec[35]. » Alors, se demande-t-il, « comment espérer qu'on en reparlera demain quand René Lévesque vient de se convaincre, pour la deuxième fois, que c'est en n'en parlant pas qu'on gagne des élections ? » Le parti a beau demeurer souverainiste, explique Bourgault, l'idée de l'indépendance se meurt, « assassinée par celui-là même que la foule acclame en faisant le plus de bruit possible pour ne pas entendre la petite voix intérieure qui lui murmure qu'elle a été trahie ». Bourgault n'en démord pas. Il est convaincu que Lévesque roule dans la farine ceux qui croient encore en l'indépendance. Lorsque le réveil viendra, ce sera trop tard pour comprendre que « la "mise en veilleuse" était une mise à mort ».

À ce scrutin, Bourgault s'est à nouveau abstenu de voter, comme il le fait depuis un moment lors des élections provinciales. Il ne vote à aucune élection fédérale depuis le début des années 1960. Et élire désormais un gouvernement provincial déguisé en parti indépendantiste ne l'intéresse pas !

À la mi-décembre 1981, Bourgault remet au *Devoir* une lettre importante qui compte 15 feuillets dactylographiés. Le vendredi 18 décembre, le journal publie cette lettre où, « à la fois triste et furieux », il réclame ni plus ni moins le départ de René Lévesque, dans une cascade d'images qui n'hésite pas à aller jusqu'à celle du suicide collectif de Jonestown pour évoquer le sort qui guette les militants du PQ !

René Lévesque, écrit-il avec la totale certitude dialectique qui le caractérise, « ne nous a jamais menés à l'indépendance et il ne nous y mènera jamais ». De plus, regrette Bourgault, il s'accroche à son parti jusqu'au point d'infléchir dangereusement les règles démocratiques en sa faveur. Il l'accuse de vouloir tenir, à l'intérieur même du parti, une sorte de référendum permanent afin de le maintenir au pouvoir. Il l'accuse encore de laisser traîner sa décision de rester ou de partir et de créer ainsi une démobilisation « de tout le monde ». À son avis, René Lévesque exige une soumission totale de ses membres à ses seules idées. C'en est trop. Surtout au lendemain d'une lourde défaite référendaire, dont profite Pierre Elliott Trudeau pour remanier le fédéralisme canadien à sa guise, comme il a toujours souhaité pouvoir le faire.

> Pendant que l'ennemi occupe le terrain, écrit Bourgault, nous discutons du sexe des anges. Le petit homme a simplement oublié qu'il était aussi premier ministre du Québec. Ça ne se fait pas, mais il le fait. N'ayons pas peur des mots : le chef a perdu la tête et il nous demande à tous d'en faire autant. Et pendant ce temps, que font nos 80 élus à Québec ? Ils signent leur soumission en s'en prenant aux 73 d'Ottawa qu'ils

accusent de bêler devant Trudeau. Trudeau gagne, lui,
au moins !

Sa lettre, véritable charge de bélier contre la forteresse déjà
endommagée du PQ, reprend et développe l'idée que René
Lévesque n'a jamais vraiment voulu l'union des indépendantistes,
que cette union s'est faite et se fait toujours contre son gré. Depuis
le RIN, affirme Bourgault, le président-fondateur du PQ cherche
au fond à avoir un groupe à sa gauche « qui pourrait servir de
repoussoir et faire les *jobs* sales ».

Pour sauver l'indépendance, il faut donc se débarrasser de
Lévesque, tranche Bourgault, usant de toute la puissance de persuasion dont il est capable.

Mais qui l'écoute ? Après avoir regretté qu'en ce pays on ne
semble plus écouter que Lévesque ou Trudeau, sa lettre se termine
par des mots qui claquent : « Moi, je n'ai plus rien à dire. »

Une décennie plus tôt, en septembre 1970, dans le mensuel
Point de Mire, Bourgault résumait déjà sa position dans ce qui
constitue, pour ainsi dire, sa première lettre ouverte adressée à
René Lévesque : « Partez, René Lévesque, et la cause de l'indépendance du Québec, dans l'esprit d'un grand nombre, sera réduite à
la dimension de votre démission. Restez, René Lévesque, et notre
liberté aura la qualité de votre courage. C'est tout ce que j'ai à
dire [36]. » Entre 1970 et 1981, il aura tout dit au sujet de Lévesque, jusqu'à conclure qu'il n'a plus rien, pour sa part, à ajouter : Lévesque,
finalement, est de trop.

Très sensible aux talents du tribun, ancien militant du RIN
lui-même, Claude Jasmin critique néanmoins Bourgault pour
cette sortie, tout comme ne manquent pas de le faire un nombre
imposant de membres autorisés des médias. Au *Devoir*, en page éditoriale, Michel Roy traite le lendemain de la charge de Bourgault
qui a frappé une fois de plus René Lévesque :

> Il y a longtemps qu'en Pierre Bourgault le Parti qué-
> bécois a trouvé son Émile Zola. […] Mais cette
> fois, même en tenant compte de l'inflation galo-
> pante du verbe politique, le « J'accuse » de Bour-
> gault est cyclonique. Est-ce la fièvre de l'aberration

ou le délire de la colère ? L'indignation du militant bafoué ou le cri douloureux du premier indépendantiste dont on fracasse le rêve ? Par moments, on croit entendre les accents apocalyptiques des prédicateurs de nos sombres carêmes de collège. Ici c'est Federico García Lorca ; là c'est une tirade empruntée au *Lorenzaccio* de Musset ; plus loin, voici Aragon qui succède à Chateaubriand ; plus près se profile Charles Péguy [37]...

Sans être d'accord avec lui, l'éditorialiste ploie néanmoins littéralement d'admiration pour le style de Bourgault. Ni fièvre, ni délire chez lui, tranche-t-il, mais bien « l'extraordinaire manifestation d'un homme de théâtre qui manie le verbe et la formule sur scène et sur papier, avec une maîtrise qui doit, certains jours, l'étonner lui-même ».

Cette charge de Bourgault, en effet très réussie, est même proposée par l'éditorialiste comme modèle absolu du genre, tout comme on tenait autrefois le *Discours de Notre-Dame*, d'Henri Bourassa, comme un texte digne d'être lu et commenté par tous au point de le reproduire dans des encyclopédies populaires destinées à la jeunesse. « Dans quelques années, pour les étudiants des classes de lettres (s'il en reste encore), ce texte de Bourgault pourrait devenir un exercice classique. Et on demandera aux étudiants d'expliquer comment et pourquoi cet article, à la fin de l'année 1981, influença beaucoup d'esprits et de cœurs dans les rangs du Parti québécois... »

Cependant, estime encore l'éditorialiste, l'apparente logique du texte ne peut se superposer au vrai René Lévesque. Le simple passage du premier ministre à la télévision de Radio-Canada, le soir même où la lettre de Bourgault est publiée, suffit au *Devoir* pour affirmer que son bouillant et célèbre détracteur se trompe : entre la vision entretenue par Bourgault à l'égard de Lévesque et le premier ministre, la différence est grande.

Bourgault ne change pas d'idée pour autant. Loin s'en faut. Au début de l'année 1982, il continue, contre vents et marées, à affirmer que Lévesque joue un rôle néfaste. En entretien avec Andrée LeBel, il répète que le PQ a trop démobilisé ses militants. « Lévesque a servilisé son parti ; c'est ce que je lui reproche le plus. Il est coupable parce qu'il avait vraiment le parti pour faire l'indépendance. C'est odieux et honteux qu'il ait renvoyé les vrais indépendantistes chez eux. La majorité des membres du PQ ressemblent maintenant beaucoup plus à Lévesque qu'à moi. » Et on comprend, par cette dernière phrase, que le PQ, pour réussir, se devait de ressembler à Bourgault, estime celui-ci.

Dans cette perspective, qu'aurait-il fallu faire ? Depuis sa traversée du désert au PQ dans les années 1970, Bourgault ne manque jamais de signaler qu'il faut parler aux jeunes et organiser notamment des tournées des cégeps à cette fin. Par ailleurs, il insiste sur la nécessité de proposer des perspectives pour la souveraineté qui dépassent le chapitre des simples querelles administratives entre Québec et Ottawa. « Lévesque fait des déclarations disant que la souveraineté est encore l'objectif du PQ mais cela n'explique rien, cela ne convainc pas les gens que l'indépendance est une bonne chose. Il ne propose aucun grand rêve pour lequel les gens pourraient se sacrifier. »

Au sein du PQ, la nuit des longs couteaux annoncée par Bourgault contre Lévesque n'a pas eu lieu. Du moins, pas tout de suite. La crise du rapatriement de la Constitution, dans laquelle le Québec se fait jouer dans le dos après avoir d'abord pensé qu'il maîtrisait le jeu, laisse un goût d'amère déception dans tout l'appareil du parti. Qui plus est, Lévesque apprend à cette époque que son principal stratège lors du référendum, Claude Morin, a travaillé pour les services de renseignement canadiens qui l'ont rémunéré.

Mis à l'écart du processus de modification constitutionnelle par les tractations habiles du gouvernement Trudeau, le Québec ne signe pas le document qui résulte du coup de force opéré lors des négociations de novembre 1981. Aucun gouvernement québécois n'entérinera par la suite cette nouvelle Constitution, que la reine d'Angleterre paraphe en sol canadien le 17 avril 1982, par une journée maussade.

Le gouvernement du Québec a joué ses dernières cartes dans l'après-référendum. Et il a perdu. Sur toute la ligne.

Un peu plus d'une année avant la signature du nouveau document constitutionnel, soit le 14 janvier 1981, Bourgault affronte directement le bras droit de Trudeau, le ministre Jean Chrétien, à l'occasion d'une entrevue téléphonique qui se transforme très vite en l'une des plus délicieuses empoignades intellectuelles du moment.

On trouve alors Bourgault à la radio, à l'antenne de CKVL, où il est animateur de *Montréal-Matin* avec son vieil ami René Homier-Roy. Il réalise alors plusieurs entrevues à saveur politique. Dans le cadre de cette émission du 14 janvier 1981, Bourgault réalise d'abord, en direct, une entrevue avec Roch Lasalle, qui vient d'accepter de quitter le Parlement fédéral pour devenir chef, à l'Assemblée nationale, d'un parti politique québécois pourtant moribond : l'Union nationale. En entrevue, Lasalle affirme que Trudeau ne réussira pas le coup de modifier la Constitution alors que les partis et la majorité des citoyens s'y opposent. Bourgault, pour sa part, n'en est pas certain du tout… D'ailleurs, quelle est la possibilité désormais, pour un parti fédéraliste québécois, de défendre une politique qui soit bien différente de celle qu'avance le Parti libéral alors dirigé par Claude Ryan ? Qu'est-ce que l'Union nationale peut bien proposer d'autre dans les circonstances ?, demande Bourgault. Lasalle arrive seulement à dire qu'il s'emploie pour l'instant à analyser la question afin de pouvoir y donner réponse au moment des élections, qu'il souhaite être le plus tardives possible ! Bref, Lasalle fait assez piètre figure devant la dialectique serrée de Bourgault, qui s'échauffe avec lui pour mieux s'occuper ensuite de Jean Chrétien.

Comme intervieweur, Pierre Bourgault insiste toujours gentiment mais avec beaucoup de fermeté pour qu'on réponde précisément à ses questions. Il revient volontiers à la charge. Il n'hésite pas à dire qu'on ne lui a pas répondu. Il reprend alors la question, tout en signalant qu'il souhaite une réponse. Ce faisant, il pousse peu à peu son invité dans un corridor et le remet dans la droite ligne de celui-ci dès lors que l'invité tente de s'en échapper. L'espace de discussion, c'est bien lui qui le fixe, et il ne manque pas de remettre à leur place ceux qui voudraient le fuir. C'est dans ce canevas de discussion toujours très serré que Bourgault accueille ce matin-là son prochain invité, le ministre Chrétien.

Devant Chrétien, Bourgault apparaît tout de suite extrêmement bien préparé, plus encore qu'à son habitude. Au menu de

l'entrevue : la question linguistique telle qu'elle est envisagée dans
ce projet de nouvelle Constitution que s'efforce d'imposer le Parti
libéral du Canada.

Bourgault ne pose pas de question d'entrée de jeu, mais il se
contente plutôt de citer des représentants des collectivités francophones hors Québec qui se montrent tous insatisfaits des amendements que le gouvernement Trudeau entend apporter à la légis-
lation linguistique. À partir de là, Bourgault accuse Chrétien de
vouloir en plus imposer des modifications substantielles à la loi
101 en ce qui concerne le droit à l'enseignement en français. Tant
bien que mal, Chrétien soutient que ce qu'il y a dans le « *bill* 101 »
est exactement ce qu'on trouve dans les amendements proposés.
« Ce que vous venez de nous dire est un mensonge », s'empresse
de corriger fermement Bourgault, qui fait immédiatement la lecture en ondes desdits amendements, tout en faisant apparaître
les contradictions du discours de Chrétien. Bourgault fait valoir
que ces paroles du lieutenant de Trudeau ne font que démontrer,
une fois de plus, que les francophones hors Québec voient sans
cesse leurs droits bafoués et qu'ils doivent se battre, souvent en
anglais, devant les tribunaux pour défendre leur existence collective. En même temps, explique Bourgault, la minorité anglophone
du Québec a déjà son propre réseau d'établissements scolaires et
n'a aucun combat juridique à mener pour assurer la survie de ces
établissements. L'injustice est criante.

Chrétien revient à la charge et clame qu'une nouvelle Constitution permettrait justement aux francophones hors Québec d'avoir
des écoles à Vancouver ou ailleurs s'ils le souhaitent. Toujours
calme, Bourgault se montre néanmoins de plus en plus ferme.
René Homier-Roy, le coanimateur, n'ose pas poser la moindre
question...

— Vous voyez bien que c'est tout théorique, votre affaire !,
lance Bourgault. Vous refusez de voir qu'il y a un réseau anglais
complet au Québec qui peut recevoir les enfants et qu'il n'y en a
pas, dans le reste du Canada, des réseaux français !

— Ils auront le droit constitutionnel, rétorque Chrétien.

— Et puis après ? Ça change quoi ?, demande Bourgault.

La discussion s'enflamme. En vertu de quoi peut-on croire
que le sort des francophones hors Québec sera vraiment amélioré,

sinon au prix d'efforts considérables que la minorité anglophone du Québec, elle, n'a jamais eu à fournir ?

— Vous avez dit que ça se passerait devant les tribunaux dans les autres provinces mais qu'ici, au Québec, on n'a pas besoin des tribunaux parce qu'on a un gouvernement qui n'est pas raciste, résume à sa façon un Bourgault tout narquois devant son interlocuteur.

— Si le gouvernement est assez généreux au Québec pour donner des écoles anglaises à la minorité anglaise, répond Chrétien, on n'a pas besoin d'aller devant les tribunaux !

— Alors, pourquoi les autres gouvernements ne sont pas aussi généreux ? Parce qu'ils sont racistes ?

— Si le gouvernement de la Colombie-Britannique n'est pas assez généreux pour donner des écoles françaises aux Français, on va le traîner devant les tribunaux. [...] On ira jusqu'à la Cour suprême du Canada !

— Et si la Cour suprême renverse les jugements ?

— Écoutez, on est obligé comme tous les gouvernements de respecter les décisions de la Cour suprême.

— Je comprends bien, sauf que les anglophones du Québec n'ont pas ce problème-là. Pourquoi les francophones ailleurs auraient ce problème-là ?

— Si le gouvernement du Québec est assez généreux, tant mieux pour lui !

— Et si le gouvernement de l'Ontario ne l'est pas, tranche Bourgault, vous le laissez faire !

La réponse de Chrétien demeure la même : il s'agira de faire appel aux tribunaux, cas par cas. Et là, Bourgault explose tout en demeurant en apparence parfaitement maître de lui-même.

— Est-ce que vous trouvez juste, M. Chrétien, qu'au Québec, depuis 1867, on soit obligé d'être bilingue à l'Assemblée nationale et devant les cours de justice – un jugement vient de renverser un article de la loi 101 qui empêchait ça dernièrement et oblige encore le Québec à être bilingue – alors que l'Ontario n'est pas obligé et que vous, par des tractations politiques avec M. [Bill] Davis, [premier ministre conservateur de l'Ontario], pour avoir son appui, vous refusez d'imposer l'article 133 à l'Ontario ?

De faux-fuyant en faux-fuyant, Chrétien en vient à exaspérer Bourgault, qui le traque et finit avec insistance par lui demander d'offrir simplement son avis à la question qu'il lui pose et repose en fin d'entrevue : « Vous trouvez ça juste que 500 000 francophones de l'Ontario ne soient pas traités de la même façon que la minorité anglophone du Québec en 1981 ? »

Acculé au pied du mur, Chrétien s'emporte un peu :

— Laissez-moi donc parler une fois de temps en temps !

— Oh ! Vous parlez bien assez depuis 20 ans !

— Mais nous autres on gagne toujours !, lance Chrétien.

— Ben oui, et puis ? Unilatéralement ! Vous imposez vos volontés.

— Oui, mais on a été élu pour gouverner.

— Ben oui, pis ?

Tout le style et toute la pensée de l'un comme de l'autre se trouve dans cette entrevue unique. Après 20 minutes d'échanges très vigoureux, Bourgault laisse tomber d'un coup Chrétien, pantelant, comme une vieille chaussette sale dont il a extrait tout le jus. Les intentions du ministre sont très claires : il ira jusqu'à une action unilatérale pour faire triompher son point de vue.

L'entrevue terminée, l'émission matinale de CKVL reprend son cours, comme si de rien n'était… Homier-Roy, qui n'a pas dit un mot de l'entrevue, semble alors complètement soufflé.

CHAPITRE 17

PLAISIRS

> *Finalement, chaque homme fait dans sa vie*
> *l'expérience d'un conflit unique qui réapparaît*
> *constamment sous des déguisements différents.*
> – RILKE, *Les Cahiers de Malte Laurids Brigge*

EN 1984, APRÈS la retraite de Pierre Elliott Trudeau de la vie politique, Bourgault soulève le combiné et lui téléphone. Est-ce qu'il ne voudrait pas donner avec lui un cours consacré à l'histoire du Québec des années 1960 et 1970 ? Ce serait formidable, plaide-t-il auprès de l'ancien premier ministre : offrir en même temps aux étudiants un point de vue tout à fait opposé au sien dans le cadre d'un seul et même cours ! Trudeau décline l'invitation parce qu'il a, dit-il, le désir de s'occuper de ses enfants et de se consacrer à sa vie privée.

Jamais le professeur de l'UQAM ne travaillera avec l'ancien premier ministre, sauf quelques années plus tard, un peu malgré lui, lorsque la télévision d'État décide de présenter, en plusieurs épisodes, sa vie magnifiée : toute la série est alors soutenue par Bell Canada, dont les publicités sont narrées de bout en bout par nul autre que Pierre Bourgault... Durant toute la série, Bourgault apparaît ainsi comme s'il se trouvait au vestiaire, tandis que Trudeau confirme sa place dans l'histoire.

Mais n'anticipons pas. Nous sommes encore au début des années 1980. Bourgault a la conviction de tenir une excellente idée en voulant placer face à face deux hommes ayant des conceptions diamétralement opposées de l'évolution du Québec : lui et un fédéraliste de premier plan. Puisque Trudeau ne veut pas collaborer, il s'agit de trouver un autre homme nourissant des convictions semblables. Gérard Pelletier, une colombe issue de la même couvée que Trudeau, convient tout à fait au projet. L'ancien patron de *La Presse*, qui affirmait auparavant qu'il ne pourrait jamais enseigner dans des universités « séparatistes », accepte la proposition, tout à fait ravi. À eux deux, Bourgault et Pelletier donnent à l'UQAM une suite de conférences très courues sur l'histoire du Québec.

Le documentariste Jean-Claude Labrecque, toujours très vif avec son œil unique pour capter les moments qui appartiennent à l'histoire, juge tout de suite bon d'immortaliser le moment sur pellicule.

Pelletier et Bourgault se respectent de longue date. « Bourgault a rendu vraisemblable l'idée de l'indépendance au Québec, dira même Pelletier. C'est sans doute son plus grand mérite [1]. »

En parallèle, Bourgault termine une série de 15 émissions en anglais pour une université d'Arabie saoudite, poursuit sa chronique hebdomadaire dans le journal *The Gazette*, se fait entendre régulièrement dans une chronique diffusée sur les ondes de Radio-Québec et prend la parole en anglais le matin, trois fois par semaine, sur les ondes radiophoniques de CFCF. En un mot, il ne chôme pas. Et, comme si cela ne suffisait pas, il condense ses cours d'histoire du Québec jusqu'à être en mesure de les donner à entendre à un vaste public. Entre l'automne 1982 et le printemps 1983, il prononce ainsi six conférences publiques à Montréal, Laval et Québec, en français et en anglais. Ces conférences offertes par un magicien du micro sont très courues. Professeurs, artistes, journalistes et curieux y assistent. Même quelques personnalités politiques, comme Peter Blaikie, président du Parti progressiste-conservateur, prennent place pour l'entendre. Une équipe de l'UQAM s'affaire à immortaliser les conférences sur bande vidéo.

Cravate rayée bleue, veston beige sagement attaché sur une chemise blanche, Bourgault porte des jeans, apanage faussement démocratique de la génération qui a marqué les années dont il parle dans sa première conférence, intitulée *Le Québec de 1960 à 1970 – Entre l'ivresse et l'espoir*.

Affiche promotionnelle pour
« deux conférences-rencontres » tenues en 1983.

Son paquet bleu de Gitanes tout à côté, une main dans une poche tandis que l'autre lui sert à mieux scander ses paroles, Bourgault se lance dans un exposé de ce que représentent pour lui les années 1960. Il offre d'abord, en guise d'introduction, un rapide survol des origines du mouvement indépendantiste, où il fait remonter cet idéal au Régime français, puis aux Patriotes, tout en glissant vite sur les mouvements de droite des années 1930 et en estimant que, durant les guerres, les Québécois ont eu raison de ne pas vouloir aller se battre pour l'armée coloniale. Au sujet des années 1960, tout son discours s'appuie sur une proposition toute simple et plutôt romantique : « Quel que soit notre âge, nous avons tous l'impression d'être nés dans les années 1960 », dit-il [2].

Sa conception de l'histoire est complètement déterminée par la politique. À l'entendre, le destin des peuples se joue tout entier sur la volonté de certains hommes publics. Dans cette perspective, il présente la Révolution tranquille comme le résultat d'une volonté de certaines figures de faire en sorte que le Québec arrive « à l'heure du monde ». Tout cela se produit alors dans un contexte où des idées nouvelles arrivent de partout, à l'heure aussi où le développement économique particulier durant l'après-guerre donne pour la première fois un véritable pouvoir d'achat à la jeune génération. Au même moment, l'Église est tassée dans un coin de manière inédite, sans qu'on pende pourtant le moindre curé avec ses viscères, comme le souhaitait à une autre époque Jean Meslier, cet ardent révolutionnaire français qui fut pourtant curé lui-même !

Dans la nébuleuse du discours qui entoure le cœur thématique de ses conférences, Bourgault en profite pour réaffirmer qu'il veut bien continuer de commenter l'actualité, mais que diriger ou, à tout le moins, occuper une fonction politique ne l'intéresse plus. Ce jeu constant d'attraction-répulsion qu'il vit avec les sirènes du pouvoir se poursuit. Qui peut dire qu'il ne changera pas à nouveau d'idée ? En attendant, il se dit néanmoins heureux tel qu'il vit. « Je suis un homme libre. [...] Ma plus grande gloire, à l'approche de la cinquantaine, c'est d'avoir préservé ma liberté[3]. »

Ce pour quoi il se bat depuis un quart de siècle, l'indépendance, ne lui semble plus possible dans les circonstances du moment. Ces circonstances se prêtent surtout à un bilan et à la réflexion.

> À ce moment-ci, je crois que le chapitre de l'indépen-
> dance est clos. L'indépendance, c'est fini et surtout
> c'est raté. Je ne crois plus à l'indépendance de mon
> vivant, explique Bourgault en 1982. Peut-être dans
> 15 ou 20 ans, ce sera de nouveau peut-être possible.
> Il faudra recommencer à zéro et motiver les jeunes.
> Les vieux indépendantistes alliés aux jeunes pourront
> peut-être faire quelque chose[4].

Il mesure tout de même bien son ascendant et connaît la chance qu'il a de ne pas devoir s'en tenir à la ligne de conduite stricte d'un parti politique.

J'ai du pouvoir parce que j'ai de la gueule. J'ai la liberté de dire tout ce que je pense, car je ne représente personne d'autre que moi. D'ailleurs, je ne me suis jamais retenu ; j'ai toujours dit ce que je pensais. J'ai une position privilégiée. J'ai toutes les tribunes que je veux [5].

En 1982, il s'achète une maison. Un grand rêve. Un très grand rêve.

Il m'a demandé de venir visiter avec lui cette maison d'ouvrier, explique son ami Jean Décarie. Lorsque je l'ai vue la première fois, elle comportait quatre logements. Il y avait encore les cabanes pour les « bécosses », dehors, dans le jardin... La maison constituait quand même une bonne affaire. Bourgault l'a acheté. Il a fait abattre les murs et a occupé seul les quatre logements ! À l'étage, il avait fait installer un immense bain, sans aucune cloison autour...

C'est à l'étage qu'il installe aussi sa table pour écrire, près d'un petit salon. Au milieu de tout cela, cette immense baignoire éclairée par un puits de lumière.

Ce n'était pas un bain, explique Guy Boucher, mais une vraie piscine. Il devait pouvoir entrer 15 personnes là-dedans ! J'en ai eu des bains immenses, mais jamais comme ça ! Il avait fait construire ça avec une idée en tête !

Bourgault affirme alors être heureux comme il ne l'a jamais été. Pour une des premières fois de sa vie, il goûte le bonheur de passer des soirées à la maison. Il lit. Il flâne. Il réfléchit le sens à donner à son travail. Il aspire, selon ses propres mots, à une vie mieux équilibrée.

Lorsqu'il sort, on le reconnaît partout, comme toujours. Les chauffeurs de taxi refusent de le faire payer. Dans les bars, on lui offre des consommations. À l'occasion, dans les magasins, il bénéficie même de rabais, dira son ami Guy Boucher.

Conférencier en 1983

Bourgault ne chôme tout de même pas, bien qu'il trouve souvent plaisir à en donner l'impression. L'époque où il était désœuvré et sans revenu est loin derrière lui. En 1982, il collabore à une émission sur les ondes radiophoniques de CFCF ainsi qu'à diverses émissions de télévision à CFTM. Il tient toujours sa chronique, en anglais, dans *The Gazette* et donne volontiers des conférences, en plus de continuer d'enseigner à l'UQAM.

Certains traits de caractère s'accusent encore davantage à mesure que l'âge gagne du terrain. Lorsqu'il est attendu, Bourgault continue d'être toujours à l'heure. En toute logique, il ne supporte pas les gens en retard. Son ami René Homier-Roy témoigne de ce trait de caractère qui le pousse désormais, à l'occasion, à ne pas ouvrir la porte à quelqu'un qui se présente chez lui en retard. Ian MacDonald, journaliste sportif à *The Gazette*, affirme pourtant que certains vendredis, sans prévenir, la chronique de Bourgault n'arrive tout simplement jamais au journal[6]!

En 1982, Bourgault publie aussi un recueil politique de ses textes polémiques rédigés de 1960 à 1981. L'année suivante paraît un autre recueil, celui-ci consacré à la « culture ». Ces pages, écrites pour différents journaux ou magazines, il les dédie à Steeve, sa flamme du moment.

Ses deux recueils d'« écrits polémiques », Bourgault ne les a pas imaginés seul, loin de là. L'idée vient en fait de l'écrivain et éditeur Victor-Lévy Beaulieu. Un soir, VLB trouve par hasard Bourgault dans un bar. Il ne le connaît pas autrement que pour l'avoir vu, comme tout le monde, dans les médias et parce qu'il s'intéresse de près, depuis toujours, à la question de l'indépendance du Québec. Il ose néanmoins engager la conversation avec cet homme bourru, se souvient-il, visiblement déprimé. Comme toujours, Bourgault a alors besoin d'argent... Cela tombe bien : VLB aussi ! Sa maison d'édition, où travaille désormais l'ex-felquiste Jacques Lanctôt de retour d'exil, est au bord du gouffre. Les deux hommes trouvent donc leur compte dans un projet commun, sur lequel l'éditeur joue en fait vraiment sa dernière chemise. Grâce à Bourgault, l'éditeur gagne bientôt de quoi renouveler sa garde-robe entière !

En 1983 paraissent aussi des entretiens menés par Andrée LeBel, à qui il a accordé plusieurs heures de conversation l'année précédente. Dans ce livre, le moraliste parle à peu près de tout. Il aborde même, pour la première fois en public, la question de son homosexualité. Il n'est pas le seul homme public à révéler alors cet aspect de lui-même à la face du monde. Au même moment, une autre forte figure de l'indépendance, Claude Charron, accepte en effet aussi de témoigner publiquement de son orientation sexuelle, dans la foulée de l'affaire du vol d'un veston commis au magasin Eaton. Ce larcin, qui s'apparente à une sorte de suicide politique, a conduit Charron à renoncer à ses fonctions ministérielles et à rédiger ses mémoires pour le compte de l'éditeur Victor-Lévy Beaulieu. Pour Charron et Bourgault, la société québécoise des années 1980 semble tout à fait prête à accepter cette différence sexuelle qu'ils portent en eux parfois difficilement depuis des années.

Chez Pierre Bourgault, la politique a-t-elle servi de substitution à une crise identitaire intérieure liée à l'acceptation de l'homosexualité ?, se demande la journaliste Nathalie Petrowski. Oui, répond

Bourgault, mais en partie seulement. « Au départ, j'ai fait de la politique par compensation, mais j'ai tellement aimé ça que c'est vite devenu autre chose que de la compensation [7]. »

Bourgault s'affirme tout entier et plus que jamais pour ce qu'il est. Il le fait publiquement, sans complexe, sans gêne. Entre mille et un sujets, il parle désormais volontiers aussi de son orientation sexuelle dans les médias.

> J'ai toujours été discret sur le sujet. Je ne voulais pas faire de la provocation avec ça. Aujourd'hui, je trouve inutile de faire un plat avec mon homosexualité. Je n'aime pas les ghettos. L'homosexualité est très vivable en 1983 au Québec, à cause de la grande tolérance de la société québécoise. La question n'est pas encore réglée, dans la mesure où il est difficile d'avoir des comportements publics aussi ouverts que les hétérosexuels. J'imagine que les déclarations de Claude Charron font partie d'un exercice thérapeutique. Quand on est en politique, on a envie d'être aimé pour ce que l'on est vraiment, sans ça on risque de nuire au groupe. Une fois qu'on est passé aux aveux, il est inutile de continuer à se battre pour la cause homosexuelle. C'est toute la différence entre celui qui milite pour une cause et celui qui se contente de la vivre et de l'incarner [8].

Il est bien. Il se déclare heureux. Encore une fois, il affirme qu'il ne veut plus prononcer de discours. Il ne souhaite même plus promouvoir l'idée de l'indépendance. L'idée n'est pas morte pour autant, croit-il. Mais lui est désormais ailleurs.

> C'est comme être marié à une femme pendant dix ans et ne plus avoir envie d'elle. Est-ce une raison suffisante pour dire qu'on n'aime plus cette femme et que toute la relation était une erreur ? Certainement pas. Je n'ai plus envie de faire des discours parce que je n'ai plus envie de parler à des publics convaincus d'avance : c'est pas stimulant, ça ne me passionne plus. Le nationalisme est devenu folklorique et macramé.

> Ce discours a sérieusement besoin d'être renouvelé.
> En ce moment, l'idée de l'indépendance ne marche
> pas, les gens n'ont pas la tête à ça. Ce n'est pas une
> raison pour tout laisser tomber[9].

Il n'en continue pas moins de penser fermement que les indépendantistes devraient, eux, laisser tomber l'univers de Lévesque…

Lorsqu'à l'été 1985 un René Lévesque quelque peu diminué
accepte de prendre sa retraite, c'est Pierre-Marc Johnson, fils de
l'ancien premier ministre unioniste, qui finit par le remplacer
à la barre du parti. En 1986, Bourgault accepte d'organiser et
de dispenser, avec l'aide du journaliste Richard Vigneault, une
formation en communication pour les députés du Parti québécois,
alors dans l'opposition. « Les députés agissaient comme des enfants
d'école, explique Vigneault. Ils ne nous écoutaient pas. Ils étaient
complètement indisciplinés[10]. » Bourgault, malgré la meilleure
volonté du monde, ne croit plus guère à ce parti.

Chef éphémère d'une formation en chute libre qui se cherche
désormais beaucoup, Pierre-Marc Johnson continue alors de tenter
le « beau risque », un mot de l'écrivain François Hertel qui sert à
décrire vaguement au PQ une formule de fédéralisme renouvelé.
Ce « beau risque » de Lévesque ramène ni plus ni moins le Québec à
l'époque du slogan « Égalité ou indépendance » de Daniel Johnson.

L'« article 1 » du programme du PQ, l'article qui fait de la
souveraineté l'enjeu de la prochaine élection, a tout simplement
été effacé au profit d'une simple déclaration qui affirme que le
parti poursuit l'objectif de la souveraineté. Ce nouveau cap, plus
incertain, démobilise les militants indépendantistes au point que
plusieurs ténors du parti démissionnent. En colère, les Jacques
Parizeau, Camille Laurin, Pierre de Bellefeuille, Denise Leblanc,
Jacques Léonard, Gilbert Paquette, Jérôme Proulx, Jules Boucher
et Denis Lazure quittent tous le parti au moment où on guillotine, selon eux, la raison d'être du PQ. Cette désaffection des
indépendantistes les plus sincères laisse en place une organisation
fragilisée.

Après la démission de Lévesque, il y aura bientôt au PQ une
nouvelle crise interne dont Pierre-Marc Johnson sera la victime
expiatoire. Quelques jours après le décès de Lévesque, survenu

le 1er novembre 1987, le jeune chef du Parti québécois démissionne. Cette fois, les indépendantistes investissent à fond un parti exsangue et entreprennent de le reconstruire à leur image, en plaçant à leur tête Jacques Parizeau.

Mais, pendant ce temps morne qui va de 1980 à 1987, Bourgault est vraiment ailleurs. Comment pourrait-il avoir envie de se relancer à fond en politique, dans un univers où ses idées les plus chères s'en vont très nettement à la dérive ?

C'est à ce moment qu'il semble le plus loin du théâtre impétueux de l'action politique. L'essentiel de son engagement se situe alors du côté de l'université et dans les médias.

La radio tient une large place dans la vie du Bourgault des années 1980. En 1984, il profite d'une année sabbatique de l'université. Tous les sept ans, il peut jouir de 12 mois de liberté à titre de professeur. Sur les ondes de CKAC, les soirs de semaine, il anime alors *La Belle vie*. Le slogan est déjà tout un programme : « L'émission qui tue la télé ». C'est ne pas dire que *La Belle vie* aurait pu voir le jour d'abord à la télévision puisque Bourgault a eu, au même moment, le projet d'y animer une émission du même cru... Mais il n'a pas trouvé preneur du côté des stations et s'est donc rabattu sur la radio.

Parmi la brochette des chroniqueurs réguliers de *La Belle vie*, Bourgault a engagé Pascale Nadeau, fille du journaliste Pierre Nadeau, de même que Stéphane Garneau, fils du journaliste Richard Garneau, et Isabelle Maréchal. Cette dernière sera cependant congédiée, Bourgault la jugeant sans ambages « épaisse », après quelques essais [11]. C'est à son adjoint, Michel F. Côté, que revient la tâche de lui montrer la porte. Bourgault ne badine pas. Il sait ce qu'il veut.

Pour son émission, Bourgault sollicite la participation d'un jeune communicateur différent chaque soir, de sorte qu'il puisse discuter de divers sujets avec l'ensemble de ses collaborateurs.

> J'étais très impressionnée par lui, expliquera Pascale
> Nadeau. Il parlait bien et était absolument charmant.
> Mais, en ondes, je crois que je n'ai jamais pu livrer
> une chronique complète. Il me parlait de toutes sortes

de choses, beaucoup de moi, si bien que je n'arrivais
pas à transmettre ce que j'avais préparé [12].

*Le 16 octobre 1984, à l'occasion d'un déjeuner de presse, Pierre Bourgault donne un
avant-goût du contenu de* La Belle vie, *sa nouvelle émission sur les ondes de CKAC.*

Beaucoup de ses anciens étudiants, ceux qui lui semblent les
plus prometteurs, contribuent à l'émission. Michel F. Côté, son
jeune adjoint et recherchiste, a d'ailleurs été un de ses élèves avant
de devenir son principal assistant de cours à l'université.

Bourgault met soigneusement la table pour chacun des sujets
abordés. Les limites de son terrain d'action sont toujours claires et
bien définies d'entrée de jeu. Son invité a avantage à se maintenir
dans ce cadre, sinon il est implacablement resitué dans les limites
exactes où Bourgault entend le voir discuter. Comme dans ses
conversations privées, Bourgault est extrêmement directif dans
l'usage qu'il fait de la parole.

Bourgault était très présent dans un studio, expliquera Michel F. Côté. Il ne regardait que son invité. Il était tout à lui. Il se montrait intensément présent. Au début, je préparais des dossiers sur les invités, mais il m'a vite dit que cela ne l'intéressait pas tellement... Il voulait les découvrir en même temps que son public, disait-il. Et comme il était très intelligent et attentif, cela donnait des entrevues intéressantes [13].

À CKAC, Bourgault admire alors beaucoup le style et l'énergie de Suzanne Lévesque, un des phares de la station. Il lui téléphone tous les après-midi, lui parle de son émission passée ou à venir, de tout et de rien. « Nous nous parlions ainsi chaque jour, durant des années, racontera Suzanne Lévesque. Pierre disait tout le temps que j'étais son modèle et son idole à la radio. Il était toujours très valorisant pour moi [14]. » L'été précédent, Bourgault avait d'ailleurs remplacé l'animatrice au micro de l'émission *Touche-à-tout*.

Bourgault n'a pas obtenu sans peine l'animation d'une toute première émission solo en haute saison. À CKAC, certains le craignent comme la peste. La direction ne souhaite surtout pas que Bourgault traite d'indépendance ou de sexualité ! « En fait, tout ce qui pouvait se situer entre ces deux pôles, plus ou moins dans une perspective de gauche, inquiétait la station, expliquera Michel F. Côté. Je passais mon temps à me le faire rappeler. Il était interdit à Bourgault de traiter de politique. La direction passait d'ailleurs plus de temps à discuter de ce que Bourgault ne pouvait pas dire que ce dont il traitait dans les faits... Mais, bien sûr, Bourgault passait son temps à franchir les interdits, tout en sachant très bien jusqu'où aller. » C'est à Luc Harvey, directeur de la programmation, que revient la tâche de voir au respect de ces règles érigées en principes absolus par Marc Blondeau, directeur de l'information, et son adjoint, André Pratte, qui deviendra plus tard une figure d'importance au quotidien *La Presse*. La politique « n'est pas dans le mandat de l'émission », explique Harvey en entrevue avec Louise Cousineau...

Bourgault comprend le message. En entrevue pour la promotion de son émission, il laisse tout bonnement entendre qu'il s'est assagi, qu'il est beaucoup moins méchant et mordant qu'il l'a été...

Mais cela trompe-t-il quelqu'un, surtout avec la précision qu'il offre tout de suite aux journalistes ? « D'abord, confie-t-il à Louise Cousineau de *La Presse*, j'ai envie d'être plus doux, et ensuite, à CKAC, je n'ai pas le choix. » Il n'a pas le choix : le message est clair. Les auditeurs savent à quoi s'en tenir, tout en étant bien conscients que Bourgault demeure Bourgault.

1984. Bourgault reçoit au champagne son très bon ami Jean-Pierre Desaulniers dans le cadre de son émission sur les ondes de CKAC.

L'émission, d'une durée de trois heures, est structurée à la manière d'un magazine. Elle débute toujours par un billet sur l'actualité livré par Bourgault. Mais cette première partie s'attarde surtout à la mode, féminine et masculine, à la décoration, au jardinage, aux voyages... Des chroniques et des commentaires ponctuent le rythme de la première comme de la dernière heure, laquelle réserve aussi une place à la lecture d'extraits de livres et à un courrier des auditeurs. En plein cœur de l'émission, tout au long de la deuxième heure, on trouve une longue entrevue réalisée par Bourgault avec diverses personnalités.

Pour assurer son plaisir, Bourgault n'hésite pas à dépenser lui-même au profit de son émission. Il donne de l'argent à son recherchiste afin que celui-ci achète une excellente bouteille de sauternes lors du passage en studio du chef d'orchestre Charles Dutoit. Lorsque son collègue et excellent ami Jean-Pierre Desaulniers est de passage à son tour, le champagne Moët & Chandon coule à flots. Pour préparer ses émissions, Bourgault et son recherchiste fréquentent les meilleurs restaurants de la ville. Et c'est toujours Bourgault qui paye la note.

Bourgault a su convaincre la direction de la station qu'à la radio, la parole a aussi sa place en soirée. Le contenu musical de l'émission est donc plus limité que jamais en regard de ce qui est proposé à d'autres enseignes. Avec Bourgault, on parle! La façon de faire de l'émission est d'ailleurs en bonne partie inspirée par le style de Suzanne Lévesque, qui ouvre la journée avec un magazine obtenant un franc succès.

Au cours de cette décennie assez sombre qui marque l'après-référendum, Bourgault se montre moins intéressé que jamais par la politique nationale. Bien sûr, il l'observe toujours. Il ne se passe pas une semaine sans qu'il ne décoche, en privé, un trait empoisonné contre René Lévesque. Mais il s'intéresse surtout plus que jamais à la politique internationale. Toujours attiré par les grandes personnalités, il obtient même en 1985, pour *La Belle vie*, une longue entrevue exclusive avec Yitzhak Shamir, l'ancien premier ministre israélien alors en visite à Montréal. L'homme d'État loge au Ritz Carlton. Bourgault s'y présente accompagné de son recherchiste, Michel F. Côté, qui agit alors comme preneur de son. Les deux hommes sont attendus par une meute d'hommes en armes, ce qui n'empêche pas Bourgault de manifester en entrevue, sur un ton tout de même cordial, son vif désaccord avec la politique de l'homme d'État[15].

Depuis nombre d'années, Bourgault s'intéresse de près à la question du Moyen-Orient. Sensible à la situation des Palestiniens, il se rend même en Israël pour essayer de mieux comprendre les affrontements qui se déroulent sur ce minuscule territoire, où l'État hébreu plante un arbre en son honneur. À Montréal, même s'il est souvent très critique à l'égard de la politique de l'État israélien, le consul mange dès lors avec lui au moins une fois par année[16].

L'émission *La Belle vie* s'arrête en 1985, après six mois d'antenne. Durant cet intervalle, Bourgault s'est absenté à quelques reprises pour des voyages, notamment à Rome, et pour la présentation de quelques conférences, ici et là. Sa saison radiophonique terminée, il retourne comme prévu enseigner à l'université.

À l'UQAM, il remarque alors une grande et solide étudiante dotée d'un esprit vif et d'une langue bien pendue : Marie-France Bazzo. Elle ne sait pas encore ce que sa carrière devra à Bourgault. Et lui, surtout, ne sait pas qu'elle jouera aussi un rôle déterminant durant les dernières années de sa vie.

Jeune, fougueuse, énergique et déterminée, Marie-France Bazzo admire, tout comme son mentor, le style unique de Suzanne Lévesque. Contrairement à ce qu'on a souvent répété, Marie-France Bazzo n'a jamais été étudiante de Bourgault. Elle a échappé – « heureusement », dira-t-elle ! – au département de communications de l'université. Mais Bourgault et elle n'en font pas moins connaissance à l'UQAM. À l'âge de 24 ans, grâce à son protecteur et à sa très grande surprise, elle fait son entrée à Radio-Canada.

À compter de 1986, Bourgault anime avec Marie-France Bazzo l'émission *Plaisirs*. Il la chaperonne pour ses premières entrevues et se lie alors réellement d'amitié avec elle[17]. Au fond, *Plaisirs* est un calque à peine fardé de *La Belle vie*. L'émission s'attache à l'air du temps des années 1980. On y parle de vins, de tendances, de mode, de phénomènes culturels et on y commente, à la manière de Bourgault, l'actualité.

Il s'y révèle parfois de façon inattendue, dans un humour grinçant, par exemple au sujet du télé-évangéliste Pierre Lacroix auquel on reproche des actes de grossière indécence envers au moins un jeune garçon. « S'il est vrai qu'il a commis les actes qu'on lui reproche, lance Bourgault sur un ton grave, il devra en répondre devant la justice. Mais si ce n'est pas vrai, il ne sait pas ce qu'il manque ! » Bourgault sera lui-même accusé plus tard pour certains de ses actes, mais l'affaire se révélera sans suite, au plus grand soulagement de ses amis autant que de lui-même, tout à fait affligé par ce coup de massue.

Plaisirs accueille des invités issus de tous les horizons, dans une perspective résolument hédoniste. L'émission, diffusée la fin de semaine, durera deux ans.

Avec Marie-France Bazzo pour la promotion
de l'émission Plaisirs, *à l'automne 1987.*

Comme à *La Belle vie*, on accorde une place au courrier des
auditeurs. Bourgault évoque même, assez librement, quelques-uns
de ses souvenirs d'enfance à l'émission, pour une très rare fois en

public, après avoir reçu un jour une lettre de Daniel Rousseau, un auditeur habitant le village de son enfance qu'on a tout de suite décidé d'inviter en ondes.

À l'université, il sert une bonne dose de politique internationale à ses étudiants à l'aide des journaux. Il souhaite attirer leur regard sur autre chose qu'un univers immédiat, dont il se désole sans cesse de l'étroitesse. Bourgault trouve en particulier que les jeunes filles, confortées dans leurs habitudes de pensée par tout un système social étouffant, manquent de vigueur intellectuelle. Aux yeux de certains, il est tout simplement un peu misogyne.

Sur les questions internationales, son point de vue surprend parfois. En 1986, il insiste par exemple, dans le cadre de l'émission *Écran témoin* à l'antenne de Radio-Canada, sur l'importance de mener une vive lutte contre la drogue aux États-Unis, lui qui pourtant depuis des années, sans le cacher, est un consommateur de drogues douces [18] ! À Radio-Canada toujours, il se permet de déborder largement du cadre national auquel la vie politique l'a longtemps confiné. Il parle alors aussi bien de l'attentat terroriste contre un avion de la TWA que de l'aide militaire américaine accordée aux rebelles angolais...

À l'université, avec les étudiants, il lui arrive à l'occasion d'être très dur. Il croit nécessaire de dire leurs quatre vérités aux jeunes gens, sans toujours les ménager pour ce faire. « Un jour, à l'université, expliquera-t-il, je dois dire à une femme de 27 ans qui se dirige en journalisme qu'elle ne sait pas écrire, absolument pas, et qu'elle doit retourner au primaire ou s'orienter autrement. Elle sort de mon bureau en pleurant. Je la revois la semaine suivante et elle me dit : "Je le savais, mais vous êtes le premier à me le dire" [19]. » En fait, Bourgault aura des propos semblables pour plusieurs étudiants qu'il invite tout simplement à quitter son cours, sans aucun ménagement.

Dans sa vie même, Bourgault donne alors l'impression de devenir plus léger que jamais. Il se fait volontiers le serviteur éphémère de pseudo-événements dont la futilité même se perd dans l'inflation de leur remplacement précipité par d'autres pseudo-événements en tout point semblables aux précédents. Bourgault accepte ainsi de participer à nombre d'émissions de variétés où un invité chasse l'autre à un rythme affolant. De jeux télévisés un peu bouffons jusqu'à des émissions sur la décoration intérieure animées par une ancienne reine du burlesque, Dominique Michel, on le voit partout. Évidemment, ses passages à la télévision lui sont payés. Et comme l'argent continue plus que jamais à lui brûler les doigts, mieux vaut pour lui, semble-t-il, prendre tous les dollars qui passent à portée de sa main.

Si l'envie de batailler sur le terrain politique se tarit, l'envie d'écrire des chansons, quant à elle, refait surface. En 1986, il lui prend l'idée d'écrire une nouvelle chanson pour Robert Charlebois. Loin des brumes du rock et des mouvements musicaux alternatifs californiens ayant fait sa gloire à ses débuts, celui que l'on surnomme Garou nage alors dans un univers musical inspiré par les rythmes francs et secs des Caraïbes. Il joue avec Jean-François Fabiano, batteur d'origine franco-guadeloupéenne, et son groupe, le Tropical Rock Band. Charlebois s'aventure même du côté du rap, comme s'il s'agissait d'une avenue possible pour un renouvellement musical cohérent qui se fait fort attendre chez lui, jugent ses critiques.

Bourgault le parolier s'inspire de la catastrophe écologique de Saint-Basile-le-Grand : en banlieue de Montréal, des milliers de vieux pneus entreposés illégalement flambent et laissent appréhender pour bientôt d'autres catastrophes écologiques du même genre où tout le ciel se transformera en un immense corbeau noir et mortel. Bourgault écrit pour Charlebois un long texte intitulé *BPC*, acronyme de biphényle polychloré, ce terrible agent polluant dont on parle alors de plus en plus.

Pour Bourgault, les catastrophes offrent l'occasion de montrer que ce ne sont pas d'invraisemblables héros tel Batman qui pourront régler le sort du monde, mais bien des hommes et des femmes de bonne volonté. « Le texte de Bourgault avait cinq pages, expliquera Charlebois. Je me souviens encore des premières lignes » :

> *Ben oui, j'ai entendu dire*
> *Que BPC ça voulait dire*
> *Batman se pogne le cul*
> *Batman se pogne le cul*

Fa' que j'ai été voir Batman
Pis j'y ai demandé
Pourquoi tu te pognes le cul,
Pis tu nous laisses tomber ?

Charlebois accepte volontiers la chanson. « Je la chantais sur scène au Club Soda, en rap. Mais je ne l'ai jamais trouvée assez bonne pour l'enregistrer. Et le rap est un genre qui ne me convenait pas du tout. Bourgault lui-même était venu l'entendre et il m'avait dit : "On se plante. Ça ne vaut pas la peine de s'acharner." »

Bourgault n'écrira plus de chansons. « J'en ai écrit une couple de bonnes, dira-t-il, mais maintenant, je fais des chansons de scout, des chansons de feu de camp. Je suis pire que Michel Rivard ! C'est plein de bons sentiments, gai-lon-la [20]... » Alors fini la chanson ! Il tourne la page et n'en parle plus.

Dans sa vie quotidienne, le plaisir du bon vin prend désormais une place de plus en plus grande. Le vin bu s'attarde, plein de soleil, à son palais. Comme en tout, Bourgault se donne complètement à sa nouvelle passion. Les bonnes bouteilles se succèdent. « Il était capable d'absorber une quantité remarquable d'alcool. C'était presque incroyable, vu sa taille somme toute petite », confie son collaborateur Michel F. Côté [21]. Sa passion pour le vin contribue vite à le mettre dans le rouge.

Le Bourgault des années 1980 idôlatre plus que jamais les joies de la consommation, comme le veut l'époque. Bien que présente auparavant dans sa vie, cette passion de la consommation s'amplifie alors et devient le fait d'un gourmand avide. Il s'agit en son cas d'une version excentrique d'une quête du bonheur, qui se gagne, croit-il, par la satisfaction rapide de toutes les convoitises qu'offrent des espaces de tentation sans cesse nouveaux. Ces joies finissent, dans cette douceureuse domination des âmes qui en fait la force, par entraver quelque peu son sens critique en certains domaines. Évidemment, le capitalisme n'a plus à recourir à la force pour s'imposer quand il arrive ainsi à bercer même un Pierre Bourgault de ses illusions les plus légères !

Dans ces années-là, expliquera Guy Boucher, Bourgault recrée peu à peu autour de lui un nouvel univers, une fois de plus. « À partir de ce moment, il s'est vraiment refait, encore une fois. »

Il s'établit un nouveau réseau, un nouveau cercle dans lequel il ajoute de nouvelles spirales à sa vie déjà tumultueuse. Comme toujours, il continue de mener une vie compartimentée où bien des gens ne se rencontrent qu'à travers sa seule personne.

Plusieurs de ses anciens amis considèrent qu'il change alors beaucoup et pas forcément pour le mieux. Louise Latraverse, amie intime et de très longue date, trouve qu'il se préoccupe soudain beaucoup du pouvoir de l'argent et de certains de ses signes ostentatoires, tels les champagnes, les vins, le foie gras et le caviar [22]. Ce sont pourtant des choses qui ne le touchaient pas auparavant, du moins jamais d'aussi près. Un autre vieil ami, Jean Décarie, ne le voit plus ou presque dès lors, tant il ne le comprend plus. Guy Joron, entre autres, se trouve dans la même situation. Il observe, à la suite d'une dernière rencontre qui prend l'allure d'un interminable monologue de Bourgault, que rien ne semble plus le passionner autant que lui-même...

Il se montre désormais captivé par l'allure des carrosseries d'automobile. Dans les années 1970, alors qu'il ne savait pas même conduire, il avait acheté son premier véhicule à la suite d'un coup de foudre au Salon de l'auto de Montréal. Mais c'était alors plus au bénéfice d'un amant, qui lui avait aussi servi un temps de chauffeur, que de lui-même... Il s'était d'ailleurs bien vite lassé de ce monstre d'acier qui avait tant besoin d'autres hommes que lui pour se déplacer. Il avait donc vendu son véhicule et avait recommencé alors à se déplacer à pied, en taxi et parfois en métro. Mais, à l'âge de 54 ans, il apprend finalement à conduire, tandis que les cyclistes, eux, apprennent à le détester autant qu'il les déteste. À cet égard, ses sentiments sont plus complexes que ne le laissent percevoir à l'occasion ses coups de gueule en public contre le vélo. Pour résumer au mieux sa pensée, citons-le : « Je suis contre l'automobile et pour l'automobiliste. Je suis pour le vélo et contre les cyclistes [23]. »

Durant les années 1990, lui qui n'avait auparavant jamais estimé ni nécessaire ni souhaitable de se passionner pour une voiture en change désormais jusqu'à trois fois la même année ! Aux élèves et aux étudiants qu'il rencontre volontiers dans les écoles secondaires ou les collèges, il sent le besoin de leur parler du bonheur de la conduite automobile, allant même dans certains cas jusqu'à montrer sa Subaru sport ou ses autres voitures comme de véritables bijoux contemporains dignes de la meilleure attention.

Bourgault est sous l'empire d'une évidente dépendance matérielle dont la voiture n'est qu'une des expressions les plus manifestes. Le tourbillon de la consommation le fascine et l'étourdit. Plus que jamais, sa passion matérialiste semble sans fond. Les parures, les vêtements, le parfum, les repas gastronomiques, la verrerie, les meubles de designers ou de maisons bien établies, tout cela apparaît, d'une part, comme le reflet d'un gouffre dont Bourgault a toujours voulu explorer tous les recoins : la liberté humaine ; mais c'est aussi, d'autre part, une incroyable façon de s'étourdir lui-même pour oublier des motivations profondes muselées par la vie, notamment sur les plans politique et amoureux.

Dans ce monde gouverné par l'argent où il plonge à fond, il pense vraisemblablement trouver un règne humain plus grand où son autorité, bien que parfaitement sans conséquence, s'avérerait pour une fois tout à fait reconnue socialement.

Alors qu'il a toujours vécu à la ville, là où il trouve sa raison d'être depuis les années 1950, il part soudain vivre à la campagne, à Saint-David-de-Yamaska, dans une jolie maison de *gentleman farmer* au toit de tôle et au déclin de bois soigneusement coloré, tout en conservant son appartement montréalais.

L'affection des gens de la ville pour la campagne, conditionnée après la Seconde Guerre mondiale par une nouvelle époque liée à la consommation de l'espace, entraîne aussi une consommation du transport qui, pour citer Aldous Huxley, n'est pas seulement fondée sur « une simple affection pour les primevères et les paysages ». Une passion pour la campagne, combinée à un amour inaltérable de la ville, conduit en fait à l'acquisition de nombre d'objets pour vivre indifféremment en un lieu ou l'autre, comme si les commodités de chaque endroit devaient être à peu près interchangeables dans la vie moderne. Les mêmes appareils électroménagers, un mobilier aussi imposant, une décoration tout aussi exigeante, bref bien des besoins qui finissent par ne produire qu'une impression d'indistinction relative d'un lieu par rapport l'autre.

Cette vie où tout paraît s'être dédoublé entraîne une hausse de la consommation d'objets manufacturés aussi bien que du transport. La campagne devient alors un produit de plus que l'on se paye, avec un point de vue de citadin projeté sur une plus vaste surface.

Il faut compter chez Bourgault avec sa passion dévorante pour les fleurs, véritable manne pour les propriétaires de pépinière. Il pratique depuis des années l'horticulture dans de petits jardins d'arrière-cour montréalais. Cette passion, confinée depuis presque toujours à des espaces réduits, s'épanouit dans toute la démesure dont il est capable à Saint-David-de-Yamaska. Des fleurs et encore des fleurs, partout, pour toutes les périodes de la belle saison ! Comme s'il était dans la nature même d'un coin de campagne perdu de fleurir autant et à tout vent !

Bourgault jouit de sa campagne, mais il vit dans ses verdures bien taillées avec une mentalité d'homme pour qui le grand air n'est au fond qu'un théâtre plus vaste pour donner libre cours, parmi le chant réjoui des cigales et le gazouillis des oiseaux, à cette expansion d'un univers matériel qui constitue alors le véhicule principal de sa recherche du bonheur. Sa « belle vie » apparaît en fait bien compliquée.

Pour ceux qui le connaissaient auparavant, cette transition très rapide vers la campagne a de quoi surprendre. Pierre Bourgault aurait en effet bien pu s'attribuer jusque-là cette phrase où Sacha Guitry affirmait, avec un léger sourire, aimer tellement la campagne qu'il ne s'expliquait pas pourquoi on n'y construisait pas de grandes villes !

À peine quelques années avant cette surprenante évolution champêtre, Bourgault répétait d'ailleurs qu'il n'éprouvait pas la moindre « envie d'avoir une maison à la campagne ». Cet homme du macadam, qui va jusqu'à faire chanter son plaisir d'urbain par Steve Fiset, affirme même plus d'une fois qu'il s'ennuie lorsqu'il se trouve trop longtemps hors de la métropole québécoise.

Mais voilà bientôt Bourgault épris à tel point de son refuge à Saint-David-de-Yamaska qu'il considère même qu'« il y a trop de citadins à la campagne et trop de campagnards à la ville [24] ! »

Est-il bien certain d'être lui-même autre chose qu'un citadin qui se joue une comédie champêtre entre des plates-bandes touffues où dominent les marguerites colorées ?

La campagne de Bourgault n'existe qu'au profit d'un remarquable effort pour dominer la nature. L'intellectuel s'investit physiquement à fond pour transformer les environs de sa maison en un univers végétal parfaitement structuré. Un étang artificiel, auquel on accède par une passerelle de bois fabriquée de ses mains, est préservé du regard par de grands cèdres savamment ordonnés qui lui doivent leur emplacement. Lorsqu'il est question d'arbres, Pierre Bourgault voit d'ailleurs plus grand que nature. Il plante et fait planter chez lui des dizaines de conifères et de feuillus d'une taille déjà fort appréciable. Vu son âge, il considère tout simplement qu'il n'a pas de temps à perdre en repiquant de simples pousses comme tout le monde ! Il veut voir ses arbres adultes avant de mourir ! Cela coûtera donc ce que ça coûtera... À l'arrière de sa maison de campagne, un grand patio donne sur une piscine hors terre comme on en trouve tant et tant dans les banlieues de Montréal.

Il vit, comme toujours, en compagnie de ses animaux. Bito, son fidèle berger allemand pas très propre, semble s'accommoder fort bien de la présence d'un gros chat ainsi que de plusieurs oies blanches qui se dandinent au soleil. Il garde près de lui cet animal presque en tout temps, et le considère avec obstination comme le meilleur chien du monde. À table, expliquera Francine Chaloult, cela devenait impossible. Même en visite chez des amis, le chien mange la même chose que lui, en même temps, souvent à la table même, au mépris de l'inconfort que cela cause aux autres invités... Bito est l'objet de prises de bec épiques qui révèlent encore et toujours à quel point Bourgault peut se montrer soupe au lait : grands départs précipités et théâtraux, bouderies, engueulades ; tout y passe.

« Un jour, pour avoir une soirée tranquille à la campagne, j'ai discrètement donné un cachet pour dormir à Bito sitôt qu'il est arrivé à la maison, racontera Francine Chaloult. On ne l'a plus vu ni entendu [25]... »

S'il va à la campagne chez des amis pour quelques jours, Bourgault arrive les bras chargés de bouteilles de vin, de cadeaux et d'attentions pour chacun. Pour lui, il n'a pas de chemise ou de pantalon de rechange, pas même une brosse à dents. Il dort avec son chien qui, n'ayant à peu près jamais été brossé, dégage l'odeur forte de sa race. L'odeur finit vite par tout imprégner autour de lui, bien naturellement.

Le 16 mai 1986, en entrevue à la campagne, avec son chien Bito.

C'est Bito, ce gros chien mal élevé mais visiblement inoffensif, habitué comme pas un de paraître au petit écran, que Lysiane Gagnon, ancienne militante du RIN devenue peu à peu farouchement fédéraliste à *La Presse*, décrit un jour comme une bête féroce, propre à ajouter à l'inquiétude que suscitent chez elle les élans politiques passionnés du tribun. Que répondre à cela ? Bourgault laisse le chien s'en charger lui-même en lui prêtant sa plume ! Ce texte sera évidemment refusé par *La Presse*, bien qu'il ne manque ni de style, ni d'humour. C'est *Le Devoir* qui en publiera des extraits, avant que le texte ne paraisse plus tard dans un de ses recueils : « Évidemment, je ne suis qu'un chien, écrit Bito-Bourgault, mais on m'a dit qu'il vous arrivait de traiter les humains de la même façon. [...] Mes amis, eux, savent que je suis un bon chien et je n'en veux à personne. C'est bien servilement que je vous lèche la main en espérant que vous n'en profiterez pas pour me botter le cul. »

Après avoir connu à la ville la passion pour à peu près tous les animaux possibles, le Bourgault de la campagne s'intéresse aux chevaux. « Un de ses chums aimait les chevaux, explique Guy Boucher. Pierre s'y est intéressé lui aussi, par la force des choses, et pour la première fois [26]. » Il en achète trois. Ce ne sont pas des bêtes de grand luxe, loin de là. Un simple poney, un petit cheval canadien et un *quarter horse* un peu rétif.

Lorsqu'on dit alors dans les médias qu'il possède des chevaux, on le croit devenu riche. Mais il n'y a pourtant pas de quoi parader avec des bêtes pareilles, toutes sorties d'un fond de pacage.

Son amant du moment, Malec Rousseau, n'est pas un garçon bien facile. Malec n'a pas même 20 ans lorsque Bourgault fait sa connaissance. Il n'a pas terminé ses études secondaires. Il n'y parvient, sans enthousiasme, qu'avec les encouragements et l'insistance de Bourgault. Il aime faire la fête. Il consomme beaucoup de cocaïne, tout en ayant l'intelligence de le cacher le plus possible. Il n'a pas d'emploi, sinon celui de *dealer* occasionnel. Bourgault l'entretient, comme il l'a fait pour d'autres avant lui.

> Quand Malec faisait la fête, expliquera son meilleur ami, il s'arrangeait pour ne pas être avec Pierre. Je l'ai vu, en une fin de semaine, prendre 14 grammes de coke. Il était tellement défoncé que, debout sur une chaise, il perçait des trous avec un tournevis dans le plafond de l'appartement de Pierre à Montréal, persuadé qu'il se trouvait là des micros cachés ! Il perdait de plus en plus la tête [27].

L'amant de Bourgault coûte cher, très cher. Les canassons et les fleurs, en comparaison, sont bien peu de choses.

Un jour, pour avoir mal maîtrisé son *quarter horse*, Bourgault mord la poussière, se blesse et souffrira pendant des semaines des suites de sa vilaine chute.

Et la politique ? Depuis le retour de Parizeau aux affaires, de rares engagements sur le terrain politique ont à nouveau ponctué sa vie. En octobre 1988, il accepte notamment de prononcer un discours à l'occasion d'un colloque des jeunes péquistes. Il parle de l'indépendance, encore une fois, comme d'un rêve à atteindre. « Aujourd'hui, quand je contemple ce rêve-là, je m'aperçois qu'il n'a pas vieilli. Si nous avons le courage d'aller jusqu'au bout, très bientôt, nos rêves deviendront réalité. Et ça s'appellera un Québec indépendant et libre. »

Fouettés par la parfaite maîtrise de l'argumentation de Bourgault, les jeunes militants péquistes l'applaudissent à tout rompre en scandant « Bourgault, Bourgault, Bourgault ». Son étoile brille toujours.

Du référendum de 1980 jusqu'à sa mort, Bourgault maniera très souvent dans ses discours ce thème du rêve à réaliser, au point d'en faire une sorte de canevas auquel il greffe des éléments circonstanciels qui donnent l'illusion de nouveaux discours.

Après la mort de Lévesque, sa présence au PQ n'est plus considérée comme celle d'un pestiféré. À l'automne 1988, le nouveau PQ dirigé par Parizeau célèbre même le vingtième anniversaire de la fondation du MSA par la diffusion d'une vidéo devant le parterre de son congrès où Bourgault apparaît dans le rôle d'un précurseur important, chose tout à fait impensable à l'époque de Lévesque !

Parizeau prône la souveraineté. Il laisse tomber le concept de souveraineté-association. L'association si prisée par Lévesque, il juge qu'elle sera négociée de toute façon. Parizeau annonce en plus que, une fois élu, son gouvernement enclenchera immédiatement un processus d'accès à l'indépendance qui conduira à la tenue d'un nouveau référendum. Il n'en faut pas plus pour que, cette année-là, Pierre Bourgault reprenne sa carte de membre du parti. Il n'était plus membre du PQ depuis 1974. Le nouveau discours du parti lui plaît : c'est pour l'essentiel celui qu'il a toujours tenu lui-même !

En 1990, à cause de sa chute de cheval, il doit décliner l'offre qu'on lui a faite de prononcer quelques discours pour le Parti québécois, notamment en compagnie de Jacques Parizeau. L'invitation lui est lancée lors d'un repas qu'il prend avec le nouveau chef du PQ au restaurant habituel de celui-ci, près de l'Université de Montréal. Bourgault accepte, flatté de la proposition. Mais, alors que survient ce coup de fortune tant espéré d'un retour en politique, le voilà forcé de demeurer sur la touche à cause d'une blessure toute bête.

Bourgault entreprend alors d'écrire, à l'invitation que lui fait l'éditeur Alain Stanké, une sorte de réplique à *Attendez que je me souvienne*, les mémoires de René Lévesque.

En tant qu'éditeur, Stanké a le sens de l'événement. Grand gaillard, costaud, les sourcils toujours en bataille, il a du flair, comme on dit dans son métier. Fédéraliste lui-même, il n'hésite cependant pas à publier des indépendantistes lorsqu'il anticipe la bonne affaire. Le fait que Bourgault et lui se connaissent de longue date, depuis l'époque où, dans les années 1960, ils se croisaient à *La Presse*, facilite le contact entre les deux hommes.

En échange d'un à-valoir généreux, Bourgault accepte donc de se lancer dans la rédaction d'un pamphlet dont le titre, fort brillant, est déjà toute une réplique en soi : *Moi, je m'en souviens*. Le style de Bourgault est tout entier contenu dans ce titre : des mots très simples mais qui frappent juste.

> C'est Bourgault qui est arrivé un jour avec ce titre, explique Alain Stanké. C'était très efficace. On savait immédiatement de quoi il s'agissait : une solide réplique à Lévesque. J'ai tout suite été conquis par le titre [28].

Le chèque de l'avance a vite fait d'être encaissé et dépensé. Mais le livre, lui, n'arrive pas aussi vite que prévu chez son éditeur...

La responsable des Éditions Stanké, Louise Loiselle, se voit forcée de talonner l'auteur par téléphone. « Au début, il me faisait un peu peur. Je ne le connaissais pas encore. Lorsque je téléphonais, il me répondaità peu près ceci : "J'étais justement en train d'écrire, mais vous m'avez dérangé. Dieu sait maintenant si je vais pouvoir reprendre où j'en étais...". Il était très intimidant, mais j'ai découvert bientôt un être tout à fait charmant [29]. »

Très en retard sur l'échéancier prévu par l'éditeur, le livre finit néanmoins par être publié. Il est dédié à Michel et Simonne Chartrand. Le lancement a lieu à la fin du mois de mai 1989, c'est-à-dire à un moment fort peu propice au succès de ce genre d'ouvrage, même lorsqu'on s'appelle Pierre Bourgault.

Moi, je m'en souviens n'en devient pas moins, et à la vitesse de l'éclair, un succès d'édition à l'échelle du Québec.

À la fin de l'été, Alain Stanké a vendu 26 000 exemplaires de *Moi, je m'en souviens*. Faut-il le rappeler, les essais qui se vendent à plus de 1 000 exemplaires au Québec sont rares. *Moi, je m'en souviens* se trouve tout de suite sur la liste des meilleures ventes, en compagnie d'ouvrages d'un tout autre genre.

En couverture, une photo de Bourgault prise par l'éditeur lui-même, par souci d'économie... Bourgault y apparaît plus pâle que jamais, presque fragile, voire vieux. « À l'époque, affirmera un de ses amis, il n'arrêtait pas de dire à la blague qu'il allait mourir [30]. »

Bourgault profite de la petite boîte de production télévisuelle de Stanké pour faire mousser au maximum la campagne de promotion de son livre. « Nous avions fait tourner à Bourgault de petites capsules pour la télé que nous avons envoyées un peu partout dans les stations régionales, expliquera son éditeur. Dans une émission régionale, cela permettait de faire tout d'un coup apparaître Bourgault... Et il était très bon là-dedans [31]. »

Comme personnage, Bourgault fait tout de même un peu peur à son éditeur, qui s'avoue volontiers plus à son aise dans l'ordinaire d'hommes tels Roch Carrier ou Gérard Pelletier. « Bourgault avait une puissance de conviction terrible. Devant une foule, il pouvait être tout à fait excessif. Il pouvait conduire à des extrémités dont il se surprenait lui-même. Mais j'admirais la totale liberté de cet esprit et son incroyable habileté à argumenter. »

Dans *Moi, je m'en souviens*, le tribun se fait pamphlétaire. Ses phrases sont courtes, sonores, vives et violentes. Le plus souvent, une phrase tient lieu de paragraphe. Bourgault scande ainsi son propos, tout comme lorsqu'il prononce un discours.

Mais, à vrai dire, le livre s'annonce fort mal : « Voici un livre que je n'avais pas envie de faire et que j'ai écrit sans plaisir », explique son auteur. Bourgault dit l'avoir écrit par nécessité. Politique, sûrement, mais aussi financière.

Depuis la défaite amère du référendum de 1980 et surtout depuis 1988, c'est-à-dire dans la foulée des efforts qu'a déployés le gouvernement de Brian Mulroney pour que le Québec réintègre la Constitution canadienne dont il a été exclu, le Canada anglais « exprime avec mépris toute sa hargne et sa grogne contre le Québec », écrit Bourgault. Sensible au triste sort de ses frères hors Québec, il affirme que « les Anglais du Canada feignent d'ignorer le sort qu'ils font subir à leurs minorités françaises pour se pencher avec tendresse sur ces pauvres Anglais du Québec que nous serions en train de martyriser ».

Dans *Moi, je m'en souviens*, Bourgault revient sur l'échec du référendum. Il accuse Lévesque d'avoir démobilisé les militants au lendemain de la défaite plutôt que de les avoir encouragés à continuer la lutte. Pourquoi baisser les bras puisque, après tout, la progression des indépendantistes depuis 1960 est formidable et que la victoire peut encore être préparée pour une prochaine fois?

Bourgault accuse en outre Lévesque de s'être lancé dans une négociation avec le gouvernement fédéral, au nom de sa vague politique « du beau risque », sans avoir arrêté aucune stratégie solide pour défendre le Québec, qui se trouvait alors pourtant en position de faiblesse.

Trudeau a rapatrié la Constitution et a réussi à briser le « front commun » des provinces dont Lévesque et son ministre Claude Morin espéraient tirer profit. Les voilà qui ont déchiré leur chemise en public et manifesté ouvertement, en pure perte, leur réprobation de la stratégie de Trudeau, qui a conduit à l'adoption par la reine, le 17 avril 1982, d'une nouvelle Constitution. Lévesque, estime Bourgault, s'en était une fois de plus remis entièrement à son instinct. Et il a tout perdu.

Moi, je m'en souviens s'en prend rageusement et en détail aux façons de faire de Lévesque. Le livre dénonce sa façon de manipuler ou de désavouer les congrès du PQ quand bon lui semble, pour n'en faire qu'à sa tête. Il raille les menaces de démission à répétition du fondateur du Parti québécois et sa volonté caricaturale de vouloir sans cesse se faire plébisciter par son propre parti.

L'ancien président du RIN règle aussi ses comptes avec la stratégie étapiste de Claude Morin : « Pour ma part, j'ai toujours cru qu'il n'y avait qu'une stratégie : parler d'indépendance en tous lieux et en tout temps jusqu'à avoir convaincu la majorité de ses vertus, prendre le pouvoir et déclarer l'indépendance. »

En 1989, Bourgault n'est toujours pas convaincu de la nécessité de tenir un référendum pour accéder à l'indépendance. Pour lui, une simple élection référendaire suffit encore, même s'il a déjà suggéré par le passé des questions pour un éventuel référendum.

En août 1989, la direction de Radio-Canada décide de supprimer l'émission *Plaisirs* qu'il anime avec Marie-France Bazzo. On reproche à Bourgault ni plus ni moins que sa participation à la campagne électorale québécoise dont l'échéance est prévue le 25 septembre. Bourgault a en effet accepté de prononcer quatre discours sur des tribunes du Parti québécois. De toute façon, les discours ne pourront être prononcés à cause de cette blessure qu'a subie Bourgault lors de son accident d'équitation.

La direction de Radio-Canada réintègre Bourgault en pleine saison d'automne, après des élections perdues par le Parti québécois, mais cette fois à titre de chroniqueur à l'émission *Ici comme ailleurs*, animée par Michel Désautels. Jean Desmarais, directeur de la programmation de CBF-690, affirme alors que l'espace intellectuel que couvrira Pierre Bourgault dans sa chronique s'inscrira « dans un champ aussi vaste que *Plaisirs* ».

Les circonstances auront tôt fait de montrer ce qui peut être dit ou non à la radio de nos impôts.

Le 6 décembre, un tueur fou, Marc Lépine, entre en trombe à l'École polytechnique de Montréal. Il est armé. Il tire. En quelques minutes, le tireur abat 14 jeunes femmes avant de s'enlever la vie.

Son geste est prémédité. Dans une courte lettre, le meurtrier explique qu'il en a assez de voir sa vie entravée par des féministes.

Ses actes délirants saisissent d'effroi la population. Dans les jours et les mois qui suivent, les commentaires sur cet événement tragique seront innombrables.

Deux jours après la tuerie, à l'émission *Ici comme ailleurs*, Pierre Bourgault est invité par Michel Désautels à commenter cette triste histoire.

> Je n'ai aucun commentaire, répond Bourgault. Tout ce que je ressens, c'est de la peine. Avec ce qui s'est passé ces derniers jours, c'est encore cela que je ressens le mieux : c'est de la peine. Et je trouve que *Le Journal de Montréal* de ce matin a fait un grand titre en première page qui résume bien ce que je ressens et ce que probablement beaucoup de gens ressentent : « Le Québec blessé ». On a l'impression d'une immense blessure qui mettra beaucoup de temps à se refermer.

Mais il n'en propose pas moins une interprétation sensiblement différente de celle de la plupart des critiques de ce geste, qui assimilent à peu près tous l'acte de Lépine à un symbole d'une société où la femme est sans cesse écrasée par tous.

Bourgault estime bien sûr, comme tout le monde, qu'il s'agit d'un crime sexiste avoué dont le caractère inédit et horrifiant donne valeur d'exemple. « C'est un crime qui peut avoir une valeur exemplaire, c'est-à-dire qu'après des millénaires il y a finalement un homme qui avoue qu'il hait les femmes... »

Ces femmes ont été tuées parce qu'elles étaient femmes et que leurs efforts universitaires, dans un milieu traditionnellement réservé aux hommes, illustrent une volonté d'émancipation. La liste des violences faites aux femmes s'avère longue, rappelle Bourgault : l'assassinat des bébés filles en Chine ; l'excision et autres mutilations de toute sorte pratiquées contre les femmes dans certains pays ; l'exclusion des femmes des fonctions réservées aux hommes, notamment dans certaines Églises ; le port du tchador ; l'existence des harems ; l'interdiction de voter imposée aux femmes ; la prostitution obligatoire... Dans le geste dramatique de Marc Lépine, Bourgault voit l'inavouable et l'inavoué apparaître avec une totale transparence.

Mais de là à se sentir tous coupables de ce geste d'un homme fou et isolé, comme le proposent la plupart des interprétations, tout de même pas. Tout comme Bourgault ne se sentait pas personnellement coupable des gestes violents du FLQ, il refuse de se voir affliger à plus forte raison encore du poids d'un pauvre dément. « On doit refuser de se laisser culpabiliser par le geste d'un homme isolé. » Bourgault insiste pour expliquer qu'il ne se sent pas du tout coupable, mais bien responsable.

Toujours prêt à tirer des exemples du quotidien, il rappelle un slogan affiché sur les murs de l'UQAM : « De la blague sexiste au génocide, il n'y a qu'un pas ». Faux, clâme-t-il, et dangereux ! Le dialogue est nécessaire, cas par cas. Les discours généralisateurs ne conduisent à rien, sinon à nier le fait que les hommes et les femmes partagent la même condition humaine.

Son intervention sur les meurtres à l'École polytechnique suscite un intérêt tel chez les auditeurs que Radio-Canada la rediffuse deux fois. À la suite de cette chronique, plusieurs dizaines d'appels font « tressaillir la tour de Radio-Canada » et paralysent le système téléphonique, déclare l'animateur Michel Désautels, qui propose aux auditeurs d'écrire à la radio d'État pour obtenir une copie des propos de son chroniqueur vedette [32].

Cinq jours plus tard, toujours à l'émission *Ici comme ailleurs*, Bourgault livre un second billet consacré au drame de l'École polytechnique.

D'entrée de jeu, il annonce à l'animateur Michel Désautels et aux auditeurs ce qui les attend : « Je vais perdre ma *job* encore aujourd'hui. »

Il ne faut pas bien longtemps pour le croire...

Bourgault sort de ses gonds. Les funérailles des victimes de l'École polytechnique, célébrées deux jours plus tôt à la basilique Notre-Dame, ont été orchestrées autour d'une cérémonie qui l'a « rendu complètement furieux », dit-il.

Dans sa sortie d'un peu moins de dix minutes, Pierre Bourgault tombe à bras raccourcis sur l'Église en général et sur Mgr Paul Grégoire en particulier. Il accuse celui-ci d'avoir tenu des « propos lénifiants » dans son homélie vu les circonstances. « S'il avait eu la moindre décence, dit Bourgault au sujet du prélat, il se serait écarté et aurait laissé une femme parler à sa place et dire des choses sensées. Au lieu de dire des insignifiances comme il l'a fait. » Le ton est donné.

Pierre Bourgault s'adresse ensuite directement aux femmes :

> Dans les années qui viennent, l'Église va s'ouvrir aux femmes pour la simple raison que les hommes n'en

veulent plus. N'y allez pas ! Refusez de prendre les *jobs* que les hommes ne veulent plus ! […] Si vous avez à choisir entre le Carmel et Polytechnique, allez à Polytechnique ! Voilà…

Sa bouillante sortie est suivie de plusieurs secondes de silence. L'animateur Michel Désautels met visiblement un peu de temps à retomber sur ses jambes et à reprendre contenance. « Hum… C'est bien… », dit-il. Puis il lance à Bourgault, qu'il connaît depuis des années : « On s'entend pour dire qu'on tourne la page là-dessus pour cette semaine ? » Mais il n'y aura pas de semaine suivante : la réalisatrice Louise Carrière lui téléphone, comme il l'avait prévu, pour le remercier de ses services !

Son passage au microphone d'*Ici comme ailleurs* n'a duré tout au plus que dix minutes, mais la direction de Radio-Canada éprouve, encore une fois, le besoin de juguler, même après coup, de telles paroles. Pour avoir critiqué vertement la très sainte mère l'Église, Bourgault est congédié pour une seconde fois du réseau public en tout juste quatre mois !

La participation de Bourgault à l'émission *Ici comme ailleurs*, débutée le 1er novembre, aura duré en tout sept semaines.

Lorsqu'il parle de sa peine et de celle que ressent la population en général, les propos de Bourgault sont acceptés. Mais lorsqu'il conspue l'hypocrisie qui se maquille de cette même peine, ses propos ne passent plus.

Pourtant, a-t-il tort de dire que lors des funérailles des étudiantes, une Église « sexiste et misogyne, qui refuse tout accès aux femmes depuis 2 000 ans, a sans aucune gêne parlé », encore une fois, à leur place ?

Bourgault a raison. Il n'en perd pas moins son travail de chroniqueur. Et peu de gens montent aux barricades pour le défendre. « N'oublie jamais, dit-il à Franco Nuovo dans un autre moment difficile, que lorsque tu avances, les gens sont avec toi. Mais lorsque tu avances encore et que tu te retournes, te voilà tout seul [33]. »

Bourgault affirme que Radio-Canada a subi des pressions de l'évêché et de la haute direction de la radio publique. Vrai ou faux ? L'évêché se refuse en tout cas à offrir des commentaires.

Du côté de Radio-Canada, le vice-président, Jean Blais, affirme pour sa part que la décision est en rapport avec le contenu des programmes, purement et simplement. Pour justifier ce départ forcé de Bourgault, Jean Blais explique tout simplement que sa chronique n'allait pas « dans l'esprit de *Plaisirs* », qui devait, dit-il, inspirer sa participation à *Ici comme ailleurs*. Et puisque le moraliste ne jouit d'aucun contrat, comme la plupart des chroniqueurs de la radio d'État, il est facile de le congédier. « On l'engageait à la pièce, résume Jean Blais à *La Presse*, et on ne l'engagera plus, c'est tout. »

De bonne guerre, Bourgault se permet donc d'en rajouter une couche ! Il trouve « désuète et complètement ridicule » la politique qui veut qu'à Radio-Canada, les questions portant à controverse soient traitées par des invités de l'extérieur et dans les seules émissions d'affaires publiques. « C'est pour ça que c'est si "platte". »

Le recordman des congédiements à Radio-Canada n'en continue pas moins d'observer attentivement le monde politique. Il a recommencé à s'occuper de près, en public, des questions nationales.

Comme nombre d'indépendantistes et de nationalistes québécois, il dénonce les Accords du lac Meech, cet effort mené par le Parti conservateur de Brian Mulroney pour intégrer le Québec dans la Constitution de 1982.

Lorsque le 23 juin 1990, les Accords du lac Meech s'effondrent après avoir été sauvés *in extremis* le 9 juin, l'appui à l'indépendance du Québec atteint des sommets records dans l'opinion publique.

Malgré une déclaration vigoureuse faite à l'Assemblée nationale, qui laisse penser à certains que Robert Bourassa, de nouveau premier ministre, va soudain se transformer en un Charles de Gaulle estival, rien ne bouge au gouvernement tandis que l'enthousiame populaire à l'égard de la souveraineté atteint un sommet. À la fête de la Saint-Jean en 1990, l'appui à la souveraineté du Québec monte soudain à au moins 60 %, estiment les sondeurs.

Une commission d'enquête, la commission Bélanger-Campeau, chargée d'explorer les possibilités de la situation, a permis d'en arriver à l'élaboration d'une loi qui oblige le gouvernement à tenir un référendum à échéance s'il s'avère impossible d'en arriver à s'entendre pour réintégrer le cadre constitutionnel canadien. Mais qu'est-ce que va faire le fédéraliste Bourassa avec des limites pareilles, sinon essayer de les déjouer ?

À mesure que l'été avance, il apparaît de plus en plus clair que Robert Bourassa ne respectera pas la loi que son gouvernement a fait adopter.

À l'Assemblée nationale, un groupe de citoyens dépose une pétition réunissant plusieurs dizaines de milliers de noms. Cette pétition est reçue au mieux comme s'il s'agissait du nouvel annuaire téléphonique local.

De jeunes universitaires venus des quatre coins du Québec, à l'initiative d'une poignée d'étudiants en science politique de l'Université Laval, décident de faire du camping devant le parlement pour « surveiller » le gouvernement Bourassa. L'initiative est vite avalée par l'organisation du Parti québécois, qui brouille alors les cartes même si le sentiment populaire dépasse à l'évidence de beaucoup la simple ligne partisane.

Même les publicités d'annonceurs privés semblent se mêler soudain de politique. Les librairies Garneau annoncent ainsi l'arrivée du nouveau dictionnaire Robert avec un slogan qui ne trompe personne quant à ses intentions politiques : « Enfin un petit Robert sur lequel on peut compter ! »

Tous les caricaturistes représentent Bourassa terriblement voûté ou l'air tristement égaré. Au *Devoir*, le caricaturiste Sauter le présente tel un être sans colonne vertébrale, un lombric monté sur pattes, avachi dans ses savates, en route assez tristement vers une destination que lui seul semble connaître.

Les blagues les plus désobligeantes circulent alors dans la population au sujet de Bourassa. L'une des plus populaires place le premier ministre au beau milieu du désert devant deux verres d'eau, l'un à moitié vide, l'autre à moitié plein. Incapable de choisir entre les deux, le premier ministre se trouve condamné à mourir de soif...

En un mot, Bourassa devient de plus en plus l'objet de railleries publiques ou de graves inquiétudes. Il se compare avantageusement, il est vrai, à l'âne de Buridan. Et il lui ressemble en effet, tant il ne sait de quel côté pencher.

Bourassa, comme à son habitude, laisse faire, attendant que les choses se calment, persuadé qu'il va immanquablement les reprendre en main. La tactique a depuis longtemps fait ses preuves en politique.

Pareille attitude publique, très éloignée du caractère entier de Bourgault, a l'heur de lui déplaire. Malgré une vieille amitié, Bourassa devient alors, plus que jamais, un de ses sujets de dégoût quotidiens.

Dans *Maintenant ou jamais!*, un nouveau pamphlet qu'il rédige à Saint-David-de-Yamaska à l'été et qu'il arrive à lancer en moins de cinq semaines de travail, y compris la composition et l'impression, Bourgault écrit : « Le premier ministre de la province de Québec ne croit pas avoir l'envergure pour devenir le premier ministre d'un pays souverain. Il a raison. » La charge contre Bourassa est totale. Il a l'occasion de devenir un personnage majeur de l'histoire de son pays et il n'est pas même capable de la saisir. L'occasion demeure. Reste donc à forcer Bourassa à tenir la consultation populaire qu'il a promise.

Maintenant ou jamais! est dédié à Jacques Parizeau, qui assiste bien sûr au lancement. Le livre présente sommairement tous les arguments qui doivent, dans le contexte très particulier de l'échec des Accords du lac Meech, mener à l'indépendance. Puisque la situation le commande, Bourgault est favorable désormais à un référendum. Sa question référendaire apparaît toute simple en comparaison de celle que le PQ avait décidé de soumettre à la population en 1980. Elle comporte deux volets. Premièrement, « Voulez-vous que le Québec devienne un pays souverain ? » ; deuxièmement, « Voulez-vous que le Québec souverain soit, dans la mesure du possible, associé économiquement avec le Canada ? »

Livre de conjoncture, rédigé en de très courts chapitres qui font tout juste la taille d'une chronique dans un journal, Bourgault a travaillé vite, très vite. Son éditeur, Alain Sanké, pressé lui aussi, ne s'est même pas donné la peine d'obtenir de nouvelles photos pour la couverture. Afin d'aller plus vite, il réutilise tout simplement une de celles qu'il a prises lui-même pour *Moi, je m'en souviens*.

Par le biais de considérations qui s'appliquent à observer surtout pourquoi les conditions sont à nouveau favorables à la souveraineté, Bourgault déclenche une polémique parce qu'il affirme qu'on pourrait, dans les débuts d'un Québec souverain, songer à réglementer quelque peu l'information. Le paragraphe suivant de Bourgault est interprété ni plus ni moins comme un appel à la censure :

> Comment faire en sorte que la population soit infor-
> mée en tout temps des décisions de son gouverne-
> ment et de l'attitude qu'il serait préférable d'adopter
> en telle ou telle circonstance ? L'État devrait-il « cir-
> conscrire » pour un certain temps les médias d'infor-
> mation ? (J'entends déjà qu'on crie à la dictature, à
> la propagande et à l'asservissement de l'information.
> Je ne suis pas assez naïf pour ne pas voir le danger de
> pareille action mais je ne suis pas assez naïf non plus
> pour ne pas la croire nécessaire en certaines circons-
> tances.)

Une des premières à monter aux barricades est la curieuse Lysiane Gagnon. Dans *La Presse* du 15 novembre 1990, elle écrit : « J'ai dû relire ce paragraphe à deux reprises avant de me résigner à admettre que cet ancien journaliste devenu professeur de com-munications, lui-même victime de diverses censures au cours de sa vie, envisageait en toutes lettres la possibilité qu'un futur gou-vernement péquiste doive suspendre "pour un certain temps" la liberté de presse. » Lysiane Gagnon se désole qu'un homme pareil puisse devenir un des principaux conseillers de Jacques Parizeau.

Bourgault réplique. D'abord, il n'est pas un conseiller spécial. Depuis que Jacques Parizeau est arrivé à la tête du Parti québécois, c'est-à-dire depuis deux ans, Bourgault affirme n'avoir prononcé que deux discours en sa compagnie et ne lui avoir parlé en tout qu'à cinq occasions. Non, plaide-t-il, il n'est pas le conseiller de Jacques Parizeau, bien qu'ils aient de l'estime l'un pour l'autre. Quant à cette phrase au sujet de la liberté de presse, Bourgault estime que la chroniqueuse a écarté « du revers de la main ses scrupules pour tomber aussitôt dans l'emphase outrée de la fille qui a tout compris et à qui on ne la fait pas ». Bourgault plaide qu'il réfléchit tout simplement à ce qui pourrait arriver de pire au Québec et à la façon dont il faudrait réagir. Imaginer le pire n'est pas courant, même si cela est nécessaire. « C'est cela que j'essaie d'imaginer pour éviter que nous soyions pris au dépourvu, démunis et sans défense devant les agressions dont nous pourrions être victimes. Je vous rappelle, madame, qu'il y a une différence entre le totalitarisme érigé en principe et la défense plus ou moins maladroite d'une démocratie assiégée. » Il relativise en plus la notion de liberté de presse, portée comme un flambeau éclairant le monde par bien des journalistes. « Je suis également surpris, écrit-il à Lysiane Gagnon, de la façon désinvolte dont vous traitez de la liberté de presse, comme si en elle résidait le parangon de toutes les vertus et l'achèvement ultime de toutes les libertés. Si précieuse soit-elle, et bien qu'elle soit l'un des apanages de la démocratie, elle n'est pas la vie elle-même et ne saurait en aucun cas lui être substituée. »

Dans toute l'œuvre de Bourgault, c'est vraisemblablement le seul appel à une censure circonstancielle qu'on puisse trouver. D'ailleurs, c'est bien ce même homme qui écrira, deux ans plus tard, dans *Bourgault doux-amer*, toujours aux éditions Stanké, que « dans les sociétés totalitaires, la censure remplace la critique ». Le totalitarisme n'a jamais intéressé Bourgault. Par nature, il est trop libre pour cela.

Ni sa réponse, ni sa propre trajectoire personnelle ne suffisent à faire la preuve de ses intentions à l'égard de la presse. Mais ce petit paragraphe tiré de *Maintenant ou jamais!* lui fera de l'ombre jusqu'à la fin de ses jours. Même Pierre Foglia, peu suspect de jouer la vierge offensée, trouve à redire, du reste 15 jours avant sa consœur : « Hélas, hélas, pas d'erreur possible, c'est bien l'assujettissement de la presse aux raisons supérieures de l'État québécois que suggère Bourgault en cas d'urgence… Il n'avait pas le droit d'écrire ça Pierre Bourgault. » Une grosse connerie, juge-t-il. Mais il ne s'en émeut pas particulièrement. Chacun de nous est sujet à voir de petits fascismes émerger de l'écume de ses passions, dit-il. L'ennui est que Bourgault n'a pas su voir celui-là et lui tordre le cou.

Mais, si on fait comme si ce très court passage du livre n'existait pas, écrit le chroniqueur de *La Presse*, *Maintenant ou jamais* est excellent.

Maintenant ou jamais! est une œuvre lumineuse qui éclaire admirablement les choses. La chose. Pour ceux qui l'appellent de leurs vœux, comme pour ceux qui la craignent ou ceux qui ne savent pas. En dépit des apparences, c'est un petit livre à l'envers de la propagande, parce que c'est un livre qui ne convaincra aucun indécis et raidira peut-être même leurs craintes. C'est un livre comme un grand coup de phare dans les brumes automnales où s'enfonce, de plus en plus floue et frileuse, l'idée d'indépendance. Voilà la Chose, nous dit Bourgault, après l'avoir débusquée. La voyez-vous nettement comme je la vois? En voulez-vous? Non? Très bien. Oui? Alors c'est maintenant ou jamais...

Peu de temps après la sortie de son livre, Bourgault accepte de m'accorder une entrevue à son sujet. Il souffre toujours de sa malencontreuse chute de cheval. Le nerf sciatique est coincé, ou quelque chose du genre. Enfin, il a mal. Il ne bouge plus de son refuge à la campagne. Bourgault fixe lui-même l'heure du rendez-vous téléphonique, puis il remet l'entrevue. Nouveau rendez-vous, donc. Il le déplace encore. Quand je l'ai enfin au bout du fil, l'homme est désagréable à un point qu'il est difficile à imaginer. Cassant, sec, hautain. Puis, la machine se met à tourner dans l'huile. Il parle et il parle...

« Je suis froid et cassant, surtout au téléphone, explique-t-il. Il y a une série de formules de politesse que je n'arrive pas à insérer dans mon vocabulaire [34]. » Plusieurs personnes l'ayant connu de près parlent même d'une certaine arrogance davantage que d'une distance.

Au sujet de son nouveau brûlot de papier, il m'affirme alors en avoir déjà vendu plus de 50 000 exemplaires.

— Vraiment? C'est beaucoup, au Québec, un tirage pareil, voire énorme...

— Oui, vraiment, insiste-t-il. 50 000 copies.

Bourgault ment. À l'exemple de bien des éditeurs qui souhaitent attirer l'attention du public sur un ouvrage, il ne fait pas seulement confondre les livres placés en librairie avec ceux vendus :

il gonfle la vérité. Les chiffres de l'éditeur, auxquels j'ai eu moi-
même accès, montrent qu'il en a vendu au total moins de 15 000.
C'est tout de même déjà fort considérable, assez pour constituer
au Québec un véritable succès d'édition. Pour mieux se mettre en
scène, pour mieux se vendre, Bourgault n'hésitera jamais à inventer
des résultats de vente. Il l'avouera d'ailleurs lui-même plus tard,
dans une chronique [35].

Après avoir reçu les louanges de Pierre Foglia, de Doris Lussier
et de l'écrivain français Yves Navarre, récipiendaire du prix Gon-
court, *Maintenant ou jamais!* suscite l'intérêt au Canada anglais.
L'ouvrage est traduit en vitesse par l'écrivain David Homel. La
version anglaise est publiée en 1991, coiffée d'une courte présentation originale. Ce livre, explique Bourgault, a été écrit au moment
où il présentait une formidable accélération de l'histoire. Un an
a passé. Bourgault dit qu'il a vu juste et que si tout continue sur
cette lancée, il se pourrait bien que les lecteurs du Canada anglais
n'aient pas encore terminé de lire le livre lorsque le Québec sera
devenu indépendant !

Au bout du compte, que faut-il retenir de ce livre de circonstance qu'est *Maintenant ou jamais!* ? L'argumentation générale en
faveur de l'indépendance du Québec ? La conception de la société
et de la politique qu'y exprime Bourgault ? Le dérapage au sujet de
la censure de la presse en temps de crise ? Peut-être le dernier mot
revient-il à son auteur lui-même. Quelques mois avant de mourir,
Bourgault jettera un regard très dur et définitif sur cet ouvrage
issu d'une conjoncture toute particulière : « un livre sans intérêt »,
tranchera-t-il [36].

En 1991, Robert Bourassa continue pour sa part de laisser
traîner les suites des Accords du lac Meech... Pas de référendum,
mais bien d'infinis ballets à la Gil Rémillard et des circonlocutions
innombrables à la Bourassa. Par les chemins des grands détours,
tout aboutit immanquablement à la case de départ. La pression
populaire exercée sur le gouvernement s'amenuise, comme de
raison. Bourassa gagne dans la défaite.

Bourgault est dégoûté à tout point de vue par ce gouvernement.
Il a néanmoins vite la tête ailleurs. L'année 1992 est pour lui,
d'abord et avant tout, celle du cinéma. Il s'agit d'une année

charnière dans sa vie. Le cinéaste Jean-Claude Lauzon, un ancien élève, insiste depuis un moment pour qu'il joue dans *Léolo*, son deuxième long métrage. Lauzon a pensé à son vieux professeur pour interpréter un rôle principal aux côtés de Ginette Reno, avec qui il ne s'entend pourtant pas très bien. Mais le coproducteur français, Jean-François Lepetit, ne souhaite pas y voir Bourgault. Pour commencer, qui est cet homme tout blanc? On pense plutôt à de grands noms, tels Pierre Richard, Jean-Louis Trintignant, Max von Sydow ou Philippe Noiret, afin de justifier la coproduction... Mais Lauzon insiste. Il veut Bourgault. Le coproducteur s'oppose. Têtu comme une mule, Lauzon s'accroche. Est-ce qu'il perdra son financement français s'il choisit Bourgault? Pas forcément, lui répond-on. Alors ce sera Bourgault, dit-il! Et la magie est au rendez-vous, comme il le souhaitait. *Léolo* est lancé à Cannes, au printemps.

Ce n'est pas la première fois que les deux hommes travaillent ensemble. En 1988, Bourgault avait déjà tourné une publicité en hommage à la langue française, sous la direction de Lauzon. La conception de cette publicité par Bourgault est un peu hors norme : il insiste pour tourner celle-ci en une seule prise, sans montage! Après quelques essais, l'affaire est réglée. Bourgault a improvisé tout juste les 30 secondes nécessaires, autour du rapport entre la jeunesse et la langue. Cette publicité, réalisée d'un seul tenant, se mérite un Coq d'or, prix qui récompense chaque année le meilleur exercice publicitaire du genre. Il n'empêche que Radio-Canada refuse alors de la diffuser, arguant qu'il s'agit là d'un produit politique partisan.

Bourgault a d'abord connu Jean-Claude Lauzon à titre de représentant de classe à l'UQAM, dans son cours de communication orale. Dès le premier cours, Lauzon juge que le syllabus du prof Bourgault est trop chargé et tente de monter les autres étudiants contre lui. Il y arrive, jusqu'à ce que Bourgault s'emballe dans un discours qui justifie ses exigences. En gueule, Bourgault est le plus fort. Lauzon l'apprend vite.

Au sujet du cours de Bourgault, Lauzon dira, des années plus tard : « Il nous a fait travailler deux fois plus que tout le monde. C'était le cours le plus exigeant [37]. »

Ce jeune dur, têtu et rebelle, plaît beaucoup au prof de l'UQAM. Les deux hommes nouent peu à peu une solide amitié, ce qui est rare avec les étudiants, observe Bourgault.

Lauzon insiste d'ailleurs pour que son prof regarde ses premiers films, qui sont en fait des devoirs d'étudiant. « Ce n'est pas bon », se fait-il répondre sans hésitation. Le jeune homme reste sans voix. Bourgault ajoute : « Mais il n'en demeure pas moins que tu es un cinéaste. »

Bourgault l'invite à la maison. Devant sa bibliothèque, il lui dit de prendre tous les livres qu'il veut, à condition de les lire et de les donner ensuite à quelqu'un d'autre. Devant pareille offre, à quoi pense alors Lauzon, qui n'a alors guère lu que *L'Avalée des avalés,* de Réjean Ducharme ? Tout simplement à trouver un camion, puis à venir cueillir tous les livres de Bourgault pour s'en aller ensuite les vendre chez les bouquinistes et se faire un peu d'argent...

Les rapports entre eux deux sont particuliers, comme l'expliquera Bourgault à l'occasion du tournage de *Lauzon, Lauzone,* un documentaire de Louis Bélanger réalisé en 2001 :

> Les défauts de Jean-Claude m'exaspéraient. Mais ce sont des défauts avec lesquels je pouvais vivre parce qu'il avait, au fond, les mêmes que moi. Alors je les connaissais très bien. Moi, j'avais réussi à maîtriser une partie de mes défauts. Pas complètement, loin de là. Alors je voyais ce que ça pouvait donner... J'ai toujours aimé les gens qui me tenaient tête. Lauzon m'a tenu tête tout le temps. Mais toujours avec la plus grande amitié.

Lauzon, continue Bourgault, croit vraiment qu'il a du génie. « Comme moi, ajoute-t-il malicieusement. Mais moi, il y a des grands bouts où je ne le crois pas. Pas lui. Lui le croyait 24 heures par jour. Moi, au moins, 22 heures par jour je n'y crois pas. »

Bourgault accepte donc de reprendre sa carrière avortée de comédien pour jouer dans un film de Lauzon. « Les méchantes langues vont dire que je joue depuis 30 ans », déclare-t-il à *La Presse*[38]...

Le personnage qu'il incarne dans le film, un dompteur de vers de terre, est inspiré par André Petrowski, de l'ONF, à qui *Léolo* est d'ailleurs dédié.

Le tournage se déroule à Montréal en octobre 1991, puis dans les mythiques studios de Cinecitta à Rome et, enfin, en Sicile. Tout ça avec un budget de cinq millions de dollars, c'est-à-dire avec trois fois rien, selon les critères du cinéma mondial.

Durant le tournage de Léolo, *le film de Jean-Claude Lauzon.*

Depuis le début de la rentrée automnale, Bourgault livre un billet en semaine, une journée sur deux, sur les ondes de CKAC, dans le cadre de l'émission du matin. Mais Bourgault est retiré des ondes de CKAC au printemps « pour donner plus de place à Paul Houde », le nouvel animateur. En cette année 1991-1992, la grande œuvre de Bourgault demeure sa participation au deuxième long métrage de Lauzon.

Ancien comédien rompu aux habitudes du jeu, Bourgault brille dans son rôle allégorique de dompteur de lombrics, mais c'est bien Lauzon qui le dirige de bout en bout, et non le contraire. Lauzon a même fini par exiger de Bourgault qu'il se fasse blanchir les dents, trop marquées par l'usage de la cigarette, juge-t-il.

Tout à fait situé hors du temps, le vieil homme que Bourgault incarne est un sage guidant le jeune Léolo à travers sa découverte de la littérature et de l'écriture.

En 40 jours de tournage à Montréal, l'équipe ne se heurte qu'à deux pépins : les suites fâcheuses d'un cambriolage dont est victime l'accessoiriste et la bronchite sérieuse du grand fumeur qu'est Pierre Bourgault. Celui-ci étant trop malade pour tourner une scène en extérieur, il faut allonger le tournage d'une journée, ce qui coûte cher. Trois médecins se penchent sur son cas. Et les assurances de la production s'en mêlent !

En Italie, Bourgault constate que l'équipe de tournage parle tantôt italien, tantôt français, tantôt anglais. Tout ce beau monde risque à tout moment de sombrer dans un Babel mais arrive néanmoins à se comprendre, à la plus grande surprise de Bourgault. « J'ai découvert ici, explique Bourgault à un journaliste, que le cinéma est le seul art qui se situe au-dessus des langues [39]. »

« Mesdames et messieurs, parlez-vous le babel ? », demandait Bourgault à ses lecteurs de *L'Actualité* en 1979, pour dénoncer l'embrouillamini des langues. Lui qui a toujours dénoncé vigoureusement le jargonnage et les manipulations langagières comme un vice absolu, il tolère tout cela très bien dès lors qu'il est question du cinéma et de ses lumières !

Que raconte le film de Lauzon ? Élevé dans une famille pauvre de Montréal au début des années 1960, Léolo constate que le monde est difficile et cruel, ce qui met d'autant plus en valeur la simplicité et la douceur de son amour pour une jeune Italienne. Très narratif et lyrique, le film est plutôt lent, avec de longs plans-séquences et des scènes intenses. Ginette Reno, en véritable montagne d'amour, y incarne la mère d'une famille de fous. D'un bout à l'autre du film, la voix rocailleuse et si particulière de Bourgault assure la narration. Largement autobiographique, ce film correspond, selon Bourgault, à une thérapie pour son auteur, une thérapie évidemment coûteuse puisqu'il s'agit de cinéma [40].

Même si Lauzon sait très bien ce qu'il veut, l'influence de Bourgault sur le tournage est certaine. Prof un jour, prof toujours.

Bourgault se moque sans gêne de certaines scènes planifiées par Lauzon. Il le convainc entre autres de couper une scène où il doit en principe brûler des vers de terre. « Je lui disais que ça ne correspondait pas au personnage. C'était gratuit et cruel, juste pour faire une belle image. Il a finalement décidé de ne pas le faire [41]. »

Le film est formidable, de l'avis général. Mais le résultat définitif après le montage n'enthousiasme guère Bourgault, comme il le confiera à l'équipe de *Lauzon, Lauzone* : « La première fois que je l'ai vu, je n'avais pas trouvé ça bon. Je considère encore que ce n'est pas un chef-d'œuvre, mais c'est du cinéma québécois, c'est-à-dire des scènes d'anthologie, mais pas de film. »

Le film n'en sera pas moins sélectionné pour concourir au Festival de Cannes. Là-bas, accompagné du réalisateur et de Ginette Reno, le polémiste réalise, selon ses propres mots, « un rêve qu'il n'avait jamais fait [42] ».

Dans *L'Actualité*, où il rend compte de son aventure cannoise, Bourgault se met en scène sous un ciel bleu ravivé par les bulles de champagne. Il a d'ailleurs, sur la plupart des gens qui sont alors à Cannes, explique-t-il, un avantage considérable : il ne paye pas ses bouteilles de champagne ! « Moi, je paye mes cigarettes et c'est tout. Comme Catherine Deneuve, comme Alain Delon, comme Gérard Depardieu, comme Tom Cruise. Parce que le film dans lequel je joue un petit rôle est en compétition, je suis reçu comme si j'étais une grande vedette internationale. À une différence près, et de taille : personne ne me connaît. »

Si Bourgault est tranquille avec son verre de champagne à la main, Lauzon ne l'est pas et manifeste, plus que jamais, son caractère irascible.

Assis dans la limousine devant les mener au Palais, Ginette Reno et Pierre Bourgault attendent celui qui les a fait briller. Or, Lauzon fait dire qu'il ne viendra pas et que s'il gagne un prix, Bourgault n'a qu'à aller le chercher. Bourgault lui fait répondre que s'il va chercher un prix, il le garde. Évidemment, Lauzon descend de sa chambre et finit par monter dans la limousine. Le trio est accueilli par la meute habituelle des photographes qui, pour ne courir aucun risque, mitraillent tous ceux qui pourraient finir par remporter un prix, ne serait-ce que le plus marginal.

Pour assurer la promotion du film, Bourgault participe à une conférence de presse. Il en a donné toute sa vie. Cette fois, c'est un peu spécial. Des journalistes sont venus voir l'« acteur » Bourgault. À la sortie, le voilà même qui signe quelques autographes…

Au déjeuner de presse qui se déroule ensuite à l'hôtel Carlton, Bourgault se transforme en marchand de lui-même, comme il se doit dans ce genre de circonstances. Il passe d'une table à l'autre, fait tout en son possible pour faire apprécier *Léolo*, toujours un verre de champagne à la main.

Mais à Cannes, Bourgault travaille somme toute assez peu. Pendant les quelques jours où il y séjourne, il se promène, il boit, il voit des amis, des connaissances, dont le comédien Roy Dupuis, alors au bord de la Méditerranée pour faire valoir le film *Being At Home With Claude*.

Au cours de ses promenades, inconnu du public, Bourgault s'intéresse autant aux nouvelles voitures et aux chiens qu'à la faune artistique. C'est aussi à Cannes qu'il se lie davantage avec Franco Nuovo, chroniqueur au *Journal de Montréal*. Les deux hommes ont déjà discuté à l'occasion, en marge de leurs occupations respectives dans les studios de CKAC. Mais c'est là, en France, qu'ils apprennent vraiment à se connaître. De retour au pays, Bourgault envoie quelques mots à Nuovo : « Le vieil homme que je suis n'écrit plus souvent de choses comme celle-là. Mais si vous voulez de mon amitié, je vous la donne [43]. » Nuovo, surpris, n'en revient pas !

À Cannes, le soir de la projection de *Léolo* en compétition, Bourgault assiste tout d'abord à une grande réception sur un yacht, réception à peine troublée par la pluie. Pense-t-il à Pierre Elliott Trudeau lorsqu'il lui prend alors l'idée, pour se donner du style, d'attacher une rose fraîche à sa boutonnière ?

Puis, c'est le moment fatidique. La foule est considérable. Un millier de personnes. Elle applaudit. Les voilà. Voilà…

Bourgault, qui en a vu d'autres, est pourtant ému.

> Je ressens une émotion telle que les larmes me viennent aux yeux. Je presse très fort le bras de Jean-Claude comme pour lui dire de ne pas avoir peur. Je

sais qu'il est terrorisé, ébloui, renversé, heureux ou presque.

Après la projection, l'ovation. « Interminable », dira Bourgault. Les journaux observent plutôt que la salle a tout simplement applaudi à la fin de la projection, ce qui constitue néanmoins un bon signe, semble-t-il, de la part d'un public pareil, peu porté à manifester ses états d'âme [44]. Les projections de *Léolo* sur la Croisette, elles, recueillent bien des applaudissements nourris et chaleureux, si on en croit les mêmes journalistes [45]. Et la critique française accueille le film avec chaleur.

Monument d'émotion, Ginette Reno pleure. Lauzon, comme à son habitude, a du mal à être heureux, à se sentir bien. Dans la voiture qui les ramène tous les trois, l'émotion est à son comble. « Ginette continue de pleurer. Jean-Claude est tout petit à côté de moi. Il n'en peut plus. Moi non plus. Nous nous jetons dans les bras l'un de l'autre et, pendant un long moment, nous pleurons toutes les larmes de notre corps. C'est un des plus beaux moments de ma vie. »

Qui des membres du jury a aimé le film ? Le président du jury lui-même, Gérard Depardieu, selon la rumeur ! Il n'en faut pas plus pour que Lauzon espère la Palme d'or. Pourquoi d'ailleurs espérer moins ? Il veut être cinéaste, un grand cinéaste. Alors, il lui faut gagner ! Le triomphe à Cannes. Ou rien.

Lors de la remise des prix, Bourgault est au coude-à-coude avec des vedettes américaines, Tom Cruise, Nicole Kidman et compagnie. Mais, au palmarès, *Léolo* n'a pas été retenu. Furieux, Lauzon fait une scène dont il a le secret. Et Bourgault l'engueule en lui disant qu'il peut bien rugir parce qu'il a le ventre plein.

En juin, pour ses débuts québécois, le film bat tous les records d'assistance pour sa première fin de semaine de projection. Et une fois le cirque médiatique des premières terminé, Bourgault s'en retourne à ses occupations habituelles.

Toujours en parallèle à ses activités de prof, il prend part, depuis le mois de septembre 1991, à l'émission *Studio libre*, une émission de variétés, avec musiciens et choristes, animée par Michel Désautels à la télévision de Radio-Canada. La dernière fois qu'il a été en compagnie de Désautels à titre de chroniqueur régulier, Bourgault s'est fait mettre dehors de Radio-Canada ! Cette fois, il est un invité satellite. Bourgault traite, avec son assurance habituelle, des sujets les plus variés : des plaignards, de la pornographie dont il est un consommateur, des Amérindiens qui ne lui semblent pas beaucoup plus autochtones que lui, de la banlieue, des automobiles, du suicide, de l'agriculture, de la féminisation des mots, de l'hiver québécois, de la publicité, de la qualité du café, de l'architecture à Montréal... Bref, tout y passe. Plusieurs de ces sujets constituent en quelque sorte les thèmes de fond de son répertoire de chroniqueur. Il les a déjà visités abondamment ailleurs, dans le cadre d'émissions du même type. Il les revisitera encore volontiers en d'autres lieux semblables.

Dans la foulée de *Léolo*, le polémiste entend poursuivre l'écriture d'une dramatique pour la télévision ainsi qu'un roman. Ce roman, il songe d'ailleurs, pour un temps du moins, à le transformer en scénario de film.

À la fin du mois de mai 1992, il affirme ceci :

> J'ai deux scénarios. Le premier, c'est une grande histoire d'amour qui finit bien : pas du Harlequin, mais presque. J'en ai ras-le-bol de la violence et des malheurs qu'on nous propose continuellement. Le deuxième, c'est celui d'un téléfilm que va réaliser cet été Jean-Yves Laforce, *Marco ou la fable du pouvoir*. C'est une jolie parabole sur le pouvoir, sans discours. Le pouvoir, c'est souvent une question de gadget ou d'accessoire ; dans mon scénario, il est représenté par un cheval. Depuis qu'il a appris à monter à cheval dans un camp de vacances, Marco est amoureux des chevaux. Un beau jour, il vole un cheval de la police montée sur le mont Royal et descend, en héros, dans son quartier. Évidemment, il ne va pas s'en tirer ! Même s'il a volé par amour [46]...

Son téléfilm sera diffusé l'année suivante, le 12 septembre 1993. Il est présenté aux *Beaux Dimanches*, une des meilleures plages horaires de la semaine. Bien que servi par des images superbes, le scénario s'avère très faible, accuse Louise Cousineau, dans *La Presse* : le réalisateur « Jean-Yves Laforce a voulu donner du *punch* à ce scénario fort mince en le traitant comme une bande dessinée. Mais une satire sociale devrait comprendre des ingrédients un peu plus corsés qu'un lieutenant de police qui ne s'intéresse qu'à son potager et qu'un groupe de badauds qui applaudissent à un vol aussi débile. Avoir approuvé ce texte qui manquait d'étoffe dépasse l'entendement [47]. »

Un lecteur du *Devoir* juge, lui aussi, que ce téléfilm est particulièrement mauvais : « Un texte bâclé au propos dilué, des dialogues d'attardés, une intrigue qu'on a étirée comme de la guimauve dans d'interminables balades équestres [48]. » Simple opinion dictée par la nature même du personnage Bourgault plutôt que par son travail lui-même ? Force est d'admettre que ce téléfilm n'est vraiment pas un chef-d'œuvre, loin de là... C'est plutôt un terrible navet.

Il est au moins clair que Bourgault souhaite alors vraiment s'investir dans l'écriture de fiction. Il aspire à autre chose que l'éphémère de ses multiples passages médiatiques. Des romans, il en a déjà commencé plusieurs, à tout le moins dans sa tête, mais il n'en a jamais mené aucun à terme. Les projets de nature plus politique continuent néanmoins de l'habiter. En cette longue année 1992, il commence l'écriture d'un nouveau pamphlet sur le Québec, mais il le laisse finalement tomber. L'idée lui vient ensuite d'écrire sur les tricheurs, mais le manuscrit est lui aussi mis sur la glace. Il annonce cependant, haut et fort, la parution prochaine de son premier roman, tout en continuant de penser à l'écriture d'un manuel de communication orale.

> Bourgault était très convaincant, explique l'éditeur Alain Stanké. Il est arrivé dans mon bureau avec un projet de roman. Ce sera excellent, m'expliquait-il... Il avait envie de l'écrire. Il était plongé là-dedans [49]...

Titre de travail pour ce livre : *Fabienne et Vincent*. Il s'agit de l'histoire de deux fermiers, des gens très simples. Une vie qui mène au bonheur. Presque un roman Harlequin, à l'eau de rose et tout, répète-t-il plus d'une fois. « Une histoire d'amour hétérosexuelle et blanche, qui finit bien. Je suis tanné de la violence, des tapettes et des infirmes ; je suis tanné de la religion des minorités. » Lui-même aurait voulu être un gars sans histoire, dira-t-il plus tard :

« Quelqu'un m'a demandé un jour : "Si vous n'étiez pas Pierre Bourgault, qu'est-ce que vous auriez voulu être ?" J'ai répondu : "Un gars ordinaire avec une femme et un bungalow de banlieue." Tout ce que je ne suis pas [50]. »

Le nouvel écrivain, sûr de ses prétentions romanesques, réclame naturellement une avance à l'éditeur habituel de ses essais. Stanké lui signe donc un chèque, à titre d'à-valoir. Puis, plus rien. Les mois passent... Aucun chapitre du livre n'arrive sur le bureau de l'éditeur de la rue Saint-Mathieu. Pas une ligne. Rien de rien. Marie-Hélène Roy, son amie, s'est fait lire quelques passages au téléphone. Mais Bourgault, dit-elle, s'est lassé très vite de cette idée et il n'a rédigé, en tout et pour tout, que quelques pages seulement.

« Un jour, explique Alain Stanké, je croise Bourgault par hasard dans une succursacle de la Société des alcools. Il poussait un panier rempli de bouteilles. Je lui ai dit qu'il ferait mieux d'écrire son livre plutôt que de boire toute mon avance ! » Son roman, Bourgault n'a vraiment plus envie de l'écrire... Il explique à Stanké que le plaisir de l'intrigue l'a quitté. « Il m'a dit, tout simplement, qu'il préférait me rembourser mon avance. »

À la fin de l'été paraîtra plutôt, à l'enseigne de Stanké toujours, un recueil de maximes intitulé *Bourgault doux-amer*. Le recueil, coiffé par une épigraphe d'André Malraux, débute par cette phrase qui fait presque office de programme pour toute une vie : « La politique n'est pas l'art du possible. C'est l'art de rendre possible ce qui est nécessaire. » Cette maxime, il l'a déjà écrite à peu près telle quelle en 1981. Comme presque toutes les autres qui composent ce recueil, on les trouve disséminées dans ses textes, notamment dans les deux premiers tomes de ses *Écrits polémiques*. Bourgault, contrairement à ce qu'il a pu prétendre, relit à l'évidence ses anciens textes.

Ce *Bourgault doux-amer* incorpore une dédicace et plusieurs révérences à l'animateur radiophonique Joël Le Bigot, toutes placées sous le signe de l'humour. Le moraliste finit par ajouter, vers la fin de son recueil, qu'il dédie son imprimé à l'animateur-vedette pour que celui-ci parle de son livre à la radio ! Le Bigot, qui ne manque pas d'humour lui non plus, en parle en effet, en présence de Bourgault lui-même, mais il prend sa voix la plus grave pour faire mine, en ondes, d'être offusqué de ces flagorneries. Pour une rare fois, Bourgault semble tout à fait décontenancé, le temps du moins que la blague ne se dégonfle d'elle-même !

Bourgault enfourchant un mouton noir en octobre 1992, photographié pour la une de l'hebdomadaire Voir.

Quelle année, cette année 1992 ! Comment faire pour venir à
bout du tournage d'un film, de l'écriture d'un téléfilm, d'un recueil
de maximes, de quelques pages d'un roman et d'une trentaine
de conférences prononcées dans les polyvalentes et les cégeps,
tout en continuant de s'occuper, tant bien que mal, de deux
résidences ? Bourgault profite d'une autre année sabbatique offerte
par l'université, mais cette fois il a été encouragé à la prendre
après avoir été accusé par plusieurs étudiants de les négliger. Bénies
soient ces conditions de travail, puisque Bourgault n'en touche pas
moins 80 % de son salaire régulier !

Avec tous ses projets en tête, Bourgault n'a pas trop le cœur à
se pencher sur le cadavre des Accords du lac Meech, que quelques
esprits chagrins s'emploient à ressusciter dans ce qui devient, à
l'été, l'invraisemblable entente de Charlottetown. Pour satisfaire
et déjouer tout à la fois ses propres engagements référendaires,
le premier ministre Bourassa entend défendre les termes vagues
de ce qui est, tout au plus, un complexe canevas de discussions
élaboré entre les gouvernements provinciaux. Ce projet brouillon,
baptisé « entente », doit être soumis par référendum à la population
québécoise sous l'autorité de l'Assemblée nationale, tandis que le
gouvernement fédéral doit tenir une consultation similaire, sous
sa responsabilité, dans le reste du Canada. Toute l'affaire tourne
très vite à la tragi-comédie. La captation indiscrète d'une conversation téléphonique d'une haute fonctionnaire de Bourassa, Diane
Wilhelmy, apprend à la population que le premier ministre québécois s'est ni plus ni moins « écrasé » durant les négociations. La
transcription de cette conversation, disponible partout au Canada,
est interdite au Québec, ce qui ne fait qu'en augmenter l'effet
corrosif : elle circule bientôt partout sous le manteau, relayée par
télécopieur ou par simple courrier. Au Québec, Jacques Parizeau,
un des leaders du camp du Non à l'entente de Charlottetown, se
tape déjà sur les cuisses en riant. Le projet est presque à coup sûr
battu lorsque l'ancien premier ministre Trudeau, dans un discours
assassin prononcé devant les amis de *Cité libre*, affirme lui aussi,
mais d'un tout autre point de vue, que ce projet n'est qu'un total
gâchis.

Le 26 octobre 1992, l'entente de Charlottetown, appuyée par
Bourassa, est battue par référendum, tant au Québec que dans le

reste du Canada. Relativement loin de tout cela, Bourgault y voit surtout une occasion perdue pour réaliser son projet indépendantiste.

Ce référendum de Charlottetown l'a laissé, au fond, « complètement indifférent ». Un référendum qu'il résume en deux mots : « coûteux et inutile ». Et puis, « rien n'a changé : les mêmes forces sont en présence, les souverainistes ne sont pas disparus. La seule différence, c'est que le PLQ va bouger. Je ne sais pas dans quel sens, mais il va bouger... En fait, le seul point positif de ce référendum, c'est qu'il aura permis au PQ et aux souverainistes de prendre des forces et de se compter avant la vraie bataille[51]. » En attendant, il ne peut qu'observer que Robert Bourassa a mené une campagne référendaire abjecte. « La campagne qu'il a faite, les mensonges, les demi-vérités... tout ça me répugne. La duplicité de cet homme-là est incommensurable. Bourassa, c'est le seul frein à l'indépendance du Québec. » Vraiment ?

Les tribulations infinies autour des Accords du lac Meech – d'abord noyés, puis sauvés, vite retombés à l'eau puis repêchés encore mais trop détrempés pour être utiles à quiconque – ont donné naissance à une nouvelle tendance politique au sein du Parti libéral du Québec. La barque de ces dissidents libéraux est menée par Jean Allaire et Mario Dumont. Les deux défendent contre vents et marées le rapport Allaire, une sorte d'« Égalité ou indépendance » de Daniel Johnson que rejette Bourassa et qui s'exprime en une suite de demandes adressées au gouvernement fédéral.

Au fond plus craintifs qu'à craindre, même s'ils ont les dents longues, les allairistes sont forcés de quitter le PLQ. Défenseurs d'une troisième voie canadienne à la sauce néolibérale, ils ne font que naviguer à vue dans le brouillard de leur pensée, croit Bourgault.

Bourgault tonne vite contre Allaire et Dumont. Ce sont des gens incapables, à ses yeux, de tirer les conséquences de la situation. Dans *Le Devoir*, en 1993, Bourgault parle ainsi de Jean Allaire : « Dernier dans la liste des fossoyeurs de la souveraineté (après Trudeau, Chrétien et Bourassa), Jean Allaire n'aura réussi qu'à diviser davantage le peuple québécois. Tout à sa réflexion tordue, il a l'air de s'en foutre éperdument. J'espère qu'il en est autrement et qu'il verra à temps les risques qu'il nous fait courir. »

Au printemps 1993, Bourgault est mis en vedette par la publicité de la Coalition nationale contre le projet de loi 86. Ce projet de loi modifie en profondeur la Charte de la langue française. Le ministre responsable du dossier linguistique, Claude Ryan, entend donner un statut bilingue au Québec plutôt que de maintenir l'idée que le français en soit la langue officielle. Des brèches énormes sont ouvertes dans l'esprit de la loi 101 : immersion anglaise dans les écoles françaises, bilinguisation de l'appareil de l'État dans ses rapports avec les citoyens et abolition de la Commission de la protection de la langue française ne sont que quelques-uns des aspects du projet qui sont critiqués. L'assurance empreinte d'arrogance qu'affiche le ministre Ryan dans le dossier finit par soulever une vive opposition au projet. Même un homme très modéré tel le politologue Léon Dion, conseiller influent à ses heures du Parti libéral, profite d'une invitation que lui lance un de ses jeunes protégés à l'Université Laval pour participer à une commission jeunesse qui, à deux pas de l'Assemblée nationale, dénonce vigoureusement le projet de loi 86, en marge des travaux officiels de la commission parlementaire. La sortie et les déclarations de Léon Dion contre la loi 86 sont alors reprises partout.

Le 14 juin, la principale coalition contre le projet organise à Montréal un rassemblement populaire à l'aréna Maurice-Richard. Marc Favreau, avec son immortel personnage de Sol, ouvre la soirée. Il est suivi par une vingtaine d'orateurs et quelques chanteurs. Les chefs syndicaux Gérald Larose et Fernand Daoust prennent la parole, de même que différents ténors du mouvement indépendantiste, dont Guy Bouthillier et Sylvain Simard. L'assemblée se déroule devant une foule de 3 500 personnes, soit la moitié de ce qu'on espérait. Les discours les plus attendus sont ceux de Lucien Bouchard, chef du Bloc québécois, et de Jacques Parizeau, chef du Parti québécois. Tous entendent démontrer que la loi 86 constitue un recul social important. Le clou de la soirée : Pierre Bourgault. C'est à lui, même si on le voit désormais très peu dans des assemblées de ce genre, qu'on a demandé d'offrir le discours final. Il n'a encore jamais pris la parole avec Bouchard et Parizeau ensemble.

Dans son discours, Bourgault est dur. Très dur. Il postillonne. Il est déchaîné, même s'il conserve à l'évidence le contrôle total de son discours. « Vous savez tous maintenant que je n'exagérais pas : Claude Ryan est l'homme politique le plus sale qu'on ait jamais connu. »

Le tribun enchaîne au sujet de Robert Bourassa, qu'il n'hésite pas à dénoncer et à placer dans la même fange que son ministre Ryan. « Robert Bourassa, premier ministre du Québec, cautionne cet homme qui nous fait reculer de 35 ans. Le premier ministre du seul État français d'Amérique du Nord ne dit rien quand on compare son peuple au peuple de l'apartheid.[...] M. Bourassa est coupable maintenant d'un crime qu'on ne pourra plus lui pardonner. Parce que ce qui se passe maintenant est beaucoup plus grave qu'on pense. » Selon Bourgault, « c'est 35 ans de travail, je dirais plus : c'est peut-être 100 ans, 200 ans de travail de tout un peuple » qui sont sacrifiés.

Bourgault ne peut plus sentir Bourassa. On répète partout qu'il a été son ami. C'est vrai. Mais il affirme désormais que « les médias ont beaucoup exagéré cette amitié-là ». Du reste, il ne veut plus parler à cet homme. « Jamais. Il me dégoûte totalement. D'ailleurs, nous ne nous sommes pas parlé depuis longtemps », explique-t-il. Les deux hommes ne se sont pas adressé la parole semble-t-il depuis le référendum de Charlottetown [52]. Et alors que Bourassa a cette volonté, par l'entremise d'un ministre de première importance, de toucher, encore une fois, au cœur de la loi 101, c'en est vraiment trop. Beaucoup trop.

La loi 86, soutient Bourgault, brise les efforts d'affirmation de la majorité linguistique qui commencent à peine à porter fruit. Dans son discours à l'aréna Maurice-Richard, il réutilise des exemples qui lui servent depuis les années 1960 afin de faire comprendre, en regard de la langue, les limites du discours de ses adversaires. Bien sûr, dit-il, parler anglais pour faire affaire avec les Américains est nécessaire ! Mais, au fait, « il y en a combien parmi vous qui faites affaire avec les Américains ? » Comme il l'a toujours affirmé, une vaste majorité de la population, dans tous les pays du monde, se sert d'une langue pour vivre. Pas de deux. Pas de trois. Pas de quatre.

Est-il vraiment nécessaire, au Québec, de continuer à faire comme si tout était normal au sujet de la langue française, afin de ne pas offrir une image qui pourrait, à la télévision, déplaire aux étrangers ? Ne pas lever le petit doigt ? Ne rien dire ? Jamais ? Il y a des manifestations terribles qui secouent le Brésil depuis un moment, lance-t-il, mais tout le monde sait bien « que l'année prochaine les étrangers viendront encore au Carnaval de Rio. Petits incidents mineurs rue Sainte-Catherine il y a trois jours. Qu'est-ce qu'ils vont penser de nous à l'étranger ? Je m'en fous ! Parce qu'à Los Angeles l'an dernier, là il y a eu des vraies émeutes. Et qu'est-ce qu'ils ont dit à L.A. ? "On se fout de ce qu'ils pensent de nous à l'étranger." Ça n'empêche pas le monde entier d'aller à L.A. jour après jour, semaine après semaine. »

Puis, Bourgault en revient à l'action de Ryan elle-même. Il la juge délétère. Il réclame que Ryan utilise la clause nonobstant, qui permet de se soustraire à l'application formelle de la Constitution pour des motifs jugés raisonnables.

> M. Ryan dit qu'on ne peut pas utiliser la clause nonobstant, c'est contre les droits individuels, c'est contre la Charte des droits... Il oublie surtout de nous dire, ce sale hypocrite... Hypocritement, il oublie de nous dire une chose, c'est que l'article 133 de la Constitution canadienne, qui existe depuis 1867, n'a toujours pas été traduit en français.

Bourgault refuse, comme toujours, de n'envisager la question linguistique québécoise que dans les seules limites du territoire québécois. Il la mesure plutôt à l'aune de la situation du français en Amérique du Nord en général, et au Canada en particulier. À juste titre, il observe que les conditions juridiques permettant la pleine existence du français sont déniées partout au Canada. Pourtant, à en croire tous les Claude Ryan de la Terre, il faudrait néanmoins faire du Québec un lieu où on ne tient pas compte de ce qui se passe chez nos voisins. « Nous baissons la garde, observe Bourgault, la vigilance s'amenuise et c'est ainsi qu'on pourra, si nous nous laissons faire, nous avoir à l'usure. »

L'opposition n'arrive pas à faire plier Claude Ryan, qui semble avoir été de tout temps en acier trempé.

L'été passe. À Saint-David-de-Yamaska, les champs sont remplis de l'incessante stridulation des grillons. Dans l'étang, derrière la maison, les ouaouarons font un joli tapage. Le ciel bleu, presque transparent, coule au-dessus des toits de bardeaux ou de tôle. L'été passe. La vie aussi.

Prisonnier des méandres amoureux de sa vie autant que des tourments que lui causent ses appétits de consommation, Bourgault brûle la chandelle de ses finances personnelles par les deux bouts. Et plus vite que jamais. Il ne tient pas plus les brides de ses passions qu'il n'accepte de tirer les rênes de sa raison.

À son salaire de professeur s'ajoutent pourtant des cachets divers, assez nombreux, mais tout cela suffit à peine à maintenir l'équilibre fragile du monde matériel qu'il s'est édifié autour de lui.

Salaire de prof, collaborations diverses, petits contrats ici et là, rien n'y fait : Bourgault n'arrive plus à joindre les deux bouts. Il a besoin d'argent. Encore et toujours. Deux maisons, les déplacements, les animaux, les fleurs, un jeune amant impétueux et ses amis, tout cela coûte cher. Très cher. Trop cher.

Cet édifice dans lequel il conduit sa vie croule sous le poids accumulé de ses exubérances. Il doit notamment 40 000 $ au gouvernement québécois, sans doute autant au gouvernement fédéral, 55 000 $ à une fiducie des Caisses Desjardins et plus de 10 000 $ pour une voiture Chrysler. Au total, il doit trouver 160 000 $ à très court terme. Impossible : il est déjà pris à la gorge. Sa petite ferme, estimée modestement à 90 000 $, est mise en vente à l'été. Mais personne ne se porte acquéreur. L'argent continue de s'échapper au grand galop devant ses yeux grand ouverts, sans qu'il n'arrive pour autant à mettre de l'ordre dans ses affaires.

En fait, il n'arrive même pas à faire le compte exact de ses dettes. Il n'entend rien non plus vraiment aux intérêts qui alourdissent sans cesse son fardeau financier. Ce qu'il a emprunté ou gagné disparaît sans cesse derrière ce qu'il doit déjà, comme une colline derrière une montagne.

En bout d'année, en octobre, il est forcé de déclarer faillite. « Je n'y arrivais plus, avec deux maisons », explique-t-il à un journaliste de *La Presse*, pendant qu'il fait la promotion de *Bourgault doux-amer*, un livre qui trône, comme ses précédents, au palmarès des meilleures ventes en librairie. « Tant que je faisais beaucoup de choses, ça pouvait marcher. La dette à l'impôt ? Je ne sais pas au juste combien c'est… Il y a la dette et les amendes, plus les intérêts [53]… »

Au moment où il monte dans sa voiture pour quitter cette campagne qu'il a aimée, Bourgault avoue être triste. Mais sa capacité de rebondir est énorme. Le lendemain, il n'y pense déjà plus tout à fait. Il repart vers autre chose. Et il a au moins la possibilité de retourner dans cette ferme de temps à autre pour voir les fleurs et les arbres qu'il y a plantés, puisque ce sont des amis qui occupent finalement son ancienne maison.

CHAPITRE 18

L'EMPEREUR DU PLATEAU

La lucidité est la blessure
la plus rapprochée du soleil.
— RENÉ CHAR, *Feuillets d'Hypnos*

LES BRAS CROISÉS, Bourgault attend. Le regard sombre, il observe son adversaire de l'occasion : Jean Barbe. Dans une chronique lue à la radio cette semaine-là, le jeune Barbe a assimilé Jacques Parizeau à Abimael Guzman, le chef du Sentier lumineux, un groupe marxiste révolutionnaire du Pérou. Ce révolutionnaire sud-américain a les mains souillées de sang. Il a conduit une « guerre populaire contre l'État » dans d'immenses mares de sang. Le conflit auquel prend part sa guérilla maoïste fait au total environ 70 000 morts dans les années 1980 et 1990. Guzman est un bourreau. Quel rapport avec Parizeau ? Le nombre de sorties insensées contre Jacques Parizeau se multiplie. Celle de Barbe dépasse les bornes. Dans *Le Devoir*, Bourgault tente de mettre pied à terre et de freiner ce train fou qui fonce depuis un moment sur Parizeau. Aux yeux de Bourgault, les propos de Barbe ne sont qu'un exemple de plus du procès d'intention très grossier et particulièrement tordu qui est mené ces derniers temps contre Parizeau.

En tirant à boulets rouges sur Barbe, Pierre Bourgault s'attaque en fait à un gibier beaucoup plus gros que ce simple chroniqueur au parcours en dents de scie. Il souhaite, ce faisant, en arriver à

contrer pour de bon les réactions hystériques que suscite Parizeau
« dans une bonne partie de l'intelligentsia québécoise[1] ».

Entre Barbe et Bourgault, l'affaire se règle au final sous l'œil
d'une caméra de télévision de Radio-Canada. Les deux hommes
ont accepté de participer à un débat public. La lentille fait donc
office de témoin de ce type de duel des temps modernes. Tout
le monde craint d'emblée pour le jeune Barbe : peu expérimenté
pour des débats du genre, s'appuyant sur les armes d'un discours
approximatif, il risque d'être vite mis en déroute totale. C'est
évidemment ce qui ne manque pas d'arriver.

Lorsque Barbe a enfin terminé de bredouiller une tentative
d'explication au sujet de sa position à l'égard de Parizeau, le
vieux loup n'a toujours pas levé l'œil sur lui. On le sent pourtant
prêt à bondir. Il semble irrité au possible. Le sourire embarrassé
qu'esquisse alors Barbe n'est pas propre, loin de là, à calmer
l'appétit du carnivore qui lui fait face.

Au fil de sa carrière, les passages de Bourgault à la télévision
ont été très nombreux. Mais il y a bel et bien ce jour-là, dans
cette simple apparition télévisuelle d'un Bourgault vieillissant,
l'expression en condensé de sa force et de son prestige de tribun. La
force de cet homme, qui pourtant se tait, crève tout à fait l'écran :
sans avoir encore dit un mot, le professeur de communications à
l'UQAM apparaît déjà dominer la joute. Lorsque vient enfin son
tour de prendre la parole, il pose une main sur la table et utilise
l'autre pour scander son propos, comme il le fait souvent. Il parle
tout à fait calmement et assène un à un des coups qui portent.
Pas une fois il ne regarde Jean Barbe. Il s'explique comme si le
principal intéressé n'était tout simplement pas là. Sa technique
d'intimidation est parfaite.

Les propos de Barbe, dit-il, l'ont profondément choqué. « Mais
là, M. Barbe vient d'ajouter quelque chose qui me sidère, il dit que
M. Parizeau n'est pas raciste du tout et qu'il ne l'a jamais accusé de
racisme. » Pour preuve du contraire, Bourgault cite une phrase du
texte de Barbe où celui-ci laisse entendre que Parizeau rêve d'un
Québec blanc et catholique. « C'est une expression extrêmement
raciste, poursuit Bourgault. Or, ça n'a rien à voir avec M. Parizeau,
ça n'a rien à voir avec la politique du Parti québécois. Le Parti

québécois n'a jamais prôné un Québec blanc et surtout jamais prôné un Québec catholique. » Jean Barbe essaie alors de rétorquer quelque chose, mais Bourgault le fusille du regard et lui lance : « Laissez-moi finir ! Vous en avez déjà assez dit. »

Bourgault poursuit en analysant le propos de son contradicteur, tout en faisant fi encore de sa présence :

> Par ailleurs, il associe le nom de M. Parizeau à celui de M. Guzman. Il dit : « Ils diffèrent par les moyens. » Évidemment qu'ils diffèrent par les moyens ! M. Guzman est un terroriste ! Il a tué 20 000 personnes au Pérou sous prétexte de changer les méthodes de gouvernement ! Ça n'a rien à voir ! Il va falloir que ces gens-là apprennent le poids des mots. On n'associe pas un homme démocrate dans une démocratie à un terroriste international. Je trouve ça absolument odieux, et qu'il ne s'en excuse pas, je trouve ça aberrant.

Lorsque Bourgault en a terminé avec le malheureux Barbe, il n'en reste plus guère que de la charpie. L'homme se débat pourtant encore, ne serait-ce que pour ne pas perdre tout à fait la face : « C'est un billet d'humeur », clame-t-il pour sa défense.

Bourgault rétorque sèchement, en le fixant : « Les humeurs, là, ça va faire. Si c'est ça votre humeur, il faudrait quand même que vous fassiez des humeurs avec un peu plus de rigueur. »

Le Parti québécois ne souhaite pas construire un État-nation, plaide Barbe en dernier recours sur un autre terrain afin de contre-attaquer Bourgault, en désespoir de cause. Cette fois sur un ton tout à fait exaspéré, Bourgault s'assure que son adversaire ne remontera plus à la surface, pas même pour respirer : « C'est un État-nation que nous voulons créer ! Et la nation québécoise comprend tous les Québécois, de quelque origine qu'ils soient. C'est un État-nation. Vous ne savez pas ce que c'est qu'un État-nation ! »

Barbe s'enfonce alors pour de bon, coule et touche un fond vaseux d'où il ne décolle plus.

Anne-Marie Dussault conclut le débat en souhaitant que les deux hommes puissent en venir à s'entendre, selon ce sacro-saint principe qui plane sur à peu près chaque débat au Québec et qui préconise ni plus ni moins la bonne entente à tout prix comme condition essentielle à l'existence d'une société saine.

— Est-ce que vous allez pouvoir vous rejoindre un jour ?, demande l'animatrice.

— Je l'espère, répond Barbe.

Bourgault coupe immédiatement la parole à l'animatrice et défie la logique de cette pseudo-bonne entente de pacotille : « Non ! S'il continue à tenir des propos pareils, des propos aussi injustes, aussi odieux et dégueulasses, jamais ! »

Visiblement mal à l'aise, Anne-Marie Dussault conclut le débat en remerciant rapidement les deux hommes...

À l'égard de Jacques Parizeau, Bourgault se montre depuis toujours un bon soldat. Il l'a critiqué quelque peu durant la Crise d'octobre, mais pour l'essentiel il a toujours été d'accord avec cet homme qui affectionne le complet trois pièces depuis l'époque de ses études supérieures à Londres auprès d'un futur Prix Nobel d'économie. Bourgault le prouve une fois encore, ce 7 février 1993, sur les ondes de la télévision d'État. Et il le prouvera à bien d'autres occasions encore.

Dans *L'Actualité*, Bourgault affirme ne pas avoir voté pour un parti indépendantiste depuis 1973, c'est-à-dire depuis qu'il a quitté le Parti québécois. Bien entendu, il ne vote certainement pas pour les opposants à l'indépendance, alors aussi bien dire qu'il ne vote plus ou, à tout le moins, qu'il annule son bulletin de vote. On est loin, bien loin, de l'enthousiasme qui était le sien dans les années 1960 à l'égard du jeu électoral !

> Je n'ai pas voté pour un parti souverainiste depuis 1973. Un long intermède pendant lequel aussi bien le Parti québécois que le Parti libéral se sont efforcés, par divers moyens, d'augmenter les pouvoirs du Québec dans la fédération canadienne. On connaît le résultat : nul. Après ce long détour dans les jardins empoisonnés du fédéralisme canadien, le Parti québécois a enfin repris, avec Jacques Parizeau, le chemin de la souveraineté. C'est d'abord pour cette raison que je vote Parti québécois [2].

Il ne manque pas une occasion de renouveler publiquement l'expression de son estime à l'égard de Jacques Parizeau. Depuis un quart de siècle, explique-t-il, son respect à l'endroit de l'économiste n'a pas dévié : « J'ai une confiance absolue en Jacques Parizeau. J'aime l'homme aussi bien que l'homme politique. J'aime sa loyauté, son courage, son engagement irréversible. J'aime aussi cette qualité moins apparente qui l'honore, la compassion. »

Il affirme encore que Parizeau l'intéresse justement parce que, bien qu'économiste, il ne ramène pas tout à l'économie, comme le fait son adversaire, Daniel Johnson fils. « Je reconnais l'importance de l'économie et je crois que Jacques Parizeau est mieux apte à s'en occuper que Daniel Johnson. Mais je crois aussi qu'on ne fait pas l'indépendance pour une seule question de gros sous et, en ce sens, je préfère le Parti québécois qui me traite plus en citoyen qu'en consommateur. »

Ce renouvellement de sa foi confié au magazine populaire à grand tirage qu'est *L'Actualité* annonce en quelque sorte son retour en politique. Un retour dont la justification se trouve, encore une fois, dans sa volonté de réaliser un rêve, toujours le même : « Je fais ce que je fais pour rester fidèle à mes rêves de jeunesse. Ce sont les seuls. » Cette justification fantasmatique pour motiver l'action indépendantiste, il l'a d'ailleurs reprise dans nombre de discours depuis les années 1980. On l'a vu.

Le premier à entendre cette profession de foi renouvelée de Bourgault est Jacques Parizeau lui-même. « À partir du moment où je deviens premier ministre, expliquera-t-il en entrevue pour ce livre, Pierre Bourgault sait qu'il a une possibilité de revenir aux affaires. Il fait des appels du pied. Je continue alors d'avoir la même admiration pour lui. Je regarde ce qu'il publie. Je le trouve intelligent, intéressant[3]. »

Le Parti québécois remporte les élections de 1994. Bourgault n'attendra pas longtemps avant d'être convoqué par le nouveau premier ministre. Jacques Parizeau a annoncé avant, pendant et après les élections qu'il y aura un référendum sur la souveraineté du Québec. Il compte utiliser les forces de chacun, autant que possible, pour obtenir la victoire et effacer le mauvais souvenir de mai 1980.

Le nouveau chef du Parti québécois songe vite à voir Bourgault reprendre du service à titre de « conseiller spécial en communications ». Le professeur de l'UQAM est flatté, ravi, aux anges. Le revoilà en selle.

Que fait un conseiller spécial en communications ? Bourgault est appelé à commenter l'ensemble de la stratégie d'information du Parti québécois, pour les communications tant internes qu'externes. Il jette aussi un œil sur divers discours officiels. Lui-même en prononce ici et là chez les militants, à un rythme qui va croissant.

Tout va bien, pour ainsi dire, jusqu'à ce que Bourgault fasse au téléphone une déclaration qui se retourne contre lui comme une arme mortelle. Lors d'une entrevue donnée en français à un journaliste de la Canadian Press, il affirme qu'un vote référendaire fractionné selon l'appartenance à une collectivité anglophone ou francophone pourrait avoir des conséquences imprévisibles. « Si une grande majorité de francophones du Québec votent Oui et sont empêchés [de faire la souveraineté] parce que les Anglais votent contre, ce sera une situation dangereuse. » Mais encore ? Qu'est-ce que cela signifie ? Le journaliste tente de le pousser plus loin, de le forcer à préciser sa pensée. Bourgault sent alors qu'il s'est mis les pieds dans les plats. Il patine un peu. « Ce n'est pas difficile à comprendre, dit-il, est-ce que je dois vous expliquer ? » Oui, laisse entendre le journaliste ! Or, plutôt que de répondre, prétextant avoir du travail et n'écoutant que son humeur, Bourgault s'empresse de raccrocher tout sec. Ce faisant, loin d'éviter le pire, il l'attise. Les médias s'emparent de sa petite phrase, la gonflent et la placent dans une suite logique propre à embarrasser quelque peu le gouvernement Parizeau.

Tout est affaire de circonstances, puisque ce n'est pas du tout la première fois que le tribun évoque la difficulté d'un éventuel rendez-vous qui provoquerait certaines tensions. Il avait même déjà soutenu des propos tout à fait similaires, voire pires, à la veille du référendum précédent. Le 22 janvier 1979, devant les étudiants de l'Université de Winnipeg, il a en effet déclaré : « Si les francophones – et ça prendrait environ 60 % du vote francophone pour arriver à ce résultat – voient leur chance de faire l'indépendance bloquée par les 20 % du vote anglophone, alors nous pourrions nous retrouver au bord de la guerre civile. »

Or, 16 ans plus tard, Bourgault affirme cette fois avoir été piégé « comme un amateur » par Don MacDonald, un journaliste qui s'efforçait, dit-il, de lui mettre des mots dans la bouche. La chose est d'autant plus inexcusable qu'il est, en la matière, un pratiquant chevronné doublé d'un professeur de communications... En soi, il ne renie certainement pas sa pensée, mais il n'en demeure pas moins que le gouvernement Parizeau éprouve alors des difficultés avec son image et qu'il ne convient pas de l'affecter défavorablement encore un peu plus.

Bourgault veut désamorcer l'affaire sans tarder. Il rédige donc une courte lettre de démission. Il y écrit qu'on se sert de lui pour tenter de salir le gouvernement, ce qu'il ne peut supporter : « Je me dois de vous épargner cette épreuve en vous offrant ma démission[4]. » Il adresse dès le lendemain sa lettre à son patron, en espérant bien entendu que celui-ci la refuse.

Jean Royer, le chef de cabinet de Parizeau, lui téléphone alors pour lui dire qu'il n'est évidemment pas question de démission, que sa déclaration s'explique, comme de raison.

Pour se dédouaner, le gouvernement émet alors un communiqué indiquant que Bourgault n'est pas un porte-parole officiel. En conséquence, ses déclarations n'engagent que lui. L'affaire est en principe close.

Puis, le 18 janvier, contre toute attente, Jacques Parizeau traite à nouveau de cette affaire à l'occasion d'un point de presse, dans le contexte d'un rapport alarmiste que vient de publier l'Institut C. D. Howe, un groupe au service des possédants canadiens depuis sa fondation. Le premier ministre du Québec considère que toute cette effervescence des derniers jours, prise en bloc avec les propos de Bourgault, fait partie d'un « exercice de développement de la nervosité dont, franchement, on n'a pas besoin actuellement. Tout cela, c'est trop. Est-ce qu'on pourrait se retenir ? Le Québec s'engage dans un des exercices les plus démocratiques pour décider de son avenir. Je ne veux pas voir toute sorte de monde tirer des roches dans la situation qu'on tente de mettre en place. » Puis, il ajoute que la déclaration de Bourgault est très embêtante « pour lui comme pour moi ». Le désaveu semble total lorsque Parizeau ajoute : « Lui-même comprend d'ailleurs très bien qu'il peut être difficile de maintenir nos rapports. » Et revoilà Bourgault jeté dans l'eau bouillante !

« Qu'est-ce qui se passe ? », demande Bourgault à Jean Royer. Le chef de cabinet répète que tout va rentrer dans l'ordre, qu'il n'a pas été mis à la porte. Mais, en fin de journée, un communiqué émanant du bureau du premier ministre est transmis aux médias. Il indique en substance que Jacques Parizeau accède avec regret à la demande de démission de Bourgault. Le communiqué signale que « dans un souci de voir le débat actuel se faire dans la sérénité et le calme, le premier ministre s'est vu forcé d'accepter la demande de monsieur Bourgault ».

Plongé dans le vent violent d'une tourmente passagère, notamment par la vacuité de certaines positions mises de l'avant par sa ministre Rita Dionne-Marsolais, le gouvernement se retrouve alors dans une position défensive et réagit en bloc pour tenter d'éloigner rapidement de lui toute cause d'embarras supplémentaire. Bourgault tombe dans cette logique de tordeur. Il fait ainsi les frais d'une politique de la table rase qui ne lui était pourtant pas destinée au départ.

> Il y avait un torrent de protestations alors contre le gouvernement, expliquera Jacques Parizeau une décennie plus tard. J'étais harassé par bien des histoires. J'en avais plein les bras. Je n'ai rien fait devant les réactions formulées à l'égard de Bourgault. Et il m'envoie alors une lettre de démission... Je l'ai acceptée. J'ai toujours regretté de l'avoir fait [5].

Pour Lise Bissonnette, directrice du *Devoir*, « les cris démesurés de la pensée correcte, s'agissant de l'affaire Bourgault, sont ceux de l'hypocrisie mal déguisée en morale ». Serait-il désormais raciste d'analyser les tenants et les aboutissants d'un vote en fonction de la langue des électeurs ? « On peut encore parler du vote des jeunes, du vote des personnes âgées, du vote des pauvres, du vote des riches, du vote des femmes, du vote des hommes. Mais parler du "vote des anglophones" serait les insulter, les singulariser, les traiter en citoyens de deuxième classe. Les sondeurs, les sociologues, les politologues devront bannir de leurs analyses la corrélation entre la langue et la tendance du vote, qui est au Québec l'un des "prédicteurs" les plus solides des résultats d'un scrutin ou d'un référendum. Tant pis pour la science, un nouveau tabou vient de naître », critique Lise Bissonnette [6].

La bouillante directrice du quotidien fondé par Henri Bourassa n'en pense pas moins que Pierre Bourgault n'est pas doué pour l'exercice du pouvoir. Elle croit que l'ancien président du RIN a une très fâcheuse tendance à ne pas savoir jusqu'où on peut aller du côté de l'action directe lorsqu'on travaille auprès d'un gouvernement.

En politique, Bourgault n'est certainement pas le premier à être battu en brèche à la suite d'une phrase intempestive lancée à la volée et un peu trop cavalièrement. Son retrait d'un poste de conseiller officiel lui rend néanmoins la parole, du moins en principe, pour pouvoir traiter à sa guise de l'indépendance dans l'une ou l'autre des assemblées qui s'organisent en vue du prochain référendum. Bourgault affirme alors être disposé à prendre une part active dans la campagne qui s'annonce. Pour ce faire, il entend tout naturellement prononcer des discours.

Le 17 février, il est chaudement applaudi devant des militants de gauche réunis dans une immense brasserie du Quartier latin pour célébrer Michel Chartrand à l'occasion d'un « bien cuit » auquel prennent part diverses personnalités. Au micro, Bourgault apparaît en pleine forme. Il rit des frasques historiques de son compagnon Chartrand autant que des siennes, sous l'œil amusé de l'animateur de la soirée, le jovial et tonitruant Jean-Claude Germain, autant que de Louise Harel. La ministre a quitté tôt ce soir-là une rencontre avec les commissaires de la Commission de Montréal sur l'avenir du Québec, en compagnie d'un collègue, afin de pouvoir participer à cet hommage bien senti.

Ce n'est que quelques jours plus tard, le 26 février, que Bourgault prononce son premier véritable discours depuis qu'il a été congédié par Parizeau. Contre toute attente, il achève plutôt ce jour-là d'offrir à ses opposants toute la corde nécessaire à ceux qui souhaitent le pendre haut et court sur la place publique.

Devant quelques centaines de militants du Bloc québécois rassemblés à l'hôtel Ramada Inn à Québec, Bourgault fustige l'appui massif que les anglophones s'apprêtent à accorder au camp fédéraliste à l'occasion du référendum : « Pour moi, 60 à 65 % représente un vote démocratique, 80 % un vote xénophobe, et 97 %, c'est un vote carrément raciste. »

Après son discours, lors d'une rencontre avec la presse, il précise que ses paroles constituent « un constat et un reproche » adressés à la collectivité anglaise qui, selon lui, ne s'est jamais vraiment intéressée au projet souverainiste. « Et quand un de leurs membres est souverainiste, ils l'abreuvent d'injures, de sarcasmes et le traitent comme un traître[7]. »

Au cours des dernières semaines seulement, Konstantinos Georgoulis, conseiller du Rassemblement des citoyens de Montréal et représentant de la communauté grecque, largement anglophone, a été forcé de démissionner de la Commission de Montréal sur l'avenir du Québec après avoir vu sa famille et son domicile être l'objet de menaces. David Levine, un juif anglophone ayant déjà été candidat du Parti québécois, se fait alors lui aussi vertement houspillé par les membres de sa communauté immédiate. La dissidence, au sein d'ensembles sociaux solidement constitués, ne semble guère tolérée.

« Un tel vote massif, on ne voit ça que dans des pays totalitaires », estime pour sa part Bourgault. Il dit bien vouloir comprendre ce comportement collectif, « mais c'est un vote qui m'inquiète », conclut-il.

Dès le lendemain, plusieurs ténors du camp indépendantiste estiment que Bourgault aurait dû trouver une autre expression que « raciste » pour décrire cette réalité sociologique. Lucien Bouchard, chef du Bloc québécois, croit que le tribun va tout simplement trop loin. Il sent même le besoin immédiat de mettre une bonne distance entre lui et l'ancien président du RIN : « M. Bourgault n'est pas un membre du Bloc québécois et je ne suis pas d'accord avec lui. Je ne crois pas que le fait pour des gens d'être solidaires est raciste. Si les Canadiens anglais, les allophones votent ensemble, c'est leur droit le plus strict », martèle-t-il en conférence de presse[8]. Le vice-premier ministre, Bernard Landry, se met aussi de la partie et dénonce les propos du tribun...

Bourgault n'en revient pas d'être ainsi lâché une fois de plus. Son orgueil meurtri, il affirme qu'il va désormais s'interdire de traiter des questions de l'heure qui touchent le Québec. Il décide, ni plus ni moins, de s'emmurer dans le silence. « Puisque, comme le disait si gentiment Bernard Landry, je n'ai plus qu'un passé, je vais désormais m'asseoir dessus », déclare-t-il au *Devoir*. Visiblement très amer, l'homme déclare en outre ceci au journaliste Pierre O'Neil : « Je ne suis plus l'homme de la situation. Je suis devenu un embarras pour mes alliés. Comme la cause de la souveraineté doit passer avant tout et que je n'arrive plus à la servir correctement, je quitte définitivement la scène politique et je laisse à d'autres, sans doute plus habiles et plus efficaces que moi, le soin de la défendre et de la promouvoir [9]. »

Dans la quête d'un pays, tout au long de l'histoire du Parti québécois, la souveraineté des ego l'emporte souvent sur tout...

Bernard Landry, dans son style unique et vieillot de nationaliste pétri d'un vocabulaire gonflé d'idéal patriotique, tente alors de corriger le tir et de préciser sa pensée afin d'inviter plutôt Bourgault à reconsidérer sa position et à « continuer le combat [10] » : « J'ai dit, et je crois qu'il a mal saisi, qu'il avait un grand passé, explique Landry. C'est un des pères du mouvement souverainiste québécois. Je n'ai jamais dit qu'il n'avait pas d'avenir, car je souhaite qu'il ait un avenir. Parce que c'est un homme de grande qualité : c'est un écrivain remarquable, un polémiste remarquable, un orateur remarquable. J'espère qu'il va continuer son combat et qu'il va le faire de la manière la plus efficace possible pour la patrie. C'est vrai qu'il a laissé tomber quelques phrases malheureuses avec lesquelles je ne suis pas d'accord. Mais si tous les politiciens qui ont laissé tomber quelques phrases malheureuses évacuaient la vie publique, on n'aurait pas grand-monde sur les banquettes [11]. » Oui, sans doute...

À la fin mars, les jeunes péquistes, dirigés par Éric Bédard, adoptent une résolution réclamant le retour de Bourgault à l'action. « Ce n'est pas devant son ordinateur chez lui qu'il sera le plus efficace, mais devant les foules », explique Bédard. Les jeunes péquistes, réunis en congrès, se lèvent alors d'un coup pour scander « Bourgault, Bourgault » !

Loin de prendre ombrage de la position des jeunes concernant sa décision de renvoyer le leader indépendantiste, Jacques Parizeau leur rappelle qu'« il y a un certain nombre de choses qu'un conseiller peut ou non déclarer en public, un devoir de réserve qui est inévitable ». Cela dit, Jacques Parizeau souhaite tout de même lui aussi voir Bourgault remonter sur les tribunes : « C'est un des grands orateurs du Québec contemporain, soutient-il, ceux qui sont souverainistes doivent afficher leurs convictions [12]. »

Cette réhabilitation, très rapide, ne change rien à la décision de Bourgault. Il ne bronche pas. Il reste chez lui. Un point c'est tout.

Chez les opposants les plus farouches à l'option indépendantiste, on tente alors avec véhémence d'enfoncer davantage Bourgault en l'associant à des déclarations d'un obscur député du Bloc québécois qui, tombé de la lune, affirme que seuls les Québécois « de souche » devraient voter dans le cadre d'un référendum. Ce professeur de bêtise est vite réduit au silence par ses collègues et son chef.

Quel rapport avec Bourgault ? A-t-il, lui, affirmé quelque chose de semblable ? Non. Jamais.

« Pierre Bourgault n'a pas tenu des propos racistes, écrit Pierre Foglia, chroniqueur de *La Presse*. Il a qualifié de raciste le vote monolithique des anglophones [13]. »

Chacun a droit à son opinion dans l'isoloir, estime Foglia, puisque, individuellement, chaque vote est égal. « Mais quand plus de 95 % des non-francophones de cette province votent unanimement et systématiquement contre la souveraineté, contre le PQ, contre les lois pour protéger votre langue et votre culture, vous voilà soudain moins certains du sens qu'il faut donner à ce vote si complètement rhodésien que c'en est une *joke*. »

Lorsqu'au lendemain d'un scrutin chaque vote additionné révèle des proportions d'opposition aussi effarantes dans un segment de la population, Foglia estime qu'il ne s'agit plus de politique mais de sociologie. « Il faut avoir la curiosité de questionner cette unanimité si typiquement coloniale. 97 %, ce n'est plus un vote, dans aucune société démocratique. C'est une agression, un rejet lapidaire, la focalisation excessive du sentiment particulier d'une communauté particulière, n'est-ce pas là ce qu'on appelle communément "racisme" ? »

Silencieux, Bourgault n'en pense pas moins. Et une fois le référendum passé, il n'hésitera pas à réaffirmer sa pensée à l'égard de la division du vote au Québec, notamment dans le cadre de ses chroniques du *Journal de Montréal*. Depuis 40 ans, dit-il alors, les dirigeants souverainistes « ont toujours inclus tous les Québécois dans leur projet. Ils n'ont jamais appelé à un vote ethnique ». Mais, au même moment, plaide-t-il, des dirigeants d'organisations ethniques se sont adressés à leurs membres pour les encourager à voter d'une seule voix.

> C'est ça un vote ethnique, c'est ça un vote d'exclusion, écrit Bourgault. À la limite, c'est ça, un vote raciste. Mais personne ne le souligne, personne ne le remarque. [...] Oui, tous les votes sont égaux. C'est pourquoi la majorité francophone, qui le croit, divise son vote et perd. C'est pourquoi la minorité anglophone, qui ne le croit pas, vote massivement du même bord, et gagne[14].

Bourgault se dit un fervent défenseur du métissage. Il rejette cependant toute la logique du ghetto, aussi bien pour les homosexuels que pour les différentes communautés ethniques. À cet égard, la politique de multiculturalisme mise en place par le gouvernement Trudeau lui semble être une erreur grave. Républicain dans l'âme, Bourgault ne voit pas pourquoi l'État devrait se mêler de soutenir des religions ou des communautés en tant que telles. La politique de multiculturalisme conduit « chacun dans sa petite communauté, chacun dans sa petite identité, chacun dans son ghetto ». Or, tout cela a pour effet d'ériger des murs supplémentaires d'incompréhension mutuelle.

Durant la campagne référendaire, bien conscient de l'influence que l'ancien président du RIN peut exercer auprès de ses troupes, Parizeau tente de se racheter. Il demande humblement à Bourgault de faire sa part et se montre prêt à s'excuser si cela peut le faire vite revenir en piste. Jacques Parizeau se rend même à son appartement, rue Mont-Royal, pour plaider la nécessité de sa participation pleine et entière à la campagne référendaire.

Blessé jusqu'au tréfonds de l'âme, Bourgault laisse alors sa vanité tout dicter au sens de son action. Pour accepter un retour, il exige rien de moins que de pouvoir prendre la parole à une assemblée en compagnie des trois chefs politiques unis pour cette campagne déterminante : Lucien Bouchard, du Bloc québécois, Mario Dumont, de l'Action démocratique, et Jacques Parizeau, du Parti québécois ! Rien que cela ! Bourgaut n'est pas alors – il ne le sera jamais – l'incarnation de la modestie souriante.

Évidemment, comme Bourgault ne représente aucun parti, sinon celui d'une idée, sa présence sur une telle tribune ne saurait se justifier en regard du protocole politique. Même si Parizeau peut à la limite accepter pour lui-même cette entrave aux convenances, il lui est impossible de faire triompher une idée pareille auprès de ses deux acolytes. Parizeau est donc obligé de faire un pas en arrière et d'essuyer des paroles dures et amères lancées par Bourgault. L'ancien président du RIN ne bronche pas. Il continue de jouer la diva froissée et maintient tout sec son refus de sortir de chez lui. En somme, il se bannit lui-même d'un rôle réel au cœur de la campagne référendaire de 1995.

C'est un Parizeau déçu qui quitte l'appartement du tribun pour remonter dans sa voiture de fonction, où l'attendent son chauffeur et son garde du corps. Mais au moins a-t-il la satisfaction d'avoir tenté le coup, comme il le dira plus tard : « Ça valait au moins la peine d'essayer. »

La présence de Bourgault au cours de cette campagne aurait-elle vraiment changé quelque chose à son issue ? Le tribun aurait-il fait gagner des voix à la cause ou aurait-il à nouveau perdu pied dans les ornières de la bien curieuse vie politique québécoise ? Nous ne le saurons jamais. Et, bien entendu, l'histoire n'a pas à être réécrite sur la base de projections qui relèvent de la fiction. Un fait lourd demeure, immuable : le référendum d'octobre 1995 est perdu.

Au final, le camp du Non l'emporte par une mince majorité de seulement 54 288 votes. Le taux de participation, record, dépasse les 90 %. Au soir de la défaite, une déclaration d'un Jacques Parizeau fatigué et visiblement sous l'emprise de l'alcool jette l'effroi et semble envoyer valser dans le décor bien des efforts déployés pour le rapprochement des différentes composantes sociologiques du Québec. Le référendum a été perdu à cause de l'argent et des votes ethniques, affirme Parizeau.

Vraiment?

En ce qui concerne l'influence de l'argent, les enquêtes menées et des révélations faites dans les semaines et les mois qui suivent le résultat montrent bel et bien qu'un bon nombre de règles électorales ont été enfreintes. Mais, pour les votes ethniques, l'affaire a plus de mal à être défendue. À qui la faute? Après tout, même la population des environs de la ville de Québec, francophone et majoritairement de souche canadienne-française ancienne, s'est opposée à un changement politique dont elle serait pourtant une des toutes premières à tirer massivement profit. Que dire encore de la responsabilité des francophones de l'Outaouais, qui ont aussi voté contre le projet indépendantiste? Les citoyens plus âgés, les Amérindiens et les abstentionnistes ou même une combinaison de plusieurs de ces facteurs pourraient aussi expliquer le résultat final.

Au lendemain de la défaite d'octobre 1995, l'idée de l'indépendance semble partie dans le décor, même si elle n'est pas abandonnée, comme ce fut le cas après 1980 par René Lévesque. D'un naturel batailleur et confiant, Jacques Parizeau en appelle plutôt à se relever les manches, à se cracher dans les mains et à recommencer. Il n'en est pas moins lapidé à son tour sur la place publique pour avoir tenu de tels propos au soir de la défaite.

Ce référendum perdu marque pour Bourgault le dernier grand échec de la réalité politique par rapport à ses espoirs. À compter de ce naufrage – qui permet néanmoins aux indépendantistes d'enregistrer leur meilleur résultat depuis 1960 – Bourgault laisse plus que jamais libre cours à son hédonisme.

Plutôt que de s'étendre dans le fossé de cette nouvelle déception politique, il se permet de satisfaire comme jamais ses plaisirs, en mettant parfois en veilleuse, pour ce faire, une part de sa lucidité critique. Ses transes au sujet du vin et d'autres objets de consommation apparaissent de plus en plus comme des dérivatifs masquant entre autres une certaine déception quant aux résultats de son action sociopolitique.

Des idées de livre lui viennent encore en tête. Mais la plupart de ses projets d'essai ou de roman ne voient pas le jour, tout simplement parce qu'il ne s'applique pas le moins du monde à les mener à terme. Chez certains éditeurs, qui en viennent à le croire paresseux, on continue pourtant d'attendre ses livres promis, après l'avoir entendu plaider le génie de son prochain livre en devenir…

À partir de 1996, Bourgault devient chroniqueur régulier au *Journal de Montréal*, le quotidien francophone ayant le tirage le plus élevé au Québec. Cette tribune populaire aux accents souvent populistes sera son dernier refuge au royaume de la presse écrite. Rien ne laissait penser auparavant qu'il travaillerait un jour pour ce journal qui avait accueilli autrefois René Lévesque comme chroniqueur. À l'égard de ce quotidien de Pierre Péladeau, Bourgault a en effet toujours été très critique avant d'y mettre les pieds, surtout à l'époque où on préférait y imprimer des photos de filles nues ou à peine vêtues plutôt que de l'information digne de ce nom. Au cours de sa carrière dans la presse écrite, Bourgault aura collaboré à un grand nombre de quotidiens en tant que chroniqueur, dont *The Gazette*, *The Globe and Mail*, *Le Devoir* et *La Presse*.

En 1996, pour la rentrée d'automne, il annonce haut et fort un livre devant traiter, entre autres choses, du système de santé au Québec. Il veut aussi aborder sa propre histoire récente. Les derniers temps ont été pour lui difficiles : congédiement par Jacques Parizeau, deux pontages coronariens à l'Hôtel-Dieu, la mort de son chien Bito. « Ç'a été une année d'enfer », dit-il [15].

Georges-Hébert Germain se trouve chez son ami Bourgault le jour où son chien Bito, un animal adoré, expire son dernier souffle. Bourgault est dans un tel état d'effondrement, couché sur son chien, sanglotant, que Germain se trouve presque pris de panique à l'idée que le maître, fragile du cœur, puisse lui aussi rendre l'âme sous le coup d'une si violente émotion. Et s'il fallait annoncer la mort de Bourgault, terrassé par un arrêt cardiaque ?, se demande-t-il. C'est Georges-Hébert Germain qui débarrasse l'appartement du cadavre de l'animal, devant un Bourgault complètement effondré. « Ce chien-là a la même importance pour moi que Georges-Hébert a pour vous », avait-il déjà affirmé à la compagne de Germain [16].

Oui, ces derniers mois ont été pour lui, sans conteste, extrêmement difficiles.

Problème cardiaque ou pas, il n'a pas cessé de fumer. Même à l'hôpital, dans sa chambre ! Il crâne, comme toujours. Il raconte même à ses amis que les médecins ont trouvé qu'il avait de beaux petits poumons tout roses, lui qui tousse déjà souvent à s'en arracher les bronches...

Contre vents et marées, Pierre Bourgault défend et défendra la cigarette jusqu'à en mourir : « Tous s'entendent sur la nocivité de la cigarette. Mais seuls les fumeurs en connaissent le plaisir [17]. »

Sa logique à l'égard du tabac défie l'entendement. Lorsqu'il est question de la cigarette, il manie le sophisme plus que jamais et ne vise, au fond, qu'à continuer de s'abuser lui-même un peu plus longtemps. Il s'explique plus d'une fois sur son usage du tabac par des entourloupettes cérébrales n'arrivant qu'à souligner son besoin de justifier sa dépendance. « Je n'ai jamais été un militant du tabagisme, dit-il. Moi aussi, j'en connais les inconvénients et je n'encourage personne à s'y adonner. Mais je fume et j'ai bien l'intention de continuer de le faire, ne serait-ce que pour faire chier ces militants antitabac qui commencent à me taper sur les nerfs pas à peu près [18]. »

Dans son livre, il souhaite évoquer sa propre expérience du système de soins de santé afin d'en considérer la valeur. « Ce qu'on en dit, c'est de la foutaise. Oui, on attend à l'hôpital, mais les soins sont excellents. »

Cet essai, qui ne verra pas le jour mais qui est annoncé plusieurs fois, doit aussi lui permettre de régler des comptes. « Personne ne sait ce qui s'est passé entre le jour où Parizeau m'a engagé et le référendum, déclare-t-il à Micheline Lachance. Je vais tout raconter. » Mais il ne dira rien.

Le même livre, prévu à l'origine chez Lanctôt éditeur, doit paraître en fin de compte dans une autre version chez VLB éditeur et s'appeler plutôt *Le Grand Bluff*. Un contrat est signé. L'avance consentie à l'auteur est dûment encaissée. Le manuscrit, lui, n'arrivera jamais ! Personne n'en aura vu l'ombre d'une simple page. Pour rembourser sa dette contractée à l'égard de cet éditeur, Bourgault donne à publier, en 1999, un recueil de ses articles parus précédemment au *Journal de Montréal*. À la demande de l'éditeur et avec l'accord de Bourgault, j'en fais moi-même un premier tri, rejetant les textes trop circonstanciés et ceux qui, par un effet d'accumulation sur un sujet donné, finissent par produire des redites.

De bout en bout, ce projet de livre ne donne l'impression d'intéresser Bourgault que dans la stricte mesure où il lui permet d'effacer
une dette. Le polémiste ne passe alors qu'une ou deux fois au
bureau de la rue De La Gauchetière pour rencontrer son éditeur et
convenir, sans réel intérêt, de quelques modalités de production :
photos, corrections, promotion.

Au Salon du livre de Montréal, quelques semaines plus tard,
Pierre Bourgault arrive distant comme un prince qui passe acclamé.
Il apparaît en fait aussi amer que distant, même avec un bon verre
de vin rouge à la main. Il accepte bien sûr de signer des dédicaces
et d'échanger quelques mots avec des gens, parfois nombreux,
qui viennent lui dire ou lui redire leur admiration. Mais il chasse
volontiers, et sèchement, ceux qui semblent vouloir parler un peu
plus longtemps que les autres. Il n'a visiblement aucune envie de
partager sa vie avec le public et ne se trouve là que par convenance.

« L'homme qui écrit n'est jamais seul », disait Paul Valéry.
Bourgault, lui, semble très seul et tient visiblement à le rester,
du moins dans une certaine mesure.

Dans ces années de l'après-référendum, c'est un perroquet
nommé Isabelle qui lui tient le plus fidèlement compagnie. L'animal, un oiseau gris d'Afrique au plumage cendré et à la queue
rouge, complète à merveille l'univers de la grande volière rose installée au milieu de son appartement, décoré de quelques masques
du continent noir et d'objets achetés ici et là, le plus souvent
à grand prix. Lui qui n'a jamais vécu vraiment avec quelqu'un
se retrouve en permanence avec le plus bavard des perroquets.
Selon plusieurs témoins, l'animal se promène librement tout en
toussant exactement comme son maître ! Isabelle s'adresse très
volontiers au chien de la maison : « Tu veux aller dehors ? » Le
perroquet demande aussi, toujours très galamment : « Qu'est-ce
que tu racontes, ma beauté d'amour ? » Il capte pour ainsi dire
les phrases-clés du maître des lieux. Il imite même la façon habituelle dont Bourgault met un terme abrupt aux conversations
téléphoniques : « OK, bye ! Clak ! »

Photo promotionnelle pour l'émission Point de vue *diffusée au cours de la saison 1997-1998 sur les ondes de Télé-Québec.*

Mais l'oiseau en liberté laisse sur le plancher un grand cercle blanc nauséabond qui marque autant son périmètre principal d'activité que la nonchalance de son maître à l'égard de ses excréments. « Ce n'était jamais très propre chez Bourgault », se souviendra Georges-Hébert Germain, qui a l'habitude d'y débarquer régulièrement pour siffler une bonne bouteille de vin avec son ami. « On pourrait même croire qu'il faisait exprès, autant avec Isabelle qu'avec ses autres animaux, pour être un peu dégoûtant, jusqu'à aller faire manger les bêtes dans son assiette, sur la table [19]. »

Alors qu'un volatile aussi dispendieux qu'un perroquet gris d'Afrique peut vivre facilement un demi-siècle, celui de Bourgault, qui a quatre ans lorsque celui-ci en fait l'acquisition, meurt en moins de 24 mois. Cyniques, quelques-uns de ses amis diront que, lorsque le perroquet toussait devant eux, il n'imitait pas son maître, comme tous le pensaient, mais se mourait vraiment de la fumée secondaire des Gitanes !

En parallèle à ses activités au *Journal de Montréal*, Bourgault tient, à la radio de Radio-Canada, une nouvelle chronique à l'invitation de son amie Marie-France Bazzo. À l'automne 2002, la chronique devient un rendez-vous quotidien. Privilège rare, Bourgault participe à *Indicatif présent* depuis le confort de sa maison : les techniciens de Radio-Canada, luxe ultime, ont fait tout le nécessaire pour rendre parfaite la communication avec le studio. De la radio à domicile, il rêvait d'en faire au moins depuis le début des années 1980 [20] ! Voilà son désir exaucé.

Au *Journal de Montréal* tout comme à la radio de Radio-Canada, Bourgault continue de se livrer à des exercices de rationalisation, à des analyses intelligentes, souvent généreuses, toujours accessibles.

Le « pape » du Plateau ou l'« empereur » du Plateau : c'est ainsi que, jour après jour, à la radio de Radio-Canada, Marie-France Bazzo qualifie son ami et mentor au moment de présenter sa chronique. Sans doute est-ce au nom de l'humour, mais la constance semble s'approcher tout de même un peu du radotage lorsque, aux fins de la rédaction d'une biographie, on se trouve dans l'obligation d'écouter toutes les bandes de ces chroniques les unes à la suite des autres...

Pour quiconque aurait pu encore l'ignorer, le caractère quotidien de sa chronique fait en sorte de rappeler continuellement aux auditeurs que Bourgault habite alors le Plateau Mont-Royal, quartier à la mode situé en périphérie immédiate du centre-ville de Montréal. Sa dernière résidence est sise au-dessus d'un ancien atelier de couture, un atelier de petit commerçant comme ce quartier ouvrier en comptait beaucoup avant d'être radicalement transformé, en moins d'une décennie, par l'arrivée massive de jeunes professionnels.

Au début des années 1990, à mesure que les maisons sont réaménagées en condominiums et que les vieux commerces se métamorphosent en restaurants branchés, l'univers populaire de ce Plateau d'autrefois, celui dont l'œuvre de Michel Tremblay s'est faite le témoin par excellence, change du tout au tout. Dans les rues, plus de livreurs à bicyclette revêtus, été comme hiver, d'un sarrau trop court et maculé du sang de la boucherie. Dans les restaurants, plus de serveuses au milieu de leur vie, avec des cheveux gonflés comme les meringues de ces tartes au citron qu'elles offrent à leurs clients.

Les nouveaux propriétaires du quartier s'éreintent à décaper les boiseries des appartements. Les couches de linoléum accumulées sans cesse sur les planchers de cuisine sont arrachées pour le plaisir de jeunes couples qui croient découvrir dans le grain du bois ancien le plaisir renouvelé de la vie. Partout dans ce quartier, des promoteurs plus ou moins habiles achètent des immeubles et font grimper en flèche le prix de logements qui n'avaient été habités jusque-là que par des familles ouvrières nombreuses aux revenus modestes.

Le Plateau Mont-Royal de Bourgault est l'habitat d'une faune qui se nourrit autant d'un certain luxe que du commerce public de ses relations de bon goût. Les restaurants, les cafés, les intellectuels et tous ceux qui se considèrent comme tels y pullulent. Au moment où Bourgault hante ces lieux, le secteur compte le plus haut taux au pays de diplômés en sciences sociales au kilomètre carré. Pour plusieurs Montréalais, les nouveaux venus suractifs qui composent la faune du nouveau Plateau apparaissent vite à l'image de leurs maisons : surévalués. L'homme du Plateau devient une caricature.

Bourgault vit dans ce milieu-là, tout à son aise, logé dans un grand loft où il a fait installer une porte de garage métallique qui lui permet, en s'ouvrant l'été venu, d'adjoindre à son univers intérieur un vaste espace extérieur fleuri auquel il prodigue ses meilleurs soins.

L'heure de la retraite de l'université sonne en 2000. Au moment de se retirer, Bourgault fustige encore, plus que jamais, le système d'enseignement. Cet univers est selon lui dominé par des fumistes. En bon polémiste, il frappe fort, sans toujours mesurer la force des coups qu'il porte à ce système. Il faut, affirme-t-il, « lutter contre le ministère de l'Éducation, la pire chose qu'on ait. C'est un charabia d'universitaires et de spécialistes qui ne savent pas de quoi ils parlent, qui inventent des mots, qui improvisent. Ces gens-là trônent et ils ne sont pas imputables de leurs gestes et décisions [21]. »

Au moment de quitter l'Université du Québec à Montréal, il regrette encore que le paysage étudiant ne soit plus le même qu'à ses débuts. La proportion des filles est désormais très élevée. Plus que les garçons encore, les filles lui semblent particulièrement mal préparées à la vie, du moins selon ce qu'il confie à son amie Marie-Hélène Roy. Bourgault constate aussi que les jeunes passent désormais de moins en moins de temps dans l'enceinte de l'université. Ils ont presque tous un emploi leur permettant de payer leurs études et, souvent, une auto qui leur permet de travailler. Le militantisme étudiant brille par la croissante perfection de son inertie. L'individualisme se dessine partout, lourdement, à ce qu'en juge Bourgault. Mais ce constat est-il bien nouveau et, surtout, est-il juste ? Bourgault n'est-il pas lui-même en train de projeter sur les jeunes le reflet de quelques-uns de ses propres regrets personnels ?

Dès le début des années 1970, Bourgault se plaignait déjà du désengagement considérable des étudiants et réclamait, afin de renverser la tendance, que le Parti québécois lui organise une tournée des établissements scolaires. Quand on y regarde à deux fois, le portrait de l'enseignement qu'il trace à la fin de sa carrière n'est pas tellement différent de celui qu'il a fait à son début, même si certains changements sont indéniables. Au fond, à mesure que les générations passent, Bourgault ne change guère de discours. Et peut-être les jeunes changent-ils moins eux aussi qu'il n'y paraît à seulement écouter Bourgault.

Retraite ou pas, l'éducation continue de le fasciner. Sa nouvelle vie, menée désormais complètement à l'écart de l'enceinte universitaire, lui permet de jouir d'un confortable régime de retraite et de se consacrer plus librement que jamais à l'écriture de ses textes pour *Le Journal de Montréal* ainsi qu'à ses chroniques pour la radio.

Les échecs amoureux répétés, loin de l'endurcir, n'ont fait qu'enraciner un certain désarroi, étouffé en lui tant bien que mal grâce à des amours factices. Mais, peu à peu, le désir même de séduire un être en particulier l'abandonne. L'usage des parfums de Christian Dior, qu'il apprécie, n'y change rien [22]. Il sait qu'on se fait beau, qu'on s'habille et qu'on se parfume pour quelqu'un. Il a à peu près abandonné sa course effrénée à la séduction après avoir perdu Malec, sa dernière grande passion. Beau comme un dieu grec à qui on ne peut demander rien d'autre que d'exister, le jeune homme, en proie à un constant et profond désarroi, a décidé d'en finir avec la vie. De son suicide, Bourgault ne se remet pas vraiment. Jusqu'à la fin de sa propre vie, il conserve d'ailleurs à la maison une grande photo du jeune homme, bien en vue, même si d'autres garçons passent par la suite chez lui. À défaut d'avoir pu établir une relation durable avec quiconque, Bourgault deviendra, jusqu'à la fin de sa vie, un amateur des amours plus ou moins tarifées.

La vie amoureuse de Bourgault est demeurée à jamais une sorte de gouffre dans lequel il a éprouvé à l'occasion, au mieux, certains vertiges agréables. « Je ne lui ai jamais connu de véritable intérêt amoureux pour quelqu'un », affirmera Suzanne Lévesque, entre autres témoins de ce vide béant et de ses conséquences[23].

Au fond, l'amour de Bourgault qui dure le plus est celui qu'il entretient depuis son enfance avec les plaisirs qu'offrent l'univers urbain et les animaux domestiques. On pourrait d'ailleurs être tenté de croire que cette passion pour les bêtes et son dévouement pour elles s'expliquent en partie par la déception que lui a causée le refus du monde de comprendre son amour et son besoin de recevoir son affection. Mais bien sûr, des accents de tendresse pour un chat, un chien ou un oiseau, cela relève d'un tout autre type d'amour que celui qui prédispose à la tendresse entre êtres humains.

Malgré sa passion pour les bêtes et une brève incursion du côté de la campagne, Bourgault reste, toute sa vie, un homme du macadam. En fait, la notion même de ville compte pour beaucoup dans son existence. Pour peu qu'on soit attentif, on se rend compte qu'il a sans cesse témoigné, tout au long de son existence, de son rapport fondamental avec la vie urbaine. La ville, c'est d'abord pour lui une suite de climats culturels et d'éléments divers qui bougent sans cesse, mais qui finissent néanmoins par offrir un certain équilibre à qui souhaite connaître des expériences variées et stimulantes. Pour un homme d'action tel que lui, la ville est nécessaire.

Dans les dernières années de sa vie, même s'il n'est pas question de quitter la métropole québécoise, il songe néanmoins à abandonner ce grand loft du Plateau Mont-Royal dont il parle sans cesse comme d'un paradis. Cet appartement est devenu alors tout à la fois le cœur et les limites mêmes de sa vie montréalaise. S'il songe à le quitter, c'est pour pouvoir plus facilement maintenir son train de vie ailleurs que dans ce quartier où, sans raison vraiment valable, la vie s'avère de plus en plus chère.

La vie du Bourgault des dernières années s'est pour ainsi dire condensée peu à peu dans un appartement. Même s'il habite à un coin de rue du *Journal de Montréal,* il ne s'y rend pratiquement jamais. Les amis et les connaissances qui souhaitent le voir passent chez lui. Bourgault ne se déplace pas ou, enfin, le moins possible.

Qui oserait le déranger en avant-midi, pendant qu'il écrit ou lit, verrait vite de quel bois il est capable de se chauffer à ce moment-là. Affable à ses heures, Bourgault montre son caractère bouillant à quiconque le dérange.

Chaque matin, il dévore ses journaux, en anglais et en français, puis rédige ses articles ou, à tout le moins, le plan de chroniques à venir. Il s'installe, pour ce faire, à sa table ou sur sa jolie terrasse, avant d'utiliser son ordinateur où s'affichent en fond d'écran quelques adonis. En début de soirée, après les conversations téléphoniques quotidiennes et l'apéro, il regarde la télévision sur un immense écran de 65 pouces, un grand format encore assez peu commun au moment où il en a fait l'acquisition. Dans l'espace de sa cuisine, un grand frigo et un immense cellier pour conserver, dans les meilleures conditions possibles, quelque 400 bouteilles de bon vin et de champagne fin. Avec ses amis, il aime boire et bien boire. Seul, il boit surtout et très volontiers de la piquette, constate Franco Nuovo. Mais il boit. Beaucoup, diront certains. Trop, diront d'autres.

Son étrange et soudaine passion pour les voitures s'est amoindrie à mesure qu'a disparu son goût pour l'idée même de tout déplacement. Il a troqué sa puissante Torpedo contre une simple petite Mazda, dont il trouve pourtant à parler avec joie à la radio, comme si cet amas de tôle pliée au goût du jour constituait vraiment un petit miracle de jeunesse au milieu d'une existence en déclin.

Les fièvres de la consommation continuent de l'étourdir. L'hédonisme est devenu chez lui la marque de quelqu'un dont certains espoirs se sont effrités. Il magasine dans Internet mille et une choses pour la maison, depuis les meubles « modernes » jusqu'à la vaisselle en passant par tous les gadgets possibles. Au téléphone, il discute sans fin avec des amis au sujet des mérites et de l'intérêt de nouveaux rideaux, de verreries, de celliers, de ceci et cela, comme s'il s'agissait d'enjeux tout à fait majeurs. Lorsqu'une question du genre excite son imagination, la conversation apparaît sans fin possible tant il narre jusqu'aux menus faits.

> Il n'avait plus vraiment d'enthousiasme à l'égard de la politique, racontera Suzanne Lévesque. Il n'en parlait plus tellement en privé. Il était blessé par le sort que la société lui avait réservé, sans doute incapable qu'elle était de le saisir dans sa complexité. Il s'était en conséquence organisé une vaste entreprise pour s'endormir et oublier tout cela. Il passait ainsi un temps énorme à se préoccuper de choses superficielles auxquelles il ne s'intéressait pas vraiment, je crois. Il se perdait dans toutes sortes d'insignifiances reliées au monde de la consommation, y compris la consommation des corps et de l'amour. Je crois qu'il a tenté ainsi de renoncer à une partie de lui-même, sans pour autant arriver à se berner tout à fait, comme le montre l'extrême lucidité de ses derniers textes [24].

Dans la vie comme sur les ondes de la radio publique, Bourgault joue de plus en plus volontiers un rôle de vieux sage ou de vieux clown, selon le sujet, faisant parfois alterner les deux genres au sein d'un même ensemble.

À la radio, sa pensée se montre plus resserrée que jamais. Invariablement, il parle d'abord de tout et de rien, puis il glisse d'un coup sur son sujet principal avec beaucoup de mordant, avant de s'empresser de conclure.

Est-ce en raison de cette incapacité chronique à prendre la parole sans pratiquement s'étouffer que ses interventions radiophoniques sont désormais toujours confinées à un espace temporel de moins de sept minutes ? Il est vrai que la radio, en ce début de millénaire, tolère de moins en moins des interventions qui sortent beaucoup d'un périmètre temporel étroit. Sept minutes, selon les critères de la radio commerciale, c'est presque une éternité !

À un âge somme toute assez peu avancé, Pierre Bourgault ne déteste pas l'idée qu'il soit devenu une sorte de monument national. À Marie-Hélène Roy et Franco Nuovo, deux de ses amis de la dernière heure, il laisse entendre qu'ils sont rien de moins que de parfaits idiots de ne pas savoir profiter de la chance qu'ils ont de réaliser avec lui, pour la télévision bien sûr, ses mémoires ou quelque chose qui s'en approcherait !

Bourgault aime user de sa parole pour consigner dans l'air du temps la substance de sa vie d'hier. Il a cette façon bien à lui de sans cesse se raconter, tout en prétendant qu'il déteste le faire ou qu'il ne le fait, au fond, que parce qu'on le lui demande. À l'en croire parfois, il ne parlerait même de lui que pour rendre service ! Ne serait-ce qu'à la radio, où il est pourtant libre de toute contrainte, pourquoi évoque-t-il si souvent des pans entiers de sa propre histoire si ce n'est pour s'assurer, dans l'avenir, de la juste évocation de sa mémoire ?

Ses souvenirs, sa mémoire, son histoire ? Parfois, tout cela est un peu arrangé, on le sent d'emblée, puis on le constate en cherchant et en grattant. Mais son indéniable talent de conteur fait souvent en sorte que le vrai devient presque indiscernable du faux. Sa propre histoire apparaît ainsi telle une ellipse agréable qui lui évite, entre autres choses, de devoir vraiment parler de lui au présent. Bourgault demeure installé sur un socle du passé qu'il entretient avec attention.

Même si Bourgault répète depuis toujours qu'il ne s'intéresse pas aux souvenirs, on sent chez lui, et de plus en plus à mesure que sa vie défile, un intérêt pour ce temps en apparence immobile qui s'appelle l'Histoire.

Mais Bourgault continue aussi d'adorer l'air du temps. Tout passe dans ses chroniques, pourvu qu'il puisse y être question aussi un peu de lui et de ses toutes dernières passions les plus légères. De quoi parle-t-il exactement ? Vraiment de tout. De la circulation automobile sur un grand boulevard de Montréal jusqu'à la politique étrangère du gouvernement Bush. De la politique du Parti libéral et du Parti québécois jusqu'au prosélytisme international des raéliens. Il s'intéresse aux dérapages des animateurs de radio en région – dont il fut d'ailleurs victime dans un effort pour contrecarrer lui-même le succès d'André Arthur, en acceptant d'animer une émission à Québec. Tout y passe, d'autant plus que tout cela est sans cesse enveloppé de considérations badines sur le Plateau

Mont-Royal, où ses propres réalisations en matière d'horticulture lui apparaissent fondamentales.

À travers ce disparate ensemble de préoccupations se dégage très distinctement encore une prédilection de fond pour la chose politique, entendue au sens le plus large. De Jean Charest, il se méfie, mais il estime très favorablement le fait que l'homme a annoncé son véritable programme électoral longtemps avant les élections. Il peste contre Mario Dumont, fils du Parti libéral, qui affirme ne pas vouloir montrer ses couleurs exactes avant un moment[25]. Le Parti libéral continue de lui sembler être une bête curieuse qui ne cesse, par sa propre descendance, d'engendrer sa principale opposition, comme ce fut le cas de René Lévesque et comme cela l'est encore de Mario Dumont. Bourgault croit que les libéraux se porteraient vraiment mieux s'ils avaient à leur tête une femme comme Lisa Frulla, une femme certainement capable, juge-t-il, de devenir la toute première à occuper les plus hautes fonctions de l'Assemblée nationale[26]. En politique, Bourgault a toujours tenu en très haute estime les femmes, espérant de longue date les voir assumer les fonctions étatiques les plus importantes.

Sur la scène internationale, il s'intéresse toujours de près aux États-Unis et critique durement le président américain. Le président Bush, le second du nom, le désespère. « Je veux dire que si M. Bush est dangereux pour le reste du monde, il est dangereux pour les Américains eux-mêmes[27]. » Après avoir soulevé quelques-unes des contradictions propres à ce pays qui agite le drapeau de la liberté alors qu'il n'accorde pas cette même liberté à tout le monde, Bourgault en conclut que les États-Unis ne constituent qu'un paradis artificiel qui attire néanmoins des millions de gens de partout dans le monde grâce à un beau rêve. « Quand on est en enfer, on ne se demande pas si le paradis dont on rêve est réel ou artificiel. C'est le rêve qui compte[28]. »

Bourgault s'intéresse aussi de près au sort des réfugiés au Canada, en particulier celui des Algériens. Il s'en prend au manque d'humanité de certaines politiques canadiennes à l'égard des immigrants et défend l'arrivée de ressortissants maghrébins, de plus en plus victimes d'une psychose antiterroriste après les événements du 11 septembre 2001. « On a accusé le Québec, à cause de sa politique de recherche d'immigrants de langue française, de faire venir plein de gens du Maghreb, des musulmans, parmi lesquels sans doute se trouvent plusieurs terroristes[29]. » À Ottawa, dit-il, on a pris ce moyen-là pour expulser des Algériens du pays qui sont en fait installés paisiblement au Québec. Cette position lui répugne. Il la dénonce donc, et plus d'une fois. « En Algérie, aujourd'hui, tout le monde est menacé. [...] Et on va les retourner quand même ? Voilà la belle générosité de notre beau pays. »

Le Bourgault au soir de sa vie se montre très favorable aux apports possibles de l'immigration à sa société. Il en défend les principes humanitaires. À plus d'une reprise.

Quand le nouvel arrivant devient-il Québécois ? Selon lui, il faut prendre en compte la responsabilité de l'immigrant : il doit s'ouvrir à la société d'accueil. « C'est un devoir », affirme-t-il. Mais plus encore, il évoque la responsabilité de « l'indigène qui doit, lui, accueillir plus rapidement et plus généreusement celui qui arrive. Mais, si nous ne le faisons pas, nous allons en rester avec cette idiote parodie de l'immigration qui consiste à dire que "Nous sommes tous des immigrants". Ce n'est pas vrai ! Ça n'a aucun sens. Si c'était vrai, cela voudrait dire que nous sommes des immigrants pour l'éternité. Il y a des immigrants et il y a les citoyens du pays[30]. »

Après quelque temps, quelques mois, quelques années, l'immigrant devient un citoyen, explique Bourgault. « Il faut garder la mémoire de ses origines, mais on ne peut pas refuser non plus de lui ajouter de la substance. Parce que la mémoire se construit par strates. » Il faut pouvoir ajouter à cette mémoire de l'étranger, croit-il, la mémoire du pays d'accueil, comme un citoyen qui passe d'une ville à une autre accumule les expériences vécues dans ces lieux.

> On n'est pas d'où l'on vient mais d'où l'on est rendu. Moi, je viens d'East Angus dans les Cantons-de-l'Est. Mais je suis montréalais. Et je ne dis pas que je viens d'East Angus, que je suis citoyen d'East Angus. Lise Payette affirmait qu'elle était une fille d'un quartier pauvre, qu'elle venait de Saint-Henri, alors qu'elle

vivait dans le quartier cossu d'Outremont : cela n'avait aucun sens.

La situation au Moyen-Orient est une autre de ses grandes préoccupations politiques. Qu'adviendra-t-il de la Palestine face à Israël ? « Je pense que ça va aller plus mal avant d'aller mieux. Je pense que, à un moment donné, ça va aller si loin que même en Israël, l'opinion publique va bouger plus rapidement qu'elle ne bouge maintenant. Et si, par hasard, il n'y avait plus aucune attaque de kamikaze en Israël, il est certain que l'opinion publique bougerait très rapidement et que, peut-être à ce moment-là, la gauche, le mouvement pour la paix, pourrait faire des progrès [31]. » Vraiment ?

En septembre 2002, lorsque les bâtiments de l'Autorité palestinienne sont cernés par l'armée israélienne, Bourgault se penche une fois de plus sur la situation de ce peuple en exil depuis 1947. « On est en train de recréer là l'histoire même des Juifs avec la diaspora. C'est dans cette situation qu'on va jeter les Palestiniens [32]. » La société israélienne, regrette-t-il, est en train de se disloquer puisqu'elle agit contre ses propres principes démocratiques. Il y reviendra plusieurs fois, s'appuyant sur d'accablants rapports d'Amnistie internationale, mais il se permettra néanmoins toujours de badiner quelque peu en marge de ces interventions, comme si cela allait de soit de parler du Moyen-Orient mais de glisser au préalable quelques mots sur l'existence d'un petit cochon qui, soudain, fait figure de mascotte dans certains bars à la mode de son Plateau Mont-Royal [33].

Une de ses têtes à claques préférées dans les derniers temps de sa vie demeure Pierre Bourque, ce maire de Montréal à la pensée empotée. Il décoche à son endroit des flèches assassines, touchant presque au libelle, le traitant à répétition, par exemple, de « fou » dangereux. Tout juste derrière le maire Bourque, on trouve cette autre cible de choix qu'est Mario Dumont, jeune politicien ambitieux aux dents bien longues. Bourgault est sidéré par la montée de Mario Dumont et de son petit parti de droite où quelques intellectuels souvent confus gloussent d'aise [34]. La façon de penser de ce jeune politicien du bas du fleuve, pétri par les libéraux, énerve profondément Bourgault. Les idées qu'avance ce promoteur du néolibéralisme lui apparaissent à courte vue. À vrai dire, il ne supporte pas plus ses idées que sa façon de parler et sa façon de s'habiller… Le rejet du jeune chef politique s'avère viscéral. Bourgault affiche publiquement et sans se gêner son plus grand mépris pour tous ces jeunes trop vieux qui ressemblent à Mario Dumont.

Parmi nombre de déclarations du jeune chef de l'ADQ, il critique entre autres durement sa volonté d'abolir la sécurité d'emploi dans la fonction publique. « Moi, j'ai toujours proposé un contrat de cinq ans renouvelable, pour permettre des évaluations, et la sécurité d'emploi totale à partir de cinquante ans, puisqu'il est difficile, à partir de cet âge, de se trouver un autre emploi [35]. » Tout n'est pas aussi simple que « Mario » l'affirme, ne cesse jamais de rappeler Bourgault. « Plus on va pouvoir poser des questions et moins il répondra ou répondra tout croche [36]. »

Bourgault ne manque pas une occasion non plus de décrier Stéphane Dion. Cet ancien professeur d'administration publique à l'Université de Montréal, devenu le maître à penser du gouvernement de Jean Chrétien, tente d'imposer davantage encore aux Québécois le fédéralisme canadien à la sauce de Pierre Trudeau. Bourgault considère Dion comme un être suintant la haine et il le voit comme ce qu'il y a à peu près de plus méprisable dans la politique canadienne. « Un être malfaisant », résume-t-il un jour [37].

Malgré son expérience politique personnelle malheureuse lors de la campagne référendaire de 1995, Bourgault continue en public de défendre bec et ongles Jacques Parizeau. Il soutient en particulier le droit de l'ancien premier ministre de prendre la parole sur la place publique, un droit que plusieurs voudraient lui soustraire sous prétexte d'un « devoir de réserve ». Ce devoir, surtout lorsqu'il est confondu avec l'obligation de se taire, arrange beaucoup de gens qui ne peuvent souffrir d'entendre l'ancien premier ministre disséquer à sa façon quelques idées toutes faites qui ont parfois la vie trop belle sur la place publique [38].

Dans une société où les véritables débats sont rares, comment pourrions-nous vouloir faire taire l'homme libre qu'est l'ancien premier ministre, demande Bourgault ?

En politique, le chroniqueur vedette du *Journal de Montréal* s'intéresse aussi de plus en plus, comme sa société, aux questions liées à l'écologie. Il observe les possibilités de mise en œuvre du protocole de Kyoto sur la réduction des gaz à effet de serre ; il s'intéresse à l'agriculture dans le monde et aux agricultures nationales en tant que fondements du développement social ; il s'oppose à l'attribution de brevets sur le vivant aux grandes entreprises qui ont fait de la génétique un nouveau ferment du profit à tout prix [39].

À vrai dire, les sujets traités par Bourgault dans le cadre de ses chroniques sont presque innombrables. Le chroniqueur aborde au moins huit sujets différents par semaine. « Cinq à la radio et trois dans le *Journal de Montréal*, explique-t-il lui-même. Je ne m'en plains pas puisque je trouve que ce sont des tribunes extraordinaires. Ce qui fait que moi, je n'ai jamais de stress parce que j'ai des exutoires merveilleux [40]. » Mais, comme tout chroniqueur, il lui arrive de ne pas trouver de sujet ou, tout au contraire, d'en trouver soudain beaucoup trop pour le temps et l'espace dont il dispose...

« Dans le cas où on n'a pas de sujet, c'est très difficile. Car comment parler ou écrire sans n'avoir rien à dire ? », demande Bourgault. Pourtant, il doit bien le faire pour être payé et pour répondre aux attentes que le média concerné a à son égard. Il doit alors écrire en ayant pleinement conscience de n'avoir rien à dire. « Quand on fait ça, il faut s'arranger pour que cela ne paraisse pas trop. Mais je dois avouer que parfois le jupon dépasse. »

En réalité, Bourgault fait partout son travail d'intellectuel. Ce titre d'intellectuel, il le revendique haut et fort, depuis toujours. Les Québécois ont honte – parfaitement à tort, insiste-t-il – de ne pas s'afficher comme intellectuels lorsqu'ils en sont.

Pour lui, est un intellectuel aussi bien un artiste, un comédien ou un simple citoyen. « Un intellectuel, c'est quelqu'un qui privilégie les choses de l'esprit. » Être un intellectuel, c'est donc trouver à s'engager à partir des ressources qu'offrent les choses de l'esprit. À ce titre, peut-on comprendre, plusieurs professeurs d'université sont des spécialistes mais pas forcément des intellectuels, bien qu'on puisse aussi être à la fois un intellectuel et un spécialiste. C'est ce que Marie-France Bazzo ne veut pas accepter, à la plus grande surprise de son ami Bourgault... Est-elle une intellectuelle, demande Bourgault ? Non, répond-elle. Alors Bourgault éclate :

« Ça, c'est extraordinaire ! [...] J'ai déjà entendu Lise Bissonnette dire aussi qu'elle n'est pas intellectuelle. Alors c'est le débat fondamental : si les intellectuels ont si mauvaise presse au Québec, c'est que beaucoup d'intellectuels refusent de se voir comme tels et refusent de prendre leurs responsabilités comme telles [41]. »

Bourgault ne se comporte pas comme un universitaire dans le monde journalistique. Dans ses écrits, on ne trouve jamais, ou presque, de référence à des œuvres, à des rapports ou à des analyses extérieurs. Il se méfie de tout appareil intellectuel préfabriqué. L'homme fait, en somme, plus œuvre de moraliste que d'expert, selon la perspective française très classique de l'art du commentaire.

Dans son travail de moraliste, Bourgault ne s'embarrasse pas des procédures scientifiques et s'en remet à la seule force de son esprit cartésien. Il se définit lui-même comme un homme en-dehors de la science, ce qui est pour le moins particulier chez quelqu'un gagnant sa vie dans une société du savoir qui ne manque pas de s'incliner sans cesse devant tous les titres scientifiques.

Favorable à la défense d'une morale au cœur des activités de l'État, il ne cesse de se battre contre la tricherie autant que contre les abus de contrôles sociaux. « Notre société est basée sur la solidarité, sur la redistribution de la richesse. Nous devons acquérir en contrepartie la conscience de ne pas tricher », affirme Bourgault devant des syndiqués de l'Hôtel-Dieu de Québec [42]. Dans *Moi, je m'en souviens*, Bourgault fait même de l'accession à une société plus morale la priorité d'entre les priorités.

Empiriste logique, Bourgault tente néanmoins de se tenir à bonne distance du flou interprétatif, en particulier lorsqu'il est de type religieux. « La science se trompe souvent, dira-t-il. La religion, toujours. »

Le Bourgault retraité de l'université continue de faire graviter autour de lui un monde de personnalités parfois fort inattendues. En fait, Bourgault apprécie plus que jamais le contact avec les vedettes de la scène, tous horizons confondus. Lors d'un des derniers repas de son clan, on trouve à sa table des invités d'un jour tels les jeunes chanteurs Daniel Boucher et Éric Lapointe, de même que le producteur de celui-ci, Yves-François Blanchet. Bourgault voit aussi l'humoriste Patrick Huard, avec qui il a travaillé quelque peu à la radio comme chroniqueur, lorsque celui-ci animait en 1998, sur les ondes de CIEL, une émission avec sa compagne Véronique Cloutier. Dans la cour du tribun, on trouve aussi Stéphane Rousseau, un autre humoriste qu'il estime beaucoup.

> Toute sa vie, Pierre a été très attaché aux vedettes, explique le comédien Guy Boucher. Les gens connus l'intéressaient. Il organisait des soupers avec des gens connus que lui ne connaissait pas, ou si peu. Un soir, il pouvait inviter Geneviève Bujold, puis le lendemain, Luc Plamondon. Il racontait qu'il les avait déjà rencontrés ici ou là, mais au fond il les connaissait peu ou pas. Rencontrer des vedettes lui faisait plaisir. Il aimait se mettre de la sorte lui-même en vedette [43].

La langue et son usage continuent de le fasciner. Bourgault maintient son opposition farouche au joual et à ses avatars modernes, ces demi-langues à la mode qui s'accommodent en fait d'approximations plutôt que de profiter de la plénitude devant la vie qu'offre une langue complète. Les clichés, les lambeaux de formules stéréotypées lui semblent interdire toute fantaisie personnelle et conduire forcément à des propos misérables et convenus.

En 1997, il reçoit le prix Georges-Émile-Lapalme pour le rayonnement qu'il assure à la langue française. Il déclare à cette occasion, un peu dépité : « Nous sommes le seul peuple de langue française qui doit faire sous-titrer ses films pour les présenter à la francophonie [44]... »

Pour communiquer ses idées, Bourgault a découvert très tôt l'importance d'utiliser une langue claire et précise. Les médias seront à cet égard plus qu'un simple relais de sa pensée. Il en fera le théâtre d'un enseignement permanent de l'usage du verbe par l'exemple, allant même à l'occasion, lors de quelques chroniques à la radio notamment, jusqu'à commenter certains usages linguistiques, à recommander celui-ci plutôt que celui-là, toujours avec un certain humour.

Bourgault est en soi un homme de la parole, un homme-micro, un récit oral ambulant. Du haut de son éternelle superbe, il charme ou déplaît, mais sa verve ne laisse personne indifférent. Son ascendant, en tous les domaines, découle beaucoup de ce singulier talent de communicateur. Sa voix et son discours, toujours précis et parfaitement modulés, ont fait de lui un grand artiste de la parole.

Durant sa vie, Bourgault a acquis une sorte de gloire, un peu sulfureuse, qui embrasse plusieurs milieux, en bonne partie à cause de ce talent oral dont son écriture n'est en fait qu'un simple reflet. Il n'est d'ailleurs pas exagéré d'affirmer que Pierre Bourgault a déployé plus de virtuosité comme communicateur que quiconque en son temps au Québec.

La langue, la parole et l'écriture lui servent bien sûr à établir puis à gérer lui-même sa propre légende. Sous le voile d'un désintérêt apparent à l'égard de sa propre trajectoire, le souci que Pierre Bourgault a de soutenir une représentation magnifiée de lui-même s'avère en vérité omniprésent. Il module finement le récit qu'il fait de sa propre histoire, la répétant à satiété sur bien des théâtres, tout en affirmant bien sûr, avec l'indifférence la plus feinte, qu'il ne s'intéresse pas au propre récit de sa vie... La légende qu'il entretient quant au nombre de discours prononcés durant sa carrière est révélatrice de l'intérêt qu'il accorde autant à sa propre image qu'à la parole et à la langue.

On a répété sans cesse, à la suite de Bourgault lui-même, qu'il a prononcé au cours de sa vie plus de 3 500 discours. À sa mort, on insistera énormément sur cet aspect quantitatif, sans trop s'attarder au message que tout cela porte. La question se pose d'elle-même : Bourgault a-t-il vraiment prononcé autant de discours qu'il l'affirmait ?

En 1992, il dit en avoir fait plus encore : « J'ai prononcé près de 4 000 discours dans ma carrière – une moyenne de 235 par année [45]. » Vraiment ? À raison de 235 par année, cela donne seulement 17 ans de carrière. Bourgault a-t-il donc agi comme tribun seulement depuis 1975, comme le laisse comprendre son calcul ? Bien sûr que non ! Voici seulement, en vérité, des chiffres lancés en l'air.

En 1973, dans les pages du *Petit Journal*, Bourgault affirme déjà en avoir « fait plus de 3 000 [46] » ! Or, s'il en a bien fait 4 000, comme il l'indique en 1992, cela permet de déduire qu'entre 1973 et cette année-là, il a prononcé tout juste un millier de discours, soit une cinquantaine par année en moyenne, au plus fort de sa carrière d'orateur. Nous sommes donc ici très loin des 235 par année qu'il prétend avoir prononcés! Mais ces chiffres-ci sont-ils plus justes que ceux-là?

Entre son premier véritable discours politique en 1961 et sa retraite passagère en 1973, les indications de Bourgault nous donnent une moyenne de 250 discours prononcés chaque année, soit près de cinq discours par semaine, à longueur d'année! Cela s'avère tout à fait invraisemblable, comme Bourgault l'avance d'ailleurs lui-même à propos d'Andrée Ferretti, affirmant que celle-ci exagère lorsqu'elle soutient en avoir prononcé à ce rythme. L'affaire est d'ailleurs d'autant plus invraisemblable qu'entre la dissolution du RIN en 1968 et la sortie de Bourgault du Parti québécois en 1973, les occasions de prendre la parole en public s'offrent à lui bien plus rarement qu'auparavant. Du reste, si on s'en remet aux traces laissées par ces discours dans les médias et dans les archives, on est bien loin du compte final donné par Bourgault lors de diverses entrevues sur ses supposés milliers de discours.

L'affaire du nombre des discours prononcés se complique d'autant qu'en 1982, à l'occasion d'entretiens avec Andrée LeBel, Bourgault affirme encore avoir participé à 3 000 assemblées, soit en somme pas une de plus qu'en 1973, une décennie plus tôt [47]!

Le caractère étrangement élastique du nombre des causeries données par Bourgault dans sa carrière est patent. L'épreuve de la réalité imposée à ses dires indique qu'il gonfle sans cesse les chiffres, dans le but évident de nourrir sa propre légende. Bourgault a tout simplement forgé un nombre de discours total comme il forgeait aussi volontiers, pour les besoins du commerce de sa propre gloire, des résultats de vente fabuleux pour ses livres [48].

Des discours, Pierre Bourgault en a certes prononcé beaucoup, mais moins qu'il ne l'affirme, n'ayant pas été sans cesse présent, loin de là, sur la scène politique. Combien exactement? Personne ne le saura jamais.

Néanmoins, il est indéniable que ses discours ont certainement été la plus éclatante manifestation de lui-même. De la plupart, il ne reste rien aujourd'hui, sauf quelques souvenirs. Il ne les écrivait pas et la grande majorité n'ont pas été enregistrés. Restent seulement ses interventions captées par la radio, la télévision ou quelques *aficionados*.

À compter du début des années 1960, c'est-à-dire dès son entrée sur la scène politique, Bourgault est reconnu à juste titre comme l'un des grands tribuns que le Québec a connus. Il est, à son époque, l'égal en cette matière d'un Henri Bourassa, un homme capable, en la sienne, de tenir une foule en haleine, sans amplification, même sur cette estrade improvisée que constitue un bâtiment de ferme !

Ce pouvoir sur les foules, Bourgault l'estime, avec raison, très dangereux. « J'en ai toujours eu très peur », dira-t-il. À l'époque du RIN, il se souvient s'être dit : « Il faut que je m'arrête parce que je pourrais faire faire n'importe quoi à ces gens [49]. » L'image de lui-même qu'on lui renvoie finit par le convaincre au moins autant qu'il convainc : « Je ne me sentais pas dangereux et je ne voulais pas l'être. Par contre, tout le monde disait que j'étais dangereux et j'ai fini par avoir peur de moi. J'ai pensé que si tout le monde le disait, ce devait être vrai. »

> Les discours de M. Bourgault, écrit Michel Roy, du *Devoir*, ont toujours été construits comme des tableaux synoptiques, d'une logique en apparence rigoureuse et assortis d'exemples saisissants. Il ne se borne pas à les « prononcer » : il les « joue » et les « vit » [50].

Malgré sa rude toux de fumeur de plus en plus aiguë et une certaine lassitude qu'apporte l'âge, la force des discours de Bourgault demeure, jusqu'à la fin de sa vie, de très loin supérieure à celle de la majorité de ses adversaires.

Comment ces discours sont-ils nourris ? Même si Bourgault ne sort plus guère de chez lui les dernières années de sa vie, sa perception critique du monde ne s'atrophie pas pour autant. Il ne cesse d'interroger le réel par une lecture attentive de la presse et une écoute plus critique que jamais des médias. Il continue aussi d'entretenir un réseau d'antennes donnant sur le monde à travers des relations amicales qui, sans forcément avoir de liens entre elles, lui permettent de capter un vaste segment de la vie publique. Chaque fin d'après-midi, après avoir bien entamé son apéritif quotidien, il téléphone invariablement à une brochette d'amis, dont Marie-France Bazzo, Marie-Hélène Roy, Guy A. Lepage et Georges-Hébert Germain.

> Bourgault appelait à peu près trois fois par semaine, explique Francine Chaloult, la compagne de Georges-Hébert. Chez nous, c'était vers 18 heures. Souvent, à cette heure, il dérangeait forcément un peu[51]...

Chez Marie-France Bazzo, c'est plutôt entre 16h30 et 17 heures. La même chose pour Guy A. Lepage. Si quelqu'un ne répond pas, il passe à un autre, et ainsi de suite.

Au moment où tout le monde prépare le repas, Bourgault, seul, a déjà l'apéro bien en bouche, et son discours se mâtine parfois de ces rondeurs et de ces ricanements qu'encourage l'alcool. Si on lui dit que ce n'est pas le moment pour se parler, Bourgault se vexe, continue malgré tout de discourir un moment, cède quand on lui dit que c'en est vraiment trop, raccroche un peu fâché, puis passe souvent plusieurs jours sans rappeler!

Le téléphone s'avère tout à fait essentiel à son existence. S'il a toujours fait un usage considérable du combiné, il l'utilise désormais plus que jamais. L'oreille vissée à son bigophone, il parle de tout et de rien, souvent sur un mode qui s'approche du monologue, selon une forme répétitive et préprogrammée qui s'apparente beaucoup à un besoin de chasser l'ennui.

Sauf en de très rares occasions, on ne voit plus guère le professeur à la retraite que dans les commerces avoisinant sa demeure. Il va acheter ses cigarettes, ses journaux, ses revues. On le trouve assis à sa table habituelle, au restaurant du coin, toujours bien à la vue de tous. À l'occasion, quelques invités se joignent à lui. Ils sont parfois inattendus, tel son vieux poissonnier qui casse un beau jour la croûte en sa compagnie. Les fêtes entre amis auxquelles il assiste se résument de plus en plus à celles qu'il organise dans sa demeure.

Dans le quartier, il acquiert une réputation de personnage bourru et grognon qui n'hésite pas à provoquer des scènes, tout en se montrant paradoxalement attentif et disponible en certains cas, allant jusqu'à aider une caissière avec son travail d'histoire [52].

Avec ses amis autant qu'avec de purs étrangers, il peut à l'occasion être « insupportable, grossier, infâme », dit Suzanne Lévesque [53]. Son désir de gagner jusqu'à la moindre joute verbale apparaît plus fort que tout et le mène à manier les sophismes, qu'il recouvre volontiers d'arrogance lorsqu'il lui faut être bien certain de remporter une mise risquée. La logique a souvent bon dos lorsqu'elle se trouve gauchie par lui...

> Bourgault adore provoquer, explique Georges-Hébert Germain. Il me disait toujours que je ne cultivais pas assez l'indignation, que c'était nécessaire pour écrire convenablement. Lui s'exerçait sans cesse à l'indignation à propos de tout et n'importe quoi. Il prenait un réel plaisir à provoquer en permanence, à jouer un rôle. Bourgault jouait. Il jouait tout le temps. À un repas à table, il pouvait par exemple lancer, depuis sa télécommande, un film porno gai, juste pour voir les réactions... Il se trouvait drôle [54].

Est-il misanthrope ? Il l'affirme sans cesse et veut ainsi sans conteste le faire croire. Mais son usage effréné du téléphone tend déjà à indiquer le contraire. À la fin de sa vie, il a certainement de moins en moins d'énergie pour sortir et voir des gens, ce qui lui permet tout de même de donner un certain crédit à l'illusion de sa misanthropie. Bourgault continue néanmoins d'être avide de société autant que de politique.

Le corps n'est alors plus du tout le même. Bourgault apparaît tel un homme usé prématurément. Qu'est-ce qu'il a ? Allez savoir. Il n'en dit rien. De petites choses, comme tout le monde. Sans plus. Du moins, le laisse-t-il croire.

Il a subi des pontages. Il doit se faire opérer pour des cataractes, avouant ne plus voir, depuis un moment, qu'à travers un voile de brume claire [55]. Mais l'usure de son corps se fait surtout sentir globalement. Les poumons et le cœur sont irrémédiablement touchés par une longue fréquentation du tabac et un manque total d'exercice physique depuis de nombreuses années. Dans les médias, très rares sont ses apparitions où il n'est pas plus ou moins secoué violemment, à un moment ou l'autre, par une profonde et très sévère quinte de toux.

> Pierre toussait de plus en plus, explique Marie-France Bazzo. On l'entendait cracher ses poumons en ondes. C'était vraiment pénible à entendre. Autant les auditeurs l'aimaient, autant ils haïssaient l'entendre tousser ainsi. Ça leur faisait mal et ça les déchirait. C'était effrayant. Pour moi, ce son reste l'empreinte de sa mort, de sa dégradation physique[56].

À la suite d'une de ces violentes quintes, Marie-France Bazzo lance un jour, à la blague : « Oh ciel ! On a un cœur à l'article de la mort ici[57]. » Il n'en a alors que pour une année à vivre… Il s'accroche néanmoins à ses chroniques. « Il a fallu lui donner la permission d'arrêter pour qu'il le fasse », affirme l'animatrice d'*Indicatif présent*.

L'emphysème règne en lui. Et le cancer se met bientôt de la partie.

Malgré son souffle de plus en plus court, Bourgault n'en demeure pas moins un farouche défenseur de la cigarette. « Je ne l'ai jamais vu, à ma connaissance, arrêter de fumer », affirme Marie-France Bazzo. Il avoue toutefois publiquement avoir tenté l'acupuncture pour cesser de fumer, mais rien à faire[58]. Cet homme de volonté n'en a pas assez pour se résoudre à abandonner cette dépendance. Alors il crâne, encore et encore. Il tente de retourner ce travers en faveur d'une défense calculée de sa liberté. Il continue de défendre la cigarette tant bien que mal, moins peut-être pour convaincre les autres de la validité de son point de vue que pour se satisfaire lui-même des convenances que cette faiblesse impose tout de même à son goût effréné de l'argumentation[59].

ÉPILOGUE

J'aime beaucoup l'image du monument.
Mais j'espère qu'il n'y aura pas trop de pigeons dessus.
– PIERRE BOURGAULT, *Indicatif présent*,
Radio-Canada, 14 octobre 2002

MALGRÉ L'IMMENSE AMOUR que lui témoigne un vaste public – comme le confirment des sondages de popularité du *Journal de Montréal* – Bourgault demeure jusqu'à la fin de sa vie une sorte de marginal éternel. « J'ai toujours été en marge de quelque chose, dira-t-il, je ne me suis jamais plié aux normes. » Il a le « tempérament libertaire », ajoute-t-il [1]. Peut-être est-ce un peu pour cela d'ailleurs qu'il estimera autant, toute sa vie, l'inénarrable Michel Chartrand ?

Bourgault a, chose certaine, construit sa vie selon un cheminement individuel qui exprime une grande liberté, jusque dans les limites mêmes d'une autonomie provocatrice. Il passe d'un milieu social à un autre, dépassant de beaucoup le seul cadre politique où, pour les commodités biographiques, son existence a souvent été réduite à l'expression d'une position idéologique opposée à celle de René Lévesque.

Pierre Bourgault n'est pas un être désincarné, sans ancrage autre que symbolique et intellectuel. Il vit dans des conditions concrètes qui modèlent son existence. Comme il ne peut vivre du seul monde politique, il s'engage ailleurs. Sa situation économique, familiale, professionnelle et amoureuse le détermine autant dans ses choix de vie que dans ses positions politiques.

A-t-on assez parlé ici de l'importance qu'a eue pour lui la révélation de son homosexualité ? Homosexuel, il ne se pense pas comme un marginal, même dans les malheurs que lui apporte, durant les années 1960 surtout, la conscience malheureuse d'une sexualité exclue par une classe sociale bien-pensante qui tient à se faire reconnaître comme largement majoritaire. Les ombres nombreuses de sa vie intime l'encouragent souvent à se fuir alors dans un militantisme suractif et gratifiant. Ce militantisme s'assortit ultérieurement de difficultés engendrées par cette suractivité elle-même et le conduit, pour s'en échapper, à un redoublement d'ardeur au travail, jusqu'à l'effondrement de ses disponibilités intellectuelles lors de minidépressions renouvelées et toutes plus ou moins passagères. Bourgault est un être fonctionnant selon des influx cycliques, dès les débuts de sa carrière. Ce n'est pas un coureur de fond mais une sorte de sprinter, à cheval sur l'usage passionné du verbe.

Il existe bien sûr chez lui, comme chez chacun d'entre nous, un écart entre ce qu'il croit être et ce qu'il est, entre ce qu'il est et ce que les autres admettent qu'il est. Chaque vie comporte autant d'arguments qu'elle suscite de regards différents se posant sur elle. Et, quoi qu'on dise, le blanc n'est jamais si loin du noir dans une vie...

Malgré les contradictions traversant son existence, Bourgault est-il un modèle ? Sans doute. Du moins l'est-il pour plusieurs. Mais lui-même déteste cette idée, comme il l'exprime notamment à la radio. « Je dois vous dire que je ne crois pas vraiment à la nécessité des modèles, surtout pas des modèles qui se réfèrent à une sorte de groupe d'appartenance : les femmes doivent avoir des modèles de femmes, les Noirs des modèles de Noirs, les homosexuels des modèles d'homosexuels, les Québécois des modèles de Québécois, les Arabes des modèles d'Arabes. Les modèles, pris dans le sens le plus large du mot, quand on les connaît bien, quand on a appris à les connaître, ils nous déçoivent. Je ne vois pas l'intérêt de ces modèles collectifs, à moins de vouloir réduire son identité à une seule facette de sa personne[2]. »

À la fin de sa vie, Bourgault affirme tout de même avoir eu lui-même quelques modèles, tout en précisant qu'ils ne lui « ressemblent absolument pas ». En politique, il avoue à plusieurs reprises son admiration pour Louise Harel, qui d'ailleurs la lui rend bien. « Je trouve que c'est une femme politique extraordinaire, un véritable modèle ; pas seulement pour les femmes, mais pour les hommes ; pas seulement pour les Québécois, mais pour des êtres politiques du monde entier, si on la connaissait. » Bourgault a même accordé à Louise Harel, dans les pages du *Journal de Montréal*, le titre d'« homme de l'année[3] » ! Mais qui d'autre admire-t-il, lui qui se voit à ce point admiré à l'heure de ses funérailles ? Il évoque Nelson Mandela de même que le général de Gaulle, si marquant pour lui dans les années 1960. En littérature, lui qui en lit désormais fort peu, il continue de considérer Marcel Proust comme un modèle inimitable et génial. Il admire encore Marcelle Ferron, peintre, un modèle de dynamisme, et Léonard de Vinci, dont la polyvalence l'inspire. Il avoue avoir été marqué en outre par la lecture du philosophe Alain, un moraliste. En journalisme ? Les chroniques de Raymond Aron et de François Mauriac, surtout. Au Québec, celles de Chantal Hébert.

Tempérament fier, il n'apprécie guère les intrigues. Fort, il repousse la médiocrité. Ambitieux, il ne supporte pas les arrivistes. Imbu de lui-même au possible, il ne tolère pas qu'on lui conteste sa valeur qu'une grande boursouflure narcissique contient à peine.

Vaniteux ? L'homme l'est, très certainement. De son propre aveu, d'ailleurs. À Andréanne Lafond qui, à la fin d'une entrevue à la radio, lui demande s'il l'est bel et bien, Bourgault répond : « Oui, madame. Et admettez que j'ai toutes les raisons de l'être[4]. »

Dans la solitude où il a vécu une large partie de son existence, il n'en avait pas moins conscience de sa propre valeur par rapport à ses semblables et il a souffert en permanence d'un manque de reconnaissance.

Entre l'extrême hiver de ses derniers jours et l'arrière-été de son enfance dans les Cantons-de-l'Est, Pierre Bourgault aura été un homme d'exception. Même aux jours les plus sombres de sa vie, il ne se voyait pas du tout au vestiaire de l'histoire. Dans la maison de son existence, il se voyait plutôt en permanence sortir et entrer par la porte du devant, même si l'histoire l'avait obligé à l'occasion à sortir par derrière pour se colleter avec quelques-unes de ses ombres. C'est ce qui arrive souvent à des hommes pareils : la réalité et leurs désirs de modeler cette réalité ne se rejoignent jamais tout à fait, au prix de quelques déchirements douloureux.

En 1997, avant d'accepter le prix Georges-Émile-Lapalme, Bourgault a tracé lui-même une sorte de bilan de sa vie.

> J'ai fait ma vie selon mes talents, mes forces, mes faiblesses. Selon les circonstances aussi. C'est par hasard que j'ai fait de la politique, que je suis devenu professeur. Rien de tout cela n'était prévu. Quand je cessais d'aimer une chose, je passais à une autre. J'ai eu une vie passionnante, très dure à certains moments, mais qui m'a fait ce que je suis aujourd'hui, un être serein et comblé. Si je n'avais pas été applaudi toute ma vie, je courrais après les applaudissements. Si je n'avais pas ce que j'ai matériellement et intellectuellement, je courrais après. Je n'ai plus de besoins... que de vagues désirs. C'est ce qui m'arrive de plus extraordinaire. J'ai toujours désiré avec une fébrilité épouvantable, état que je n'ai jamais aimé. Je vis désormais dans la sérénité la plus totale, en accord avec ce que je suis : un homme de réflexion et de contemplation.

En se situant lui-même dans les seules limites pures de la réflexion et de de la contemplation, Bourgault tente de se définir comme un être fondamentalement en rapport direct avec l'histoire, à titre de fidèle serviteur d'un monde d'idées. Cela ne rend pas bien compte de sa situation réelle. Jusqu'à la fin de sa vie, on l'a bien vu, Bourgault continue d'être déchiré et animé par des désirs et des passions de toutes sortes, souvent contradictoires. En partie pour des raisons de santé, cet état est peut-être moins intense qu'auparavant, mais continue d'être tout à fait présent, selon nombre de témoignages.

En politique, Bourgault aurait aimé pouvoir encore livrer des discours passionnés et enlevants, mais en fait son corps n'en avait tout simplement plus la force ni le ressort. Son orgueil avait en plus contribué à l'isoler considérablement de ses attaches naturelles lors de la campagne référendaire de 1995[5].

Bourgault affirme plus d'une fois qu'il ne se soucie pas du passé. « Je déteste retourner en arrière. Je n'ai jamais fait ça. Ça ne m'intéresse pas. Je n'ai pas de photos. Je n'ai pas de collection d'articles, d'écrits sur moi ou sur les autres. Ça ne m'intéresse pas[6]. » Des traces de son passé, Bourgault n'en a gardé en effet à peu près aucune de concrète. S'il lui arrive de prendre quelques photos à l'occasion, c'est presque toujours selon le mode de l'instantané qu'offre l'appareil Polaroïd. Il ne conserve pas de coupures de presse ou de documents, sinon quelques brouillons d'articles et quelques lettres d'amours déçues. Mais est-ce assez pour conclure qu'il ne s'intéresse pas aux bilans ?

Dans les dernières années de sa vie, Pierre Bourgault participe à plusieurs documentaires ou émissions plus ou moins consacrés à sa vie. Est-ce seulement pour faire plaisir à des amis et parce qu'il est plus ou moins forcé de le faire, comme il le laissera entendre ? Certainement pas. C'est lui qui pousse le plus fort pour qu'on réalise, sous la gouverne de Franco Nuovo, une série d'émissions sur l'histoire de sa vie politique. Puis, dans le cadre de ses chroniques radiophoniques à Radio-Canada, tout à fait libre du choix de ses sujets, il présente de son propre chef et à plusieurs reprises ce qu'il nomme des « tranches de vie » : la visite de la reine au Québec en 1964, les souvenirs de sa campagne électorale de 1966, ceux de ses rencontres avec diverses personnalités, etc. Comme on l'a dit déjà, il ne se laisse en fait jamais prier pour parler de sa propre existence. Ces retours sur lui-même, il en a alors déjà largement parsemé son œuvre écrite et parlée depuis au moins le début des années 1970 ! En 1973, pour le compte du *Petit Journal*, il a déjà brossé à grands traits les temps forts de son existence, dans une série d'articles prenant l'allure de véritables mémoires alors qu'il n'a pas encore 40 ans !. En fait, Bourgault avait de longue date intellectualisé quelques souvenirs forts et significatifs du sens qu'il souhaitait donner à sa propre existence. Il habitait ces souvenirs et les faisait volontiers visiter.

« Je me fous de la postérité, lancera-t-il à l'hiver 2003. Tout ce qui m'intéresse, c'est d'avoir le pouvoir maintenant. Après ma mort, vous penserez bien ce que vous voudrez. Je refuse de ne parler de moi qu'au passé. Ça devient un peu énervant. Ce n'est pas parce qu'on est vieux qu'on est mort[7]. » Il a plus envie, dira-t-il, de vivre sa vieillesse que de raconter sa jeunesse. Mais il le fait néanmoins… Sa dernière chronique à la radio, prononcée le 2 juin, s'attache à la mort de l'avion supersonique Concorde, tout en reprenant, dans des formules à peu près exactes, le bilan de la société québécoise des années 1960 qu'il proposait dans ses causeries publiques en 1983.

Consciemment ou non, Bourgault s'est préparé très tôt à la postérité. Certes, il a négligé de constituer des archives, mais il a en revanche travaillé à sa légende par l'entretien constant d'une image de lui-même qu'il lui était impossible de quitter, même lorsqu'il l'aurait tant voulu à certains moments de sa vie. Pierre Bourgault était, jusque dans ses souvenirs érigés en monuments, un orateur de première importance, un homme pétri d'assurance et de superbe, capable par sa seule présence d'emporter l'assentiment d'une foule... Cette idée de lui-même ne le quittait pas.

Au fil des éléments constitutifs de cette image quasi légendaire apparaît néanmoins l'histoire d'un homme qui, comme tout génie de la parole, se permet non pas de francs mensonges mais certaines approximations de la vérité. De même qu'il semble oublier certains événements réels, d'autres n'ayant jamais existé semblent s'inscrire dans sa mémoire comme s'ils avaient bel et bien eu lieu. Bourgault cache même parfois son histoire au moyen de sa légende et il voile ainsi son portrait réel derrière l'élastique reflet de celui-ci dans le miroitement qu'offre la parole.

Cette vie d'homme est complexe et n'obéit jamais à des schémas prédéfinis et abrutissants que l'on réunit sous le nom de « plan de carrière ». Bourgault est tiraillé autant par l'appel de la vie publique que professionnelle, autant par ses désirs de surmonter les carences de l'enfance en matière de stabilité émotive que par son incapacité à se fixer, en tant qu'adulte, dans un projet amoureux solidement enraciné. Entre ces pôles incertains, il navigue à vue.

*
* *

Juin 2003. Centre hospitalier de l'Université de Montréal. Bourgault repose là, couché, faible. Il respire de plus en plus difficilement. Il est physiquement exténué. Le cancer le ronge. L'emphysème le mine. Son amie Marie-Hélène Roy l'a fait conduire d'urgence à l'hôpital.

Même couché pour tenter d'atténuer sa fatigue, Bourgault sait qu'il n'a plus rien à espérer. La mort est bien vivante en lui. La souffrance n'a plus de sens. Elle ne pourrait en avoir que si elle ne menait pas à la mort. Et une souffrance pareille ne peut qu'y conduire.

Un traitement aurait pu prolonger quelque peu sa vie. Il a d'abord accepté une séance d'essai, puis il refuse net de continuer. Veut-il rentrer et mourir chez lui ? Non. Il refuse. Il ne veut plus bouger. Tout simplement.

Ses amis vont le voir. Ils savent qu'ils ne le verront plus.

À Marie-France Bazzo, il esquisse un léger sourire puis, provocateur, mime le geste de s'allumer encore une cigarette. La dernière ? Avant la prochaine, peut-être…

Très tard un soir, un des derniers avant la nuit finale, Franco Nuovo traverse une dernière fois les corridors déserts de l'hôpital pour aller le voir. Il sait d'instinct que Bourgault, comme bien des grands malades, ne dort pas parce qu'il ne peut plus dormir.

Une ultime conversation s'engage entre les deux amis. Est-il certain qu'il ne croit pas en Dieu ?, demande Nuovo. Tout à fait, répond-il. Pas le moindre doute, comme d'habitude, comme toujours ! Aucune inquiétude à y avoir à ce sujet, mon cher Franco : Dieu est mort. Bien mort.

Pierre Bourgault, lui, est toujours vivant. Mais il sait que la mort vient le rejoindre, qu'elle sera près de lui, très vite.

Depuis quelque temps déjà, il souffrait de terribles maux de tête. Il peinait de plus en plus au moindre effort. Monter un escalier s'avérait une souffrance. Il se sentait incapable de sortir de chez lui. À 69 ans, son corps était plus usé qu'il ne le devrait pour un homme de son âge et de sa condition sociale. Le cancer avait fait son nid. Mais Bourgault a tout naturellement refusé de l'héberger. S'allumer une cigarette a paradoxalement constitué, et jusqu'à la fin, un appel à vivre.

Mais le cœur ne tient plus. En fait, plus rien ne tient.

Avant de quitter son domicile pour s'en aller toucher à son crépuscule à l'hôpital, Bourgault a couché sur le papier les dernières impressions de son existence dans un beau texte qui sera publié dans les journaux au lendemain de sa mort. La fatalité décore jusqu'aux formes dont le regard est d'ordinaire saturé :

> Le cœur bat plus vite que de coutume et le cerveau
> explose. Je me demande lequel des deux éclatera le
> premier. À moins que je ne m'occupe de tout cela moi-
> même, ce qui ne serait pas une si mauvaise idée, après
> tout. Je m'engloutis dans toutes les contradictions. Je
> suis vivant, mais je suis mort. Je suis résigné, mais je
> veux me battre [8].

Le voilà forcé de constater sa propre fin : « Je me suis toujours
un peu moqué de la mort, la mienne et celle des autres. Tout
s'arrête et voilà, c'est tout. Je ne l'ai jamais souhaitée mais je n'ai
jamais, non plus, tenté de l'ignorer. Je savais qu'elle viendrait en
son temps. Je souhaitais simplement qu'elle soit douce et qu'elle
me prenne à l'improviste, sans m'avertir qu'elle s'amenait. [...] Je
comprends maintenant pourquoi il vaut mieux ne pas connaître le
jour de sa mort. Car autrement, on devient un mort-vivant. »

Il sait alors que tout est perdu et que sa vie même n'est plus
qu'une attente du pire à venir.

> Je suis mort et je vis. L'horreur absolue. [...] J'ai
> connu, tout au long de ma vie, des souffrances indi-
> cibles et de lourdes épreuves. Mais, réunies toutes
> ensemble, elles pèsent bien peu auprès de la tour-
> mente dans laquelle je suis plongé.

Dans ce texte, Bourgault montre, une fois de plus, que le
dialogue de l'être humain avec les supplices du corps est souvent
plus profond que celui qu'il entretient avec la mort elle-même.

Depuis plusieurs semaines déjà, sinon plusieurs mois, les habitués de ses chroniques à la radio de Radio-Canada peuvent aisé-
ment percevoir que son état de santé laisse présager le pire à plus
ou moins brève échéance. La voix apparaît plus que jamais éraillée,
la toux se fait menaçante au détour de chaque phrase. Bourgault
n'est plus, assez souvent, qu'un petit filet de voix à travers lequel
on entend en écho l'orateur d'autrefois. Seule l'autodérision dont
il est encore capable en pareilles circonstances permet de croire
encore à son avenir.

De délicates opérations au cœur ne l'ont pas empêché de continuer de fumer plusieurs dizaines de cigarettes par jour. En 2000,

durant le tournage du film de Jean-Claude Labrecque consacré au RIN, il affirme même ne pas se servir de la machine respiratoire qu'il conserve pourtant à son appartement[9] ! En vérité, il s'en sert beaucoup, comme en témoignent les nombreuses factures de cylindres d'oxygène qui sont livrés chez lui. Il s'en sert parce qu'il n'a pas le choix.

Une des dernières photos du tribun.

Lors de l'enregistrement d'essais pour un projet de télévision avec Franco Nuovo, l'équipe de tournage doit s'arrêter à maintes reprises pour attendre que cessent ses effroyables quintes de toux, tandis qu'il a toujours sa cigarette à la main. Bourgault nargue la mort ainsi ou, à tout le moins, tient à donner cette impression-là. Pour le chanteur Éric Lapointe et son gérant, qui l'ont vu chez lui dans son dernier avril, « Pierre Bourgault semblait faire de son entêtement à fumer un emblème de sa propre rébellion[10] ».

De plus en plus mal, Bourgault n'en a pas moins planté ses fleurs habituelles sur sa terrasse verdoyante, comme prend grand soin de l'expliquer en long et en large le *Journal de Montréal*, à grand renfort de photos « exclusives », après son décès. Dans son loft de l'avenue du Mont-Royal, il continue ainsi de vivre tant bien que mal au milieu de ses livres et de ses papiers, près de son piano à queue, de son chien et de ses bouteilles de vin. Mais bientôt, même ses fleurs deviennent pour lui une sorte de brouillard. Elles ne « sont plus que des taches de couleur imprécises qui s'évanouissent en plein soleil [11] ».

Son appartement, en est-ce bien encore un ? Chose certaine, on n'en sort plus par une porte qui ouvre sur le monde, mais par une porte donnant sur l'hôpital et sur la mort. Alors, les lieux n'ont plus ni couleur ni contour et se dissolvent à jamais dans un néant. Bourgault plonge dans ce trou noir dont on ne revient plus en manquant d'air. Le rapport du médecin sur son décès conclut à une insuffisance respiratoire pour cause d'emphysème.

Le décès constaté, ses amis décident que cet illustre athée aura des funérailles à la basilique Notre-Dame, temple suprême du catholicisme québécois ! Bourgault avait plusieurs fois émis le souhait – sérieusement ou non – d'avoir une cérémonie funéraire en cet endroit, sans toutefois en reparler dans ses derniers jours. Mais comment convaincre l'évêché de l'à-propos de funérailles de ce genre inusité ? Un athée militant au milieu d'un tel monument religieux !

Ultime provocation en même temps qu'ultime manifestation de sa soif de reconnaissance publique, Bourgault aura des funérailles laïques dans un temple sacré, ancien château fort d'une religion qui se veut par moments, au Québec, plus nationale qu'universelle.

L'église Notre-Dame, on l'oublie trop souvent, est aussi en quelque sorte un temple de la parole depuis qu'Henri Bourassa, le fondateur du *Devoir*, l'a sacrée de sa propre parole à l'occasion d'un orageux congrès eucharistique passé à l'histoire. Dans ce discours que des générations de jeunes élèves étudieront à l'école et que Bourgault a dû apprendre lui aussi, le bouillant homme politique défend, avec ardeur et brio, l'alliance de la foi et de la langue contre l'idée de Mgr Francis Bourne, évêque très anglais de Westminster. Selon cet évêque, la foi catholique gagnerait à s'exprimer toute entière et définitivement avec la seule langue anglaise... De sa voix un peu nasillarde, à mi-chemin entre celles, plus familières à nos oreilles, de Michel Chartrand et de Pierre Elliott Trudeau, l'homme politique très libre qu'était Henri Bourassa, le plus grand orateur québécois du siècle avant Bourgault, se permet alors, dans l'enceinte même de l'église Notre-Dame, de servir au prélat une cinglante réplique qui devint un argumentaire classique pour la défense du français en Amérique : « Mais, dira-t-on, vous n'êtes qu'une poignée, vous êtes fatalement destinés à disparaître ; pourquoi vous obstiner dans la lutte ? Nous ne sommes qu'une poignée, c'est vrai, mais à l'école du Christ, je n'ai pas appris à compter le droit et les forces morales d'après le nombre et les richesses. Nous ne sommes qu'une poignée ; mais nous comptons pour ce que nous sommes et nous avons le droit de vivre [12]... »

Ce discours de Bourassa, à condition qu'il soit délesté de sa connotation religieuse, pourrait être celui de Bourgault. Mais, muet à jamais, Bourgault ne dira rien dans ce temple qu'il a réclamé pour sa mémoire, un temple qui a été, pour des générations de Canadiens français, synonyme du maintien de leur existence française en Amérique.

Pour la cérémonie, le Parti québécois, avec Bernard Landry en tête, prend en charge l'essentiel. Cela facilite certainement les choses aux amis du tribun, vite dépassés par l'ampleur de la tâche d'organiser un événement pareil. La demande formulée pour la tenue d'une cérémonie laïque est acceptée par le cardinal Jean-Claude Turcotte, par ailleurs lui aussi un collaborateur régulier du *Journal de Montréal*. C'est Bernard Landry lui-même qui se charge de négocier auprès de l'Église. Il discute un long moment au téléphone avec le cardinal afin que cette cérémonie puisse se dérouler dans l'enceinte. L'ancien premier ministre évoque, entre autres arguments, le célèbre discours d'Henri Bourassa à Notre-Dame pour permettre à l'autre grand tribun du XXe siècle québécois de recevoir une forme de consécration en ces lieux particuliers.

Des milliers de personnes rendent un dernier hommage à Pierre Bourgault devant sa dépouille. Le jour de la cérémonie, à l'arrivée du cercueil sur le parvis de l'église, la foule scande « Bourgault ! Bourgault ! Bourgault ! »

Au premier ministre Jean Charest, cette même foule réserve de regrettables et copieuses huées. Il est vrai que le premier ministre libéral n'est pas ici tout à fait dans son univers, c'est le moins qu'on puisse dire. Mais au moins a-t-il le courage d'assumer ses fonctions d'État dans un moment pareil.

Les obsèques de personnalités publiques d'importance amènent les masses à révéler leurs sentiments profonds. Les émotions sont souvent mal placées, dans la mesure où le rapport avec la personne décédée n'est jamais fondé sur une connaissance personnelle préalable, mais bien sur un lien essentiellement médiatique avec lui. Le mort et la cérémonie qu'on lui offre servent alors au public à cristalliser des anxiétés autant que des espoirs profonds.

Aux funérailles de Bourgault, on remarque aussi la présence des anciens premiers ministres Lucien Bouchard et Jacques Parizeau. À la différence de la grande majorité des figures connues assistant à l'événement, Jacques Parizeau, visiblement très touché, refuse assez sèchement d'offrir ses commentaires aux médias qui le traquent pour recueillir sa parole. Tout simplement pas le moment, déclare-t-il.

De son côté, la famille immédiate de Pierre Bourgault rage de n'avoir appris la mort du plus illustre membre de son clan que par l'entremise des médias. Personne ne l'a informée du décès. Franco Nuovo et Marie-Hélène Roy expliquent qu'ils avaient tous deux demandé explicitement à Pierre Bourgault, alors sur son lit de mort, s'ils devaient prévenir sa famille. Non, avait-il répondu par un geste évasif. Bourgault, comme toujours, se concevait loin de ses proches.

Seule présence religieuse tangible à l'occasion de cette céré-monie très médiatique, Mgr Yvon Bigras offre un discret mot de bienvenue. Pour la première fois de son histoire, les hautes auto-rités de l'Église ont permis l'utilisation de ce temple pour une cérémonie laïque. Mais ce qui importe le plus dans ces cérémonies au mort, ce ne sont pas tant les formes qu'elles prennent, mais l'émotion qu'elles permettent de partager, souvent d'ailleurs d'une manière qui est au mieux semi-religieuse, même pour les laïcs.

En ce 21 juin 2003, René Homier-Roy agit à titre de maître de cérémonie en la basilique Notre-Dame... En ces lieux religieux, le prêche vient naturellement, mais dans des formes légèrement moins traditionnelles. « Allumeur de consciences, professeur de liberté, tribun exceptionnel, indépendantiste de choc, pourfendeur d'idées reçues, oui, Bourgault a été tout cela, affirme alors Homier-Roy. Mais il était surtout ce que tout bon citoyen devrait être : un casse-pied qui remet tout, tout le temps, en cause. »

Homier-Roy se souvient-il alors que dans un studio de Radio-Canada, 18 ans plus tôt, il avait déjà pour ainsi dire enterré Bourgault une première fois ? À la suite d'une semaine passée à entendre de bonne grâce, jour après jour, les témoignages exprimés par d'anciens camarades dans le cadre de l'émission *Avis de recherche*, Pierre Bourgault les avait retrouvés tous ensemble, le 10 mai 1985, dans un grand studio mal conçu pour des retrouvailles de cette ampleur. Faute d'une prise de son convenable, l'émission ne permet guère aux auditeurs de comprendre distinctement les témoignages venus fleurir alors un peu plus encore la renommée du tribun. Mais, au milieu du brouhaha, parmi les quelques phrases sensées qu'ont à peu près captées les micros de la télévision d'État, il y a alors celle de René Homier-Roy : « Tu n'as plus besoin d'attendre ton oraison funèbre. Tu l'as eue toute la semaine. Alors, tu sais ce qu'on dira après ta mort, c'est fait. Tu vas pouvoir dormir en paix [13]. » Par un curieux retour des choses, c'est bien à René Homier-Roy que revient la tâche difficile de prononcer, en ce mois de juin 2003, un véritable hommage funèbre...

Plusieurs personnalités défilent au micro. Les témoignages vibrants se succèdent. Guy A. Lepage, Gilles Vigneault, Bernard Landry, Jean-Pierre Ferland, Marie-France Bazzo, Franco Nuovo, Patrick Huard... Faut-il noter que le monde des variétés occupe une place nettement plus importante que le monde politique dans cette mise en scène spectaculaire qui tient lieu de funérailles ?

Dans une société qui a peu à peu perdu ses références religieuses, les funérailles de Bourgault constituent rien de moins qu'un beau spectacle populaire, un exemple de ces nouvelles messes modernes orchestrées par les médias. Bourgault aurait sans doute adoré y assister lui-même.

Superbe et fulgurant interlocuteur, Pierre Bourgault semblait toujours intarissable, même devant les sujets les plus inattendus, y compris celui de sa propre mort. Il avait d'ailleurs eu le loisir de visionner à l'avance et de commenter le reportage nécrologique qu'avait préparé à son sujet, de longue date, la salle des nouvelles de Radio-Canada ! Jean-René Dufort, dans le cadre d'une émission humoristique, avait réussi à s'emparer de cette « viande froide », comme on appelle ce genre de nouvelle parmi les journalistes. Il avait ensuite recueilli les commentaires du principal intéressé. Loin d'être spécialement touché ou pris au dépourvu par cette mise en scène préprogrammée de sa mort, Bourgault avait trouvé tout juste passable la présentation du service des nouvelles de Radio-Canada... Qu'aurait-il pensé du point d'orgue qu'a constitué la tenue de sa cérémonie funèbre dans une basilique ?

Au sujet de sa propre mort, Bourgault a écrit en novembre 1971, dans *Point de Mire* :

> J'ai toutes les raisons de vivre et de laisser vivre. Et je
> veux mourir sans raison, tout simplement, un jour,
> comme on meurt partout et depuis toujours, comme
> un homme, parce que c'est fini, parce que c'est ainsi,
> sans drapeau, sans fusil, sans patrie, sans discours,
> sans larmes, tout nu, enfin désarmé, et pour toujours.

Pierre Bourgault est un de ces personnages pour qui toute forme de biographie s'avère insuffisante, puisqu'il semble se faufiler partout dans son époque jusqu'à devenir un sujet de conversations jamais épuisées. C'est ce que je me disais, ce 16 juin 2003, en apprenant la mort de ce personnage entêté qui cultivait encore, même vieux et très malade, ses rêves de jeunesse dans les jardinières de ses pensées. Et c'est ce que je me dis toujours ajourd'hui.

Montréal, 8 août 2007

REMERCIEMENTS

Je voudrais remercier les gens dont j'ai sollicité, pour ce livre, la patience autant que la mémoire. Ils sont hélas beaucoup trop nombreux pour être tous mentionnés ici. En plus de ceux dont les noms apparaissent dans les notes, en référence, je remercie en particulier la Chaire Hector-Fabre d'histoire du Québec et Robert Comeau, de même que Jean-Marc Piotte, Evangelina Guerra Ponce de León, Katia Marcil et Anna Sienkiewicz pour m'avoir fourni leur aide de diverses façons, à des moments particuliers de la rédaction de cette biographie. Le manuscrit de cet ouvrage a par ailleurs bénéficié des soins attentionnés de Serge Paquin ; à lui aussi, je dis tout spécialement ma gratitude, de même qu'à mes éditeurs.

NOTES

Chapitre 1

1. Émilie Côté, « Le tribun était natif d'East Angus », *La Tribune*, 17 juin 2003, p. A1 ; « Déménagement à Cookshire, chez les anglos », *La Presse*, 17 juin 2003, p. A5.

2. Entretien avec Noëlla Madore, 17 juin 2003.

3. Andrée LeBel, *Pierre Bourgault. Le plaisir de la liberté*, Montréal, Nouvelle Optique, 1983, p. 73.

4. *Ibid.*, p. 76.

5. *Avis de recherche*, Télévision de Radio-Canada, 6 mai 1985.

6. Lettre de Monique Bourgault, 31 janvier 2004.

7. Claude-Lyse Gagnon, « Depuis 33 ans... », *La Patrie*, 24 septembre 1967, p. 5.

8. Louis-Martin Tard, « L'homme vu par ses amis », *La Patrie*, 24 septembre 1967, p. 5.

9. Pierre Bourgault, « Yukon. La ruée vers l'or n'aura pas lieu... », *La Presse magazine*, 8 septembre 1962, p. 27.

10. Lettre de Monique Bourgault, 30 janvier 2004.

11. Andrée LeBel, *Pierre Bourgault. Le plaisir de la liberté*, Montréal, Nouvelle Optique, 1983, p. 75.

12. Entretien avec Aurélien Quintin, Cookshire, 11 janvier 2004.

13. Pierre Bourgault, « La Reine », *Indicatif Présent*, Radio-Canada, 9 octobre 2002.

14. Entretien de Pierre Bourgault avec Fernand Seguin, *Le Sel de la semaine*, Télévision de Radio-Canada, 20 décembre 1966.

15. Jean-Pierre Kesteman, Peter Southam et Diane Saint-Pierre, *Histoire des Cantons-de-l'Est*, Québec, IQRC, 1998, p. 317-318.

16. Joseph-Amédée Dufresne, *Histoire de la mission du canton d'Eaton. Des origines jusqu'à l'établissement de Cookshire, 1878*, cahier manuscrit sans folio, paroisse Saint-Camille de Cookshire.

17. Entretien avec Céline Saint-Laurent, 17 avril 2004.

18. Entretien avec Monique Bourgault, 30 janvier 2004.

19. Entretien avec Pierre Bourgault, 13 octobre 1990.

20. Andrée LeBel, *Pierre Bourgault. Le plaisir de la liberté*, Montréal, Nouvelle Optique, 1983, p. 76.

21. Lettre de Monique Bourgault, 1er février 2004.

22. « Entre l'ivresse et l'espoir », conférence enregistrée au théâtre Arlequin, Montréal, novembre 1982, Archives Bibliothèque nationale du Québec.

23. Entretien avec Raymond David, 9 janvier 2004.

24. Entretien avec Monique Bourgault, 30 janvier 2004.

25. Pierre Bourgault, « L'argent », *Indicatif présent*, Radio-Canada, 24 janvier 2003.

26. Entretien avec Monique Bourgault, 30 janvier 2004.

27. Entretien avec Céline Saint-Laurent, 17 avril 2004.

28. Entretien avec Monique Bourgault, 30 janvier 2004.

29. Entretien avec Noëlla Madore, 17 juin 2003.

30. Entretien avec Lise Dumas, 11 juin 2006.

31. Entretien avec Céline Saint-Laurent, 17 avril 2004.

32. Selon le témoignage de Lise Dumas, voisine des Bourgault, qui a travaillé ce jour-là aux funérailles d'Albert Bourgault. Cookshire, 11 juin 2006.

33. Cité dans Claude-Lyse Gagnon, « Depuis 33 ans... », *La Patrie*, 24 septembre 1967, p. 5.

34. *Ibid.*

Chapitre 2

1. *Avis de recherche*, Télévision de Radio-Canada, 9 mai 1985.

2. *Ibid.*

3. Entretien avec Gilles Marcotte, 20 juillet 2004.

4. Andrée LeBel, *Pierre Bourgault. Le plaisir de la liberté*, Montréal, Nouvelle Optique, 1983, p. 77.

5. Entretien avec Claude Béland, 12 janvier 2004.

6. Andrée LeBel, *Pierre Bourgault. Le plaisir de la liberté*, Montréal, Nouvelle Optique, 1983, p. 79.

7. Lettre de Monique Bourgault, 1er février 2004.

8. Andrée LeBel, *Pierre Bourgault. Le plaisir de la liberté*, Montréal, Nouvelle Optique, 1983, p. 77.

9. Entretien avec Yves Massicotte, 27 janvier 2004.

10. Pierre Bourgault, *Bourgault doux-amer*, Montréal, Stanké, 1992.

11. *Ibid.*

12. Andrée LeBel, *Pierre Bourgault. Le plaisir de la liberté*, Montréal, Nouvelle Optique, 1983, p. 79.

13. Jean-René Tétreault, « Les Enfants du paradis », *Brébeuf*, avril 1947, p. 2.

14. Léonard Fournier, « Le cinéma. L'enquête », *Brébeuf*, mai-juin 1950, p. 3.

15. « Hubert Reeves », *Brébeuf*, mai-juin 1950, p. 3.

16. Entretien avec Raymond David, 9 janvier 2004.

17. *Avis de recherche*, Télévision de Radio-Canada, 6 mai 1985.

18. *Ibid.*

19. Andrée LeBel, *Pierre Bourgault. Le plaisir de la liberté*, Montréal, Nouvelle Optique, 1983, p. 47 ; *Avis de recherche*, Télévision de Radio-Canada, 7 mai 1985.

20. Roch Denis, « Pierre Bourgault intime », *L'Indépendance*, 20 juin 1965, p. 6.

21. Entretien avec Raymond David, 9 janvier 2004.

22. *Avis de recherche*, Télévision de Radio-Canada, 7 mai 1985.

23. Andrée LeBel, *Pierre Bourgault. Le plaisir de la liberté*, Montréal, Nouvelle Optique, 1983, p. 21.

24. *Avis de recherche*, Télévision de Radio-Canada, 6 mai 1985.

25. « Nos professeurs », *Brébeuf*, juin 1952, p. 3.

26. *Avis de recherche*, Télévision de Radio-Canada, 10 mai 1985.

27. *Avis de recherche*, Télévision de Radio-Canada, 6 mai 1985.

28. *Avis de recherche*, Télévision de Radio-Canada, 7 mai 1985.

29. Entretien avec Guy Saint-Germain, 13 janvier 2004.

30. *Avis de recherche*, Télévision de Radio-Canada, 6 mai 1985.

31. Entretien avec Yves Massicotte, 27 janvier 2004.

32. Pierre Bourgault, « George Gershwin », *Brébeuf*, mars-avril 1951, p. 3.

33. Jean Rousseau, « Engagés », *Brébeuf*, juin 1952, p. 1.

34. Pierre Bourgault, « En scène », *Brébeuf*, septembre-octobre 1951, p. 7.

35. Pierre Bourgault, « Le 24 novembre en soirée », *Brébeuf*, décembre 1951, p. 7.

36. *Ibid.*

37. Pierre Bourgault, « Que nous manque-t-il ? », *Brébeuf*, février 1952, p. 8.

38. *Ibid.*

39. *Avis de recherche*, Télévision de Radio-Canada, 6 mai 1985.

40. *Ibid.*

41. Pierre Bourgault, « Pour une collaboration vraie », *Brébeuf,* avril 1952, p. 6.

42. Jean Roberge, « Para Bellum », *Brébeuf,* octobre 1952, p. 4.

43. Pierre Bourgault, « La reine », *Indicatif présent,* Radio-Canada, 9 octobre 2002.

44. Pierre Bourgault, « C.E.O.C. », *Brébeuf,* octobre 1952, p. 5.

45. Pierre Bourgault, « En réponse à... », *Brébeuf,* novembre 1952, p. 3.

46. Pierre Bourgault, « C'est écrit dans le journal », *Le Journal de Montréal,* 17 juin 2003, p. 5.

47. Yves Gaucher cité par Claude Jasmin, « Yves Gaucher : "L'expressif je n'y crois plus" », *La Presse,* 1er mai 1965, p. 1.

48. Entretien avec Yves Massicotte, 27 janvier 2004.

49. *Avis de recherche,* Télévision de Radio-Canada, 8 mai 1985.

50. Jacques Godbout, « Le Canada ? Une invention québécoise », *L'Actualité,* 1er juillet 1992, p. 44.

51. *Avis de recherche,* Télévision de Radio-Canada, 8 mai 1985.

52. *Avis de recherche,* Télévision de Radio-Canada, 8 mai 1985 ; le militaire offre pratiquement la même version des faits au journaliste Pierre Vennat en 1989. Voir Pierre Vennat, *Général Dollard Ménard. De Dieppe au référendum,* Montréal, Art Global, 2004, p. 236.

53. Pierre Vennat, *Général Dollard Ménard. De Dieppe au référendum,* Montréal, Art Global, 2004, p. 236.

54. *Avis de recherche,* Télévision de Radio-Canada, 8 mai 1985.

55. *Ibid.,* 6 mai 1985.

56. Voir notamment Jean Pariseau et Serge Bernier, *Les Canadiens français et le bilinguisme dans les forces armées canadiennes, Tome I, 1763-1969, Le spectre d'une armée bicéphale,* Ottawa, Service historique de la défense nationale, 1987.

57. *Avis de recherche,* Télévision de Radio-Canada, 6 mai 1985.

58. Pierre Bourgault, « Yukon. La ruée vers l'or n'aura pas lieu... », *La Presse magazine,* 8 septembre 1962, p. 22.

59. Andrée LeBel, *Pierre Bourgault. Le plaisir de la liberté,* Montréal, Nouvelle Optique, 1983, p. 83.

60. Entretien avec Raymond David, 9 janvier 2004.

61. Andrée LeBel, *Pierre Bourgault. Le plaisir de la liberté,* Montréal, Nouvelle Optique, 1983, p. 81.

62. Entretien avec Yves Massicotte, 27 janvier 2004.

63. *Avis de recherche,* Télévision de Radio-Canada, 10 mai 1985.

64. Entretien avec Marcel Sabourin, 26 janvier 2004.

Chapitre 3

1. Émile Legault, *Confidences*, Montréal, Fides, 1955, p. 187.

2. *Ibid.*

3. Hélène Jasmin, *Père Émile Legault. Homme de foi et de parole*, Montréal, Lidec, 2000, p. 51.

4. Louis-Marcel Raymond, « Les Jongleurs de Notre-Dame dans *Antigone* », *Le Devoir*, 22 février 1954.

5. *Avis de recherche*, Télévision de Radio-Canada, 6 mai 1985.

6. Entretien avec Yves Massicotte, 27 janvier 2004.

7. Andrée LeBel, *Pierre Bourgault. Le plaisir de la liberté*, Montréal, Nouvelle Optique, 1983, p. 84 ; Louis-Martin Tard, « L'homme vu par ses amis », *La Patrie*, 24 septembre 1967, p. 5.

8. Roch Denis, « Pierre Bourgault intime », *L'Indépendance*, 20 juin 1965, p. 6.

9. *Avis de recherche*, Télévision de Radio-Canada, 9 mai 1985.

10. *Ibid.*

11. *Ibid.*, 7 mai 1985.

12. Lettre de Monique Bourgault, 2 février 2004.

13. Entretien avec Lise Payette, 31 juillet 2006.

14. Entretien avec André Payette, 26 janvier 2004.

15. Entretien avec Raymond Lebrun, 27 janvier 2004.

16. Roch Denis, « Pierre Bourgault intime », *L'Indépendance*, 20 juin 1965, p. 6.

17. Entretien avec Raymond Lebrun, 27 janvier 2004.

18. *Ibid.*

19. Pierre Bourgault, « Qui connaît Guibord ? Et pourtant… », *La Presse section rotogravure*, 18 novembre 1961, p. 2.

20. Entretien avec Claude Préfontaine, Montréal, 13 janvier 2004 ; *Avis de recherche*, Télévision de Radio-Canada, 8 mai 1985.

21. Pierre Bourgault, « La télévision », *Indicatif présent*, Radio-Canada, 3 septembre 2002.

22. Entretien avec Michèle Tisseyre, 28 août 2006.

23. Entretien avec Claude Jasmin, 5 août 2004.

24. Entretien avec Raymond Lebrun, 27 janvier 2004.

25. « Après la grève », *Le Journal de Montréal*, 26 juillet 1999.

26. Lettre de Monique Bourgault, 31 janvier 2004.

27. *Ibid.*

28. Lettre de Monique Bourgault, 1er février 2004.

29. Entretien avec André Galipeault, 2 février 2004.

30. Lettre de Françoise Lebon, 11 février 2004.

31. Entretien de Pierre Bourgault avec Fernand Seguin, *Le Sel de la semaine*, Télévision de Radio-Canada, 20 décembre 1966.

32. *Avis de recherche*, Télévision de Radio-Canada, 9 mai 1985.

33. Pierre Bourgault, « Indépendantiste par hasard et par... nécessité », *Le Petit Journal*, 11 mars 1973. Reproduit dans Pierre Bourgault, *Écrits polémiques 1960-1981, La politique*, Québec Loisir/VLB Éditeur, 1982, p. 15.

34. Lettre de Françoise Lebon, 11 février 2004.

35. Lettre de Monique Bourgault, 2 février 2004.

36. Entretien de Pierre Bourgault avec Fernand Seguin, *Le Sel de la semaine*, Télévision de Radio-Canada, 20 décembre 1966.

37. Lettre de Françoise Lebon, 12 février 2004.

38. Lettre de Françoise Lebon, 11 février 2004.

39. Lettre de Françoise Lebon, 8 février 2004.

40. Gilles Normand, « Pierre Bourgault, témoin privilégié de la vie politique québécoise », *La Presse*, 4 septembre 1982, p. E3.

41. Roch Denis, « Pierre Bourgault intime », *L'Indépendance*, 20 juin 1965, p. 6.

42. Entretien avec Louise Thiboutot, 16 janvier 2004.

43. Pierre Bourgault, « Légalisation du cannabis », *Indicatif présent*, Radio-Canada, 6 septembre 2002.

44. *Avis de recherche*, Télévision de Radio-Canada, 9 mai 1985.

45. Entretien avec François Tassé, 27 janvier 2004 ; entretien avec Jean Décarie, 20 janvier 2004.

46. *Avis de recherche*, Télévision de Radio-Canada, 7 mai 1985.

47. Entretien avec André Payette, 26 janvier 2004.

48. Entretien avec Lise Payette, 31 juillet 2006.

49. Andrée LeBel, *Pierre Bourgault. Le plaisir de la liberté*, Montréal, Nouvelle Optique, 1983, p. 86.

50. Entretien avec François Tassé, 27 janvier 2004.

51. *Avis de recherche*, Télévision de Radio-Canada, 9 mai 1985. En 1982, pour le bénéfice d'entretiens avec Andrée LeBel, il se contente de dire : « Je faisais partie d'une troupe qui voulait monter une pièce de Shakespeare. » *Op. cit.* p. 86.

52. Roch Denis, « Pierre Bourgault intime », *L'Indépendance*, 20 juin 1965, p. 6.

53. Louis-Martin Tard, « L'homme vu par ses amis », *La Patrie*, 24 septembre 1967, p. 5.

54. Lettre de Monique Bourgault, 1er février 2004.

55. *Ibid.*

56. *Ibid.*

57. Entretien avec Louise Latraverse, 30 janvier 2004.

58. Entretien avec Marie-José Raymond, 21 janvier 2004.

59. Pierre Bourgault, « Yves Lauzon : jeune peintre de Montréal », *La Presse magazine*, 6 octobre 1962, p. 22.

60. Gilles Normand, « Pierre Bourgault, témoin privilégié de la vie politique québécoise », *La Presse*, 4 septembre 1982, p. E3.

61. Entretien de Pierre Bourgault avec Fernand Seguin, *Le Sel de la semaine*, Télévision de Radio-Canada, 20 décembre 1966.

62. Entretien avec Louise Latraverse, 30 janvier 2004.

63. *Avis de recherche*, Télévision de Radio-Canada, 9 mai 1985.

64. Entretien avec Daniel Gadouas, 25 avril 2004.

65. Entretien avec Raymond David, 9 janvier 2004.

66. Entretien avec Jean Décarie, 20 janvier 2004.

67. Lettre de Françoise Lebon, 11 février 2004.

68. Lettre de Françoise Lebon, 12 février 2004.

69. Lettre de Françoise Lebon, 14 février 2004.

70. Entretien avec Claude Préfontaine, 13 janvier 2004.

71. *Avis de recherche*, Télévision de Radio-Canada, 9 mai 1985.

72. Entretien avec Louise Latraverse, 30 janvier 2004.

73. Pierre Bourgault, « Chers mannequins », *La Presse magazine*, 4 novembre 1962, p. 4.

74. *Bourgault doux-amer*, Montréal, Stanké, 1992.

75. Entretien de Claude Préfontaine, 13 janvier 2004.

76. Entretien avec Jean Décarie, 20 janvier 2004.

77. Voir Ross Higgins, *De la clandestinité à l'affirmation. Pour une histoire de la communauté gaie montréalaise*, Montréal, Comeau & Nadeau (Lux), 1999, p. 56-59.

78. Entretien avec Michelle Latraverse, 29 décembre 2004.

79. Entretien avec Claude Préfontaine, 13 janvier 2004.

80. Pierre Bourgault, « Indépendantiste par hasard et par... nécessité », *Le Petit Journal*, 11 mars 1973. Reproduit dans Pierre Bourgault, *Écrits polémiques 1960-1981, La politique*, Québec Loisir/VLB Éditeur, 1982, p. 17.

Chapitre 4

1. « Entre l'ivresse et l'espoir », conférence enregistrée au théâtre Arlequin, Montréal, novembre 1982, Archives Bibliothèque nationale du Québec.

2. *Le Devoir*, 30 juin 1961 ; cité dans André d'Allemagne, *Le RIN et les débuts du mouvement indépendantiste québécois*, Montréal, L'Étincelle, 1974, p. 71.

3. Entretien avec Marie-José Raymond, 21 janvier 2004.

4. Cette proclamation est reproduite dans Robert Nelson, *Déclaration d'indépendance et autres écrits*, Montréal, Comeau & Nadeau (Lux), 1998.

5. Maurice Séguin, *L'idée d'indépendance au Québec. Genèse et historique*, Trois-Rivières, Boréal Express, (1968) 1971, p. 34.

6. Mgr Justin Fèvre, *Vie et travaux de J.-P. Tardivel*, Paris, Arthur Savaète Éditeur, 1906, p. 59.

7. André Laurendeau, *Notre nationalisme*, Tract des Jeune-Canada, Montréal, 1935, p. 50.

8. Voir Robert Comeau, *Paul Bouchard,* La Nation *et les indépendantistes québécois : 1936-1938*, Mémoire de maîtrise, Université de Montréal, 1971. Jean Côté, un épigone de Bouchard, lui a consacré un essai biographique fort impressionniste, coiffé curieusement d'une préface de l'historien Jacques Lacoursière : Jean Côté, *Paul Bouchard 1908-1997, flamboyante figure de notre époque*, Quebecor, 1998.

9. André Laurendeau, « Logique et réalisme en politique », *Le Devoir*, 8 mars 1961 ; publié dans Pierre Bourgault, *Écrits polémiques 1960-1981, La politique*, Montréal, Québec Loisir/VLB Éditeur, 1982, p. 33.

10. Voir Réjean Roy, *Étude d'un texte d'Hubert Aquin :* « La fatigue culturelle du Canada français », mémoire de maîtrise, Université Laval, février 1991, p. 62.

11. Lionel Groulx, *Mes mémoires 1940-1967*, tome 4, Montréal, Fides, 1974, p. 168.

12. Raymond Barbeau, « Avertissement », *L'Indépendance du Québec*, Montréal, Alliance laurentienne.

13. Voir Jean-Marc Brunet, *Le prophète solitaire. Raymond Barbeau et son époque*, Montréal, Ordre naturiste Saint-Marc l'Évangéliste inc., 2000 ; Éric Bouchard, *Raymond Barbeau et l'Alliance laurentienne : les ultras de l'indépendantisme québécois*, mémoire de maîtrise (histoire), Université de Montréal, 1997.

14. Jean-Marc Brunet, *Le prophète solitaire. Raymond Barbeau et son époque*, Montréal, Ordre naturiste Saint-Marc l'Évangéliste inc., 2000, p. 77-79.

15. Voir Jean-François Nadeau, *Robert Rumilly en son histoire*, thèse de doctorat (histoire), UQAM, 2003.

16. Magalie Deleuze, *L'une et l'autre indépendance 1954-1964 : Les médias au Québec et la guerre d'Algérie*, Montréal, Point de fuite, 2001, p. 84-85 et 178. Barbeau a donné à lire plusieurs articles à des revues françaises comme *Aspects de la France* ou *Nation française*, inspirée par le nationalisme intégral du penseur d'extrême droite Charles Maurras.

17. Gabriel Hudon, *Ce n'était qu'un début*, Parti pris, Montréal, 1977, p. 23.

18. *Ibid.*, p. 31.

19. Raoul Roy, « Le Québec une sous-colonie », *La Revue socialiste*, n° 3, hiver 1959-1960, p. 59.

20. Pierre Bourgault, « Préface », *Une idée qui somnolait*, Montréal, Comeau & Nadeau (Lux), 2000, p. 11.

21. Marie-Claude Lortie, « L'adieu à André d'Allemagne », Montréal, *La Presse*, 7 février 2001, p. A12.

22. Entretien avec Suzette Thiboutot-Bello, 16 janvier 2004.

23. *Ibid.*

24. *Ibid.*

25. *Ibid.*

26. *Ibid.*

27. Entretien avec Naïm Kattan, 22 juin 2006.

28. Entretien avec Claude Jasmin, 5 août 2004.

Chapitre 5

1. Roger Paquet, *Souvenirs d'un Angevin migrateur*, Montréal, Éditions Francine Breton, 2003, p. 231.

2. Entretien avec Suzette Thiboutot, 16 janvier 2004.

3. Roger Paquet, *Souvenirs d'un Angevin migrateur*, Montréal, Éditions Francine Breton, 2003, p. 232.

4. Selon ce qu'André d'Allemagne en dit dans le film de Jean-Claude Labrecque, *Le RIN*, Les productions Virage, 2002, 78 minutes.

5. Entretien avec Suzette Thiboutot, 16 janvier 2004.

6. Entretien avec Claude Préfontaine, 13 janvier 2004. Entretien avec Jean Décarie, 20 janvier 2004.

7. Entretien avec Suzette Thiboutot, 16 janvier 2004.

8. Entretien avec Jacques Bellemare, 12 janvier 2004.

9. « Projet de règlements », archives personnelles de Jean Décarie.

10. Entretien avec Jean Décarie, 20 janvier 2004.

11. André d'Allemagne, *Le RIN et les débuts du mouvement indépendantiste québécois*, Montréal, l'Étincelle, 1974, p. 137.

12. Entretien avec Louise Thiboutot, 16 janvier 2004.

13. Entretien avec Claude Préfontaine, 13 janvier 2004.

14. Pierre Bourgault, « Indépendantiste par hasard et par... nécessité », *Le Petit Journal*, 11 mars 1973. Reproduit dans Pierre Bourgault, *Écrits polémiques 1960-1981, La politique*, Québec Loisir/VLB Éditeur, 1982, p. 16.

15. Entretien de Pierre Bourgault avec Fernand Seguin, *Le Sel de la semaine*, Télévision de Radio-Canada, 20 décembre 1966.

16. Entretien avec Claude Préfontaine, 13 janvier 2004.

17. Pierre Bourgault, *Écrits polémiques 1960-1981, La politique*, Québec Loisir/VLB Éditeur, 1982, p. 18.

18. *Ibid.*, p. 19.

19. Entretien avec Louise Latraverse, 30 janvier 2004.

20. Entretien avec Jacques Bellemare, 12 janvier 2004.

21. Fonds Marcel Chaput, Archives Bibliothèque nationale du Québec, P96, 1977-00-015.

Chapitre 6

1. André d'Allemagne, *Une idée qui somnolait. Écrits sur la souveraineté du Québec depuis les origines du RIN (1958-2000)*, Montréal, Comeau & Nadeau (Lux), 2000, p. 79-80.

2. André d'Allemagne, *Le RIN et les débuts du mouvement indépendantiste québécois*, Montréal, l'Étincelle, 1974, p. 55.

3. Entretien avec Louise Thiboutot, 16 janvier 2004.

4. Entretien avec Jean Décarie, 20 janvier 2004.

5. Pierre Bourgault, « Indépendantiste par hasard et par... nécessité », *Le Petit Journal*, 11 mars 1973. Reproduit dans Pierre Bourgault, *Écrits polémiques 1960-1981, La politique*, Québec Loisir/VLB Éditeur, 1982, p. 20.

6. *Ibid.*

7. Pierre Bourgault, dans le film de Jean-Claude Labrecque, *Le RIN*, Les productions Virage, 2002, 78 minutes.

8. Entretien avec Jean Décarie, 20 janvier 2004.

9. Pierre Bourgault, « Indépendantiste par hasard et par... nécessité », *Le Petit Journal*, 11 mars 1973. Reproduit dans Pierre Bourgault, *Écrits polémiques 1960-1981, La politique*, Québec Loisir/VLB Éditeur, 1982, p. 22.

10. Louis-Martin Tard, « L'homme vu par ses amis », *La Patrie*, 24 septembre 1967, p. 5.

11. Pierre Bourgault, « Indépendantiste par hasard et par... nécessité », *Le Petit Journal*, 11 mars 1973. Reproduit dans Pierre Bourgault, *Écrits polémiques 1960-1981, La politique*, Québec Loisir/VLB Éditeur, 1982, p. 21-22.

12. Entretien avec Louise Latraverse, 30 janvier 2004.

13. *Ibid.*

14. Entretien avec Claude Jasmin, 5 août 2004.

15. Entretien avec Louise Thiboutot, 16 janvier 2004.

16. Entretien avec Louise Latraverse, 30 janvier 2004.

17. Louis-Martin Tard, « L'homme vu par ses amis », *La Patrie*, 24 septembre 1967, p. 5.

18. Pierre Bourgault, « Vivre seul, c'est être libre », *Nous*, 1976. Reproduit dans Pierre Bourgault, *Écrits polémiques 1960-1983. La culture*, Montréal, Québec Loisir/VLB Éditeur, 1983, p. 78.

19. Entretien avec Jean Décarie, 20 janvier 2004.

Chapitre 7

1. André Laurendeau, « Séparatisme et décolonisation », *Le Devoir*, 20 février 1961. Reproduit dans Pierre Bourgault, *Écrits polémiques 1960-1981, La politique*, Montréal, Québec Loisir/VLB Éditeur, 1982, p. 23-25.

2. Pierre Bourgault, « Message d'un homme libre à une génération qui ne l'est plus », *Le Devoir*, 7 mars 1961. Reproduit dans Pierre Bourgault, *Écrits polémiques 1960-1981. La politique*, Montréal, Québec Loisir/VLB Éditeur, 1982, p. 26-32.

3. En 1966, en pleine campagne électorale, Bourgault affirme pour la énième fois : « Nous avons dit et répété sur tous les toits que l'indépendance du Québec n'est pas une solution à nos problèmes mais un instrument pour nous aider à appliquer des solutions. » Pierre Bourgault, « L'indépendance est un instrument », *L'Indépendance*, 15 mars 1966. Reproduit dans Pierre Bourgault, *Écrits polémiques 1960-1981, La politique*, Montréal, Québec Loisir/VLB Éditeur, 1982, p. 98.

4. Pierre Bourgault, « Message d'un homme libre à une génération qui ne l'est plus. Deuxième partie », *Le Devoir*, 22 mars 1961. Reproduit dans Pierre Bourgault, *Écrits polémiques 1960-1981, La politique*, Montréal, Québec Loisir/VLB Éditeur, 1982, p. 37-45.

5. Entretien avec Claude Préfontaine, 13 janvier 2004.

6. Entretien avec Gilles Marcotte, 20 juillet 2004.

7. Entretien avec Claude Jasmin, 5 août 2004.

8. Pierre Bourgault, « Apologie de la subjectivité », *La Presse section rotogravure*, 13 janvier 1962, p. 6.

9. Pierre Bourgault, « Au fil de la semaine », *La Presse section rotogravure*, 21 octobre 1961, p. 7.

10. Entretien avec Gilles Marcotte, 20 juillet 2004.

11. Pierre Bourgault, « Rodrigue Guité », *La Presse section rotogravure*, 2 décembre 1961, p. 10.

12. Pierre Bourgault, « Le mal du siècle : l'urbanisme », *La Presse section rotogravure*, 17 février 1962, p. 8.

13. Pierre Bourgault, « L'Université Laval de Québec », *La Presse magazine*, 1er décembre 1962, p. 14.

14. Pierre Bourgault, « Manicouagan », *La Presse magazine*, 22 septembre 1962, p. 9.

15. *Ibid.*, p. 4.

16. *Ibid.*, p. 15.

17. Pierre Bourgault, « Miville à Manic », *La Presse magazine*, 23 janvier 1965, p. 10.

18. *Ibid.*, p. 14.

19. Pierre Bourgault, « Des ponts et merveilles », *La Presse magazine*, 16 novembre 1963, p. 8.

20. Pierre Bourgault, « Carrefours de Montréal », *La Presse magazine*, 7 décembre 1963, p. 34.

21. Pierre Bourgault, « Est-il trop tard pour sauver l'église Saint-Jacques ? », *La Presse magazine*, 28 mars 1964, p. 6.

22. *Ibid.*, p. 8.

23. Pierre Bourgault, « La ville des îles Laval », *La Presse magazine*, 25 janvier 1964, p. 8.

24. Pierre Bourgault, « Eric Kierans gagnera-t-il la bataille du "New Look" », *La Presse magazine*, 13 avril 1963, p. 4-5.

25. RIN, « Communiqué », [s.d.], Fonds Marcel Chaput, Archives Bibliothèque nationale du Québec, P96, 1977-00-015/13.

26. Pierre Bourgault, « Shawinigan ville prospère… mais le chômage ? », *La Presse magazine*, 22 juin 1963, p. 18.

27. Pierre Bourgault, « Les laveurs de vitres de la Place Ville-Marie », *La Presse magazine*, 12 janvier 1963, p. 16.

28. Pierre Bourgault, « Les routiers », *La Presse magazine*, 23 février 1963, p. 8.

29. Pierre Bourgault, « La secrétaire idéale existe-t-elle ? », *La Presse magazine*, 18 janvier 1964, p. 14.

30. Pierre Bourgault, « Paresse et inconscience », *La Presse section rotogravure*, 17 février 1962, p. 5.

31. Pierre Bourgault, « Pierre Demers », *La Presse section rotogravure*, 6 janvier 1962, p. 6.

32. Pierre Bourgault, « Quatre aspects de la médecine canadienne-française », *La Presse section rotogravure*, 27 avril 1962, p. 2.

33. Pierre Bourgault, « Le plan secret du fort Duquesne », *La Presse magazine*, 4 avril 1964, p. 8.

34. Pierre Bourgault, « La proclamation de lord Gosford », *La Presse magazine*, 11 avril 1964, p. 11.

35. Pierre Bourgault, « Le notaire de Lorimier, insurgé ! », *La Presse magazine*, 9 mai 1964, p. 10.

36. Pierre Bourgault, « Les pensions de Louis XV », *La Presse magazine*, 25 avril 1964, p. 28.

37. Pierre Bourgault, « Qui connaît Guibord ? Et pourtant... », *La Presse section rotogravure*, 18 novembre 1961, p. 2.

38. Pierre Bourgault, « Anticosti aujourd'hui, est-ce le paradis ou l'enfer ? », *La Presse magazine*, 5 octobre 1963, p. 5.

39. Pierre Bourgault, « La rue des Ursulines à Trois-Rivières », *La Presse magazine*, 9 février 1963, p. 10.

40. Pierre Bourgault, « La ville des îles de Laval », *La Presse magazine*, 25 janvier 1964, p. 8.

41. Pierre Bourgault, « Champlain revient au Québec », *La Presse magazine*, 14 décembre 1963, p. 14.

42. Pierre Bourgault, « Faut-il former des athlètes dans nos écoles ? », *La Presse magazine*, 10 novembre 1962, p. 10.

43. Pierre Bourgault, « Dick Pound, de Montréal. Médaille d'or ! », *La Presse magazine*, 2 février 1963, p. 9-11.

44. Pierre Bourgault, « Le billard c'est avant tout un état d'esprit ! », *La Presse magazine*, 18 avril 1964, p. 17.

45. Pierre Bourgault, « À propos d'un appel téléphonique », *La Presse section rotogravure*, 3 février 1962, p. 5.

46. Pierre Bourgault, « Signalisation routière », *La Presse section rotogravure*, 24 février 1962, p. 20.

47. Pierre Bourgault, « Le "franco" Elphège Roy, de Manchester », *La Presse magazine*, 30 mai 1964, p. 14.

48. Pierre Bourgault, « Marc-Aurèle Fortin : le peintre de son pays », *La Presse section rotogravure*, 11 novembre 1961, p. 2.

49. Pierre Bourgault, « Borduas, la victoire d'un homme libre », *La Presse section rotogravure*, 3 mars 1962, p. 26.

50. Pierre Bourgault, « Paul Borduas bardé de fer... », *La Presse magazine*, 31 août 1963, p. 14.

51. Pierre Bourgault, « Yves Lauzon : jeune peintre de Montréal », *La Presse magazine*, 6 octobre 1962, p. 22.

52. Pierre Bourgault, « À quoi sert un musée ? », *La Presse magazine*, 24 novembre 1962, p. 5.

53. Pierre Bourgault, « Nos jeunes comédiennes sont-elles prêtes à prendre la relève ? », *La Presse magazine*, 20 avril 1963, p. 4.

54. Pierre Bourgault, « Charlotte Boisjoli », *La Presse magazine*, 21 septembre 1963, p. 4.

55. Pierre Bourgault, « Les Saltimbanques… ou le courage au théâtre », *La Presse magazine*, 7 mars 1964, p. 6.

56. Pierre Bourgault, « Comment s'y prend-on pour monter une pièce de théâtre ? », *La Presse section rotogravure*, 5 mai 1962, p. 2.

57. Pierre Bourgault, « Claude Robillard », *La Presse section rotogravure*, 17 mai 1962, p. 2.

58. Pierre Bourgault, « Ronald Turini », *La Presse magazine*, 20 octobre 1962, p. 30.

59. Pierre Bourgault, « À la conquête du Québec », *La Presse magazine*, 9 novembre 1963, p. 4.

60. Pierre Bourgault, « De la chanson au music-hall », *La Presse magazine*, 8 juin 1963, p. 4.

61. *Ibid.*, p. 7.

62. *Ibid.*

63. Pierre Bourgault, « Les cafés de la civilisation », *La Presse section rotogravure*, 2 décembre 1961, p. 15.

64. Pierre Bourgault, « Au fil de la semaine », *La Presse section rotogravure*, 11 novembre 1961, p. 7.

65. Pierre Bourgault, « Greenwich Village », *La Presse section rotogravure*, 26 mai 1962, p. 4.

66. Pierre Bourgault, « Le vote à 18 ans : c'est pour demain. Pour ou contre ? », *La Presse magazine*, 21 mars 1964, p. 15.

67. Pierre Bourgault, « Les aveugles voient mieux que nous », *La Presse section rotogravure*, 16 décembre 1961, p. 2.

68. Pierre Bourgault, « Les lecteurs », *La Presse section rotogravure*, 27 janvier 1962, p. 21.

69. Lysiane Gagnon, « La trajectoire d'un démocrate », *La Presse*, 5 juillet 1997, p. B3.

70. Claude Jasmin, « Adieu, camarade », *Le Devoir*, 18 juin 2003, p. A6.

71. Entretien avec Claude Jasmin, 5 août 2004.

72. Entretien avec André Major, 23 décembre 2004.

73. Entretien avec Claude Jasmin, 5 août 2004.

74. *Ibid.*

75. Louis-Martin Tard, « L'homme vu par ses amis », *La Patrie*, 24 septembre 1967, p. 5.

Chapitre 8

1. Gabriel Hudon, *Ce n'était qu'un début*, Montréal, Parti pris, 1977, p. 13.

2. Entretien avec Claude Préfontaine, 13 janvier 2004.

3. Gabriel Hudon, *Ce n'était qu'un début*, Montréal, Parti pris, 1977, p. 14.

4. http ://tonylesauteur.com/xinde2.htm

5. Entretien avec Denis Vaugeois, 30 juillet 2004.

6. Jacques Ferron et André Major, « *Nous ferons nos comptes plus tard* ». *Correspondance (1962-1983)*, Lanctôt Éditeur, Montréal, 2004, p. 62-63.

7. « RIN : sans plus tergiverser, le Québec doit nationaliser les compagnies d'électricité », *Le Devoir*, 11 juin 1962, p. 1.

8. *Ibid.*

9. Réal Pelletier, « Chaput ne prêtera pas serment, s'il est élu », *Le Devoir*, 1er octobre 1962, p. 1.

10. « Le RIN du comté de Bourget se dissocie de M. Marcel Chaput », *Le Devoir*, 21 décembre 1962, p. 2.

11. Réal Pelletier, « Chaput ne prêtera pas serment, s'il est élu », *Le Devoir*, 1er octobre 1962, p. 1.

12. André d'Allemagne, *Le RIN et les débuts du mouvement indépendantiste québécois*, Montréal, L'Étincelle, 1974, p. 58.

13. Jacques Lacoursière, *Alarme citoyens! L'affaire Cross-Laporte du connu à l'inconnu*, Montréal, Éditions La Presse, 1972, p. 31.

14. André d'Allemagne, *Le RIN et les débuts du mouvement indépendantiste québécois*, Montréal, L'Étincelle, 1974, p. 58.

15. *Ibid.*, p. 60.

16. Jacques Lacoursière, *Alarme citoyens! L'affaire Cross-Laporte du connu à l'inconnu*, Montréal, Éditions La Presse, 1972, p. 31.

17. « La revanche des berceaux, non! La revanche des cerveaux, oui! », *Le Devoir*, 18 février 1963, p. 1.

18. Raymond Barbeau, *La libération économique du Québec*, Montréal, Éditions de l'Homme, 1963, p. 153.

19. Jean-Marc Brunet, *Le prophète solitaire. Raymond Barbeau et son époque*, Montréal, Ordre naturiste Saint-Marc l'Évangéliste inc., 2000, p. 207.

20. « Querelles de séparatistes », *Le Devoir*, 3 janvier 1963, p. 3.

21. Mario Cardinal, « Le président des SSJB est prêt à rencontrer le PRQ », *Le Devoir*, 28 décembre 1962, p. 1.

22. « Le parti de M. Chaput reconnaît qu'il n'appartient pas à la SSJB de faire de l'action politique », *Le Devoir*, 4 février 1963, p. 3.

23. André d'Allemagne, *Le RIN et les débuts du mouvement indépendantiste québécois*, Montréal, L'Étincelle, 1974, p. 121.

24. *Ibid.*

25. « Le PRQ proteste auprès de R.-C. sur le choix des participants à un séminaire sur la Confédération », *Le Devoir*, 11 janvier 1963, p. 3.

26. Jacques Antoons, « À propos de querelles séparatistes » (Lettres au *Devoir*), *Le Devoir*, 7 février 1963, p. 4.

27. Mario Cardinal, « Lutte engagée entre le RIN et le PRQ », *Le Devoir*, 27 décembre 1962, p. 2.

28. « Deux sections du RIN réitèrent leur appui au Conseil central », *Le Devoir*, 10 janvier 1963, p. 10.

29. « Chaput a refusé de se soumettre au régime démocratique du RIN », *Le Devoir*, 29 décembre 1962, p. 1.

30. « Le RIN ne fera pas la guerre aux républicains », *Le Devoir*, 31 décembre 1962, p. 2.

31. « Le PRQ aura ses émissions hebdomadaires de télévision. Des "compagnies" ont commencé à souscrire à la caisse », *Le Devoir*, 3 janvier 1963, p. 3.

32. « Le PRQ n'est pas superstitieux… », *Le Devoir*, 4 janvier 1963, p. 2.

33. Jules LeBlanc, « Le RIN deviendra un parti politique en mars », *Le Devoir*, 21 janvier 1963, p. 1.

34. « Le RIN appuie le Mouvement de la paix… », *Le Devoir*, 5 février 1963, p. 3 ; « Le RIN demande à Québec de dire non aux armes A », *Le Devoir*, 19 février 1963, p. 3.

35. Pierre Bourgault, dans le film de Jean-Claude Labrecque, *Le RIN*, Les productions Virage, 2002, 78 minutes.

36. André Laurendeau, « Querelles séparatistes », *Le Devoir*, 25 janvier 1963.

37. André Laurendeau, « NDLR », *Le Devoir*, 7 février 1963, p. 4.

38. Réal Pelletier, « Chaput aux républicains : votez pour le plus indépendantiste », *Le Devoir*, 25 février 1963, p. 5.

39. « Pierre Bourgault : l'indépendance est inutile sans la "révolution" », *Le Devoir*, 4 mars 1963, p. 5.

40. « Pierre Bourgault : l'indépendance est inutile sans la "révolution" », *Le Devoir*, 4 mars 1963, p. 8.

41. Entretien avec Claude Jasmin, 5 août 2004.

42. Andrée Ferretti, « Le prince insurgé », *Le Devoir*, 10 mars 2007, p. F2.

43. Réal Pelletier, « Le RIN se transforme en parti politique ! », *Le Devoir*, 4 mars 1963, p. 1.

44. Jean-Marc Brunet, *Le prophète solitaire. Raymond Barbeau et son époque*, Montréal, Ordre naturiste Saint-Marc l'Évangéliste inc., 2000, p. 208.

45. André d'Allemagne, *Le RIN et les débuts du mouvement indépendantiste québécois*, Montréal, L'Étincelle, 1974, p. 122.

46. Michel Nestor, « Une certaine conception de la nature. Quand l'extrême droite se mêle de santé et d'environnement », *Ruptures*, printemps 2007, p. 9-11.

47. Cité dans Jacques Lacoursière, *Alarme citoyens! L'affaire Cross-Laporte du connu à l'inconnu*, Montréal, Éditions La Presse, 1972, p. 61.

Chapitre 9

1. Gil Courtemanche, « Gala 64 du RIN : plusieurs leçons à retenir », *La Presse*, 25 mai 1964.
2. Pierre Godin, *La fin de la grande noirceur*, Boréal, 1991, p. 436.
3. *Ibid.*
4. Pierre Bourgault, dans le film de Jean-Claude Labrecque, *Le RIN*, Les productions Virage, 2002, 78 minutes.
5. *Le Devoir*, 30 mai 1964, p. 1-2 ; 1er juin 1964, p. 1-2.
6. Film de Jean-Claude Labrecque, *Le RIN*, Les productions Virage, 2002, 78 minutes.
7. Pierre-Louis Mallen, « L'instinct d'un grand tribun », *Le Devoir*, 21 juin 2003.
8. Pierre Bourgault, « La Reine », *Indicatif présent*, Radio-Canada, 9 octobre 2002.
9. Entretien avec André Major, 23 décembre 2004.
10. Andrée LeBel, *Pierre Bourgault. Le plaisir de la liberté*, Montréal, Nouvelle Optique, 1983, p. 15.
11. *Ibid.*
12. Entretien avec Jacques Léonard, 18 août 2005.
13. Entretien avec Jean-Marc Cordeau, 18 avril 2005.
14. Entretien avec Jacques Léonard, 18 août 2005.
15. *Ibid.*
16. Entretien avec Monique et Pierre Renaud, 19 août 2005.
17. R.D., « Les restaurants anglais devront s'intégrer ou faire faillite », *L'indépendance*, vol. 3, n° 2, 20 juin 1965, p. 1.
18. Entretien avec Robert Charlebois, 23 avril 2004.
19. *Ibid.*
20. Entretien avec André Major, 5 août 2004.
21. Andrée LeBel, *Pierre Bourgault. Le plaisir de la liberté*, Montréal, Nouvelle Optique, 1983, p. 18.
22. Pierre Bourgault, « Lesage go home », *L'Indépendance*, 1er octobre 1965 ; reproduit dans Pierre Bourgault, *Écrits polémiques, 1960-1981, La politique*, Montréal, Québec Loisir/VLB Éditeur, 1982, p. 71-73.

Chapitre 10

1. Roger Champoux, « Prêt pour le grand jeu », *La Presse*, 20 avril 1966, p. 4.

2. Pierre Bourgault, « Les prophéties de M. Claude Ryan », *L'Indépendance*, 15 janvier 1966 ; reproduit dans Pierre Bourgault, *Écrits polémiques, 1960-1981, La politique*, Montréal, Québec Loisir/VLB Éditeur, 1982, p. 89-92.

3. *Avis de recherche*, Télévision de Radio-Canada, 8 mai 1985.

4. Réal Pelletier, « Bourgault : avec les prochaines élections, le RIN compte devenir l'opposition réelle au régime Lesage », *Le Devoir*, 21 janvier 1966, p. 8.

5. « Le RIN est prêt », *Le Devoir*, 19 avril 1966, p. 14.

6. « RIN : campagne pour financer la campagne », *La Presse*, 30 avril 1966, p. 11.

7. Claude Gendron, « Le Québec doit choisir entre les canons et le beurre », *La Presse*, 2 mai 1966, p. 23.

8. André d'Allemagne, *Le RIN et les débuts du mouvement indépendantiste*, Montréal, L'Étincelle, 1974, p. 87.

9. Roger Champoux, « Prêt pour le grand jeu », *La Presse*, 20 avril 1966, p. 4.

10. Jean Côté, « Bourgault... le chef le plus électrisant de toute cette campagne électorale », *Le Journal de Montréal*, 24 mai 1966.

11. Entretien avec Jean Décarie, 20 janvier 2004.

12. Pierre Bourgault, « L'indépendance est un instrument », *L'Indépendance*, 15 mars 1966 ; reproduit dans Pierre Bourgault, *Écrits polémiques, 1960-1981, La politique*, Montréal, Québec Loisir/VLB Éditeur, 1982, p. 98-100.

13. Pierre Bourgault, « Elle était si tranquille qu'elle s'est endormie », *L'Indépendance*, février 1965 ; reproduit dans Pierre Bourgault, *Écrits polémiques, 1960-1981, La politique*, Montréal, Québec Loisir/VLB Éditeur, 1982, p. 74-77.

14. Pierre Bourgault, « Le retour du cow-boy », *L'Indépendance*, 15 octobre 1965 ; reproduit dans Pierre Bourgault, *Écrits polémiques, 1960-1981, La politique*, Montréal, Québec Loisir/VLB Éditeur, 1982, p. 68-70.

15. Pierre Bourgault, « Elle était si tranquille qu'elle s'est endormie », *L'Indépendance*, février 1965 ; reproduit dans Pierre Bourgault, *Écrits polémiques, 1960-1981, La politique*, Montréal, Québec Loisir/VLB Éditeur, 1982, p. 74-77.

16. Jacques Pigeon, « La minorité anglaise perdra tout avec le RIN au pouvoir », *La Presse*, 26 avril 1966, p. 2.

17. Gilles Daoust, « À l'heure actuelle, l'indépendance est la pire menace à notre survie », *La Presse*, 3 mai 1966, p. 1.

18. Pierre Bourgault, « Daniel Johnson et la campagne électorale de '66 », *Le Petit Journal*, 18 mars 1973 ; reproduit dans Pierre Bourgault, *Écrits polémiques, 1960-1981, La politique*, Montréal, Québec Loisir/VLB Éditeur, 1982, p. 105-111.

19. Pierre Bourgault, dans le film de Jean-Claude Labrecque, *Le RIN*, Les productions Virage, 2002, 78 minutes.

20. Pierre Bourgault, « Daniel Johnson et la campagne électorale de '66 », *Le Petit Journal*, 18 mars 1973 ; reproduit dans Pierre Bourgault, *Écrits polémiques, 1960-1981, La politique*, Montréal, Québec Loisir/VLB Éditeur, 1982, p. 105-111.

21. *Ibid.*

22. Claude Gendron, « Bourgault présente le programme républicain du RIN », *La Presse*, 7 mai 1966, p 1.

23. « La campagne électorale du RIN s'ouvrira le 27 février », *Le Devoir*, 7 février 1966, p. 9.

24. Entretien avec Jean-Marc Cordeau, 18 avril 2005.

25. « Bourgault croit que la campagne aura une forte note nationaliste », *Le Devoir*, 8 février 1966, p. 7.

26. « Le chef du RIN s'en prend au député de Duplessis », *L'Avenir*, 17 mars 1966, p. 3.

27. Claude Gendron, « Le Québec doit choisir entre les canons et le beurre », *La Presse*, 2 mai 1966, p. 23.

28. « En marge de l'ouverture de la campagne du RIN », *L'Avenir*, 5 mai 1966, p. 7.

29. Jacques Pigeon, « La minorité anglaise perdra tout avec le RIN au pouvoir », *La Presse*, 26 avril 1966, p. 2.

30. « Bourgault déplore l'absence d'industrie de transformation », *Le Devoir*, 4 mars 1966, p. 3.

31. « M. Bourgault : le problème des pêcheries québécoises est lié à la commercialisation », *Le Devoir*, 3 mars 1966, p. 6.

32. « M. Cinq-Mars, candidat du RIN dans Ahuntsic », *Le Devoir*, 26 janvier 1966, p. 11.

33. Claude Gendron, « Bourgault présente le programme républicain du RIN », *La Presse*, 7 mai 1966, p. 1.

34. « Québec doit contrôler son économie », *Le Devoir*, 27 janvier 1966, p. 9.

35. « Le programme est global et pragmatique ! », *Le Devoir*, 7 mai 1966, p. 3.

36. « Bourgault chez les étudiants », *Le Devoir*, 20 avril 1966, p. 3.

37. Jacques Pigeon, « La minorité anglaise perdra tout avec le RIN au pouvoir », *La Presse*, 26 avril 1966, p. 2.

38. *Ibid.*

39. Claude Gendron, « Un régime bicaméral », *La Presse*, 7 mai 1966, p. 12.

40. « Bourgault : la Révolution tranquille de M. Lesage vient de s'endormir », *Le Devoir*, 28 avril 1966, p. 9.

41. « Devant les étudiants, Bourgault démolit l'image de Lévesque », *Le Devoir*, 21 avril 1966, p. 2.

42. Pierre Bourgault, *Québec quitte ou double*, Ferron Éditeur, Montréal, 1970, p. 12.

43. « Bourgault : la Révolution tranquille de M. Lesage vient de s'endormir », *Le Devoir*, 28 avril 1966, p. 9.

44. Claude Gendron, « Trois sortes de plans », *La Presse*, 7 mai 1966, p. 12.

45. *Ibid.*

46. Claude Gendron, « Un régime bicaméral », *La Presse*, 7 mai 1966, p. 12.

Chapitre 11

1. Claude Gendron, « Le Québec doit choisir entre les canons et le beurre », *La Presse*, 2 mai 1966, p. 23.

2. Pierre Bourgault, dans le film de Jean-Claude Labrecque, *Le RIN*, Les productions Virage, 2002, 78 minutes.

3. Pierre Bourgault, « Daniel Johnson et la campagne électorale de '66 », *Le Petit Journal*, 18 mars 1973 ; reproduit dans Pierre Bourgault, *Écrits polémiques, 1960-1981, La politique*, Montréal, Québec Loisir/VLB Éditeur, 1982, p. 105-111.

4. Pierre Bourgault, « Anticosti aujourd'hui, est-ce le paradis ou l'enfer ? », *La Presse magazine*, 5 octobre 1963, p. 5.

5. Entretien avec Antoine Désilets, 14 janvier 2004.

6. Entretien avec Claude Bourque, 6 juillet 2004.

7. Pierre Bourgault, « Daniel Johnson et la campagne électorale de '66 », *Le Petit Journal*, 18 mars 1973 ; reproduit dans Pierre Bourgault, *Écrits polémiques, 1960-1981, La politique*, Montréal, Québec Loisir/VLB Éditeur, 1982, p. 105-111.

8. *Ibid.*

9. « En marge de l'ouverture de la campagne du RIN », *L'Avenir*, 5 mai 1966, p. 7.

10. Claude Gendron, « Le Québec doit choisir entre les canons et le beurre », *La Presse*, 2 mai 1966, p. 23.

11. « Le chef du RIN s'en prend au député de Duplessis », *L'Avenir*, 17 mars 1966, p. 3.

12. « A. Haince – Les beaux discours libéraux n'ont rien changé », *L'Avenir*, 19 mai 1966, p. 3.

13. « En marge de l'ouverture de la campagne du RIN », *L'Avenir*, 5 mai 1966, p. 7.

14. « Entre l'ivresse et l'espoir », conférence enregistrée au théâtre Arlequin, Montréal, novembre 1982, Archives Bibliothèque nationale du Québec.

15. « M. J. Brunet est le candidat du Ralliement national », *L'Avenir*, 19 mai 1966, p. 11.

16. Entretien avec Gilles Vigneault, 1er septembre 2004.

17. Pierre Bourgault, « Daniel Johnson et la campagne électorale de '66 », *Le Petit Journal*, 18 mars 1973 ; reproduit dans Pierre Bourgault, *Écrits polémiques, 1960-1981, La politique*, Montréal, Québec Loisir/VLB Éditeur, 1982, p. 105-111.

18. Claude Gendron, « Le Québec doit choisir entre les canons et le beurre », *La Presse*, 2 mai 1966, p. 23.

19. Henri Coiteux, « Il ne faut pas laisser la population sous l'impression qu'il y a négligence ou abus de la part du gouvernement », *L'Avenir*, 15 mars 1966, p. 3 et 10.

20. « Le député Coiteux devrait se renseigner sur ce qui se passe dans son comté », *L'Avenir*, 22 mars 1966, p. 8.

21. Entretien avec Narcisse Pagé fils, 3 juillet 2004.

22. *Ibid.*

23. Entretien avec Aimé Lebrun, 3 juillet 2004.

24. Entretien avec Roméo Martin, 3 juillet 2004.

25. « Bourgault soutient que la politique économique du gouvernement libéral mène le Québec à la faillite », *Le Devoir*, 2 mai 1966, p. 5.

26. « Le RIN présente un projet de manifeste en vue du scrutin du 5 juin », *La Presse*, 25 avril 1966, p. 18.

27. « Labrador au Québec, dit Pierre Bourgault », *L'Avenir*, 3 mai 1966, p. 3.

28. « En marge de l'ouverture du RIN », *L'Avenir*, 5 mai 1966, p. 7.

29. *Ibid.*

30. Fonds Marcel-Chaput, ANQ, P96/1977-00-015/13.

31. *Ibid.*

32. « Incident politique », *L'Avenir*, 3 mai 1966, p. 3.

33. « Bourgault commence sa campagne », *La Presse*, 22 avril 1966, p. 17.

34. « En marge de l'ouverture de la campagne du RIN », *L'Avenir*, 5 mai 1966, p. 7.

35. « Le RIN a tenté de me bâillonner – le maire », *L'Avenir*, 2 juin 1966, p. 3.

36. « Le premier ministre Lesage à Sept-Îles le 6 mai », *L'Avenir*, 26 avril 1966, p. 3.

37. Réal Pelletier, « Bourgault : avec les prochaines élections, le RIN compte devenir l'opposition réelle au régime Lesage », *Le Devoir*, 21 janvier 1966, p. 8.

38. *Ibid.*

39. Jacques Pigeon, « La minorité anglaise perdra tout avec le RIN au pouvoir », *La Presse*, 26 avril 1966, p. 1.

40. *Ibid.*, p. 2.

41. Réal Pelletier, « Bourgault : avec les prochaines élections, le RIN compte devenir l'opposition réelle au régime Lesage », *Le Devoir*, 21 janvier 1966, p. 8.

42. « Bourgault s'en prend au "culot inouï" de McGill », *Le Devoir*, 21 février 1966, p. 3.

43. *Ibid.*

44. « M. Bourgault réclame que Québec coupe toutes ses subventions au système d'enseignement anglophone », *Le Devoir*, 15 avril 1966, p. 8.

45. « Bourgault : le statut particulier de Lesage ferait payer les Québécois deux fois pour les mêmes services », *Le Devoir*, 31 janvier 1966, p. 8.

46. « Bourgault chez les étudiants », *Le Devoir*, 20 avril 1966, p. 3.

47. Entretien de Pierre Bourgault avec Fernand Seguin, *Le Sel de la semaine*, Télévision de Radio-Canada, 20 décembre 1966.

48. « Une victoire pour le Québec » (éditorial), *L'Avenir*, 6 juin 1966, p. 13.

49. « L'indoctrination RIN. est néfaste pour nos jeunes, dit H. Coiteux » (sic), *L'Avenir*, 14 juin 1966, p. 3.

50. *Ibid.*

51. « Le député Coiteux s'adresse à la population du comté », *L'Avenir*, 14 juin 1966, p. 5.

52. Andrée LeBel, *Pierre Bourgault. Le plaisir de la liberté*, Montréal, Nouvelle Optique, 1983, p. 22 ; « Le grand tournant », reproduit dans Pierre Bourgault, *Écrits polémiques 1960-1981. La politique*, Montréal, Québec Loisir/VLB Éditeur, 1982, p. 126.

53. Bourgault a narré plusieurs fois cette histoire, notamment dans « Entre l'ivresse et l'espoir », conférence enregistrée au théâtre Arlequin, Montréal, novembre 1982, Archives Bibliothèque nationale du Québec.

Chapitre 12

1. « Le RIN mettra sur pied un cabinet parallèle », *Le Devoir*, 7 mars 1967, p. 3.

2. « Bourgault répond à Bertrand », *Le Devoir*, 7 janvier 1967, p. 1.

3. Pierre Bourgault, « Le retour du cow-boy », *L'Indépendance*, 15 octobre 1965 ; reproduit dans Pierre Bourgault, *Écrits polémiques, 1960-1981, La politique*, Montréal, Québec Loisir/VLB Éditeur, 1982, p. 74-77.

4. « Pierre Bourgault proteste auprès du pape Paul VI », *Le Devoir*, avril 1967.

5. « Le RIN à l'Expo », *Le Devoir*, 15 mai 1967, p. 9.

6. « Le RIN mettra sur pied un cabinet parallèle », *Le Devoir*, 7 mars 1967, p. 3.

7. Paul Cliche, « À la veille du congrès du RIN, Pouliot dénonce le "culte de la personnalité" », *Le Devoir*, 6 octobre 1967, p. 8.

8. Réal Pelletier, « Bourgault tend les bras à la "nouvelle gauche" », *Le Devoir*, 3 avril 1967, p. 1.

9. « Johnson a offert au RIN de se joindre à l'UN », *Le Devoir*, 13 juin 1967, p. 3.

10. Paul Cliche, « À la veille du congrès du RIN, Pouliot dénonce le "culte de la personnalité" », *Le Devoir*, 6 octobre 1967, p. 8.

11. « Marchand symbole même de la trahison, affirme Bourgault », *Le Devoir*, 27 juin 1967, p. 3.

12. « Bourgault : de Gaulle ne vient pas régler tous nos problèmes ! », *Le Devoir*, 24 juillet 1967, p. 2.

13. Guy Deshaies, « Une foule de 2 000 personnes à l'assemblée du RIN », *Montréal-Matin*, 3 août 1967.

14. Daniel L'Heureux, « En trente secondes, de Gaulle a révélé le Québec au monde entier », *La Presse*, 3 août 1967.

15. Pierre-Louis Mallen, « L'instinct d'un grand tribun », *Le Devoir*, 21 juin 2003.

16. « Cristallisant nos efforts, de Gaulle a rapatrié des hésitants », *Le Devoir*, 4 août 1967, p. 1.

17. « Bourgault réplique à Lesage : le samedi de la matraque, combien ? », *Le Devoir*, mardi 1er aout 1967, p. 3.

18. Pierre-Louis Guertin, *Et de Gaulle vint...*, Montréal, Claude Langevin Éditeur, 1970, p. 154.

19. André d'Allemagne, *Le RIN et les débuts du mouvement indépendantiste québécois*, Montréal, Éditions l'Étincelle, 1974, p. 64.

20. Claude-Lyse Gagnon, « Bourgault gagne 100 $ par semaine », *La Patrie*, 24 septembre 1967, p. 4.

Chapitre 13

1. « La crise éclate au sein du RIN », *Le Devoir*, 26 septembre 1967, p. 1.

2. *Ibid.*

3. Claude-Lyse Gagnon, « Bourgault gagne 100 $ par semaine », *La Patrie*, 24 septembre 1967, p. 4.

4. *Ibid.*

5. Entretien avec Jean Décarie, 20 janvier 2004. Entretien avec Pierre Renaud, 19 août 2005.

6. Entretien avec Louise Latraverse, 30 janvier 2004.

7. Entretien avec Daniel Gadouas, 25 avril 2004.

8. Paul Cliche, « À la veille du congrès du RIN, Pouliot dénonce le "culte de la personnalité" », *Le Devoir*, 6 octobre 1967, p. 8.

9. Claude-Lyse Gagnon, « L'homme vu par ses amis », *La Patrie*, 24 septembre 1967, p. 5.

10. Entretien avec Pierre Renaud, 19 août 2005.

11. Michel Roy, « Bourgault revient plus convaincu que jamais de l'urgence d'un regroupement des indépendantistes », *Le Devoir*, 5 décembre 1967, p. 5.

12. « Bourgault : une alliance RN-RIN est impossible », *Le Devoir*, 19 avril 1967, p. 2.

13. *Ibid.*

14. « Johnson a offert au RIN de se joindre à l'UN », *Le Devoir*, 13 juin 1967, p. 3.

15. Jean-V. Dufresne, « On s'interroge dans les rangs du RIN sur les mobiles de M. Bourgault », *Le Devoir*, 27 septembre 1967, p. 1.

16. « Bourgault tend la perche à René Lévesque et Aquin », *Le Devoir*, 27 octobre 1967, p. 2.

17. Entretien avec François Aquin, 21 juin 2006.

18. « Ce que pense Bourgault de... », *La Patrie*, 24 septembre 1967, p. 6.

19. André d'Allemagne, *Le RIN et les débuts du mouvement indépendantiste*, Montréal, L'Étincelle, 1974, p. 129.

20. « Devant les étudiants, Bourgault démolit l'image de René Lévesque », *Le Devoir*, 21 avril 1966, p. 27.

21. « Ce que pense Bourgault de... », *La Patrie*, 24 septembre 1967, p. 6.

22. Pierre Bourgault, « Le RIN à la conquête de la France », *Le Petit Journal*, 15 avril 1973. Reproduit dans Pierre Bourgault, *Écrits polémiques 1960-1981, La politique*, Québec Loisir/VLB Éditeur, 1982, p. 140.

23. « Entretiens secrets de Bourgault avec des ministres du cabinet français », *Le Devoir*, 15 novembre 1967, p. 2.

24. *Ibid.*

25. Entretien avec Pierre Renaud, 19 août 2005.

26. Pierre Bourgault, « Les détecteurs de mensonge », *Indicatif présent*, Radio-Canada, 30 octobre 2002.

27. Entretien avec Pierre Renaud, 19 août 2005.

28. *Ibid.*

29. Pierre Bourgault, « Le RIN à la conquête de la France », *Le Petit Journal*, 15 avril 1973. Reproduit dans Pierre Bourgault, *Écrits polémiques 1960-1981, La politique*, Québec Loisir/VLB Éditeur, 1982, p. 143.

30. *Ibid.*

31. Discours de Pierre Bourgault contre la peine de mort, *Aujourd'hui*, Télévision de Radio-Canada, 1er octobre 1965.

32. Pierre Bourgault, « Le RIN à la conquête de la France », *Le Petit Journal*, 15 avril 1973. Reproduit dans Pierre Bourgault, *Écrits polémiques 1960-1981, La politique*, Québec Loisir/VLB Éditeur, 1982, p. 141.

33. Entretien avec Pierre Renaud, 19 août 2005.

34. « Première conférence de M. P. Bourgault à Paris », *Le Devoir*, 20 novembre 1967, p. 7.

35. « À Paris, P. Bourgault parle de fusion du RIN avec le groupe de Lévesque », *Le Devoir*, 28 novembre 1967, p. 5.

36. Entretien avec Pierre Renaud, 19 août 2005.

37. Michel Roy, « Bourgault revient plus convaincu que jamais de l'urgence d'un regroupement des indépendantistes », *Le Devoir*, 5 décembre 1967, p. 1.

38. Michel Roy, « Pierre Bourgault, victime d'une ambiguïté, n'a jamais accepté les règles du jeu d'un parti », *Le Devoir*, 22 janvier 1973, p. 2.

39. « François Aquin se rallie au mouvement de René Lévesque », *Le Devoir*, 11 décembre 1967, p. 1.

40. « Bourgault s'en prend à Lévesque », *Le Devoir*, 13 février 1968, p. 8.

41. *Ibid.*

42. « Bourgault ne s'en est pas pris à Lévesque », *Le Devoir*, 14 février 1968, p. 8.

43. Gilles Lesage, « Bourgault veut la fusion avec le MSA, mais Ferretti craint l'électoralisme », *Le Devoir*, 16 février 1968, p. 1.

44. *Ibid.*, p. 18.

45. *Ibid.*

46. *Ibid.*

47. *Ibid.*

48. *Ibid.*

49. « Guerre déclarée entre Bourgault et Ferretti », *Le Devoir*, 26 février 1968, p. 2.

50. « La querelle s'envenime entre Ferretti et Bourgault », *Le Devoir*, 5 mars 1968, p. 2.

51. Voir Jean-François Nadeau, « Laurendeau, aujourd'hui », *Les Cahiers d'histoire du Québec au XXe siècle*, no 10, hiver 2000, p. 166-172.

52. [Raoul Vaneigem], *Banalités de base*, s.l. (Université libre d'art quotidien), s.d., (Montréal, 1968), 24 p.

53. Entretien avec Robert Charlebois, 23 avril 2004.

54. Entretien avec Michèle Tisseyre, 28 août 2006.

55. Entretien avec Daniel Gadouas, 25 avril 2004.

56. *Ibid.*

57. *Ibid.*

58. Entretien avec Jean Décarie, 26 avril 2004.

59. Don et Vera Murray, *De Bourassa à Lévesque*, Quinze, Montréal, 1978, p. 83.

60. « Bourgault se réjouit que les négociations commencent enfin », *Le Devoir*, 28 mai 1968, p. 7.

61. *Ibid.*

62. « Bourgault demande à ses partisans de ne pas voter », *Le Devoir*, 28 mai 1968, p. 3.

63. « Bourgault : Trudeau est un menteur et un vendu ! », *Le Devoir*, 30 mai 1968, p. 9.

64. Entretien avec Marie-José Raymond, 21 janvier 2004.

65. Michel Roy, « Le RIN, qui songea un moment à se saborder, tient maintenant le MSA pour un réservoir », *Le Devoir*, 12 septembre 1968, p. 9.

66. Entretien avec Pierre Renaud, 19 août 2005.

67. Gérard Bergeron, *Ne bougez plus !*, Montréal, Éditions du Jour, 1968, p. 154.

68. Michel Roy, « Le RIN, qui songea un moment à se saborder, tient maintenant le MSA pour un réservoir », *Le Devoir*, 12 septembre 1968, p. 9.

69. *Ibid.*

70. Guy Bouthillier, « La dissolution du RIN et les attraits du centre », *Le Devoir*, 2 novembre 1968, p. 4.

71. *Ibid.*

Chapitre 14

1. Lettre de Pierre Bourgault à Daniel Gadouas, Montréal, 4 mars 1969.

2. Entretien avec Daniel Gadouas, 25 avril 2004.

3. Cité dans Pierre Godin, *René Lévesque héros malgré lui*, Montréal, Boréal, 1997, p. 406.

4. Jacques Ferron, « La défaite de Pierre Bourgault », *Les lettres aux journaux*, Montréal, VLB Éditeur, 1985, p. 275.

5. Normand Lépine, « Lévesque condamne l'assemblée de Taillon », *Le Devoir*, 26 juin 1969, p. 1.

6. Bernard Cleary, « Le testament politique de Pierre Bourgault », *Le Soleil*, 20 janvier 1973, p. 23.

7. Cité dans Pierre Godin, *René Lévesque héros malgré lui*, Montréal, Boréal, 1997, p. 445.

8. « Entre l'ivresse et l'espoir », conférence enregistrée au théâtre Arlequin, Montréal, novembre 1982. Archives Bibliothèque nationale du Québec.

9. Jacques Ferron, « M. Rémillard et le P.Q.-Taillon », *Les lettres aux journaux*, Montréal, VLB Éditeur, 1985, p. 278.

10. Entretien avec Robert Charlebois, 23 avril 2004.

11. Entretien avec Mouffe, 26 avril 2004.

12. Entretien avec François Guy, 21 avril 2004.

13. Entretien avec Juan Rodriguez, 21 avril 2004.

14. Entretien avec Robert Charlebois, 23 avril 2004.

15. Pierre Bourgault, « Les Détecteurs de mensonge », *Indicatif présent*, Radio-Canada, 30 octobre 2002.

16. Entretien avec Danièle et Jean-Marc Cordeau, 18 avril 2005.

17. Martine Tremblay, *Derrière les portes closes*, Montréal, Québec/Amérique, 2006, p. 87.

18. Pierre Duchesne, *Jacques Parizeau. Le croisé*, Montréal, Québec/Amérique, 2001, p. 587.

19. « Pierre Bourgault n'entre pas au comité exécutif », *Le Devoir*, 20 octobre 1969, p. 1.

20. *Ibid.*

21. Bernard Cleary, « Le testament politique de Pierre Bourgault », *Le Soleil*, 20 janvier 1973, p. 23.

22. *Le Devoir*, 20 octobre 1969. Cité par Pierre Duchesne, *Jacques Parizeau. Le croisé*, Montréal, Québec/Amérique, 2001, p. 486.

23. Bernard Cleary, « Le testament politique de Pierre Bourgault », *Le Soleil*, 20 janvier 1973, p. 23.

24. *Le Devoir*, 10 novembre 1967, p. 9.

25. Yves Charron et Gilberte Trudel, « Le scrutin du 29 avril 1970 : le jour oublié de Pierre Bourgault », *Le Devoir*, 26 juin 2003, p. A6.

26. Entretien avec Danièle Cordeau, 18 avril 2005.

27. Entretien avec Nicole Stafford, 15 août 2005.

28. Robert Barberis, « La présence de Pierre Bourgault à l'exécutif du PQ », *Le Devoir*, 12 mars 1971, p. 5.

29. Yves Charron et Gilberte Trudel, « Le scrutin du 29 avril 1970 : le jour oublié de Pierre Bourgault », *Le Devoir*, 26 juin 2003, p. A6.

30. *Ibid.*

31. Entretien avec Danièle Cordeau, 18 avril 2005.

32. Entretien avec Nicole Stafford, 15 août 2005.

33. Pierre Bourgault, *Québec quitte ou double*, Ferron Éditeur, Montréal, 1970, p. 11.

34. *Ibid.*

35. *Ibid.*, p. 72.

36. *Ibid.*, p. 136.

37. *Ibid.*, p. 19.

38. *Ibid.*, p. 117.

39. *Ibid.*, p. 219.

40. Yves Charron et Gilberte Trudel, « Le scrutin du 29 avril 1970 : le jour oublié de Pierre Bourgault », *Le Devoir*, 26 juin 2003, p. A6.

41. *Ibid.*

42. Jean Côté, « Pierre Bourgault à la barre de *Point de Mire* », *Point de Mire*, vol. 1, n° 8, juin 1970, p. 3.

43. Pierre Bourgault, « Le Point de Mire », *Point de Mire*, vol. 1, n° 9, juillet 1970, p. 3.

44. *Ibid.*

45. *Ibid.*

46. *Ibid.*

47. Pierre Bourgault, « Lettre ouverte à René Lévesque », *Point de Mire*, vol. 1, n° 11, septembre 1970, p. 7.

48. Pierre Bourgault, « Le Point de Mire », *Point de Mire*, vol. 1, n° 9, juillet 1970, p. 3.

49. *Ibid.*

50. Pierre Bourgault, « La police », *Point de Mire*, vol. 1, n° 10, août 1970, p. 8.

51. « La minute de vérité : le Québec, de 1970 à aujourd'hui », conférence enregistrée à la salle André-Mathieu, Laval, mars 1983, Archives Bibliothèque nationale du Québec.

52. *Ibid.*

53. Paroles de Bourgault rapportées par Guy Joron, 3 août 2006.

54. Entretien avec Guy Joron, 3 août 2006.

55. « La minute de vérité : le Québec, de 1970 à aujourd'hui », conférence enregistrée à la salle André-Mathieu, Laval, mars 1983, Archives Bibliothèque nationale du Québec.

56. Entretien avec Guy Joron, 3 août 2006.

57. S. Purcell et B. McKenna, *Jean Drapeau*, Stanké, Montréal, 1981, p. 244.

58. « La minute de vérité : le Québec, de 1970 à aujourd'hui », conférence enregistrée à la salle André-Mathieu, Laval, mars 1983, Archives Bibliothèque nationale du Québec.

59. Jean-François Cardin, *Comprendre octobre 1970*, Montréal, Méridien, 1990.

60. Pierre Bourgault, « Les intellectuels en politique », *Indicatif présent*, Radio-Canada, 4 mars 2003.

61. Pierre Bourgault, « Claude Ryan en noir et blanc », *Nous*, septembre 1978.

62. Jacques Parizeau, « L'homme prêt à servir », *Le Devoir*, 21 juin 2003, p. B5.

63. Pierre Bourgault, « Ni héros, ni martyr », *Point de Mire*, novembre 1970.

64. Pierre Bourgault, « Le printemps malade », *Point de Mire*, 23 avril 1971. Reproduit dans Pierre Bourgault, *Écrits polémiques, 1960-1981, La politique*, Montréal, Québec Loisir/VLB Éditeur, 1982, p. 237-240.

65. *Ibid.*

66. « Bourgault, Chartrand et Rioux s'adonnent à la politique-fiction », *Le Devoir*, 20 février 1971, p. 3.

67. Andrée LeBel, *Pierre Bourgault. Le plaisir de la liberté*, Montréal, Nouvelle Optique, 1983, p. 201 ; entretien avec Jacques Parizeau, 13 août 2004.

68. Andrée LeBel, *Pierre Bourgault. Le plaisir de la liberté*, Montréal, Nouvelle Optique, 1983, p. 201.

69. « Les délégués acclament l'élection de Bourgault », *Le Devoir*, 1er mars 1971, p. 2.

70. *Ibid.*

71. Entretien avec Georges-Hébert Germain, 25 octobre 2006.

72. Statistiques établies par Édouard Cloutier, ancien militant du RIN devenu alors chercheur au centre de documentation du Parti québécois. Cité par Gilles Lesage, « Lévesque fait encore échec à l'unilinguisme », *Le Devoir*, 1er mars 1971, p. 2.

73. Robert Barberis, « La présence de Pierre Bourgault à l'exécutif du PQ », *Le Devoir*, 12 mars 1971, p. 5 ; Gilles Lesage, « Lévesque fait encore échec à l'unilinguisme », *Le Devoir*, 1er mars 1971, p. 1.

74. *Ibid.*

75. Pierre Duchesne, *Jacques Parizeau. Le croisé*, Montréal, Québec/Amérique, 2001, p. 588.

76. « Les délégués acclament l'élection de Bourgault », *Le Devoir*, 1er mars 1971, p. 2.

77. Andrée LeBel, *Pierre Bourgault. Le plaisir de la liberté*, Montréal, Nouvelle Optique, 1983, p. 201.

78. Bernard Jasmin, « Pierre Bourgault est-il un homme de gauche ? », *Le Devoir*, 11 mars 1971, p. 4.

79. Yvan Boulanger, « La complicité du Canada dans la guerre indochinoise est dénoncée », *Le Devoir*, 26 avril 1971, p. 6.

80. Pierre Bourgault, *Moi, je m'en souviens*, Montréal, Stanké, 1989, p. 69.

81. Jacques Parizeau, « L'homme prêt à servir », *Le Devoir*, samedi 21 juin 2003, p. B5.

82. Pierre Bourgault, « À quarante ans : l'entracte », *Le Petit Journal*, 6 mai 1973.

83. Pierre Duchesne, *Jacques Parizeau. Le croisé*, Montréal, Québec/Amérique, 2001, p. 587.

84. Andrée LeBel, *Pierre Bourgault. Le plaisir de la liberté*, Montréal, Nouvelle Optique, 1983, p. 203.

85. Entretien avec Pierre Vadeboncoeur, 11 juillet 2006.

86. Entretien avec Guy Joron, 3 août 2006.

87. « *Point de Mire* : hebdomadaire », *Le Devoir*, 26 janvier 1971, p. 3.

88. Entretien avec Pierre Graveline, 20 janvier 2004.

89. Lettre de Jean Côté, Montréal, 19 février 2007.

90. « Pierre Bourgault démissionne de *Point de Mire* », *Le Devoir*, 28 mai 1971, p. 2.

91. Jean Hochu, « Pourquoi Bourgault a-t-il été évincé de CKLM avant même d'y entrer ? », *Le Devoir*, 22 octobre 1971, p. 5.

92. Entretien avec Jean-Paul L'Allier, 16 octobre 2006.

93. Andrée LeBel, *Pierre Bourgault. Le plaisir de la liberté*, Montréal, Nouvelle Optique, 1983, p. 197.

94. *Avis de recherche*, Télévision de Radio-Canada, 9 mai 1985.

95. Pierre Bourgault, « Pierre qui roule… », *L'Actualité*, vol. 18, n° 8, 15 mai 1993.

96. Entretien avec Antoine Désilets, 14 janvier 2004.

97. Pierre Bourgault, « Cadeaux », *Indicatif présent*, Radio-Canada, 18 décembre 2002 ; « Le privilège de donner », *Journal de Montréal*, 21 décembre 1996.

98. Pierre Bourgault, « Pierre qui roule… », *L'Actualité*, vol. 18, n° 8, 15 mai 1993.

99. Entretien avec Jean-Marc Cordeau, 18 avril 2005.

100. Entretien avec Guy Joron, 3 août 2006.

101. Entretien avec Geneviève Bujold, 8 août 2005.

102. *Avis de recherche*, Télévision de Radio-Canada, 9 mai 1985.

103. Entretien avec Steve Fiset, 4 juillet 2006.

104. Michel Roy, « M. Bourgault pourrait se voir confier la traduction des mémoires de Pearson », *Le Devoir*, 19 janvier 1973, p. 2.

105. *Ibid.*

106. Bernard Cleary, « Le testament politique de Pierre Bourgault », *Le Soleil*, 20 janvier 1973, p. 23.

107. Entretien avec Lise Payette, 31 juillet 2006.

108. Michel Roy, « Pierre Bourgault, victime d'une ambiguïté, n'a jamais accepté les règles du jeu d'un parti », *Le Devoir*, 22 janvier 1973, p. 2.

109. Robert Barberis, « La présence de Pierre Bourgault à l'exécutif du PQ », *Le Devoir*, 12 mars 1971, p. 5.

110. Entretien avec Steve Fiset, 4 juillet 2006.

III. Entretien avec Mouffe, 26 avril 2004.

112. Entretien avec Jean-Marc Cordeau, 18 avril 2005.

113. Entretien avec Guy Boucher, 25 mars 2005.

114. Entretien avec Steve Fiset, 4 juillet 2006.

115. Entretien avec Guy Boucher, 25 mars 2005.

116. Entretien avec Georgés-Hébert Germain, 25 octobre 2006.

117. *Les Détecteurs de mensonge*, Radio-Canada, 16 novembre 1999.

118. Entretien avec Guy Boucher, 31 mai 2006.

119. Andrée LeBel, *Pierre Bourgault. Le plaisir de la liberté*, Montréal, Nouvelle Optique, 1983, p. 20.

120. Entretien avec Claude Jasmin, 5 août 2004.

Chapitre 15

1. Louis Garneau, « La Côte-Nord a choisi d'être un symbole », *L'Avenir*, 25 mars 1975, p. 2.

2. Gil Courtemanche, « Je ne suis pas l'ex-président du RIN, je suis l'ex-candidat du PQ dans Mercier », *Le Jour*, 8 février 1975, p. 9.

3. Pierre O'Neil, « Bourgault donne un coup de fouet au PQ », *Le Devoir*, 30 janvier 1975, p. 1.

4. Gil Courtemanche, « Je ne suis pas l'ex-président du RIN, je suis l'ex-candidat du PQ dans Mercier », *Le Jour*, 8 février 1975, p. 9.

5. Pierre O'Neil, « Pierre Bourgault : des sparages », *Le Devoir*, 31 janvier 1975, p. 2.

6. Gil Courtemanche, « Je ne suis pas l'ex-président du RIN, je suis l'ex-candidat du PQ dans Mercier », *Le Jour*, 8 février 1975, p. 9.

7. « Lévesque devrait partir, estime Pierre Bourgault », *Le Devoir*, 7 février 1975, p. 1.

8. Lise Lachance, « Bourgault pense déjà à former un autre parti, si... », *Le Soleil*, 13 mars 1975, p. B6.

9. *Ibid.*

10. Pierre O'Neil, « Un parti socialiste stimulerait le PQ, estime Bourgault », *Le Devoir*, 13 mars 1975, p. 2.

11. Lise Lachance, « Bourgault pense déjà à former un autre parti, si... », *Le Soleil*, 13 mars 1975, p. B6.

12. Louis Garneau, « La Côte-Nord a choisi d'être un symbole », *L'Avenir*, 25 mars 1975, p. 2.

13. *Ibid.*

14. Gilles Ouellet, « P. Bourgault doit trouver une source de revenus », *Le Soleil*, 24 mars 1975.

15. Louis Garneau, « La Côte-Nord a choisi d'être un symbole », *L'Avenir*, 25 mars 1975, p. 2.

16. Gilles Ouellet, « P. Bourgault doit trouver une source de revenus », *Le Soleil*, 24 mars 1975.

17. Pierre O'Neil, « Un parti socialiste stimulerait le PQ, estime Bourgault », *Le Devoir*, 13 mars 1975, p. 2.

18. Lise Lachance, « Bourgault pense déjà à former un autre parti, si... », *Le Soleil*, 13 mars 1975, p. B6.

19. « Une relance de la querelle linguistique au sein du PQ ? », *Le Devoir*, 19 août 1975, p. 1.

20. *Ibid.*

21. *Ibid.*

22. *Ibid.*

23. Gil Courtemanche, « Je ne suis pas l'ex-président du RIN, je suis l'ex-candidat du PQ dans Mercier », *Le Jour*, 8 février 1975, p. 9.

24. Cité par Michel Roy, « Une autre intervention de Bourgault », *Le Devoir*, 19 août 1975, p. 4.

25. Entretien avec Guy Boucher, 31 mai 2006.

26. Pierre Bourgault, « Médias », *Nous*, août 1976, p. 15.

27. Pierre Bourgault, « Médias », *Nous*, avril 1975, p. 19.

28. Chantal Bissonnette, « Vive la fidélité libre ! », *Nous*, juillet 1975, p. 58.

29. Gilles Ouellet, « P. Bourgault doit trouver une source de revenus », *Le Soleil*, 24 mars 1975.

30. Pierre Bourgault, « Chef tête heureuse », *Nous*, octobre 1976.

31. *Ibid.*

32. Entretien avec Guy Joron, 3 août 2006.

33. *Ibid.*

Chapitre 16

1. « P. Bourgault au Musée des Beaux-Arts », *Le Devoir*, 1977, p. 3.

2. Entretien avec Georges-Hébert Germain, 25 octobre 2006.

3. Pierre Bourgault, *Moi, je m'en souviens*, Stanké, 1989, p. 85.

4. Pierre Bourgault, « Médias », *Nous*, février 1977, p. 18.

5. *Ibid.*

6. Alain Médam, *Montréal interdite*, Montréal, Liber, 2004, p. 98-99.

7. Entretien avec Jacques Parizeau, 13 août 2004.

8. Gilles Normand, « Pierre Bourgault, témoin privilégié de la vie politique québécoise », *La Presse*, 4 septembre 1982, p. E3.

9. Pierre Bourgault, « Médias », *Nous*, décembre 1974, p. 20.

10. Pierre Bourgault, « Médias », *Nous*, avril 1977, p. 20.

11. Pierre Bourgault, « De la parole à prendre… », *Traces*, vol. 27, no. 3, juillet 1989, p. 26.

12. Andrée LeBel, *Pierre Bourgault. Le plaisir de la liberté*, Montréal, Nouvelle Optique, 1983, p. 14.

13. Entretien avec Michel F. Côté, 11 août 2006.

14. Entretien avec Pierre Bourgault, *Première page*, Télévision de Radio-Canada, 29 août 1978.

15. *La Presse*, 20 octobre 1978.

16. Pierre O'Neil, « Bourgault reproche à Lévesque et à Morin de semer la confusion », *Le Devoir*, 27 novembre 1978, p. 1.

17. Rodolphe Morissette, « Pierre Bourgault au pouvoir… », *Le Devoir*, 16 juillet 1979, p. 3.

18. *Ce soir*, Télévision de Radio-Canada, 10 mai 1979.

19. Entretien avec Guy Joron, 3 août 2006.

20. Entretien avec Marie-Hélène Roy, 4 août 2006.

21. Andrée LeBel, *Pierre Bourgault. Le plaisir de la liberté*, Montréal, Nouvelle Optique, 1983, p. 43.

22. *Ibid.*, p. 57.

23. Entretien avec Louise Harel, 9 août 2004.

24. Entretien avec Gilles Vigneault, 1er septembre 2004.

25. *Le téléjournal*, Télévision de Radio-Canada, 7 avril 1980.

26. Pierre Bourgault, entretien avec Claude Lévesque, Radio-Canada (radio FM), 21 octobre 1988. Cité dans Michel Vastel, *Bourassa*, Montréal, Éditions de l'Homme, 1991, p. 101.

27. « Le PQ devrait être prêt à proclamer l'indépendance », *Le Devoir*, 22 janvier 1979, p. 1.

28. Entretien de Richard Martineau avec Pierre Bourgault, *Voir*, 29 octobre 1992, p. 14.

29. « Que Lévesque quitte et la confusion sera dissipée (Bourgault) », *Le Devoir*, 16 août 1980, p. 1.

30. Andrée LeBel, *Pierre Bourgault. Le plaisir de la liberté*, Montréal, Nouvelle Optique, 1983, p. 30.

31. Jacques Ferron, « L'autorité de M. Bourgault », *Le Devoir*, 22 août 1980.

32. « Déception à la rencontre commémorant le 20e anniversaire du RIN », *Le Devoir*, 29 septembre 1980, p. 8.

33. Entretien avec Lise Payette, 31 juillet 2006.

34. *Ibid.*

35. Pierre Bourgault, « Tragique victoire », *Écrits polémiques 1960-1981. La politique*, Montréal, Québec Loisir/VLB Éditeur, 1982, p. 343.

36. Pierre Bourgault, « Lettre ouverte à René Lévesque », *Point de Mire*, vol. 1, n° 11, septembre 1970, p. 7.

37. Michel Roy, « La question de Pierre Bourgault », *Le Devoir*, 19 décembre 1981, p. 18.

Chapitre 17

1. Andrée LeBel, *Pierre Bourgault. Le plaisir de la liberté*, Nouvelle Optique, Montréal, 1983, p. 7.

2. Marc Laurendeau, « La rentrée nostalgique de M. Pierre Bourgault », *La Presse*, 29 septembre 1982, p. A6.

3. Andrée LeBel, *Pierre Bourgault. Le plaisir de la liberté*, Montréal, Nouvelle Optique, 1983, p. 13.

4. *Ibid.*, p. 26.

5. *Ibid.*, p. 15.

6. *Ibid.*, p. 54.

7. Nathalie Petrowski, « Séduire avant de convaincre », *Le Devoir*, 4 juin 1983, p. 19.

8. *Ibid.*

9. *Ibid.*

10. Benoit Gignac, *Le Destin Johnson*, Montréal, Stanké, 2007, p. 208.

11. Entretien avec Michel F. Côté, 11 août 2006.

12. Entretien avec Pascale Nadeau, 9 août 2006.

13. Entretien avec Michel F. Côté, 11 août 2006.

14. Entretien avec Suzanne Lévesque, 7 août 2006.

15. Pierre Bourgault, « Les détecteurs de mensonge », *Indicatif présent*, Radio-Canada, 30 octobre 2002.

16. Entretien avec Marie-Hélène Roy, 4 août 2006.

17. André Ducharme, « Bazzo les culottes », *L'Actualité*, vol. 25, n° 5, octobre 2000, p. 106.

18. *Écran témoin*, Télévision de Radio-Canada, 6 avril 1986.

19. *Le Journal de Montréal*, 26 avril 1997.

20. Entretien avec Richard Martineau, *Voir*, 29 octobre 1992, p. 14.

21. Entretien avec Michel F. Côté, 11 août 2006.

22. Pierre Bourgault, « L'argent », *Indicatif présent*, Radio-Canada, 24 janvier 2003.

23. *Bourgault doux-amer*, Montréal, Stanké, 1992.

24. *Ibid.*

25. Entretien avec Francine Chaloult, 29 août 2006.

26. Entretien avec Guy Boucher, 25 mars 2005.

27. Entretien avec Jean-Marc Bertrand, 16 juin 2006.

28. Entretien avec Alain Stanké, 20 septembre 2004.

29. Entretien avec Louise Loiselle, 15 septembre 2004.

30. Entretien avec Jean-Marc Bertrand, 16 juin 2006.

31. Entretien avec Alain Stanké, 19 octobre 2004.

32. Daniel Lemay, « Pierre Bourgault accuse... et s'en va », *La Presse*, 16 décembre 1989, p. D2.

33. Entretien avec Franco Nuovo, 23 juin 2005.

34. Andrée LeBel, *Pierre Bourgault. Le plaisir de la liberté*, Nouvelle Optique, Montréal, 1983, p. 64.

35. Pierre Bourgault, « C'est écrit dans le journal », *Le Journal de Montréal*, 17 juin 2003, p. 5.

36. Pierre Bourgault, « La nostalgie », *Indicatif présent*, Radio-Canada, 25 février 2003.

37. Luc Perreault, « *Léolo* : une nouvelle plongée dans l'univers familial de Jean-Claude Lauzon », *La Presse*, 21 décembre 1991, p. D2.

38. Mario Roy, « Reno, Bourgault tournent "Léolo" », *La Presse*, 28 septembre 1991, p. A1.

39. Luc Perrault, « Cinquante jours de tournage plus tard... En Italie, dans un atelier de statues de Cinecitta, Jean-Claude Lauzon termine *Léolo* », *La Presse*, 21 décembre 1991, p. D1.

40. Luc Perreault, « *Léolo* : une nouvelle plongée dans l'univers familial de Jean-Claude Lauzon », *La Presse*, 21 décembre 1991, p. D2.

41. Luc Perreault, « Cinquante jours de tournage plus tard... En Italie, dans un atelier de statues de Cinecitta, Jean-Claude Lauzon termine *Léolo* », *La Presse*, 21 décembre 1991, p. D1.

42. Pierre Bourgault, « Alain Delon, Tom Cruise et moi », *L'Actualité*, octobre 1992, p. 76.

43. Entretien avec Franco Nuovo, 23 juin 2005.

44. Luc Perreault, « Une fin marquée par le rêve, l'audace et l'imagination », *La Presse*, 17 mai 1992, p. C7 ; « *Léolo* Lozone émeut Cannes », *Le Soleil*, 17 mai 1992, p. A9.

45. Luc Perreault, « Le 45ᵉ Festival de Cannes. L'absence de *Léolo* du palmarès de Cannes en a déçu plusieurs », *La Presse*, 19 mai 1992, p. E1.

46. Francine Grimaldi, « Reno et Bourgault… scénaristes! », *La Presse*, 24 mai 1992, p. C8.

47. Louise Cousineau, « Mon amour, mon amour », *La Presse*, 14 septembre 1993, p. A12.

48. Alain Beaulieu, « Pierre, tu es Pierre… », *Le Devoir*, 24 septembre 1993, p. A9.

49. Entretien avec Alain Stanké, 20 septembre 2004.

50. Odile Tremblay, « Prix Georges-Émile-Lapalme. Un combat de quarante années », *Le Devoir*, 8 décembre 1997, p. C8.

51. Entretien de Richard Martineau avec Pierre Bourgault, *Voir*, 29 octobre 1992, p. 14.

52. *Ibid.*

53. Jean-Paul Soulié, « Faillite personnelle pour Pierre Bourgault », *La Presse*, 16 octobre 1993, p. A3.

Chapitre 18

1. Pierre Bourgault, « L'exécution sommaire », *Le Devoir*, 3 février 1993.

2. Pierre Bourgault, « Pourquoi je vote… Parti québécois », *L'Actualité*, vol. 19, nᵒ 13, 1ᵉʳ septembre 1994.

3. Entretien avec Jacques Parizeau, 13 août 2004.

4. Donald Charrette, « Parizeau congédie Pierre Bourgault », *Le Soleil*, 19 janvier 1995, p. A3.

5. Entretien avec Jacques Parizeau, 13 août 2004.

6. Lise Bissonnette, « L'affaire Bourgault », *Le Devoir*, 19 janvier 1995, p. A6.

7. André Bellemare, « Bourgault accuse les anglophones d'exercer un "vote carrément raciste" », *La Presse*, 27 février 1995, p. A1.

8. « À cause de ses propos "tout à fait inacceptables", Bouchard écarte Paré du dossier référendaire », *Le Devoir*, 28 février 1995, p. A6.

9. Pierre O'Neil, « Bourgault file à l'anglaise », *Le Devoir*, 1ᵉʳ mars 1995, p. A4.

10. Gilles Normand, « Bourgault tire sa révérence pour ne plus embarrasser ses alliés », *La Presse*, 2 mars 1995, p. B6.

11. « Landry veut que Bourgault "continue son combat" », *Le Devoir*, 2 mars 1994, p. A4.

12. Mario Fontaine, « Parizeau reconnaît que son option bat de l'aile », *La Presse*, 27 mars 1995, p. A1.

13. Pierre Foglia, « Le racisme, c'est personne », *La Presse*, 2 mars 1995, p. A5.

14. « Le vote ethnique », *Le Journal de Montréal*, 7 septembre 1998.

15. Micheline Lachance, « Les préfaces », *L'Actualité*, 1er septembre 1996, p. 52.

16. Entretien avec Francine Chaloult, 29 août 2006.

17. *Bourgault doux-amer*, Montréal, Stanké, 1992.

18. « Les tabarnacos », *Le Journal de Montréal*, 30 novembre 1996.

19. Entretien avec Georges-Hébert Germain, 25 octobre 2006.

20. Andrée LeBel, *Pierre Bourgault. Le plaisir de la liberté*, Montréal, Nouvelle Optique, 1983, p. 53.

21. Cité par André Bellemare, « Bourgault fustige le ministère de l'Éducation », *La Presse*, 28 avril 1995, p. A10.

22. Pierre Bourgault, « Villes », *Indicatif présent*, Radio-Canada, 10 octobre 2002.

23. Entretien avec Suzanne Lévesque, 7 août 2006.

24. *Ibid.*

25. Pierre Bourgault, « Le programme de Jean Charest », *Indicatif présent*, Radio-Canada, 13 septembre 2002.

26. Pierre Bourgault, « Le Parti libéral », *Indicatif présent*, Radio-Canada, 27 septembre 2002.

27. Pierre Bourgault, « Mercredi », *Indicatif présent*, Radio-Canada, 28 août 2002.

28. Pierre Bourgault, « Le paradis américain », *Indicatif présent*, Radio-Canada, 31 octobre 2002.

29. Pierre Bourgault, « Les sans-statut algériens canadiens », *Indicatif présent*, Radio-Canada, 11 octobre 2002.

30. Pierre Bourgault, « L'immigration », *Indicatif présent*, Radio-Canada, 14 octobre 2002.

31. Pierre Bourgault, « La situation au Moyen-Orient », *Indicatif présent*, Radio-Canada, 4 novembre 2002.

32. Pierre Bourgault, « La Palestine », *Indicatif présent*, Radio-Canada, 23 septembre 2002.

33. Pierre Bourgault, « Amnistie internationale », *Indicatif présent*, Radio-Canada, 2 octobre 2002.

34. Pierre Bourgault, « Mario Dumont », *Indicatif présent*, Radio-Canada, 2 septembre 2002.

35. Pierre Bourgault, « Mario Dumont et la fonction publique », *Indicatif présent*, Radio-Canada, 20 septembre 2002.

36. Pierre Bourgault, « Mario Dumont et ses amis », *Indicatif présent*, Radio-Canada, 17 octobre 2002.

37. Pierre Bourgault, « Les intellectuels en politique », *Indicatif présent*, Radio-Canada, 4 mars, 2003.

38. Pierre Bourgault, « Jacques Parizeau », *Indicatif présent*, Radio-Canada, 30 août 2002.

39. Pierre Bourgault, « Lundi », *Indicatif présent*, Radio-Canada, 5 septembre 2002.

40. Pierre Bourgault, « La misère du chroniqueur », *Indicatif présent*, Radio-Canada, 4 avril 2003.

41. Pierre Bourgault, « Les intellectuels », *Indicatif présent*, Radio-Canada, 5 février 2003.

42. « Plaidoyer de Bourgault en faveur de la morale », *Le Soleil*, 21 octobre 1993, p. A9.

43. Entretien avec Guy Boucher, 25 mars 2005.

44. *L'Actualité*, vol. 23, n° 3, 1er mars 1998, p. 10.

45. Entretien de Richard Martineau avec Pierre Bourgault, *Voir*, 29 octobre 1992, p. 14.

46. Pierre Bourgault, « À quarante ans : l'entracte », *Le Petit Journal*, 6 mai 1973. Reproduit dans *Écrits polémiques*, VLB Éditeur, 1982, p. 243.

47. Andrée LeBel, *Pierre Bourgault, Le plaisir de la liberté*, Montréal, Nouvelle Optique, 1983, p. 73.

48. Pierre Bourgault, « C'est écrit dans le journal », *Le Journal de Montréal*, 17 juin 2003, p. 5.

49. Andrée LeBel, *Pierre Bourgault. Le plaisir de la liberté*, Montréal, Nouvelle Optique, 1983, p. 19.

50. Michel Roy, « Pierre Bourgault, victime d'une ambiguïté, n'a jamais accepté les règles du jeu d'un parti », *Le Devoir*, 22 janvier 1973, p. 2.

51. Entretien avec Francine Chaloult, 29 août 2006.

52. Stéphane Alarie, « L'homme du Plateau : grognon, mais si attachant », *Le Journal de Montréal*, 17 juin 2003, p. 2.

53. Entretien avec Suzanne Lévesque, 7 août 2006.

54. Entretien avec Georges-Hébert Germain, 25 octobre 2006.

55. Pierre Bourgault, « Chirurgie cataracte », *Indicatif présent*, Radio-Canada, 12 septembre 2002.

56. Marie-France Bazzo, « Vivre sans son mentor », *Passages obligés*, Libre Expression, Montréal, 2006, p. 230.

57. Pierre Bourgault, « Mario Dumont et la fonction publique », *Indicatif présent*, Radio-Canada, 20 septembre 2002.

58. Pierre Bourgault, « Le tabac et les universités », *Indicatif présent*, Radio-Canada, 17 septembre 2002.

59. Pierre Bourgault, « Jacques Parizeau », *Indicatif présent*, Radio-Canada, 30 août 2002 ; « Recours collectif », *Indicatif présent*, Radio-Canada, 19 septembre 2002.

Épilogue

1. Andrée LeBel, *Pierre Bourgault. Le plaisir de la liberté*, Montréal, Nouvelle Optique, 1983, p. 47.

2. Pierre Bourgault, « Les modèles », *Indicatif présent*, Radio-Canada, 6 novembre 2002.

3. Entretien avec Louise Harel, Montréal, 9 août 2004.

4. Pierre Bourgault, « Mario Dumont et ses amis », *Indicatif présent*, Radio-Canada, 17 octobre 2002 ; « La modestie », *Indicatif présent*, Radio-Canada, 9 janvier 2003.

5. Entretien avec Franco Nuovo, 23 juin 2005.

6. Pierre Bourgault, « La nostalgie », *Indicatif présent*, Radio-Canada, 25 février 2003.

7. *Ibid.*

8. Pierre Bourgault, [sans titre], *Le Journal de Montréal*, 22 juin 2003, p. 5.

9. Entretien avec Michel Martin, 28 janvier 2004.

10. Éric Lapointe et Yves-François Blanchette, « De Lapointe à Bourgault », *Le Journal de Montréal*, 21 juin 2003, p. 6.

11. Pierre Bourgault, [sans titre], *Le Journal de Montréal*, 22 juin 2003, p. 5.

12. Robert Rumilly, *Henri Bourassa*, Éditions du Marais, Montréal, 2000, p. 377.

13. *Avis de recherche*, Télévision de Radio-Canada, 10 mai 1985.

CRÉDITS PHOTOGRAPHIQUES

INDEX

TABLE

CET OUVRAGE A ÉTÉ IMPRIMÉ EN AOÛT 2007
SUR LES PRESSES DES ATELIERS DES IMPRIMERIES
TRANSCONTINENTAL POUR LE COMPTE DE LUX,
ÉDITEUR À L'ENSEIGNE D'UN CHIEN D'OR DE
LÉGENDE DESSINÉ PAR ROBERT LAPALME

Il a été composé avec LATEX, logiciel libre,
par Claude RIOUX

La révision du texte et la correction des épreuves
ont été réalisées par Monique MOISAN

Lux Éditeur
c.p. 129, succ. de Lorimier
Montréal, Qc H2H 1V0

Diffusion et distribution au Canada : Flammarion
Tél. : (514) 277-8807 - Fax : (514) 278-2085

Diffusion en France : CEDIF
Distribution : DNM / Diffusion du nouveau monde
Tél. : 01 43 54 49 02 – Téléc. : 01 43 54 39 15

Imprimé au Québec